회사에서 바로 통하는
회사통
현장 밀착형 입문서

회사에서 바로 통하는

엑셀+ 파워포인트+ 워드 2010

한빛미디어 Hanbit Media, Inc.

저자_ 전미진(smileimp@naver.com)

삼성전자, 삼성항공, 삼성코닝, 삼성멀티캠퍼스, 삼성석유화학, 대우건설, 서울통신, 지역난방공사, 농협대학, 한양대학, 유니텔캠퍼스, 효성그룹, 대우기술원 등에서 업무 개선을 위한 엑셀과 파워포인트, 프로그래밍 관련 강의를 진행했습니다. 현재 삼성토탈, 대우증권, 아이텐터, 금호건설 등에서 강의하고 있습니다. 저서로는 《회사에서 바로 통하는 엑셀 2007(개정판)》(한빛미디어, 2009), 《회사에서 바로 통하는 엑셀+파워포인트 2010》(한빛미디어, 2010) 등이 있습니다.

저자_ 이화진(yeki78@naver.com)

10년간 현대자동차, 삼성물산, 삼성생명, 포스코 등의 여러 기업과 대학에서 프레젠테이션을 제작하고 강의했습니다. 현재 오피스튜터 파워포인트 강사, 한국워킹맘연구소 이사, 극동대학교 외래교수로 활동하고 있습니다. 저서로는 《파워포인트 2007 프레젠테이션 디자인 실무》(교학사, 2009), 《131가지 핵심 포인트로 끝내는 오피스 2010》(정보문화사, 2010) 등이 있습니다.

저자_ 신면철(bavo@paran.com)

(주)익스터디 대표이사, 두목넷 사무자동화 부분 대표 강사로 IT 자격증 분야에서 '왕두목'이라는 애칭으로 활발히 활동하고 있습니다. 경기공업대학 외래 교수, 철도대학 특강 교수로 강의했습니다. 저서로는 《족보집 정보처리기사 실기》(한빛미디어, 2010), 《이기적 정보처리기사 필기/실기》(영진닷컴, 2010), 《이기적 사무자동화산업기사 필기/실기》(영진닷컴, 2010) 등이 있습니다.

회사에서 바로 통하는
엑셀+파워포인트+워드 2010

지은이 전미진, 이화진, 신면철
펴낸이 김태헌
펴낸곳 한빛미디어(주)
주소 서울시 마포구 양화로 7길 83 한빛미디어(주) 실용출판부
전화 IT활용서팀 02)336-7129, 영업1팀 02)336-7114
팩스 02)336-7124
등록 1999년 6월 24일 제10-1779호
초판 발행 2011년 8월 23일
7쇄 발행 2016년 2월 26일
정가 19,800원
ISBN 978-89-7914-853-4 18000

기획 조서희
편집 배윤미, 박혜림
표지디자인 권세미
내지디자인 여동일
일러스트 김세중

Published by HANBIT Media, Inc. Printed in Korea

이 책에 대한 의견을 주시거나 오탈자 및 잘못된 내용의 수정 정보는 한빛미디어(주)의 홈페이지나 아래 이메일로 연락주십시오. 잘못된 책은 구입하신 서점에서 교환해드립니다.
http://www.hanbit.co.kr
ask@hanbit.co.kr

머리말

이 책의 엑셀편은 기업에서 많이 사용하는 실무 예제를 중심으로 바쁜 직장인들이 필요한 기능을 바로 찾아 쓸 수 있도록 '핵심기능'으로 구성했습니다. 간단한 엑셀 문서 작업에도 몇 시간이 걸리고, 문서가 조금만 변형되어도 어디서부터 손대야 할지 몰라 막막했던 경험이 있다면 이 책으로 쉽게 엑셀 2010의 기능을 익혀 실무에 활용할 수 있을 것입니다. 집필하는 동안 여러모로 힘이 되어준 가족과 책이 완성되기까지 애써주신 한빛미디어(주)의 관계자 분들에게 감사의 말씀을 드립니다. 이 책이 엑셀을 사용하는 모든 분들의 기본서로 학습 및 업무 향상에 도움이 되기를 바랍니다.

엑셀 저자 **전미진**

멋진 프레젠테이션을 제작하고 싶으신가요? 그렇다면 파워포인트를 열어 작업하기 전에 우선 잘 만들어진 프레젠테이션을 많이 보고, 그것이 왜 잘 만들어졌는지, 왜 성공할 수밖에 없었는지 자세히 분석해야 합니다. 그런 다음 하나하나 따라 해보고 마지막으로 자신의 업무에 적용해봅니다. 그렇게 자신만의 경험과 노하우를 쌓아간다면 여러분은 자신도 모르는 사이에 최고의 프레젠테이션을 제작할 수 있게 될 것입니다. 이 책의 파워포인트편에는 실무에서 쌓은 파워포인트 2010의 '핵심기능'이 담겨 있습니다. 저의 경험과 노하우가 성공적인 프레젠테이션 제작을 위한 밑거름이 되길 기도합니다.

파워포인트 저자 **이화진**

워드편은 일상 업무에서 많이 사용되는 워드프로세서로, 다양한 문서를 구성하고자 하는 실무 담당자를 위해 주요 기능을 바로 찾아 사용할 수 있도록 구성했습니다. 직장인을 위한 실무 문서뿐만 아니라 학생들을 위해서도 일상적인 문서 작업에 많이 사용하는 예제를 다루었습니다. 워드 2010의 간단한 기능만으로 세련되고 깔끔한 문서 작업이 가능하다는 것을 확인할 수 있을 것입니다. 몇 분이면 해결할 문제들을 이리저리 인터넷으로 검색하며 골머리 썩인 경험이 있다면 이 책으로 그 답답함을 한번에 해결할 수 있습니다. 마지막으로 집필을 도와준 ㈜익스터디 기술 지원팀 박수준 팀장에게 감사의 말을 전합니다.

워드 저자 **신면철**

이 책의 구성

본문

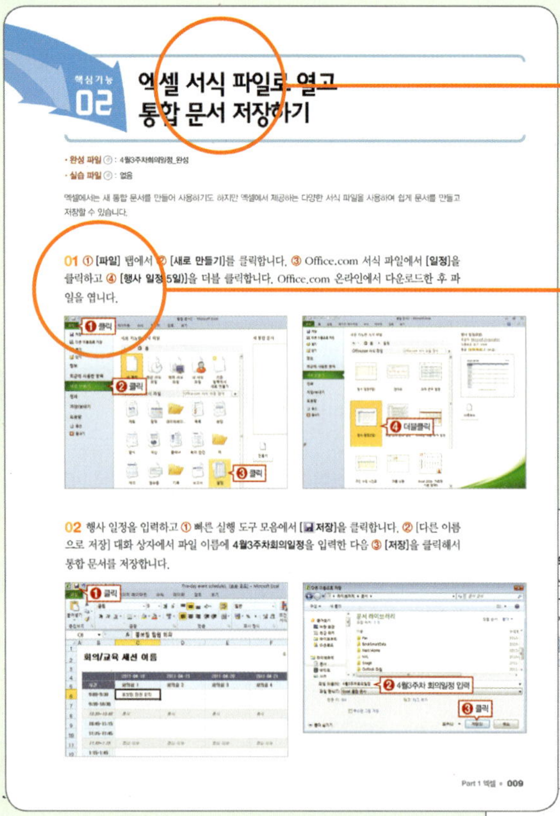

핵심기능 02

엑셀 서식 파일로 열고 통합 문서 저장하기

- 완성 파일 : 4월3주차회의일정_완성
- 실습 파일 : 없음

엑셀에서는 새 통합 문서를 만들어 사용하기도 하지만 엑셀에서 제공하는 다양한 서식 파일을 사용하여 쉽게 문서를 만들고 저장할 수 있습니다.

01 ① [파일] 탭에서 ② [새로 만들기]를 클릭합니다. ③ Office.com 서식 파일에서 [일정]을 클릭하고 ④ [행사 일정(5일)]을 더블 클릭합니다. Office.com 온라인에서 다운로드한 후 파일을 엽니다.

02 행사 일정을 입력하고 ① 빠른 실행 도구 모음에서 [저장]을 클릭합니다. ② [다른 이름으로 저장] 대화 상자에서 파일 이름에 **4월3주차회의일정**을 입력한 다음 ③ [저장]을 클릭해서 통합 문서를 저장합니다.

Part 1 엑셀 • 009

핵심기능

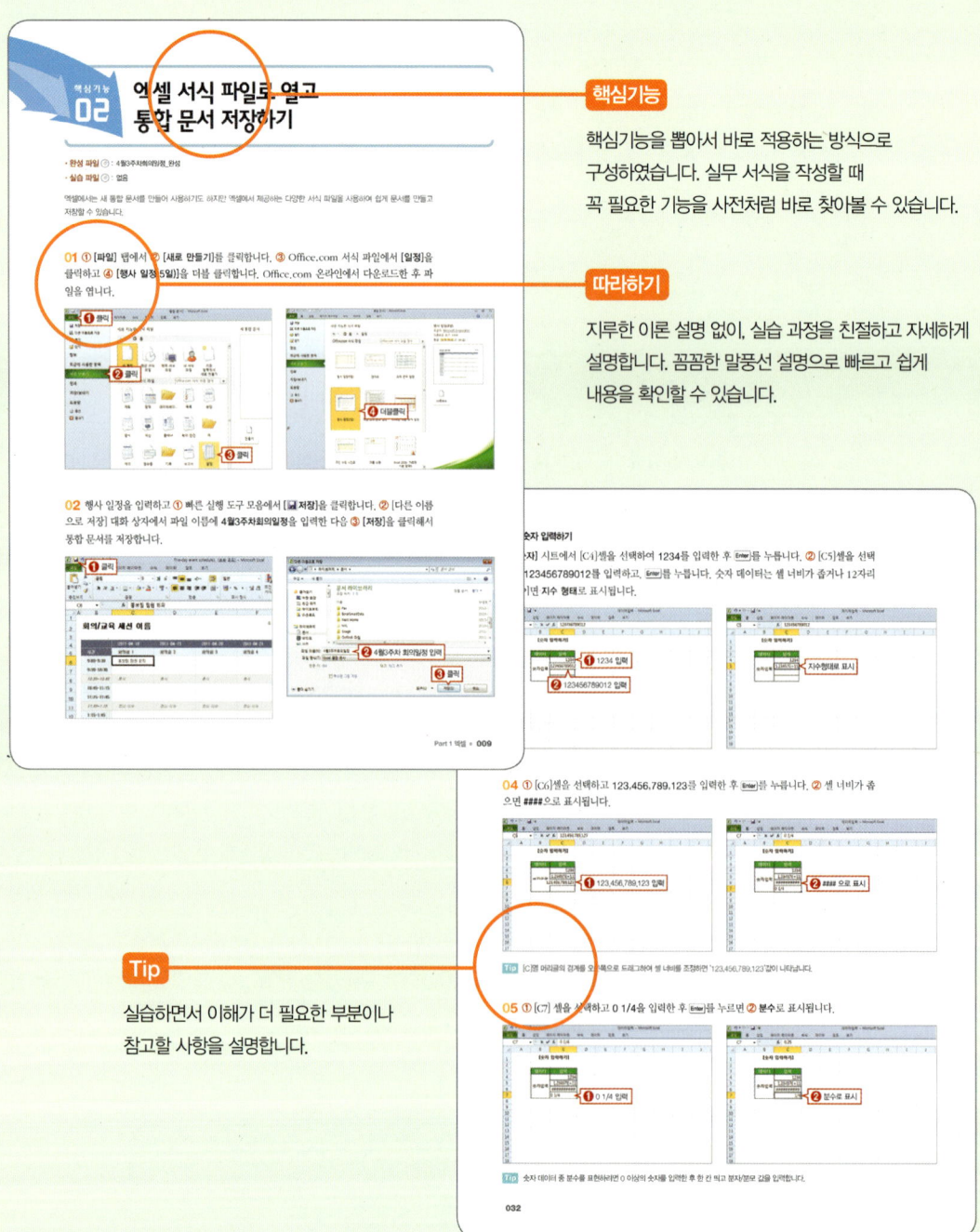

핵심기능을 뽑아서 바로 적용하는 방식으로
구성하였습니다. 실무 서식을 작성할 때
꼭 필요한 기능을 사전처럼 바로 찾아볼 수 있습니다.

따라하기

지루한 이론 설명 없이, 실습 과정을 친절하고 자세하게
설명합니다. 꼼꼼한 말풍선 설명으로 빠르고 쉽게
내용을 확인할 수 있습니다.

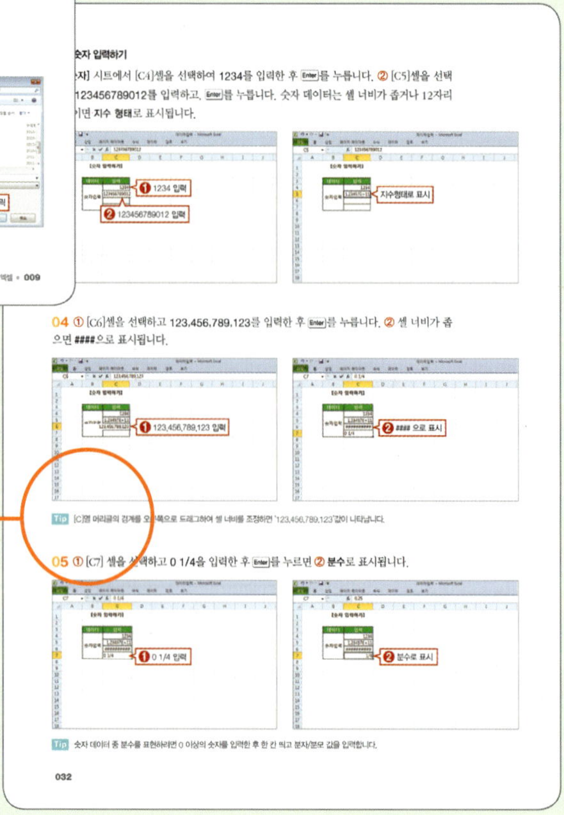

숫자 입력하기

자] 시트에서 [C4]셀을 선택하여 1234를 입력한 후 Enter를 누릅니다. ② [C5]셀을 선택
123456789012를 입력하고, Enter를 누릅니다. 숫자 데이터는 셀 너비가 좁거나 12자리
이면 **지수 형태**로 표시됩니다.

04 ① [C6]셀을 선택하고 123,456,789,123를 입력한 후 Enter를 누릅니다. ② 셀 너비가 좁으면 ####으로 표시됩니다.

Tip [C]열 머리글의 경계를 오른쪽으로 드래그하여 셀 너비를 조정하면 '123,456,789,123'값이 나타납니다.

05 ① [C7] 셀을 선택하고 0 1/4을 입력한 후 Enter를 누르면 ② **분수**로 표시됩니다.

Tip 숫자 데이터 중 분수를 표현하려면 0 이상의 숫자를 입력한 후 한 칸 띄고 분자/분모 값을 입력합니다.

032

Tip

실습하면서 이해가 더 필요한 부분이나
참고할 사항을 설명합니다.

부록 : 모의고사

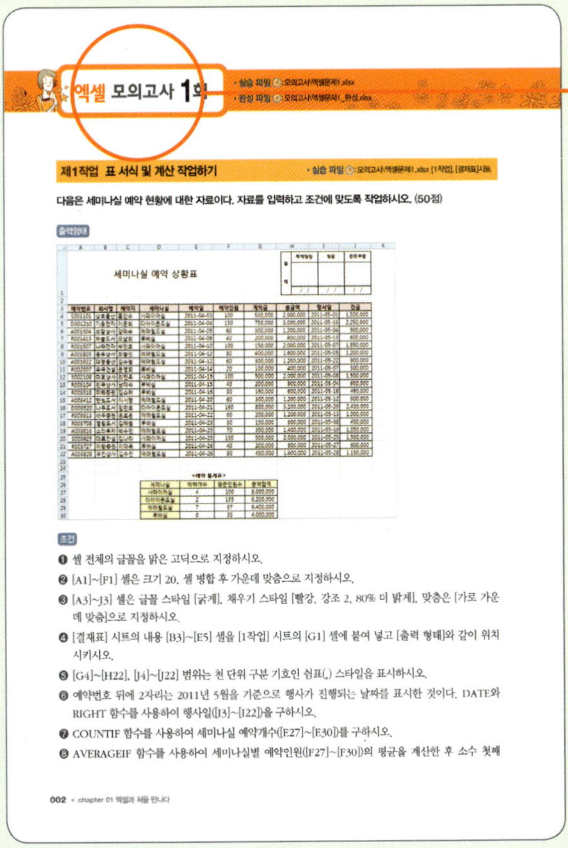
엑셀 모의고사 1회

• 실습 파일 :모의고사\엑셀문제1.xlsx
• 완성 파일 :모의고사\엑셀문제1_완성.xlsx

제1작업 표 서식 및 계산 작업하기 • 실습 파일 :모의고사\엑셀문제1.xlsx [1작업], [결재표]시트

다음은 세미나실 예약 현황에 대한 자료이다. 자료를 입력하고 조건에 맞도록 작업하시오. (50점)

출력형태

세미나실 예약 상황표

조건

❶ 셀 전체의 글꼴을 맑은 고딕으로 지정하시오.
❷ [A1]~[F1] 셀은 크기 20, 셀 병합 후 가운데 맞춤으로 지정하시오.
❸ [A3]~J3] 셀은 글꼴 스타일 [굵게], 채우기 스타일 [빨강, 강조 2, 80% 더 밝게], 맞춤은 [가로 가운데 맞춤]으로 지정하시오.
❹ [결재표] 시트의 내용 [B3]~[E5] 셀을 [1작업] 시트의 [G1] 셀에 붙여 넣고 [출력 형태]와 같이 위치시키시오.
❺ [G4]~[H22], [J4]~[J22] 범위는 천 단위 구분 기호인 쉼표(,) 스타일을 표시하시오.
❻ 예약번호 뒤에 2자리는 2011년 5월을 기준으로 행사가 진행되는 날짜를 표시한 것이다. DATE와 RIGHT 함수를 사용하여 행사일([I3]~[I22])을 구하시오.
❼ COUNTIF 함수를 사용하여 세미나실 예약개수([E27]~[E30])를 구하시오.
❽ AVERAGEIF 함수를 사용하여 세미나실별 예약인원([F27]~[F30])의 평균을 계산한 후 소수 첫째

002 • chapter 01 엑셀과 처음 만난다

과목별 모의고사

핵심기능에서 배운 내용을 종합적으로 실무 서식에 적용하여 쓸 수 있도록 과목별 모의고사와 해설을 부록 CD에 실었습니다.

부록 CD 구성

부록 CD에는 [핵심기능], [모의고사]를 따라 하는 데 필요한 실습 파일과 완성 파일을 모두 담았습니다. 이 책을 공부하는 동안 계속 사용할 파일이므로 컴퓨터에 복사해두고 사용하는 것이 좋습니다. 또한 특별 부록으로 '프로그램별 핵심기능 종합 점검 모의고사 및 해설 6회분' PDF 파일이 제공됩니다.

- **엑셀_** 부록 CD\엑셀\실습 폴더, 완성 폴더
- **워드_** 부록 CD\워드\실습 폴더, 완성 폴더
- **파워포인트_** 부록 CD\파워포인트\실습 폴더, 완성 폴더
- **모의고사_** 부록 CD\모의고사 폴더

이 책의 차례

PART 1 엑셀 2010 핵심기능

PART 2 파워포인트 2010 핵심기능

PART 3 워드 2010 핵심기능

PART 1

엑셀 2010 핵심기능

들어가기 전에

엑셀 2010의 인터페이스

엑셀 2010 인터페이스는 2007에서 조금 더 업그레이드된 형태로, 메뉴가 아이콘 형식이라 더 쉽게 명령을 실행할 수 있습니다. 또한 탭 형식으로 배치되어 있어서 더 빠르게 필요한 명령을 찾을 수 있습니다.

기본 화면 구성

엑셀을 실행하면 나타나는 기본 화면으로, ❶ 리본 메뉴, ❷ 워크시트, ❸ 상태 표시줄로 구성되어 있습니다.

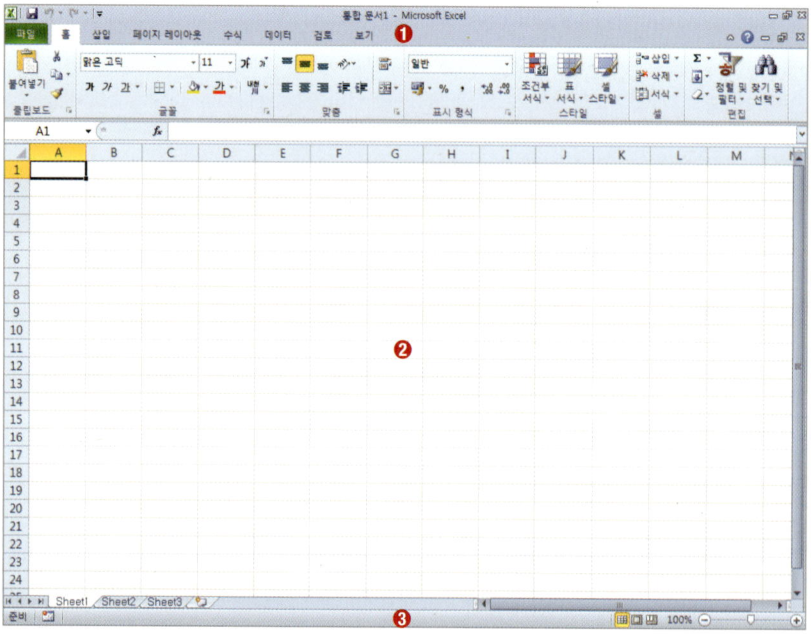

❶ 리본 메뉴

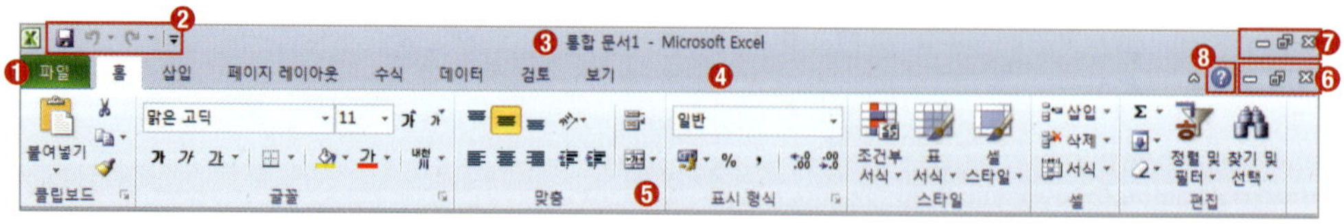

① **파일 탭** : 파일을 관리하는 메뉴가 모여 있으며 개인 정보, 저장, 공유, 인쇄 및 옵션 관련 설정을 수행할 수 있습니다.

② **빠른 실행 도구 모음** : 자주 사용하는 기능을 빠르게 실행할 수 있습니다.

③ **제목 표시줄** : 프로그램 이름과 현재 작업 중인 파일 이름이 표시되며, 작업 상태에 따라 **읽기 전용**, **호환 모드**, **공유**, **그룹**이 표시됩니다.

④ **탭** : 비슷한 종류의 명령을 그룹별로 모아놓은 형식으로, 기본 탭은 7개가 있습니다.

⑤ **그룹** : 각각의 탭에서 관련 있는 기능을 세부적으로 구분해놓았습니다.

⑥ **문서 창 조절 버튼** : 문서 창을 최소화/최대화하거나 닫을 때 사용합니다.

⑦ **프로그램 창 조절 버튼** : 엑셀 창을 최소화/최대화하거나 닫을 때 사용합니다.

⑧ **도움말 버튼** : 엑셀 도움말 창을 엽니다. F1을 눌러도 됩니다.

❷ 워크시트(작업 영역)

워크시트는 모눈종이처럼 보이는 공간입니다.

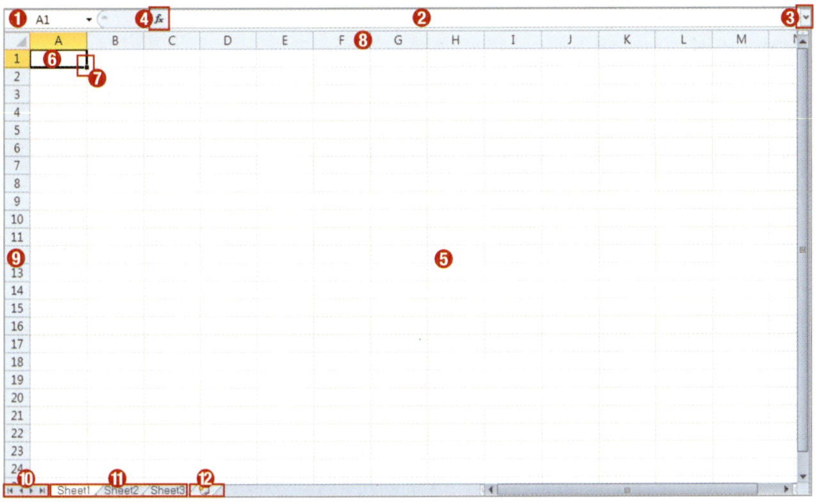

① **이름 상자** : 셀 주소와 정보 또는 수식이나 함수 목록이 나타납니다.

② **수식 입력줄** : 선택한 셀에 입력한 내용이나 수식이 나타나며, 셀 내용을 직접 입력하거나 수정할 수 있습니다.

③ **수식 입력줄 확장/축소 버튼** : 수식 입력줄을 확장/축소합니다.

④ **함수 삽입** : 함수 마법사를 실행하여 함수를 삽입합니다.

⑤ **셀** : 행과 열이 만나는 격자 형태의 사각형 영역으로, 데이터나 수식 등을 입력할 수 있습니다.

⑥ **셀 포인터** : 셀이 선택되었다는 표시로, 굵은 테두리가 셀 주위에 표시됩니다.

⑦ **채우기 핸들** : 셀 포인터 오른쪽 아래에 나타나는 검은 점으로, 드래그하면 데이터를 채울 수 있습니다.

⑧ **열 머리글** : 열 이름이 표시되는 곳으로 [A]열부터 [XFD]열까지 16,384개의 열이 있습니다.

⑨ **행 머리글** : 행 번호가 표시되는 곳으로 1행부터 1,048,576행까지 있습니다.

⑩ **시트 탭 이동 버튼** : 가려진 시트 탭을 볼 수 있습니다.

⑪ **시트 탭** : 현재 통합 문서에 있는 시트와 이름이 표시됩니다.

⑫ **워크시트 삽입 버튼** : 새 워크시트를 삽입할 수 있습니다.

❸ 상태 표시줄

상태 표시줄은 작업 상태를 표시하거나 화면 보기를 선택하는 공간입니다.

① **셀 모드** : 준비, 입력, 편집 등의 셀 작업 상태를 표시합니다.

② **표시 영역** : 키보드 기능키의 선택 상태를 표시하며, 숫자가 입력된 셀 범위를 지정하면 자동 계산 결과를 표시합니다.

③ **보기 바로 가기** : 기본, 페이지 레이아웃, 페이지 나누기 미리 보기 등 워크시트 보기 상태를 선택합니다.

④ **확대/축소 비율** : [확대/축소]를 지정하는 대화 상자를 열어 원하는 배율을 지정합니다.

⑤ **확대/축소 슬라이드** : 확대/축소 버튼을 클릭하여 10% 단위로 확대/축소하거나 조절바를 드래그하여 확대/축소할 수 있습니다.

작업 영역의 기본 구조

엑셀은 통합 문서, 워크시트(Worksheet), 셀(Cell)로 이루어져 있습니다. 엑셀의 기본 구조를 살펴보면 엑셀의 동작 원리와 용도를 명확하게 알 수 있습니다.

엑셀의 시작 셀과 셀 주소

모눈종이 형태의 작업 영역에는 가로 행과 세로 열이 교차하여 격자 모양의 직사각형을 이루며 넓게 펼쳐져 있습니다. 이 격자 모양의 직사각형 하나를 **셀(Cell)**이라고 부르며, 데이터를 입력(저장)할 수 있는 공간입니다. 각 셀에는 고유한 주소가 있는데, 이것을 **셀 주소**라고 부릅니다. 셀 주소는 열 머리글과 행 머리글을 조합해서 만듭니다. 예를 들어 [C] 열과 2행이 만나는 셀의 주소는 C2가 됩니다.

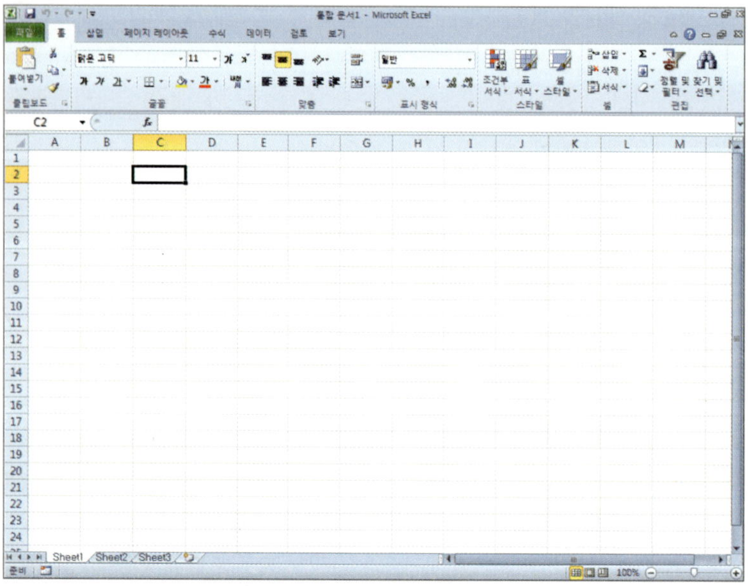

셀이 모여 이루어지는 워크시트

1,048,576행과 16,384열의 셀이 모여 문서를 만들고 편집하는 공간을 **워크시트**라고 합니다. 엑셀을 실행하면 [Sheet1], [Sheet2], [Sheet3]의 워크시트 3개가 기본으로 생성되며, 총 255개까지 워크시트를 삽입할 수 있습니다. 장부에 견출지를 붙여서 내용을 구분하는 것처럼 각 워크시트의 이름을 수정하거나 탭 색을 수정할 수 있습니다.

워크시트가 모여 이루어지는 통합 문서

엑셀은 관련 있는 워크시트(개별 문서)를 묶어서 관리합니다. 이것을 **통합 문서**라고 부릅니다. 엑셀은 통합 문서 단위로 문서를 저장하므로 관련 있는 문서는 하나로 묶어서 관리하는 것이 좋습니다. 예를 들어 교육 회계 문서에는 일계표, 월계표, 총계장, 수입결의서, 지출결의서, 항목 문서가 모두 들어 있도록 작업하는 것입니다.

핵심기능 01

빠른 실행 도구에서 새 통합 문서 만들기

빠른 실행 도구 모음은 자주 사용하는 명령을 빠르게 실행할 수 있도록 모아놓은 메뉴입니다. 빠른 실행 도구 모음을 사용하여 빠르게 새 통합 문서를 만들어보겠습니다.

01 빠른 실행 도구 모음에 명령 추가하기

① [빠른 실행 도구 모음 사용자 지정]을 클릭한 다음 ② [새로 만들기], [열기]를 각각 클릭합니다. 빠른 실행 도구 모음 창에 새 파일 아이콘이 추가됩니다.

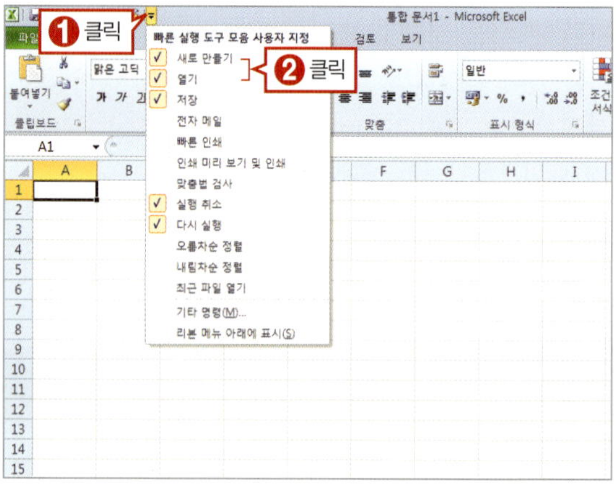

02 현재 문서를 닫고 새 통합 문서 만들기

① [창 닫기]를 클릭하여 현재 통합 문서를 닫습니다. ② [빠른 실행 도구 모음]에서 [새로 만들기]를 클릭하면 새 통합 문서가 열립니다.

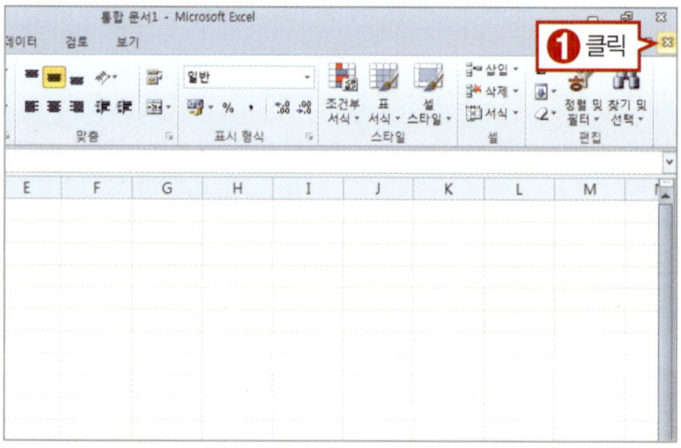

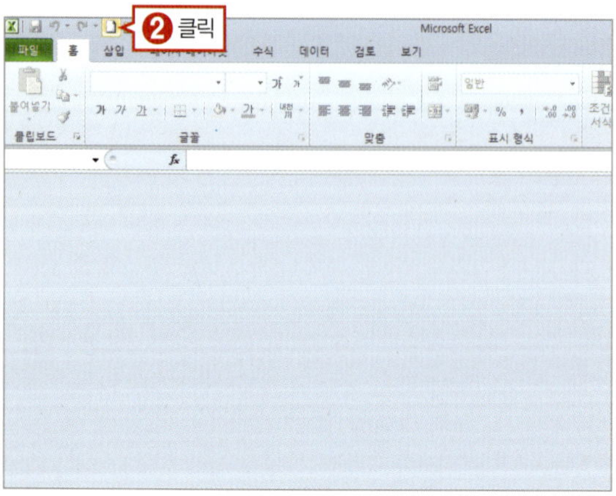

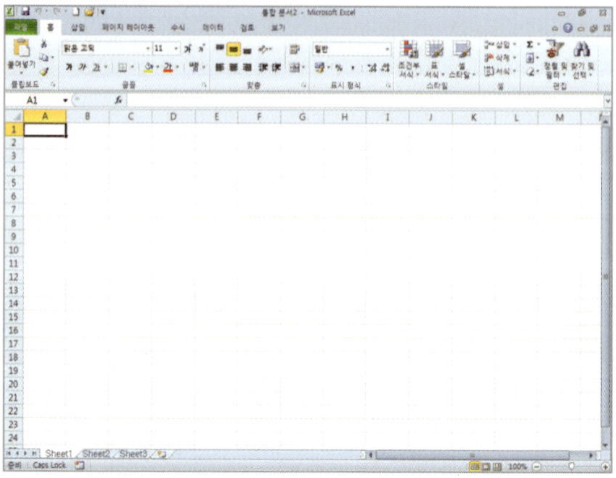

핵심기능 02

엑셀 서식 파일로 열고 통합 문서로 저장하기

• **완성 파일** ⓒ : 엑셀\완성\4월3주차회의일정_완성.xlsx

엑셀에서는 새 통합 문서를 만들어 사용하기도 하지만 엑셀에서 제공하는 다양한 서식 파일을 사용하여 쉽게 문서를 만들고 저장할 수 있습니다.

01 ① **[파일]** 탭에서 ② **[새로 만들기]**를 클릭합니다. ③ Office.com 서식 파일에서 **[일정]**을 클릭하고 ④ **[행사 일정(5일)]**을 더블클릭합니다. Office.com 온라인에서 다운로드한 후 파일을 엽니다.

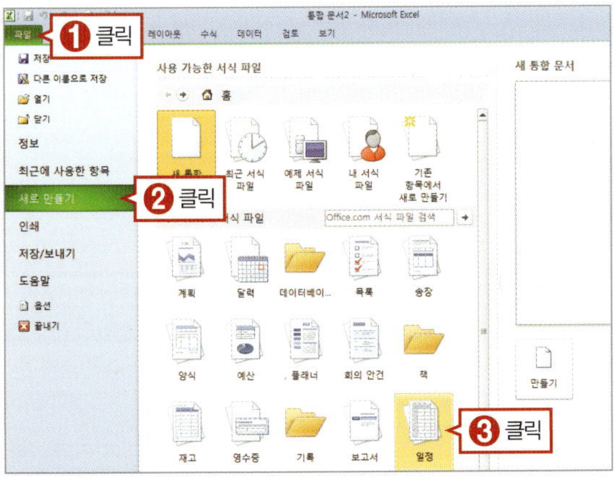

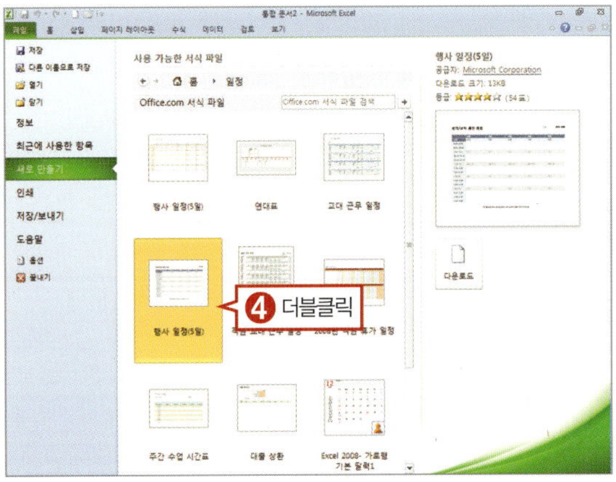

02 행사 일정을 입력하고 ① [빠른 실행 도구 모음]에서 [**저장**]을 클릭합니다. ② [다른 이름으로 저장] 대화 상자에서 파일 이름에 **4월3주차회의일정**을 입력한 다음 ③ **[저장]**을 클릭해서 통합 문서를 저장합니다.

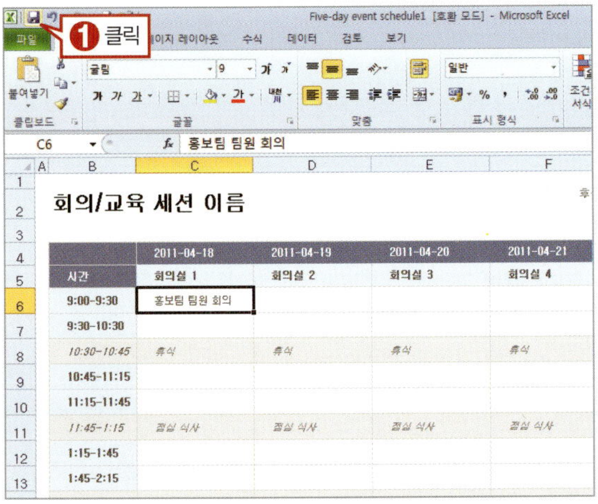

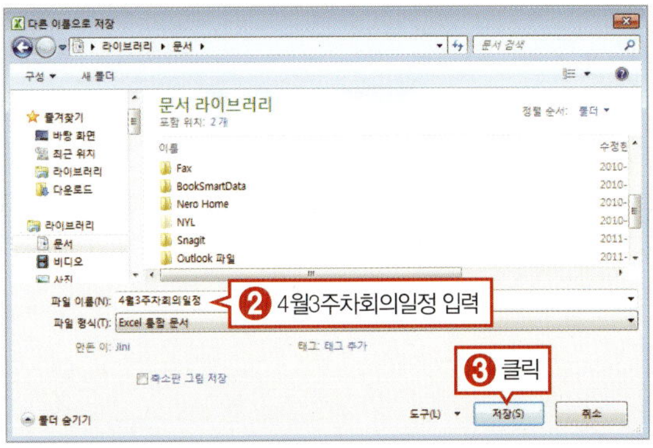

핵심기능 03

기존 통합 문서를 열어 낮은 버전의 통합 문서로 저장하기

• **실습 파일** ⓒ : 엑셀\실습\저장_무역수지.xls

• **완성 파일** ⓒ : 엑셀\완성\저장_무역수지(이전버전)_완성.xls

엑셀 2007 이후 버전은 *.xlsx 형식으로 저장되므로, 엑셀 2007 이후 버전에서 만든 문서는 2007 전 버전에서는 불러올 수 없습니다. 따라서 2007 전 버전에서 엑셀 문서를 불러오려면 '97-2003 통합 문서' 형식으로 저장해야 합니다.

01 ① 빠른 실행 도구 모음에서 **[열기]**를 클릭합니다. ② [열기] 대화 상자에서 부록 CD\엑셀\실습 폴더의 **저장_무역수지.xlsx** 파일을 선택합니다. ③ **[열기]**를 클릭해서 파일을 불러옵니다.

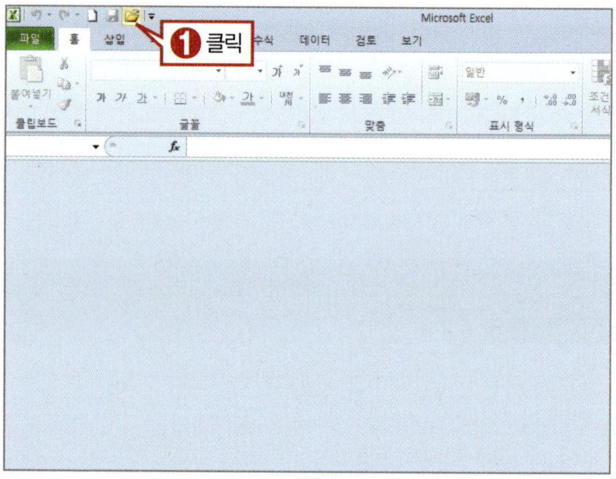

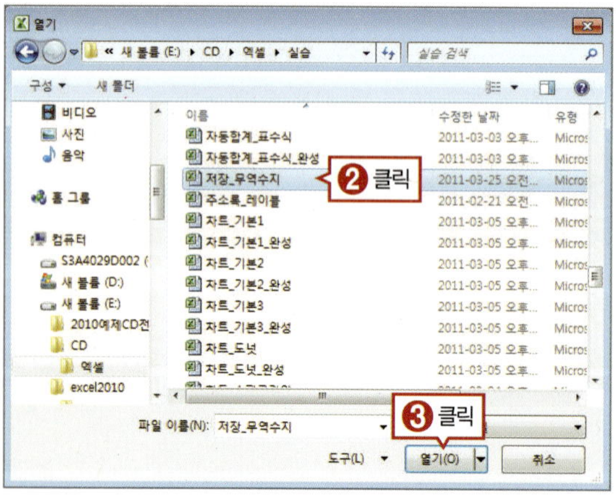

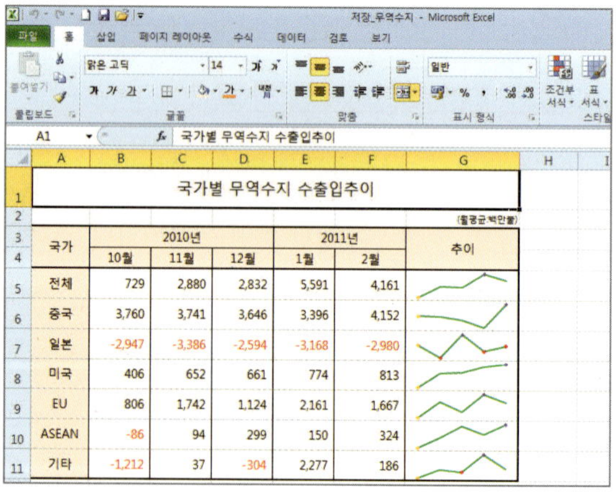

02 현재 문서를 닫고 새 통합 문서 만들기

① [**파일**] 탭에서 ② [저장/보내기]-[**파일 형식 변경**]을 클릭하고 ③ Excel 97-2003 **통합 문서**를 더블클릭합니다. ④ [다른 이름으로 저장] 대화 상자가 열리면 파일 이름을 지정한 다음 ⑤ [**저장**]을 클릭합니다.

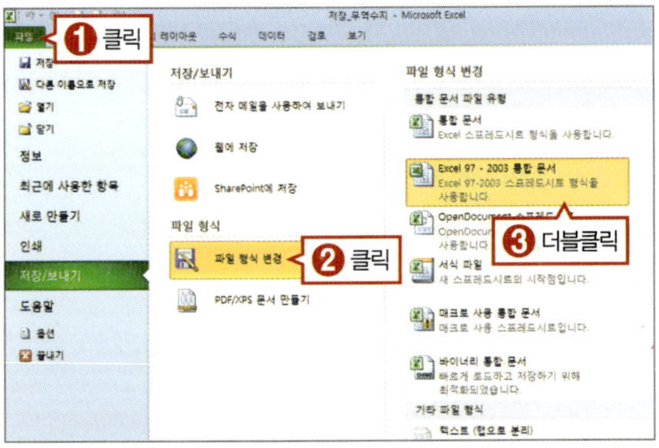

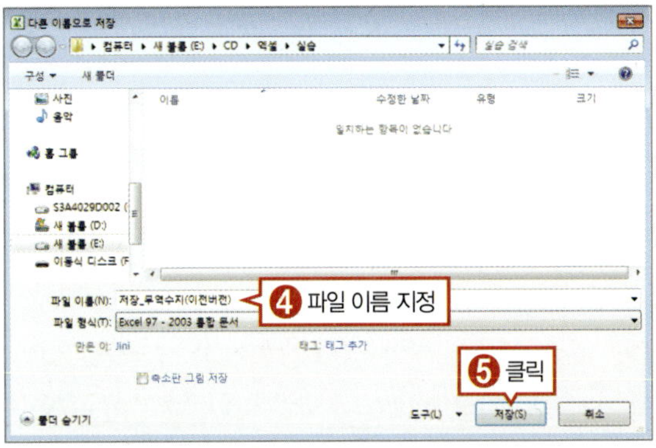

03 통합 문서가 97~2003 버전에서 쓸 수 있는 문서로 저장됩니다. 호환성 검사 경고창이 나타나면 [**계속**]을 클릭합니다.

Tip [호환성 검사 경고창]에 표시되는 내용은 엑셀 2010 전 버전에서 파일을 부를 경우 일부 기능이 제대로 표시되지 않을 수 있다는 경고입니다. 여기서는 스파크라인 차트 부분은 2010 버전의 새로운 기능이므로 2010 전 버전으로 저장할 경우 표시되지 않습니다.

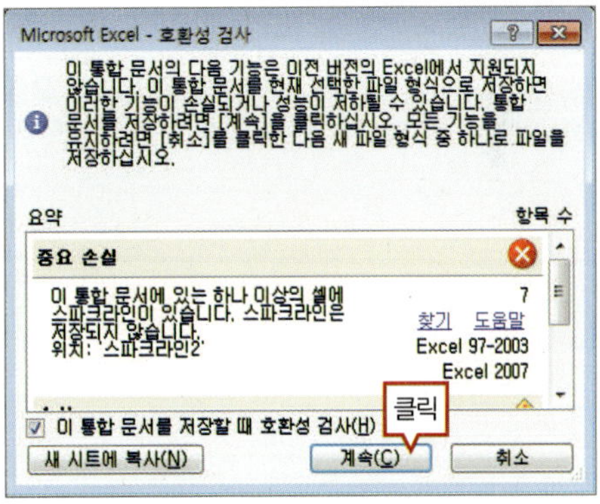

04 현재 문서를 닫고 이전 버전으로 저장한 문서를 불러오면 제목 표시줄에 [**호환 모드**]라고 나타나며, 스파크라인 차트는 전 버전과 호환되지 않으므로 나타나지 않습니다.

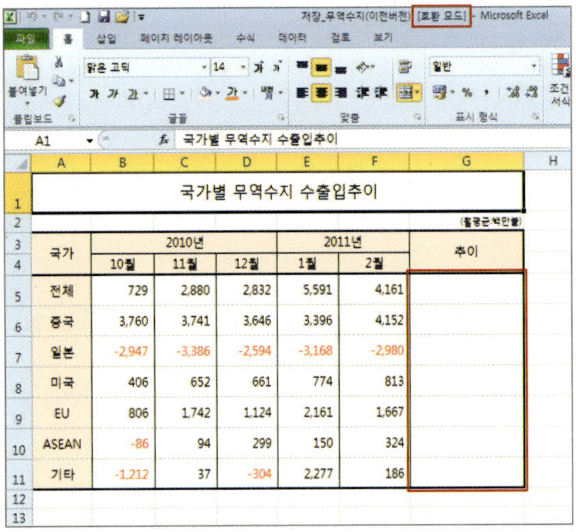

핵심기능
04

PDF 파일로 저장하기

- **실습 파일** ⓒ : 엑셀\실습\저장_매출명세서.xlsx
- **완성 파일** ⓒ : 엑셀\완성\PDF_매출명세서.PDF

엑셀 문서를 전자 문서인 PDF 또는 XPS 파일로 저장할 수 있습니다. 전자 문서로 저장하면 온라인상에서 공유하거나 인쇄할 때 원하는 형식이 그대로 유지되며 데이터를 쉽게 변경할 수 없습니다.

01 다른 형식의 전자 문서로 저장할 때는 ① **[파일]** 탭에서 ② **[저장/보내기]**를 누릅니다. ③ [PDF/XPS 문서 만들기]-**[PDF/XPS 만들기]**를 클릭합니다.

Tip PDF나 XPS 형식으로 저장할 때 인쇄 품질을 높이려면 최적화 항목에서 [표준(온라인 게시 및 인쇄)]을 선택하고, 파일 크기를 줄이려면 [최소 크기(온라인 게시)]를 선택합니다. 그 밖에 파일의 옵션을 설정하려면 [옵션]을 클릭합니다.

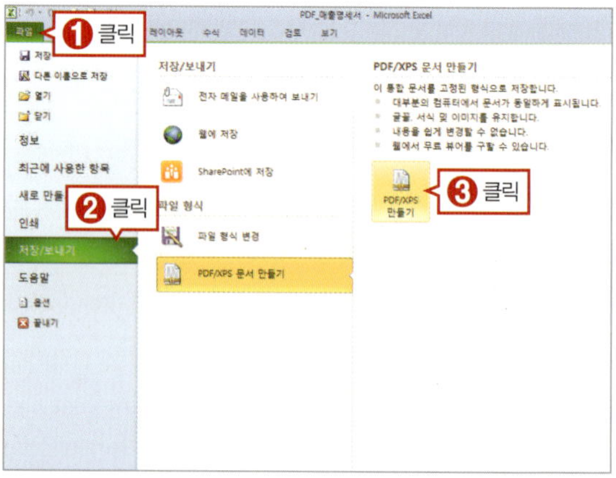

02 ① 파일 이름을 입력한 후 ② **[게시]**를 클릭합니다. PDF 문서로 저장하고 나면 PDF 파일을 보여줄 프로그램(PDF Reader)이 열리면서 문서가 보입니다.

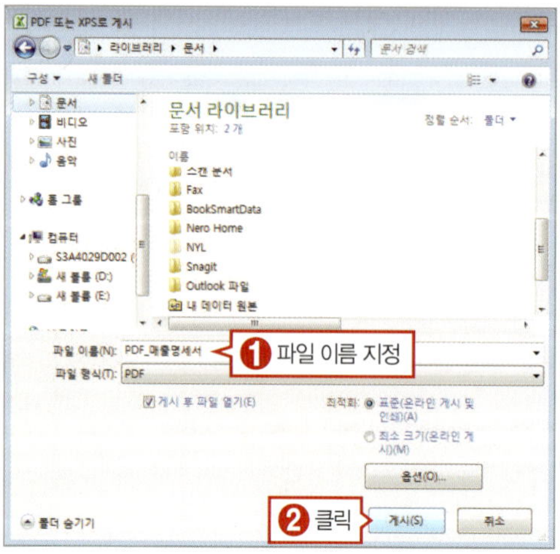

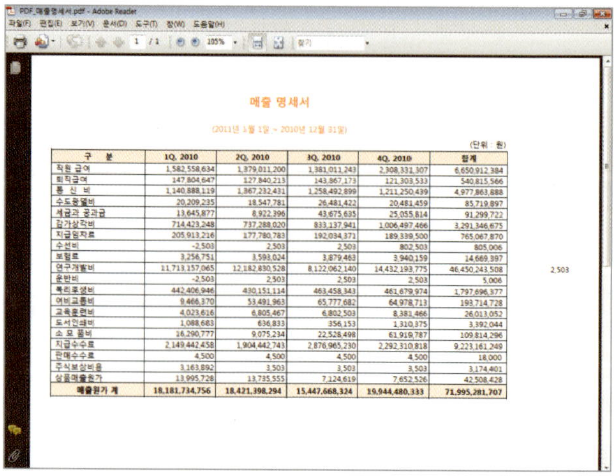

Tip PDF Reader가 설치되어 있지 않으면 PDF 파일을 보여줄 수 없습니다.

핵심기능 05

리본 UI 사용자 지정하기

빠른 실행 도구 모음과 같이 리본 메뉴 역시 인터페이스를 변경할 수 있습니다. 자신의 작업 스타일에 맞게 UI를 수정하면 작업 시간을 단축할 수 있습니다.

01 ① [파일] 탭에서 **[옵션]**을 클릭합니다. ② [옵션] 대화 상자에서 **[리본 사용자 지정]**을 선택합니다. ③ 리본 메뉴 사용자 지정에서 **[새 탭]**을 클릭합니다. ④ 목록에서 각각의 탭과 그룹의 이름을 마우스 오른쪽 버튼으로 클릭합니다. ⑤ **[이름 바꾸기]**를 선택하여 [이름 바꾸기] 대화 상자에 ⑥ **명령모음**을 입력합니다. **[새 그룹]**의 이름도 **자주 사용하는 명령**으로 바꿉니다.

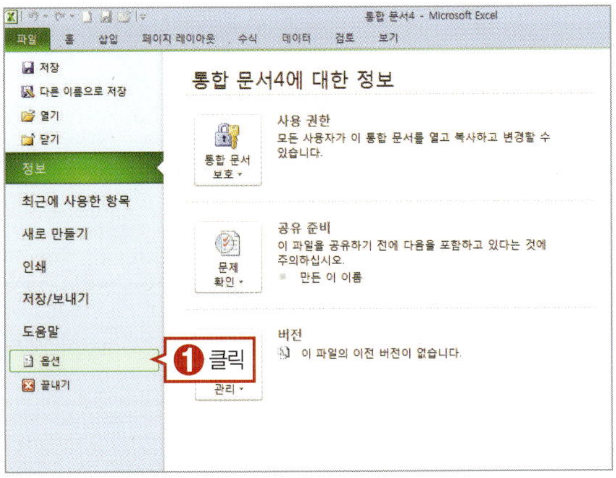

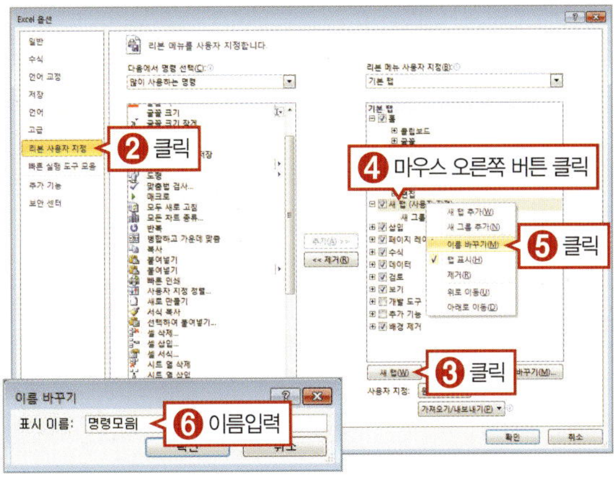

02 ① **[자주 사용하는 명령]** 그룹을 클릭합니다. ② 왼쪽의 **[많이 사용하는 명령]**에서 [가운데 맞춤], [글꼴 크기], [내림차순 정렬], [오름차순 정렬], [다른 이름으로 저장], [병합하고 가운데 맞춤], [인쇄 미리 보기 및 인쇄], [조건부 서식], [테두리], [틀 고정], [필터], [함수 삽입]을 선택합니다. ③ 각각 **[추가]**를 클릭한 다음 ④ **[확인]**을 클릭합니다.

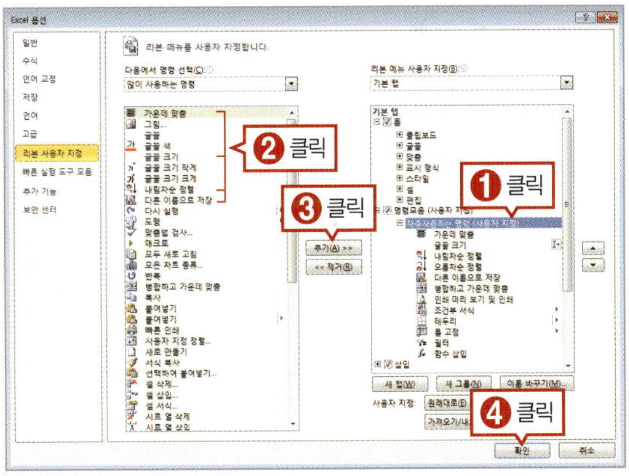

Tip [새 탭(W)]을 클릭하면 새로운 리본 메뉴를 만들 수 있으며, [가져오기/내보내기(P) ▾]를 클릭하면 새롭게 정의한 Office UI 파일(*.exportedUI)을 저장하거나 불러올 수 있습니다.

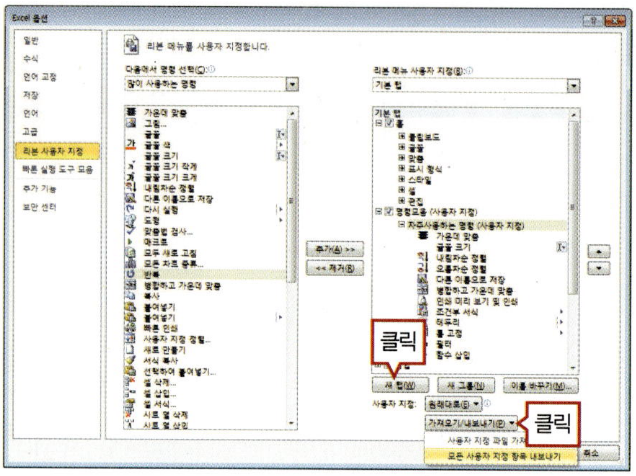

03 리본 메뉴에 **[명령 모음]** 탭이 새로 추가되었습니다. [명령 모음] 탭을 선택하면 새로 추가한 명령 모음이 나타납니다.

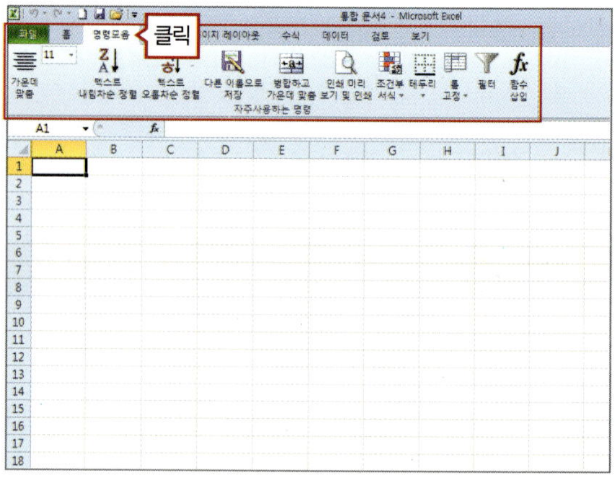

핵심기능 06

엑셀 화면 구성 요소 보이기/숨기기

• **실습 파일** ⓞ : 엑셀\실습\화면구성_견적서.xlsx

문서를 작성할 때는 수식 입력줄, 열/행 머리글, 워크시트에 나타나는 눈금선이 편리하지만 결과물을 보여줄 때는 거슬리는 경우가 있습니다. 이럴 경우 원하는 요소를 보여주거나 숨길 수 있습니다.

01 리본 메뉴 최소화하기

임의의 리본 탭을 **더블클릭**하면 리본 메뉴가 최소화되며, 화면에 펼쳐진 문서 내용의 좀 더 많은 영역을 볼 수 있습니다. 다시 더블클릭하면 원상태로 돌아갑니다.

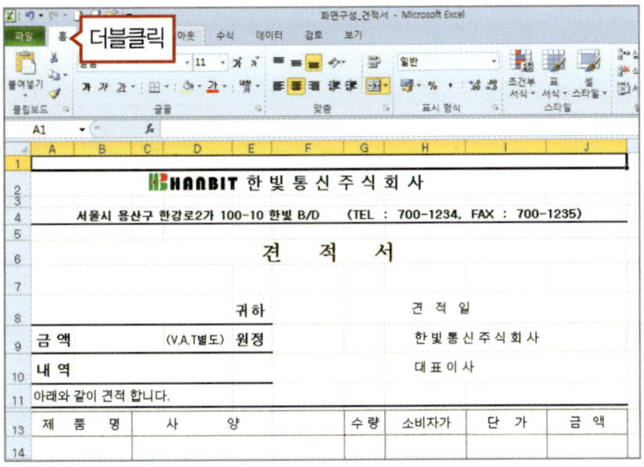

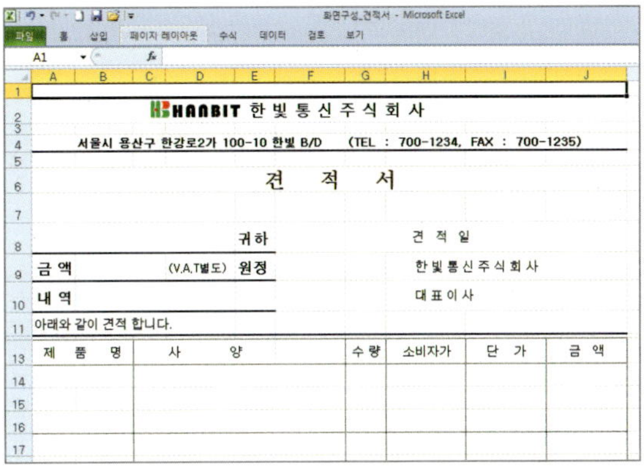

Tip 리본 메뉴 최소/최대화의 단축키는 Ctrl+F1입니다.

02 바탕 눈금선 숨기기

① [보기] 탭의 **[표시]** 그룹에서 ② 눈금선을 클릭하여 체크를 해제합니다. 눈금선을 숨겨 견적서의 불필요한 요소를 숨길 수 있습니다.

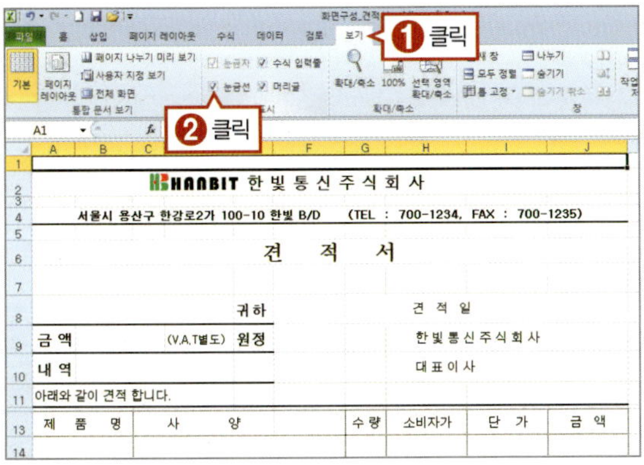

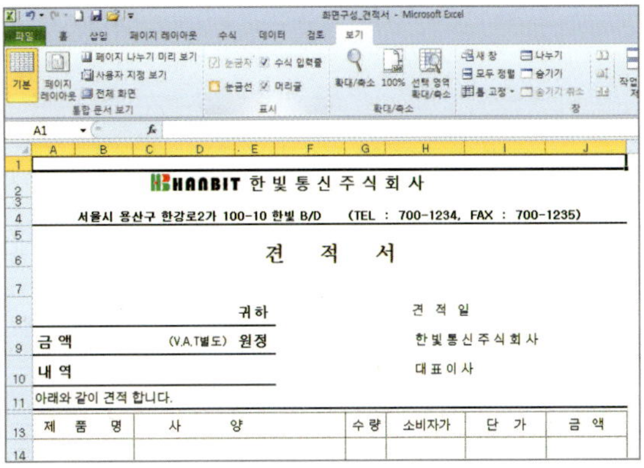

핵심기능 07

키보드로 셀 범위 지정하기

• **완성 파일** ◎ : 엑셀\실습\셀범위_판매현황.xlsx

데이터를 입력하거나 서식을 꾸미려면 엑셀에서 가장 기본 요소인 셀을 선택해야 합니다. 하나의 셀을 선택하거나 여러 셀을 범위로 지정하는 방법을 살펴보겠습니다.

01 ① [A3] 셀을 선택하고 ② Ctrl+Shift+→를 누르면 **[A3] 셀**부터 **[E3] 셀**까지 범위가 지정됩니다.

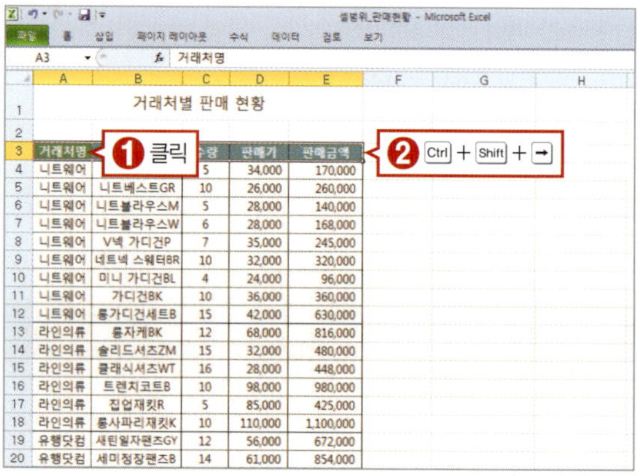

02 ① 데이터 목록에서 임의의 셀을 클릭합니다. ② Ctrl+Shift+*를 눌러 **데이터 전체**를 선택합니다.

Tip 워크시트 전체를 선택할 때는 [A1] 셀 왼쪽 위에 있는 [◢ 모두 선택(전체 선택)]을 클릭합니다

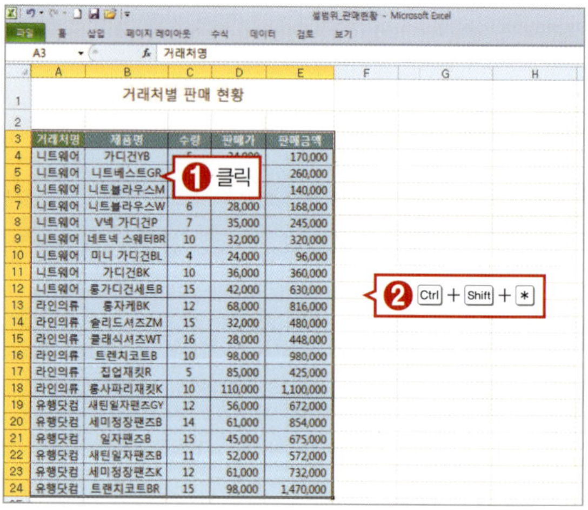

Tip 키보드를 이용한 범위 지정하기

Ctrl+Shift+↑/↓/←/→	데이터가 입력된 현재 셀에서 열의 첫 행 또는 마지막 행, 첫 열 또는 마지막 열까지 범위 지정 (단, 데이터가 입력되지 않았을 때는 현재 열/행의 처음 또는 마지막 셀까지 범위 지정)
Ctrl+Shift+*	데이터가 입력된 전체 범위 지정(단, 데이터가 입력되지 않았을 때는 범위 지정이 되지 않음)
Ctrl+A	데이터가 입력된 전체 범위 지정(단, 데이터가 입력되지 않았을 때는 현재 워크시트 전체 셀 범위 지정)

핵심기능 08

이름 정의로 셀 범위 지정하기

• **실습 파일** : 엑셀\실습\셀범위_판매현황.xlsx
• **완성 파일** : 엑셀\완성\셀범위_판매현황_완성.xlsx

엑셀에서는 참조 셀을 잘못 지정해서 발생하는 오류를 줄일 수 있도록 셀이나 선택 범위에 이름을 정의할 수 있습니다. 수식을 정의할 때는 선택 범위 대신에 정의된 이름을 사용하여 수식을 좀 더 직관적으로 만들 수 있습니다.

01 셀 범위 이름으로 정의하기

① [A4]~[E12] 셀을 드래그해서 범위로 선택합니다. ② 이름 상자에 **니트웨어**를 입력하고 Enter를 누릅니다. ③ 임의의 셀을 선택합니다. ④ [▾이름 상자 목록]을 클릭하고 ⑤ 앞서 정의한 범위 이름에서 **니트웨어**를 선택하면 [A4]~[E12] 셀의 니트웨어 거래처 범위가 선택됩니다.

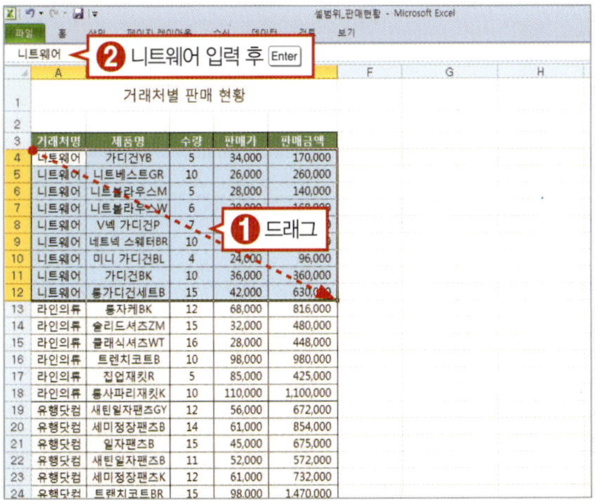

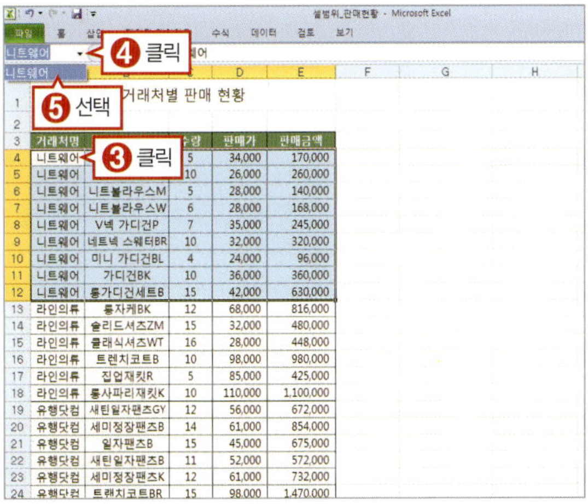

Tip 특정 범위를 이름으로 정의하려면 범위를 선택하고 이름 상자에 이름을 입력한 후 Enter를 누릅니다.

02 선택 영역에서 이름 만들기

① [A3] 셀을 선택하고 Ctrl+Shift+*를 눌러 데이터 전체를 선택합니다. ② [수식] 탭의 [정의된 이름] 그룹의 **[선택 영역에서 만들기]**를 클릭합니다. ③ [선택 영역에서 이름 만들기] 대화 상자에서 **[첫 행]**을 클릭하여 체크하고 ④ **[확인]**을 클릭합니다. 선택 범위에서 각 열의 첫 행이 범위 이름으로 정의됩니다.

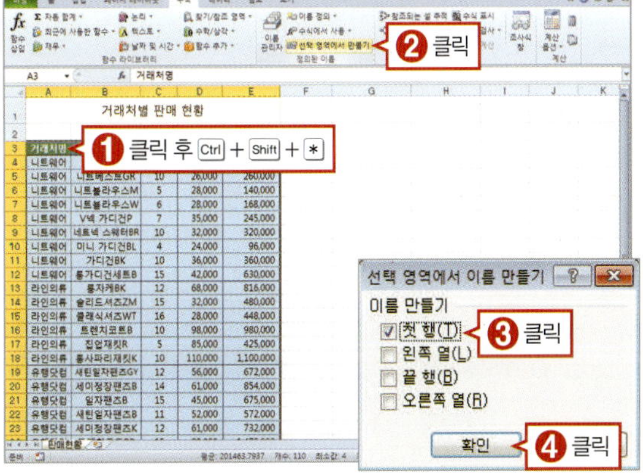

03 ① [▾이름 상자 목록]을 클릭하고 ② 앞서 정의한 범위 이름 중에 **판매금액**을 선택하면 [판매금액] 열이 선택됩니다.

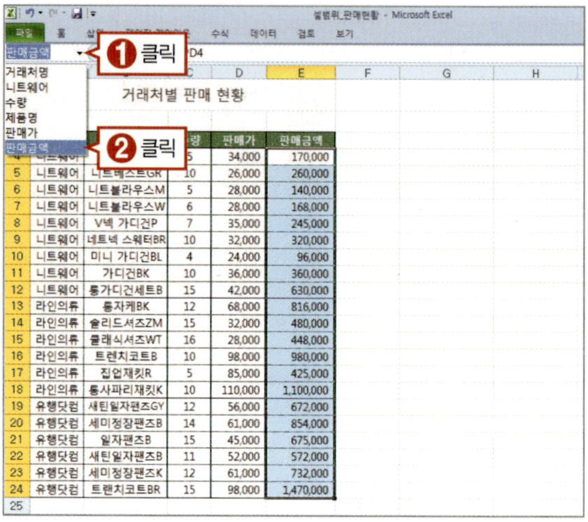

Tip 이름 관리자로 셀 이름 추가/수정/삭제하기

정의해둔 셀 이름은 [수식] 탭의 [정의된 이름] 그룹에 있는 [이름 관리자]에서 수정하거나 삭제할 수 있습니다.

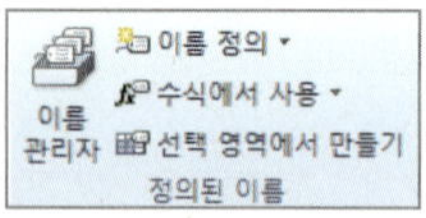

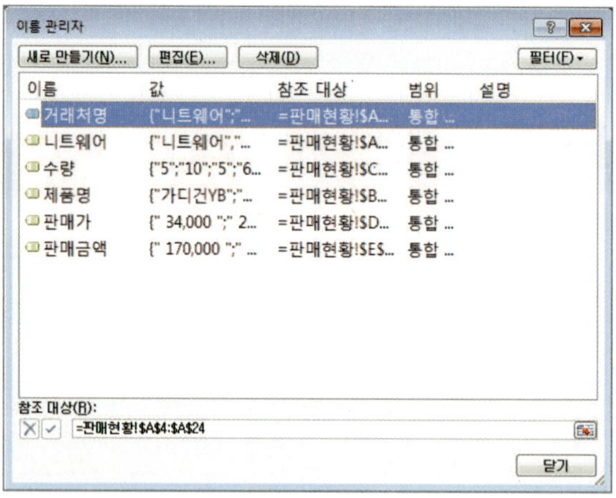

핵심기능

09 행과 열의 너비 조정하기

• **실습 파일** ⓒ : 엑셀\실습\행열너비_입금표.xlsx

• **완성 파일** ⓒ : 엑셀\완성\행열너비_입금표_완성.xlsx

데이터의 너비와 높이에 맞게 행과 열의 너비를 조정하는 기능으로 데이터를 보기 좋게 편집하는 방법에 대해 알아보겠습니다.

01 ① **4~15행 머리글**을 선택하고 행 머리글에서 마우스 오른쪽 버튼을 클릭합니다. ② **[행 높이]**를 선택합니다. ③ [행 높이] 대화상자에 **25**를 입력하고 ④ **[확인]**을 클릭합니다. 선택한 행의 높이가 25로 바뀝니다.

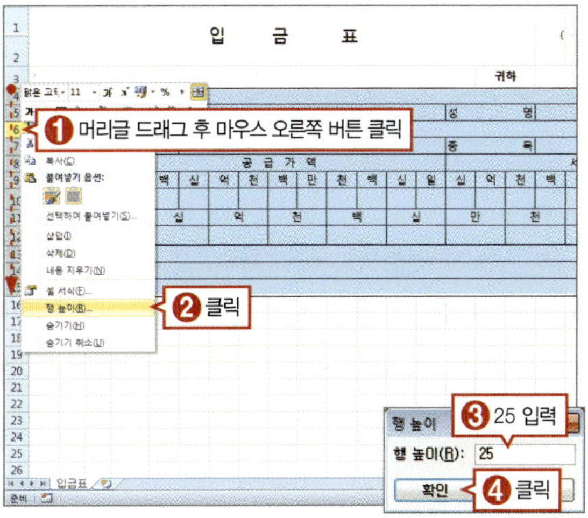

02 ① **10행 머리글**을 선택하고 ② Ctrl을 누른 상태로 **12행 머리글**을 선택합니다. ③ **10행 머리글 경계선**에 마우스 포인터를 위치시키고 드래그합니다. 드래그해서 조절한 10행의 높이만큼 선택한 나머지 행의 높이도 일괄적으로 변경됩니다.

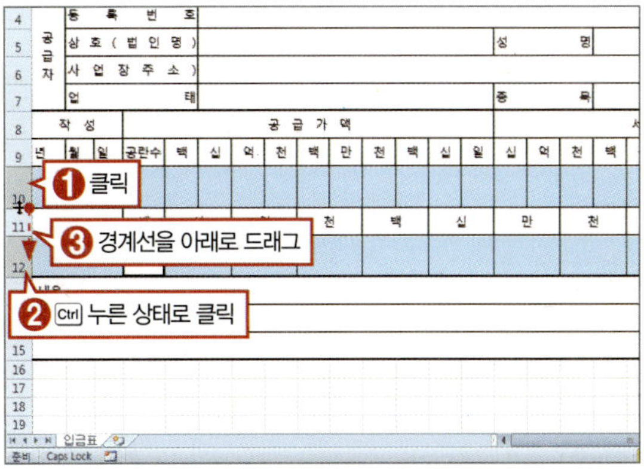

03 ① [E]열 머리글에서 [X]열 머리글까지 드래그하여 범위를 지정합니다. ② 선택한 임의의 **열 머리글 사이 경계선**에 마우스 포인터를 위치시키고 더블클릭합니다. 선택한 범위에 데이터의 너비만큼 일괄적으로 자동 조절됩니다.

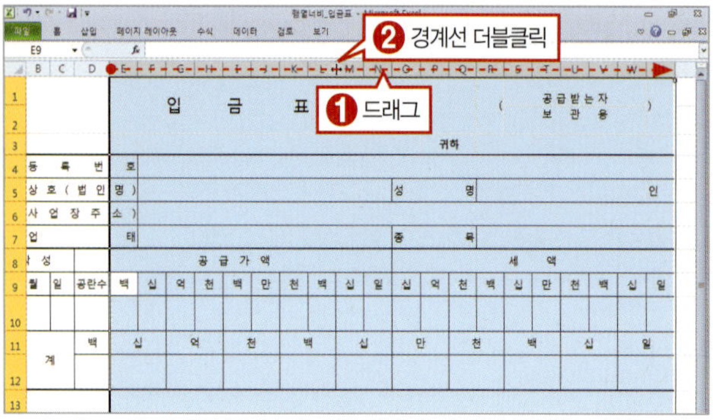

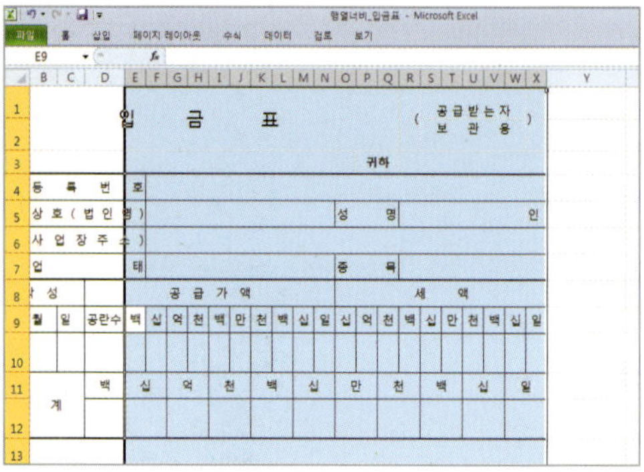

Tip 행/열 머리글 사이 경계선을 더블클릭하면 선택 범위 중 가장 긴 데이터가 입력된 셀에 맞게 높이나 너비가 조절됩니다.

핵심기능 10

너비 유지 및 선택하여 붙여넣기

- **실습 파일** ⓒ : 엑셀\실습\복사_거래처조회.xlsx
- **완성 파일** ⓒ : 엑셀\완성\복사_거래처조회_완성.xlsx

문서를 작성하다보면 실수로 다른 셀에 데이터를 입력할 수도 있고, 같은 내용을 여러 셀에 입력할 때도 있습니다. 이때 일일이 반복해서 입력하거나 지우고 다시 입력하는 번거로움을 해소하기 위해 이동, 복사, 선택하여 붙여넣기 등의 다양한 기능을 이용할 수 있습니다. 마우스로 간편하게 데이터를 편집할 수 있고, 메뉴를 이용하여 편집할 수도 있습니다. 데이터를 편집하는 다양한 방법을 익혀서 상황에 맞게 사용하는 것이 좋습니다.

01 너비를 유지하여 붙여넣기

① [거래서] 시트의 [A3] **셀**부터 [A20] **셀**까지 드래그하여 선택합니다. ② Ctrl을 누른 상태로 [D3]~[D20], [J3]~[J20] **셀**을 드래그해서 범위를 지정합니다. ③ 범위에서 마우스 오른쪽 버튼을 클릭합니다. ④ **[복사]**를 선택하면 선택한 범위의 데이터가 복사됩니다.

Tip 복사의 단축키는 Ctrl+C, 잘라내기의 단축키는 Ctrl+X, 붙여넣기의 단축키는 Ctrl+V입니다.

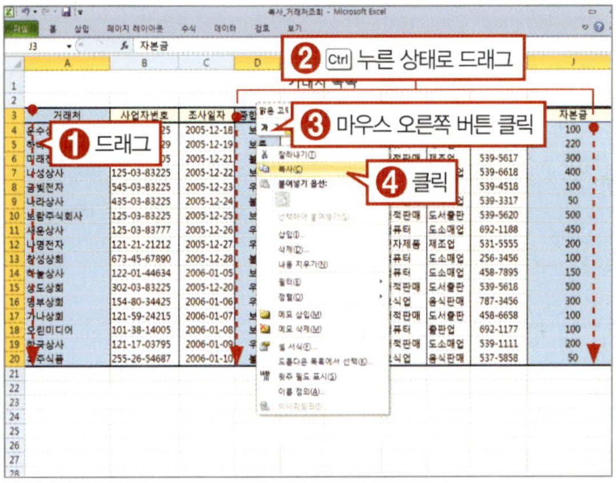

02

① **[종합평가]** 시트 탭을 선택합니다. ② [A3] 셀에서 마우스 오른쪽 버튼을 클릭합니다. ③ [선택하여 붙여넣기 옵션]–[**원본 열 너비 유지**]를 선택한 후 Esc를 눌러 복사 모드를 해제합니다. 원본 데이터와 동일하게 열 너비가 유지되도록 붙여넣었습니다.

Tip 데이터를 복사하면 범위로 지정한 테두리가 깜빡거립니다. 이는 원본 데이터를 계속 붙여넣을 수 있다는 의미이며, 더 이상 붙여넣기를 하지 않으려면 Esc를 누릅니다.

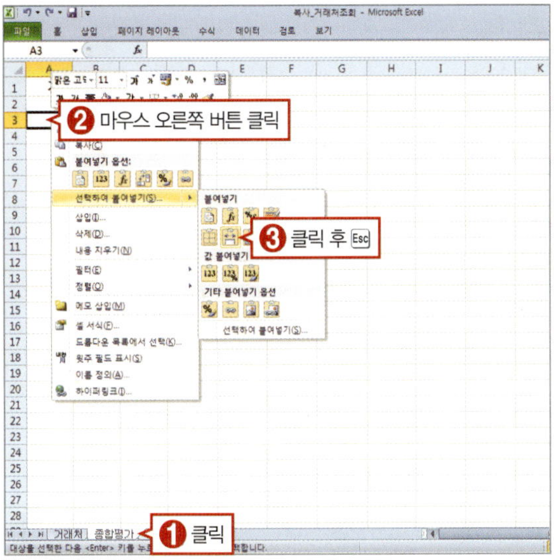

03 곱셈을 적용하여 붙여넣기

① [F3] 셀을 선택하여 1000000을 입력하고 Enter를 누릅니다. ② [F3] 셀을 선택하고 Ctrl+C를 누릅니다.

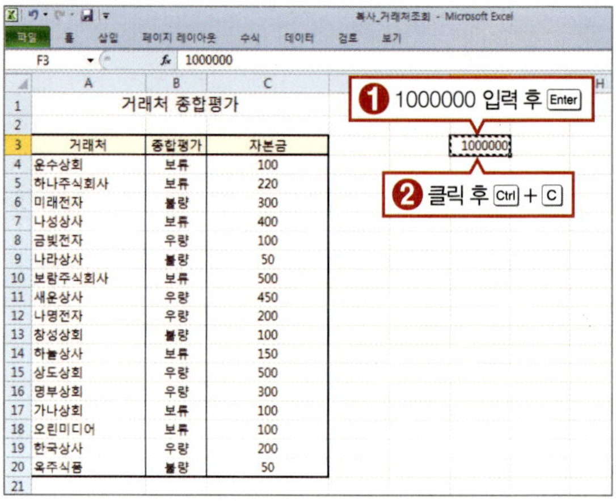

04 ① [C4]~[C20] 셀까지 범위를 지정하고 ② [선택하여 붙여넣기]–[**선택하여 붙여넣기**]를 선택합니다. ③ [선택하여 붙여넣기] 대화 상자에서 **[곱하기]**를 선택하고 ④ **[확인]**을 클릭하면 [자본금] 열의 값이 1,000,000을 곱한 값으로 바뀝니다.

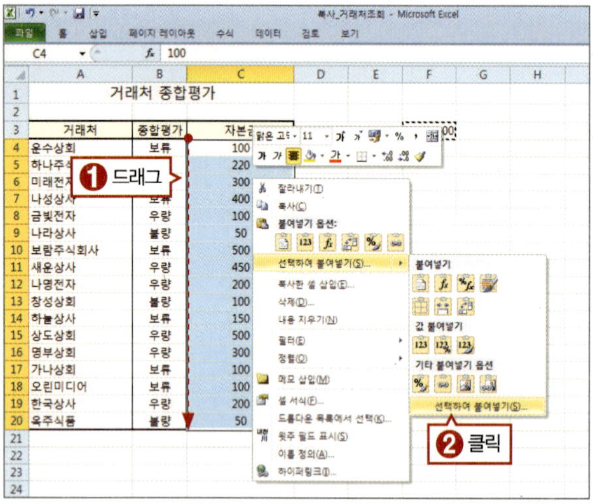

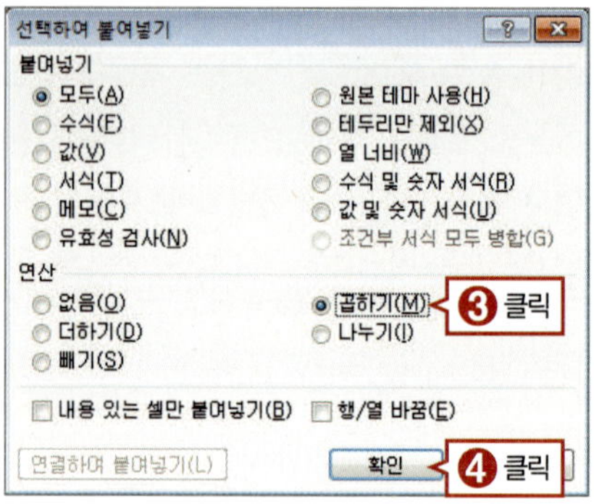

Tip 선택하여 붙여넣기의 단축키는 Ctrl+Alt+V입니다.

05 ① [F3] 셀의 값은 Delete를 눌러 삭제합니다. ② **[B4]~[B20] 셀**의 범위를 지정합니다. ③ [홈] 탭의 [클립보드] 그룹에서 **[서식 복사]**를 클릭합니다. ④ 마우스 포인터가 일 때 [C4] 셀을 선택하면 [종합평가] 열의 서식이 [자본금] 열로 복사됩니다.

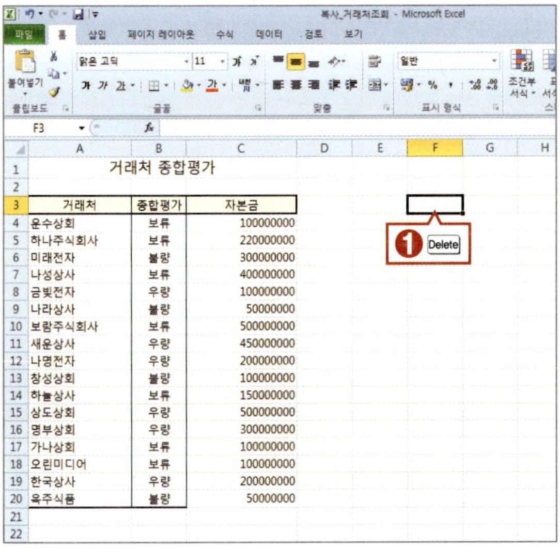

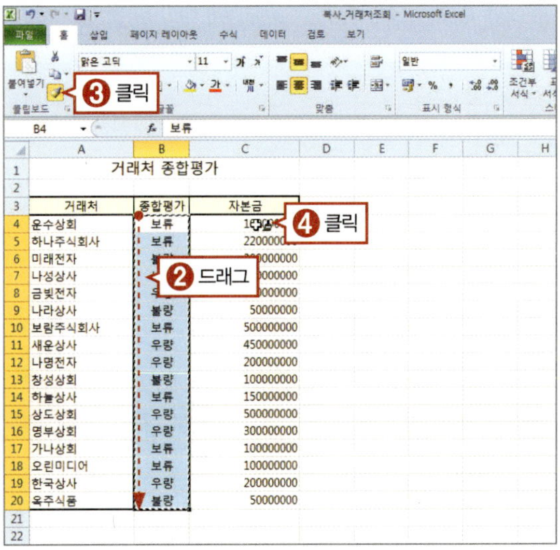

Tip [서식 복사]를 더블클릭하면 계속해서 서식을 복사할 수 있습니다. 서식 복사를 중단하고 싶을 때는 Esc를 누릅니다.

Tip 실행 취소와 다시 실행

[실행 취소]나 [다시 실행] 기능을 이용하면 잘못 실행한 작업이나 명령을 100단계까지 취소하거나 다시 실행할 수 있습니다. 단 [메뉴] 탭을 선택하거나 [시트 보호], [통합 문서 저장], [매크로 실행] 등의 일부 작업은 취소할 수 없습니다. [실행 취소]와 [다시 실행] 명령은 [빠른 실행 도구 모음]에 들어 있으며, 단축키는 Ctrl+Z와 Ctrl+Y입니다.

- **실행 취소(Ctrl+Z)**
  최근 작업이나 그 이전 작업을 취소하고 싶을 때는 [빠른 실행 도구 모음]에서 [실행 취소]를 클릭합니다.
- **다시 실행(Ctrl+Y)**
  [실행 취소]한 최근 작업을 다시 실행하려면 [빠른 실행 도구 모음]에서 [다시 실행]을 클릭합니다.

핵심기능 11

그림으로 연결하여 붙여넣기

• **실습 파일** ⓒ : 엑셀\실습\복사_거래명세서_완성.xlsx
• **완성 파일** ⓒ : 엑셀\완성\복사_거래명세서.xlsx

열 너비에 관계없이 여러 종류의 표를 한곳에 모아놓을 때는 그림 붙여넣기 기능을 이용하면 편리합니다.

01 ① **[공급자]** 시트를 선택합니다. ② [A1] 셀에서 [K7] 셀까지 드래그하여 범위를 지정합니다. ③ Ctrl + C를 눌러 복사합니다.

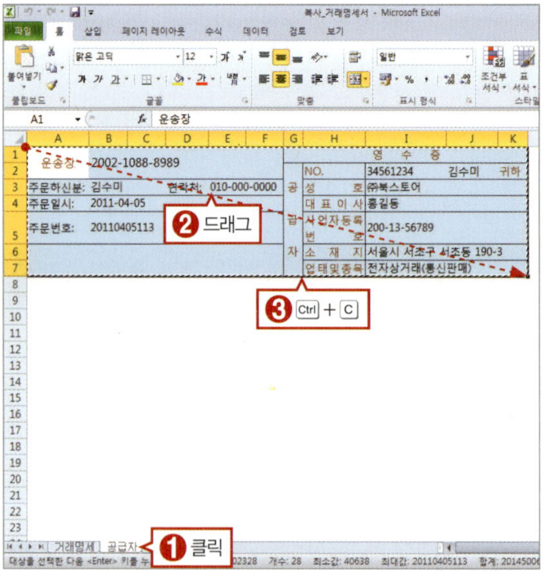

02 ① **[거래명세]** 시트를 선택합니다. ② [A2] 셀에서 마우스 오른쪽 버튼을 클릭하여 ③ [선택하여 붙여넣기]–[기타 붙여넣기 옵션]에서 [**연결된 그림**]을 선택합니다. Esc를 눌러 복사 모드를 해제합니다.

Tip 연결된 [그림 붙여넣기] 기능을 사용하면 원본 데이터에 따라 연결된 데이터가 자동으로 수정됩니다. 만약 원본 데이터의 영향을 받지 않으려면 [그림]을 선택합니다.

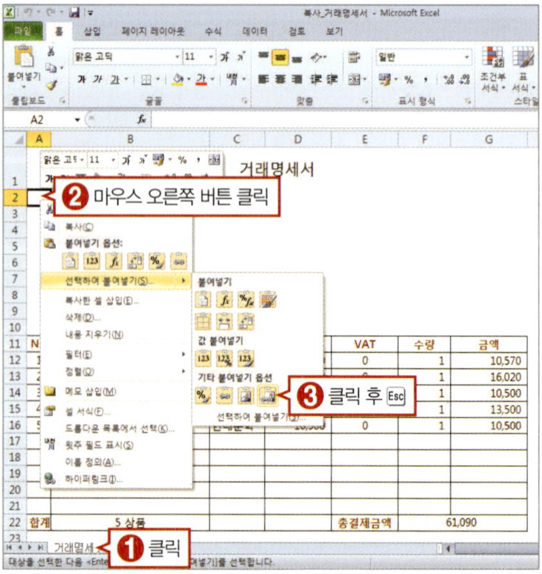

03 붙여넣은 그림 개체를 선택하고 조절점을 드래그하여 크기를 조절합니다.

Tip 개체를 선택하고 방향키(←, ↑, →, ↓)를 눌러 위치를 옮길 수 있습니다.

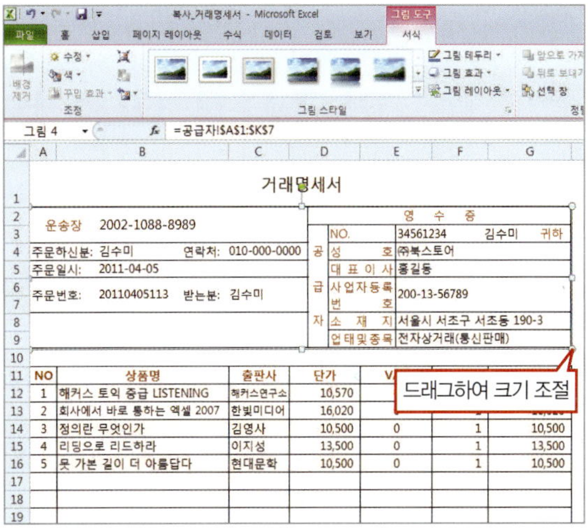

Tip 선택하여 붙여넣기 옵션 살펴보기

엑셀 2010에서 마우스 오른쪽 버튼을 클릭하면 나타나는 메뉴는 붙여넣기 옵션 지정을 아이콘으로 제공하기 때문에 보다 쉽고 다양하게 붙여넣기 옵션을 지정할 수 있습니다.

붙여넣기 옵션		설 명
붙여넣기	붙여넣기	모든 셀 내용과 수식 및 서식 붙여넣기
	수식	수식 입력줄에 입력한 대로 수식만 붙여넣기
	수식 및 숫자 서식	수식 입력줄에 입력한 대로 수식과 숫자 서식 붙여넣기
	원본 서식 유지	원본 서식을 유지하면서 셀 내용과 수식 붙여넣기
	테두리 없음	테두리 없이 셀 내용과 서식 및 수식 붙여넣기
	원본 열 너비 유지	원본 열 너비를 유지하면서 셀 내용과 서식 및 수식 붙여넣기
	바꾸기	행과 열을 바꿔서 셀 내용과 서식 및 수식 붙여넣기
값 붙여넣기	값	셀 내용만 붙여넣기
	값 및 숫자 서식	셀 내용과 숫자 서식만 붙여넣기
	값 및 원본 서식	셀 내용과 서식 붙여넣기
기타 붙여넣기	서식	셀 서식만 붙여넣기
	연결하여 붙여넣기	셀 내용만 연결하여 붙여넣기
	그림	원본과 연결 없이 그림으로 붙여넣기
	연결된 그림	원본과 연결하여 그림으로 붙여넣기

핵심기능 12

워크시트 이름 변경 및 탭 색 변경하기

- **실습 파일** ⓒ : 엑셀\실습\시트_매출현황1.xlsx
- **완성 파일** ⓒ : 엑셀\완성\시트_매출현황1_완성.xlsx

워크시트는 문서를 만들고 편집하는 공간입니다. 워크시트의 이름을 정의하거나 시트 탭의 색을 수정해서 구분해놓으면 여러 파일을 관리할 때 쉽게 구분할 수 있어 파일을 편리하게 관리할 수 있습니다.

01 ① [Sheet1] 시트 탭을 더블클릭하고 이름을 **1월**로 입력합니다. ②③ 같은 방법으로 [Sheet2]와 [Sheet3] 시트 탭을 **2월**, **3월**로 각각 입력합니다.

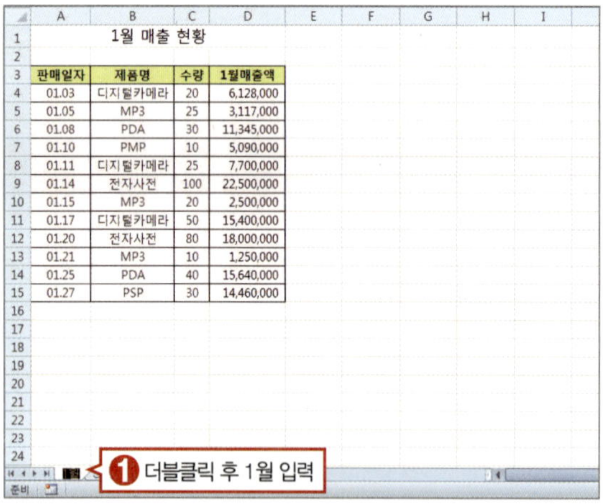

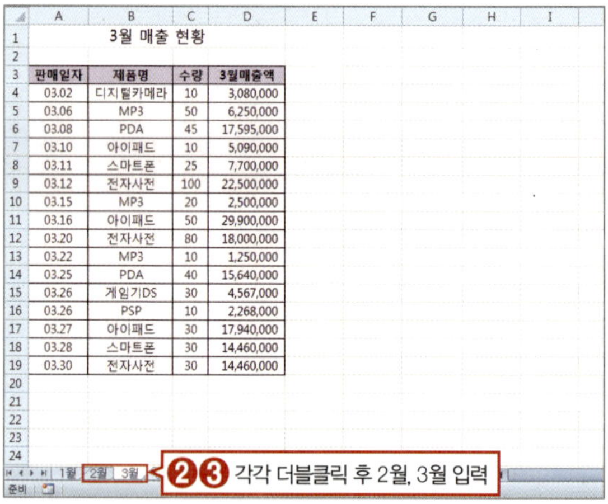

Tip 시트 탭에서 마우스 오른쪽 버튼을 클릭합니다. [이름 바꾸기]를 선택해서 이름을 바꾸거나 [탭 색]을 선택해서 탭을 원하는 색으로 바꿀 수 있습니다. 워크시트 이름은 31자를 넘지 않아야 하며, ₩ / ? * [ ] '를 포함할 수 없습니다.

02 ① [**1월**] 시트 탭을 선택하고 마우스 오른쪽 버튼을 클릭하여 [탭 색]–[**빨강, 강조, 2**]를 선택합니다. ②③ 같은 방법으로 [2월]과 [3월] 시트 탭의 색을 [**바다색, 강조 5**], [**주황, 강조 6**]으로 변경합니다.

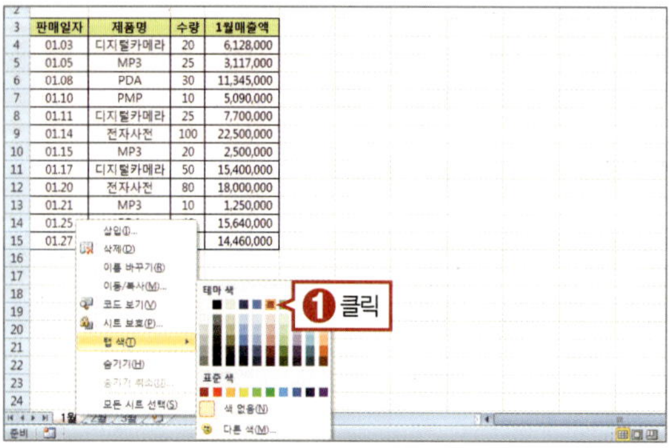

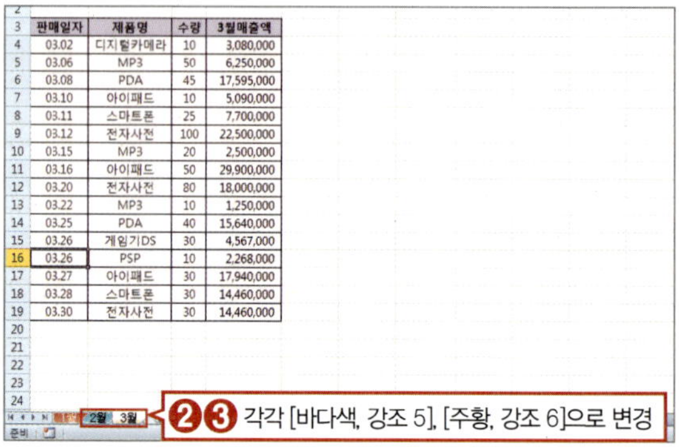

핵심기능 13

워크시트 이동/복사/삭제하기

- **실습 파일** ◎ : 엑셀\실습\시트_매출현황2.xlsx
- **완성 파일** ◎ : 엑셀\완성\시트_매출현황2_완성.xlsx

하나의 엑셀 문서에는 기본적으로 3개의 시트가 있고, 필요에 따라 추가하거나 삭제할 수 있습니다. 워크시트 이동/복사/삭제 등의 기능을 이용하면 데이터를 효과적으로 관리할 수 있습니다.

01 워크시트 복제하기

① [3월] 시트 탭을 선택하고 ② Ctrl을 누른 상태에서 시트 탭을 오른쪽으로 드래그합니다. [3월] 시트가 [3월 (2)] 시트로 복제됩니다. ③ 복제한 시트 탭을 더블클릭하고 이름을 **4월**로 입력합니다.

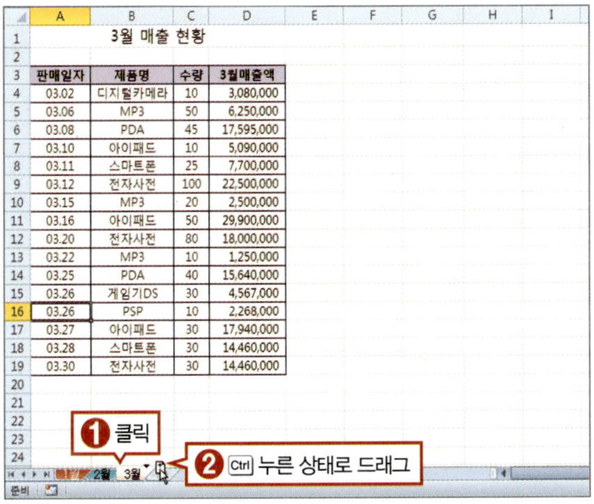

3월 매출 현황

판매일자	제품명	수량	3월매출액
03.02	디지털카메라	10	3,080,000
03.06	MP3	50	6,250,000
03.08	PDA	45	17,595,000
03.10	아이패드	10	5,090,000
03.11	스마트폰	25	7,700,000
03.12	전자사전	100	22,500,000
03.15	MP3	20	2,500,000
03.16	아이패드	50	29,900,000
03.20	전자사전	80	18,000,000
03.22	MP3	10	1,250,000
03.25	PDA	40	15,640,000
03.26	게임기DS	30	4,567,000
03.26	PSP	10	2,268,000
03.27	아이패드	30	17,940,000
03.28	스마트폰	30	14,460,000
03.30	전자사전	30	14,460,000

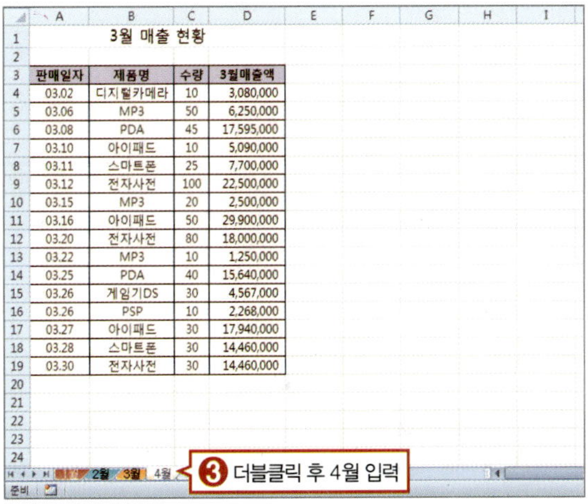

3월 매출 현황

판매일자	제품명	수량	3월매출액
03.02	디지털카메라	10	3,080,000
03.06	MP3	50	6,250,000
03.08	PDA	45	17,595,000
03.10	아이패드	10	5,090,000
03.11	스마트폰	25	7,700,000
03.12	전자사전	100	22,500,000
03.15	MP3	20	2,500,000
03.16	아이패드	50	29,900,000
03.20	전자사전	80	18,000,000
03.22	MP3	10	1,250,000
03.25	PDA	40	15,640,000
03.26	게임기DS	30	4,567,000
03.26	PSP	10	2,268,000
03.27	아이패드	30	17,940,000
03.28	스마트폰	30	14,460,000
03.30	전자사전	30	14,460,000

Tip Shift는 '~부터 ~까지'라는 개념이고, Ctrl은 'A와 B'라는 개념입니다. 따라서 Shift를 누르면 처음 선택한 워크시트부터 마지막 선택한 워크시트까지 선택되고, Ctrl을 누르면 처음 선택한 워크시트와 각각 선택한 워크시트만 선택됩니다.

02 워크시트 추가하기

① [시트 삽입 버튼]을 클릭합니다. ② 새로운 시트 탭을 더블클릭하여 이름을 **1분기**로 입력하고 Enter를 누릅니다. ③ [1분기] 시트 탭을 드래그하여 **[1월] 시트 왼쪽**으로 옮깁니다.

Tip 새로 만든 통합 문서에는 기본적으로 3개의 시트가 있습니다. 개수를 조정하려면 [파일] 탭에서 [옵션]을 선택한 후 [Excel 옵션] 대화 상자를 엽니다. 일반 항목의 포함할 시트 수에 1~255 사이의 값을 입력합니다.

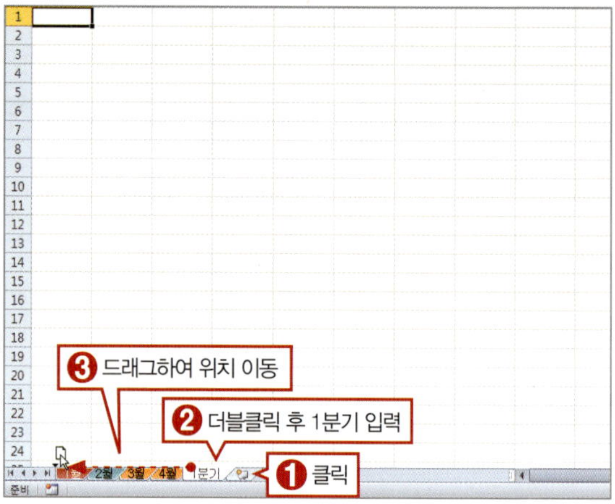

03 워크시트 삭제하기

① [4월] 시트 탭을 선택합니다. 마우스 오른쪽 버튼을 클릭하고 ② [**삭제**]를 선택합니다. ③ 삭제하려는 시트에서 데이터를 삭제해도 되는지 물어보는 대화 상자가 나타나면 [**삭제**]를 누릅니다.

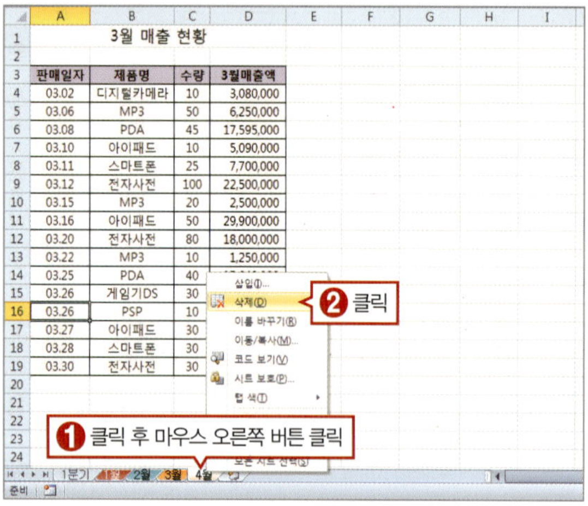

핵심기능 14

워크시트 보호하기

- **실습 파일** ⓞ : 엑셀\실습\시트보호_견적서.xlsx
- **완성 파일** ⓞ : 엑셀\완성\시트보호_견적서_완성.xlsx

시트 보호하기를 설정하면 편집을 허용하지 않은 범위를 마음대로 편집할 수 없기 때문에 데이터를 보호할 수 있습니다. 범위 편집 허용과 시트 보호하기 기능은 둘 중 하나만 쓰는 기능이 아니라 순차적으로 실행해야 효과를 발휘하는 기능입니다. 견적서처럼 폼이 정해진 문서의 변형을 막을 수 있습니다.

01 ① [C2] **셀**을 선택하고 ② Ctrl을 누른 상태로 [C3], [C4], [B9]~[H18] **셀**을 범위에 추가합니다. ③ [검토] 탭의 [변경 내용] 그룹에서 **[범위 편집 허용]**을 선택합니다.

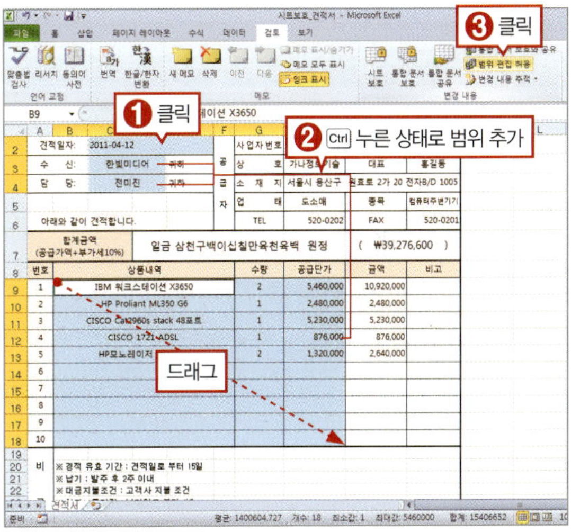

02 ① [범위 편집 허용] 대화 상자에서 **[새로 만들기]**를 클릭합니다. ② **[새 범위]** 대화 상자에서 제목에 **견적내용수정범위**를 입력하고 ③ **[확인]**을 클릭합니다. ④ **[확인]**을 한 번 더 클릭해서 대화 상자를 닫습니다.

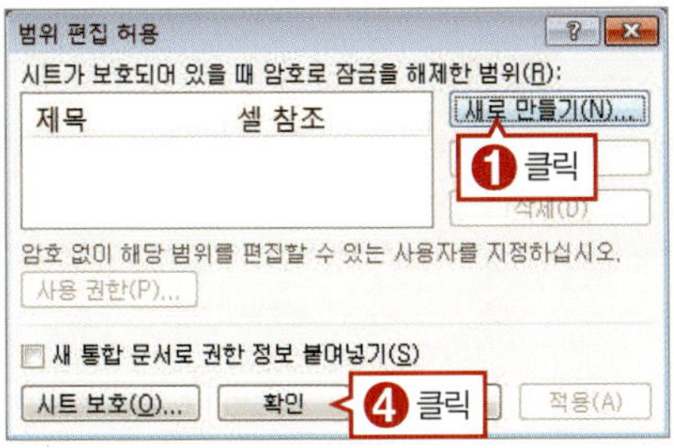

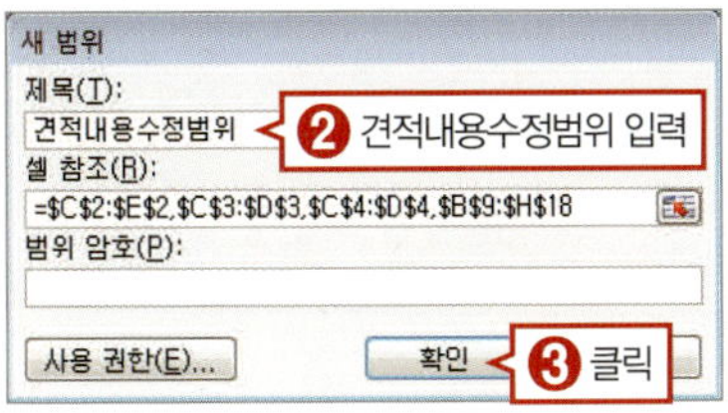

03 ① 임의의 셀을 클릭한 다음 ② [검토] 탭의 [변경 내용] 그룹에서 **[시트 보호]**를 클릭합니다. ③ [시트 보호] 대화 상자에서 **[확인]**을 클릭합니다.

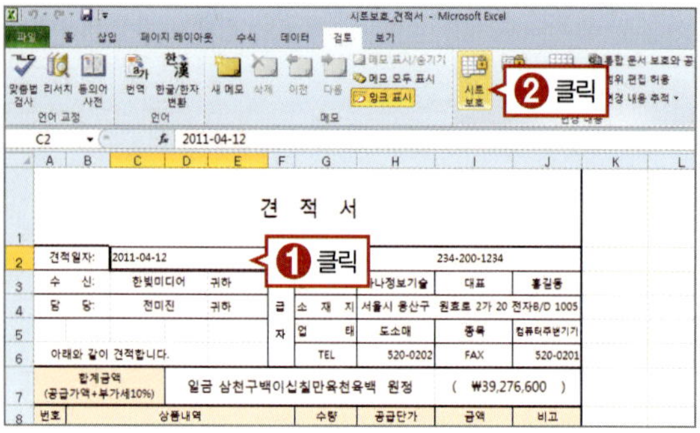

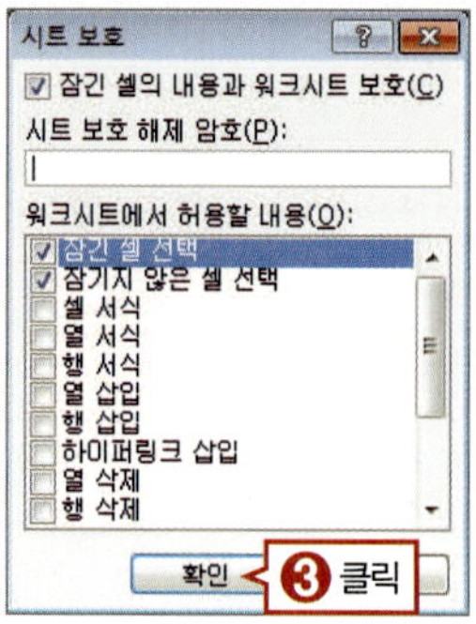

04 편집을 허용한 범위인 '견적일자', '수신', '담당', '상품내역', '수량', '공급단가' 이외의 셀에 있는 데이터를 수정하려고 하면 **경고 메시지**가 나타납니다.

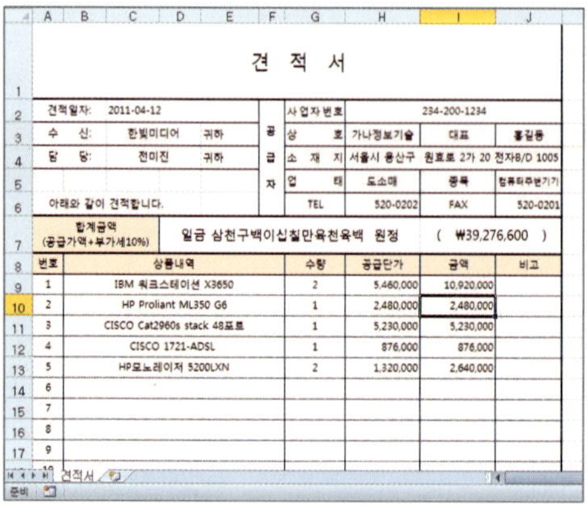

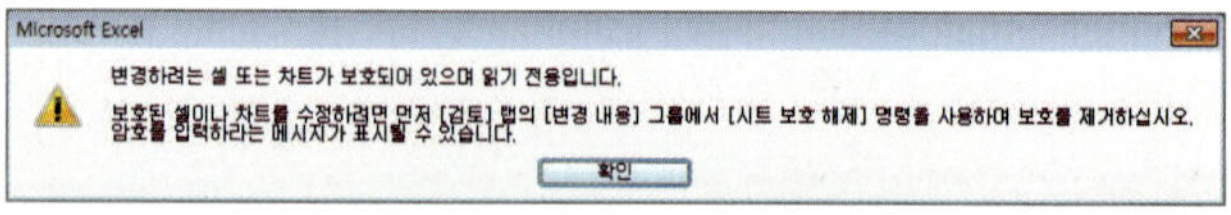

핵심기능 15

문자/숫자 데이터 입력하기

• **실습 파일** : 엑셀\실습\데이터입력.xlsx [문자], [숫자] 시트

• **완성 파일** : 엑셀\완성\데이터입력_완성.xlsx

셀에는 대표적으로 문자 데이터와 수치 데이터, 수식을 입력할 수 있습니다. 문자 데이터는 한글, 한자, 일본어, 특수 문자와 같이 계산할 수 없는 데이터이고, 수치 데이터는 숫자, 날짜, 시간처럼 계산할 수 있는 데이터입니다.

01 문자 데이터 입력하기

① **[문자]** 시트에서 [C4] 셀을 선택하고 **1분기 보고서**를 입력한 후 Enter를 누릅니다. ② [C5] 셀을 선택하여 ③ **2011년**을 입력하고 Alt+Enter를 누릅니다. ④ **매출보고서**를 입력하고 Enter를 누릅니다. **2011년 매출보고서**가 두 줄로 입력됩니다.

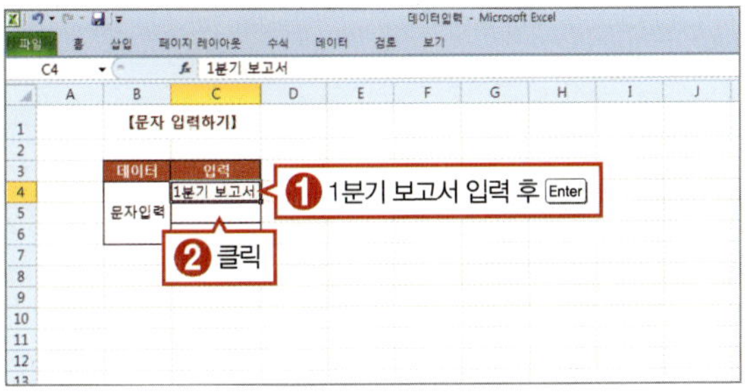

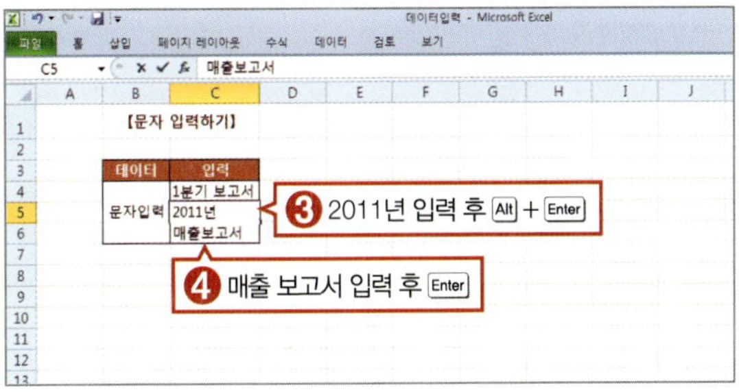

02 ① [C6] 셀을 선택하여 '2012를 입력하고 Enter를 누릅니다. 숫자가 계산할 수 없는 문자로 입력됩니다. ② [C6] 셀을 누른 후 옆에 나타나는 [**오류 표시**]를 클릭하고 ③ **오류 무시**를 선택하여 오류 표시를 지웁니다.

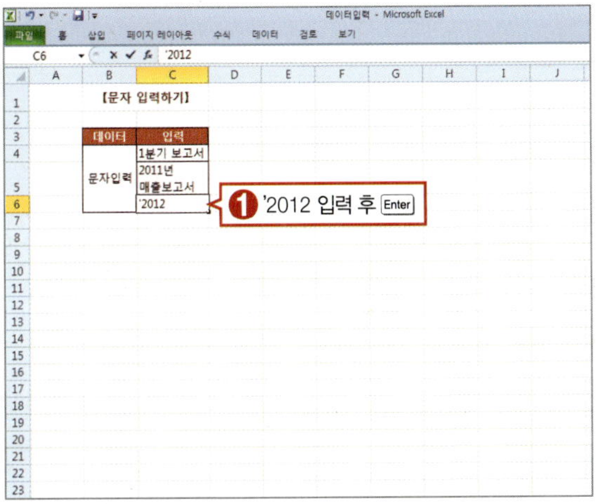

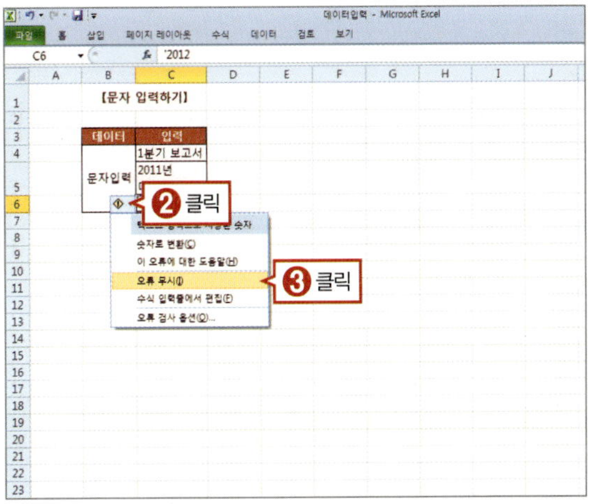

Tip 아포스트로피(')는 숫자를 계산하지 않는 문자로 입력할 때 사용하는 기호입니다.

03 숫자 입력하기

① **[숫자]** 시트에서 [C4] 셀을 선택하여 **1234**를 입력한 후 Enter를 누릅니다. ② [C5] 셀을 선택하여 **123456789012**를 입력하고 Enter를 누릅니다. ③ 숫자 데이터는 셀 너비가 좁거나 12자리 이상이면 **지수 형태**로 표시됩니다.

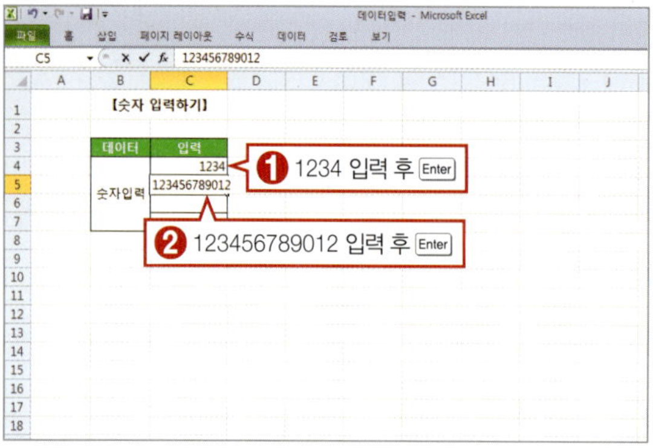

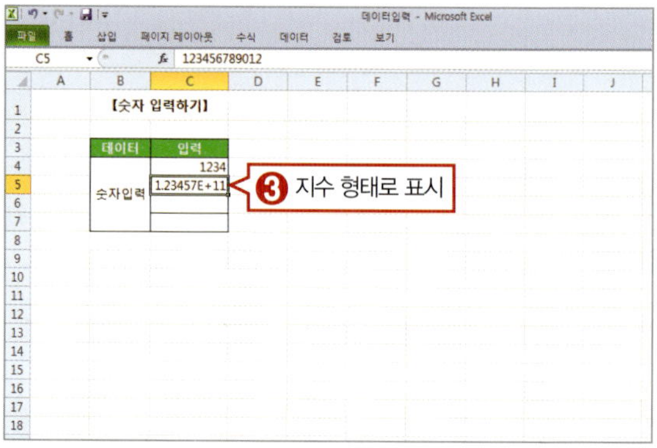

04 ① [C6] 셀을 선택하고 **123,456,789,123**을 입력한 후 Enter를 누릅니다. ② 셀 너비가 좁으면 **####**으로 표시됩니다.

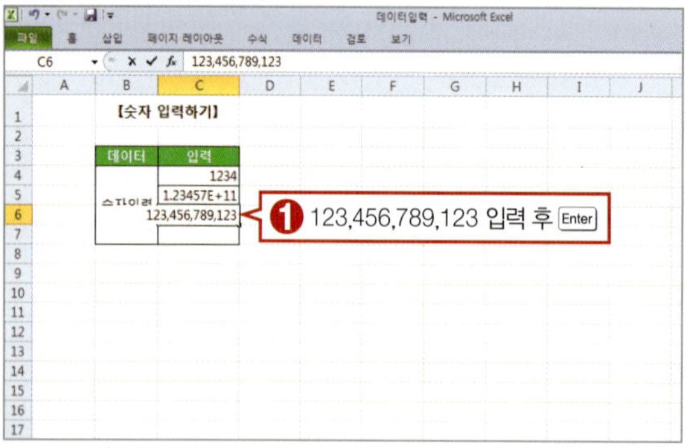

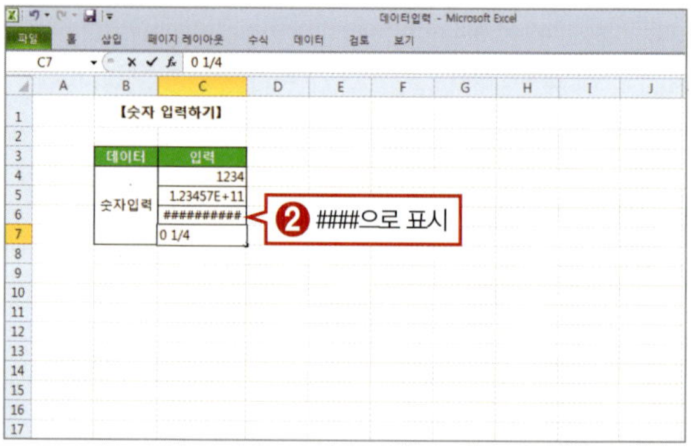

Tip [C]열 머리글의 경계를 오른쪽으로 드래그하여 셀 너비를 조정하면 '123,456,789,123' 값이 나타납니다.

05 ① [C7] 셀을 선택하고 **0 1/4**을 입력한 후 Enter를 누르면 ② **분수**로 표시됩니다.

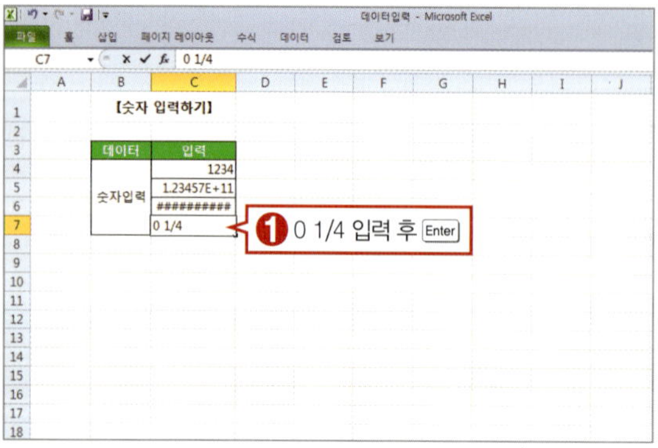

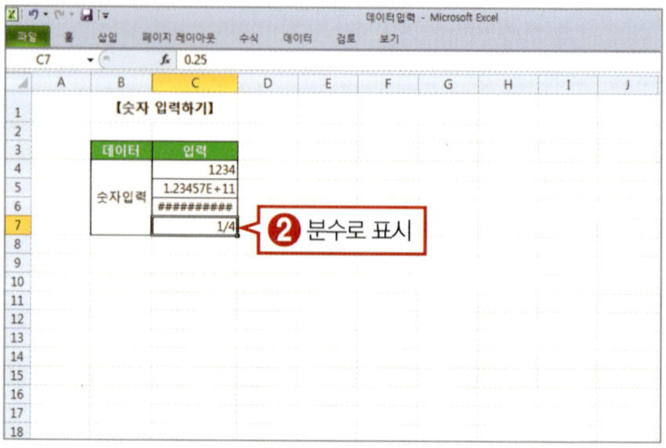

Tip 숫자 데이터 중 분수를 표현하려면 0 이상의 숫자를 입력한 후 한 칸 띄고 분자/분모 값을 입력합니다.

핵심기능 16

날짜/시간 입력하기

- **실습 파일** ⓒ : 엑셀\실습\데이터입력.xlsx [날짜시간] 시트
- **완성 파일** ⓒ : 엑셀\완성\데이터입력_완성.xlsx

엑셀에서 날짜나 시간은 정해진 형식에 맞춰 입력해야 합니다. 날짜를 입력할 때는 슬래시(/)나 하이픈(-)을 구분 기호로 사용하고(년-월-일 또는 년/월/일), 시간을 입력할 때는 콜론(:)을 구분 기호로 입력합니다(시 : 분 : 초). 시간을 입력한 후 한 칸을 띄우고 AM이나 PM을 입력하면 12시간제로 표시되고 입력하지 않으면 24시간제로 표시됩니다.

01 날짜 입력하기

① [날짜시간] 시트에서 [C4] 셀을 선택하고 5-10을 입력한 후 Enter를 누르면 올해를 기준으로 5월 10일이 입력됩니다. ② [C5] 셀을 선택하고 2010/3/10을 입력한 후 Enter를 누릅니다.

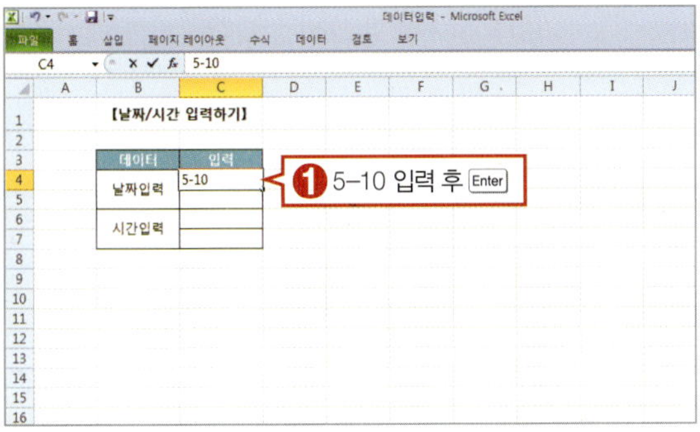

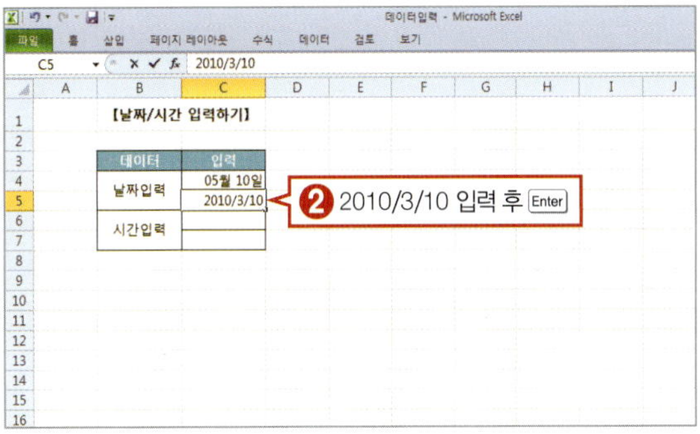

Tip 현재 날짜를 입력하려면 Ctrl+; 을 누릅니다.

02 시간 입력하기

① [C6] 셀을 선택하고 9:10:20을 입력한 후 Enter를 누릅니다. ② [C7] 셀을 선택하고 20:40:55를 입력한 후 Enter를 누릅니다. [C6] 셀과 [C7] 셀을 클릭하면 수식 입력줄에 각각 9:10:20 AM, 8:40:55 PM이 표시됩니다.

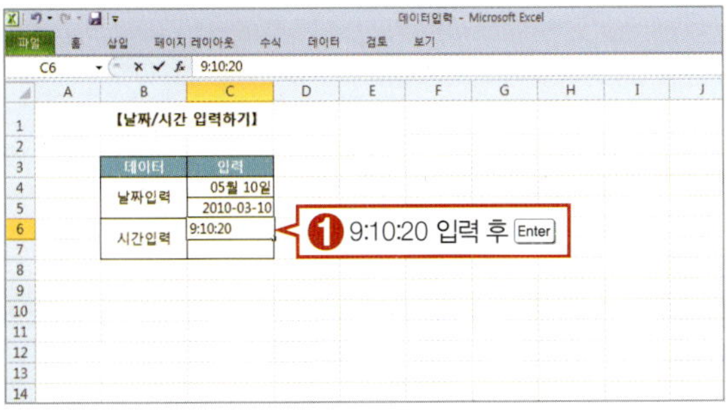

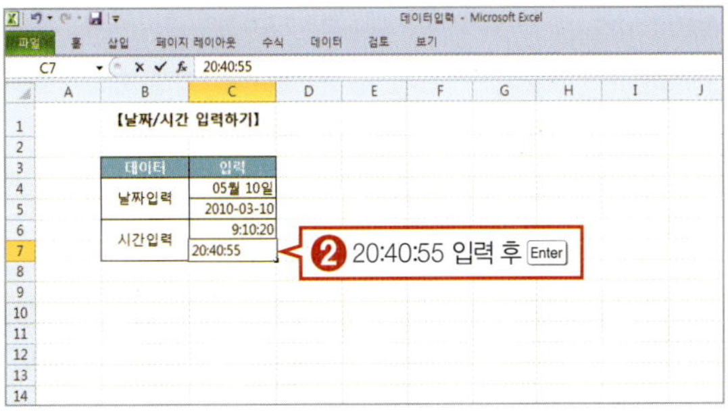

Tip 현재 시간을 입력하려면 Ctrl+Shift+; 을 누릅니다.

핵심기능 17

한자/기호 입력하기

- **실습 파일** ⓒ : 엑셀\실습\데이터입력_맛집평가.xlsx
- **완성 파일** ⓒ : 엑셀\완성\데이터입력_맛집평가_완성.xlsx

한자를 입력할 때는 한글을 입력한 후 [한자]를 누르거나 [검토] 탭의 [언어] 그룹에서 [한글/한자 변환] 기능을 이용합니다. 반대로 한자를 한글로 변환할 때도 [한자]를 누르거나 [한글/한자 변환] 기능을 이용합니다. 특수 문자를 입력할 때는 [삽입] 탭의 [기호] 그룹에서 [Ω 기호]를 클릭하고 [기호] 대화 상자에서 [글꼴]과 [하위 집합 목록]을 선택합니다. [하위 집합 목록]에서 [히라가나]나 [가타카나]를 선택하면 일본어를 입력할 수 있습니다.

01 한자 입력하기

① [B4]~[D4] **셀**의 범위를 선택합니다. ② [검토] 탭의 [언어] 그룹에서 **[한글/한자 변환]**을 클릭합니다. ③ [한글/한자 변환] 대화 상자에서 **番號(번호)**를 선택합니다. ④ **[변환]**을 클릭하여 한자로 변환하고 계속해서 ⑤⑥⑦⑧ **項目(항목), 評價(평가)**를 순서대로 변환합니다. 한자 변환이 모두 끝났다는 메시지 창이 뜨면, **[확인]**을 클릭해서 변환을 마칩니다.

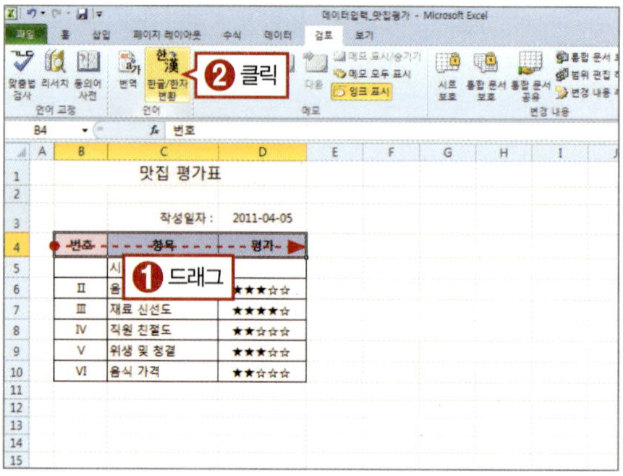

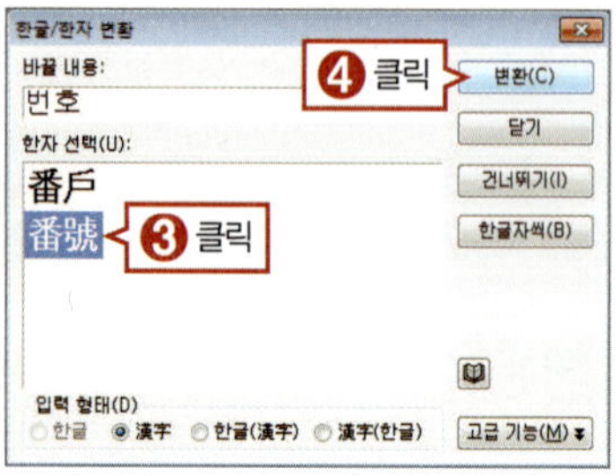

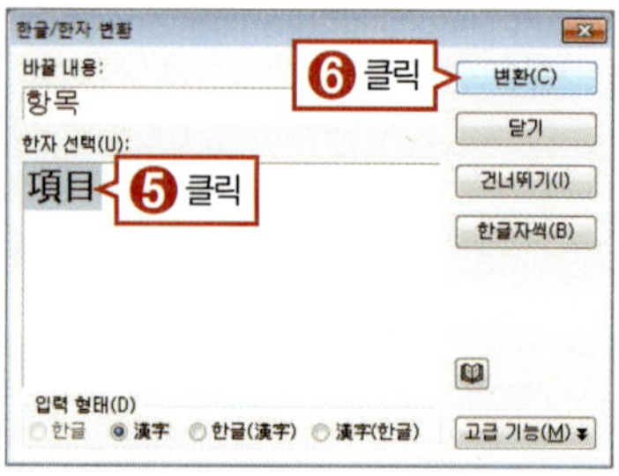

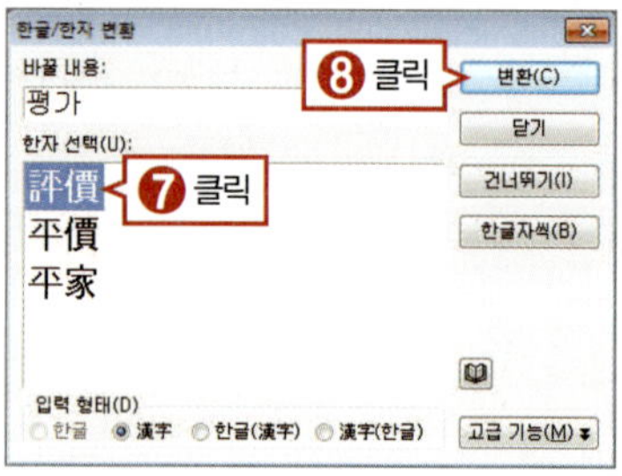

Tip 글자를 입력하면서 한 글자씩 한자로 변환하려면 [한자]를 눌러 변경합니다.

02 기호 입력하기

① [B5] 셀을 선택하여 ㅈ을 입력하고 [한자]를 누릅니다. ② 목록에서 3 Ⅰ를 선택합니다.

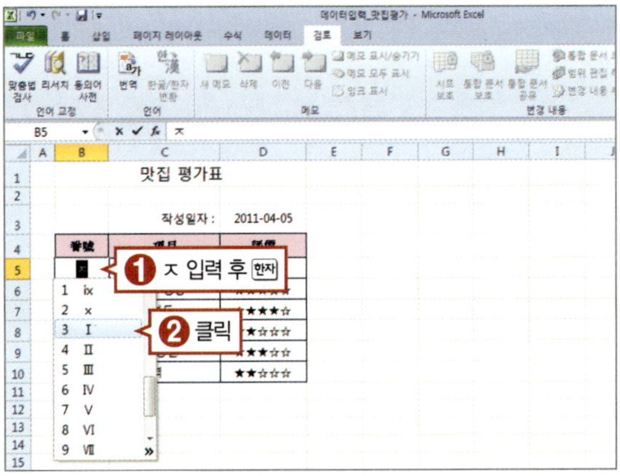

03 ① [D5] 셀을 선택하고 ② [삽입] 탭의 [기호] 그룹에서 [Ω 기호 기호]를 클릭합니다. ③ 하위 집합에서 [기타 기호]를 선택하고 ④⑤ ★★★★☆를 순서대로 더블클릭해서 입력합니다. ⑥ [닫기]를 클릭합니다.

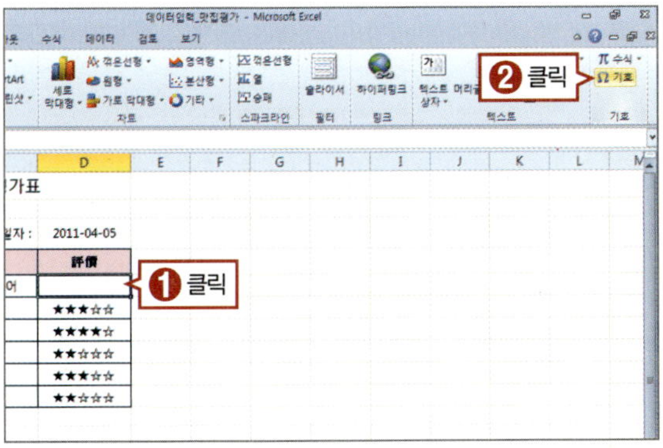

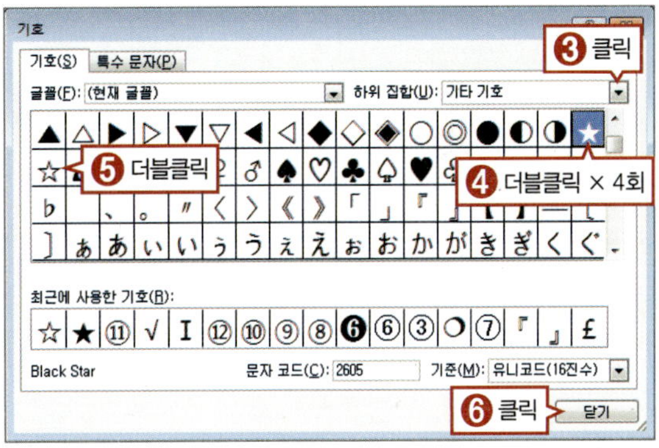

Tip 하위 집단이 보이지 않을 때는 오른쪽 아래 있는 기준을 '유니코드(16진수)'로 바꿉니다.

Tip [한자]를 이용해서 특수 문자 입력하기

한글 자음을 입력한 후 [한자]를 눌러서 특수 문자를 입력할 수 있습니다. 자음을 입력한 후 [한자]를 누르면 특수 문자 목록이 나타납니다. 여기서 원하는 특수 문자를 선택하거나 특수 문자 옆에 있는 숫자를 입력합니다.

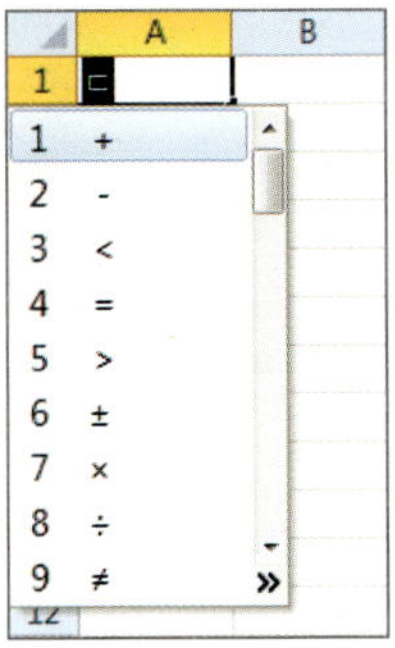

▲ ㄷ → [한자]

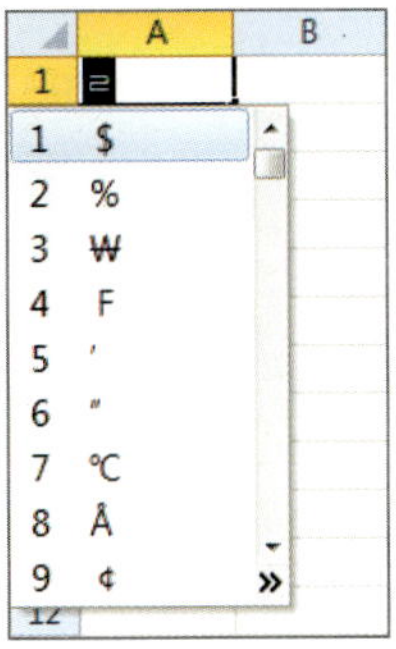

▲ ㄹ → [한자]

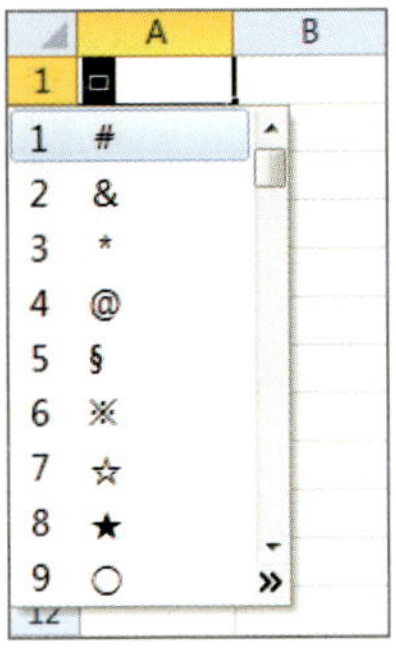

▲ ㅁ → [한자]

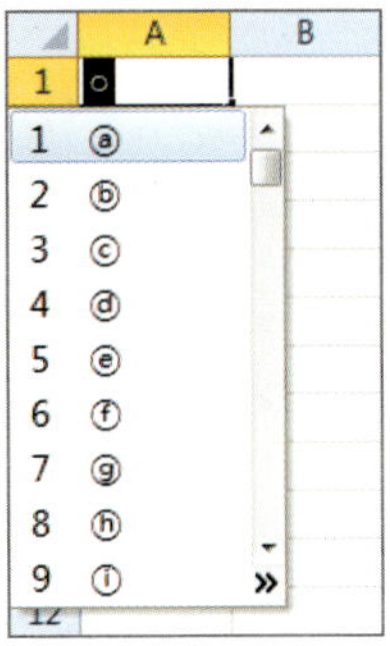

▲ ㅇ → [한자]

핵심기능 18

데이터 수정 및 행 삽입/삭제하기

• **실습 파일** : 엑셀\실습\수정_예금수익률.xlsx

• **완성 파일** : 엑셀\완성\수정_예금수익률_완성.xlsx

데이터를 입력한 후에는 수정, 삭제는 물론이고, 자동 채우기 기능을 활용하여 규칙적인 내용을 자동으로 채울 수 있어야 합니다. 기본적인 데이터 편집과 자동 채우기 기능을 알아보겠습니다.

01 ① [D1] 셀을 더블클릭하여 8.5로 수정한 후 Enter를 누릅니다. ② [A3] 셀을 선택하고 F2를 눌러 **가입연도**로 수정합니다. ③ **[A4]~[A10] 셀**을 범위로 지정합니다. ④ 수식 입력줄에서 2011이라고 입력한 다음 Ctrl+Enter를 눌러 지정한 범위에 같은 값을 넣습니다.

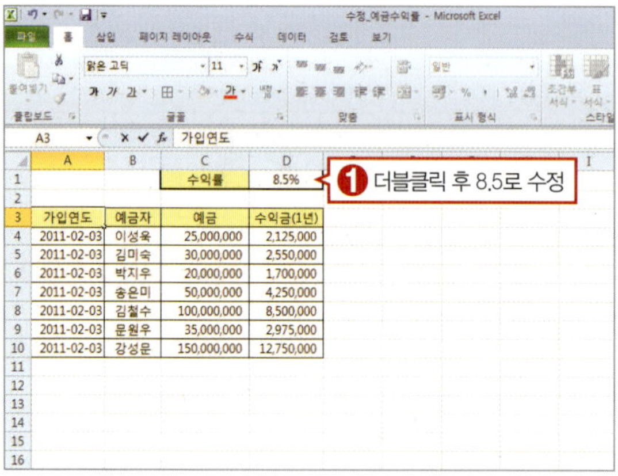

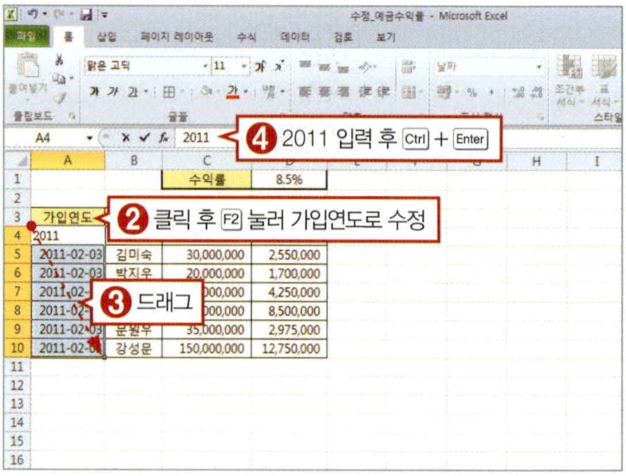

Tip 수익률에는 백분율 서식이 지정되어 있으므로 숫자만 수정해도 %가 자동으로 입력됩니다. 또한 가입연도에는 날짜 서식이 지정되어 있어 2011을 수정하면 1905-07-03 형식으로 입력됩니다.

02 ① **[A4]~[A10] 셀**까지 드래그하여 범위를 지정합니다. ② [홈] 탭의 [편집] 그룹에서 [**지우기**]를 클릭하고 ③ **[서식 지우기]**를 선택합니다. 범위에 적용된 날짜 서식이 지워져서 숫자만 나타납니다.

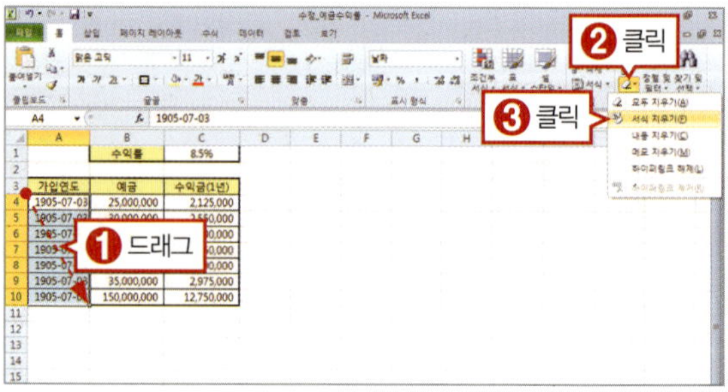

03 ① **1행 머리글**을 선택합니다. 마우스 오른쪽 버튼을 클릭하고 ② **[삽입]**을 선택해서 2행을 삽입한 다음 ③ [A1] 셀에 **2011년 예금 수익률 표**라고 입력합니다.

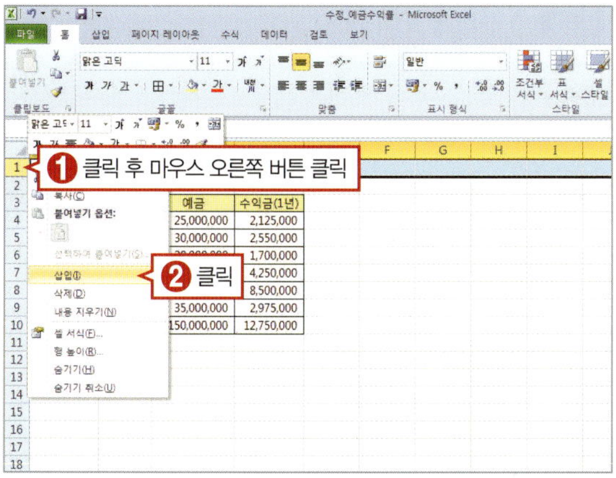

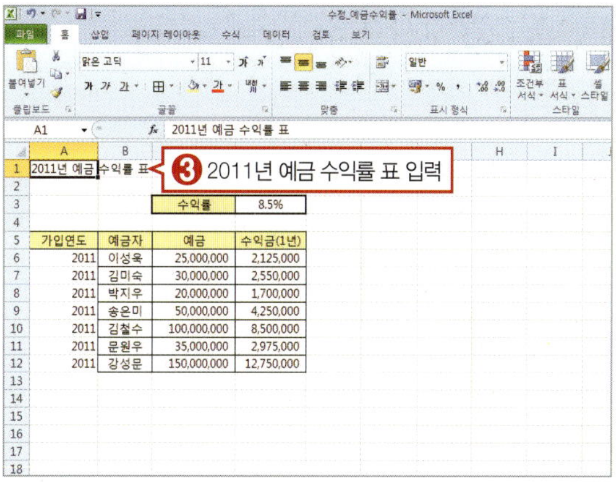

Tip 행을 삽입하는 단축키는 Ctrl+Shift++입니다.

04 ① **4행 머리글**을 선택하여 마우스 오른쪽 버튼을 클릭합니다. ② **[삭제]**를 눌러서 행을 삭제합니다.

Tip 행을 삭제하는 단축키는 Ctrl+-입니다

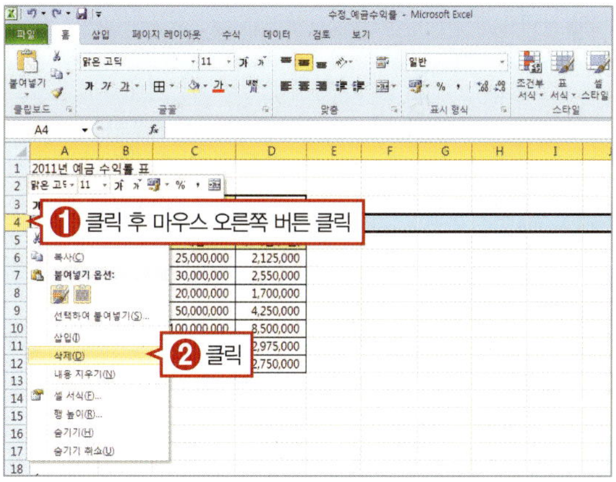

핵심기능 19

채우기 핸들로 데이터 채우기

- **실습 파일** ◎ : 엑셀\실습\채우기_평가표1.xlsx
- **완성 파일** ◎ : 엑셀\완성\채우기_평가표1_완성.xlsx

연속적인 데이터나 일정한 규칙이 있는 데이터를 채워야 할 때는 채우기 핸들을 이용합니다. 셀 포인터 오른쪽 아래에 나타나는 검은 점을 채우기 핸들이라고 부릅니다. 마우스 포인터를 채우기 핸들로 가져가면 ✚십자가 모양으로 바뀌며 이때 채우기 핸들을 드래그해서 데이터를 채웁니다. 숫자 데이터는 1씩 증가하면서 채워지며, 문자와 숫자가 혼합된 데이터도 숫자만 1씩 증가합니다. 또한 숫자 데이터 두 셀을 범위로 설정하고 드래그하면 두 셀의 차이만큼 데이터가 증가합니다. 1월~12월, 1사분기~4사분기와 같이 시작과 끝 값이 정해진 상태에서 반복되는 데이터는 사용자 지정 목록에 등록되어 있으며 필요에 따라 사용자 지정 목록에 추가할 수 있습니다.

01 같은 내용으로 채우기

① [A5] **셀**을 선택합니다. ② [**채우기 핸들**]을 [A8] 셀까지 드래그하면 데이터가 채워집니다. ③ 마찬가지 방법으로 [A9] **셀**을 선택하고 ④ [**채우기 핸들**]로 [A12] 셀까지, ⑤ [A13] **셀**을 선택하고 ⑥ [A15] 셀까지 드래그합니다.

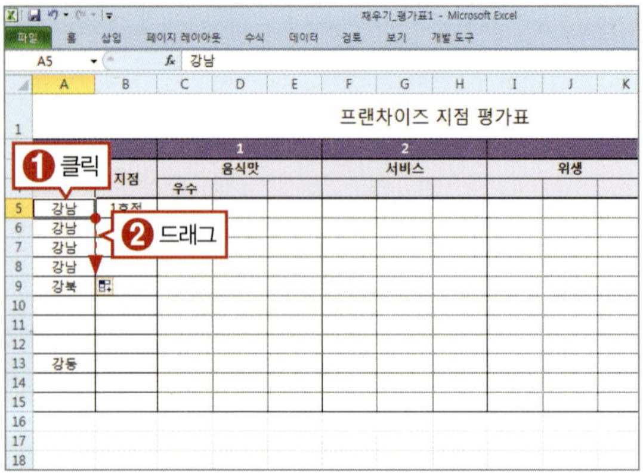

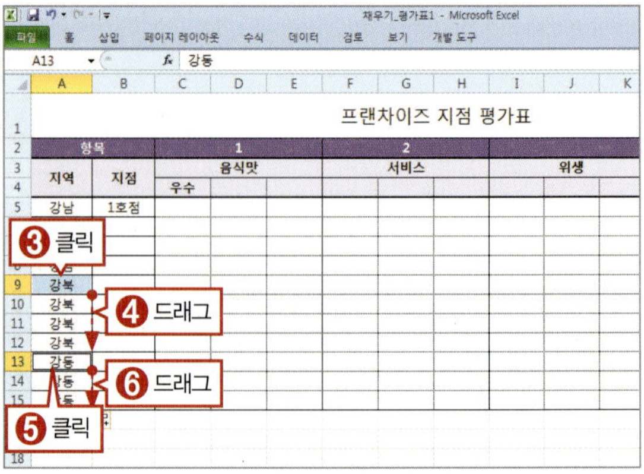

Tip 문자 데이터를 채우기 핸들로 드래그하면 내용이 변하지 않고 동일한 내용으로 복제됩니다.

02 숫자 1씩 증가하면서 채우기

① [C2]~[F2] **셀**까지 범위를 지정합니다. ② 채우기 핸들을 [L2] **셀**까지 드래그하면 숫자가 1씩 증가하여 번호가 채워집니다.

Tip 숫자 데이터인 두 셀을 범위로 지정하고 채우기 핸들을 드래그하면 두 셀의 값 차이만큼 데이터가 증감하면서 채워집니다. 이때 두 셀의 차이에 관계없이 1씩 증가시키면서 셀을 채우고 싶을 때는 Ctrl을 누른 상태에서 채우기 핸들을 드래그합니다.

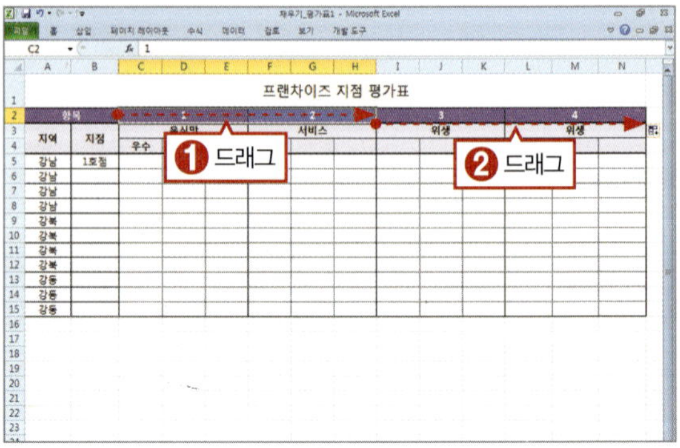

03 숫자만 변하면서 채우기

① [B5] 셀을 선택하고 ② **[채우기 핸들]**을 [B8] 셀까지 드래그합니다. 문자와 숫자가 혼합된 데이터에서 채우기 핸들을 드래그하면 문자는 그대로인 채로 숫자만 1씩 증가하므로 **1호점~4호점**으로 범위가 채워집니다. ③ **[B5]~[B8] 셀**까지 범위를 지정하고 ④ Ctrl을 누른 상태로 채우기 핸들을 **[B15] 셀**까지 드래그합니다. 지정한 범위 안의 내용이 반복해서 채워집니다.

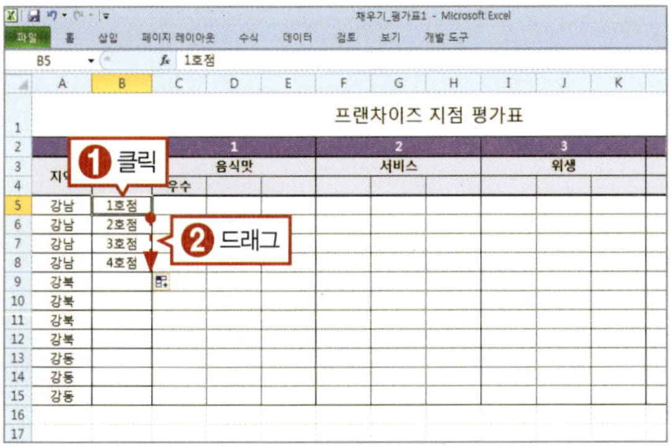

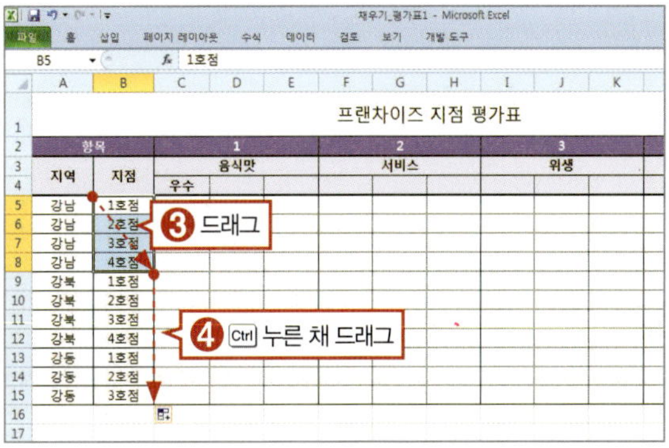

Tip Ctrl을 누른 상태로 채우기 핸들을 드래그하면 숫자 데이터가 증가하지 않고 동일한 내용이 복제됩니다.

04 사용자 목록으로 채우기

① [파일] 탭의 **[옵션]**을 선택합니다. ② [Excel 옵션] 대화 상자에서 **[고급]** 항목을 선택하고 ③ 일반 영역의 **[사용자 지정 목록 편집]**을 클릭합니다. ④ [사용자 지정 목록] 대화 상자의 목록 항목에 **우수, 보통, 나쁨**을 Enter를 눌러 구분해서 입력하고 ⑤ **[추가]**를 클릭해서 사용자 지정 목록에 등록합니다. ⑥ **[확인]**을 클릭합니다. ⑦ [Excel 옵션] 대화 상자에서 **[확인]**을 클릭해서 대화 상자를 닫습니다.

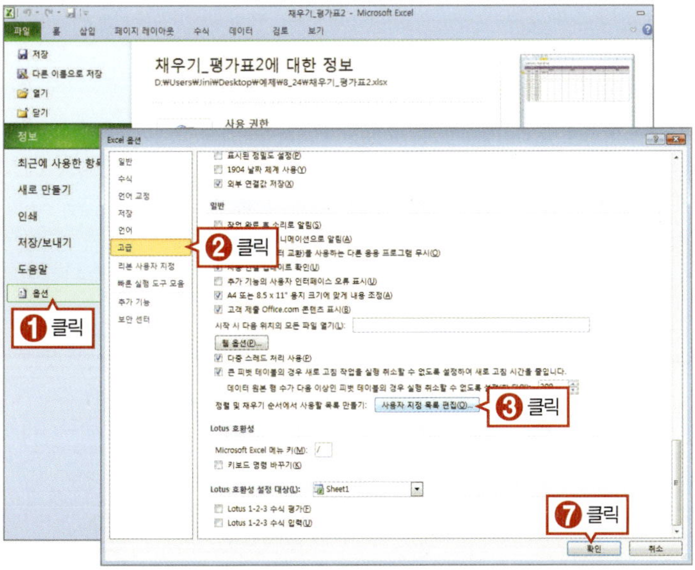

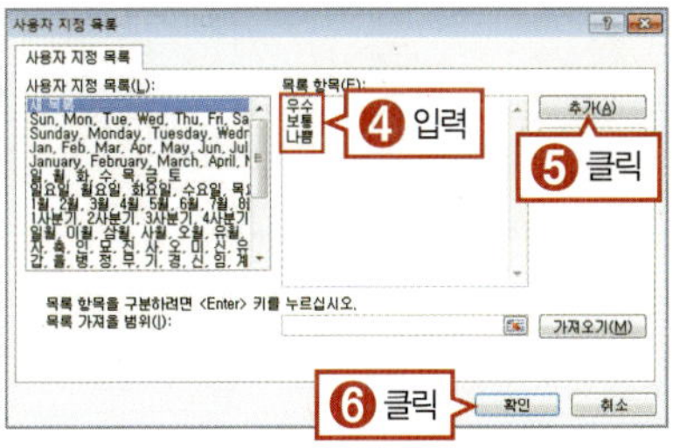

05 ① [C4] **셀**을 선택하고 ② [채우기 핸들]을 [N4] **셀**까지 드래그합니다. ③ [**자동 채우기 옵션**]을 클릭하고 ④ [**서식 없이 채우기**]를 선택합니다. 서식은 그대로 유지되고, [사용자 지정 목록]에 추가한 순서대로 셀이 채워집니다.

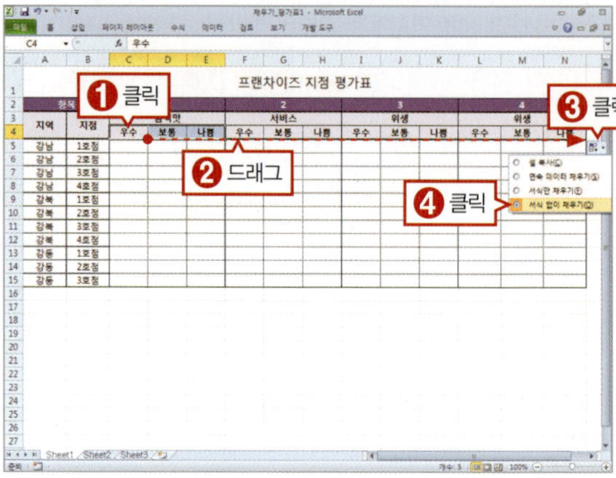

핵심기능 20 데이터 유효성 검사로 한글/영문 모드 설정하기

• **실습 파일** : 엑셀\실습\유효성_고객명단1.xlsx
• **완성 파일** : 엑셀\완성\유효성_고객명단1_완성.xlsx

데이터를 입력할 때 입력 오류를 줄이고 유효한 데이터만 입력할 수 있도록 설정하는 방법에 대해서 알아보겠습니다. 유효한 데이터로 한글/영문 IME 모드를 설정하는 방법입니다.

01 ① [A4]~[A20] **셀**을 범위로 지정합니다. ② [데이터] 탭의 [데이터 도구] 그룹에서 **[데이터 유효성 검사]**를 클릭합니다. ③ [데이터 유효성] 대화 상자에서 **[IME 모드]** 탭을 선택합니다. ④ 입력기 모드를 **[영문]**으로 설정한 후 ⑤ **[확인]**을 클릭합니다.

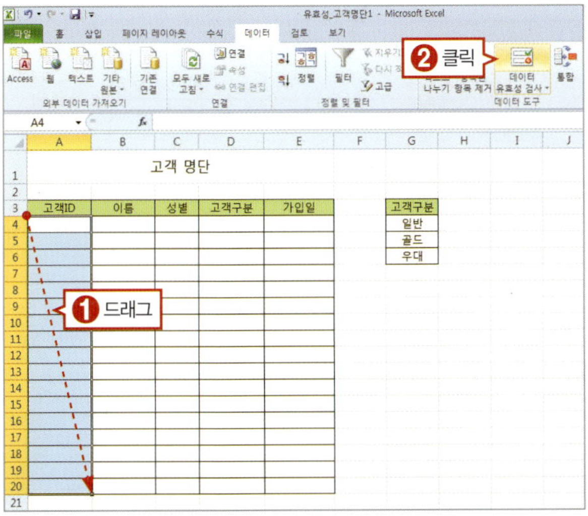

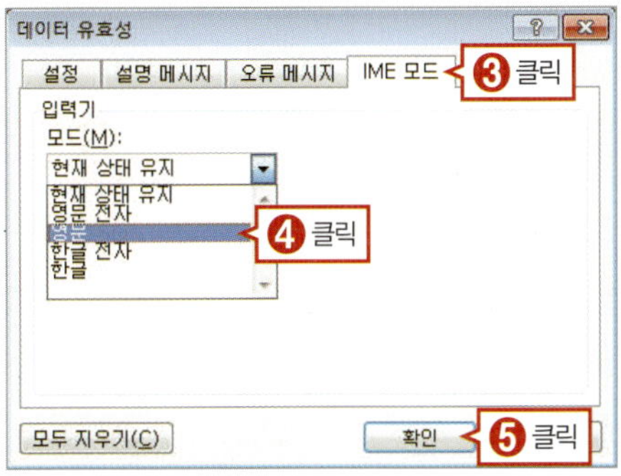

Tip 입력기 모드를 설정한 셀은 한/영을 눌러 한글과 영문을 바꿀 필요 없이 설정한 형식이 기본 모드로 설정됩니다.

02 ① [B4]~[B20] 셀을 범위로 지정합니다. ② [데이터] 탭의 [데이터 도구] 그룹에서 **[데이터 유효성 검사]**를 클릭합니다. ③ [데이터 유효성] 대화 상자에서 **[IME 모드]** 탭을 선택합니다. ④ 입력기 모드를 **[한글]**로 설정한 후 ⑤ **[확인]**을 클릭합니다.

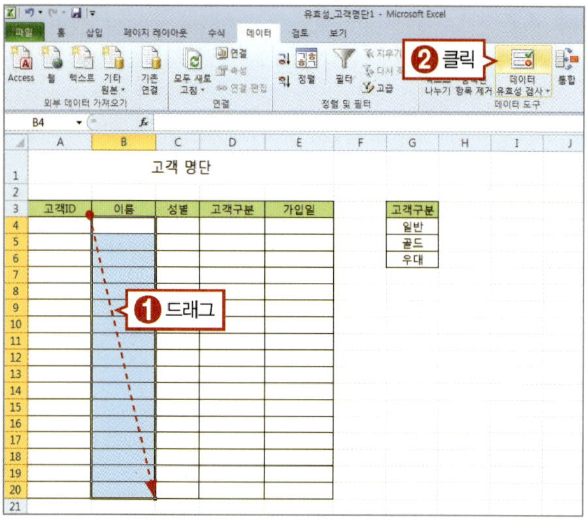

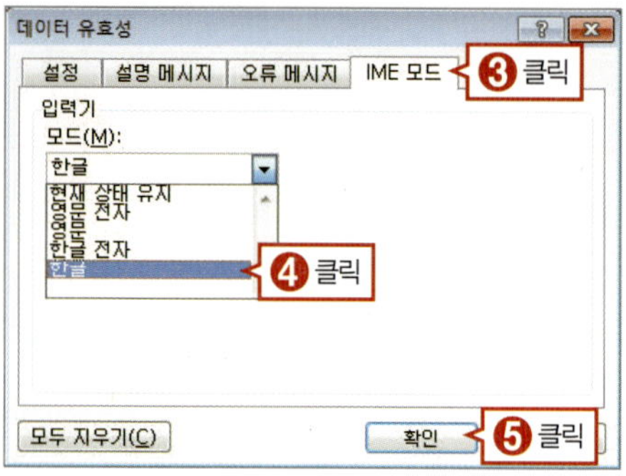

03 ① [A4] 셀에 edu001을 입력하고 Tab을 누릅니다. ② [B4] 셀에 **전미진**을 입력합니다. [IME 모드]의 [한글/영문 모드]로 설정하면, 한/영을 눌러 한글과 영문을 바꿀 필요 없이 설정한 형식으로 데이터를 입력할 수 있습니다.

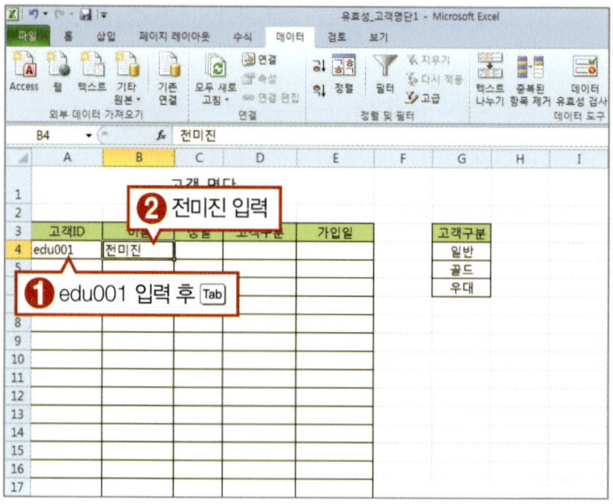

핵심기능 21

데이터 유효성 검사로 목록 설정하기

- **실습 파일** ⓒ : 엑셀\실습\유효성_고객명단2.xlsx
- **완성 파일** ⓒ : 엑셀\완성\유효성_고객명단2_완성.xlsx

사용자가 데이터를 입력할 때 자동으로 오류를 검색하여 셀에 유효한 데이터만 입력되도록 목록, 숫자, 날짜 등을 설정할 수 있습니다. 사용자에게는 입력 방법에 대한 도움말을 제공하고, 잘못된 데이터를 입력하면 경고 메시지를 표시해서 데이터를 입력할 때 생기는 오류를 줄일 수 있습니다.

01 ① [C4]~[C20] **셀**을 드래그해서 범위로 지정하고 ② **[데이터 유효성 검사]**를 클릭합니다. ③ **[설정]** 탭을 선택하고 ④ [제한 대상]을 **[목록]**으로 설정합니다. ⑤ **[원본]** 입력란에 **남,여**를 입력합니다. ⑥ **[확인]**을 클릭합니다.

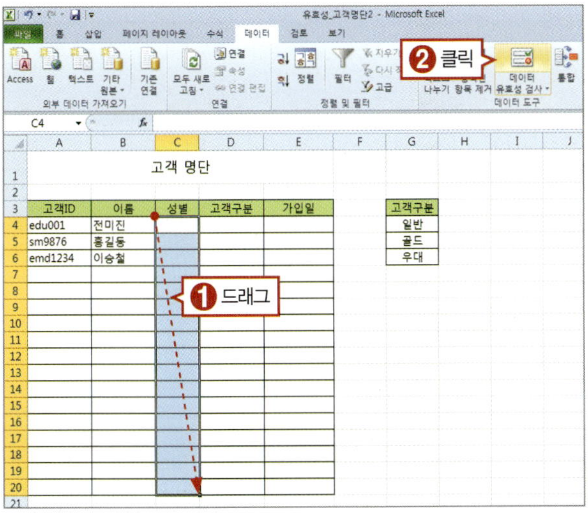

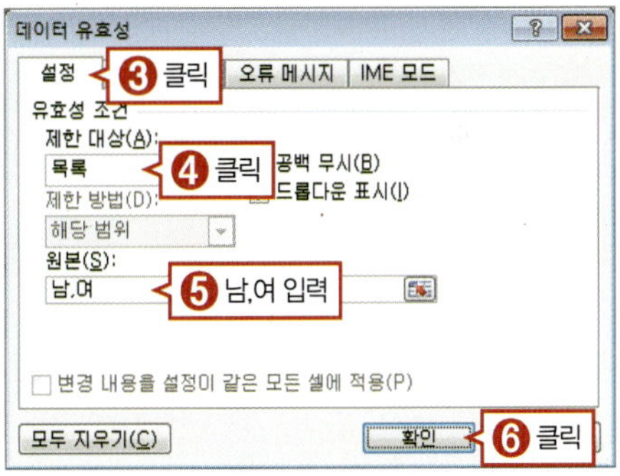

Tip 원본 항목은 콤마(,)로 각 데이터를 구분합니다.

02 ① [D4]~[D20] **셀을 드래그**해서 범위로 지정하고 ② **[데이터 유효성 검사]**를 클릭합니다. ③ [설정] 탭에서 [제한 대상]을 **[목록]**으로 설정합니다. ④ **[원본]**을 클릭하고 ⑤ [G4]~[G6] **셀을 드래그**해서 내용을 채웁니다. ⑥ **[확인]**을 클릭합니다.

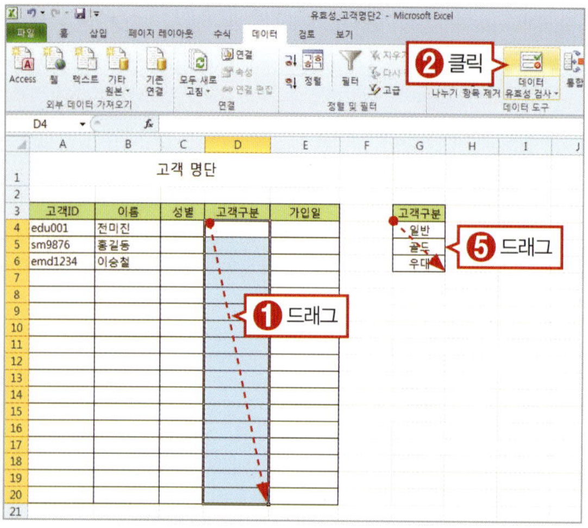

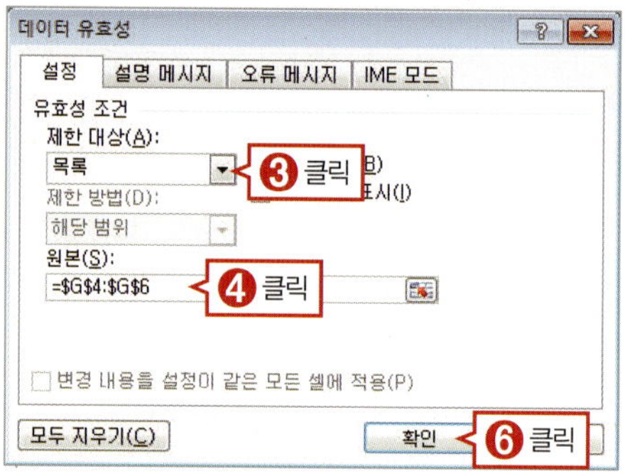

Tip [설정] 탭에서 설정한 사항은 입력할 때의 제한 조건이며, 각 셀마다 서로 다른 조건을 설정할 수 있습니다.

03 ① [D4]~[D20] **셀을 드래그**해서 범위로 지정하고 ② **[데이터 유효성 검사]**를 클릭합니다. ③ [설정] 탭에서 [제한 대상]을 **[날짜]**로 설정합니다. ④ [시작 날짜]에 **2000-01-01**을 입력하고 ⑤ [끝 날짜]에는 **=TODAY( )**를 입력합니다.

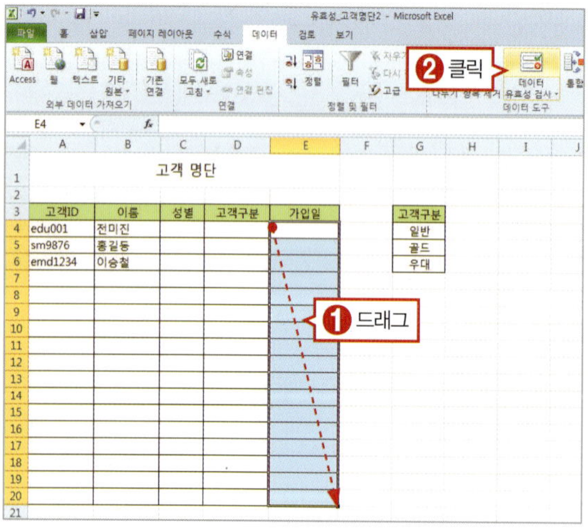

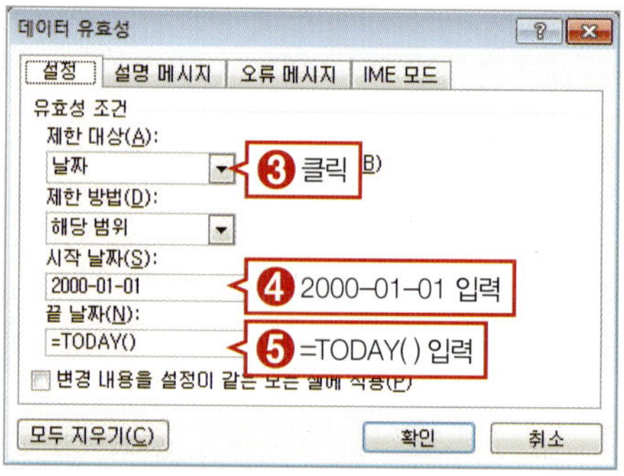

Tip TODAY( )는 오늘 날짜를 입력하는 함수입니다.

04 날짜에 유효한 데이터 값을 설명하기 위한 메시지 입력

① [데이터 유효성] 대화 상자에서 **[설명 메시지]** 탭을 클릭합니다. ② [제목]에 **가입일**을 입력하고 ③ [설명 메시지]에 **가입일은 2000-01-01~오늘 날짜**를 입력합니다. ④ **[확인]**을 클릭합니다.

Tip 유효성 검사에서 설정한 유효 값 이외의 값을 입력하였을 때 나타나는 오류 메시지는 [오류 메시지] 탭에 입력합니다.

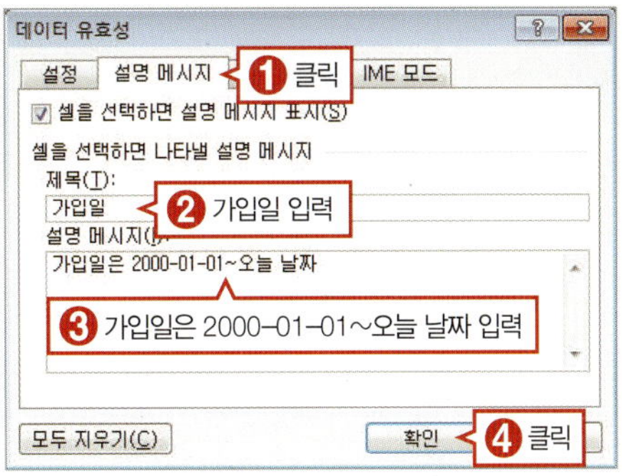

05 유효성 검사를 모두 설정했습니다. [성별]과 [고객구분] 셀을 선택한 후 목록 상자에서 선택하거나 목록에 있는 내용을 직접 입력합니다. 가입일은 '2000-01-01~오늘 날짜'까지만 입력할 수 있습니다. 잘못 입력하면 오류 메시지가 나타납니다.

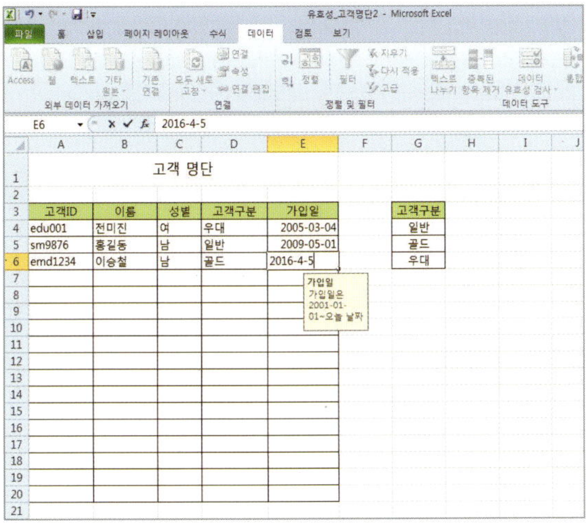

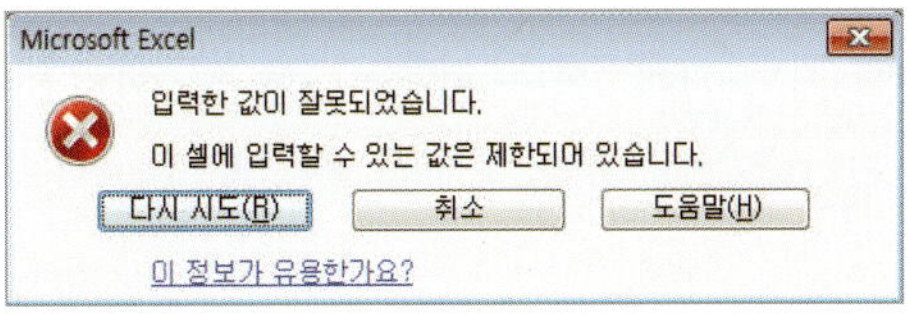

핵심기능 22

표 서식 스타일과 셀 스타일 적용하기

- **실습 파일** ⓒ : 엑셀\실습\서식_입금대장1.xls
- **완성 파일** ⓒ : 엑셀\완성\서식_입금대장1_완성.xls

사용자가 표와 셀 서식을 하나하나 지정할 수도 있지만, 엑셀에서 제공하는 다양한 유형의 표 서식과 셀 스타일을 클릭 한 번으로 적용할 수 있습니다. 간편하게 문서 꾸미는 방법을 알아보겠습니다.

01 ① 데이터 목록에서 임의의 셀을 선택합니다. ② [홈] 탭의 [스타일] 그룹에서 **[표 서식]**을 클릭합니다. ③ 보통 영역의 **[표 스타일 보통 21]**을 선택합니다.

Tip 표 서식을 적용할 범위에 병합된 셀이 있으면 자동으로 병합이 해제됩니다.

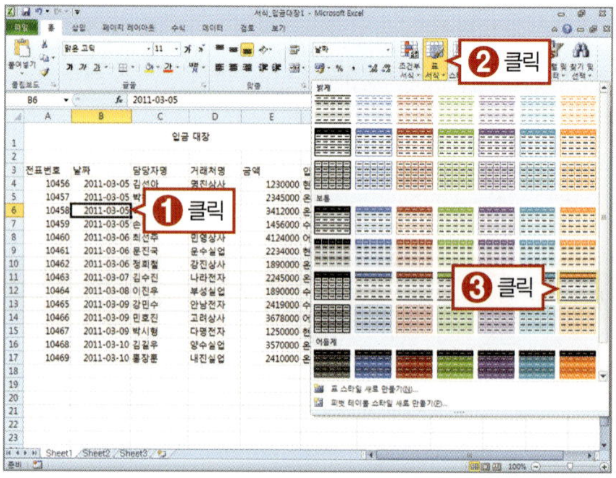

02 [표 서식] 대화 상자가 나타나면 표에 사용할 데이터를 범위로 지정합니다. ① **[A3]~[F17] 셀**까지 드래그해서 범위로 지정하고 ② **[머리글 포함]**을 체크합니다. ③ **[확인]**을 클릭해서 서식을 적용합니다.

Tip 표 서식의 첫째 행이 제목 행일 경우 [머리글 포함]을 체크합니다. 체크하지 않으면 선택 범위 맨 위에 열1, 열2, 열3,… 순으로 임시 제목 행이 삽입됩니다.

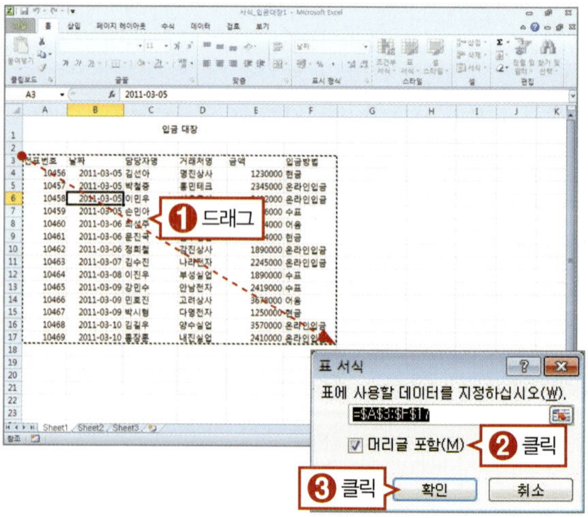

03 ① [A1] **셀**을 선택합니다. ② [스타일] 그룹에서 **[셀 스타일]**을 클릭한 후 ③ 제목 및 머리글 영역의 **[제목 1]**을 선택해서 스타일을 변경합니다.

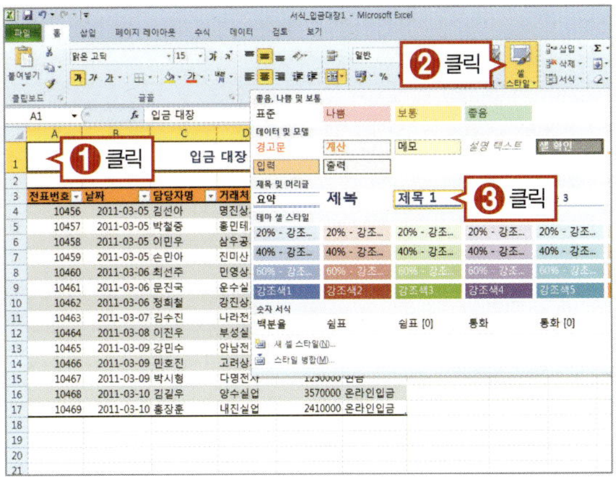

Tip 셀 스타일에서 [표준]을 선택하면 셀 무늬나 글자 색, 데이터 형식 등이 모두 표준 표시 형식으로 변경됩니다.

04 ① [E4]~[E17] **셀**을 범위로 지정합니다. ② [스타일] 그룹에서 **[셀 스타일]**을 클릭하고 ③ 숫자 서식 영역에서 **[쉼표 [0]]**을 선택합니다. 숫자에 **천 단위**로 쉼표가 표시됩니다.

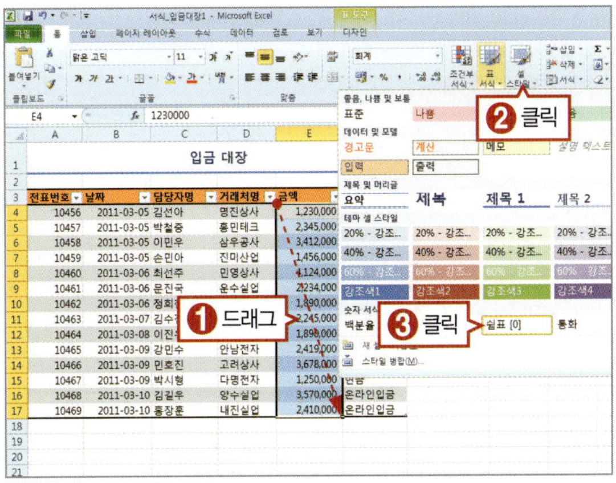

Tip 숫자 서식에서 [쉼표]와 [쉼표 [0]]은 둘 다 천 단위로 쉼표를 표시합니다. 그러나 [쉼표]는 소수 둘째 자리까지 표시하고 [쉼표 [0]]은 정수로 표시합니다.

핵심기능 23

표 디자인 변경 및 범위로 변환하기

• **실습 파일** ◎ : 엑셀\실습\서식_입금대장2.xlsx

• **완성 파일** ◎ : 엑셀\완성\서식_입금대장2_완성.xlsx

표 서식이 적용된 디자인은 [표 도구]–[디자인] 탭에서 언제든지 다른 스타일로 변경할 수 있습니다. 또한 일부 셀을 삭제해야 할 때, 셀을 병합할 때, 표 디자인이 마음에 들지 않을 때는 표를 데이터 범위로 돌려놓을 수 있습니다.

01 ① 표 영역에서 임의의 셀을 선택합니다. ② [표 도구]–[디자인] 탭의 **[표 스타일 옵션]** 그룹에서 ③ **[첫째 열]**, **[마지막 열]**을 추가로 체크해서 스타일 옵션을 변경합니다. ④ **[표 스타일 목록 자세히]**를 클릭한 후 ⑤ 보통 영역의 **[표 스타일 보통 18]**을 선택합니다. 표 스타일이 변경됩니다.

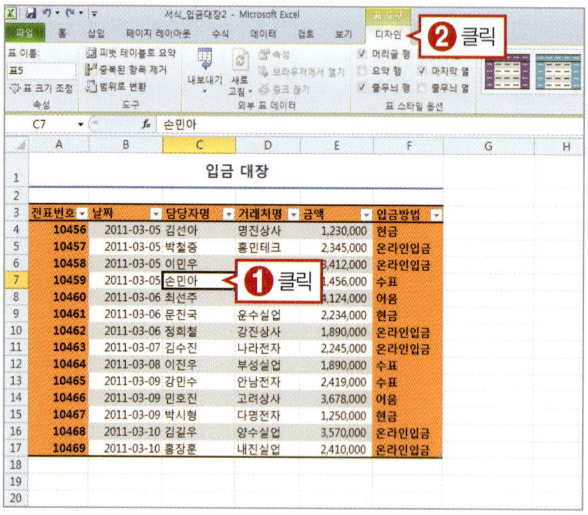

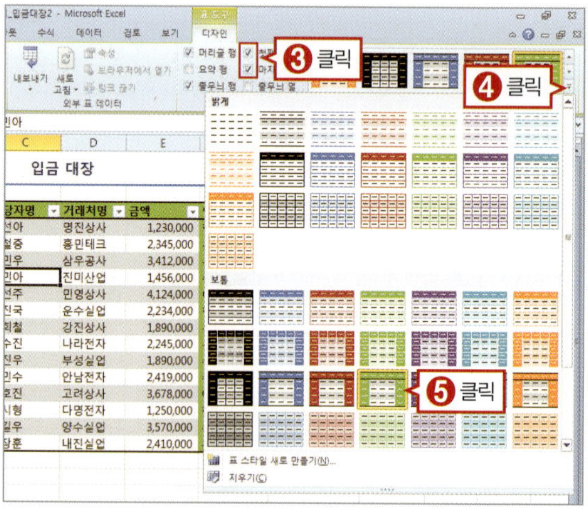

02 [A18] 셀을 선택한 다음 **10470, 3–11, 김희진, 우진상사, 1560000, 현금**을 각각 입력하면 표 서식이 확장됩니다.

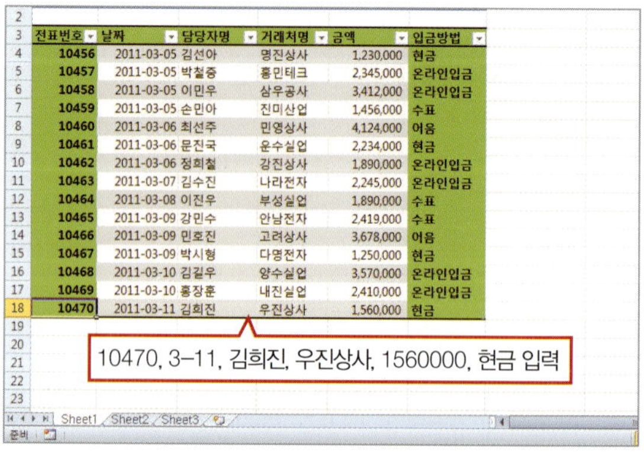

03 표 서식을 정상 범위로 변환

① 표 영역에 있는 임의의 셀을 선택합니다. ② [표 도구]–[디자인] 탭의 [표 스타일] 그룹에서 [**표 스타일 목록 자세히**]를 클릭한 후 ③ [밝게] 영역의 [**없음**]을 선택합니다.

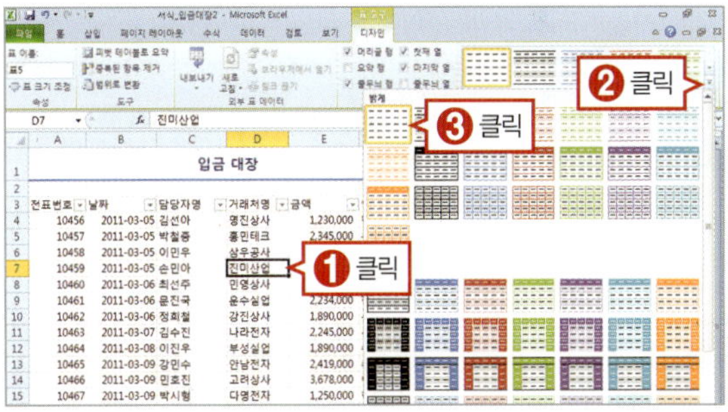

04 ① [표 도구]–[디자인] 탭의 [도구] 그룹에서 [**범위로 변환**]을 클릭합니다. ② 나타난 대화 상자에서 [**예**]를 클릭하면 표가 데이터 범위로 바뀝니다.

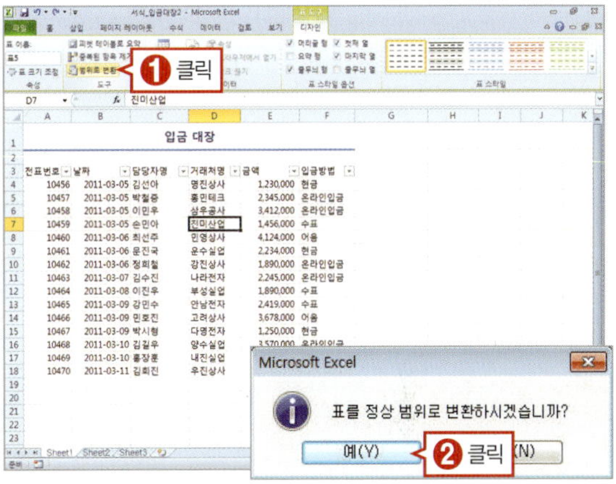

핵심기능 24

[글꼴] 그룹에서 서식 지정하기

• **실습 파일** ◎ : 엑셀\실습\서식_거래명세표.xlsx
• **완성 파일** ◎ : 엑셀\완성\서식_거래명세표_완성.xlsx

표 서식과 셀 스타일로 간편하게 표를 만들고 셀 서식을 지정할 수 있지만, 일부 마음에 들지 않는 부분이 있으면 사용자가 직접 서식을 지정할 수 있습니다. 사용자가 직접 글꼴, 크기, 테두리, 색 등의 서식을 지정하는 방법에 대해서 알아보겠습니다.

01 ① [**셀 전체 선택**]을 클릭하고 ② [홈] 탭의 [글꼴] 그룹에서 **바탕체**를 선택합니다.

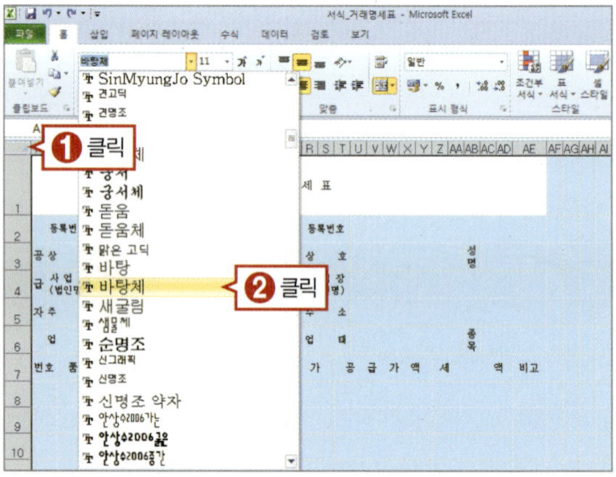

02 ① [A1] **셀**을 선택합니다. ② [홈] 탭의 [글꼴] 그룹에서 **글꼴 크기**를 20으로 입력하고, ③ [**가 굵게**]를 클릭해서 글자 크기를 키우고 굵게 표시합니다.

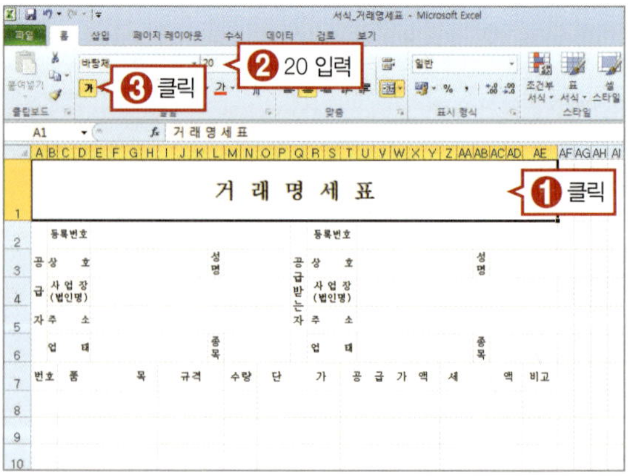

03 ① [A1]~[AC13] **셀**을 범위로 지정합니다. ② [홈] 탭의 [글꼴] 그룹에서 [**테두리의 목록**]을 클릭하고 ③ [**다른 테두리**]를 선택합니다. ④⑤ [**중간 굵기**]로 **테두리 윤곽선**을 그리고 ⑥⑦ [**점선**]으로 **테두리 안쪽**을 그립니다. ⑧ [**확인**]을 클릭합니다.

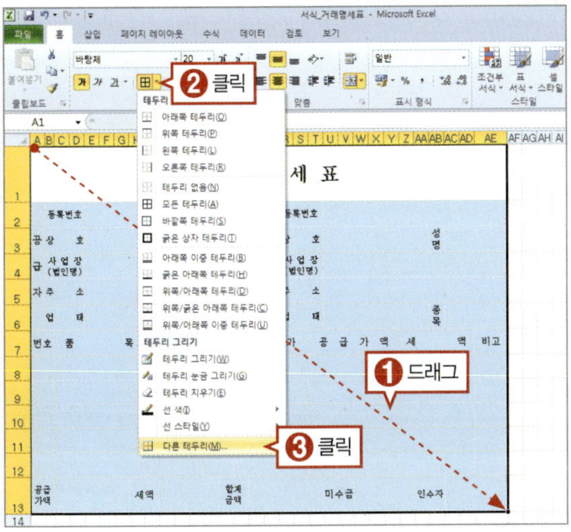

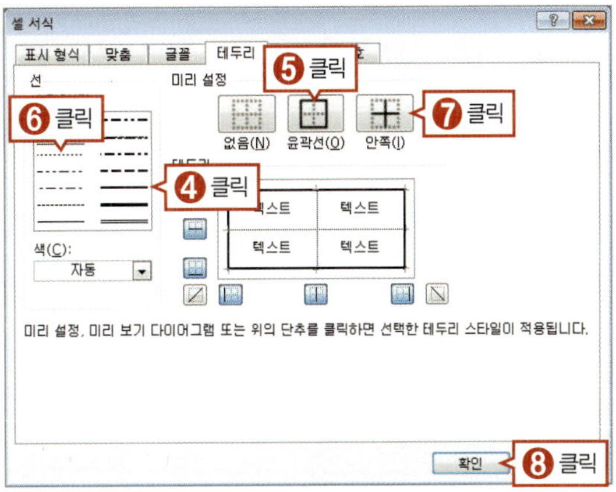

04 ① [A1] **셀**을 선택하고 ② Ctrl을 누르고 [A2]~[AC6], [A7]~[AE7], [A13]~[AC13] **셀**을 범위로 지정합니다. ③ [홈] 탭의 [글꼴] 그룹에서 [**테두리의 목록**]을 클릭하고 ④ [**굵은 상자 테두리**]를 선택해서 각 선택 영역에 윤곽선을 그립니다.

Tip 테두리 그리기 항목에서 [테두리 그리기]는 마우스로 드래그한 범위의 바깥쪽 가로/세로 선만 그릴 수 있으며, [테두리 눈금 그리기]는 드래그한 범위의 안쪽 가로/세로 선까지 그릴 수 있습니다. 테두리를 그린 다음에는 Esc를 눌러 테두리 그리기를 해제합니다.

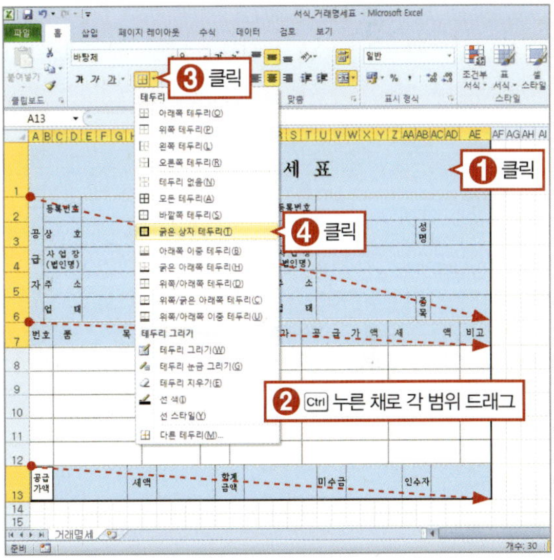

05 ① Ctrl을 누른 채 [A2], [Q2], [A7]~[AE7] **셀**을 범위로 지정합니다. ② [홈] 탭의 [글꼴] 그룹에서 [**채우기 색 목록**]을 클릭합니다. ③ 테마 색에서 [**주황, 강조 6, 40% 더 밝게**]를 선택해서 셀에 색을 채웁니다.

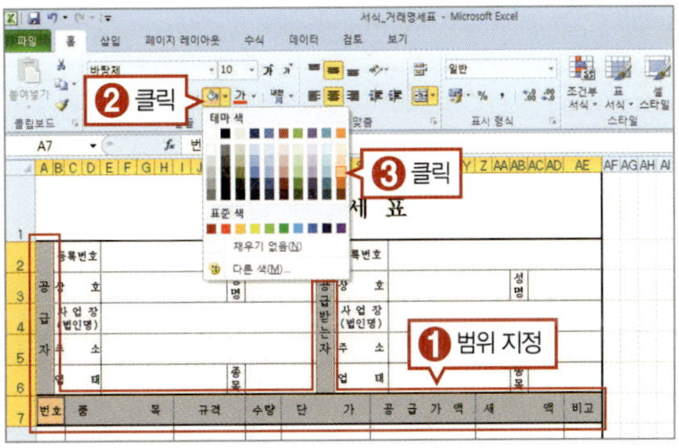

핵심기능 25

[맞춤]과 [표시형식] 그룹에서 서식 지정하기

- **실습 파일** : 엑셀\실습\서식_임율표1.xls
- **완성 파일** : 엑셀\완성\서식_임율표1_완성.xls

맞춤 서식은 셀에 입력되어 있는 데이터 쓰기 방향, 회전 방향, 병합, 줄 바꿈 등을 설정합니다. 맞춤 서식은 [홈] 탭의 [맞춤] 그룹에서 설정할 수 있습니다.

01 ① [A1]~[G1] **셀**을 범위로 지정합니다. ② [홈] 탭의 [맞춤] 그룹에서 [**병합하고 가운데 맞춤**]을 클릭합니다. 이웃한 셀들이 하나로 병합되고 텍스트는 가운데로 정렬됩니다.

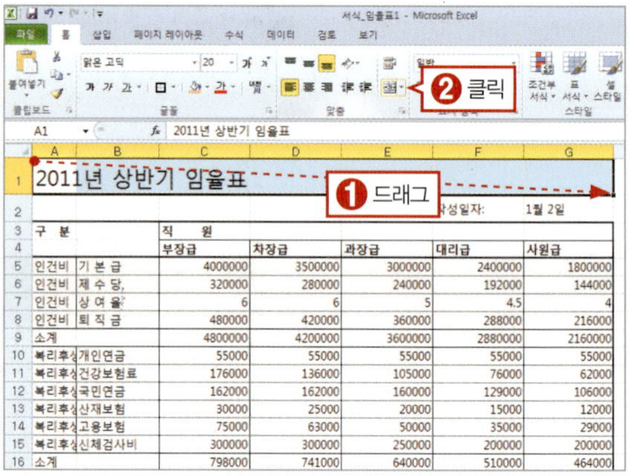

02 ① [A3]~[B4] **셀**을 범위로 지정합니다. ② Ctrl을 눌러 [C3]~[G3], [A5]~[A8], [A9]~[B9], [A10]~[A15], [A16]~[B16], [A17]~[A18], [A19]~[B19], [A21]~[B21] **셀**을 범위로 지정합니다. ③ [홈] 탭의 [맞춤] 그룹에서 [**병합하고 가운데 맞춤**]을 클릭합니다. ④ 경고창이 나타나면 [**확인**]을 클릭합니다.

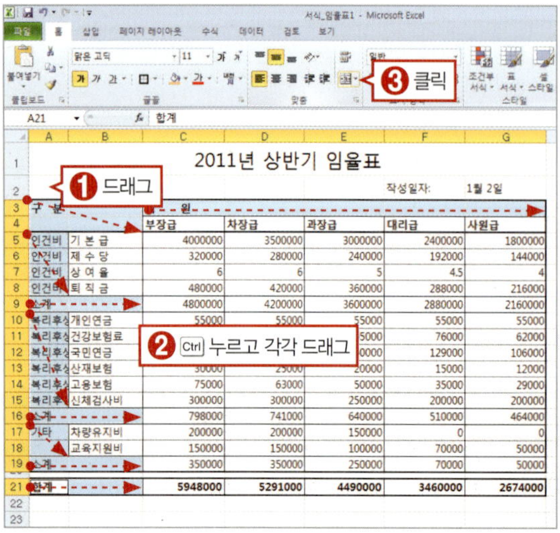

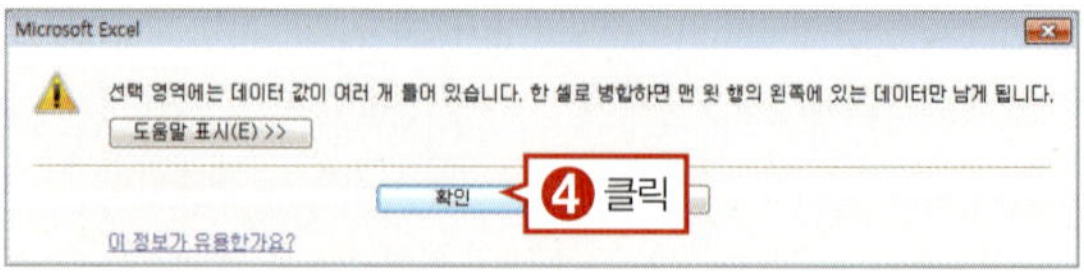

03 ① [A10] 셀을 선택하고 ② [홈] 탭의 [맞춤] 그룹에서 [**텍스트 줄 바꿈**]을 클릭하여 셀 너비에 맞춰 자동 줄 바꿈이 되도록 합니다.

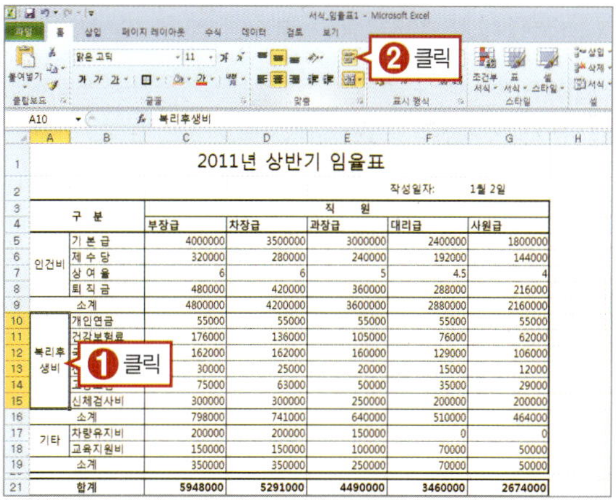

04 ① [**셀 전체 선택**]을 클릭합니다. ② [홈] 탭의 [맞춤] 그룹에서 [**가운데 맞춤**]을 클릭해서 가운데로 정렬합니다.

Tip 맞춤 옵션을 상세하게 지정하려면 [셀 서식 대화 상자 표시]를 클릭해서 셀 서식 대화 상자를 불러옵니다.

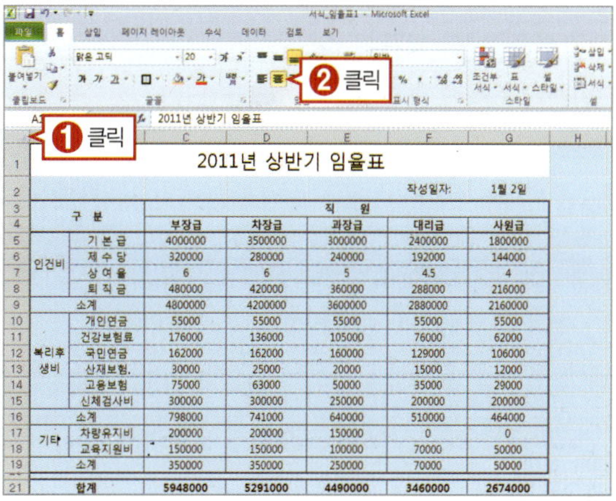

05 날짜 형식 표시하기

① [G2] 셀을 선택합니다. ② [홈] 탭의 [표시 형식] 그룹에서 [**표시 형식 목록**]을 클릭하고 ③ [**간단한 날짜**]를 선택해서 날짜 형식을 **년-월-일** 형태로 바꿉니다.

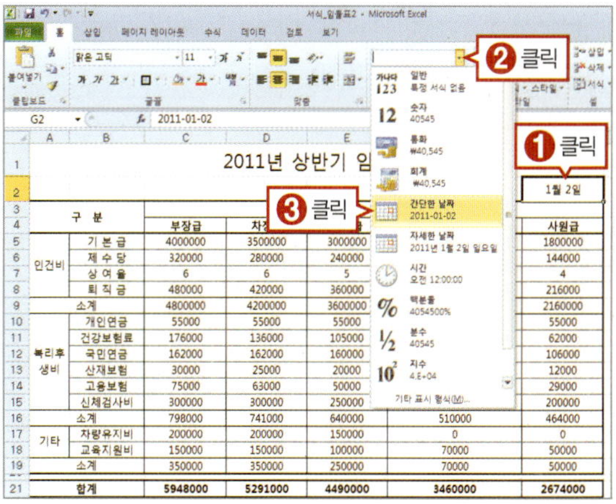

06 숫자 세 자리마다 쉼표 넣기

① [C5]~[G21] **셀**을 범위로 지정합니다. ② [홈] 탭의 [표시 형식] 그룹에서 [**, 쉼표 스타일**]을 클릭합니다. 숫자 세 자리마다 구분 기호로 **쉼표**가 표시됩니다.

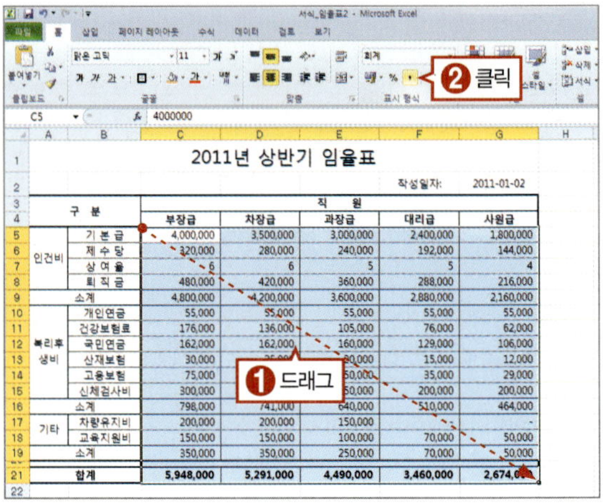

07 백분율 기호 넣기

① [C7]~[G7] **셀**을 범위로 지정합니다. ② [홈] 탭의 [표시 형식] 그룹에서 [**% 백분율 스타일**]을 클릭해서 숫자에 백분율 기호를 넣습니다. ③ [홈] 탭의 [표시 형식] 그룹에서 [**자릿수 늘림**]을 두 번 클릭해서 **소수 둘째 자리**까지 표시합니다.

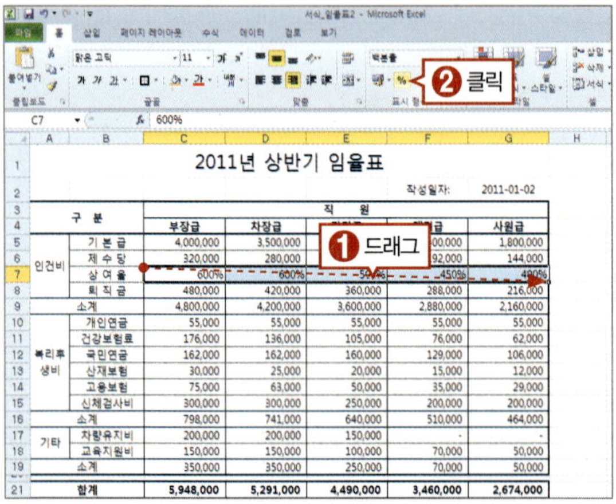

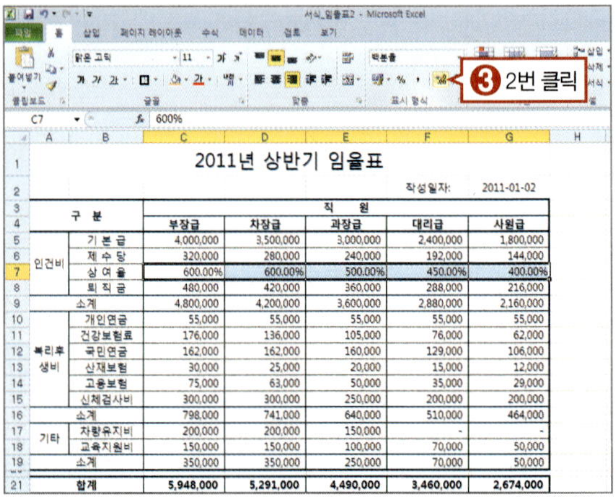

핵심기능 26

문자, 숫자 데이터 표시 형식 사용자 지정하기

- **실습 파일** ◎ : 엑셀\실습\서식_표시형식.xlsx [계산서] 시트
- **완성 파일** ◎ : 엑셀\완성\서식_표시형식_완성.xlsx

사용자 지정 표시 형식은 사용자가 데이터 형식별로 약속된 기호를 사용합니다. 문자는 @ 기호, 수치 데이터는 #, 0 등의 기호로 직접 표시 형식을 지정할 수 있습니다.

01 ① **[F6] 셀**을 선택한 뒤 Ctrl을 누르고 **[V6] 셀**을 선택합니다. ② [홈] 탭의 [표시 형식] 그룹에서 [**셀 서식 대화 상자 표시**]를 클릭합니다. ③ [셀 서식] 대화 상자의 [표시 형식] 탭에서 [범주] 목록의 **[사용자 지정]**을 선택합니다. ④ 형식 입력란에 **@ (주)**를 입력하고 ⑤ **[확인]**을 클릭해서 셀에 입력한 내용에 (주)가 자동으로 붙도록 서식을 적용합니다.

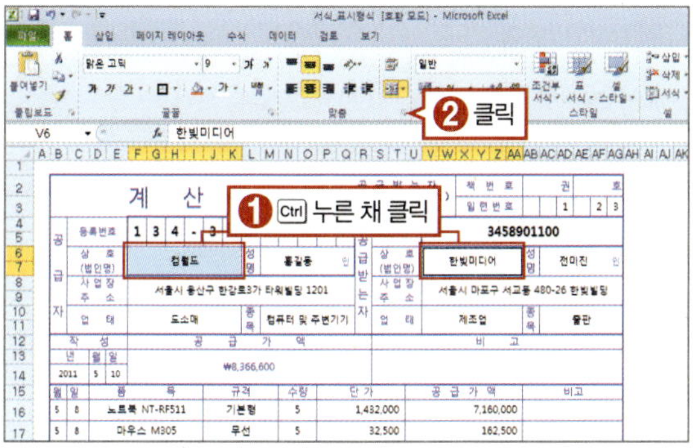

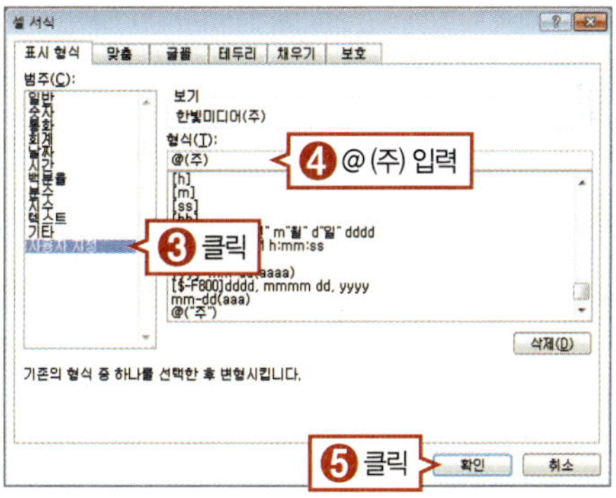

02 ① [V4] 셀을 선택하고 ② [홈] 탭의 [표시 형식] 그룹에서 [**셀 서식 대화 상자 표시**]를 클릭합니다. ③ [표시 형식] 탭에서 **[사용자 지정]**을 선택합니다. ④ 형식 입력란에 000-00-00000을 입력하고 ⑤ **[확인]**을 클릭해서 서식을 적용합니다.

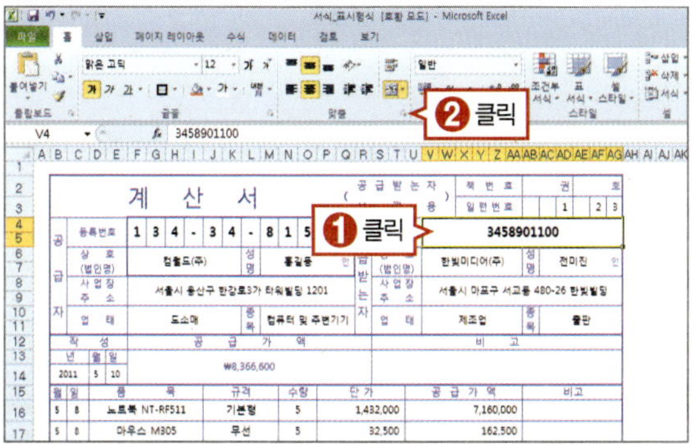

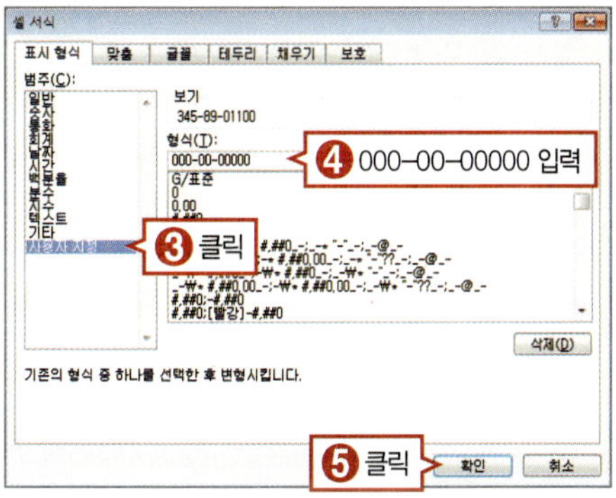

Tip 0은 유효한 자릿수가 아니더라도 숫자의 자릿수를 맞추는 기호로, 000-00-00000은 사업자 등록 번호를 3자-2자-5자 형식으로 표시합니다.

핵심기능 27

숫자를 한글로 표시하는 서식 지정하기

- **실습 파일** ⓒ : 엑셀\실습\서식_표시형식.xlsx [계산서] 시트
- **완성 파일** ⓒ : 엑셀\완성\서식_표시형식_완성.xlsx

엑셀은 숫자 데이터가 커지면 값을 잘못 읽어 오해를 일으킬 가능성이 있습니다. 이런 경우에는 숫자를 한글로 또는 한자로 변경하여 숫자를 직관적으로 읽을 수 있도록 합니다.

01 ① [F13] 셀을 선택하고 ② Ctrl+1을 눌러 **[셀 서식]** 대화 상자를 띄웁니다. ③ [표시 형식] 탭에서 **[기타]**를 선택하고 ④ 형식에서 **[숫자(한글)]**를 선택합니다.

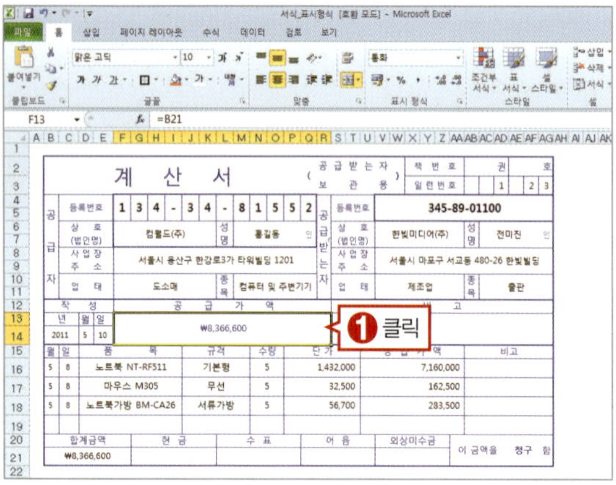

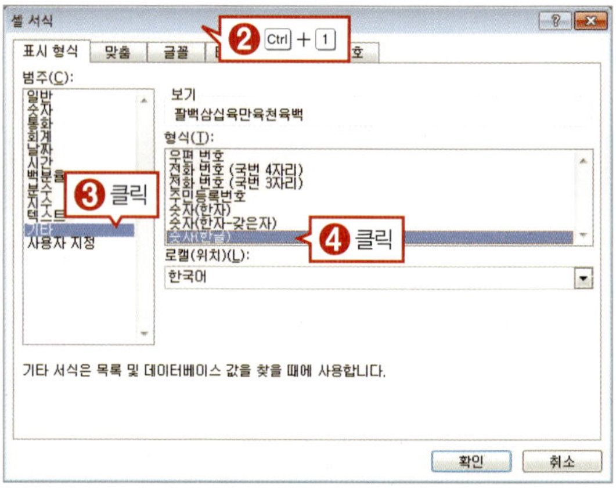

Tip 숫자(한글) 서식은 숫자를 입력하면 한글로 표시하는 서식입니다.

02 ① [범주] 목록에서 **[사용자 지정]**을 선택합니다. ② 형식 입력란에 입력되어 있는 서식 코드 맨 앞에 **일금**을, 맨 뒤에 **원정**을 입력합니다. ③ **[확인]**을 클릭해서 숫자(한글) 서식을 수정해서 적용합니다. 숫자가 한글로 표기되며 앞에는 **일금**, 뒤에는 **원정**이 붙습니다.

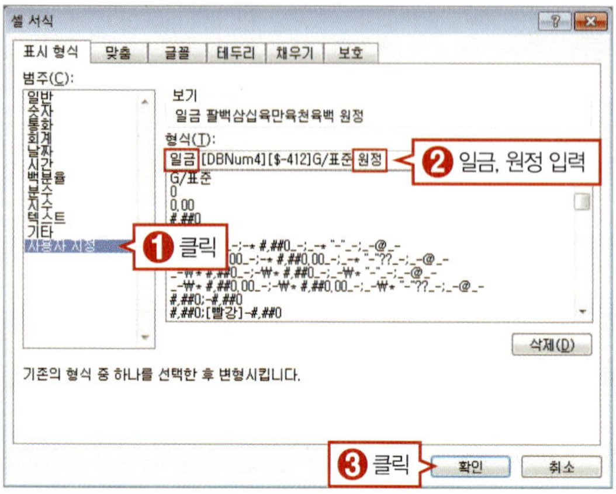

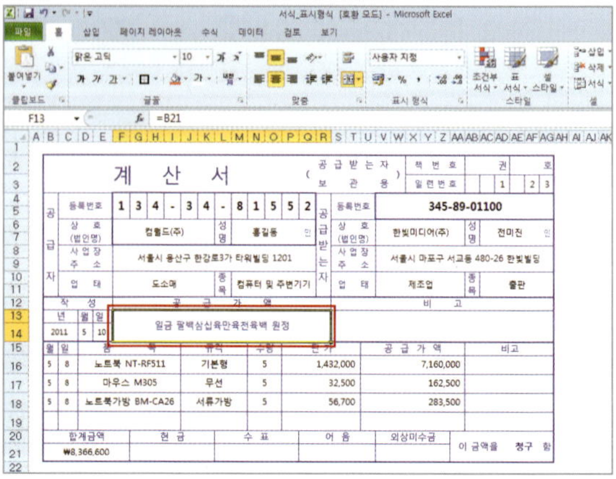

핵심기능 28

숫자 데이터 표시 형식 양수/음수/0의 서식 지정하기

- **실습 파일** : 엑셀\실습\서식_표시형식.xlsx [집계표] 시트
- **완성 파일** : 엑셀\완성\서식_표시형식_완성.xlsx

사용자 지정 형식은 한 번에 4개까지 지정할 수 있으며 기본적으로 양수, 음수, 0, 문자 형식을 세미콜론(;)으로 구분하여 표현합니다.

01 ① [D5]~[D15] 셀을 선택합니다. ② Ctrl을 누른 채로 [H5]~[H15] 셀을 선택합니다. ③ Ctrl+1을 눌러 **[셀 서식]** 대화 상자를 띄웁니다. ④ [표시 형식] 탭의 [범주] 목록에서 **[사용자 지정]**을 선택합니다. ⑤ 형식 입력란에 **[파랑]△#,##0;[빨강]▽#,##0;#**을 입력한 후 ⑥ **[확인]**을 클릭합니다.

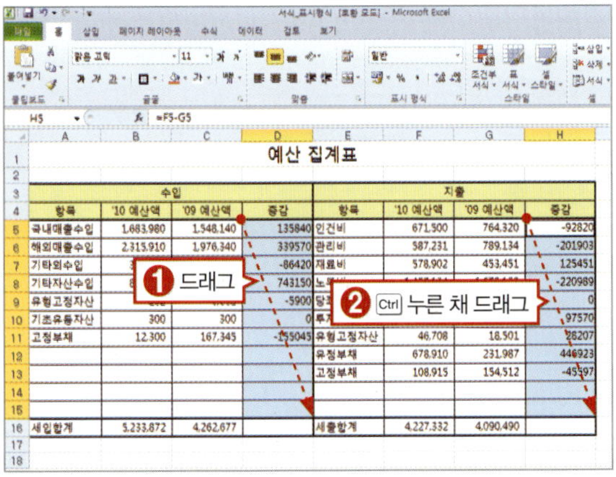

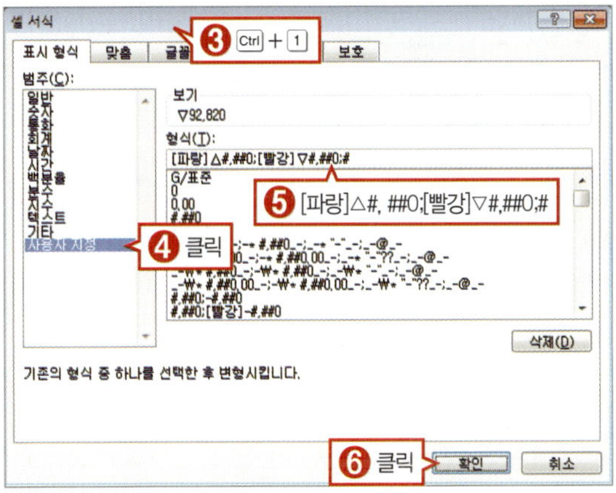

Tip 서식 설명 : [색] 양수의 서식 ; [색] 음수의 서식 ; 0의 서식

[파랑]△#,##0;[빨강]▽#,##0;#

지정한 범위의 숫자가 양수이면 파랑색에 △이 표시되고, 음수이면 빨간색에 ▽이 표시됩니다. 0일 때는 표시하지 않습니다.

02 증감 범위에 양수, 음수, 0의 서식이 적용되어 나타납니다.

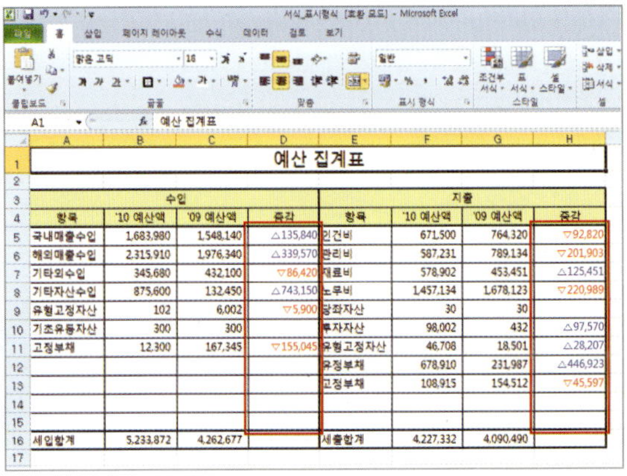

핵심기능 29

숫자에 백만 단위 및 만 단위마다 쉼표 표시하기

• **실습 파일** ⓒ : 엑셀\실습\서식_표시형식.xlsx [매출액] 시트

• **완성 파일** ⓒ : 엑셀\완성\서식_표시형식_완성.xlsx

자릿수가 큰 숫자는 셀 공간을 많이 차지하기도 하고 데이터를 읽기도 불편합니다. 이때는 세 자리씩 잘라서 표시할 수 있으며, 네 자리마다 쉼표를 붙여 만 단위, 억 단위로 표시할 수 있습니다.

01 백만 단위 이하는 잘라서 표시하기

① **[B4]~[B7] 셀**을 선택하고 ② Ctrl+1을 눌러 **[셀 서식]** 대화 상자를 띄웁니다. ③ [표시 형식] 탭의 [범주] 목록에서 **[사용자 지정]**을 선택합니다. ④ 형식 입력란에 **#,##0,,**을 입력한 후 ⑤ **[확인]**을 클릭합니다.

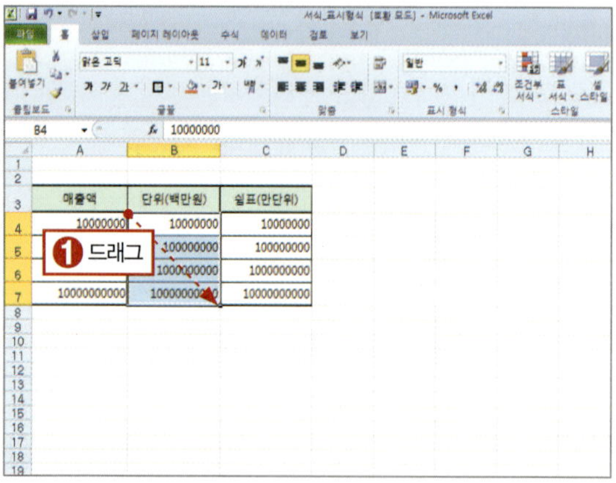

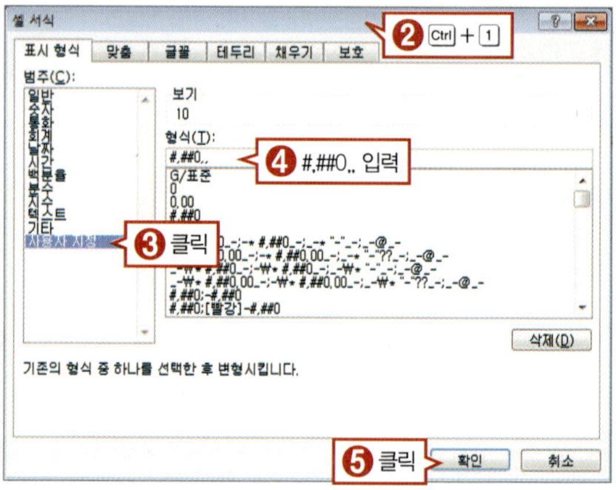

Tip 천 단위 또는 백만 단위로 표시하기

• **사용자 형식 코드 단위(천 원)** : #,##0,

• **사용자 형식 코드 단위(백만 원)** : #,##0,,

쉼표(,)에는 세 자리마다 쉼표가 표시되는 형식과 세 자릿수가 잘려서 표시되는 쉼표(,) 형식이 있습니다.

02 네 자리마다 쉼표 표시하기

① [C4]~[C7] 셀을 선택하고 ② Ctrl+1을 눌러 **[셀 서식]** 대화 상자를 띄웁니다. ③ [표시 형식] 탭의 [범주] 목록에서 **[사용자 지정]**을 선택합니다. ④ 형식 입력란에 **[>99999999]####",“####",“####;####",“####"**을 입력한 후 ⑤ **[확인]**을 클릭합니다. 매출액에 네 자리마다 쉼표가 표시됩니다.

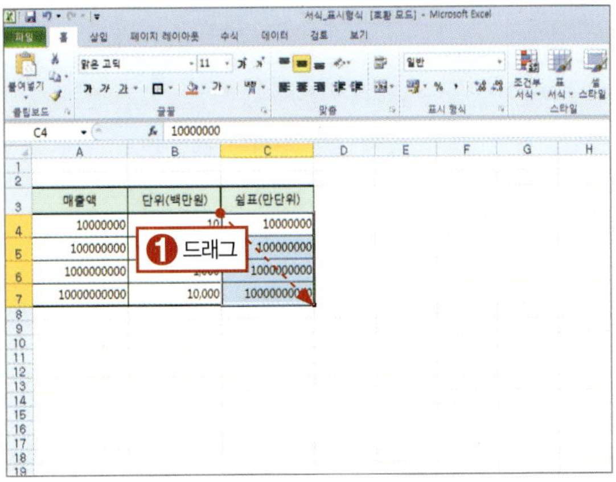

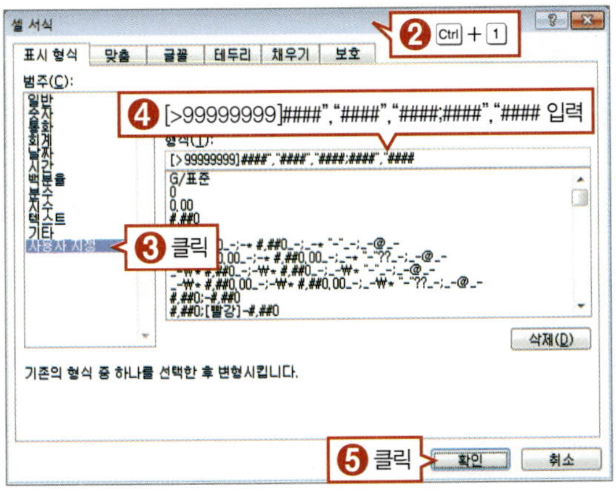

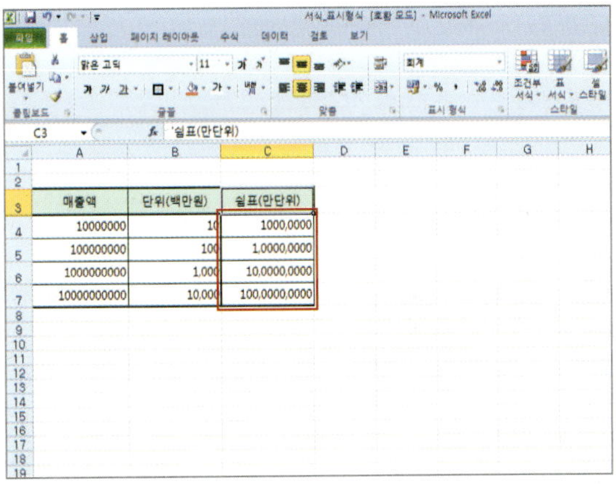

Tip 서식 설명 : [조건] 서식1 ; 서식2 (조건을 만족하면 서식1을 적용하고, 조건을 만족하지 않으면 서식2를 적용합니다.)

[>99999999]####",“####",“####;####",“####

자릿수가 12자리일 경우와 8자리일 경우에 따라 쉼표(,)가 찍혀야 할 자릿수가 달라지므로 8자리가 초과되면 ####",“####",“#### 서식을 적용하고, 8자리 이하이면 ####",“#### 서식을 적용합니다.

핵심기능 30

요일과 누적 시간 사용자 지정 표시 형식 지정하기

- **실습 파일** : 엑셀\실습\서식_표시형식.xlsx [출근표] 시트
- **완성 파일** : 엑셀\완성\서식_표시형식_완성.xlsx

날짜 형식은 년-월-일 형태의 yyyy-mm-dd 서식을, 시간 형식은 주로 시:분:초 형태의 h:m:s를 사용합니다. 날짜 형식에서 요일은 aaa, aaaa, ddd, dddd 기호를 사용합니다. 시간 형식에서 24시간이 넘어서는 누적 시간을 표시할 때는 대괄호와 함께 h, m, s 기호를 사용합니다.

01 요일이 나타나도록 지정하기

① [A3]~[A11] **셀**의 범위를 지정합니다. ② Ctrl+1을 눌러 **[셀 서식]** 대화 상자를 띄웁니다. ③ 셀 서식 대화 상자의 [표시 형식] 탭에서 [범주] 목록의 **[사용자 지정]**을 선택합니다. ④ 형식 입력란에 mm-dd(aaa)를 입력합니다. ⑤ **[확인]**을 클릭해서 셀에 입력한 내용에 요일이 나타나도록 서식을 적용합니다.

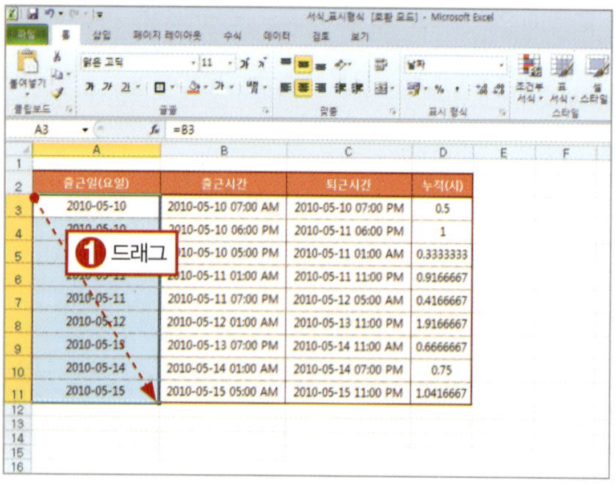

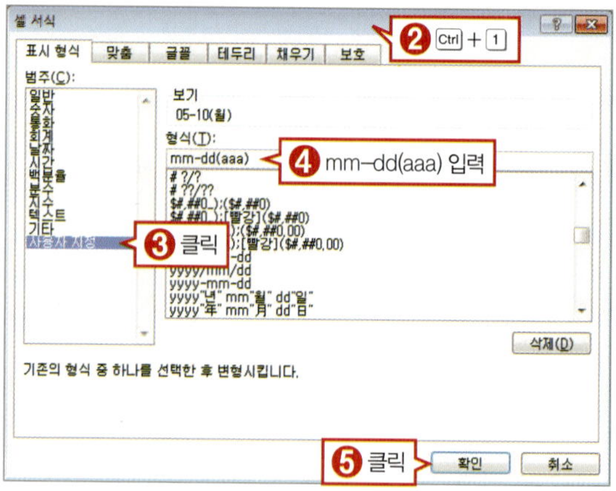

Tip 날짜 사용자 지정 형식에 사용되는 기호 살펴보기

날짜 형식은 주로 년-월-일 형태의 표시 형식을 사용합니다.

날짜	YY/YYYY	연도를 앞에 두 자리 또는 네 자리로 표시
	M/MM/MMMM	월을 1~12 또는 01~12 또는 January~December로 표시
	D/DD	일을 1~31 또는 01~31로 표시
	DDD/DDDD	요일을 영문 세 자리 또는 영문으로 표시(예 : Mon 또는 Monday)
	AAA/AAAA	요일을 한글 한 자리 또는 한글로 표시(예 : 월 또는 월요일)

02 근무 시간 표시하기

① [D3]~[D11] **셀**의 범위를 지정합니다. ② Ctrl+1을 눌러 **[셀 서식]** 대화 상자를 띄웁니다. ③ [셀 서식] 대화 상자의 [표시 형식] 탭에서 [범주] 목록의 **[사용자 지정]**을 선택합니다. ④ 형식 입력란에 **[h]**를 입력하고 ⑤ **[확인]**을 클릭해서 출근 시간부터 퇴근 시간까지 걸린 시간(=퇴근 시간−출근 시간)이 표시되도록 서식을 적용합니다.

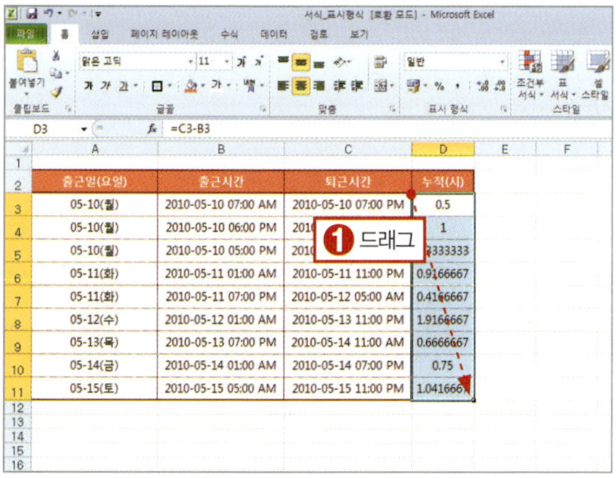

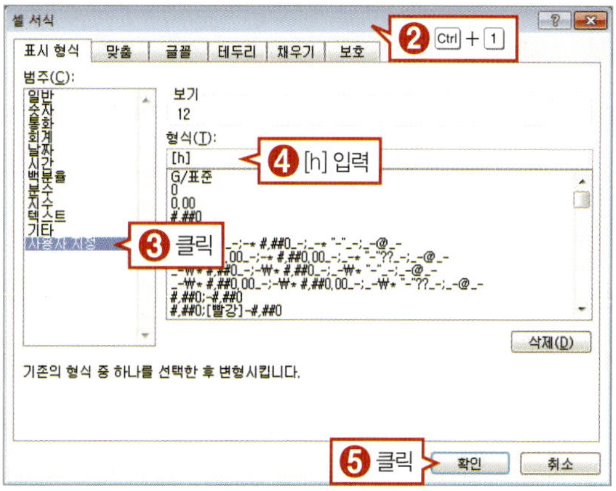

Tip 시간 사용자 지정 형식에 사용되는 기호 살펴보기

시간 형식은 주로 시:분:초 형태의 h:m:s 표시 형식을 사용합니다. 시간 형식에서 24시간이 넘어서는 누적 시간을 표시해야 할 때는 대괄호[ ]와 함께 h, m, s 기호를 사용합니다.

시간	H/HH	시간을 0~23 또는 00~23으로 표시
	M/MM	분을 0~59 또는 00~59로 표시
	S/SS	초를 0~59 또는 00~59로 표시
	[H]	24시간 이상의 누적 시간을 표시
	[M]	60분 이상의 누적 분을 표시
	[S]	60초 이상의 누적 초를 표시

핵심기능 31

셀 강조와 상위/하위 규칙으로 조건부 서식 지정하기

- **실습 파일** ⓒ : 엑셀\실습\서식_상품재고1.xlsx
- **완성 파일** ⓒ : 엑셀\완성\서식_상품재고1_완성.xlsx

조건부 서식이란 사용자가 지정한 조건이나 셀 값을 기준으로 서로 다른 서식을 적용하는 규칙입니다. 셀 강조 규칙은 지정한 데이터 범위에서 비교 연산자를 기준으로 조건에 맞는 셀을 찾아 사용자가 지정한 셀 서식을 적용하는 것입니다. 상위/하위 규칙은 지정한 데이터 범위에서 셀 값을 기준으로 상위 값 또는 하위 값을 찾아 지정한 서식을 적용하는 것입니다.

01 ① [C3]~[C23] **셀**을 범위로 지정합니다. ② [홈] 탭의 [스타일] 그룹에서 **[조건부 서식]**을 클릭합니다. ③ **[셀 강조 규칙]-[텍스트 포함]**을 선택해서 서식을 지정할 대화 상자를 띄웁니다.

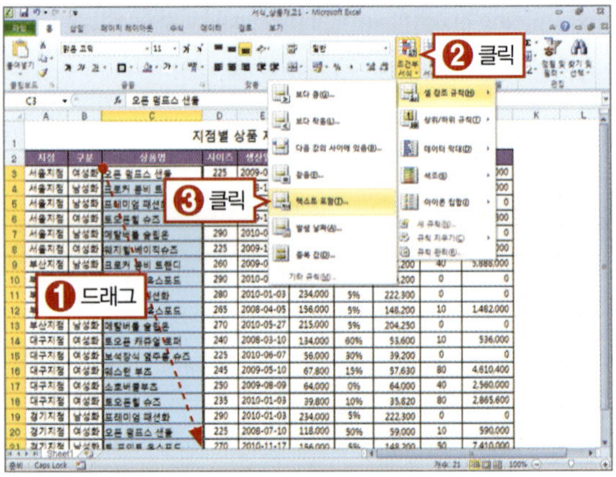

02 ① 서식을 지정할 셀 값으로 **토**를 입력합니다. ② 적용할 서식 목록에서 **[진한 녹색 텍스트가 있는 녹색 채우기]**를 선택합니다. ③ **[확인]**을 클릭해서 **토**라는 텍스트를 포함하는 셀에 서식을 적용합니다.

Tip 조건부 서식을 수정 또는 삭제하려면 [스타일] 그룹에서 [조건부 서식]-[규칙 관리]를 선택한 후 [조건부 서식 규칙 관리자] 대화 상자에서 규칙을 수정 또는 삭제합니다.

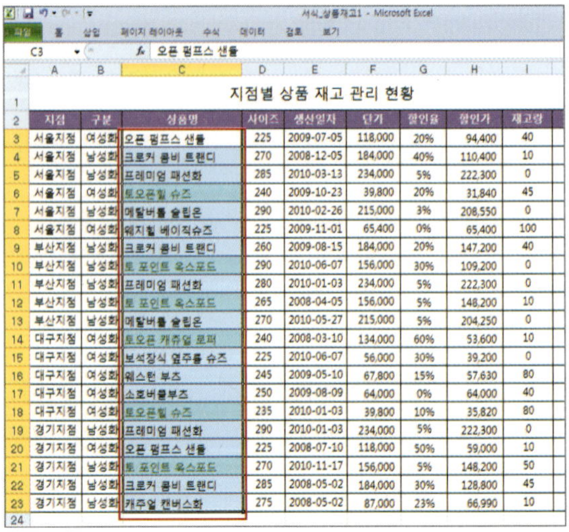

지점별 상품 재고 관리 현황

지점	구분	상품명	사이즈	생산일자	단가	할인율	할인가	재고량
서울지점	여성화	오픈 펌프스 샌들	225	2009-07-05	118,000	20%	94,400	40
서울지점	남성화	크로커 콤비 트랜디	270	2008-12-05	184,000	40%	110,400	10
서울지점	남성화	프레미엄 패션화	285	2010-03-13	234,000	5%	222,300	0
서울지점	여성화	토오픈힐 슈즈	240	2009-10-23	39,800	20%	31,840	45
서울지점	남성화	메탈버클 슬립온	290	2010-02-26	215,000	3%	208,550	0
서울지점	여성화	웨지힐 베이직슈즈	225	2009-11-01	65,400	0%	65,400	100
부산지점	남성화	크로커 콤비 트랜디	260	2009-08-15	184,000	20%	147,200	40
부산지점	남성화	토 포인트 옥스포드	290	2010-06-07	156,000	30%	109,200	0
부산지점	남성화	프레미엄 패션화	280	2010-01-03	234,000	5%	222,300	0
부산지점	남성화	토 포인트 옥스포드	265	2008-04-05	156,000	5%	148,200	10
부산지점	남성화	메탈버클 슬립온	270	2010-05-27	215,000	5%	204,250	0
대구지점	여성화	토오픈 캐쥬얼 로퍼	240	2008-03-10	134,000	60%	53,600	10
대구지점	여성화	보석장식 옆주름 슈즈	225	2010-06-07	56,000	30%	39,200	0
대구지점	여성화	웨스턴 부츠	245	2009-05-10	67,800	15%	57,630	80
대구지점	여성화	소호버클부츠	250	2009-08-09	64,000	0%	64,000	40
대구지점	여성화	토오픈힐 슈즈	235	2010-01-03	39,800	10%	35,820	80
경기지점	남성화	프레미엄 패션화	290	2010-01-03	234,000	5%	222,300	0
경기지점	여성화	오픈 펌프스 샌들	225	2008-07-10	118,000	50%	59,000	10
경기지점	남성화	토 포인트 옥스포드	270	2010-11-17	156,000	5%	148,200	50
경기지점	남성화	크로커 콤비 트랜디	285	2008-05-02	184,000	30%	128,800	45
경기지점	남성화	캐주얼 캔버스화	275	2008-05-02	87,000	23%	66,990	10

03 ① [I3]~[I23] 셀을 범위로 지정합니다. ② [홈] 탭의 [스타일] 그룹에서 **[조건부 서식]**을 클릭하고 ③ **[상위/하위 규칙]-[평균 초과]**를 선택합니다. ④ 적용할 서식에서 **[사용자 지정 서식]**을 선택합니다. ⑤ **[확인]**을 클릭하면 **[셀 서식]** 대화상자가 나타납니다.

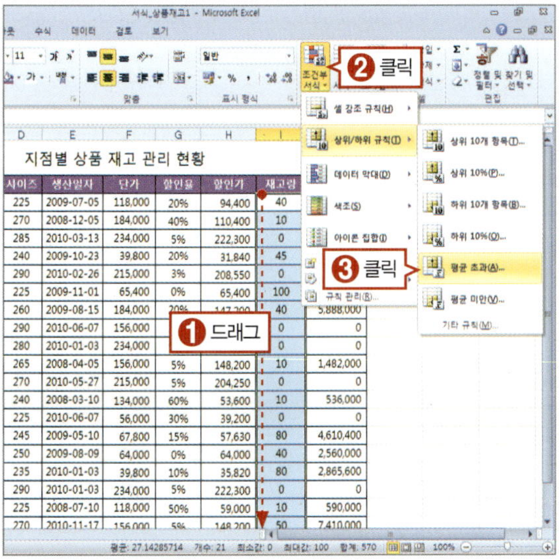

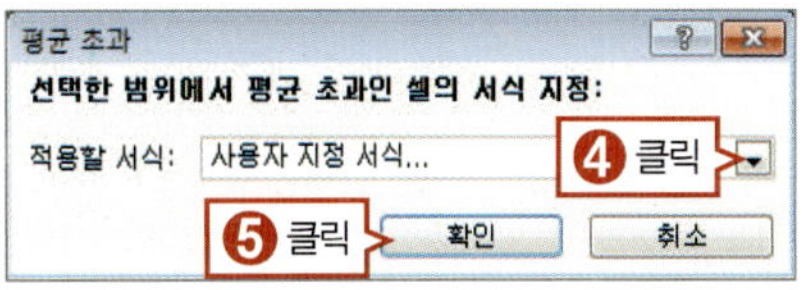

04 ① [셀 서식] 대화 상자의 **[글꼴]** 탭을 클릭하고 ② 글꼴 스타일은 **[굵게]**, ③ 색은 **[빨강, 강조 2]**를 선택합니다. ④ **[확인]**을 두 번 클릭해서 대화 상자를 닫습니다. 재고량이 평균 초과인 셀에 서식이 적용됩니다.

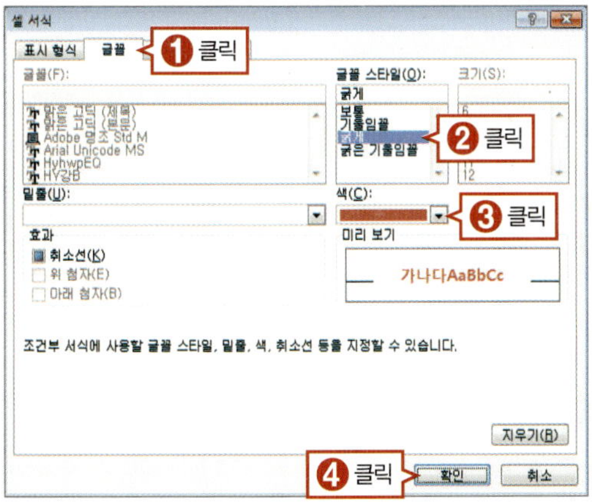

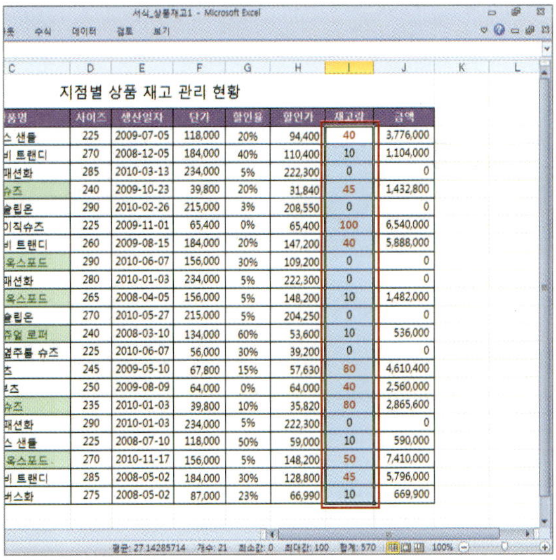

핵심기능 32

색조, 아이콘으로 조건부 서식 지정하기

- **실습 파일** : 엑셀\실습\서식_상품재고2.xlsx
- **완성 파일** : 엑셀\완성\서식_상품재고2_완성.xlsx

색조는 지정한 범위의 셀 값에 따라 최솟값과 최댓값으로 나눈 두 가지 색 또는 최대/중간/최소로 나눈 세 가지 색으로 지정해서 셀을 강조합니다. 아이콘 집합은 임계 값 3~5개의 범위에 따라 아이콘의 형태를 달리하여 지정한 데이터의 값을 비교해서 나타냅니다.

01 색조로 조건부 서식 지정하기

① [J3]~[J23] 셀을 범위로 지정합니다. ② [홈] 탭의 [스타일] 그룹에서 **[조건부 서식]**을 클릭하고 ③ **[색조]-[빨강, 흰색 색조]**를 선택합니다. 큰 값일수록 빨간색에, 작은 값일수록 흰색에 가깝게 표현됩니다.

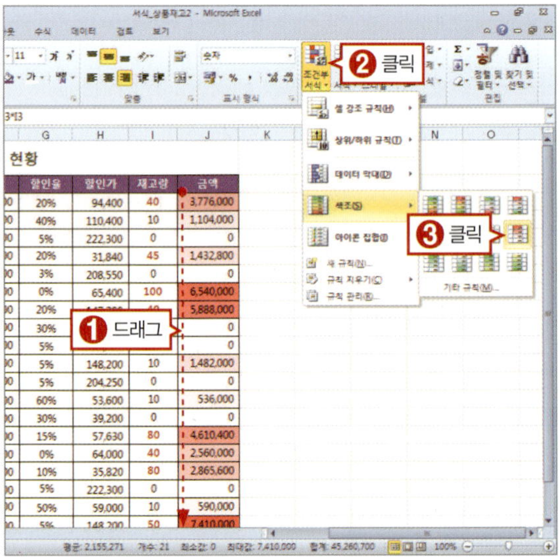

02 아이콘으로 조건부 서식 지정하기

① [G3]~[G23] 셀을 범위로 지정합니다. ② [홈] 탭의 [스타일] 그룹에서 **[조건부 서식]**을 클릭하고 ③ **[아이콘 집합]-[기타 규칙]**을 선택합니다.

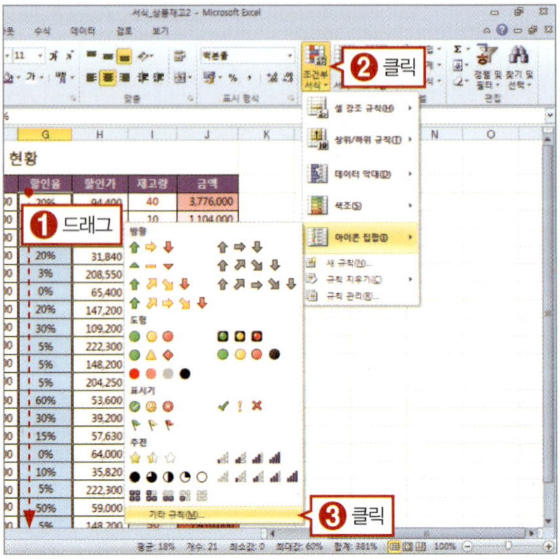

03 ① 아이콘 스타일은 [▲ ▬ ▼ **삼각형 3개**]를 선택합니다. ② 규칙 설명 편집 영역에서 ▲ 아이콘 값에 30, ③ ▬ 아이콘 값에 10을 입력하고 ④ **[확인]**을 클릭하여 대화 상자를 닫습니다. 셀 값이 **30% 이상**이면 ▲, **30% 미만 10% 이상**이면 ▬, **10% 미만**이면 ▼ 아이콘이 표시됩니다.

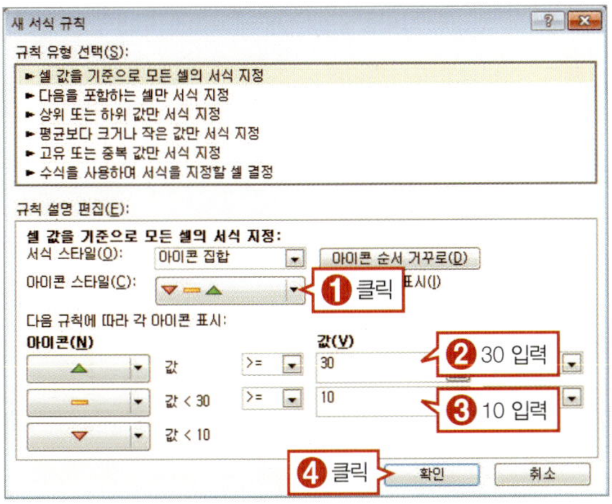

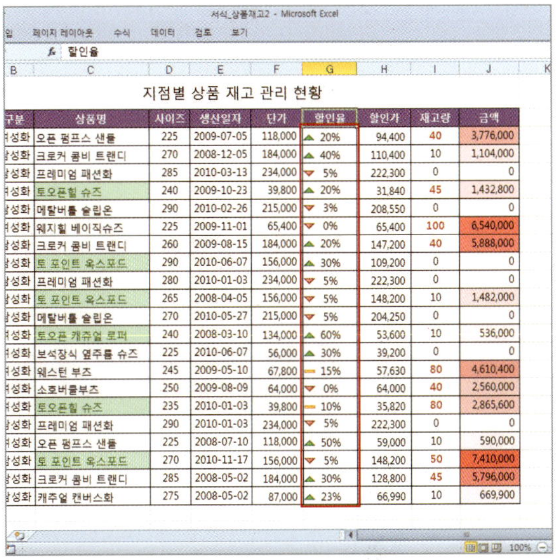

Tip 셀 값을 기준으로 백분율, 숫자, 백분위수, 수식으로 변경할 수 있습니다. 백분율과 백분위수에는 0~100 사이의 값을 입력합니다.

핵심기능 33

막대로 조건부 서식 지정 및 규칙 편집하기

- **실습 파일** ⓒ : 엑셀\실습\서식_수출입추이.xlsx
- **완성 파일** ⓒ : 엑셀\완성\서식_수출입추이_완성.xlsx

데이터 막대는 셀 값에 따라 막대 길이를 다르게 표시하여 시각화합니다. 데이터를 시각화하면 전체적인 추세를 한눈에 볼 수 있습니다.

01 ① [C4]~[D19] **셀**을 범위로 지정합니다. ② [홈] 탭의 [스타일] 그룹에서 **[조건부 서식]**을 클릭하고 ③ [데이터 막대]–[그라데이션 채우기]의 **[주황 데이터 막대]**를 선택합니다. 셀 값에 따라 막대 길이가 다르게 표시됩니다.

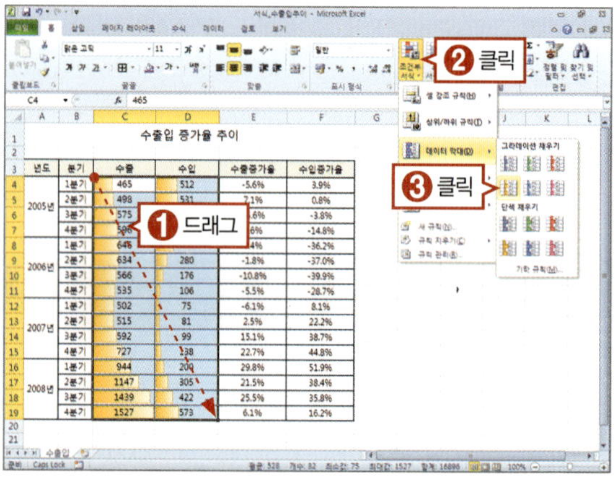

02 ① [E4]~[F19] **셀**을 범위로 지정합니다. ② [홈] 탭의 [스타일] 그룹에서 **[조건부 서식]**을 클릭하고 ③ [데이터 막대]–[그라데이션 채우기]의 **[연한 파랑 데이터 막대]**를 선택합니다. 셀 값에 따라 음수 또는 양수 막대로 표시됩니다.

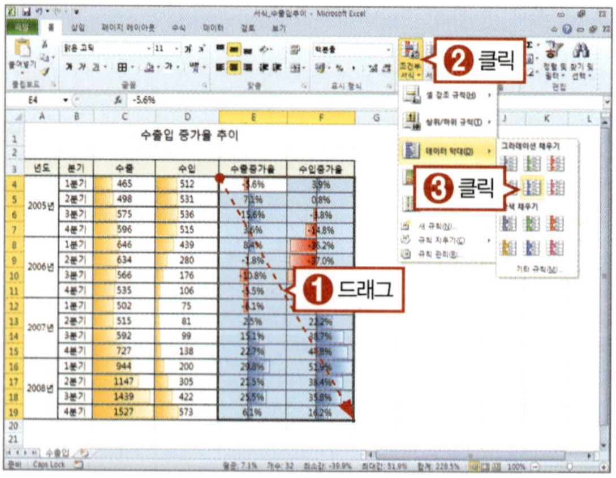

03 음수와 양수 막대를 반대 방향으로 표시하기

① 범위를 지정한 상태에서 ② [홈] 탭의 [스타일] 그룹에서 **[조건부 서식]**을 클릭합니다. ③ **[규칙 관리]**를 선택합니다. ④ [조건부 서식 규칙 관리자] 대화 상자에서 **[데이터 막대]** 규칙을 선택하고 ⑤ **[규칙 편집]**을 클릭합니다.

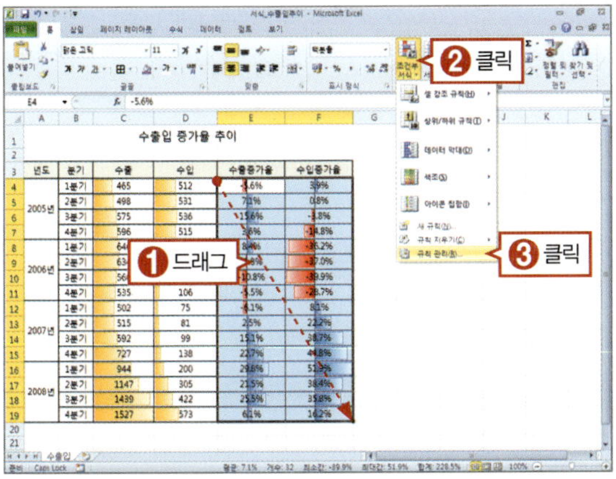

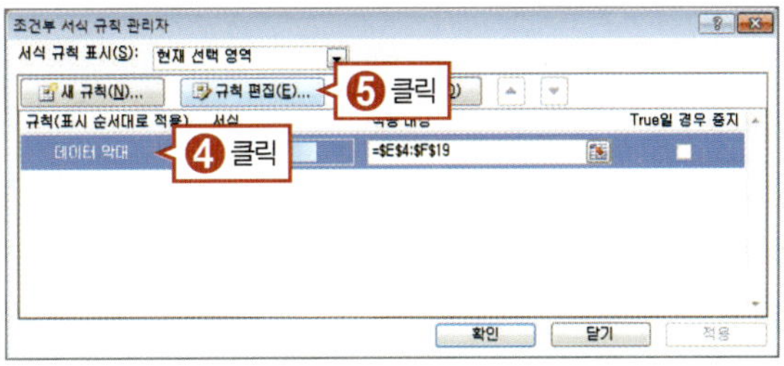

04 ① [규칙 설명 편집] 영역에서 [막대 방향]을 **[오른쪽에서 왼쪽]**으로 설정합니다. ② [음수 값 및 축(N)...]을 클릭하고 ③ [축 설정]에서 **[셀 중간점]**을 선택합니다. ④ **[확인]**을 세 번 클릭해서 대화 상자를 모두 닫습니다.

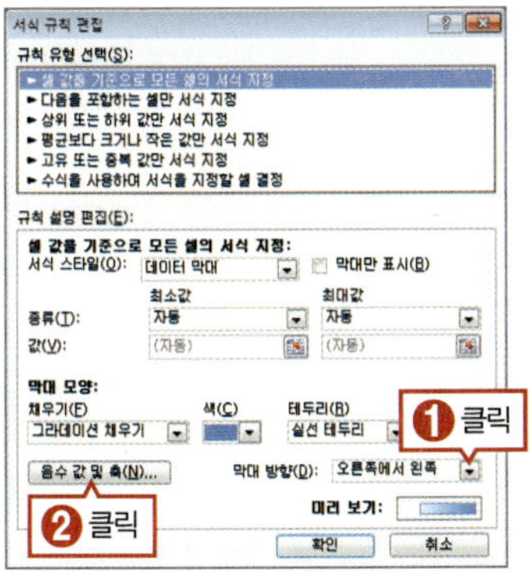

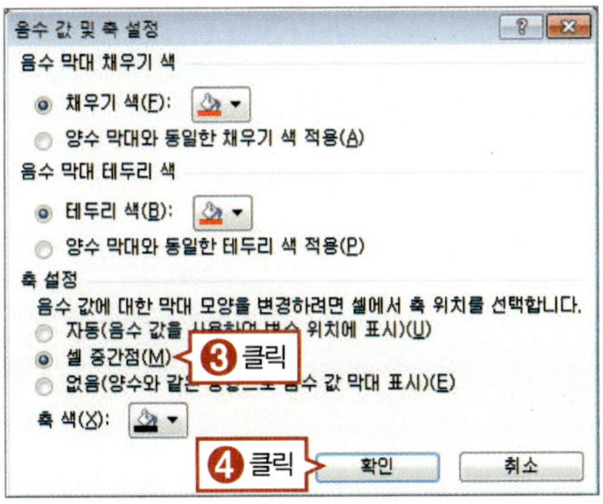

05 막대의 방향이 오른쪽에서 왼쪽으로 변경되고 중심축이 셀 중간으로 변경됩니다.

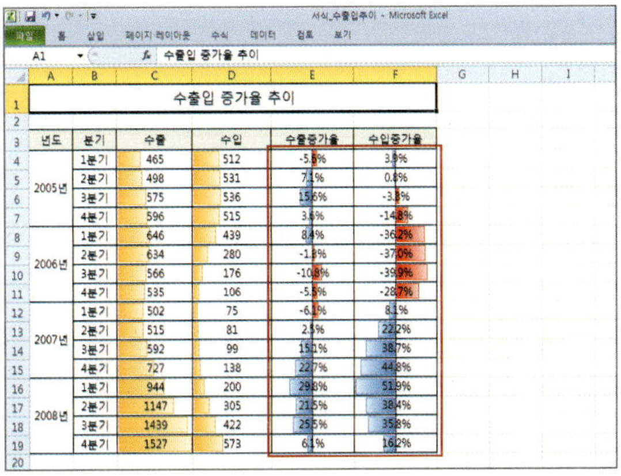

핵심기능 34

조건부 서식으로 수식 지정하기

- **실습 파일** ⓒ : 엑셀\실습\서식_고과평가.xlsx
- **완성 파일** ⓒ : 엑셀\완성\서식_고과평가_완성.xlsx

조건부 서식은 셀 값에 따라 조건을 지정하여 셀 서식을 강조할 수 있지만, 함수나 논리 수식 등을 사용하여 조건을 보다 다양하게 지정한 뒤 행 전체를 강조할 수도 있습니다.

01 수식을 사용하여 서식 지정하기

① [A4]~[G23] 셀을 범위로 지정합니다. ② [홈] 탭의 [스타일] 그룹에서 **[조건부 서식]**을 클릭하고 ③ **[새 규칙]**을 선택합니다. ④ [새 서식 규칙] 대화 상자에서 **[수식을 사용하여 서식을 지정할 셀 결정]**을 선택하고 승격 대상자인 행 전체에 서식을 적용하기 위해 ⑤ 수식 입력란에 **=$G4="승격대상자"**를 입력합니다. ⑥ **[서식]**을 클릭합니다.

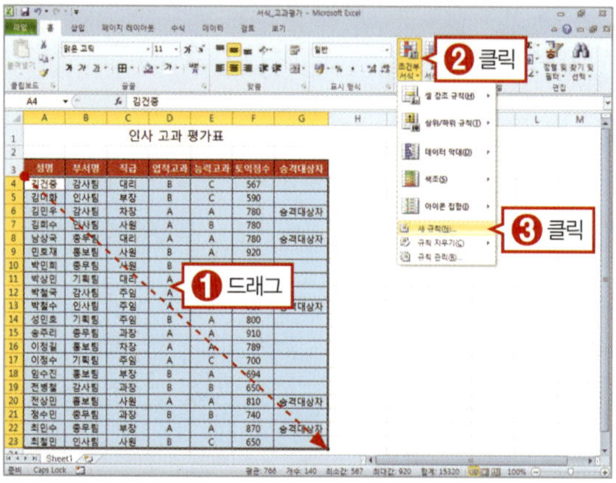

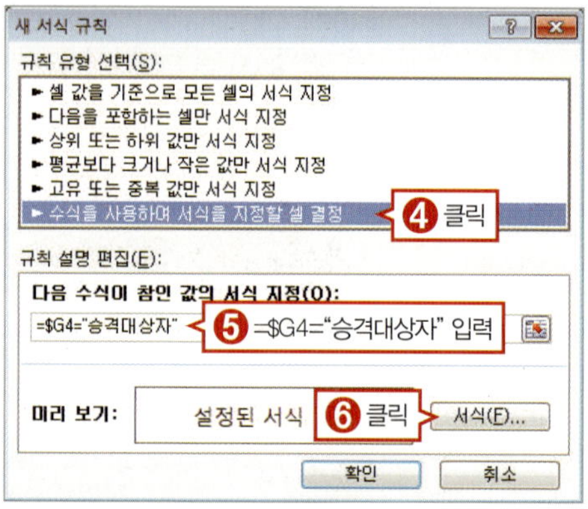

02 ① **[채우기]** 탭에서 ② **[연한 자주]**를 선택합니다. ③ **[확인]**을 클릭해서 서식을 적용합니다. [승격대상자] 셀만 강조할 수 있지만 수식을 지정하면 [승격대상자] 행 전체가 지정한 서식(연한 자주)으로 바뀝니다.

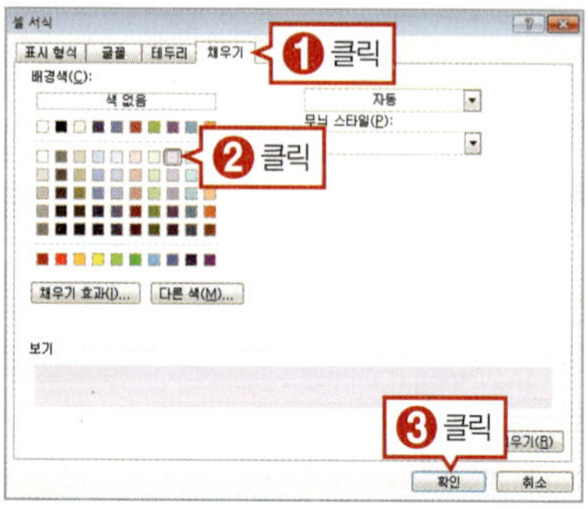

인사 고과 평가표						
성명	부서명	직급	업적고과	능력고과	토익점수	승격대상자
김건중	감사팀	대리	B	C	567	
김미화	인사팀	부장	B	C	590	
김민우	감사팀	차장	A	A	780	승격대상자
김회수	인사팀	사원	A	B	780	
남상국	총무팀	대리	A	A	780	승격대상자
민호재	홍보팀	사원	B	A	920	
박민희	총무팀	사원	B	C	690	
박상민	기획팀	대리	A	A	800	
박철국	감사팀	주임	A	C	890	
박철수	인사팀	주임	A	A	910	승격대상자
성민호	기획팀	주임	B	A	800	
송주리	총무팀	과장	A	A	910	
이정길	홍보팀	차장	A	A	789	
이정수	기획팀	주임	A	C	700	
임수진	홍보팀	부장	B	A	694	
전병철	감사팀	과장	B	B	650	
전상민	홍보팀	사원	A	A	810	승격대상자
정수민	총무팀	과장	B	B	740	
최민수	총무팀	부장	A	A	870	승격대상자
최철민	인사팀	사원	B	C	650	

핵심기능 35

틀 고정하기

• **실습 파일** ⓒ : 엑셀\실습\틀_도서목록.xlsx

여러 문서를 동시에 편집하거나 방대한 양의 데이터를 다룰 때 제목 행이나 열을 고정하면 좀 더 편하게 작업할 수 있습니다.

01 틀 고정하기

① [B3] 셀을 선택합니다. ② [보기] 탭의 [창] 그룹에서 **[틀 고정]**을 클릭하고 ③ **[틀 고정]**을 선택합니다. 틀 고정을 하면 **셀 포인터를 기준으로 위쪽과 왼쪽에 있는 셀이 고정**됩니다. 그러므로 화면을 이동해도 [B3] 셀 위쪽인 **1~2행**, 왼쪽인 **[A]열**은 계속해서 나타납니다.

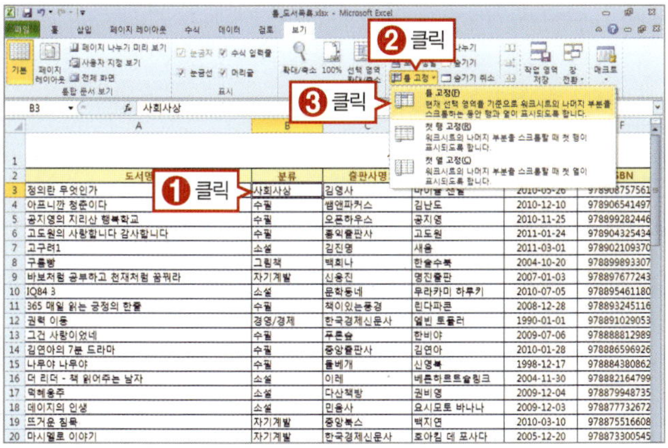

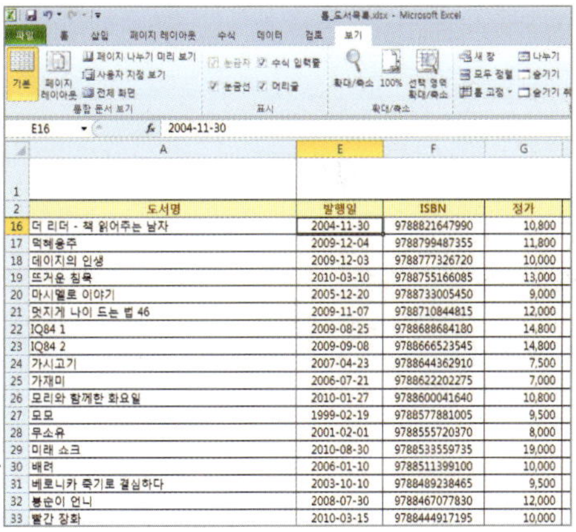

02 틀 고정 취소하기

① 임의의 셀을 선택합니다. ② [보기] 탭의 [창] 그룹에서 **[틀 고정]**을 클릭하고 ③ **[틀 고정 취소]**를 선택합니다.

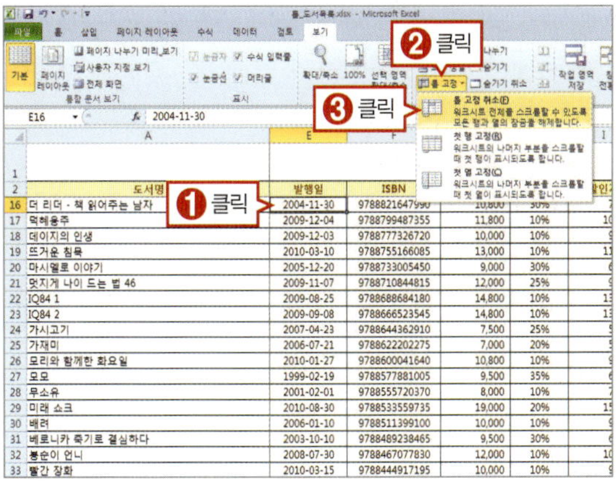

핵심기능 36

새 창으로 바둑판식 정렬하기

• **실습 파일** ◎ : 엑셀\실습\창_도서목록.xlsx

여러 개의 엑셀 문서를 띄워놓고 작업할 때 다양한 형태의 화면 보기 방법이나 창 정렬 기능을 이용하면 보다 편하게 작업할 수 있습니다.

01 ① [보기] 탭의 [창] 그룹에서 **[새 창]**을 클릭해서 작업 중인 문서를 새 창에 띄웁니다. ② [보기] 탭의 [창] 그룹에서 **[모두 정렬]**을 클릭합니다. ③ [창 정렬] 대화 상자에서 **[바둑판식]**을 선택합니다. ④ **[확인]**을 클릭하면 작업 창 두 개가 바둑판식으로 정렬됩니다.

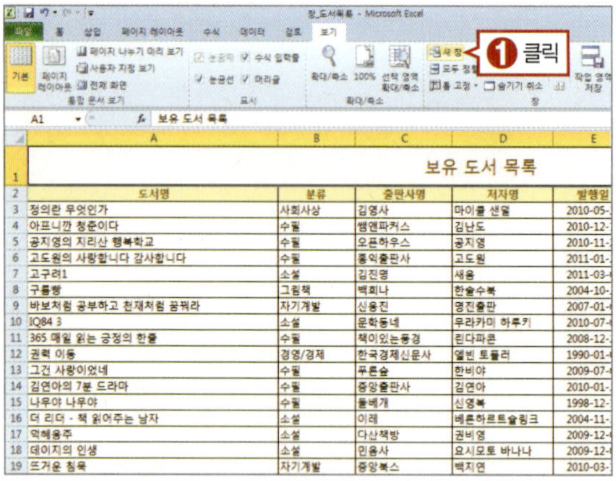

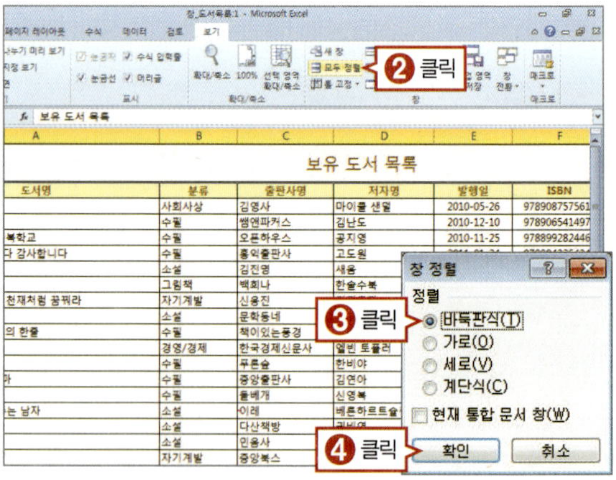

Tip [창] 그룹에서 [창 전환]을 클릭하면 '1 창_도서목록:1', '2 창_도서목록:2' 두 개의 문서가 열려 있는 것을 확인할 수 있습니다.

03 오른쪽 창에서 [도서 조회] 시트 탭을 클릭해서 [도서 목록] 시트와 [도서 조회] 시트를 비교하면서 작업합니다.

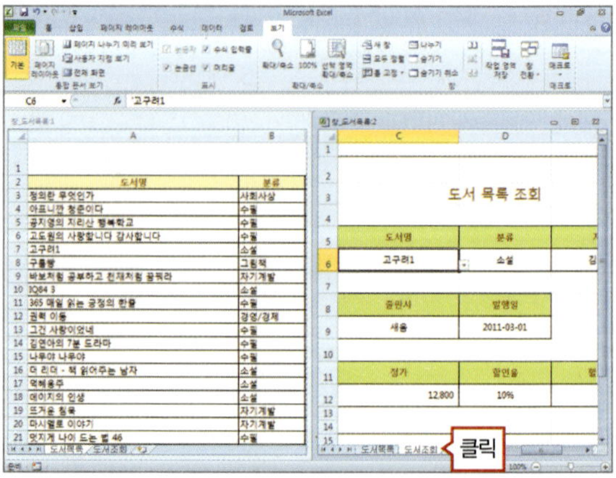

핵심기능 37

백 스테이지 인쇄 미리 보기에서 인쇄 선택 영역 및 여백 설정하기

- **실습 파일** ⓒ : 엑셀\실습\인쇄_주간일정표1.xlsx
- **완성 파일** ⓒ : 엑셀\완성\인쇄_주간일정표1_완성.xlsx

백 스테이지 인쇄 보기 화면은 엑셀 2010에 새롭게 추가된 기능으로, 인쇄와 관련된 모든 작업과 메뉴가 모여 있어 업무 처리 시간을 단축할 수 있습니다. 워크시트에 있는 내용 전체를 인쇄할 수도 있지만 일부만 인쇄 영역을 설정하여 인쇄할 수도 있습니다.

01 인쇄 영역 설정하기

① [1주] 시트를 선택하고 ② Shift를 누르고 [4주] 시트를 선택합니다. ③ [A2]~[E38] 셀을 드래그하여 인쇄할 영역을 지정합니다.

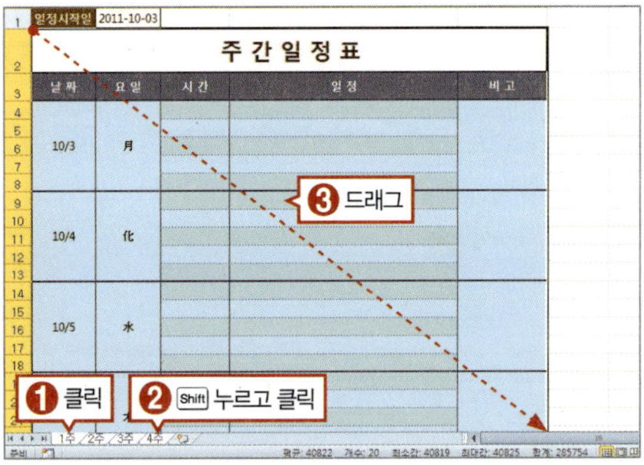

02 ① [파일] 탭에서 ② [인쇄]를 선택하면 오피스 백스테이지에 인쇄 관련 메뉴와 미리 보기가 나타납니다. ③ [인쇄 대상]을 클릭하여 [선택 영역 인쇄]를 선택합니다. [1주]~[4주] 시트에서 [A2]~[E38] 셀의 범위가 인쇄되도록 영역이 설정됩니다.

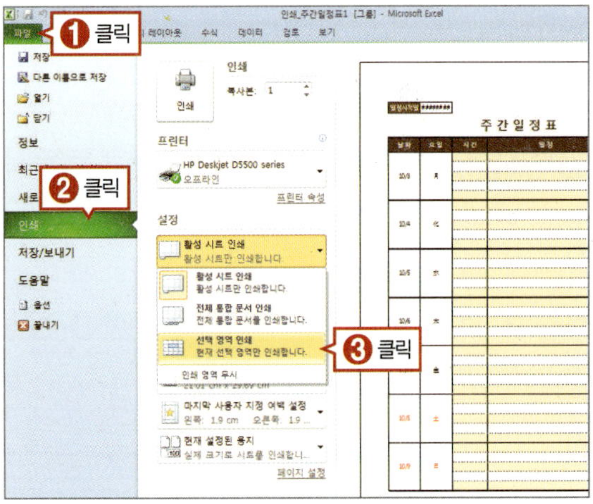

03 ① 백 스테이지 미리 보기에서 [**여백 표시**]를 클릭합니다. 여백이 너무 넓으므로 ② [여백 설정]-[**기본**]을 선택하여 여백을 조절합니다.

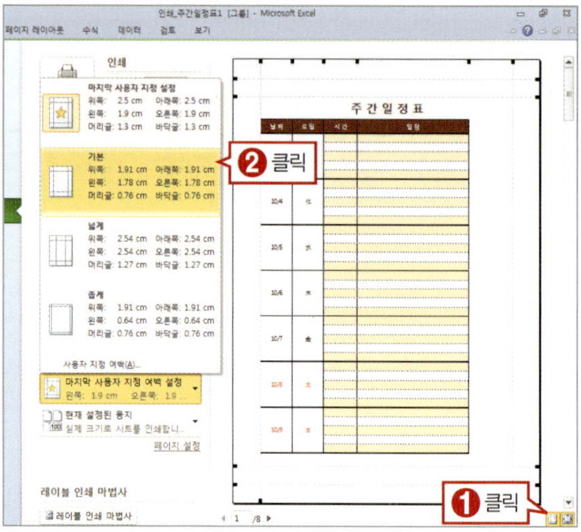

04 ① [**페이지 설정**]을 클릭하여 ② [페이지 설정] 대화 상자에서 [**여백**] 탭을 선택합니다. ③ [페이지 가운데 맞춤]에서 [**가로**], [**세로**]에 체크합니다. ④ [**확인**]을 클릭하여 문서 내용을 페이지 가운데로 정렬합니다.

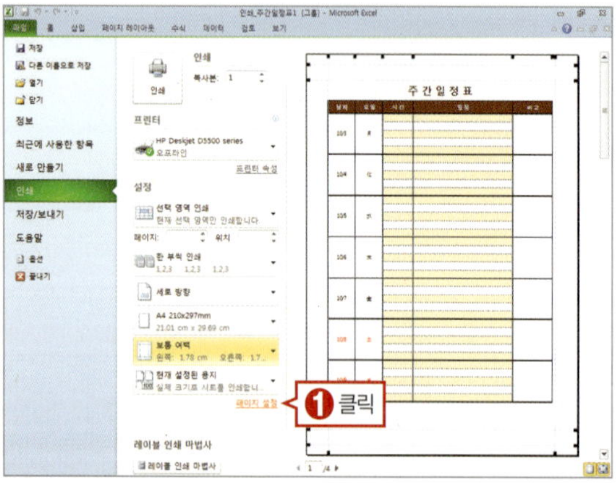

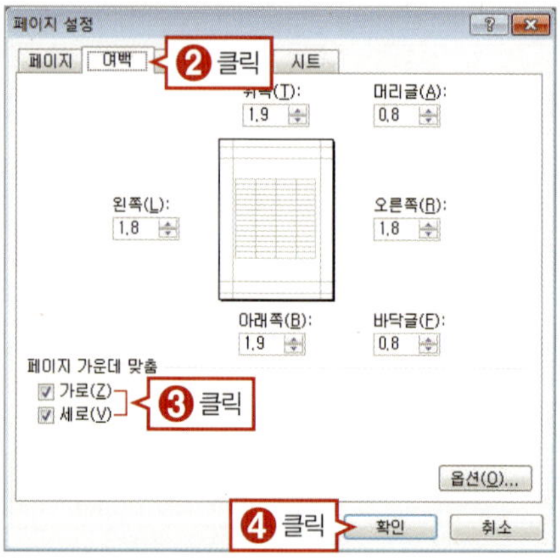

05 백 스테이지 미리 보기에서 [**이동**]을 클릭하여 다른 페이지를 보거나 화면 우측 아래쪽의 [**확대/축소**]를 클릭해서 미리 보기 화면을 확대/축소할 수 있습니다.

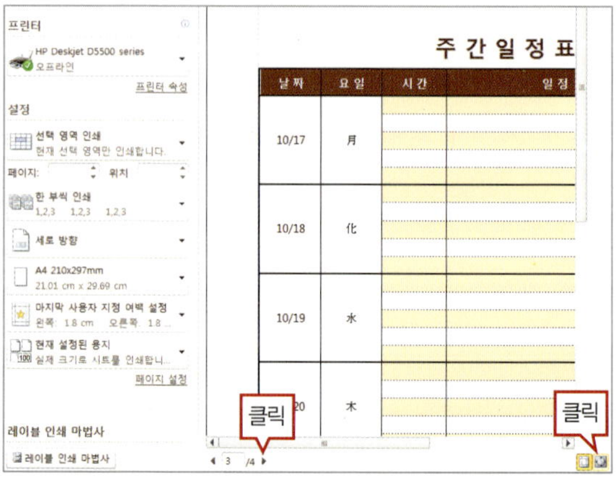

핵심기능 38

엑셀 2010 전 버전의 전체 화면 인쇄 미리 보기

• **실습 파일** ⓒ : 엑셀\실습\인쇄_주간일정표2.xlsx

2010 전 버전의 인쇄 미리 보기 창이 익숙한 사용자는 [전체 화면 인쇄 미리 보기]를 빠른 실행 도구 모음에 등록하면 전체 화면 인쇄 미리 보기 창으로 인쇄 설정 및 인쇄를 할 수 있습니다.

01 ① [**빠른 실행 도구 모음 사용자 지정**]을 클릭하고 ② [**기타 명령**]을 선택합니다. ③ [다음에서 명령 선택] 목록에서 [**리본 메뉴에 없는 명령**]을 선택합니다. ④ 명령 목록에서 [**전체 화면 인쇄 미리 보기**]를 **더블클릭**하여 빠른 실행 도구 모음에 추가한 후 ⑤ [**확인**]을 누릅니다.

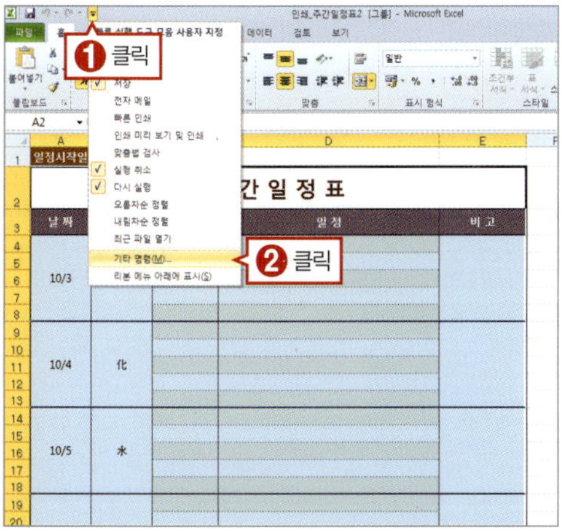

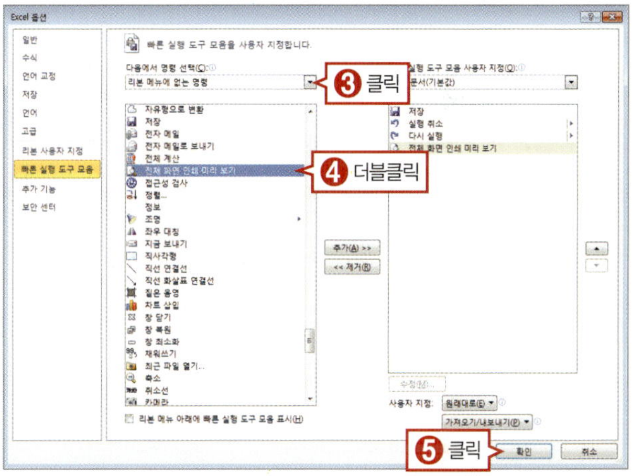

02 [빠른 실행 도구 모음]에서 [**전체 화면 인쇄 미리 보기**]를 클릭하면 인쇄 미리 보기 창이 전체 화면으로 나타납니다.

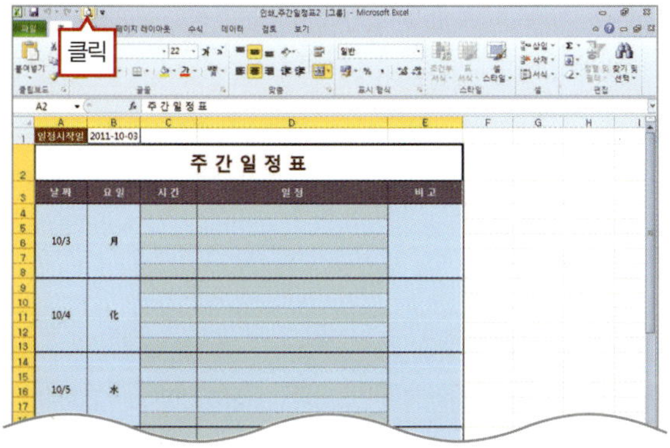

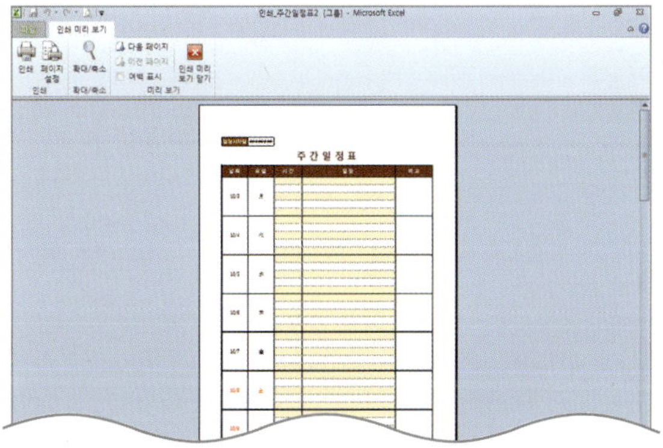

Tip 인쇄 대상과 여백은 [인쇄 미리 보기] 탭 – [인쇄] 그룹의 [인쇄], [페이지 설정]을 선택하여 지정합니다.

핵심기능 39

페이지 레이아웃 보기에서 머리글/바닥글 설정하기

- **실습 파일** ⓒ : 엑셀\실습\인쇄_매출보고1.xlsx
- **완성 파일** ⓒ : 엑셀\완성\인쇄_매출보고1_완성.xlsx

각 페이지마다 페이지 번호를 표기하거나 파일 이름을 인쇄하려면 페이지 레이아웃 보기에서 머리글/바닥글을 추가합니다.

01 머리글에 현재 날짜 입력하기

① 상태 표시줄에서 [**페이지 레이아웃 보기**]를 클릭합니다. ② [**클릭하여 머리글 추가**] 영역에서 오른쪽을 클릭해서 ③ **작성일자 :** 을 입력합니다. ④ [머리글/바닥글 도구]–[디자인] 탭의 [머리글/바닥글 요소] 그룹에서 [**현재 날짜**]를 클릭해서 날짜를 표기합니다.

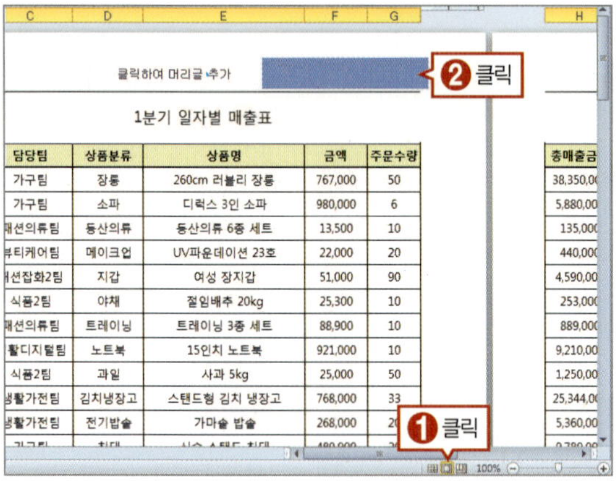

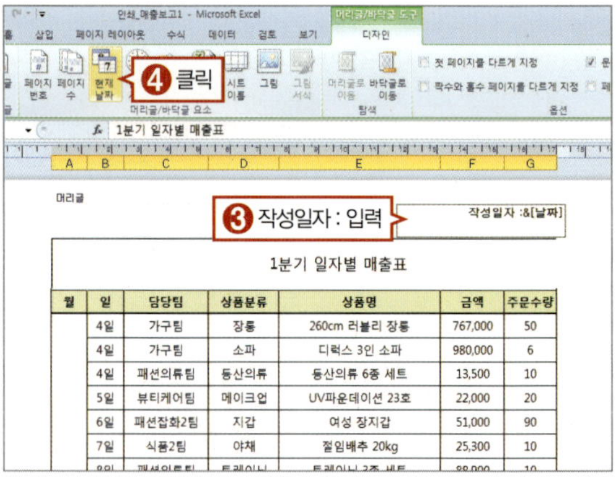

02 바닥글에 페이지 번호 입력하기

① [머리글/바닥글 도구]-[디자인] 탭의 [탐색] 그룹에서 **[바닥글로 이동]**을 클릭해서 바닥글로 이동합니다. ② 바닥글 가운데 영역을 클릭하고 ③ [머리글/바닥글 도구]-[디자인] 탭의 [머리글/바닥글 요소] 그룹에서 **[페이지 번호]**를 클릭합니다. ④ **/**를 입력한 후 ⑤ **[페이지 수]**를 클릭합니다. 바닥글이 **페이지 번호/전체 페이지 수** 형식으로 표기됩니다.

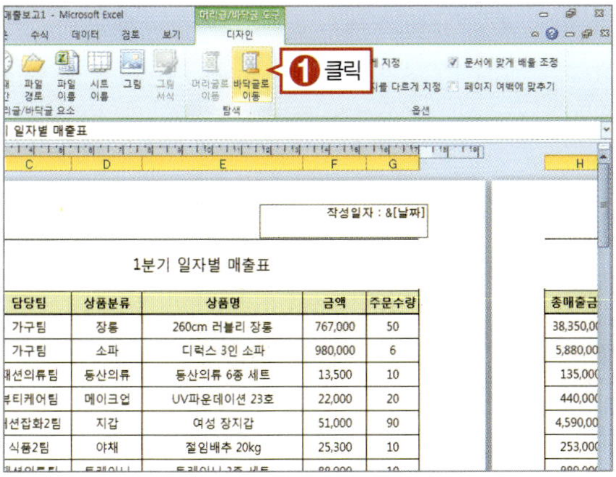

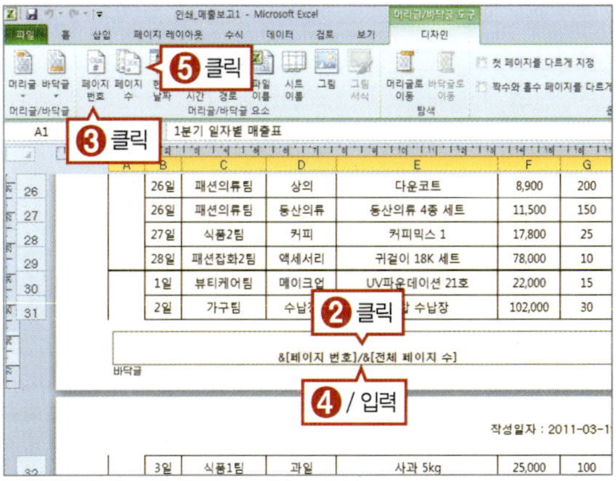

Tip [머리글/바닥글 도구]-[디자인] 탭은 [머리글] 또는 [바닥글] 영역을 클릭한 상태에서만 나타납니다.

핵심기능 40

반복 인쇄할 제목 행 지정하기

• **실습 파일** ◎ : 엑셀\실습\인쇄_매출보고2.xlsx
• **완성 파일** ◎ : 엑셀\완성\인쇄_매출보고2_완성.xlsx

인쇄할 페이지 수가 많을 경우에는 첫 번째 페이지에 표시되는 제목 행이 반복하여 다음 페이지에 인쇄되도록 인쇄 제목을 지정할 수 있습니다.

01 ① [페이지 레이아웃] 탭의 [페이지 설정] 그룹에서 **[인쇄 제목]**을 클릭합니다. ② [페이지 설정] 대화 상자의 **[반복할 행]**을 클릭하고 ③ **1~2행을 드래그**하면 반복할 영역이 선택됩니다. ④ **[확인]**을 클릭합니다.

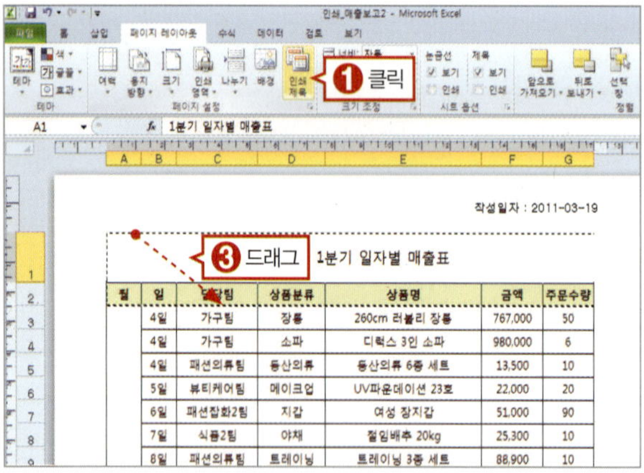

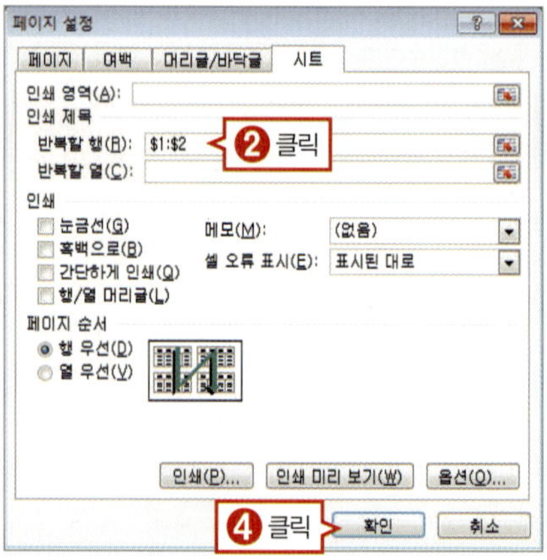

02 각 페이지로 이동하면 제목이 반복하여 나타납니다.

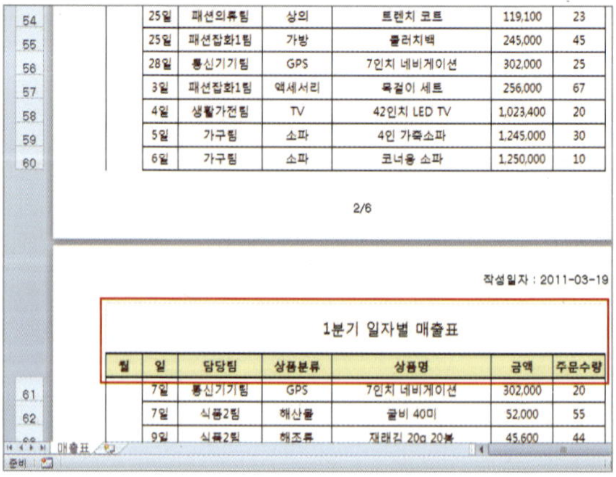

핵심기능 41

페이지 나누기 미리 보기 및 인쇄 배율 지정하기

- **실습 파일** ◎ : 엑셀\실습\인쇄_매출보고3.xlsx
- **완성 파일** ◎ : 엑셀\완성\인쇄_매출보고3_완성.xlsx

페이지 나누기 미리 보기를 사용하면 용지 방향, 인쇄 배율 등을 변경했을 때 자동 페이지 나누기에 어떤 영향이 있는지 직접 확인할 수 있습니다.

01 ① 상태 표시줄에서 [**페이지 나누기 미리 보기**]를 클릭하고 ② [페이지 나누기 미리 보기] 창에서 [**확인**]을 클릭합니다. 인쇄 영역 전체는 **파랑 실선**으로, 자동으로 나누어 페이지 구분선은 **파랑 점선**으로 표시됩니다.

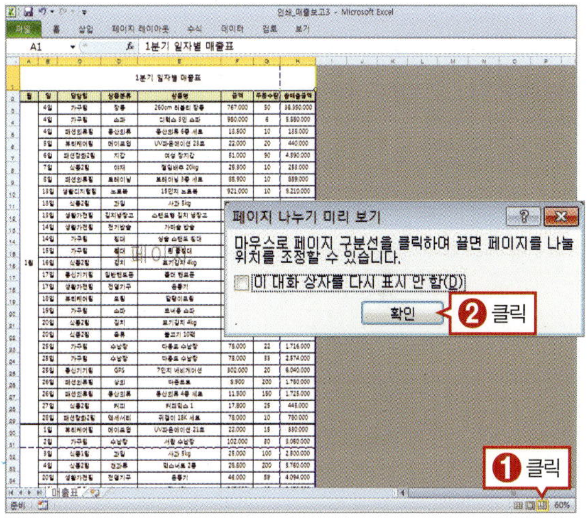

02 인쇄 배율 조정하기

[페이지 레이아웃] 탭의 [크기 조정] 그룹에서 너비를 [**1페이지**]로 선택합니다. 인쇄 가로 배율이 89%로 조정되었습니다.

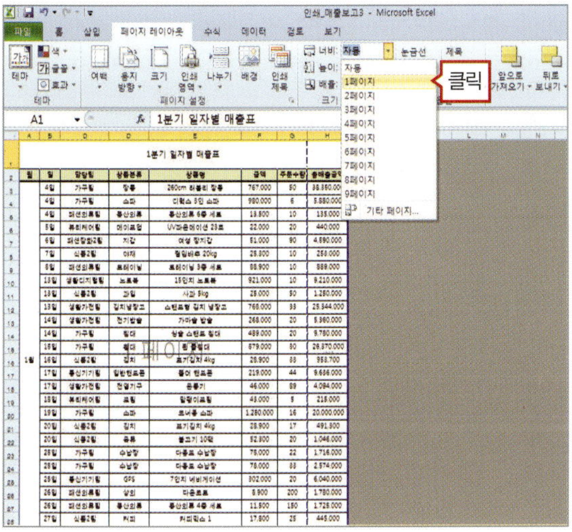

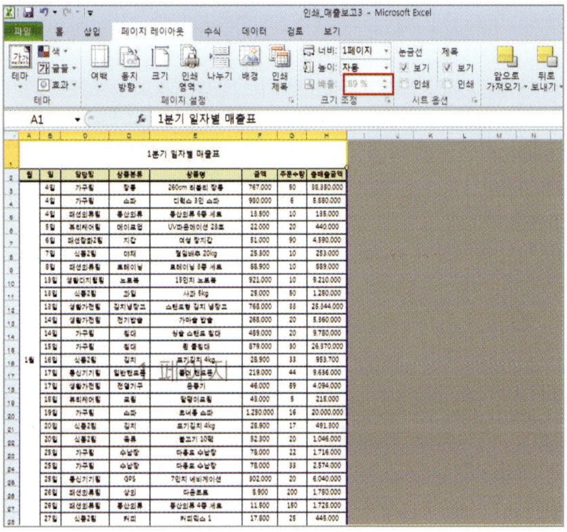

핵심기능 42

페이지 나누기 구분선 수정하기

- **실습 파일** : 엑셀\실습\인쇄_매출보고4.xlsx
- **완성 파일** : 엑셀\완성\인쇄_매출보고4_완성.xlsx

자동으로 설정된 페이지 영역을 임의로 수정하여 사용자가 원하는 페이지 영역을 구분할 수 있습니다.

01 매출 보고 실적 데이터를 월별로 나누기

파란 점선인 1페이지 나누기 구분선을 **29행** 위치로 드래그합니다.

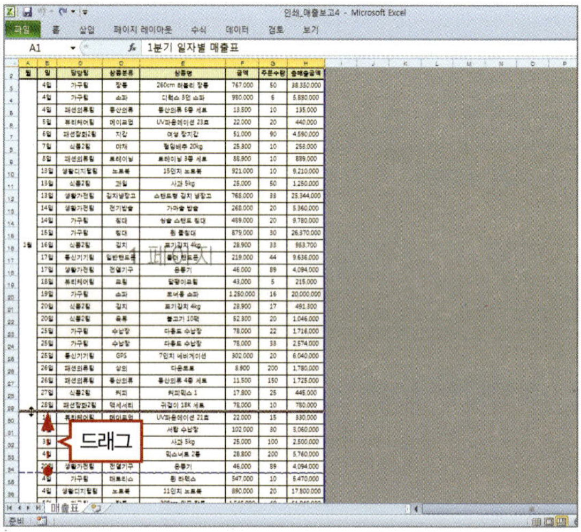

02 2페이지 나누기 구분선을 **53행** 위치로 드래그합니다. 매출 보고 실적 데이터가 월별로 나누어졌습니다.

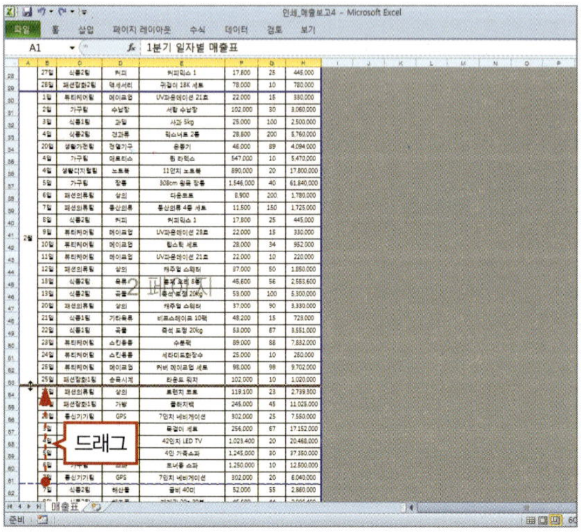

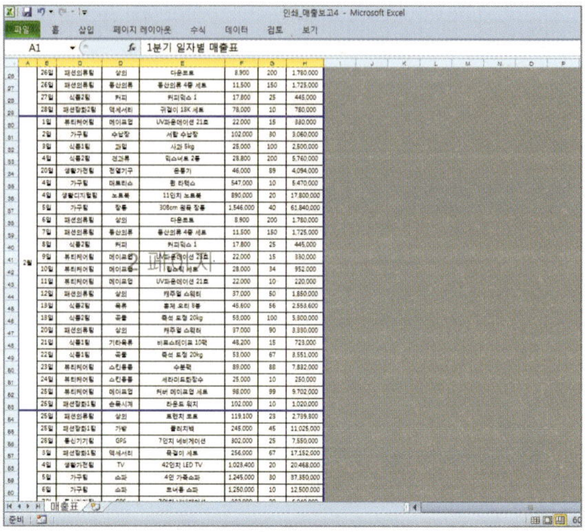

Tip [페이지 레이아웃]–[페이지 설정] 그룹에서 나누기를 클릭하면 [페이지 나누기 삽입], [페이지 나누기 제거]나 [페이지 나누기 모두 원래대로]를 선택하여 페이지 나누기를 수정할 수 있습니다.

핵심기능 43 상대 참조로 수식 만들기

- **실습 파일** : 엑셀\실습\셀참조수식.xlsx [상대참조] 시트
- **완성 파일** : 엑셀\완성\셀참조수식_완성.xlsx

상대 참조는 [A1], [B2]와 같은 일반적인 셀 주소 형식으로 수식을 입력하는 방식입니다. 수식을 복제하면 셀 위치에 따라 참조한 셀 주소도 바뀌기 때문에 엑셀에서 셀을 참조하여 수식을 만드는 방법으로 가장 많이 사용합니다.

01 판매수량에서 반품수량을 빼서 실판매수량([D4] 셀)을 구합니다. [상대참조] 시트에서 **[D4] 셀**을 선택합니다. **=B4-C4**를 입력하고 Enter를 눌러 수식을 완성합니다.

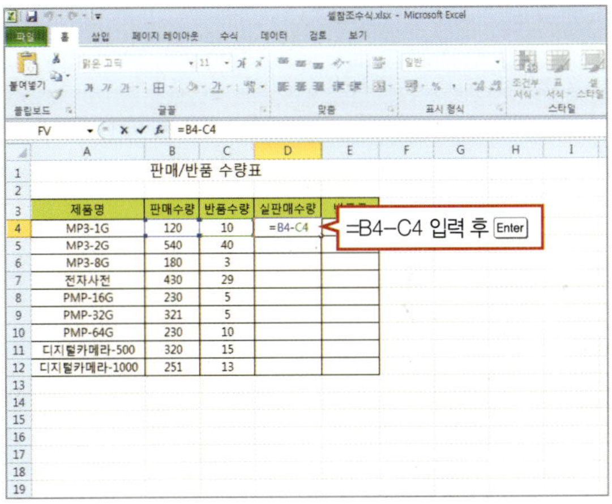

02 반품률([E4] 셀)은 반품수량을 판매수량으로 나누어 구합니다. **[E4] 셀**에 **=C4/B4**를 입력하고 Enter를 누릅니다.

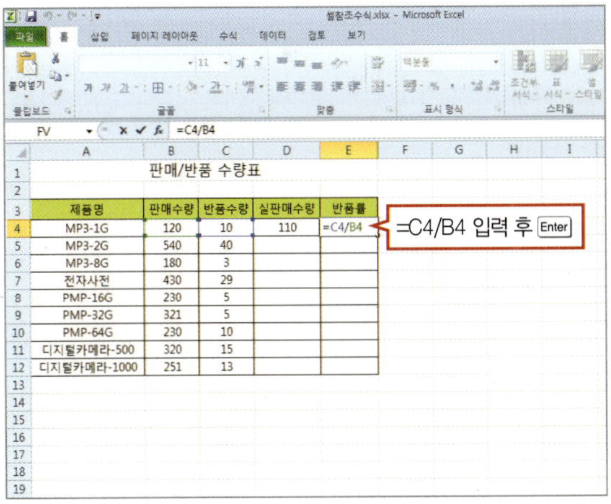

03 ① **[D4]~[E4] 셀**을 드래그하여 범위로 지정합니다. ② 채우기 핸들을 **[E12] 셀**까지 드래그하여 수식을 복사합니다. 셀 위치에 따라 실판매수량과 반품률이 바뀝니다.

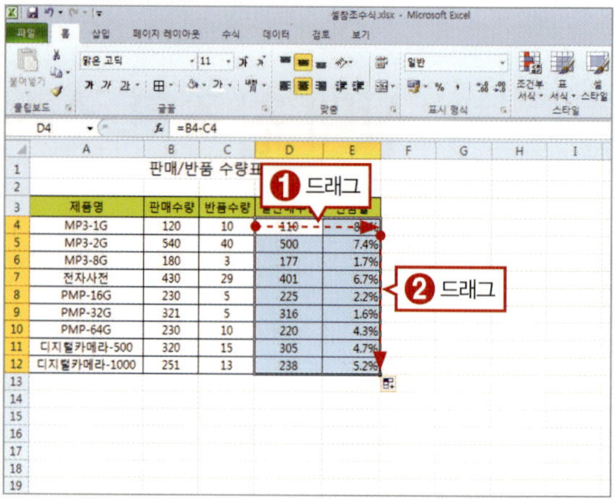

Tip 수식의 구조

수식은 등호(=)를 처음 입력하고 연산자, 피연산자, 함수 등을 조합하여 만듭니다. 피연산자는 숫자일 수도 있지만, 셀 주소가 될 수도 있습니다. 연산자는 산술, 문자, 비교 연산자로 데이터를 계산하라는 명령 기호입니다.

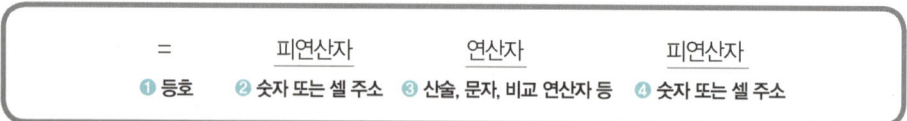

=	피연산자	연산자	피연산자
❶ 등호	❷ 숫자 또는 셀 주소	❸ 산술, 문자, 비교 연산자 등	❹ 숫자 또는 셀 주소

연산자의 종류와 우선순위

연산자는 산술, 비교, 문자, 참조 연산자가 있습니다. 산술, 문자, 참조 연산자는 수식에 직접 사용하지만 비교 연산자는 True, False 값을 결과로 표시하기 때문에 함수식에 주로 쓰입니다.

- 산술 연산자 : 더하기, 빼기, 곱하기와 같은 기본적인 수학 연산을 수행합니다.

기능	백분율	거듭제곱	곱하기	나누기	더하기	빼기
연산자	%	^	*	/	+	−

- 비교 연산자 : 두 값을 비교하여 참 또는 거짓으로 결과 값이 나타납니다.

기능	같다	크다	크거나 같다	작다	작거나 같다	같지 않다
연산자	=	>	>=	<	<=	<>

- 문자 연결 연산자 : 문자열을 여러 개 연결해서 하나로 만듭니다.

기능	&
연산자	

각 연산자 사이의 우선순위는 산술 연산자(−(음수), %, ^, *, /, +, −) → 문자 연결 연산자(&) → 비교 연산자(=, <, >, <=, >=, <>) 순입니다. 우선순위가 같은 연산자는 왼쪽에 있는 연산자를 먼저 계산합니다. 연산자의 우선순위를 바꾸려면 괄호( )를 씁니다. 괄호 연산자 안에 있는 수식을 가장 먼저 계산합니다.

핵심기능 44

절대 참조로 수식 만들기

- **실습 파일** : 엑셀\실습\셀참조수식.xlsx [절대참조] 시트
- **완성 파일** : 엑셀\완성\셀참조수식_완성.xlsx

절대 참조는 [$A$1] 또는 [$B$2] 형태로 열 머리글과 행 머리글 앞에 $ 기호를 붙여서 수식을 만듭니다. 수식을 입력한 후 복제해도 셀 위치에 관계없이 참조한 셀 주소가 변하지 않고 고정됩니다.

01 도서의 정가에서 10% 할인된 할인가([D6] 셀)를 구합니다. ① [절대참조] 시트에서 **[D6] 셀**을 선택하고 **=B6*(1–**를 입력합니다. ② **[D3]** 셀을 클릭하고 F4를 눌러 **[D3] 셀**을 절대 참조로 바꿉니다. ③) 괄호를 입력하고 Enter를 눌러 **=B6*(1–$D$3)** 수식을 완성합니다.

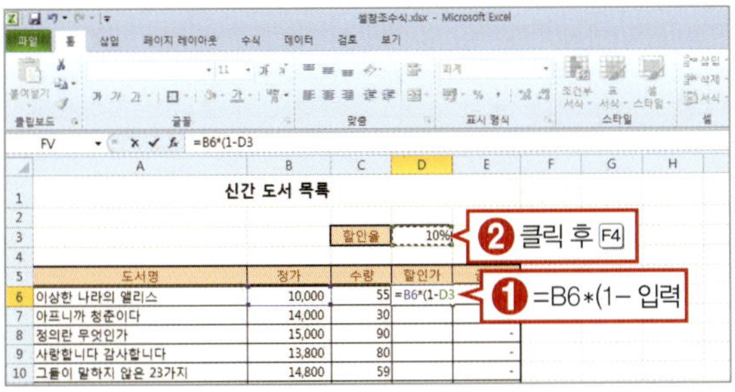

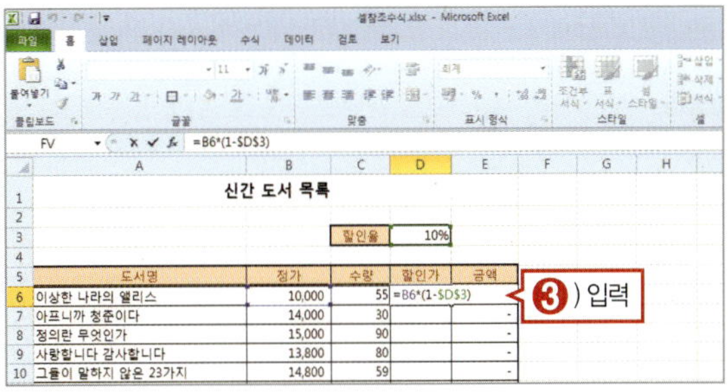

Tip 수식 완성 : 할인가=정가*(1–할인율)

02 ① **[D6] 셀**을 선택한 후 채우기 핸들을 **[D16] 셀**까지 드래그하여 수식을 복사합니다. ② **[자동 채우기 옵션]**을 클릭한 다음 ③ **[서식 없이 채우기]**를 선택하여 미리 지정되어 있는 서식을 유지합니다.

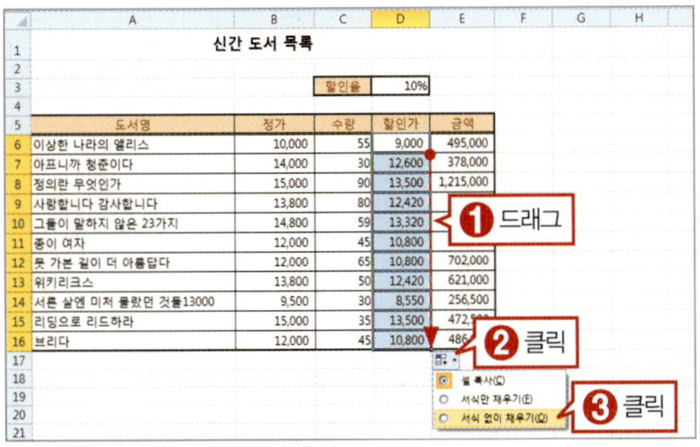

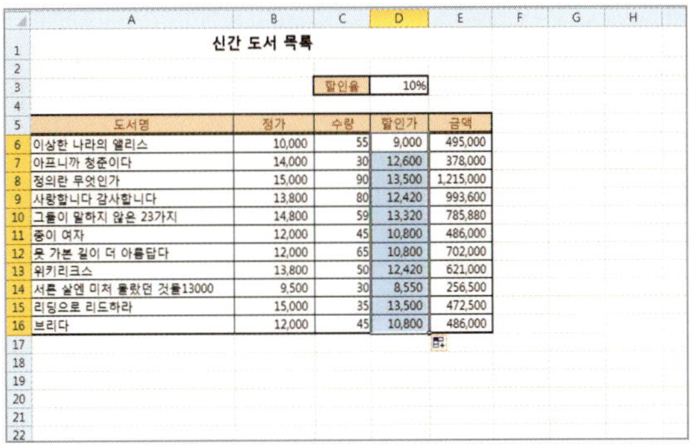

Tip 상대, 절대, 혼합 참조의 유형을 빠르게 변경하기

참조 영역을 고정할 때는 $ 기호를 직접 입력할 수도 있지만 F4를 누르면 셀 참조 유형을 상대 참조 → 절대 참조 → 혼합 참조 순서로 빠르게 변경할 수 있습니다.

핵심기능 45

혼합 참조로 수식 만들기

• **실습 파일** ◎ : 엑셀\실습\셀참조수식.xlsx [혼합참조] 시트

• **완성 파일** ◎ : 엑셀\완성\셀참조수식_완성.xlsx

혼합 참조는 [A$1] 또는 [$B2]의 형태로 열 또는 행 중에서 한 군데만 $를 붙여서 수식을 만듭니다. 수식을 입력한 후 복제하면 셀 위치에 따라 $가 붙은 행(열)은 고정되고 열(행)만 바뀝니다.

01 2011년 매출액을 기준으로 2012년 예상 매출액([C5] 셀)을 구합니다. ① [혼합참조] 시트에서 **[C5] 셀**을 선택하고 수식 **=B5*C4+B5**를 입력합니다. ② **B5**를 블록 선택한 후 F4를 세 번 눌러 **$B5**로 변경합니다. ③ 그런 다음 [C4]를 블록 선택한 후 F4키를 두 번 눌러 **C$4**로 변경하고 Enter를 눌러 **=$B5*C$4+$B5** 수식을 완성합니다.

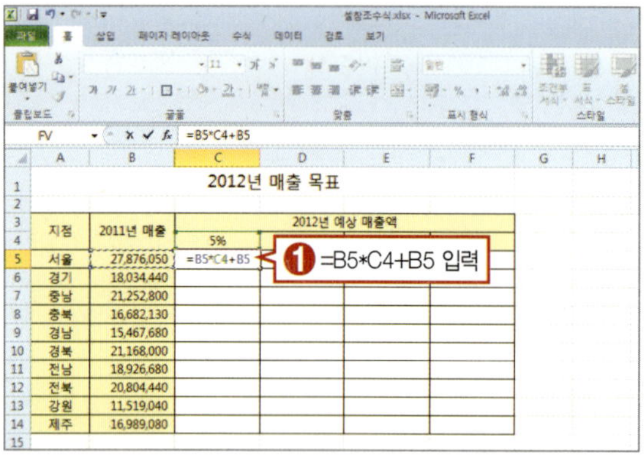

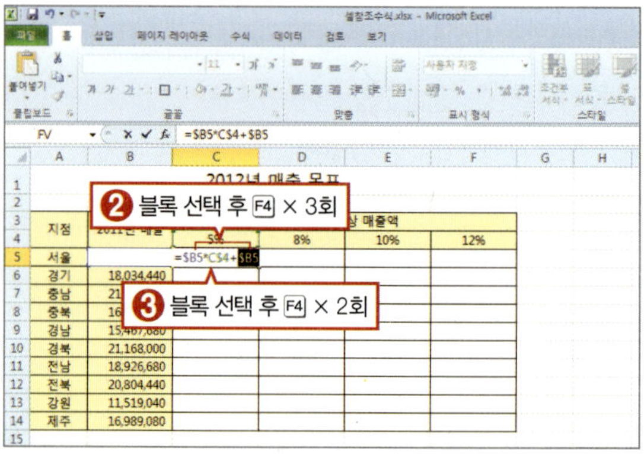

02 ① **[C5] 셀**을 선택한 후 채우기 핸들을 **[C14] 셀**까지 드래그하여 수식을 복사합니다. ② [C5]~[C14] 셀까지 범위가 지정되어 있는 상태에서 **[C14] 셀**의 채우기 핸들을 **[F14] 셀**까지 드래그하여 수식을 복사합니다.

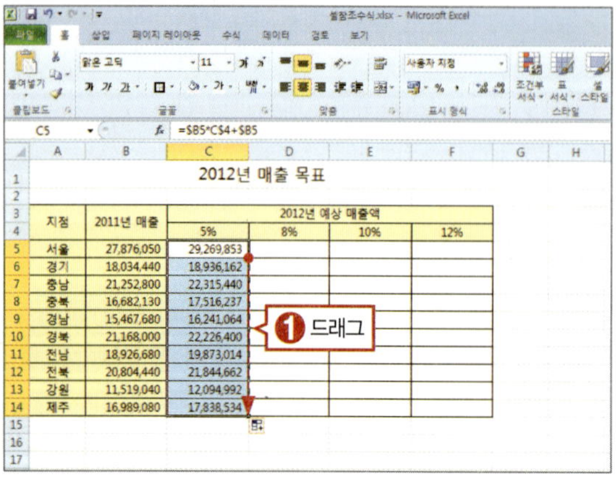

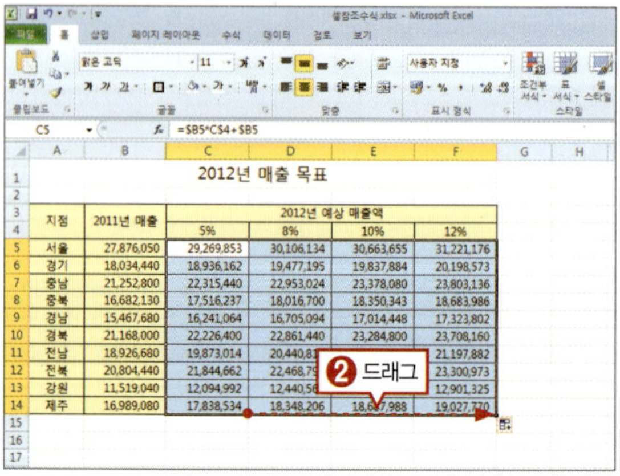

핵심기능 46

자동 합계 기능으로 수식 계산하기

- **실습 파일** ◎ : 엑셀\실습\자동합계_표수식.xlsx [자동합계] 시트
- **완성 파일** ◎ : 엑셀\완성\자동합계_표수식_완성.xlsx

엑셀에서 자주 사용하는 합계, 평균, 개수와 최댓값, 최솟값 등의 함수를 이용한 수식은 자동 합계 기능을 사용하면 클릭 한 번으로 간편하게 작성할 수 있습니다.

01 합 구하기

① [자동합계] 시트에서 **[F6]~[F19] 셀**을 범위로 지정한 다음 ② [홈] 탭의 [편집] 그룹에서 **[Σ 자동 합계]**를 클릭합니다. 행 방향으로 개인별 고과 점수 합계가 계산됩니다.

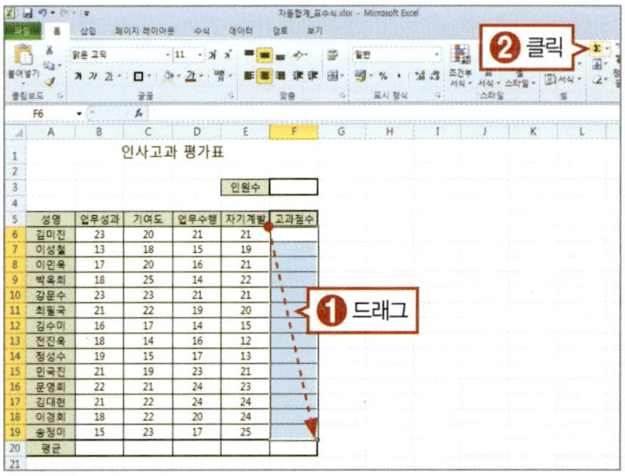

02 평균 구하기

① [B20]~[F20] **셀**까지 범위를 지정합니다. ② **[Σ 합계 목록]**을 클릭하고 ③ **[평균]**을 선택해서 고과 항목별 평균을 구합니다.

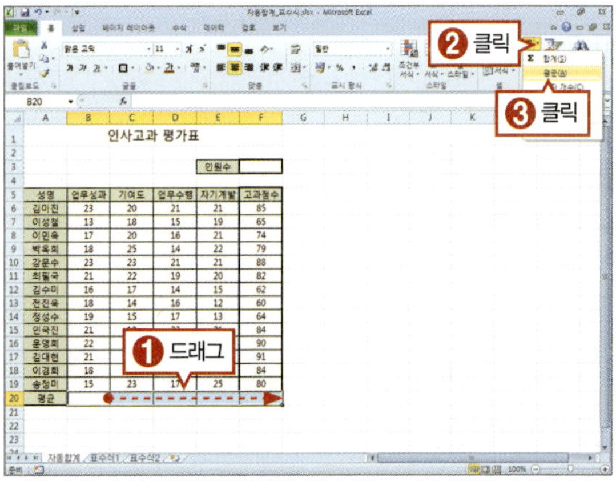

핵심기능 47

표에서 구조적 참조를 이용해 한번에 수식 계산하기

• **실습 파일** ⓒ : 엑셀\실습\자동합계_표수식.xlsx [표수식1] 시트
• **완성 파일** ⓒ : 엑셀\완성\자동합계_표수식_완성.xlsx

표 스타일이 설정되어 있는 표 안의 데이터를 참조하여 만든 수식은 대괄호([ ])와 열 머리글을 사용하는 구조적 참조 방식을 사용합니다. 구조적 참조를 사용하면 수식을 이해하기 쉽고, 표 안의 데이터가 수정, 추가, 삭제된다 하더라도 자동으로 셀 참조가 조정되기 때문에 일반 셀 참조에 비해 매우 유용합니다.

01 ① [표수식1] 시트에서 **임의의 셀**을 선택합니다. ② [삽입] 탭의 [표] 그룹에서 **[표]**를 클릭합니다. ③ [표 만들기] 대화 상자가 나타나면 표에 사용할 데이터 범위를 지정하고, **[머리글 포함]**을 클릭해서 체크합니다. ④ **[확인]**을 클릭합니다.

Tip 표 서식을 적용할 범위에 병합된 셀이 있으면 자동으로 병합이 해제됩니다. 표에 사용할 데이터로 지정한 범위에 첫째 행이 제목 행일 경우 [머리글 포함]에 체크합니다. 체크하지 않으면 선택 범위 맨 위에 열1, 열2, 열3,… 순으로 임시 제목 행이 삽입됩니다.

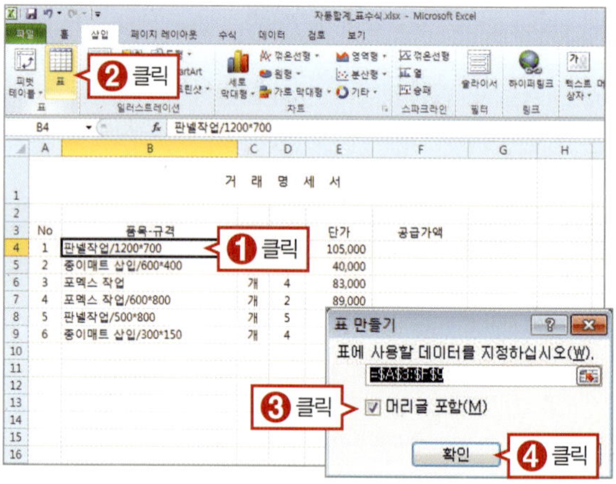

02 [F4] **셀**에 =를 입력합니다. [D4] **셀**을 클릭하고 *를 입력한 후 [E4] **셀**을 클릭하면 **=[@수량]*[@단가]**의 수식이 자동 입력됩니다. Enter를 누르면 표의 구조적 수식으로 공급가액 전체가 계산됩니다.

Tip 표의 구조적 수식에서 [열 머리글]은 열 전체의 범위를 의미하고, [@열 머리글]은 열 전체 중에서 현재 셀이 위치하는 행을 의미합니다. 즉 [수량]이면 [D4] : [D9] 셀까지의 범위를 의미하고, [@수량]이면 각각의 [D4], [D5],… [D9] 셀을 의미합니다.

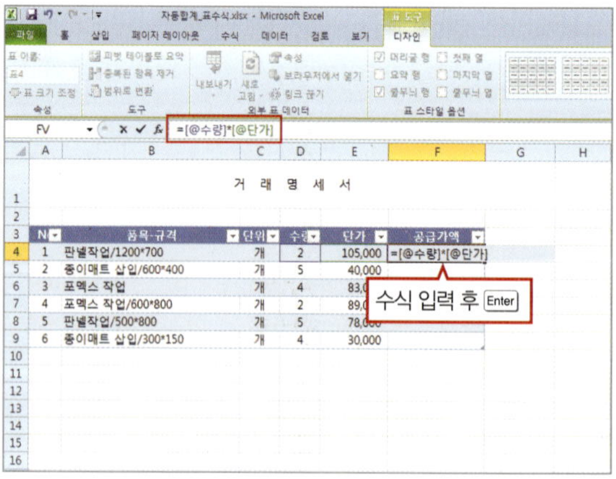

03 ① [G3] 셀에 **세액**을 입력한 후 Enter를 누르면 자동으로 표 구조가 오른쪽으로 확장됩니다. ② [G4] 셀에 **=**를 입력하고 [F4] 셀을 클릭합니다. *와 **10%**를 입력하면 수식 **=[@공급가액]*10%**가 자동 입력됩니다. Enter를 눌러 세액 전체를 구합니다.

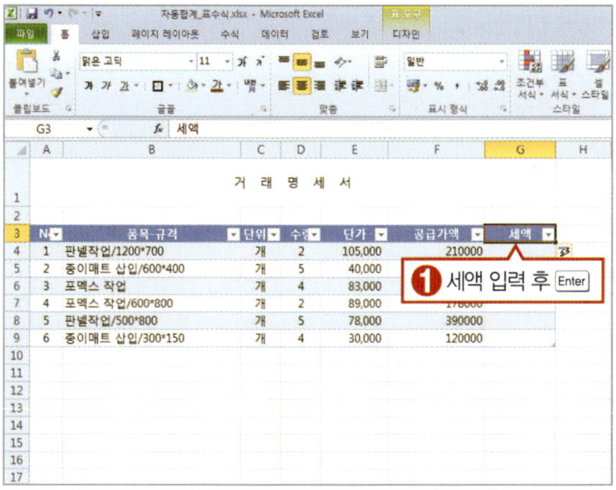

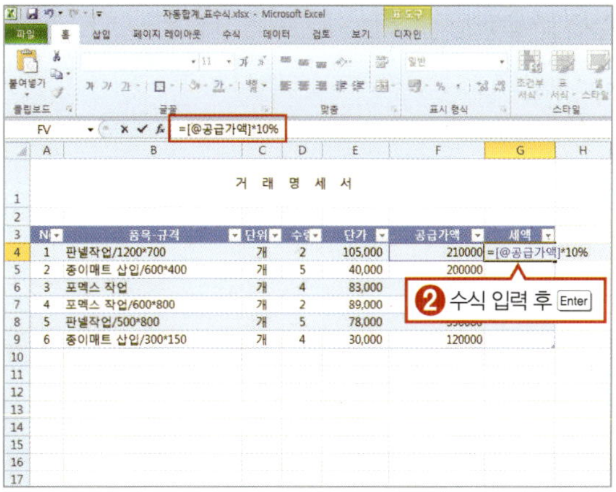

핵심기능 48

표에서 요약 행 지정하기

- **실습 파일** : 엑셀\실습\자동합계_표수식.xlsx [표수식2] 시트
- **완성 파일** : 엑셀\완성\자동합계_표수식_완성.xlsx

표에서 요약 행은 표의 마지막 행으로 열의 합계, 평균, 개수, 최댓값, 최솟값 등을 선택하면 자동으로 데이터를 요약합니다.

01 ① [표수식2] 시트에서 표 안에 임의의 셀을 선택합니다. ② [표 도구]–[디자인] 탭의 [표 스타일 옵션] 그룹에서 **[요약 행]**을 체크합니다. 표에 요약 행이 추가되어 나타납니다.

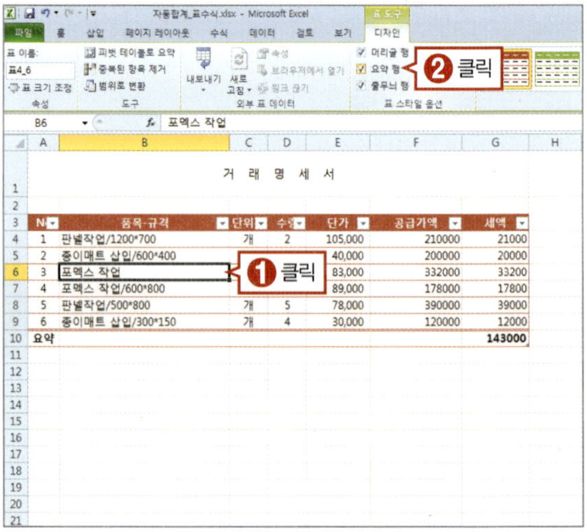

02 ① **[F10] 셀**을 선택하고 ② [▾요약 목록]을 클릭합니다. ③ **[합계]**를 선택해서 공급가액의 합계를 구합니다. 같은 방법으로 **[D10] 셀**을 선택하고 [▾요약 목록]을 클릭합니다. **[합계]**를 선택하여 수량의 합계를 구합니다.

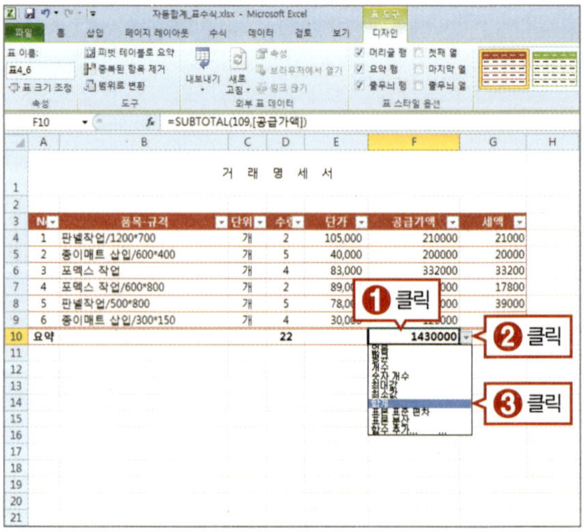

03 ① 표 범위에서 마지막 셀인 [G9] 셀을 선택하고 Tab을 누르면 **자동으로 행이 추가**됩니다. ② 추가된 [A10]~[E10] 셀에 7, **판넬작업/400*600**, **개**, 5, 65000을 각각 입력합니다. 공급가액과 세액이 자동으로 계산됩니다.

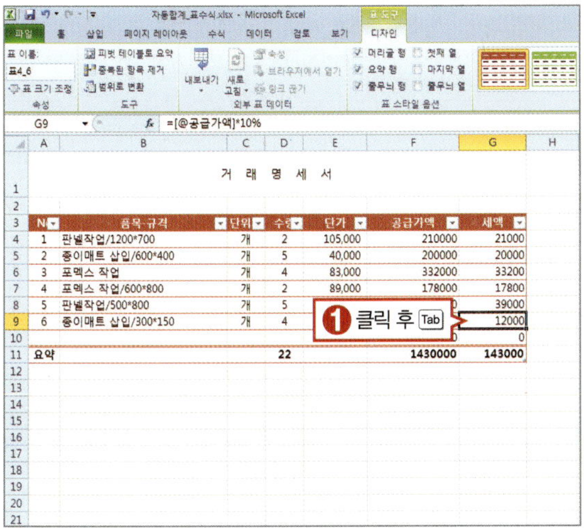

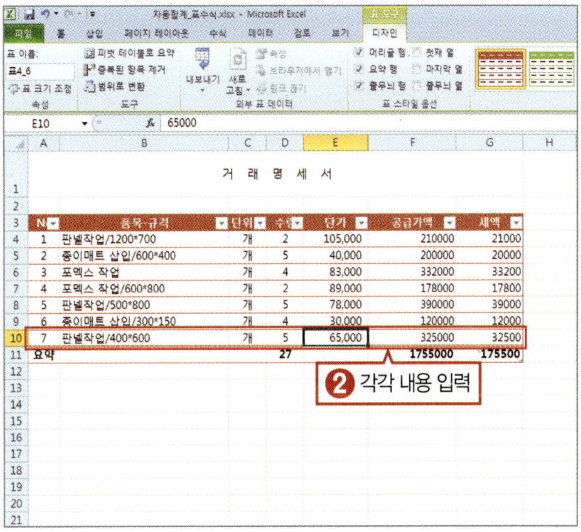

핵심기능 49

함수 라이브러리와 수식 자동 완성을 이용해 MAX, LARGE 함수로 최댓값 구하기

- **실습 파일** ⓞ : 엑셀\실습\함수_교육평가표.xls
- **완성 파일** ⓞ : 엑셀\완성\함수_교육평가표_완성.xls

함수는 계산에 필요한 값을 미리 만들어놓은 수식에 수치를 대입하여 계산한 결과 값을 반환해주는 계산식입니다. 함수를 사용하려면 함수를 직접 입력하거나 함수 라이브러리의 범주에서 함수를 찾은 다음 [함수 인수] 대화 상자에 값을 입력합니다.

01 신입사원 평가 항목의 최대 점수 구하기

① [I4] 셀을 선택합니다. ② [수식] 탭의 [함수 라이브러리] 그룹에서 **[함수 추가]**를 클릭하고 ③ **[통계]-[MAX]**를 선택합니다.

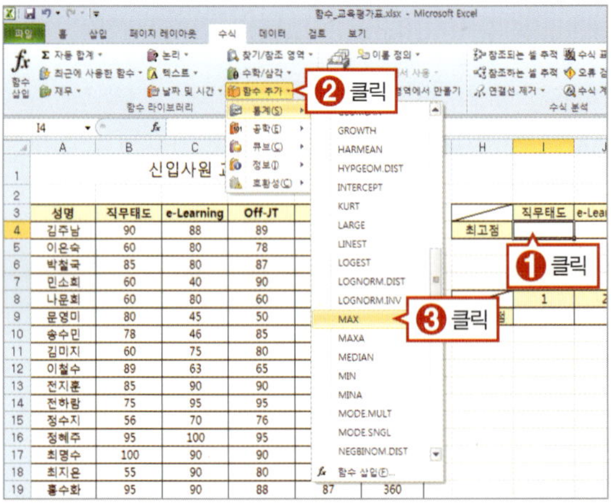

02 ① [함수 인수] 대화 상자의 [Number1]에 **B4:B19**를 입력합니다. ② **[확인]**을 클릭합니다. 선택한 범위에서 최댓값을 구합니다.

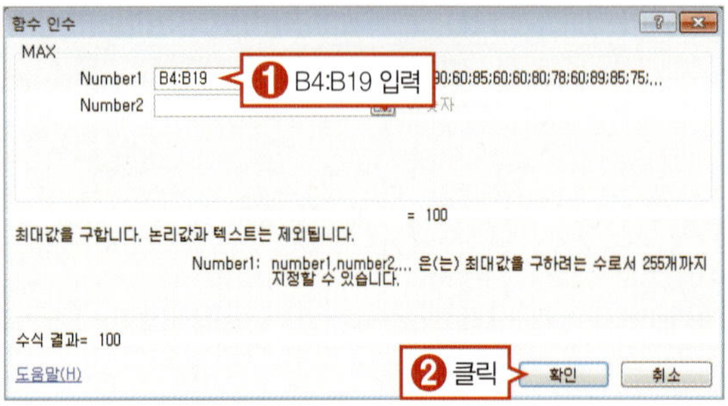

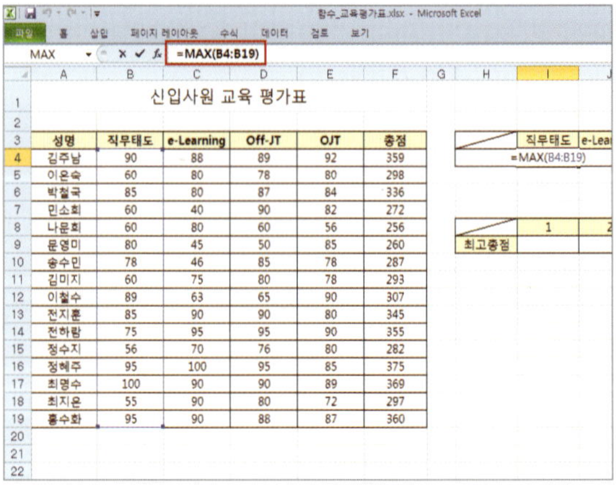

Tip 셀과 셀 사이에 콜론(:)을 입력하면 '앞에 있는 셀부터 뒤에 있는 셀까지의 범위'라는 의미입니다.

03 [I4] 셀의 채우기 핸들을 **[L4] 셀**까지 드래그해서 수식을 복사합니다.

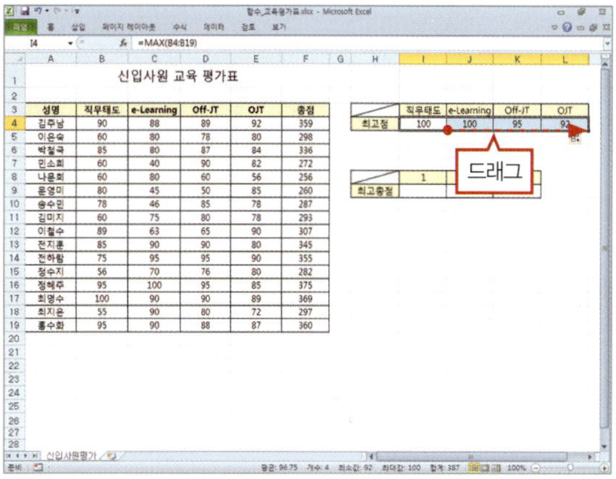

04 신입사원 총점에서 1~3번째 큰 값 구하기

① [I9] 셀을 선택하고 **=L**을 입력합니다. ② 수식 자동 완성 목록 상자에서 LARGE를 선택하고 Tab을 누릅니다. ③ **[F4]~[F19] 셀**을 드래그한 후 F4를 눌러 범위를 고정합니다. **,**를 입력하고 ④ **[I8] 셀**을 선택합니다. ⑤ **)**를 입력해서 수식을 완성하고 Enter를 눌러 첫 번째로 큰 값을 구합니다.

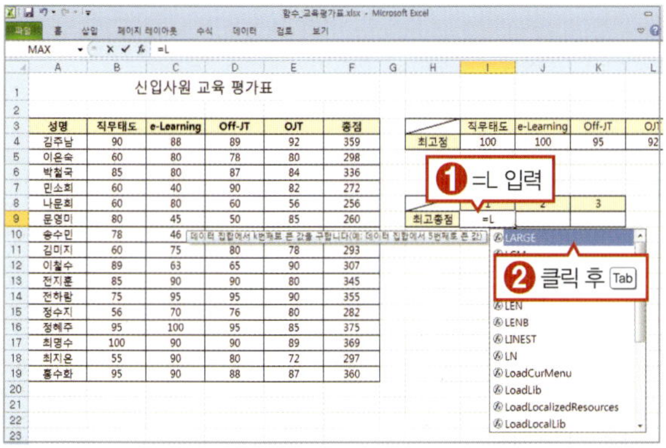

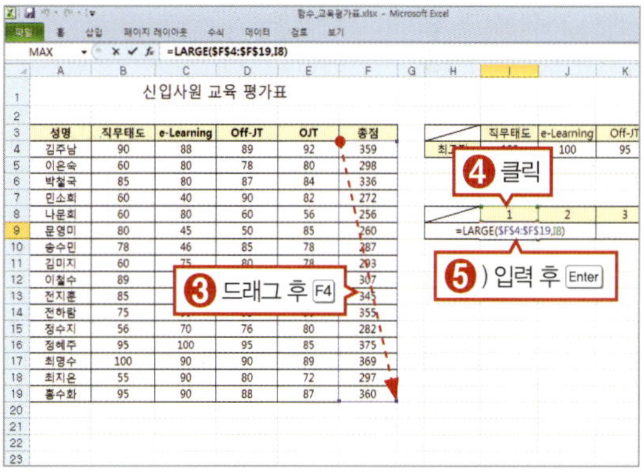

Tip 완성 수식 = LARGE($F$4:$F$19,I8)

05 [I9] 셀의 채우기 핸들을 **[K9] 셀**까지 드래그해서 수식을 복사합니다.

Tip **함수식 수정**

함수식은 수식 입력줄에 [함수 삽입]을 클릭하여 [함수 인수] 대화 상자에서 수정할 수 있으며, 직접 수정하려면 수식 입력줄을 클릭하거나 F2를 눌러 함수식을 수정합니다.

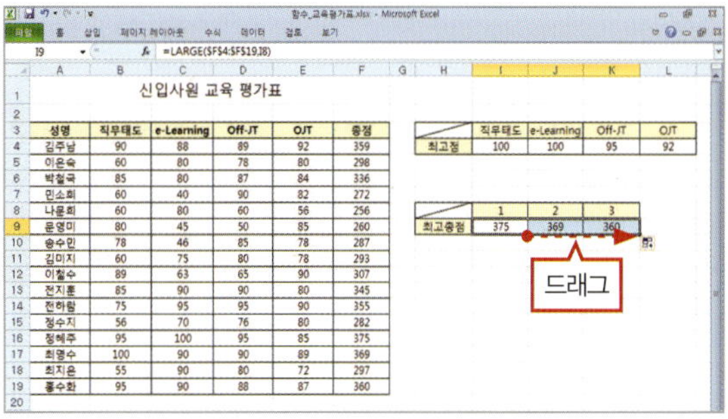

핵심기능 50

COUNTA, COUNTBLANK 함수로 인원수 구하기

• **실습 파일** ⓒ : 엑셀\실습\함수_Counta_참가명단.xlsx
• **완성 파일** ⓒ : 엑셀\완성\함수_Counta_참가명단_완성.xlsx

공백을 제외한 일정 범위의 셀 개수를 세는 COUNTA 함수 및 빈 셀의 개수를 세는 COUNTBLANK 함수에 대해서 살펴보겠습니다.

01 불참 인원수 구하기

① [H4] 셀을 선택합니다. ② [수식] 탭의 [함수 라이브러리] 그룹에서 **[함수 추가]**를 클릭하고 ③ [통계]-[COUNTBLANK]를 선택합니다.

Tip COUNTBLANK는 공백 셀의 개수를 구하는 함수입니다.

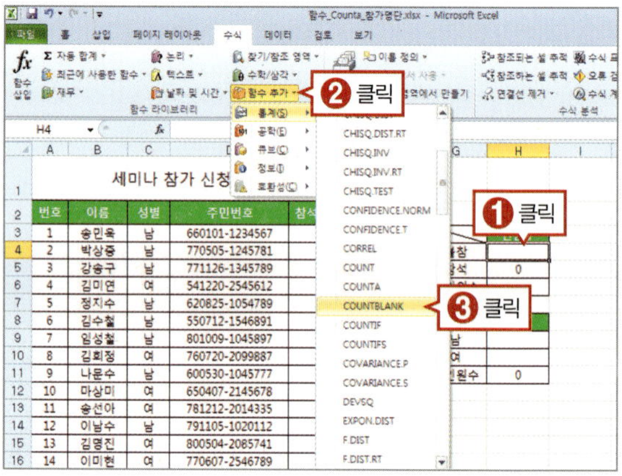

02 ① [Range]에 E3:E22를 입력합니다. ② **[확인]**을 클릭하면 범위([E3]~[E22] 셀)에서 빈 셀의 개수를 구합니다.

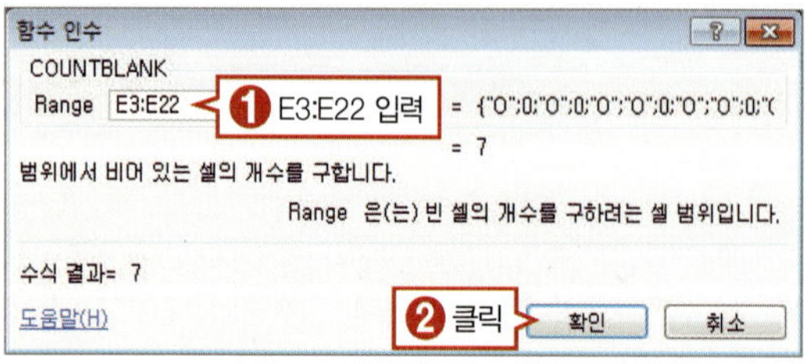

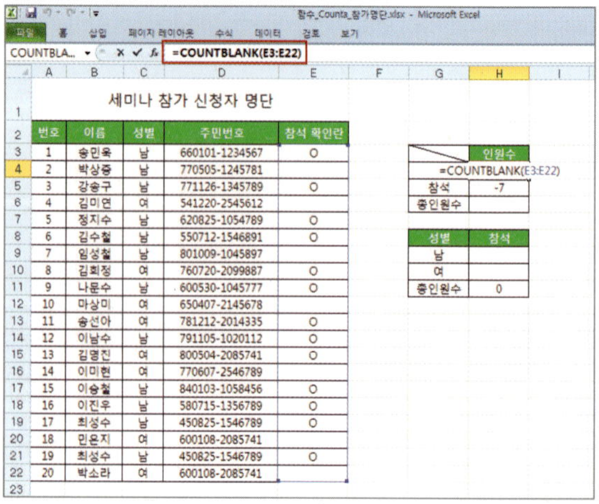

Tip 완성 수식 : =COUNTBLANK(E3:E22)

03 총 인원수 구하기

① [H6] 셀을 선택합니다. ② [수식] 탭의 [함수 라이브러리] 그룹에서 **[함수 추가]**를 클릭하고 ③ [통계]-[COUNTA]를 선택합니다.

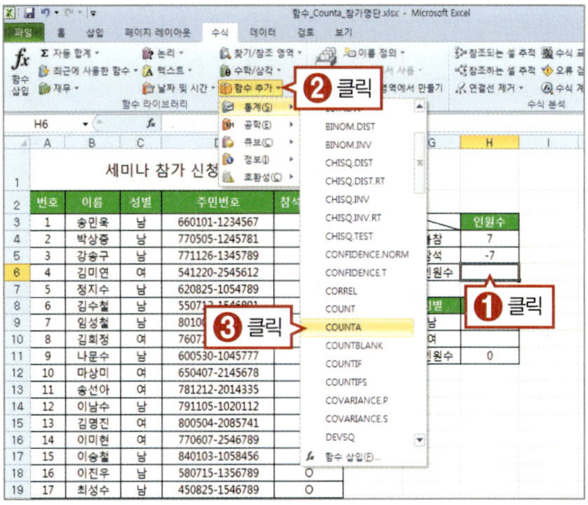

Tip COUNTA는 공백을 제외한 셀의 개수를 구하는 함수입니다.

04 ① [함수 인수] 대화 상자에서 데이터를 구할 범위로 [Value1]에 B3:B22를 입력합니다.

② **[확인]**을 클릭하면 범위([B3]~[B22] 셀)에서 공백을 제외한 셀의 개수를 구합니다.

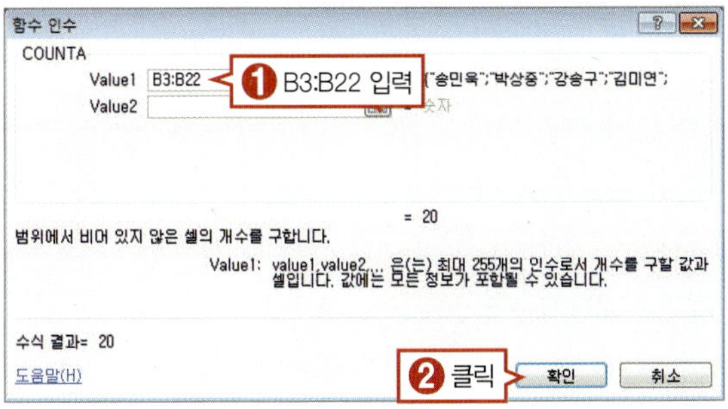

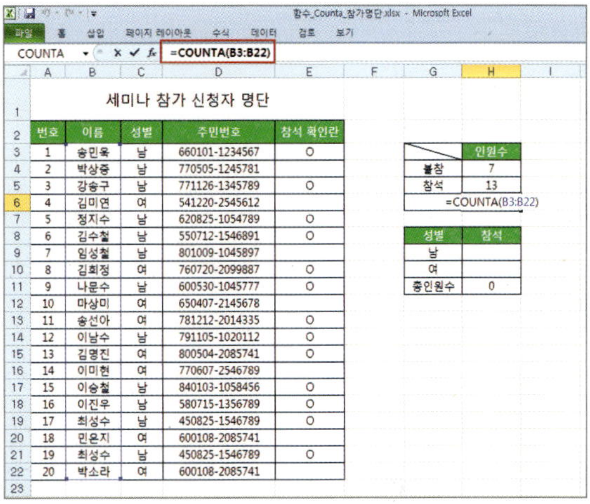

Tip 완성 수식 : =COUNTA(B3:B22)

핵심기능 51

COUNTIF, COUNTIFS 함수로 조건을 만족하는 인원수 구하기

- **실습 파일** ⓒ : 엑셀\실습\함수_Countif_참가명단.xlsx
- **완성 파일** ⓒ : 엑셀\완성\함수_Countif_참가명단_완성.xlsx

전체 셀의 개수를 셀 수도 있지만 조건을 지정하여 조건에 만족하는 셀의 개수를 셀 수도 있습니다. 조건에 만족하는 셀의 개수를 세는 COUNTIF 함수 및 다중 조건에 만족하는 셀의 개수를 세는 COUNTIFS 함수에 대해서 살펴보겠습니다.

01 세미나에 참석하는 남자 인원수 구하기

① [H9] 셀을 선택합니다. ② [수식] 탭의 [함수 라이브러리] 그룹에서 **[함수 추가]**를 클릭하고 ③ [통계]–[COUNTIF]를 선택합니다.

Tip COUNTIF는 조건에 만족하는 셀을 개수를 구하는 함수입니다.

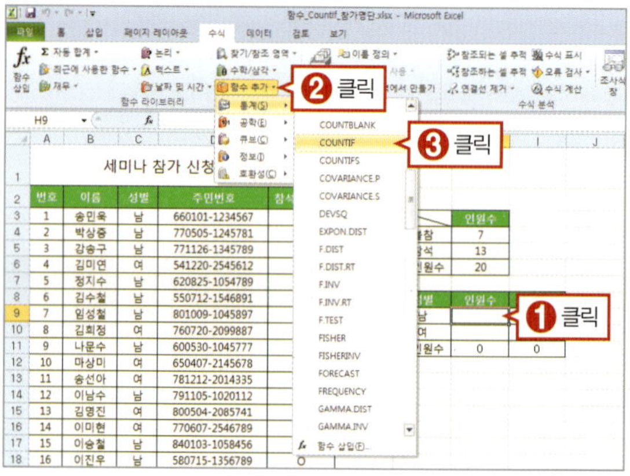

02 ① [Range]에 C3:C22를 입력한 후 ② [Criteria]에 =남을 입력합니다. ③ **[확인]**을 클릭해서 범위([C3]~[C22] 셀)에서 조건(=남)에 만족하는 셀의 개수를 구합니다.

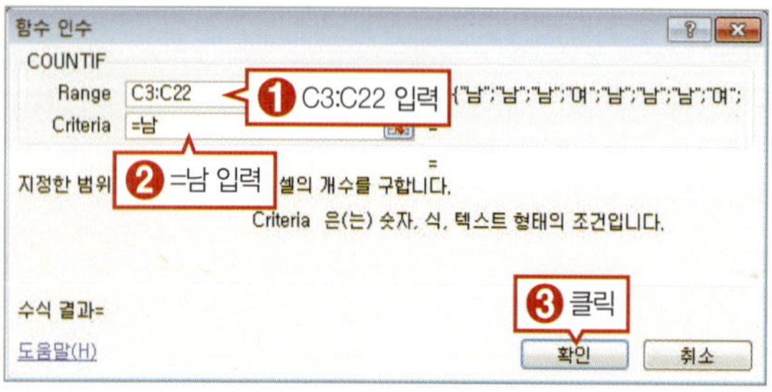

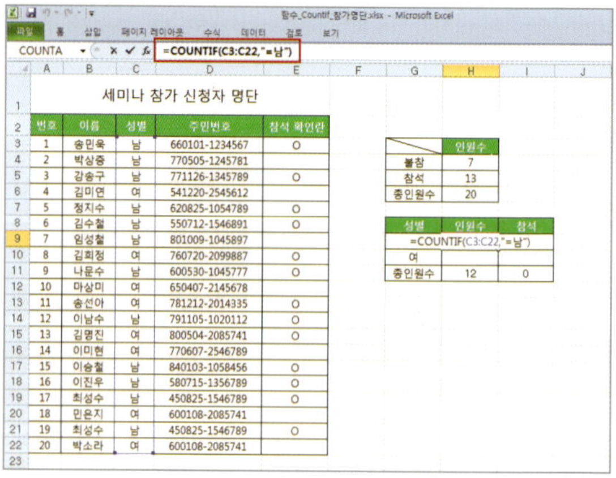

Tip 완성 수식 : =COUNTIF(C3:C22,"=남")

03 세미나에 참석하는 여자 인원수 구하기

[H10] 셀에 =COUNTIF(C3:C22,"=여")를 입력하고 Enter를 누릅니다. 범위([C3]~[C22] 셀)에서 조건(=여)에 만족하는 셀의 개수를 구합니다.

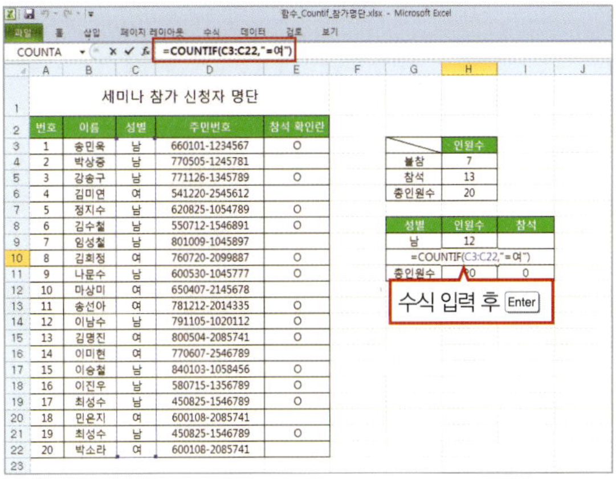

04 참석한 남자 인원수 구하기

① [I9] 셀을 선택합니다. ② [수식] 탭의 [함수 라이브러리] 그룹에서 [함수 추가]를 클릭하고 ③ [통계]-[COUNTIFS]를 선택합니다.

Tip COUNTIFS는 여러 개의 조건을 만족하는 셀의 개수를 구하는 함수입니다.

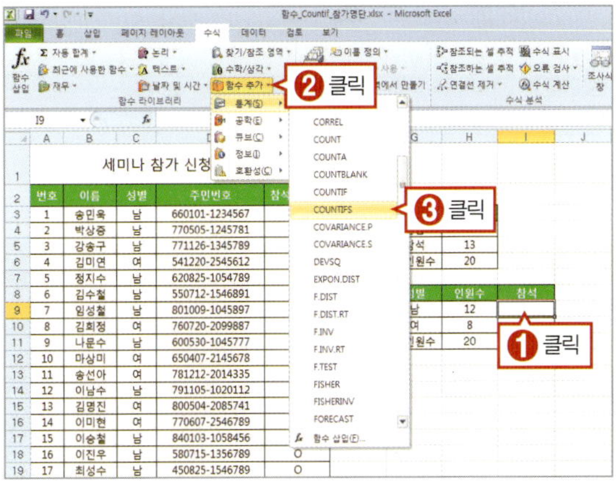

05 ① [함수 인수] 대화 상자에서 [Criteria_range1(조건1 범위)]에 $C$3:$C$22, [Criteria1(조건1)]에 G9, [Criteria_range2(조건2 범위)]에 $E$3:$E$22, [Criteria2(조건1)]에 O를 입력합니다. ② [확인]을 클릭해서 수식 =COUNTIFS($C$3:$C$22,G9,$E$3:$E$22, "O")를 완성합니다. ③ [I9] 셀의 채우기 핸들을 [I10] 셀까지 드래그해서 수식을 복사합니다.

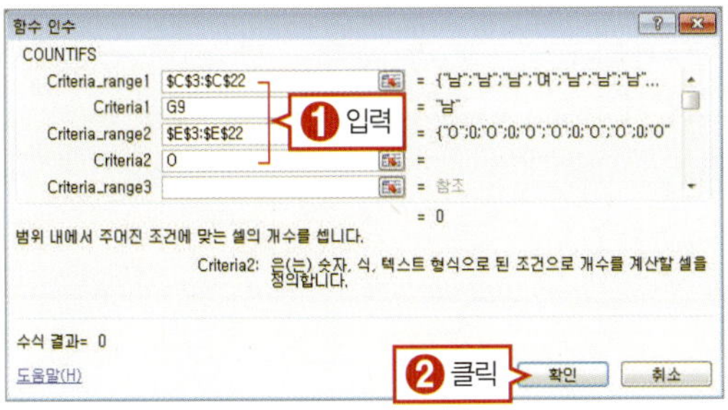

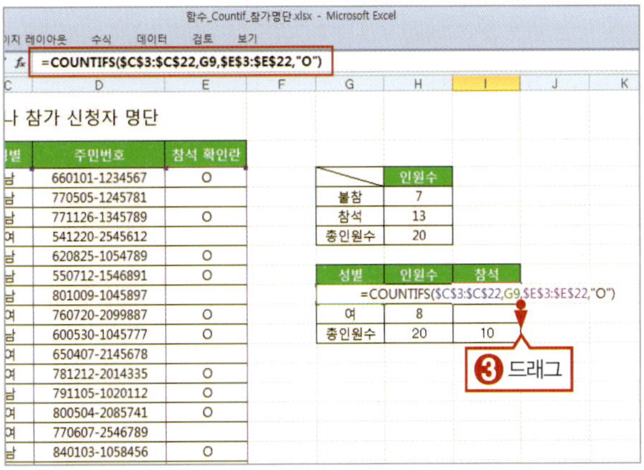

핵심기능 52

ROUND, QUOTIENT 함수로 주급 반올림 및 5만 원, 1만 원, 1천 원 개수 표시하기

- **실습 파일** ⓞ : 엑셀\실습\함수_Round_주급표.xlsx
- **완성 파일** ⓞ : 엑셀\완성\함수_Round_주급표_완성.xlsx

ROUND 함수는 반올림(4 이하는 내리고 5 이상은 올림)하는 함수입니다. QUOTIENT 함수는 피제수(나뉘는 수)에서 제수(나누는 수)를 나누어 정수 부분의 몫을 구하는 함수입니다.

01 천 단위로 주급 표시하기

① [E4] 셀을 선택합니다. ② [수식] 탭의 [함수 라이브러리] 그룹에서 **[수학/삼각]**을 클릭하고 ③ [ROUND]를 선택합니다.

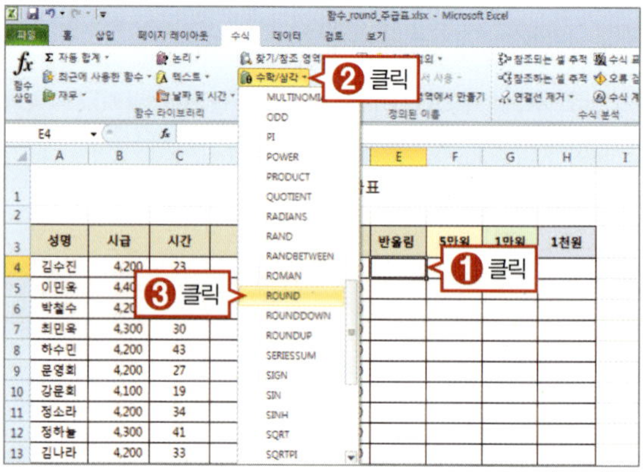

02 ① [Number]에 D4를 ② [Num_digits]에 -3을 입력합니다. ③ **[확인]**을 클릭해서 수식 =ROUND(D4,-3)을 완성하여 주급을 백 단위에서 반올림해서 천 단위로 표시합니다.

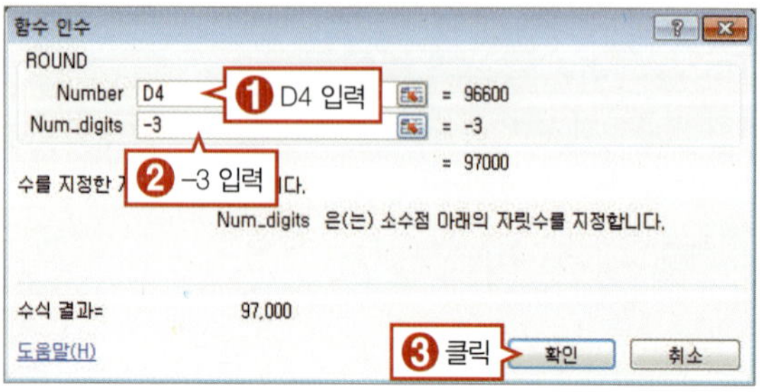

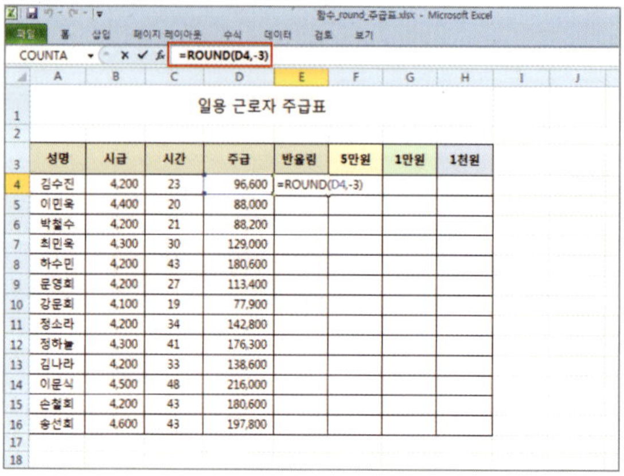

Tip 자릿수는 0을 기준으로 1, 2, 3,… 같이 양수를 지정하면 소수 이하로 자릿수를 조정하고, -1, -2, -3,… 같이 음수를 지정하면 소수점 이상으로 자릿수를 조정합니다.

03 5만 원권 지폐 개수 구하기

① [F4] 셀을 선택합니다. ② [수식] 탭의 [함수 라이브러리] 그룹에서 [수학/삼각]을 클릭하고 ③ [QUOTIENT]를 선택합니다.

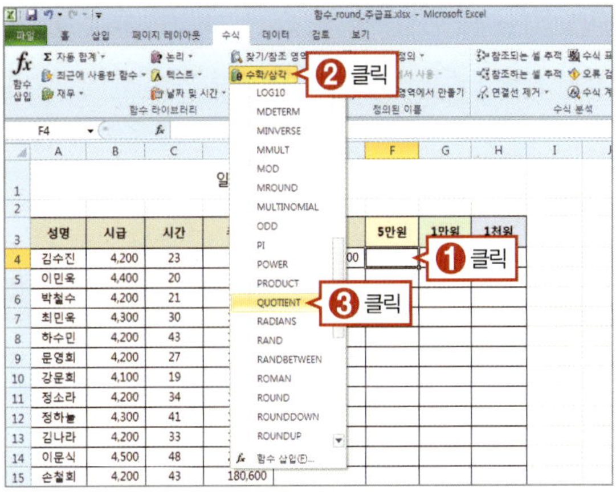

04 ① [Numerator]에 E4를 ② [Denominator]에 50000을 입력합니다. ③ [확인]을 클릭해서 수식 =QUOTIENT(E4,50000)을 완성하여 주급에서 5만 원권 지폐의 개수를 구합니다.

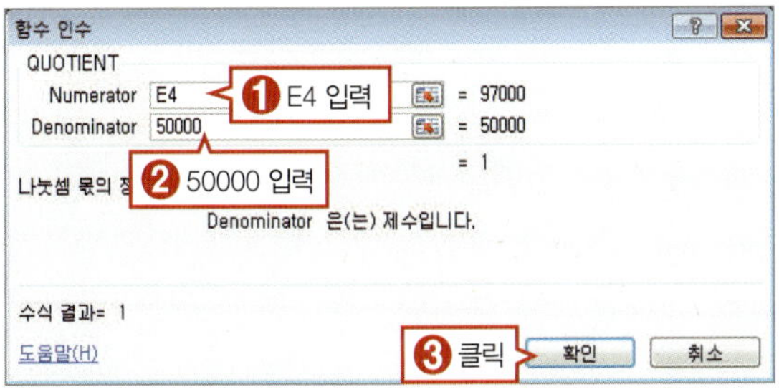

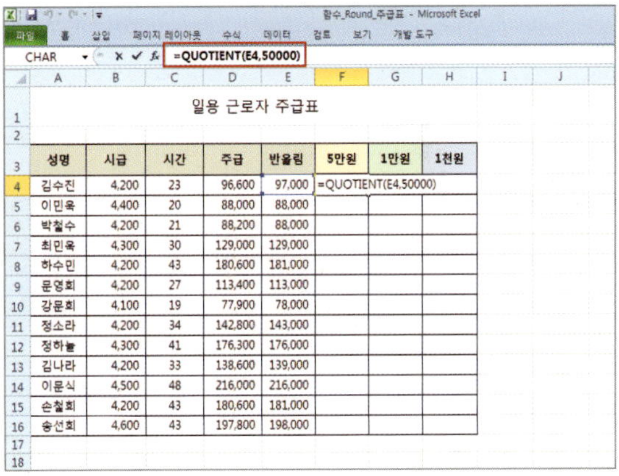

05 만 원권, 천 원권 지폐 개수 구하기

① [G4] 셀에 =QUOTIENT(E4-F4*50000,10000)을 입력하고, ② [H4] 셀에 =QUOTIENT (E4-F4*50000-G4*10000,1000)을 입력해서 1만 원권, 1천 원권 지폐의 개수를 구합니다.

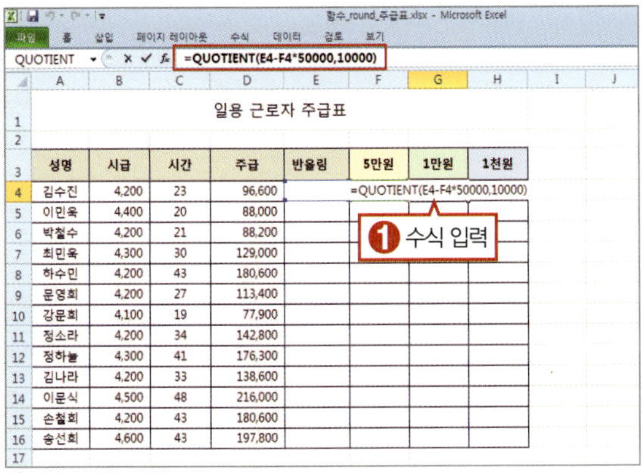

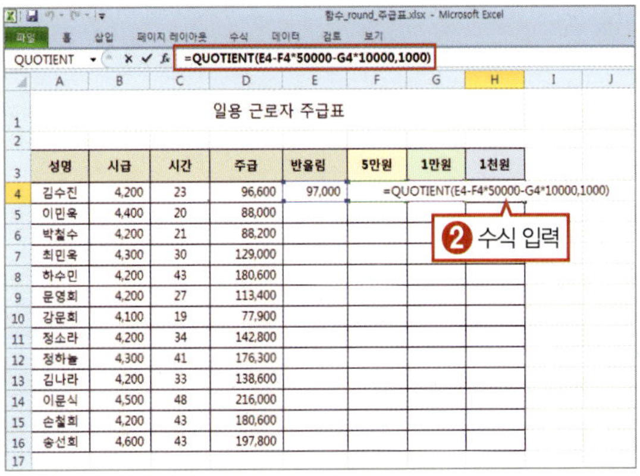

06 ① [E4]~[H4] **셀**의 범위를 지정한 다음 ② 채우기 핸들을 **더블클릭**해서 수식을 복사합니다.

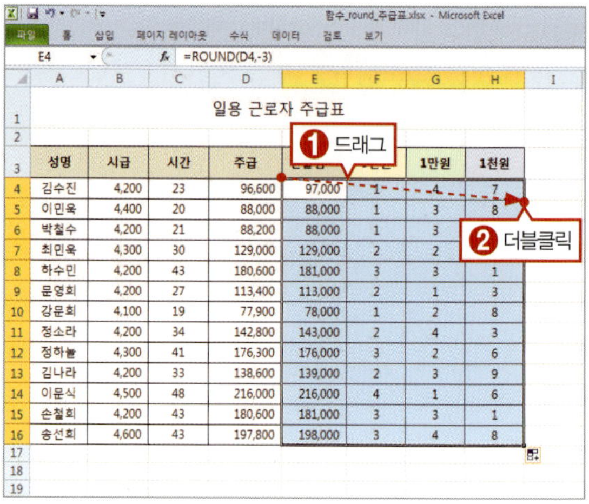

핵심기능 53

ROW, SUMPRODUCT 함수로 번호와 합계 금액 구하기

- **실습 파일** ◎ : 엑셀\실습\함수_ROW_거래명세표.xlsx
- **완성 파일** ◎ : 엑셀\완성\함수_ROW_거래명세표_완성.xlsx

현재 셀이나 특정 셀의 번호를 구하는 ROW 함수와 배열 또는 범위의 대응하는 값끼리 곱하고 더하는 SUMPRODUCT 함수에 대해 살펴보겠습니다.

01 행 번호 구하기

① [A14] 셀을 선택합니다. ② =ROW()-13을 입력하고 Enter를 누릅니다.

Tip [A14] 셀의 현재 행 번호는 14이므로 13을 빼면 1값이 표시됩니다.

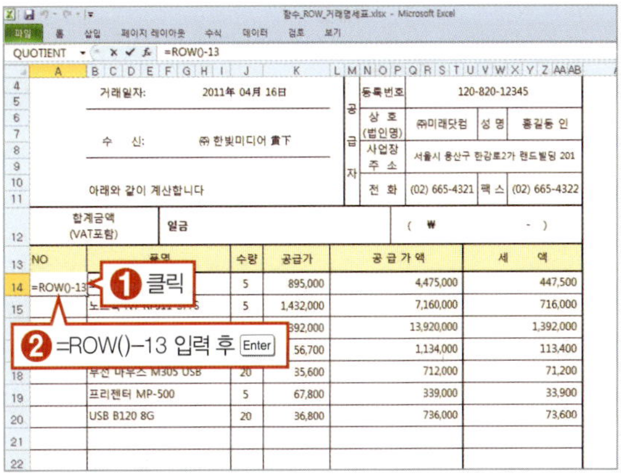

02 ① [A14] 셀의 채우기 핸들을 [A23] 셀까지 드래그하여 수식을 복사합니다. ② [자동 채우기 옵션]을 클릭하고 ③ [서식 없이 채우기]를 선택합니다.

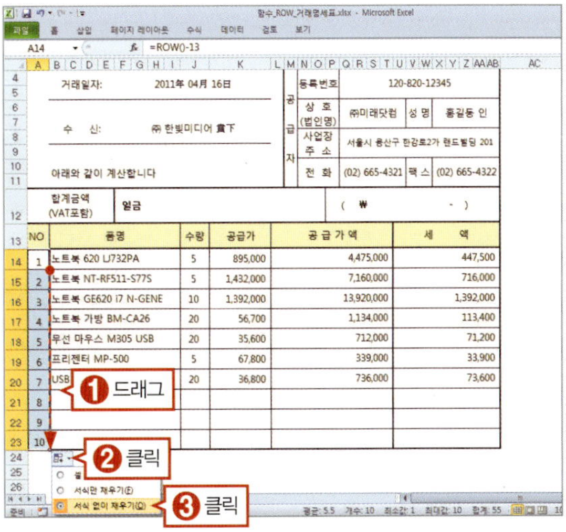

03 수량과 공급가를 곱하고 더하여 합계 금액을 구합니다. ① **[H12] 셀**을 선택합니다. ② [수식] 탭의 [함수 라이브러리] 그룹에서 **[수학/삼각]**을 클릭하고 ③ [SUMPRODUCT]를 선택합니다.

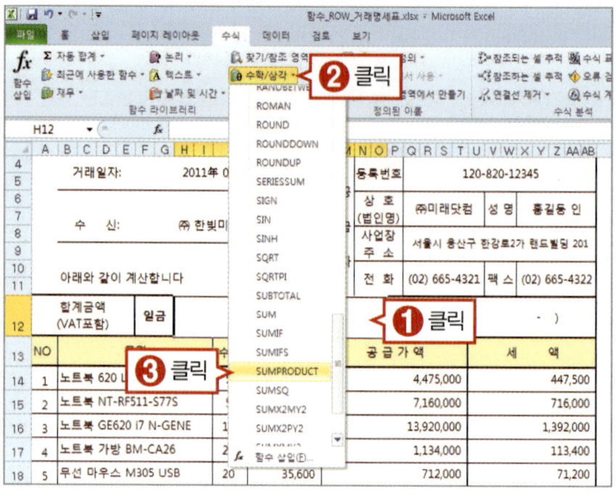

04 ① [함수 인수] 대화 상자에서 [Array1(대응하여 곱할 범위1)]에 J14:J23, ② [Array2(대응하여 곱할 범위2)]에 K14:K23을 입력합니다. ③ **[확인]**을 클릭해서 수식 =SUMPRODUCT(J14:J23,K14:K23)을 완성합니다.

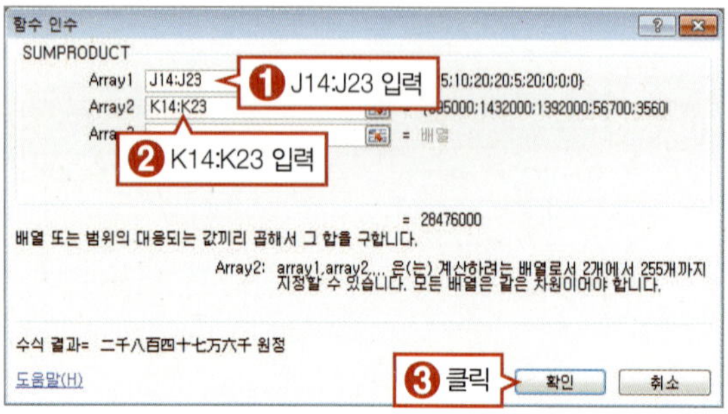

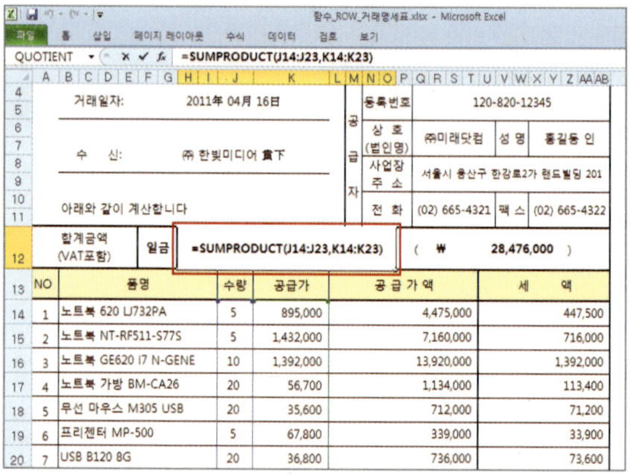

05 합계금액은 세금이 포함되어야 하므로 결과 값에 10%를 추가하겠습니다. ① **[H12] 셀**을 선택합니다. ② 수식 입력줄에서 수식의 마지막에 *1.1을 추가로 입력한 후 Enter를 눌러 수식 =SUMPRODUCT(J14:J23,K14:K23)*1.1을 완성합니다.

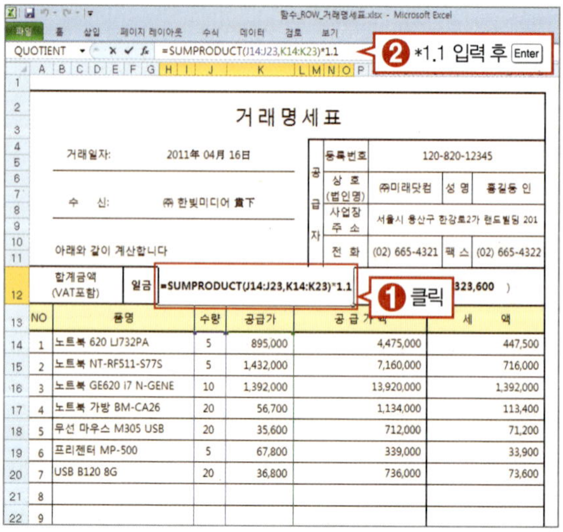

핵심기능 54

RANK.EQ, RANK.AVG 함수로 순위 구하기

- **실습 파일** ⓒ : 엑셀\실습\함수_Rank_교육평가표.xlsx
- **완성 파일** ⓒ : 엑셀\완성\함수_Rank_교육평가표_완성.xlsx

RANK.EQ와 RANK.AVG 함수는 엑셀 2010에 새롭게 추가된 함수입니다. RANK.EQ는 데이터의 순위를 구하는 함수로 동순위가 나올 경우 동순위를 표시하며, RANK.AVG는 동순위가 나올 경우 순위의 구간 평균값을 표시합니다.

01 총점을 기준으로 순위 구하기

① [F4] 셀을 선택합니다. ② [수식] 탭의 [함수 라이브러리] 그룹에서 **[함수 추가]**를 클릭하고 ③ [통계]-[RANK.EQ]를 선택합니다.

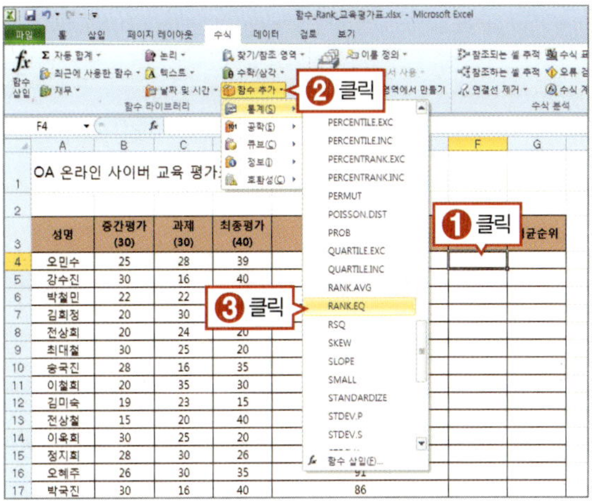

02 ① [함수 인수] 대화 상자에서 [Number(순위를 구할 셀)]에 E4, [Ref(순위를 구할 때 참조할 범위)]에 $E$4:$E$19, [Order(오름차순/내림차순)]에 0을 입력합니다. ② **[확인]**을 클릭해서 수식 =RANK.EQ(E4,$E$4:$E$19,0)을 완성합니다. 특정 셀([E4] 셀)이 범위([E4]~[E19] 셀)에서 몇 위인지 내림차순(0)으로 순위를 구합니다.

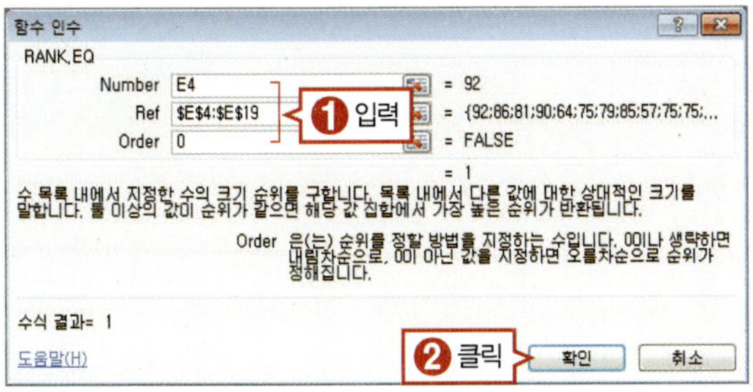

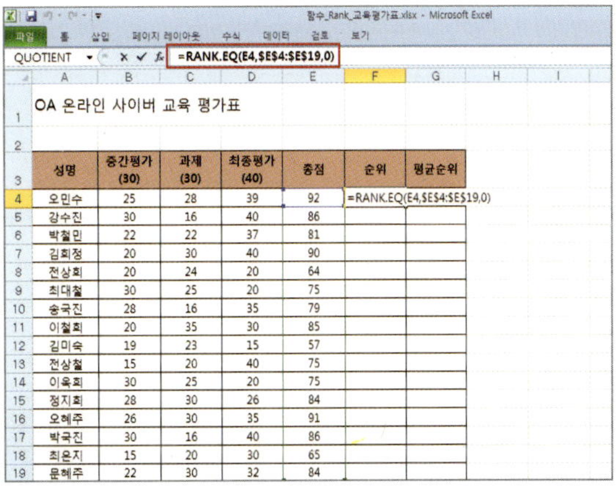

Tip 순위 결정 방법에 0을 입력하거나 생략하면 내림차순으로, 1을 입력하면 오름차순으로 순위를 구합니다.

03 RANK.AVG 함수를 이용하여 총점의 순위를 내림차순으로 구하기

[G4] 셀에 =RANK.AVG(E4,$E$4:$E$19,0)을 입력하고 Enter를 누릅니다.

Tip RANK.AVG는 순위를 구하는 함수로 동순위가 나올 경우 순위의 구간 평균값을 순위로 나타냅니다.

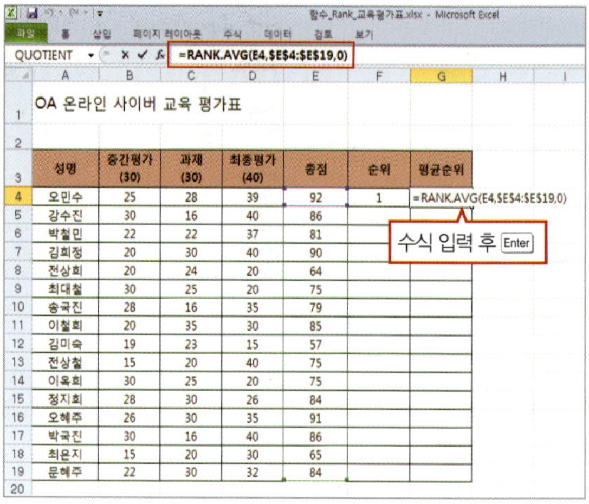

04 ① [F4]~[G4] 셀의 범위를 지정하고 ② 채우기 핸들을 더블클릭해서 수식을 복사합니다. [F4]~[F19] 범위는 동순위가 나올 경우 동순위로 표시되지만 [G4]~[G19] 범위는 동순위일 경우 순위의 구간 평균값이 순위로 표시됩니다.

Tip AVERAGEIF, RANK.EQ, RANK.AVG, SUMIFS, COUNTIFS 함수는 2003 이전 버전에서는 사용할 수 없습니다. 2003 이전 버전에서 파일을 열면 #NAME? 오류가 나타납니다.

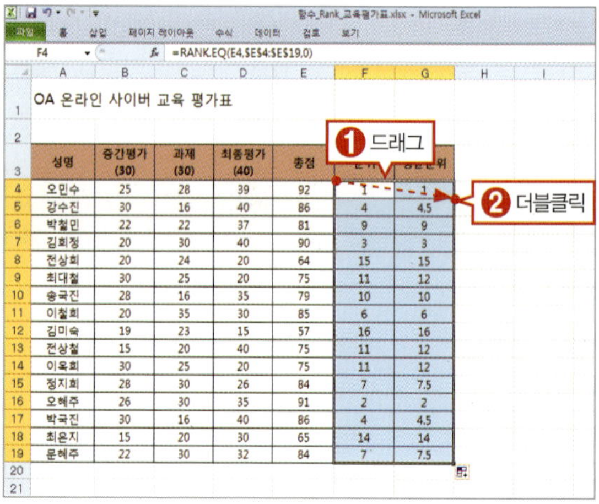

핵심기능 55

TODAY, EDATE 함수로 오늘 날짜와 검진 종료일 구하기

- **실습 파일** : 엑셀\실습\함수_EDATE_건강검진.xlsx
- **완성 파일** : 엑셀\완성\함수_EDATE_건강검진_완성.xlsx

오늘 날짜를 표시하는 TODAY 함수 및 지정한 날짜 전후의 개월 수를 계산하는 EDATE 함수에 대해서 살펴보겠습니다.

01 오늘 날짜 표시하기

[F2] 셀에 =TODAY( )를 입력하고 Enter를 누릅니다.

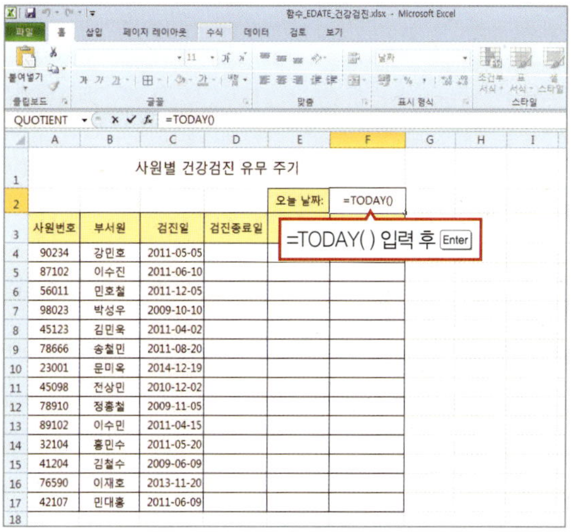

02 검진일로부터 12개월 후의 건강 검진 종료일 계산하기

① [D4] 셀을 선택합니다. ② [수식] 탭의 [함수 라이브러리] 그룹에서 [날짜 및 시간]을 클릭합니다. ③ [EDATE]를 선택합니다.

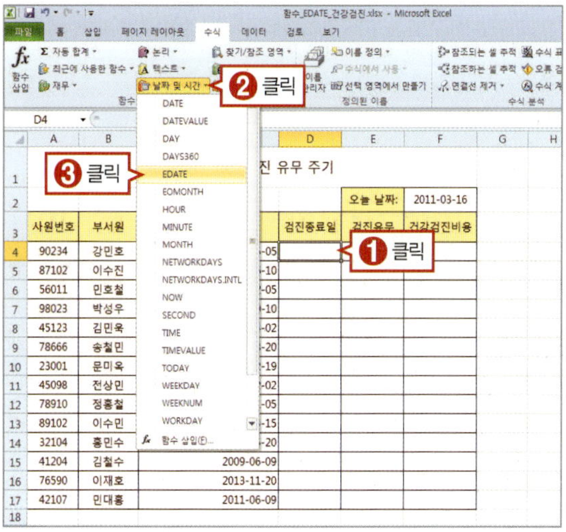

03 ① [함수 인수] 대화 상자에서 [Start_Date(시작일)]에 **C4**, ② [Months(개월 수)]에 **12**를 입력합니다. ③ **[확인]**을 클릭해서 수식 **=EDATE(C4,12)**를 완성합니다. 검진일([C4] 셀)에서 1년(12개월) 후의 검진 종료일을 구합니다.

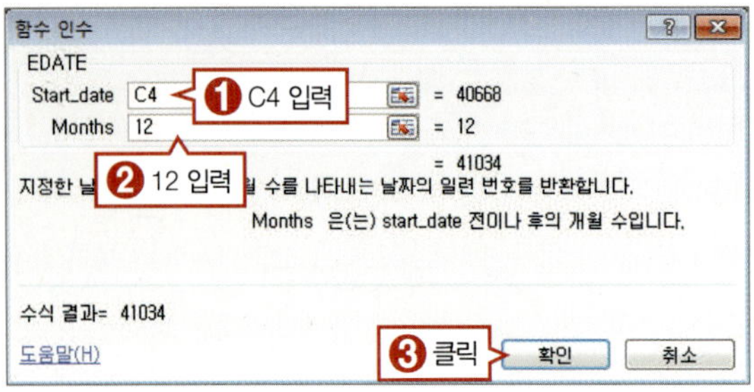

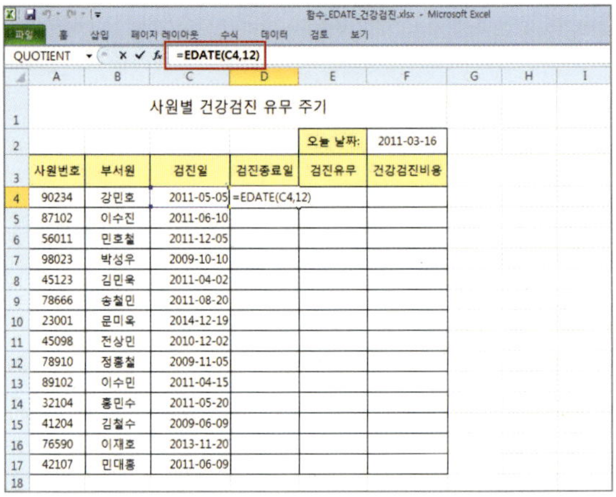

Tip EDATE 함수는 지정한 날짜로부터 개월 수를 계산하여 그 결과 값을 누적일 수의 숫자로 반환합니다. 따라서 [셀 서식] 대화 상자의 [표시 형식]에서 날짜 타입으로 셀 서식을 지정하거나 TEXT 함수를 이용하여 날짜 타입으로 변경합니다.

04 검진 종료일의 표시 형식을 날짜 형식으로 변경하기

① **[D4] 셀**의 채우기 핸들을 더블클릭해서 수식을 복사합니다. ② [D4]~[D17] 셀의 범위가 선택되어 있는 상태에서, [홈] 탭의 [표시 형식] 그룹에서 [**표시 형식 목록**]을 클릭합니다. ③ **[간단한 날짜]**를 선택해서 날짜 형식을 [년-월-일] 형태로 바꿉니다.

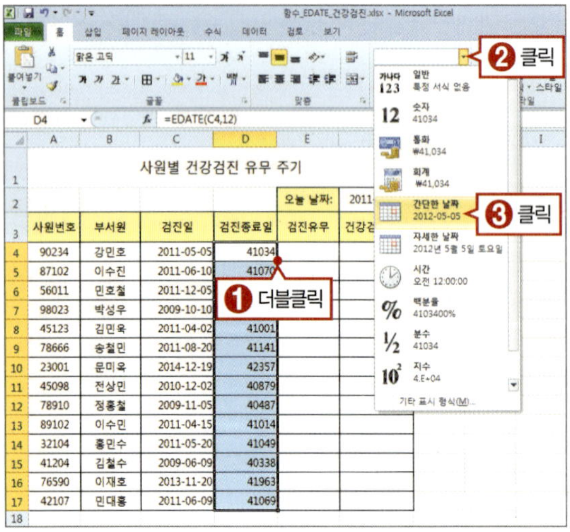

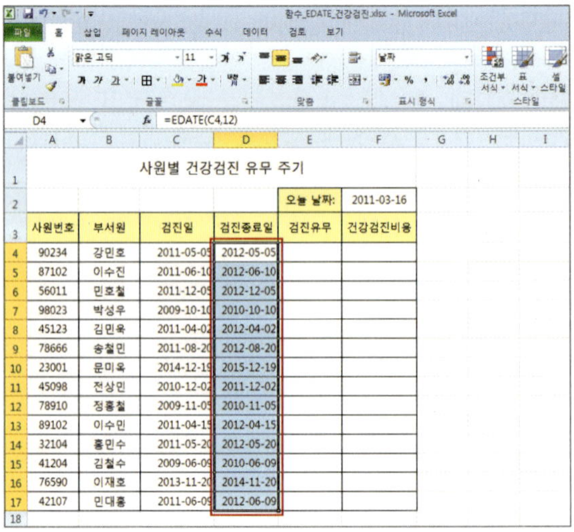

핵심기능 56

IF 함수로 건강 검진 유무 및 검진비 구하기

- **실습 파일** ⓒ : 엑셀\실습\함수_IF_건강검진.xlsx
- **완성 파일** ⓒ : 엑셀\완성\함수_IF_건강검진_완성.xlsx

IF 함수는 조건식에 따라 참 또는 거짓으로 구분할 때 사용합니다. 엑셀에서 가장 많이 사용하는 함수 중 하나이고, 쓰임새 또한 다양한 함수이므로 IF 함수를 잘 알아두는 것이 좋습니다.

01 오늘 날짜를 기준으로 검진 종료일이 지났으면 O, 아니면 X로 표시하기

① [E4] 셀을 선택합니다. ② [수식] 탭의 [함수 라이브러리] 그룹에서 **[논리]**를 클릭하고 ③ **[IF]**를 선택합니다.

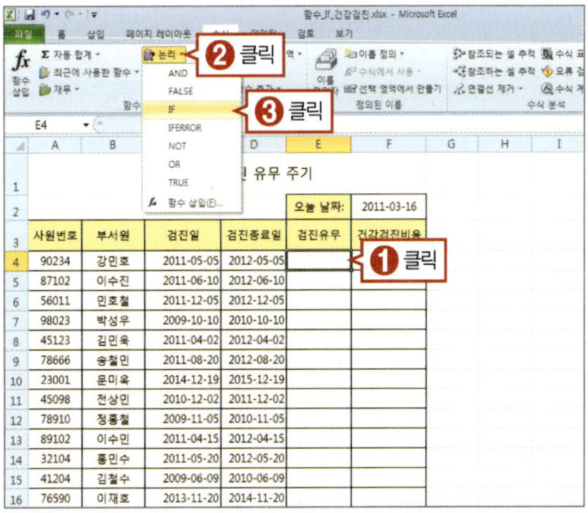

02 ① [Logical_test(조건)]에 $F$2>D4를, [Value_if_true(참값)]에 O를, [Value_if_false(거짓 값)]에 X를 입력합니다. ② **[확인]**을 클릭하여 =IF($F$2>D4,"O","X") 수식을 완성합니다.

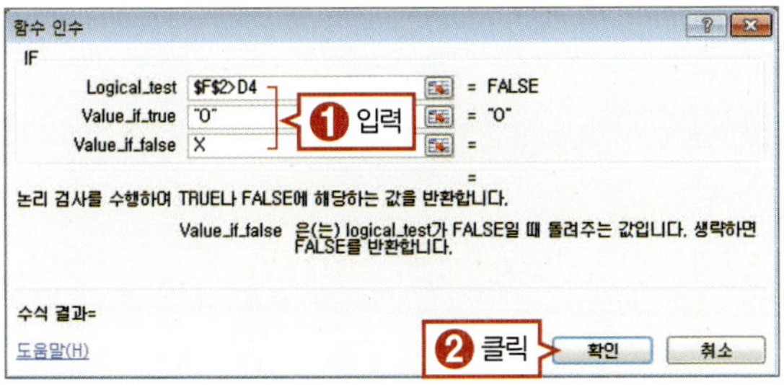

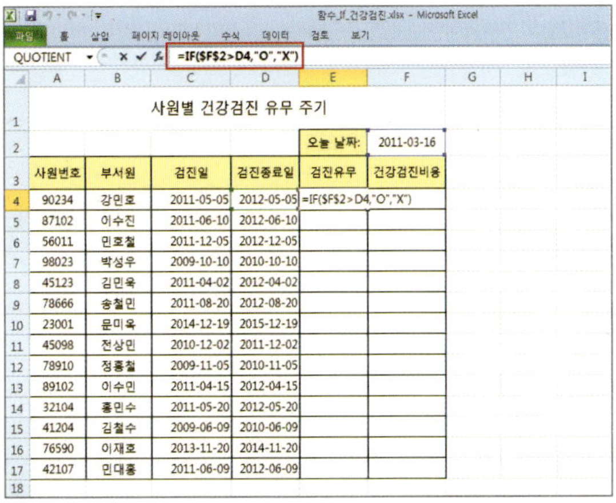

03 ① [F4] 셀에 =IF(E4="O",200000,0)를 입력하고 Enter를 누릅니다. 검진 유무에 따라 O면 검진비 200000이, X면 0이 표시됩니다. ② [E4]~[F4] **셀**의 범위를 지정한 다음 ③ 채우기 핸들을 **더블클릭**해서 수식을 복사합니다.

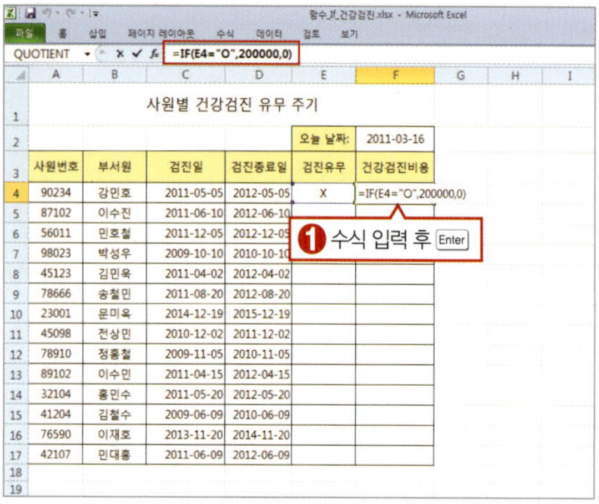

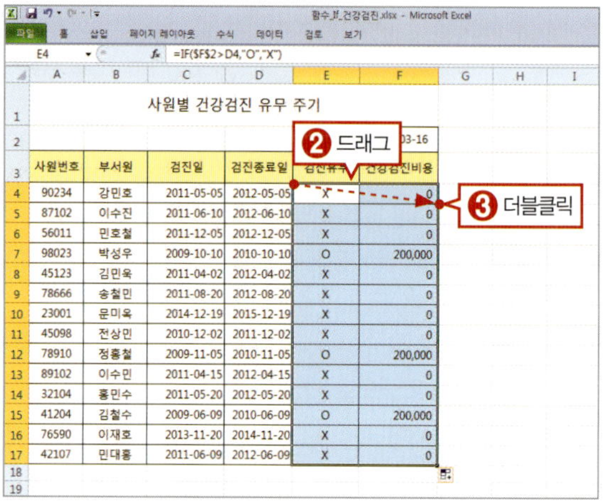

핵심기능 57

IF 중첩 함수로 어학 등급 구하기

- **실습 파일** ⓒ : 엑셀\실습\함수_IF중첩_인사고과.xlsx
- **완성 파일** ⓒ : 엑셀\완성\함수_IF중첩_인사고과_완성.xlsx

IF 함수는 단독으로 쓰일 때도 있지만 다수의 조건을 비교해야 할 경우에는 IF 함수를 64개까지 중첩하여 사용할 수 있습니다.

01 ① 등급을 표시할 [G4] **셀**을 선택합니다. ② [수식] 탭의 [함수 라이브러리] 그룹에서 [**논리**]를 클릭하고 ③ [IF]를 선택합니다.

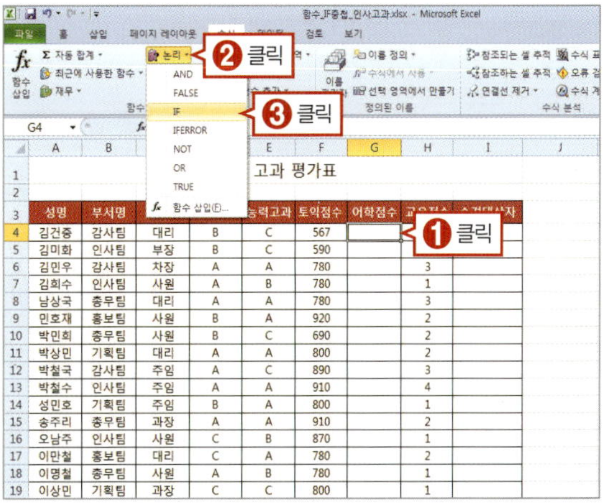

02 ① [함수 인수] 대화 상자에서 [Logical_test]에 F4>=850, [Value_if_true]에 3을 입력합니다. ② [Value_if_false]를 클릭한 후 ③ 이름 상자의 [IF]를 클릭합니다.

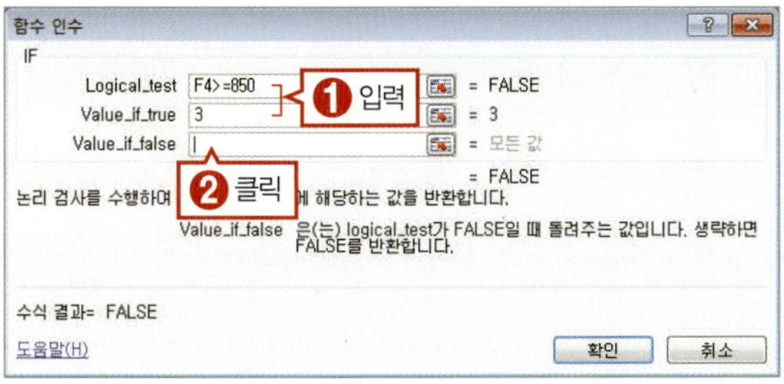

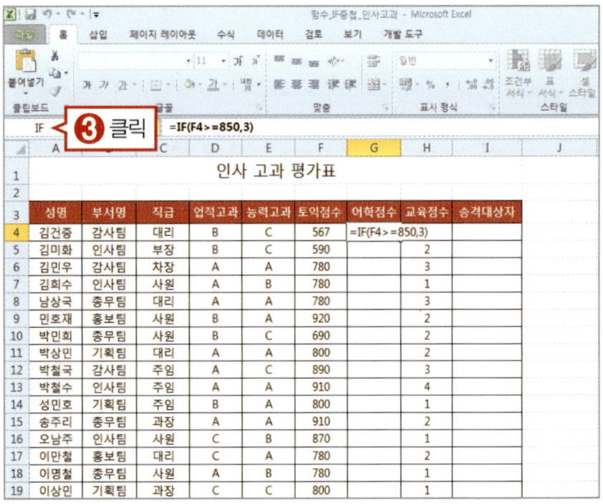

Tip
- Logical_test(조건식) : 점수가 850 이상인지를 판단하는 조건식으로 F4>=850을 입력
- Value_if_true(참값) : 점수가 850 이상이면 어학점수 3을 입력
- Value_if_false(거짓 값) : 첫 번째 조건이 거짓인 경우 두 번째 조건으로 IF 함수를 중첩하기 위해 이름 상자에서 [IF] 클릭

03 ① 새로운 [함수 인수] 대화 상자에서 [Logical_test]에 **F4>=700**, [Value_if_true]에 **2**, [Value_if_false]에 **1**을 입력합니다. ② **[확인]**을 클릭해서 수식 **=IF(F4>=850,3,IF(F4>=700,2,1))**을 완성합니다.

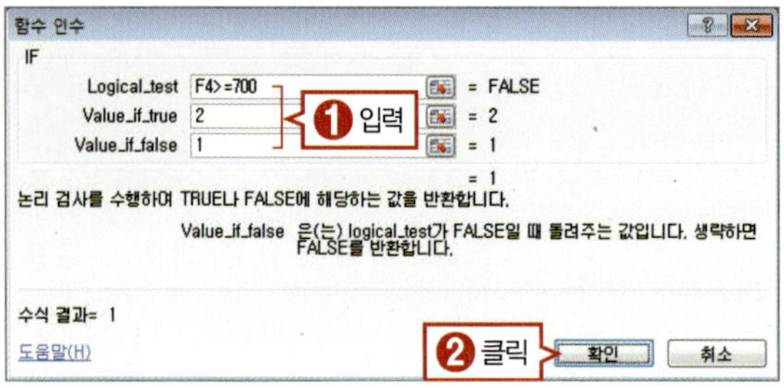

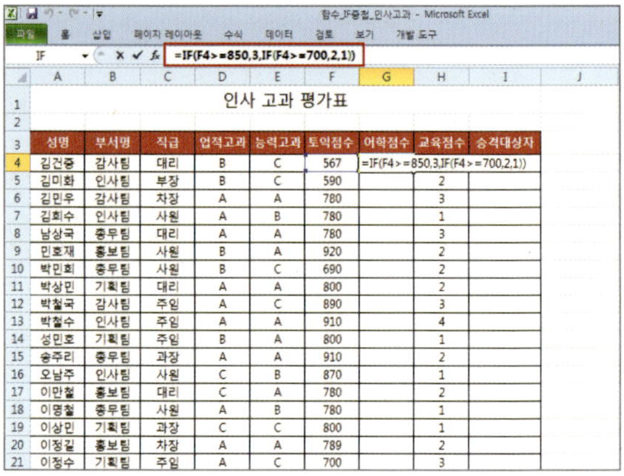

Tip
- Logical_test : 점수가 700 이상인지를 판단하는 조건식으로 'F4>=700'을 입력
- Value_if_true : 점수가 700 이상이면 어학점수 '2'를 입력
- Value_if_false : 점수가 700 미만이면 어학점수 '1'을 입력

04 **[G4] 셀**의 채우기 핸들을 **더블클릭**하여 나머지 셀에 수식을 복사합니다.

Tip IF 중첩 함수는 [함수 인수] 대화 상자를 이용하면 쉽게 수식을 완성할 수 있지만 여러 함수를 중첩하여 사용하는 경우가 많으므로 직접 수식을 입력해보는 것도 좋습니다. 함수를 중첩해서 사용할 경우 중첩한 함수의 개수만큼 수식의 마지막 괄호의 개수를 맞춰야 합니다.

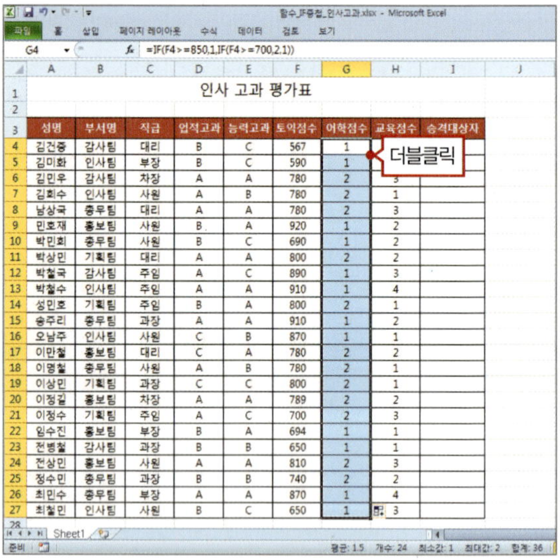

핵심기능 58

IF, AND 함수로 승격 대상자 구하기

• **실습 파일** : 엑셀\실습\함수_IFAND_인사고과.xlsx
• **완성 파일** : 엑셀\완성\함수_IFAND_인사고과_완성.xlsx

수식에서 여러 항목의 조건을 비교하여 조건을 모두 만족할 경우 참값을 반환하는 함수는 AND 함수이며, 조건은 255개까지 지정할 수 있습니다.

01 IF와 AND 함수를 중첩해서 승격대상자 표시하기

① [I4] **셀**을 선택합니다. ② [수식] 탭의 [함수 라이브러리] 그룹에서 **[논리]**를 선택한 후 ③ [IF]를 선택해서 [함수 인수] 대화 상자를 불러옵니다.

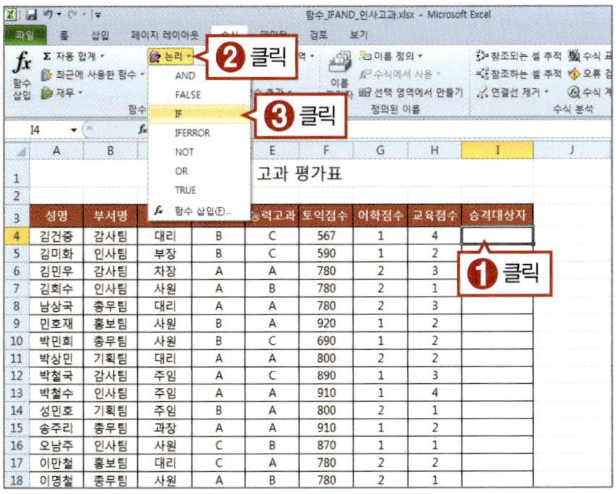

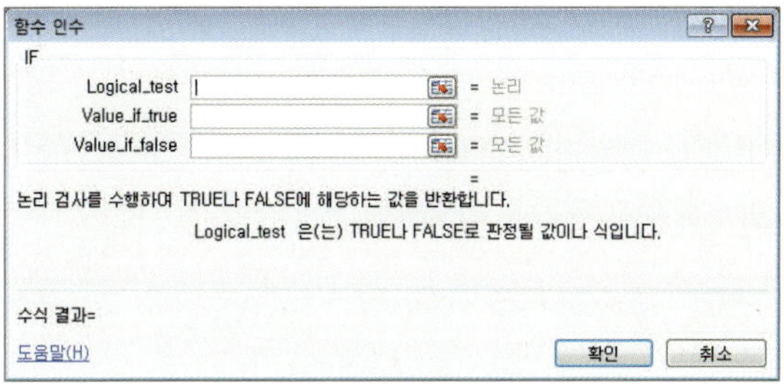

02 두 가지 조건이 모두 만족해야 하므로 조건식에 AND 함수를 중첩시킵니다. ① 수식 입력줄에서 [**함수 삽입**]을 클릭해서 [함수 인수] 대화 상자를 닫습니다. ② [함수 라이브러리] 그룹에서 **[논리]**를 클릭하고 ③ [AND]를 선택합니다.

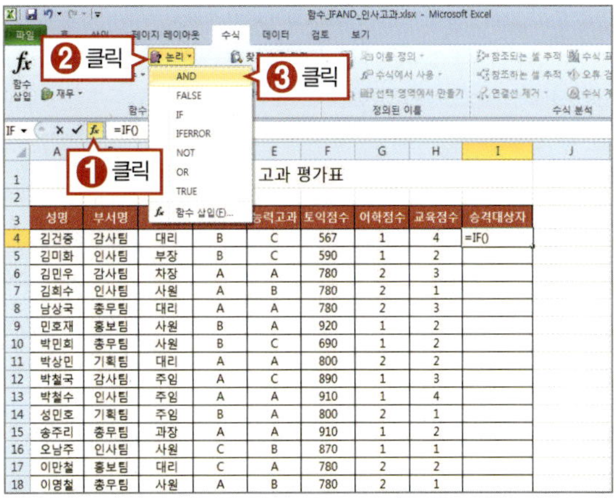

03 ① [AND 함수 인수] 대화 상자에서 [Logical1]에 **D4="A"**, [Logical2]에 **E4="A"**, [Logical3]에 **G4+H4>=5**를 입력합니다. ② [IF 함수 인수] 대화 상자로 돌아가기 위해 수식 입력줄에서 **[IF]**를 클릭합니다.

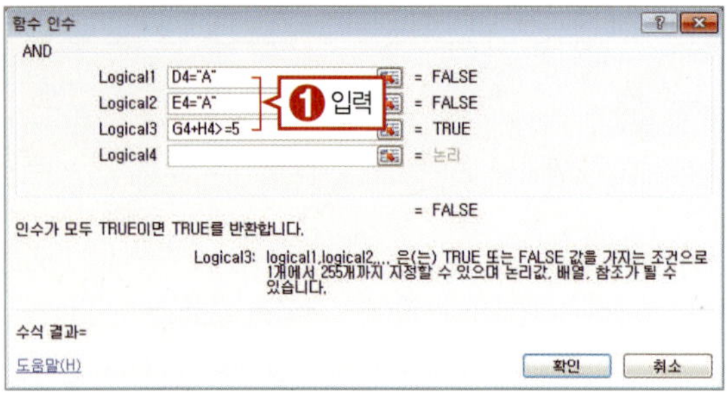

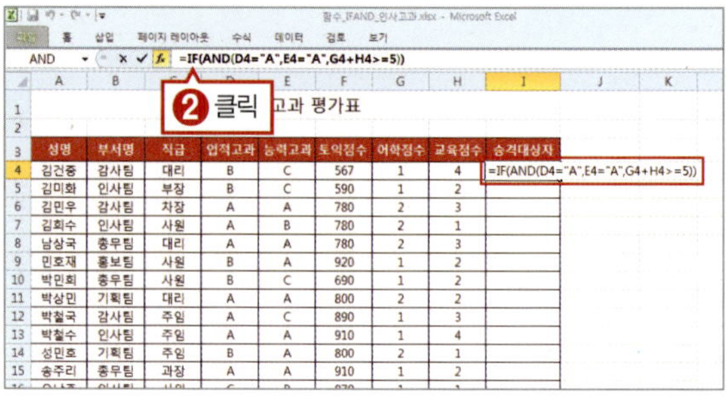

Tip

- Logical1(조건1) : 업적 고과가 A인지를 판단하는 조건
- Logical2(조건2) : 능력 고과가 A인지를 판단하는 조건
- Logical3(조건3) : 어학 점수와 교육 점수의 합이 5점 이상인지를 판단하는 조건

04 [IF 함수 인수] 대화 상자가 나타나며 [Logical_test]에 AND 함수 수식이 입력되어 있습니다. ① [Value_if_true]에 **승격대상자**, [Value_if_false]에 **""**를 입력합니다. ② **[확인]**을 클릭해서 수식 =IF(AND(D4="A",E4="A",G4+H4>=5),"승격대상자","")를 완성합니다. ③ [I4] 셀의 채우기 핸들을 **더블클릭**하여 나머지 셀에 수식을 복사합니다.

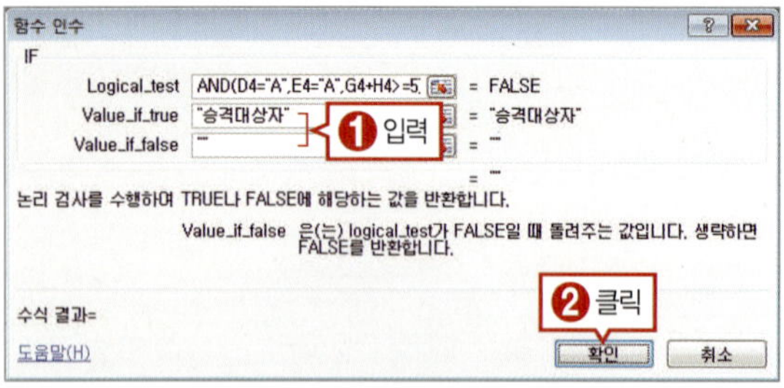

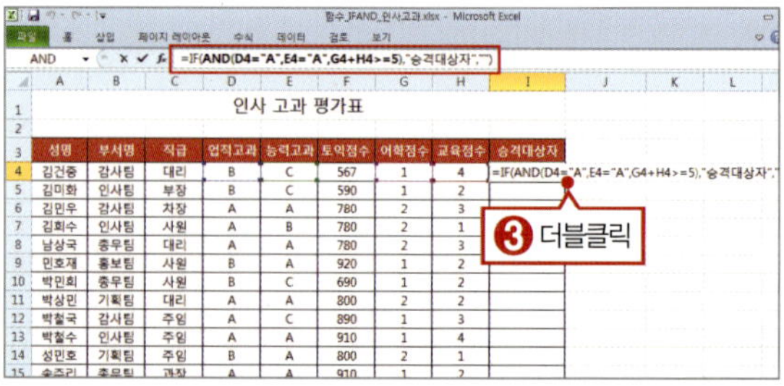

Tip

- Logical_test : 업적 고과가 A이고, 능력 고과도 A이며, 어학 점수와 교육 점수의 합이 5 이상인 조건
- Value_if_true : 조건 결과가 참이면 승격대상자 표기
- Value_if_false : 조건 결과가 거짓이면 공란

핵심기능 59

SUMIF, SUMIFS 함수로 조건을 만족하는 보험 계약 건수의 합계 계산하기

- **실습 파일** ◎ : 엑셀\실습\함수_Sumif_보험계약.xlsx
- **완성 파일** ◎ : 엑셀\완성\함수_Sumif_보험계약_완성.xlsx

조건에 만족하는 셀의 합계를 계산하는 SUMIF 함수와 다중 조건에 만족하는 셀의 합계를 계산하는 SUMIFS 함수에 대해 살펴보겠습니다.

01 보험 종류별 계약 건수의 합계 구하기

① [G4] 셀을 선택합니다. ② [수식] 탭의 [함수 라이브러리] 그룹에서 **[수학/삼각]**을 클릭합니다. ③ [SUMIF]를 선택합니다.

Tip SUMIF는 조건에 만족하는 셀의 합계를 구하는 함수입니다.

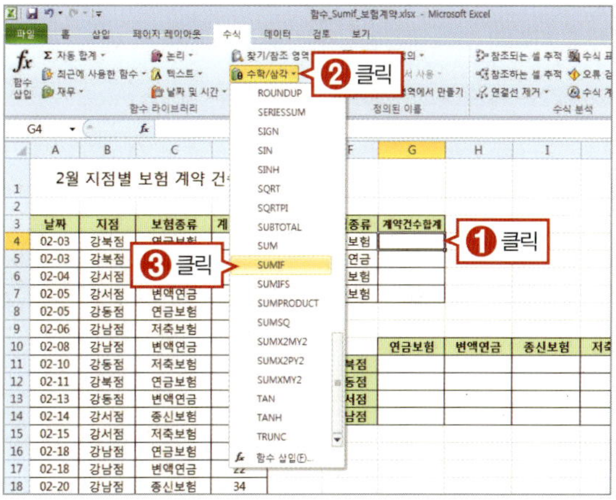

02 ① [함수 인수] 대화 상자에서 [Range(범위)]에 **$C$4:$C$23**, [Criteria(조건)]에 **F4**, [Sum_range(합계 범위)]에 **$D$4:$D$23**을 입력합니다. ② **[확인]**을 클릭해서 수식 **=SUMIF($C$4:$C$23,F4,$D$4:$D$23)**을 완성합니다.

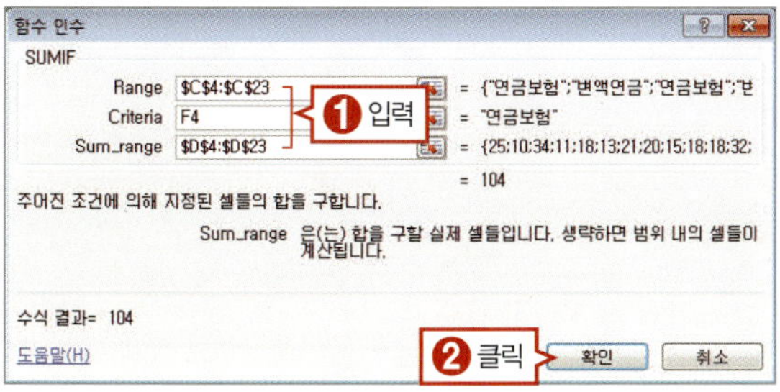

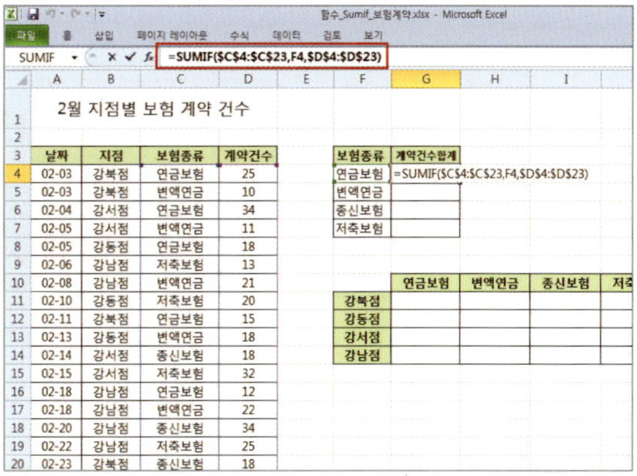

Tip [Criteria(조건)]에 ="연금보험"을 입력하면 수식을 복사할 때 조건이 변하지 않고 고정됩니다. 따라서 [F4] 셀을 지정하여 조건이 바뀌게 합니다.

03 [G4] **셀**의 채우기 핸들을 **더블클릭**하여 수식을 복사합니다.

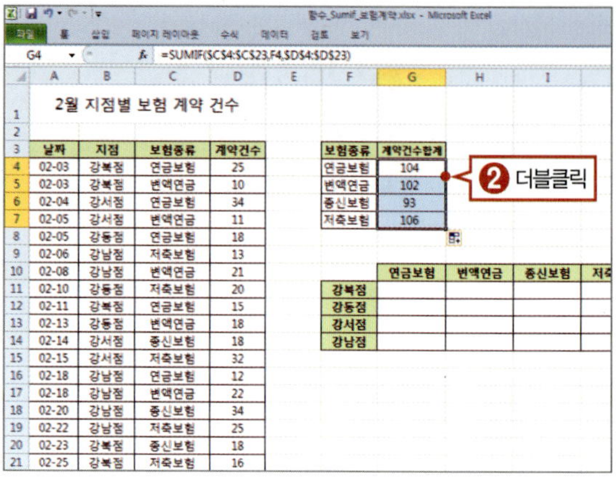

04 지점과 보험 종류를 조건으로 계약 건수의 합계 구하기

① [G11] **셀**을 선택하고 ② [수식] 탭의 [함수 라이브러리] 그룹에서 **[수학/삼각]**을 클릭합니다. ③ **[SUMIFS]**를 선택합니다. ④ [Sum_range(합계 범위)]에 **$D$4:$D$23**, [Criteria_range1(조건1 범위)]에 **$B$4:$B$23**, [Criteria1(조건1)]에 **$F11**, [Criteria_range2(조건2 범위)]에 **$C$4:$C$23**, [Criteria2(조건2)]에 **G$10**을 입력합니다. ⑤ **[확인]**을 클릭해서 수식 **=SUMIFS($D$4:$D$23,$B$4:$B$23,$F11,$C$4:$C$23,G$10)**을 완성합니다.

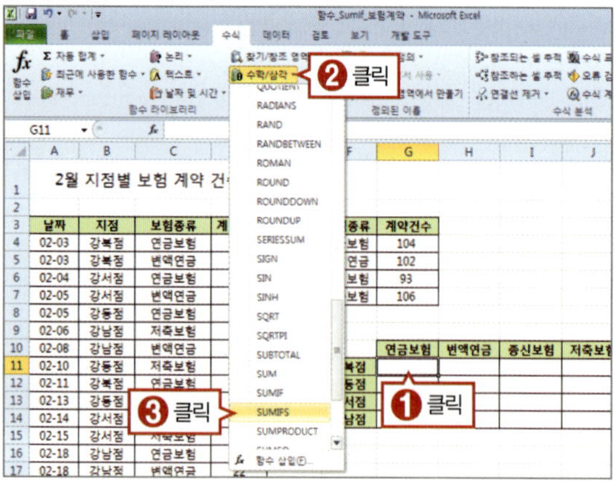

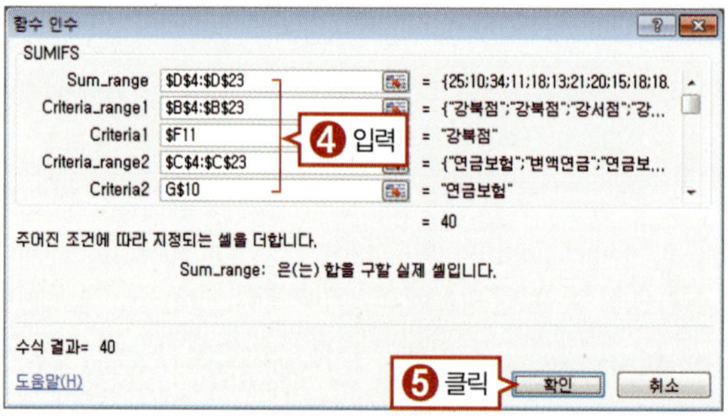

05 ① [G11] 셀의 채우기 핸들을 **[G14] 셀**까지 드래그해서 수식을 복사합니다. ② [G11]~[G14] 셀 범위의 채우기 핸들을 **[J14] 셀**까지 드래그해서 수식을 복사합니다.

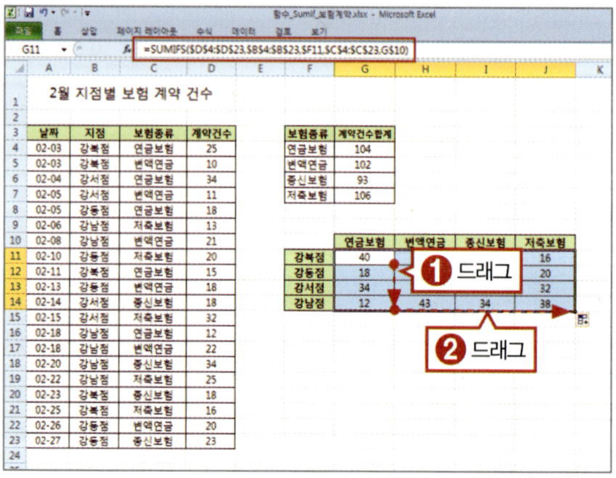

핵심기능 60

AVERAGEIF, AVERAGEIFS 함수로 조건을 만족하는 금액/수량 평균 계산하기

- **실습 파일** : 엑셀\실습\함수_Averageif_납품실적.xlsx
- **완성 파일** : 엑셀\완성\함수_Averageif_납품실적_완성.xlsx

AVERAGEIF는 조건에 만족하는 셀의 평균을, AVERAGEIFS는 다중 조건에 만족하는 셀의 평균을 계산하는 함수입니다. 두 함수 모두 조건에 만족하는 값이 없으면 '#DIV/0!' 에러가 표시됩니다.

01 월별 금액의 평균 구하기

① [I3] 셀을 선택합니다. ② [수식] 탭의 [함수 라이브러리] 그룹에서 **[함수 추가]**를 클릭합니다. ③ [통계]–[AVERAGEIF]를 선택합니다.

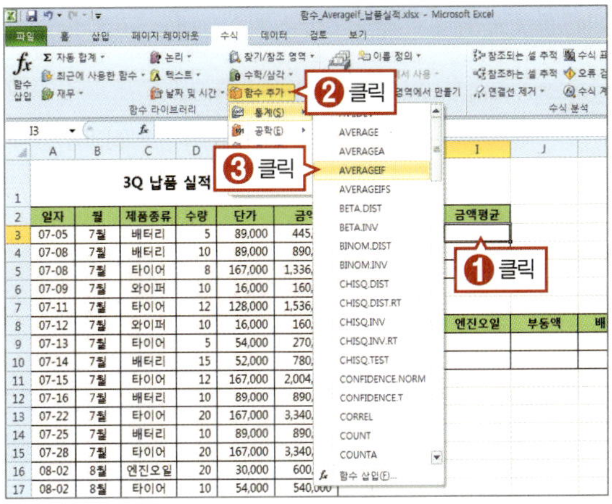

02

① [Range(범위)]에 **$B$3:$B$51**, [Criteria(조건)]에 **H3**, [Average_range(평균 계산 범위)]에 **$F$3:$F$51**을 입력합니다. ② **[확인]**을 클릭해 =AVERAGEIF($B$3:$B$51,H3,$F$3:$F$51) 수식을 완성합니다.

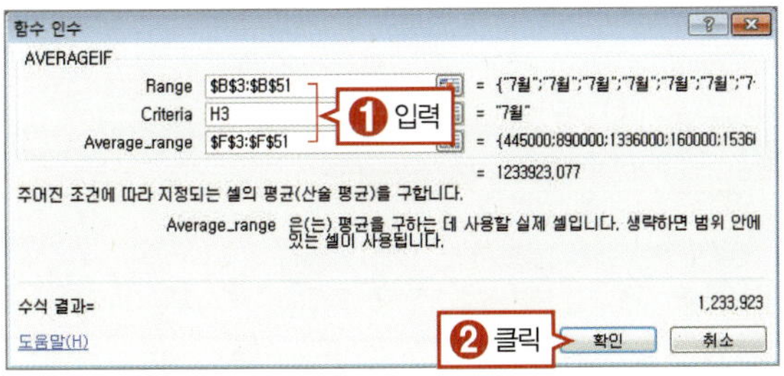

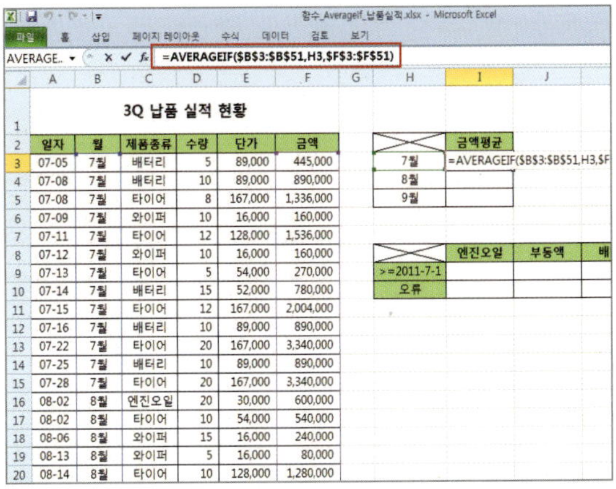

Tip 범위([B3]~[B51] 셀)에서 조건([H3] 셀)에 만족하는 셀을 찾아 계산 범위([F3]~[F51] 셀)에서 평균을 구합니다.

03 [I3] **셀**의 채우기 핸들을 **더블클릭**해서 수식을 복사합니다.

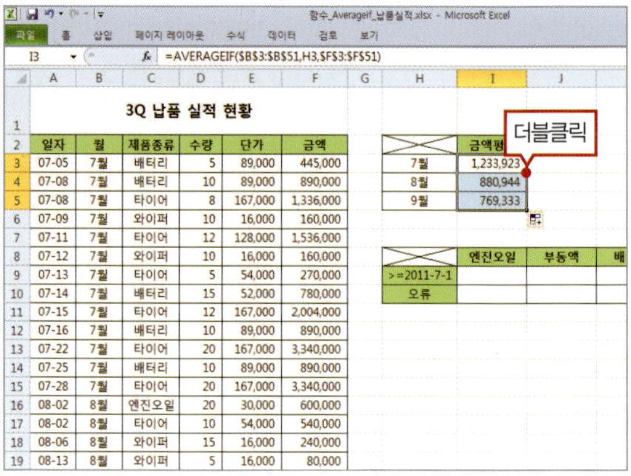

04 일자와 제품 종류를 조건으로 수량 평균 구하기

① [I9] **셀**을 선택하고 ② [수식] 탭의 [함수 라이브러리] 그룹에서 **[함수 추가]**를 클릭합니다. ③ [통계]-[AVERAGEIFS]를 선택합니다.

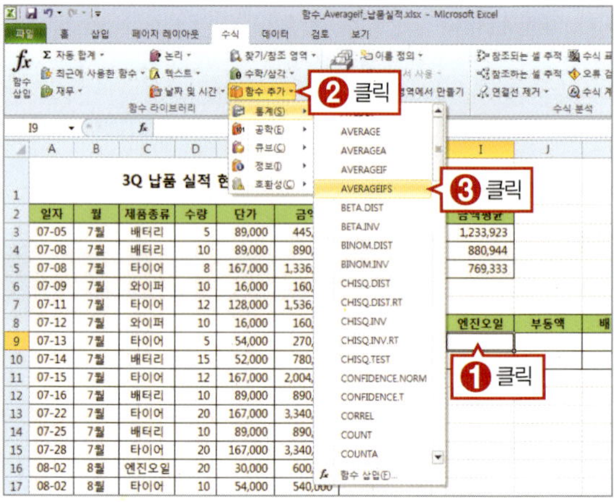

05 ① [Average_range(평균 범위)]에 **$D$3:$D$51**, [Criteria_range1(조건1 범위)]에 **$C$3:$C$51**, [Criteria1(조건1)]에 **I$8**, [Criteria_range2(조건2 범위)]에 **$A$3:$A$51**, [Criteria2(조건2)]에 **$H9**를 입력합니다. ② **[확인]**을 클릭해서 수식 **=AVERAGEIFS($D$3:$D$51,$C$3:$C$5,I$8,$A$3:$A$51,$H9)**를 완성합니다. ③ [I9] **셀**의 채우기 핸들을 [M9] **셀**까지 드래그해서 수식을 복사합니다.

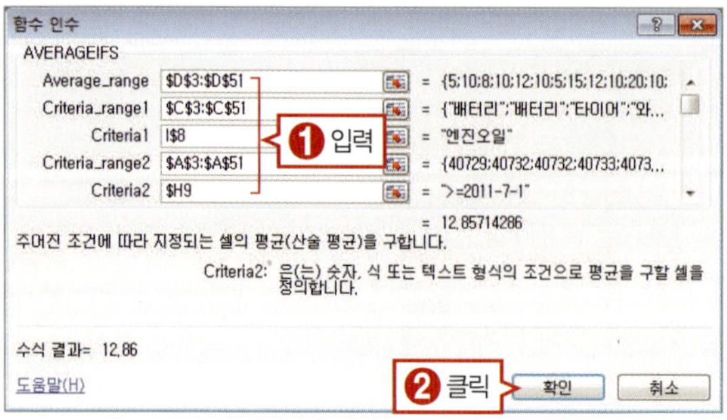

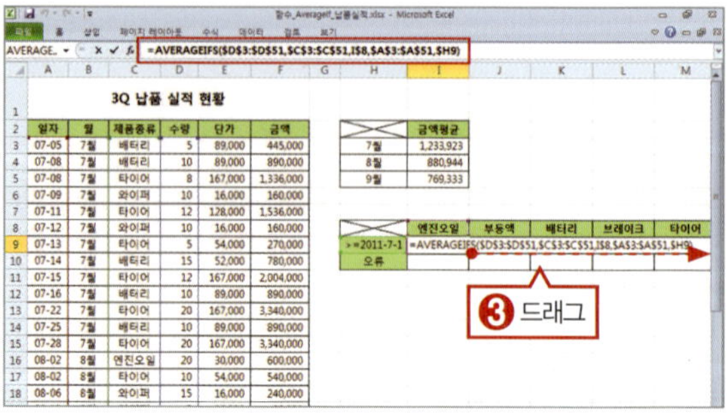

핵심기능 61

IFERROR 함수로 오류 처리하기

• **실습 파일** ⓒ : 엑셀\실습\함수_Iferror_납품실적.xlsx

• **완성 파일** ⓒ : 엑셀\완성\함수_Iferror_납품실적_완성.xlsx

IFERROR 함수는 수식이나 셀에 오류가 있는지 없는지를 검사하여 오류가 있는 경우에는 오류를 처리하는 함수입니다. 수식에서 오류가 발생할 때는 사용자가 지정한 값을 반환하고, 그렇지 않으면 수식 결과를 반환합니다.

01 [I9]~[M9] 범위의 일부 셀에 표시되는 #DIV/0! 에러 처리하기

① **[I10] 셀**을 선택합니다. ② [수식] 탭의 [함수 라이브러리] 그룹에서 **[논리]**를 클릭하고 ③ **[IFERROR]**을 선택합니다.

Tip 2011년 7월 이후에 부동액과 브레이크 제품이 판매되지 않았으므로 0값으로 나눈 값은 #DIV/0! 에러가 표시됩니다.

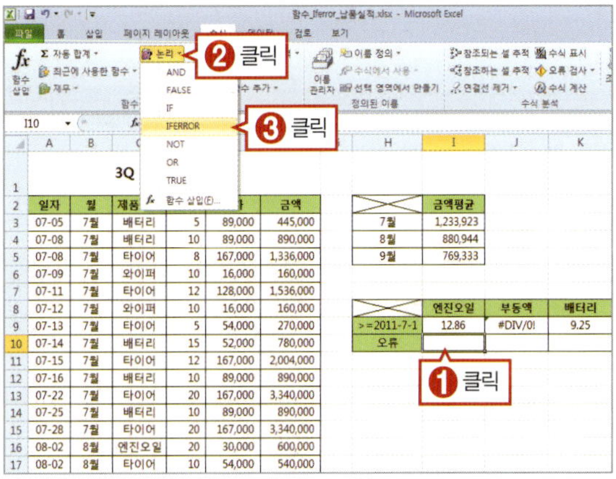

02 ① [Value]에 I9, [Value_if_error]에 0을 입력하고 ② **[확인]**을 클릭해서 수식 =IFERROR(I9,0)를 완성합니다. ③ **[I10] 셀**의 채우기 핸들을 **[M10] 셀**까지 드래그해서 수식을 복사합니다.

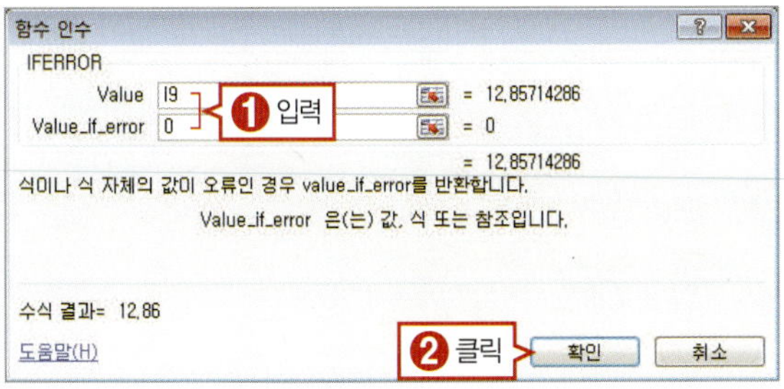

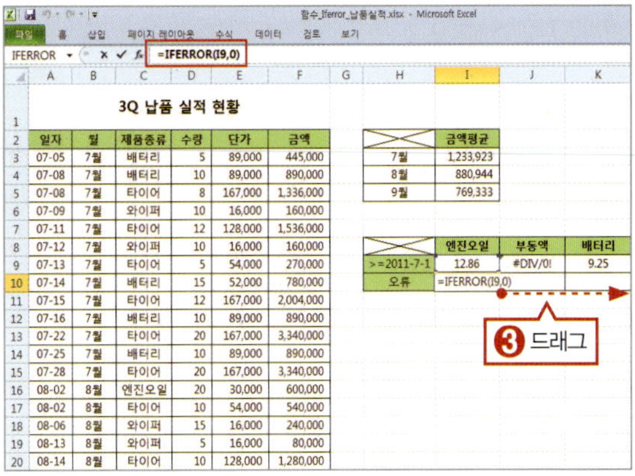

Tip 인수 설명

• Value : [I9] 셀에 오류(#N/A, #VALUE!, #REF!, #DIV/0!, #NUM!, #NAME?, #NULL!)가 있는지 검사

• Value_if_error : 수식에서 오류(#DIV/0!)가 발생하면 반환할 값을 0으로 지정

핵심기능 62

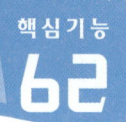

CHOOSE, MID 함수로 성별 표시하기

- **실습 파일** : 엑셀\실습\함수_Choose_회원명부.xlsx
- **완성 파일** : 엑셀\완성\함수_Choose_회원명부_완성.xlsx

CHOOSE는 인덱스 번호(색인 값)에 따라 원하는 목록을 직접 입력하여 인덱스 값에 따른 목록을 찾는 함수입니다. CHOOSE 함수의 인덱스 번호는 반드시 1부터 254까지의 숫자로 입력하고 목록 개수도 인덱스 번호와 일치해야 합니다. MID 함수는 문자열에서 글자 일부를 추출하는 함수입니다. 문자열 중간에 있는 글자 일부를 추출하려고 할 때는 MID 함수를 사용합니다.

01 CHOOSE와 MID 함수를 중첩하여 성별 표시하기

① [C4] 셀을 선택합니다. ② [수식] 탭의 [함수 라이브러리] 그룹에서 **[찾기/참조 영역]**을 클릭합니다. ③ [CHOOSE]를 선택합니다.

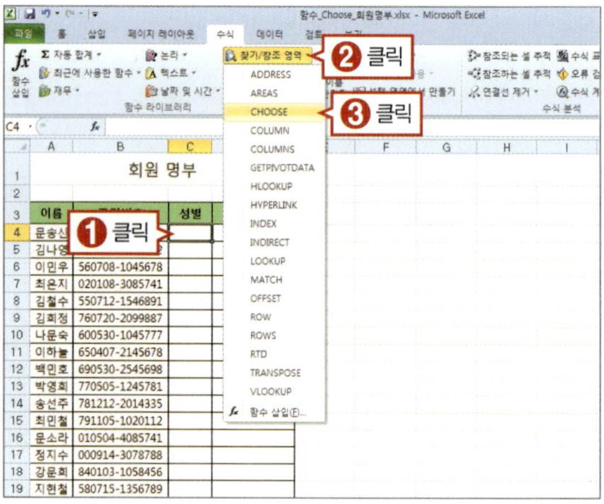

02 ① [Index_num]에 MID()를 입력해서 함수를 중첩시킵니다. ② MID 인수를 입력하기 위해 수식 입력줄에서 MID() 부분을 클릭합니다.

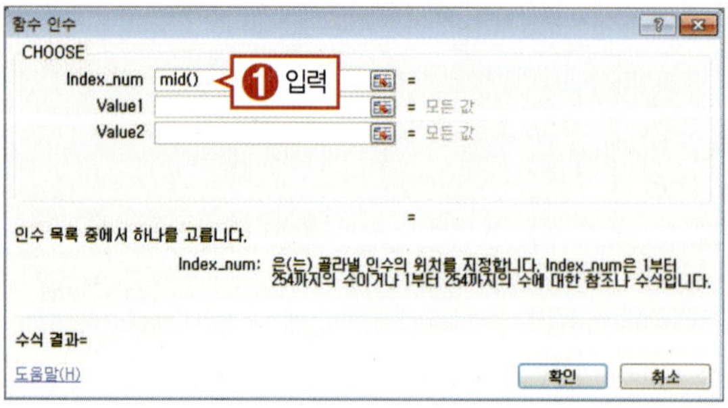

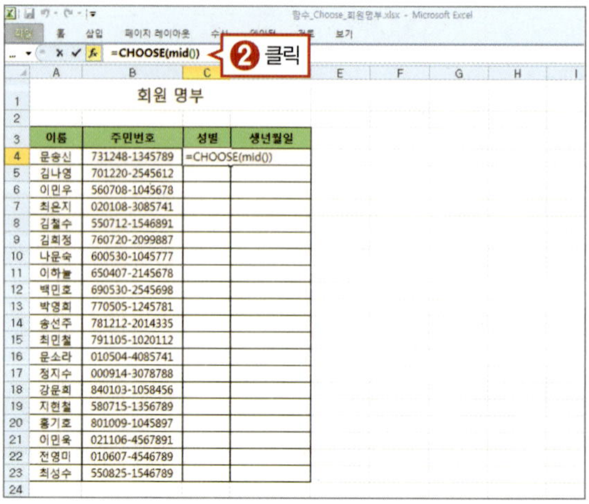

03 ① [MID 함수 인수] 대화 상자에서 [Text]에 **B4**, [Start_num]에 **8**, [Num_chars]에 **1**을 입력합니다. ② 수식 입력줄에서 **CHOOSE**를 클릭해서 [CHOOSE 함수 인수] 대화 상자로 돌아갑니다.

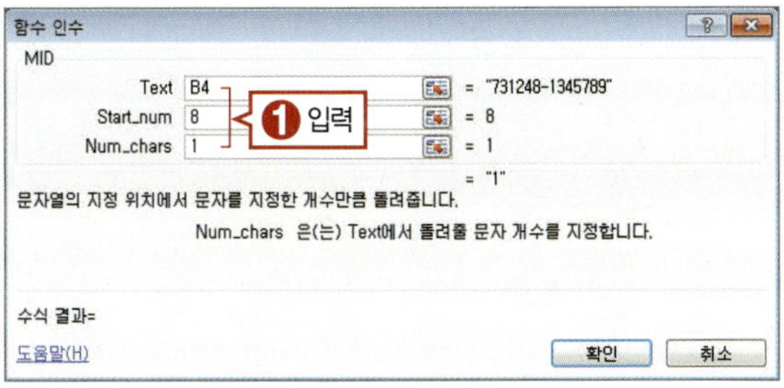

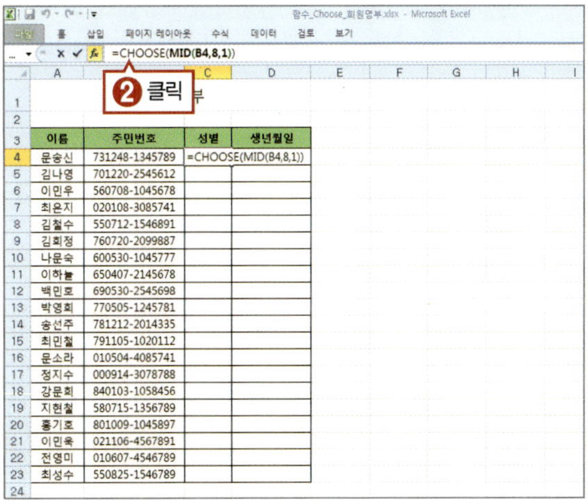

Tip **인수 설명**

- Text : 주민번호가 있는 셀 주소 지정
- Start_num : 주민번호에서 추출한 시작 위치 입력
- Num_chars : 시작 위치로부터 추출할 문자 개수 입력

04 ① [Value1]에 **남**, [Value2]에 **여**, [Value3]에 **남**, [Value4]에 **여**를 입력합니다. ② **[확인]**을 클릭해서 수식 **=CHOOSE(MID(B4,8,1),"남","여","남","여")**를 완성합니다. ③ **[C4]** 셀의 채우기 핸들을 **더블클릭**해서 수식을 복사합니다.

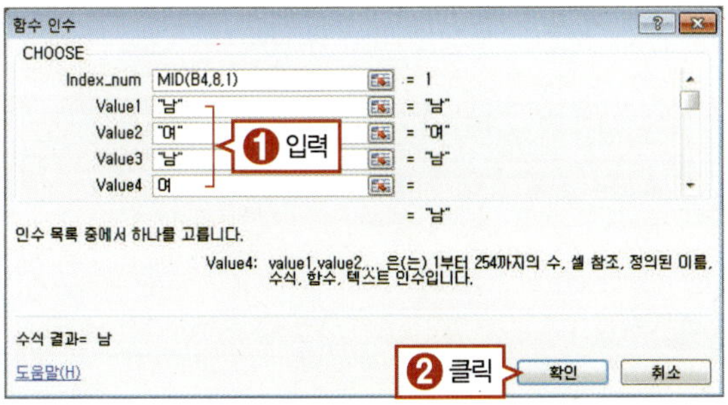

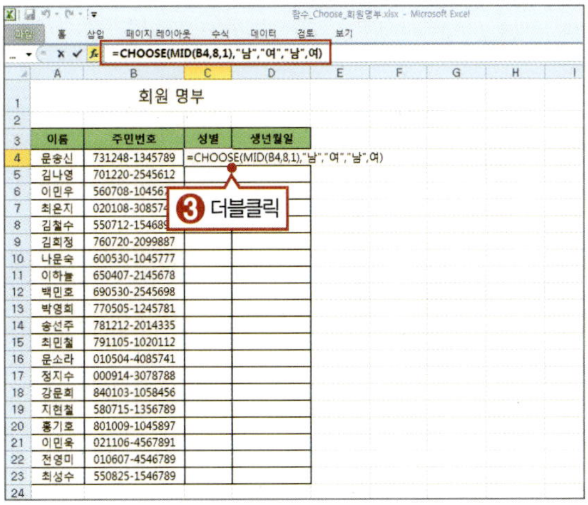

Tip 주민등록번호의 8번째 자리에 따라 1900년대 출생한 사람은 1이면 남자, 2면 여자, 2000년대에 출생한 사람은 3이면 남자, 4이면 여자이므로 주민등록 성별 구분 번호(1~4)에 따라 순서대로 남, 여, 남, 여를 반환합니다.

핵심기능 63

IF, DATE, VALUE, LEFT, MID 함수로 생년월일 계산하기

- **실습 파일** ⓒ : 엑셀\실습\함수_Date_회원명부.xlsx
- **완성 파일** ⓒ : 엑셀\완성\함수_Date_회원명부_완성.xlsx

DATE 함수에서 년-월-일 형태의 날짜 형식으로 변경하는 함수입니다. 왼쪽으로부터 몇 글자를 추출하려면 LEFT 함수, 문자열 중간에 있는 글자 일부를 추출하려면 MID 함수를 사용하며, VALUE 함수는 텍스트 함수로 추출한 숫자처럼 보이는 문자 데이터를 숫자로 바꿀 때 사용합니다.

01 날짜 속성으로 바꾸기

주민등록번호 앞 6자리에서 두 자는 년도, 두 자는 월, 두 자는 일자이므로 LEFT, MID 함수로 년, 월, 일을 각각 추출하고, 추출한 문자를 DATE 함수를 사용하여 날짜 속성으로 바꿉니다. ① **[D4] 셀**을 선택합니다. ② [수식] 탭의 [함수 라이브러리] 그룹에서 **[날짜 및 시간]**을 클릭하고 ③ **[DATE]**를 선택합니다.

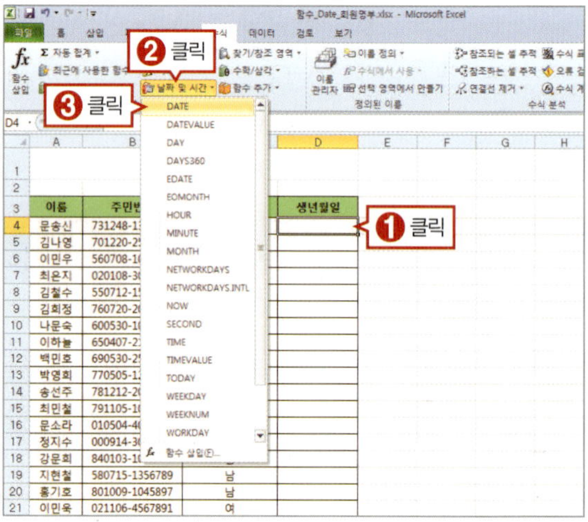

02 [함수 인수] 대화 상자에서 ① [Year]에 **LEFT(B4,2)**, [Month]에 **MID(B4,3,2)**, [Day]에 **MID(B4,5,2)**를 입력합니다. ② **[확인]**을 클릭해서 수식 **=DATE(LEFT(B4,2),MID(B4,3,2), MID(B4,5,2))**를 완성합니다.

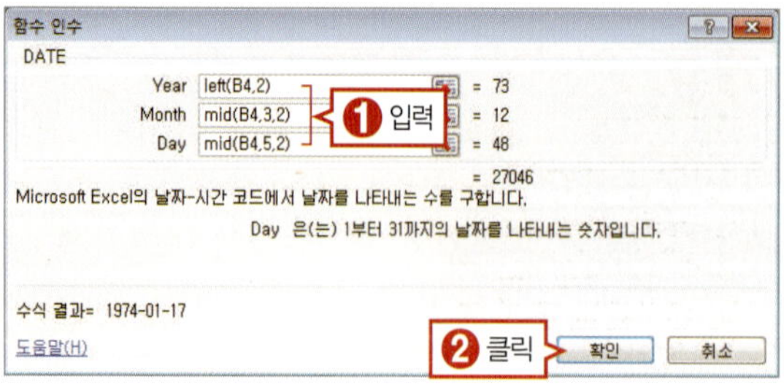

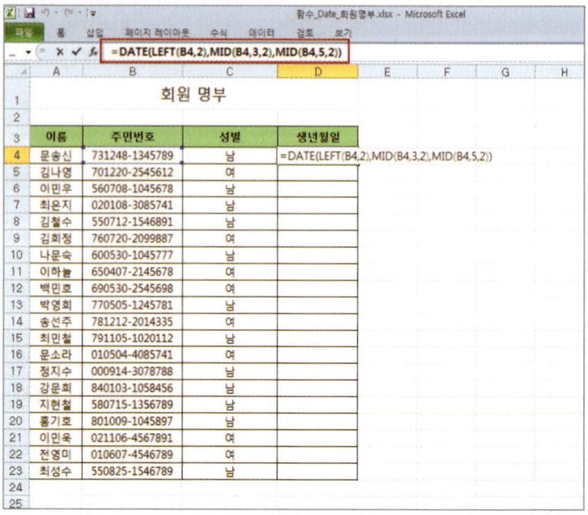

Tip 인수 설명

- Year : 주민등록번호(B4)의 왼쪽에서 두 글자를 가져와 년도를 지정
- Month : 주민등록번호의 세 번째 글자부터 두 글자를 가져와 월로 지정
- Day : 주민등록번호의 다섯 번째 글자부터 두 글자를 가져와 일로 지정

03 [D4] **셀**의 채우기 핸들을 **더블클릭**해서 수식을 복사합니다. [D4]~[D23] 셀의 생년월일이 표시됩니다.

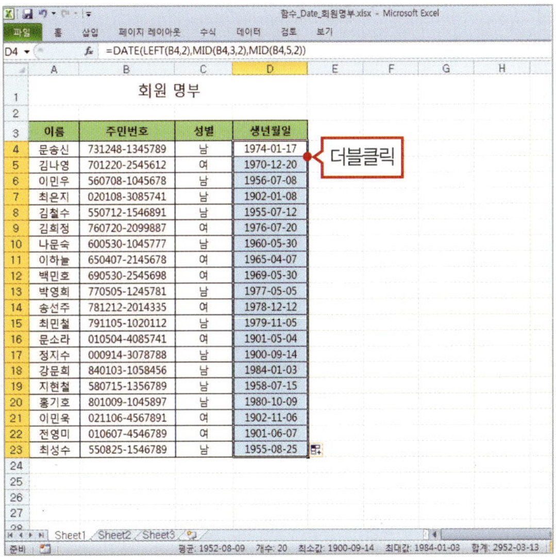

04 생년월일은 1900년에 년도가 누적되어 표시되므로 2000년 이후의 생년월일은 잘못 표시됩니다. 이를 바르게 표시하기 위해 수식을 수정합니다. ① [D4] **셀**을 선택합니다. ② [수식] 탭의 [함수 라이브러리] 그룹에서 [**논리**]를 클릭하고 ③ [IF]를 선택합니다.

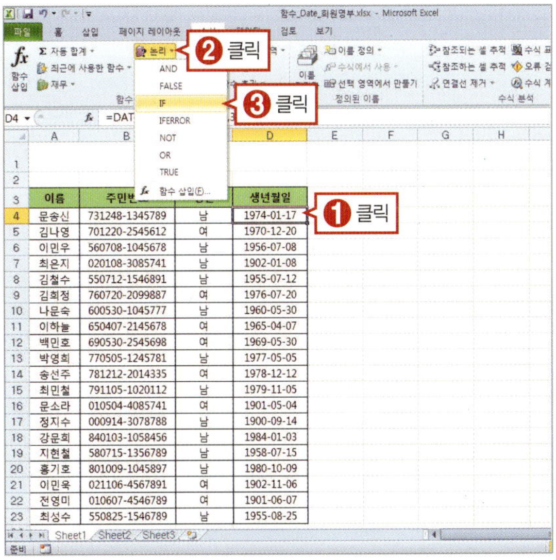

05 ① [Logical_test(조건)]에 VALUE(MID(B4,8,1))>=3, [Value_if_true(참값)]에 DATE("20"&LEFT(B4,2),MID(B4,3,2),MID(B4,5,2)), [Value_if_false(거짓 값)]에 DATE(LEFT(B4,2),MID(B4,3,2),MID(B4,5,2))를 입력합니다. ② **[확인]**을 클릭하여 =IF(VALUE(MID(B4,8,1))>=3,DATE("20"&LEFT(B4,2),MID(B4,3,2),MID(B4,5,2)),DATE(LEFT(B4,2),MID(B4,3,2),MID(B4,5,2))) 수식을 완성합니다.

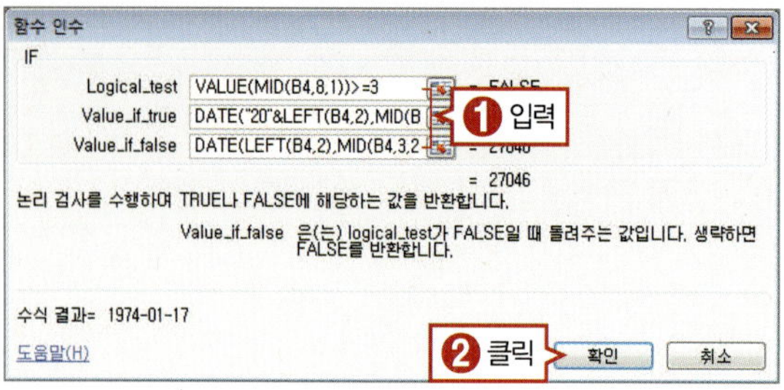

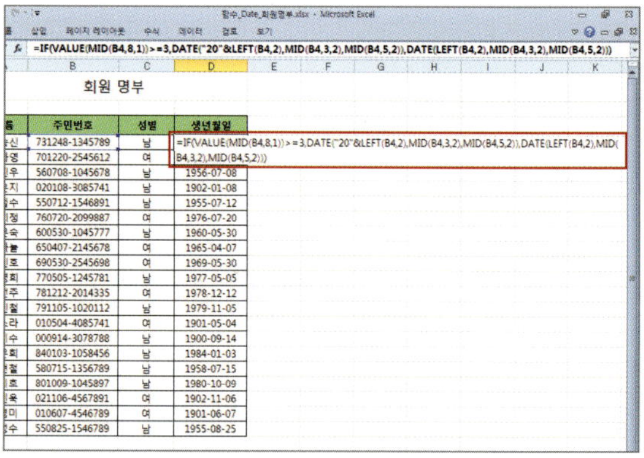

Tip 수식 설명

- VALUE(MID(B4,8,1))>=3 : 주민등록번호([B4] 셀)의 8번째 위치에서 1자를 가져온 값을 숫자로 변환하여 3 이상인지 조건 판단
- DATE("20"&LEFT(B4,2),MID(B4,3,2),MID(B4,5,2)) : 2000년 이후의 생년월일에는 주민등록번호에서 생년월일을 추출한 년도 앞에 20을 표시
- DATE(LEFT(B4,2),MID(B4,3,2),MID(B4,5,2)) : 1900년~1999년 사이의 생년월일에는 주민번호에서 생년월일을 추출한 년도 앞에 자동으로 19를 표시

06 [D4] **셀**의 채우기 핸들을 **더블클릭**해서 수식을 복사합니다.

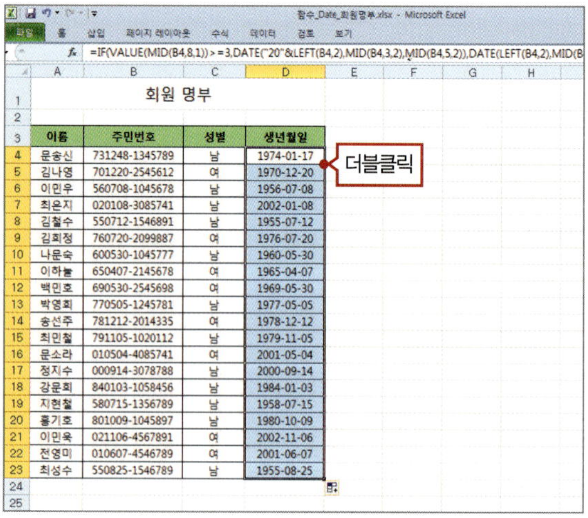

이름	주민번호	성별	생년월일
문송신	731248-1345789	남	1974-01-17
김나영	701220-2545612	여	1970-12-20
이민우	560708-1045678	남	1956-07-08
최은지	020108-3085741	남	2002-01-08
김철수	550712-1546891	남	1955-07-12
김희정	760720-2099887	여	1976-07-20
나문숙	600530-1045777	남	1960-05-30
이하늘	650407-2145678	여	1965-04-07
백민호	690530-2545698	여	1969-05-30
박영희	770505-1245781	남	1977-05-05
송선주	781212-2014335	여	1978-12-12
최민철	791105-1020112	남	1979-11-05
문소라	010504-4085741	여	2001-05-04
정지수	000914-3078788	남	2000-09-14
강문희	840103-1058456	남	1984-01-03
지현철	580715-1356789	남	1958-07-15
홍기호	801009-1045897	남	1980-10-09
이민욱	021106-4567891	여	2002-11-06
전영미	010607-4546789	여	2001-06-07
최성수	550825-1546789	남	1955-08-25

핵심기능 64

DATEDIF 함수로 날짜 사이의 간격(년, 월, 일) 구하기

- **실습 파일** ⓒ : 엑셀\실습\함수_Dateif_퇴직금.xlsx
- **완성 파일** ⓒ : 엑셀\완성\함수_Dateif_퇴직금_완성.xlsx

두 날짜 사이의 간격을 계산하려면 종료 일자에서 시작 일자를 빼면 됩니다. 하지만 두 날짜 사이의 개월 수나 연 수를 계산하려면 수식이 조금 복잡해집니다. 하지만 DATEDIF 함수를 사용하면 두 날짜 사이의 년, 월, 일 간격을 간단하게 계산할 수 있습니다. 단 DATEDIF 함수는 함수 마법사나 수식 자동 완성 목록, 도움말에 함수에 대한 설명이 없기 때문에 직접 입력하여 수식을 만들어야 합니다.

01 DATEDIF 함수로 근무 기간 계산하기

[F5] 셀에 =DATEDIF(D5,E5,"Y")&"년"을 입력하고 Enter를 누릅니다. 입사일([D5] 셀)과 퇴사일([E5] 셀) 사이의 경과 연수가 계산됩니다.

Tip DATEDIF 함수는 함수 마법사나 수식 자동 완성 목록, 도움말에 함수에 대한 설명이 없기 때문에 직접 입력하여 수식을 만들어야 합니다.

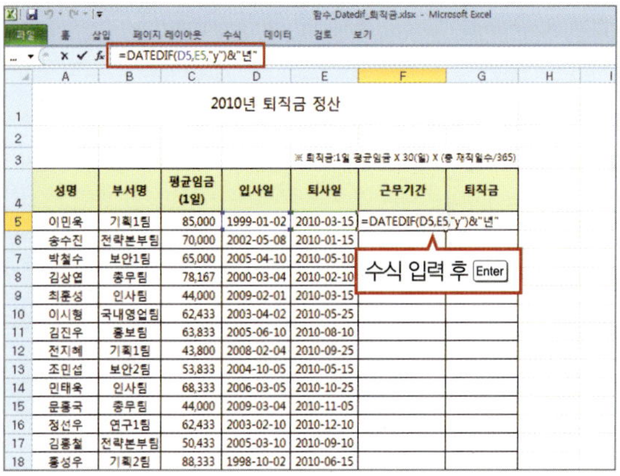

02 ① [F5] 셀을 선택하고 수식 입력줄에 입력되어 있는 =DATEDIF(D5,E5,"Y")&"년"에 이어서 ② =DATEDIF(D5,E5,"y")&"년"&DATEDIF(D5,E5,"ym")&"개월"&DATEDIF(D5,E5,"md")&"일"을 입력합니다. Enter를 눌러 근무 기간을 계산합니다.

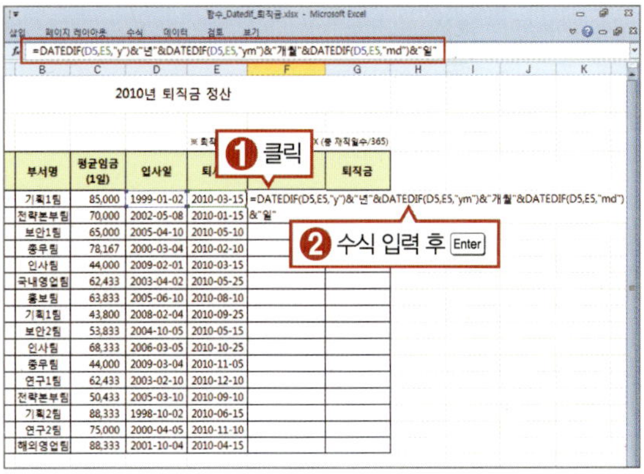

Tip 수식 설명

DATEDIF(D5,E5,"y")&"년"&DATEDIF(D5,E5,"ym")&"개월"&DATEDIF (D5,E5,"md")&"일"

- =DATEDIF(D5,E5,"y")&"년" : 입사일([D5] 셀)로부터 퇴직일([E5] 셀)까지의 경과 년도("Y")를 구한 다음 년과 연결
- &DATEDIF(E4,$F$2,"YM")&"개월" : 입사일([D5] 셀)로부터 퇴직일([E5] 셀)까지의 경과 년도를 제외한 개월 수("YM")를 구한 다음 개월과 연결
- &DATEDIF(D5,E5,"md")&"일" : 입사일([D5] 셀)로부터 퇴직일([E5] 셀)까지의 경과 개월 수를 제외한 일 수("MD")를 구한 다음 일과 연결

03 [G5] 셀에 =C5*30*((DATEDIF(D5,E5,"d")/365))를 입력하여 퇴직금을 계산합니다.

Tip 퇴직금 계산 수식 : 1일 평균 임금 × 30(일) × (총 재직 일수/365)

DATEDIF(D5,E5,"d") : 입사일([D5] 셀)로부터 퇴직일([E5] 셀)까지의 경과 일수("D")

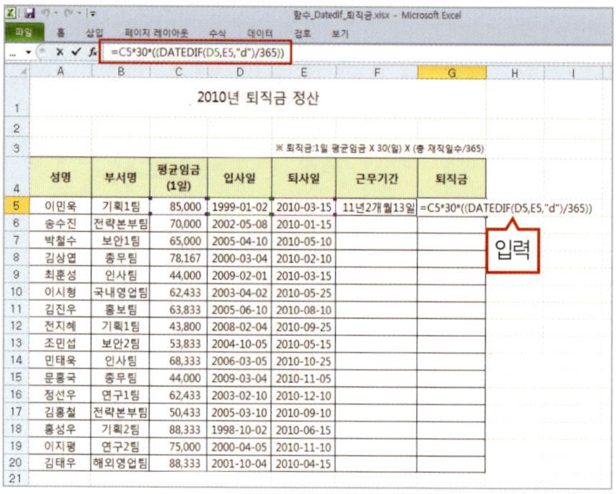

04 ① [F5]~[G5] **셀**을 범위로 지정하고 ② 채우기 핸들을 **더블클릭**하여 수식을 복사합니다.

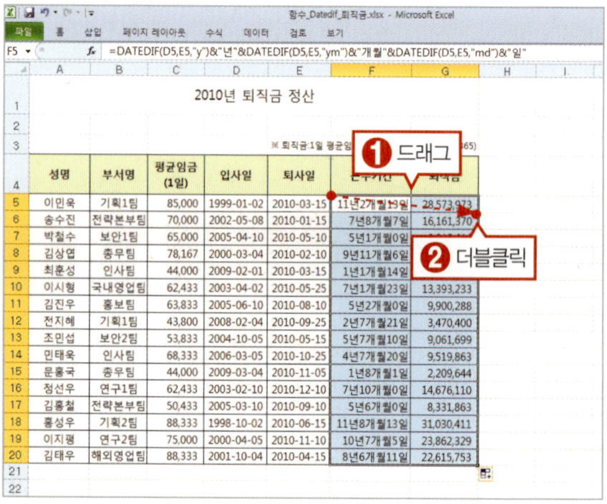

Tip 날짜 사이의 년, 월, 일 간격을 계산하는 DATEDIF 함수

함수 범주	날짜 및 시간 함수
함수 형식	=DATEDIF(시작일, 종료일, 옵션)

interval	설 명
y	두 날짜 사이 경과된 연 수
m	두 날짜 사이 경과된 개월 수
d	두 날짜 사이 경과된 일 수
ym	두 날짜 사이 경과 연도를 제외한 나머지 개월 수
yd	두 날짜 사이 경과 연도를 제외한 나머지 일 수
md	두 날짜 사이 경과 연도와 개월 수를 제외한 나머지 일 수

핵심기능 65

HLOOKUP, VLOOKUP 함수로 신용 평가 등급 및 위험도 표시하기

- **실습 파일** : 엑셀\실습\함수_Hvlookup_신용평가.xlsx
- **완성 파일** : 엑셀\완성\함수_Hvlookup_신용평가_완성.xlsx

특정 범위나 배열을 참조하여 원하는 값을 찾거나 필요한 정보를 가져오는 찾기/참조 함수 중에 HLOOKUP 함수는 목록 범위의 첫 번째 행에서 가로(Horizontal) 방향으로 검색하면서 원하는 값을 추출하는 함수입니다. 반면 VLOOKUP 함수는 목록 범위의 첫째 열에서 세로(Vertical) 방향으로 검색하면서 원하는 값을 추출하는 함수입니다.

01 HLOOKUP 함수를 이용하여 평가 점수에 따른 신용 평가 등급 입력하기

① [C4] 셀을 선택합니다. ② [수식] 탭의 [함수 라이브러리] 그룹에서 **[찾기/참조영역]**을 클릭합니다. ③ [HLOOKUP]을 선택합니다.

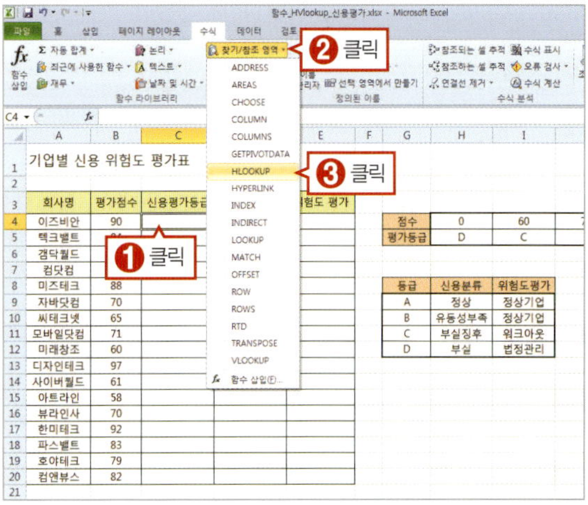

02 ① [Lookup_value(찾을 값)]에 B4, [Table_array(범위)]에 $H$4:$K$5, [Col_Index_num(추출할 열)]에 2, [Range_lookup(옵션)]에 TRUE를 입력합니다. ② **[확인]**을 클릭해서 수식 =HLOOKUP(B4,$H$4:$K$5,2,TRUE)을 완성합니다.

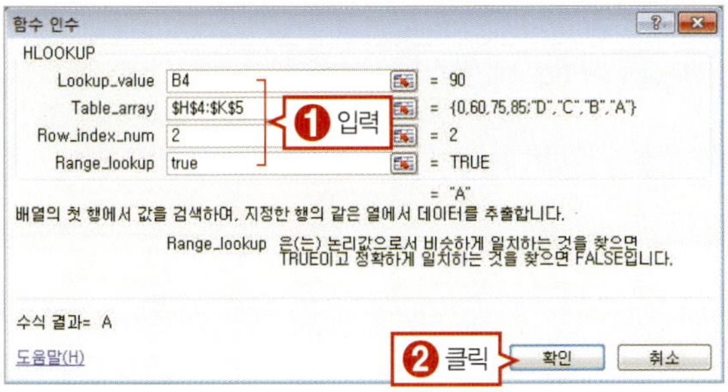

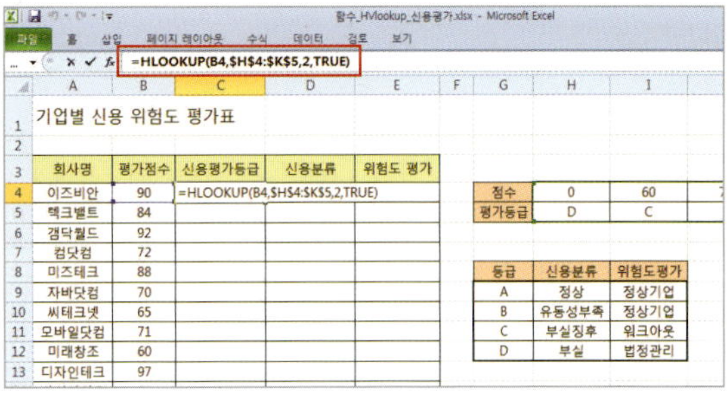

Tip 인수 설명

- Lookup_value : 평가점수를 찾아 신용 평가 등급을 입력해야 하므로 [B4] 셀 입력
- Table_array : [B4] 셀 값을 찾을 범위로 점수별로 평가 등급표의 범위 H4:K5 범위
- Row_index_no : 점수별 평가 등급표 범위에서 [B4] 셀 값을 찾아 반영할 행 번호
- Range_lookup : 찾는 값의 근삿값을 찾을 때는 TRUE 또는 1을 입력

03 ① [D4] 셀에 =VLOOKUP을 입력하고 ② Ctrl+A를 눌러 **[함수 인수]** 대화 상자를 불러옵니다. ③ [Lookup_value]에 C4, [Table_array]에 $G$9:$I$12, [Col_Index_num]에 2, [Range_lookup]에 FALSE를 입력합니다. ④ **[확인]**을 클릭해서 수식 =VLOOKUP(C4,$G$9:$I$12,2,FALSE)를 완성합니다.

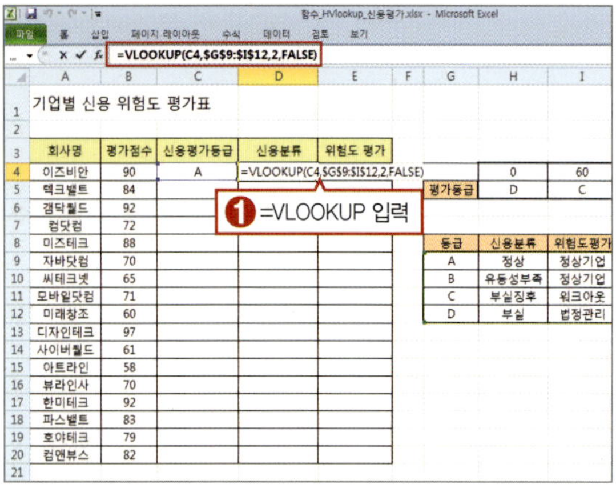

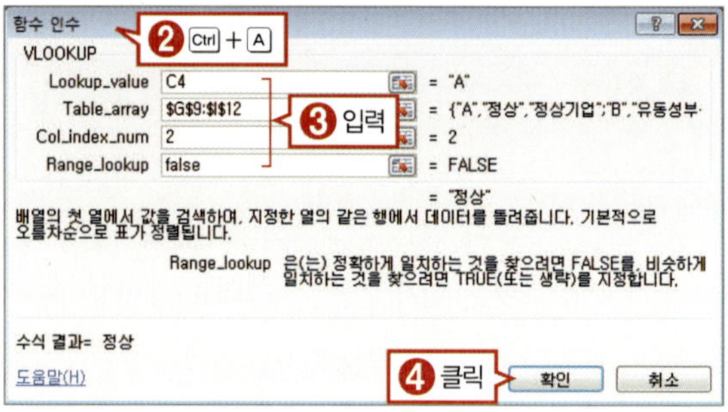

Tip 인수 설명

- Lookup_value : 평가 등급을 찾아 신용 분류를 입력해야 하므로 [C4] 셀 입력
- Table_array : [C4] 셀 값을 찾을 범위로 등급별로 분류/평가표의 범위 G9:I12
- Col_index_no : 신용 등급별 위험도 분류/평가표 범위에서 [C4] 셀 값을 찾아 반영할 열 번호
- Range_lookup : 찾는 값이 정확하게 일치해서 찾을 때는 FALSE 또는 0을 입력

04 ① [E4] 셀에 =VLOOKUP을 입력하고 ② Ctrl+A를 눌러 **[함수 인수]** 대화 상자를 불러옵니다. ③ [Lookup_value]에 C4, [Table_array]에 $G$9:$I$12, [Col_Index_num]에 3, [Range_lookup]에 FALSE를 입력합니다. ④ **[확인]**을 클릭해서 수식 =VLOOKUP(C4,$G$9:$I$12,3,FALSE)를 완성합니다.

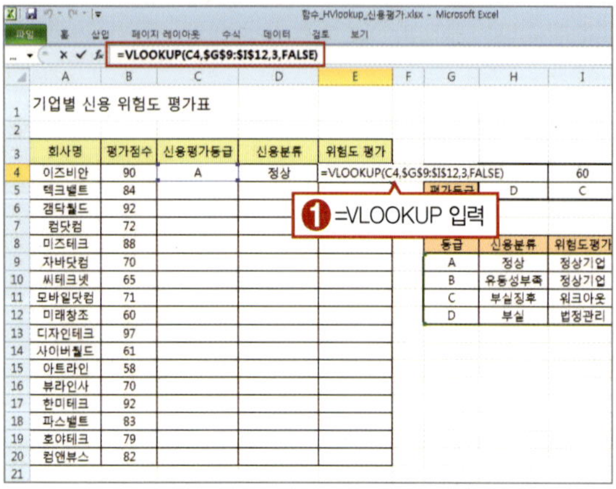

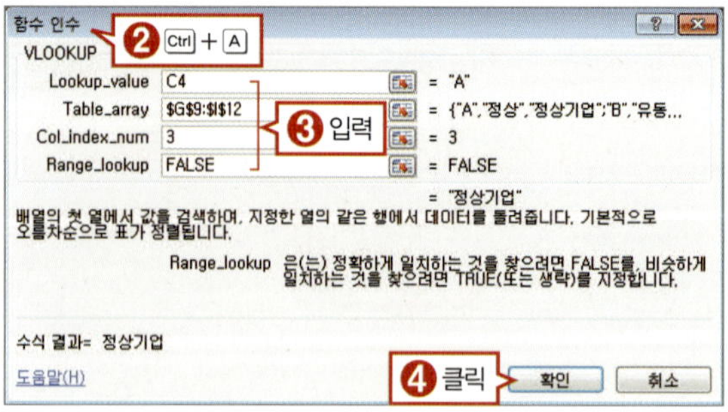

Tip VLOOKUP과 HLOOKUP은 사용 방법과 기능이 유사합니다. VLOOKUP은 첫 행에서 원하는 값을 찾아 지정한 열에 있는 값을 반환하고, HLOOKUP은 첫 열에서 원하는 값을 찾아 지정한 행에 있는 값을 반환합니다.

05 ① [C4]~[E4] 셀을 범위로 지정한 다음 ② 채우기 핸들을 **더블클릭**하여 수식을 복사합니다

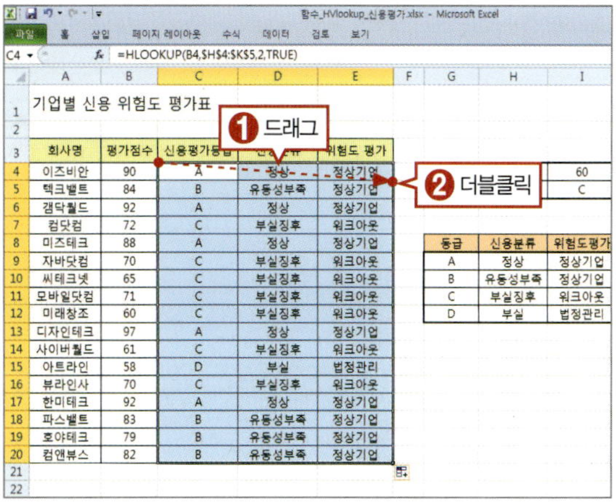

Tip Table_Array(데이터 범위)에 대한 규칙과 에러

❶ 찾는 값(Lookup_value)은 반드시 Table_array의 첫 번째 행(열)에 있어야 합니다. 예를 들어 VLOOKUP 함수를 이용하여 신용등급을 찾아서 신용분류를 반환하려고 합니다. 이때 Table_array는 [A2]~[C6] 셀을 범위로 지정하는 것이 아니라 [B2]~[C6] 셀을 범위로 지정해야 합니다.

평가등급	신용분류
A	정상
D	부실
B	유동성부족
C	부실징후
B	유동성부족

→

	A	B	C
1	등급별 신용 조회표		
2	점수	등급	신용분류
3	85~100	A	정상
4	75~84	B	유동성부족
5	60~74	C	부실징후
6	0~59	D	부실

❷ Table_array의 첫 번째 열(행)에서 근삿값을 찾을 경우에는 반드시 오름차순으로 정렬되어 있어야 합니다.

평가점수	신용등급
90	A
84	B
60	C
72	C
88	A
59	D

→

	A	B	C	D	E
1	평가등급 조회				
2	점수	0	60	75	85
3	평가등급	D	C	B	A

- 0 : 점수가 0~59 사이에 D등급
- 60 : 점수가 60~74 사이는 C등급
- 75 : 점수가 75~84 사이는 B등급
- 85 : 점수가 85 이상은 A등급

❸ VLOOKUP이나 HLOOKUP 함수를 사용할 때 원하는 값을 찾지 못하면 해당 셀에 #N/A 오류가 나타납니다.

핵심기능 66

DGET 함수로 거래처 조회하기

- **실습 파일** ⓒ : 엑셀\실습\함수_DGET_거래처조회.xlsx
- **완성 파일** ⓒ : 엑셀\완성\함수_DGET_거래처조회_완성.xlsx

데이터베이스 함수는 데이터베이스 목록에서 각 필드의 조건을 검색한 후 해당 필드의 합계, 평균, 개수, 최대, 최소, 분산, 표준편차 등을 계산하는 함수입니다. 조건에 맞는 항목의 레코드를 추출하는 DGET 함수에 대해서 살펴보겠습니다.

01 거래처 목록 표시하기

① [A4] 셀을 선택합니다. ② [데이터] 탭의 [데이터 도구] 그룹에서 **[데이터 유효성 검사]**를 클릭합니다. ③ [설정] 탭을 클릭하고 [제한 대상]에 **목록**을 입력합니다. ④ 원본에 [A9]~[A32] 셀을 드래그해서 범위로 지정합니다. ⑤ **[확인]**을 클릭합니다.

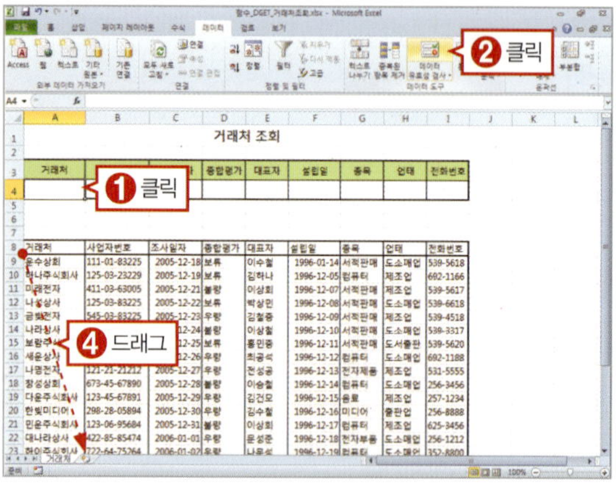

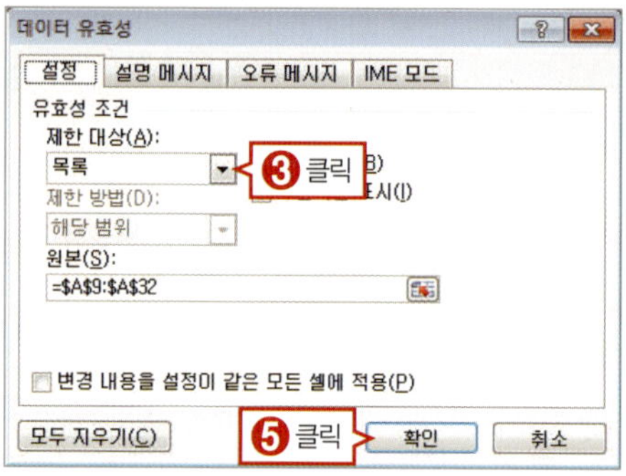

02 거래처명과 같은 레코드에 있는 사업자 번호 나타내기

① 데이터 유효성 검사 기능을 설정한 [A4] 셀의 [▾거래처 목록]을 누르면 거래처 목록이 표시됩니다. 임의의 거래처 목록을 선택합니다. ② [B4] 셀에 **=DGET**을 입력하고 Ctrl+A를 눌러 함수 마법사 2단계 화면을 불러옵니다.

Tip 데이터베이스 함수는 함수 라이브러리 그룹에 없으므로 [fx 함수 삽입]에서 함수를 삽입하거나 직접 함수를 입력합니다.

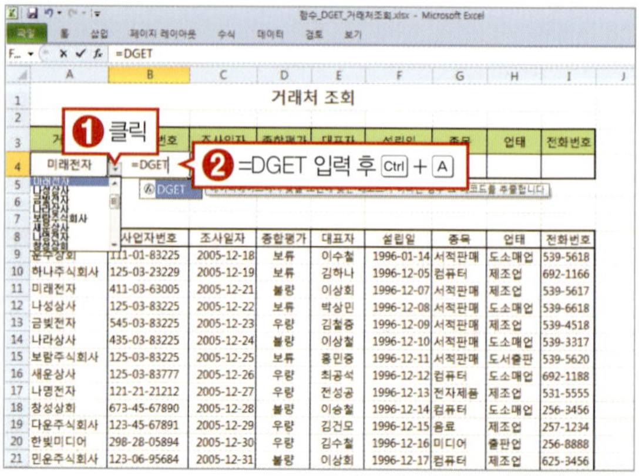

03 DGET 함수 인수 입력하기

① [Database(데이터베이스 목록의 전체 범위)]에 **$A$8:$I$32**, [Field(결과가 표시될 필드 위치)]에 **B8**, [Criteria(조건 범위)]에 **$A$3:$A$4**를 입력합니다. ② **[확인]**을 클릭해서 수식 =DGET($A$8:$I$32,B8,$A$3:$A$4)을 완성합니다.

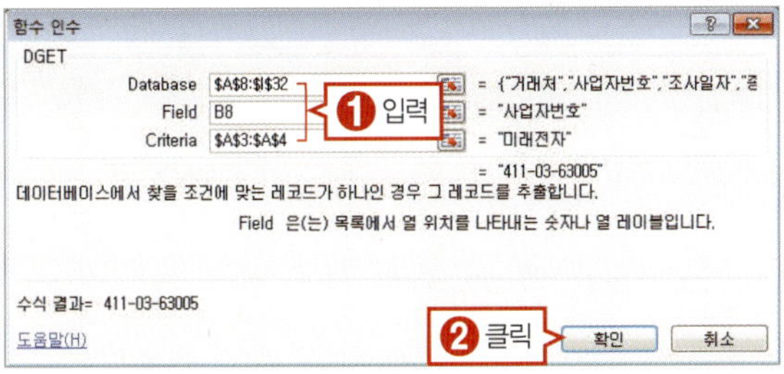

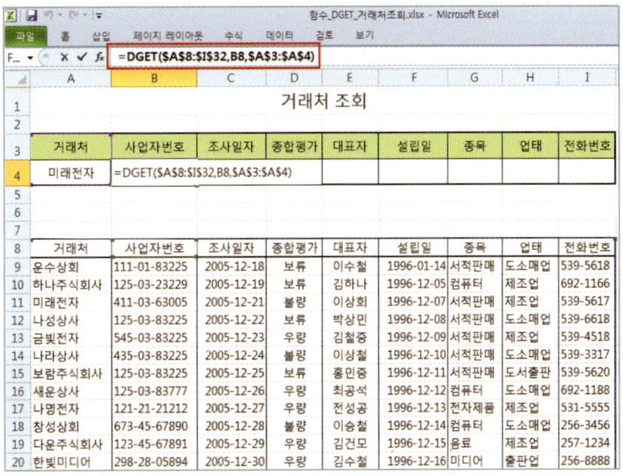

Tip 데이터베이스 함수 조건은 반드시 필드 제목을 입력하고, 그 제목 필드 아래 조건을 입력합니다. 조건은 같은 행에 조건을 입력하면 AND 조건, 다른 행에 조건을 입력하면 OR 조건이 됩니다.

04 [B4] 셀의 채우기 핸들을 [I4] 셀까지 드래그해서 수식을 복사합니다.

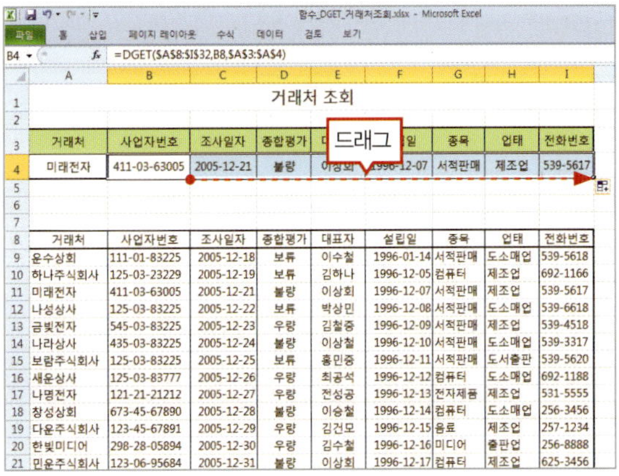

05 [A4] 셀의 [거래처 목록]에서 조회하고 싶은 거래처를 선택하면 사업자 번호부터 전화번호까지 조회할 수 있습니다.

Tip 조건에 맞는 레코드가 여러 개면 #NUM! 오류가 표시됩니다.

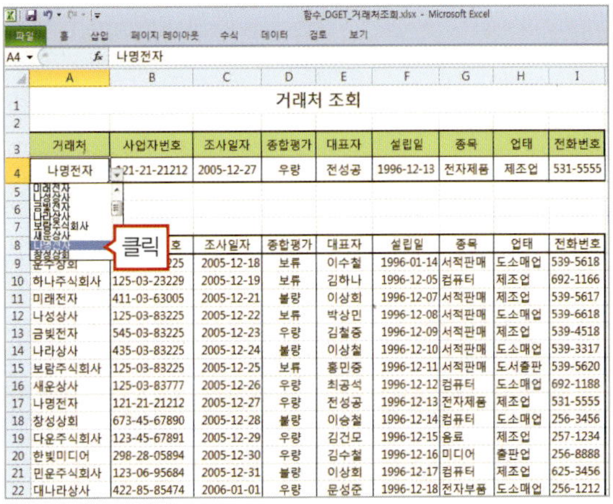

핵심기능 67

차트 삽입과 레이아웃, 스타일 변경하기

- **실습 파일** ⓒ : 엑셀\실습\차트_기본1.xlsx
- **완성 파일** ⓒ : 엑셀\완성\차트_기본1_완성.xlsx

차트의 각 구성 요소별 서식을 지정하려면 먼저 서식을 지정할 구성 요소를 선택해야 하지만 차트 레이아웃과 스타일에는 다양하게 차트의 서식이 지정되어 있어 빠르게 차트를 변경할 수 있습니다.

01 차트 삽입하기

① [기본차트] 시트에서 차트로 만들 데이터인 **[A4]~[C8] 셀**을 범위로 지정합니다. ② [삽입] 탭의 [차트] 그룹에서 **[세로 막대형]**을 클릭하고 ③ **[묶은 세로 막대형]**을 클릭해서 차트를 삽입합니다. ④ 삽입한 차트를 드래그하여 그림과 같이 [D4] 셀을 기준으로 배치하고 차트 조절점을 드래그해서 적당한 크기로 조절합니다.

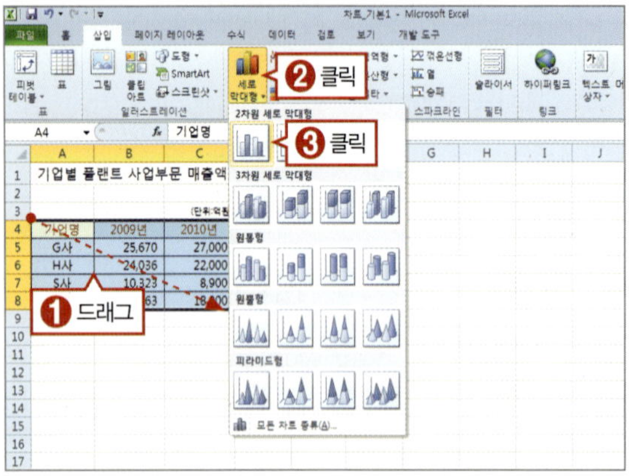

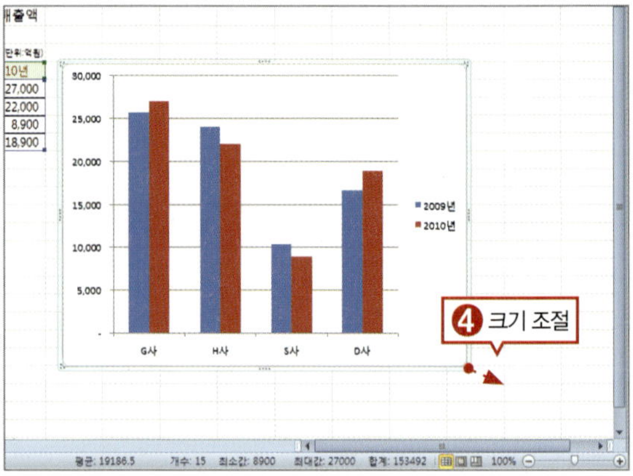

Tip 차트를 선택하고 Delete를 누르면 삭제할 수 있습니다.

02 차트 종류를 변경하기

① 차트 영역을 클릭합니다. ② [차트 도구]-[디자인] 탭의 [종류] 그룹에서 **[차트 종류 변경]**을 클릭합니다. ③ [차트 종류 변경] 대화 상자에서 **[가로 막대형]** 항목을 클릭하고 ④ **[3차원 누적 가로 막대형]**을 선택한 다음 ⑤ **[확인]**을 클릭해서 2009~2010년 기업별 매출액이 누적된 형태의 가로 막대형 차트로 변경합니다.

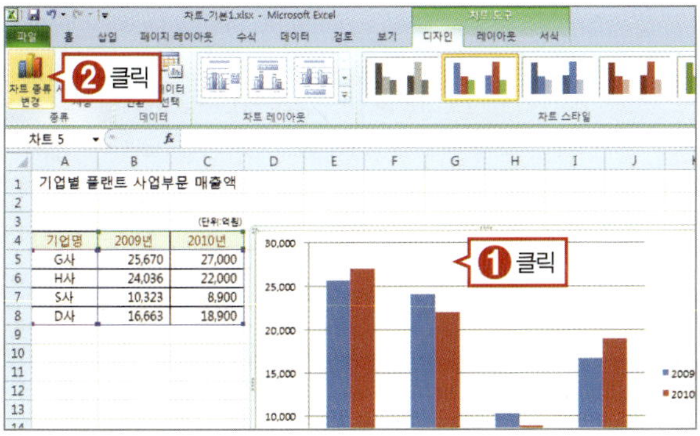

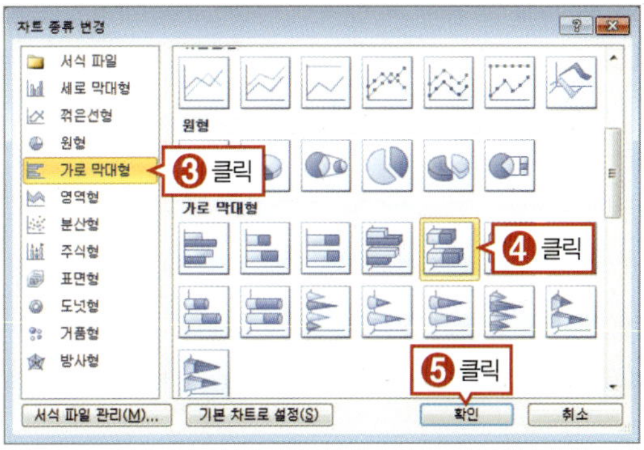

03 차트 레이아웃 바꾸기

① 차트 영역을 클릭합니다. ② [차트 도구]-[디자인] 탭의 [차트 레이아웃] 그룹에서 **[차트 레이아웃 자세히]**를 클릭합니다. ③ **[레이아웃 3]**을 선택합니다. ④ [차트 제목]을 클릭하고 **플랜트 사업부문 매출실적**을 입력합니다.

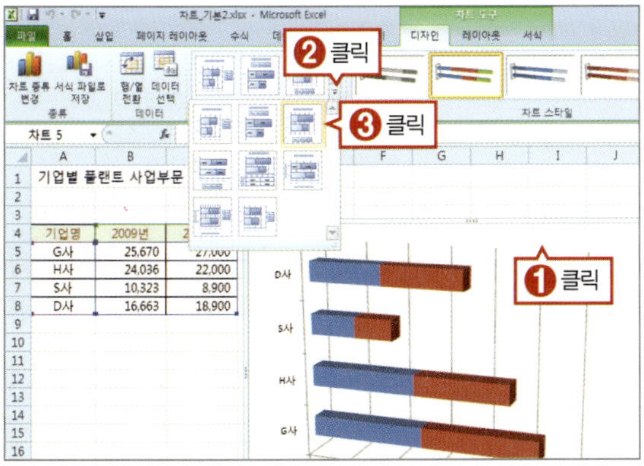

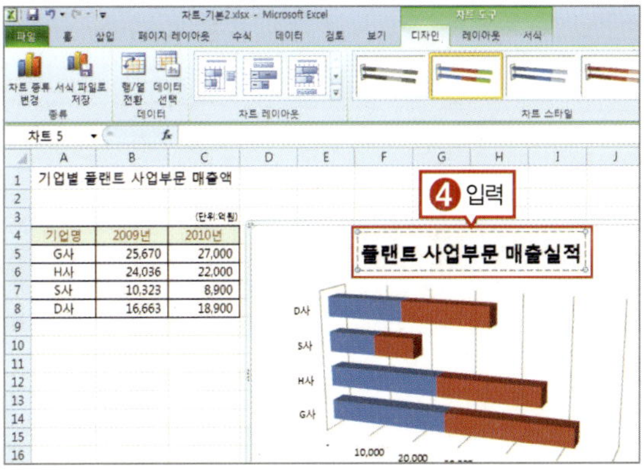

04 차트 스타일 바꾸기

① 차트 영역이 선택되어 있는 상태에서 [차트 스타일] 그룹의 [**차트 스타일 자세히**]를 클릭합니다. ② **[스타일 32]**를 선택합니다.

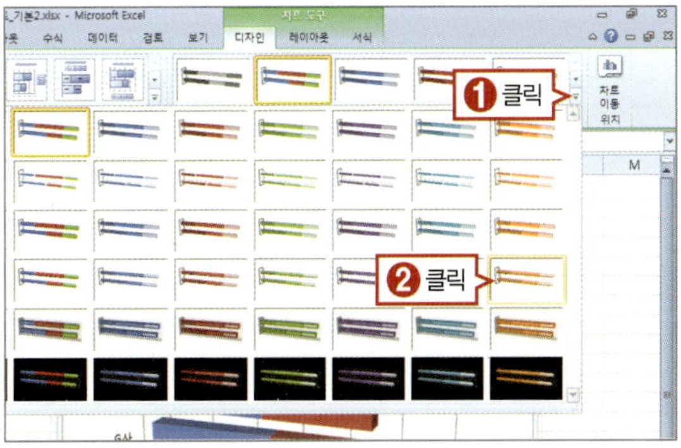

05 ① 차트 영역이 선택되어 있는 상태에서 [위치] 그룹에서 **[차트 이동]**을 클릭합니다. ② [차트 이동] 대화 상자에서 **[새 시트]**를 선택하고 ③ **매출실적비교차트**를 입력합니다. ④ **[확인]**을 클릭합니다. [매출실적비교차트] 시트가 삽입되고 [Sheet1] 시트에 있던 차트가 이동됩니다.

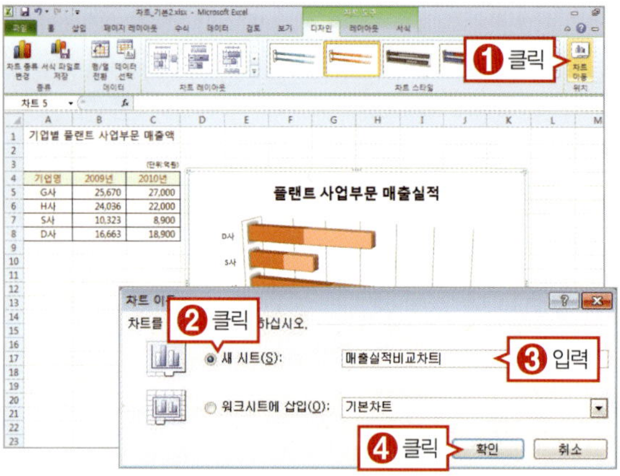

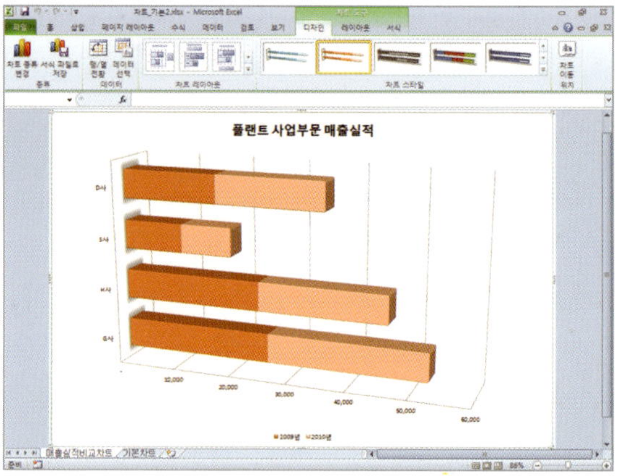

핵심기능 68

차트의 눈금 간격 조절 및 레이블 표시하기

• **실습 파일** : 엑셀\실습\차트_기본2.xlsx [매출실적비교차트] 시트
• **완성 파일** : 엑셀\완성\차트_기본2_완성.xlsx

차트의 데이터 계열 축의 눈금 간격을 조절하고 레이블을 표시하여 데이터 계열의 값을 명확하게 보여줄 수 있습니다.

01 주 눈금 조정하기

① 차트 영역을 클릭합니다. ② [차트 도구]–[레이아웃] 탭의 [축] 그룹에서 **[축]**을 클릭합니다. ③ **[기타 기본 가로 축 옵션]**을 선택해서 [축 서식] 대화 상자를 띄웁니다. ④ [축 서식] 대화 상자의 [축 옵션] 항목에서 [주 단위]를 **[고정]**으로 선택하고 ⑤ 15000을 입력합니다. ⑥ **[닫기]**를 클릭합니다.

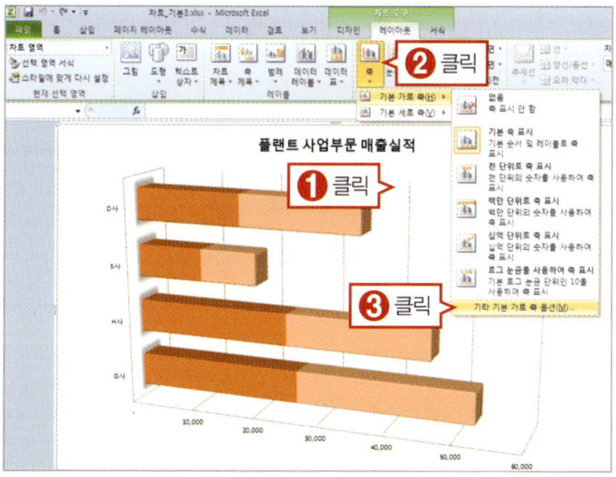

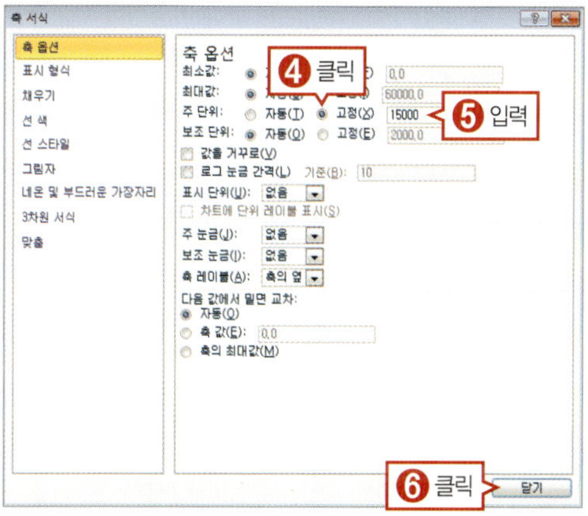

02 데이터 레이블 표시하기

① 차트 영역이 선택되어 있는 상태에서 [차트 도구]–[레이아웃] 탭의 [레이블] 그룹에서 **[데이터 레이블]**을 클릭합니다. ② **[표시]**를 선택하면 데이터 계열의 값이 표시됩니다.

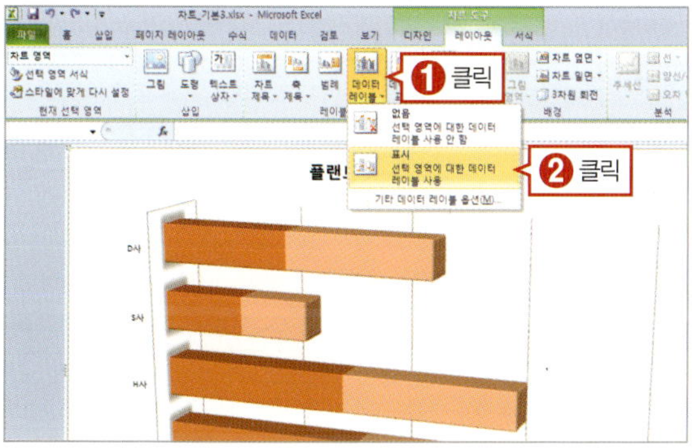

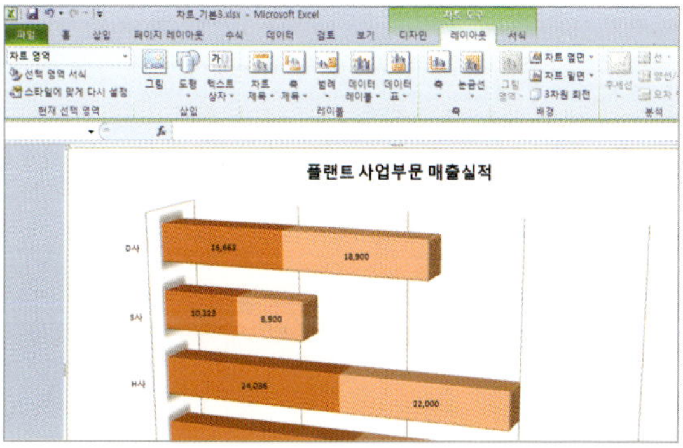

핵심기능 69

차트 배경 설정 및 눈금선 없애기

- **실습 파일** ◎ : 엑셀\실습\차트_기본3.xlsx [매출실적비교차트] 시트
- **완성 파일** ◎ : 엑셀\완성\차트_기본3_완성.xlsx
- **그림 파일** ◎ : 엑셀\실습\차트배경.jpg

차트 영역, 그림 영역, 데이터 계열은 색, 그림, 질감 등을 배경으로 채울 수 있습니다. 구성 요소에 그림을 배경으로 채우고, 필요 없는 구성 요소를 제거함으로써 차트의 내용을 보다 효과적으로 전달할 수 있습니다.

01 차트 배경 꾸미기

① [매출실적비교차트] 시트에서 차트 영역을 클릭합니다. ② [차트 도구]–[레이아웃] 탭의 [현재 선택 영역] 그룹에서 **[선택 영역 서식]**을 클릭합니다.

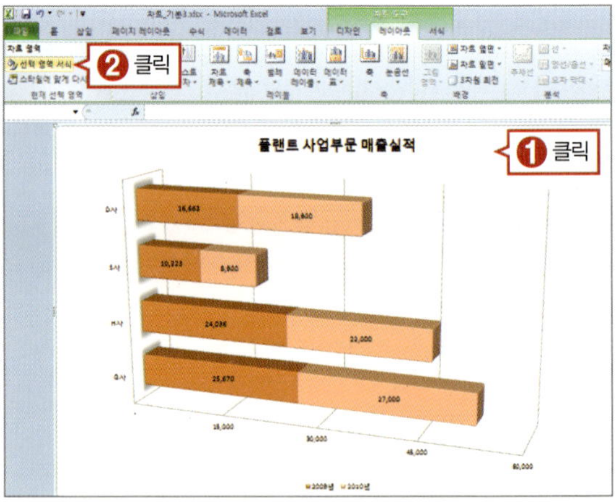

02 ① [채우기] 항목에서 **[그림 또는 질감 채우기]**를 선택한 후 ② **[파일]**을 클릭합니다. ③ 부록CD\엑셀\실습\차트배경.jpg 파일을 더블클릭하고 ④ **[닫기]**를 클릭합니다.

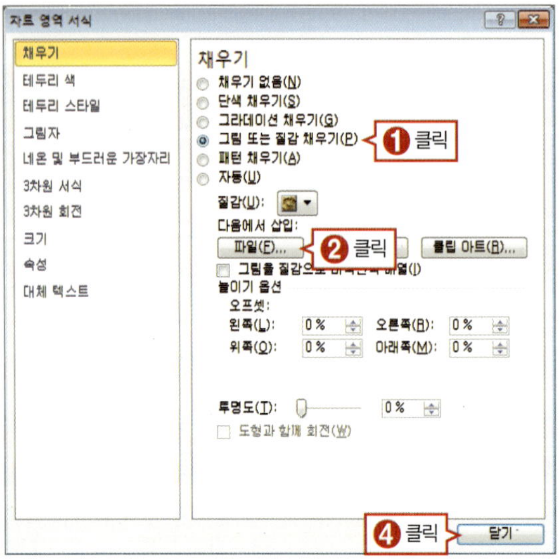

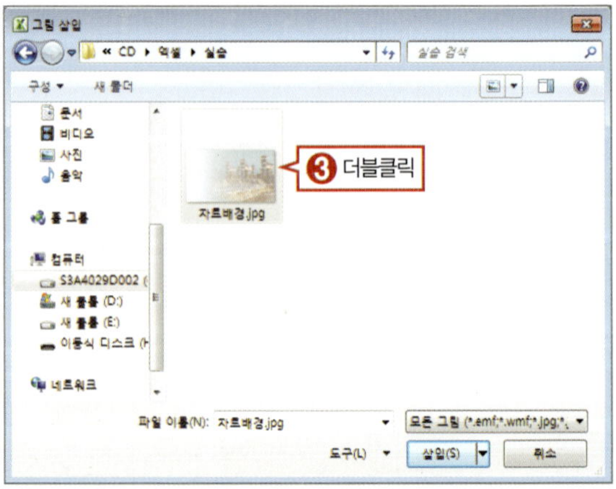

03 ① [차트 도구]-[레이아웃] 탭의 [축] 그룹에서 **[눈금선]**을 클릭하고 ② [기본 세로 눈금선]-[없음]을 선택하여 주 눈금선을 지웁니다.

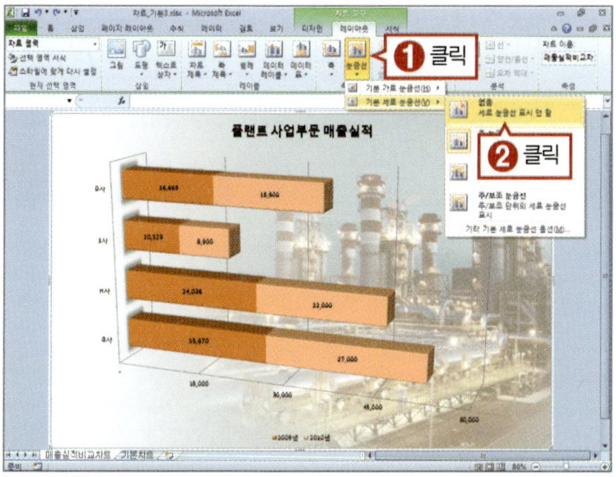

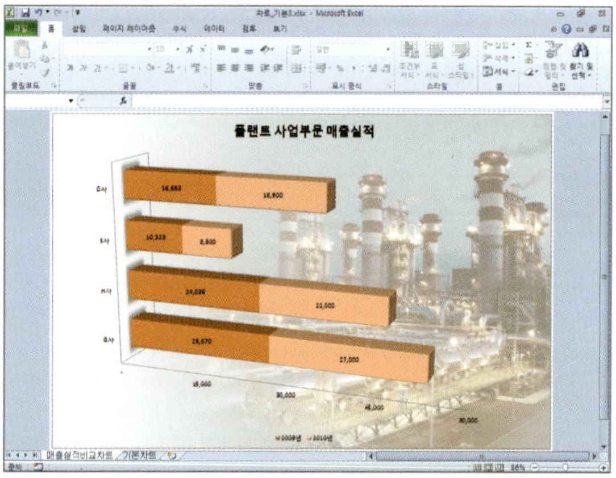

Tip **차트의 구성 요소**

차트의 각 구성 요소들은 차트 안에서 각각 독립적으로 이동, 크기 조절, 수정, 삭제 등을 할 수 있습니다. 차트를 제대로 만들려면 각 구성 요소를 이해하고 있는 것이 좋습니다.

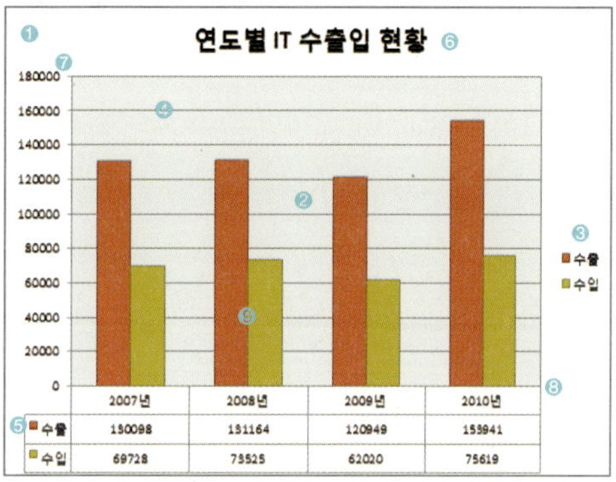

❶ 차트 영역
❷ 그림 영역
❸ 범례
❹ 눈금선
❺ 데이터 테이블
❻ 차트 제목
❼ 세로 축
❽ 가로 축
❾ 데이터 계열

핵심기능 70

이중 축 혼합 차트 만들기

- **실습 파일** ◎ : 엑셀\실습\차트_혼합.xlsx
- **완성 파일** ◎ : 엑셀\완성\차트_혼합_완성.xlsx

혼합형 차트는 두 종류 이상의 차트를 사용하여 차트에 다른 정보가 있음을 강조해줍니다. 각 데이터 계열별로 서로 다른 유형의 데이터 값을 가지고 있거나 두 계열의 데이터 값의 차이가 클 경우 이중 축(보조 축)을 사용합니다.

01 [중동비율] 계열은 기본 축을 기준으로 막대가 표시되므로 데이터 값의 차이가 너무 커서 화면에 나타나지 않습니다. [중동비율] 계열을 오른쪽 보조 축으로 지정한 후 꺾은선형으로 변경하겠습니다. ① 차트 영역을 선택하고 ② [차트 도구]-[레이아웃] 탭의 [현재 선택 영역] 그룹에서 **[중동 비율]**을 선택합니다. ③ **[선택 영역 서식]**을 클릭합니다. ④ [계열 옵션] 항목에서 [데이터 계열 지정]을 **[보조 축]**으로 선택하고 ⑤ **[닫기]**를 클릭합니다.

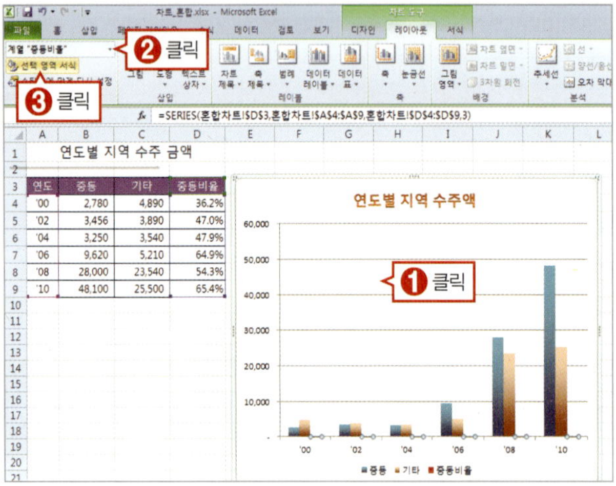

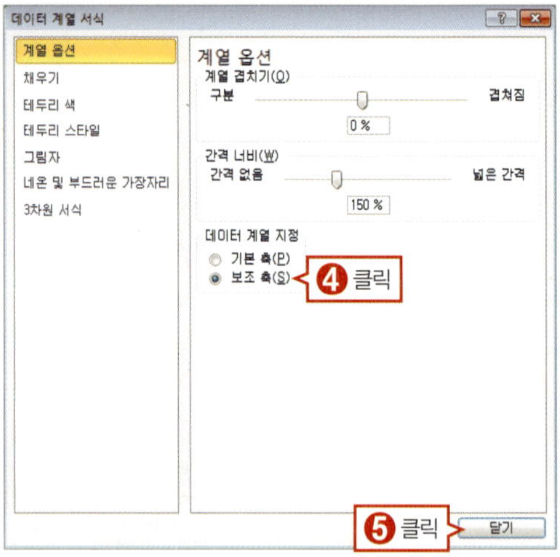

02 ① 화면에 나타난 [중동비율] 계열이 선택된 상태에서 [차트 도구]-[디자인] 탭의 [종류] 그룹에서 **[차트 종류 변경]**을 클릭합니다. ② **[꺾은선형]** 항목을 클릭하고 ③ **[표식 있는 꺾은선형]**을 선택합니다.

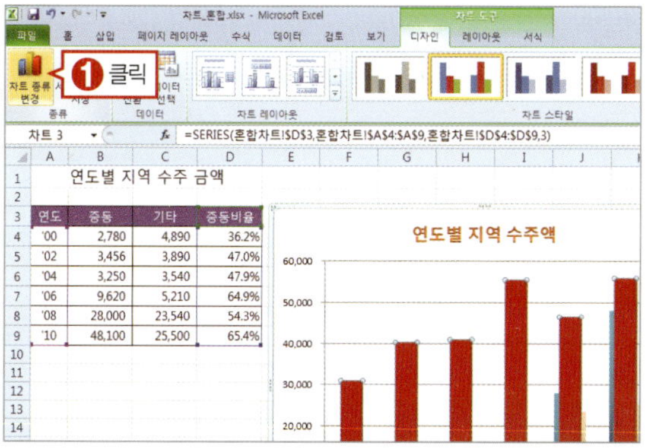

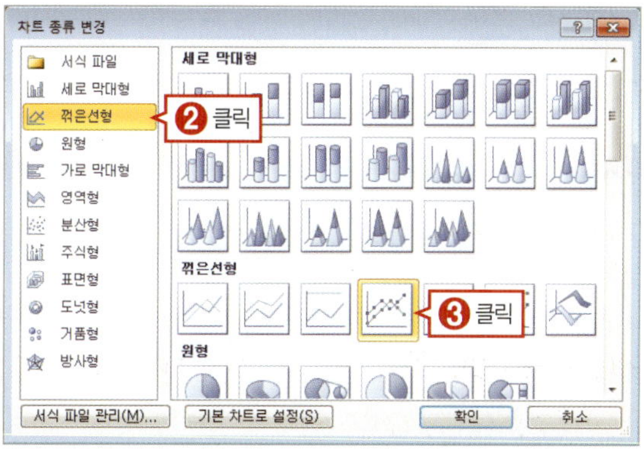

03 [중동비율] 계열의 막대가 **꺾은선형**으로 바뀌며 혼합차트가 만들어집니다.

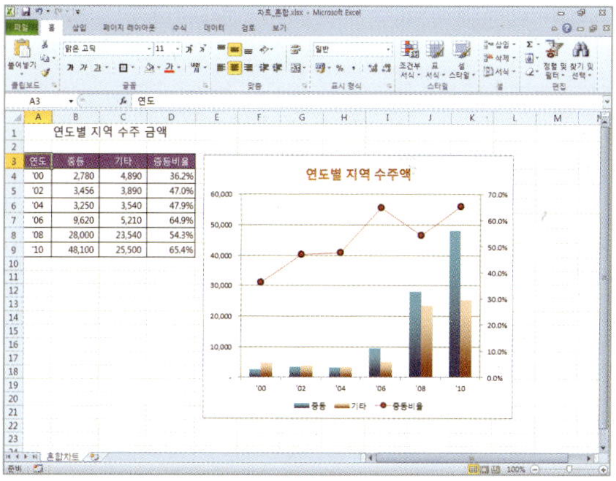

핵심기능 71

도넛 차트 3차원 서식 및 테마 바꾸기

- **실습 파일** ⓒ : 엑셀\실습\차트_도넛.xlsx
- **완성 파일** ⓒ : 엑셀\완성\차트_도넛_완성.xlsx

도넛이나 원형 차트는 전체에 대한 비율을 나타낼 때 사용합니다. 이때 원을 나누는 항목은 5~6개가 적당합니다. 원형 차트는 계열 하나의 구성비를 나타내는 차트이므로 도넛 차트를 만듭니다.

01 ① 도넛 차트 데이터 계열의 영역에서 **마우스 오른쪽 버튼**을 클릭합니다. ② **[데이터 계열 서식]**을 선택합니다. ③ [계열 옵션] 항목에서 [도넛 구멍 크기]를 **40%**로 설정합니다.

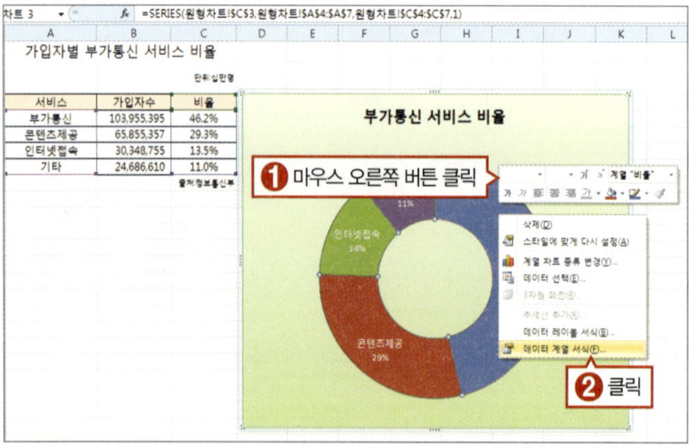

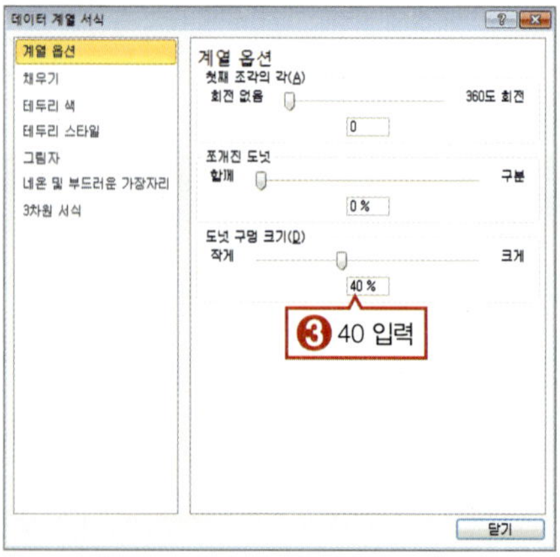

02 ① **[3차원 서식]** 항목을 클릭하고 ② 입체 효과의 위쪽, 아래쪽 너비와 높이를 모두 **8**로 입력합니다. ③ [표면]-[재질]을 [특수효과]-**[부드러운 가장자리]**로 선택합니다. ④ **[네온 및 부드러운 가장자리]** 항목을 클릭하고 ⑤ 네온의 [미리 설정]을 **[자주, 8pt 네온, 강조색 4]**로 선택합니다. ⑥ **[닫기]**를 클릭합니다.

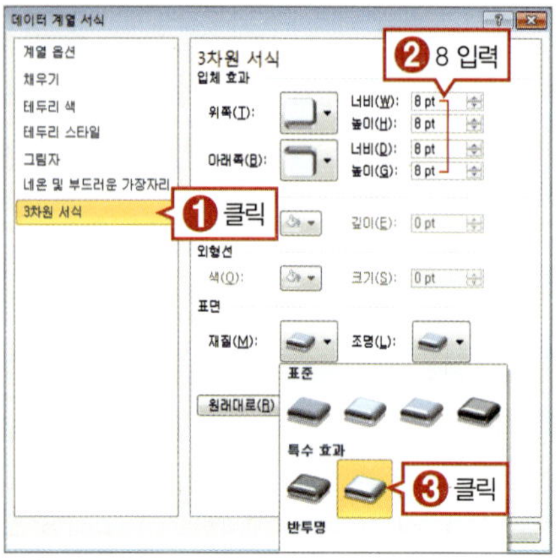

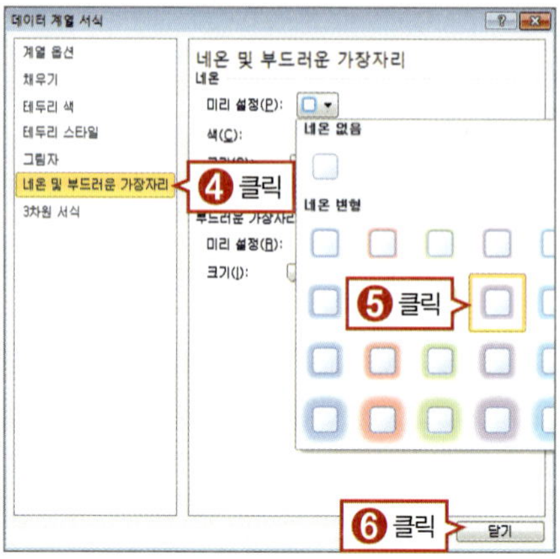

03 ① 도넛 차트 데이터 계열을 클릭한 후 ② **[부가통신]** 항목만 한 번 더 클릭하여 선택합니다. ③ **[부가 통신]** 항목을 오른쪽을 드래그하여 조각을 분리합니다.

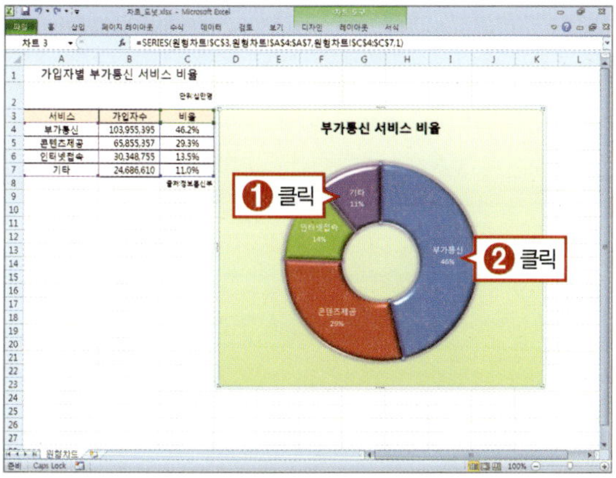

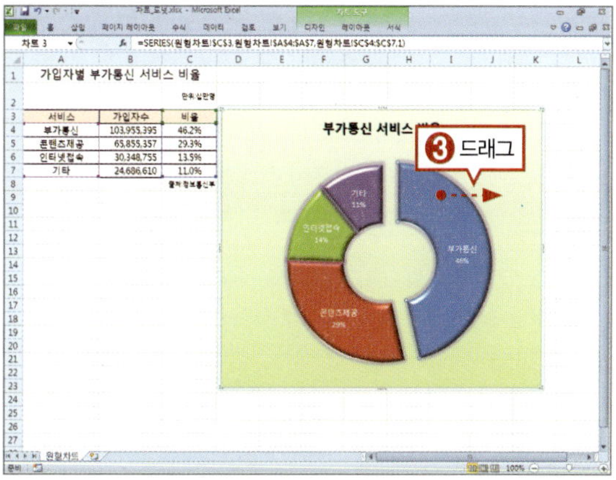

04 ① 임의의 빈 셀을 선택하고 ② [페이지 레이아웃] 탭의 [테마] 그룹에서 **[테마]**를 클릭합니다. ③ **[근접]**을 선택해서 테마를 변경합니다. 테마에 따라 차트의 색상도 바뀝니다.

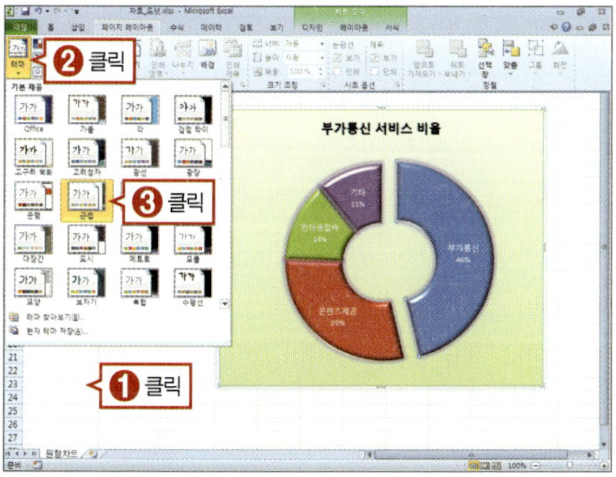

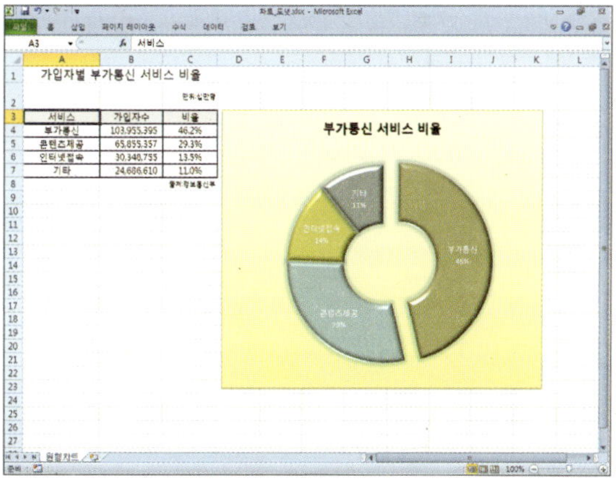

핵심기능 72

스파크라인 차트를 삽입하고 종류 변경하기

- **실습 파일** : 엑셀\실습\차트_스파크라인.xlsx [스파크라인1] 시트
- **완성 파일** : 엑셀\완성\차트_스파크라인_완성.xlsx

스파크라인 차트는 엑셀 2010의 새로운 기능으로 셀 하나에 작은 추세 차트(꺾은선형, 열, 승패)를 삽입하는 것입니다. 스파크라인 차트를 사용하면 데이터의 추세를 쉽게 분석하고 강조 또는 비교할 수 있습니다.

01 ① [스파크라인1] 시트에서 **[B5]~[F11] 셀**을 범위로 지정합니다. ② [삽입] 탭의 [스파크라인] 그룹에서 **[꺾은선형]**을 클릭합니다. ③ [데이터 범위]에 **B5:F11**, [위치 범위]에 **$G$5:$G$11**을 입력합니다. ④ **[확인]**을 클릭하면 [G5]~[G11] 셀에 2010년 11월~2011년 2월까지의 무역 수지 수출입 추이가 스파크라인 차트로 표시됩니다.

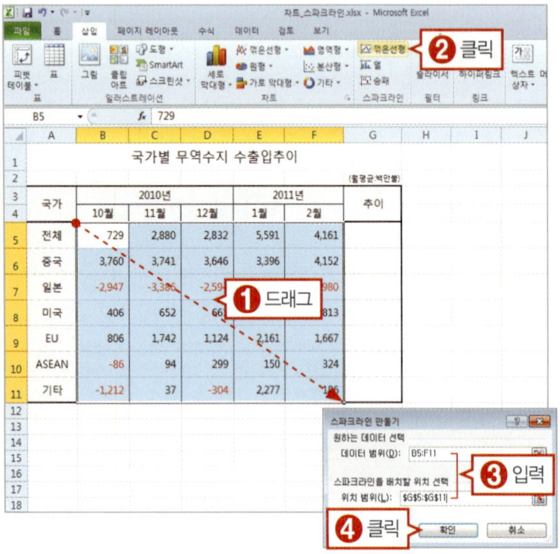

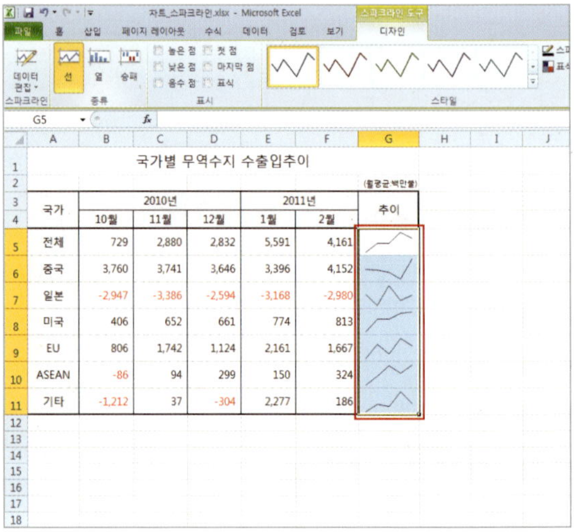

02 스파크라인 차트의 종류 변경

[G5]~[G11] 셀이 범위로 지정된 상태입니다. [스파크라인 도구]-[디자인] 탭의 [종류] 그룹에서 **[열]**을 선택합니다.

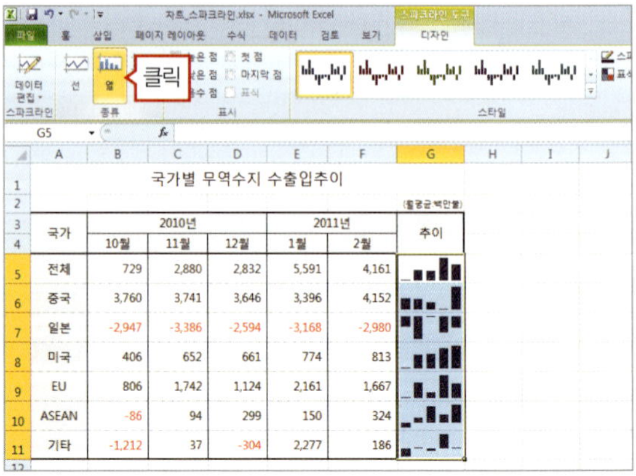

핵심기능 73

스파크라인 차트 스타일과 디자인 변경하기

• **실습 파일** ⓒ : 엑셀\실습\차트_스파크라인.xlsx [스파크라인2] 시트

• **완성 파일** ⓒ : 엑셀\완성\차트_스파크라인_완성.xlsx

엑셀에서는 다양한 스파크라인 스타일을 제공하므로 이를 이용하여 스파크라인 스타일을 변경할 수 있습니다. 또한 직접 차트 계열의 표식의 색, 모양 등의 디자인을 변경할 수 있습니다.

01 스파크라인 차트의 열 강조하기

① [스파크라인2] 시트에서 [G5]~[G11] 셀의 범위를 지정합니다. ② [스파크라인 도구]-[디자인] 탭의 [표시] 그룹에서 **[높은 점]**, **[음수 점]**을 클릭하여 체크합니다. 무역 수지 수출입 추이 막대의 최댓값, 음수는 다른 색으로 표시됩니다.

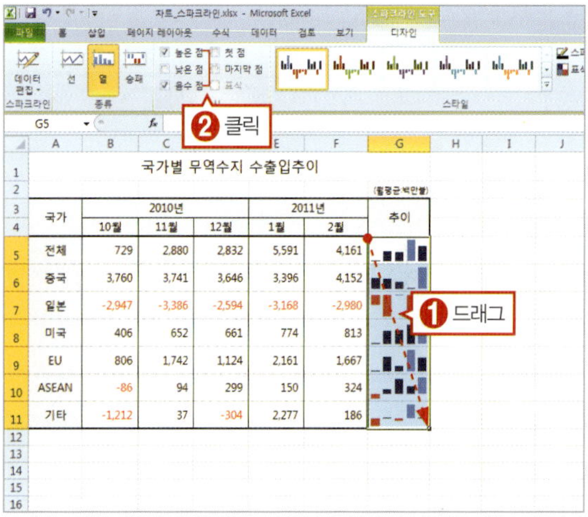

02 [G5]~[G11] 셀의 범위가 지정되어 있는 상태에서 [스파크라인 도구]-[디자인] 탭의 [스타일] 그룹에서 ① [스타일 자세히]를 클릭하고 ② **[스파크라인 스타일 색상형 #5]**를 선택해서 스파크라인 차트의 스타일을 변경합니다.

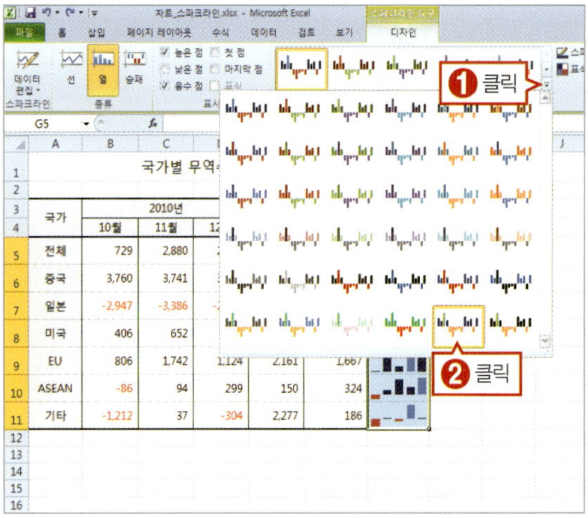

03 ① [스타일] 그룹에서 **[표식 색]**을 클릭합니다. ② [음수 점]–**[빨강]**, ③ [높은 점]–**[자주 강조 4]**를 선택합니다.

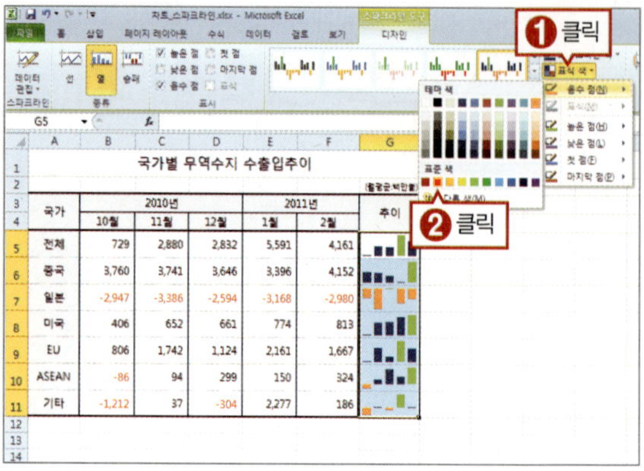

Tip 스파크라인 차트를 지우려면 [스파크라인 도구]–[디자인] 탭의 [그룹] 그룹에서 [지우기]를 클릭하여 일부 또는 전체를 지울 수 있습니다.

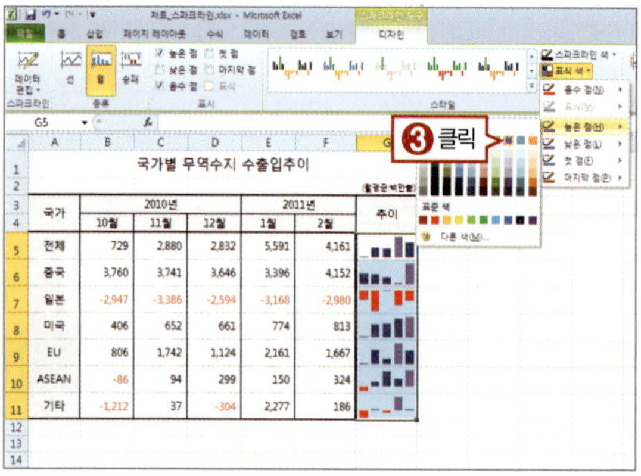

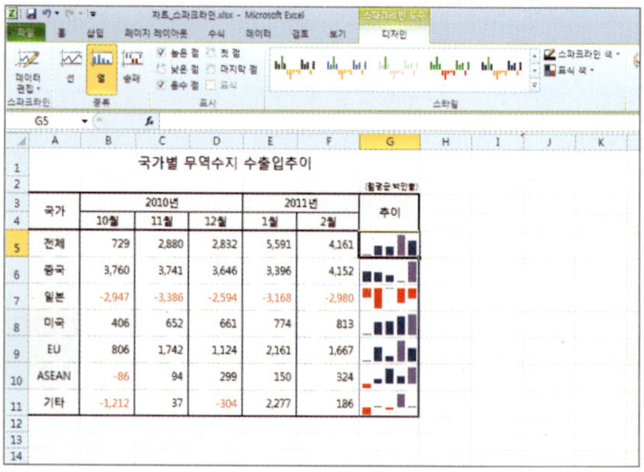

핵심기능 74

텍스트 나누기

• **실습 파일** : 엑셀\실습\DB_텍스트_주문목록.xlsx
• **완성 파일** : 엑셀\완성\DB_텍스트_주문목록_완성.xlsx

데이터를 효율적으로 관리하려면 열 하나에 여러 가지 정보가 담긴 데이터를 나누는 것이 좋습니다. 정보를 검색하거나 분석할 때 유리합니다.

01 ① [F3]~[F27] 셀을 범위로 지정합니다. ② [데이터] 탭의 [데이터 도구] 그룹에서 **[텍스트 나누기]**를 클릭합니다.

Tip 텍스트를 나누려면 오른쪽에 나누려는 데이터 개수만큼 빈 열이 있어야 합니다. 만약 빈 열이 없을 경우에는 오른쪽 열이 나눠준 텍스트 값으로 대치되므로 주의합니다.

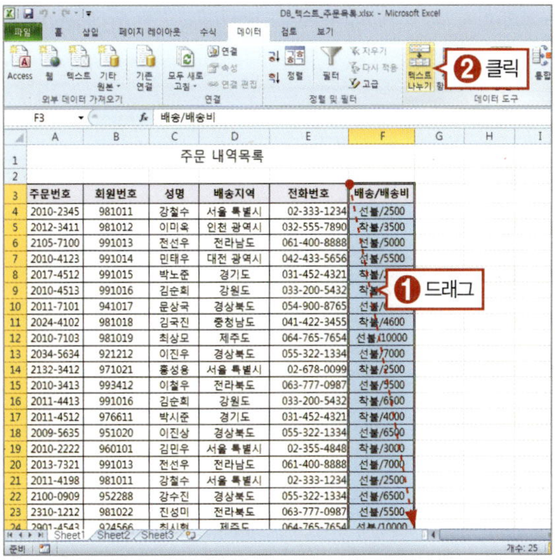

02 ① [텍스트 마법사 1단계]에서 원본 데이터의 파일 유형을 **[구분 기호로 분리됨]**으로 선택하고 ② **[다음]**을 클릭합니다. ③ [텍스트 마법사 2단계]에서 [구분 기호]에서 **[기타]**를 체크하고 ④ 입력 상자에 /를 입력합니다. ⑤ **[다음]**을 클릭합니다.

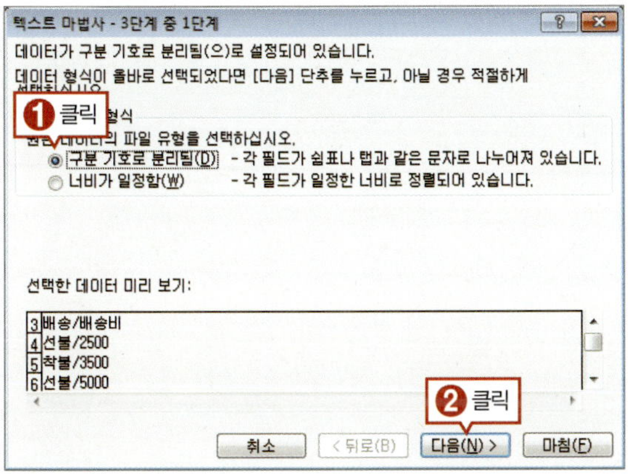

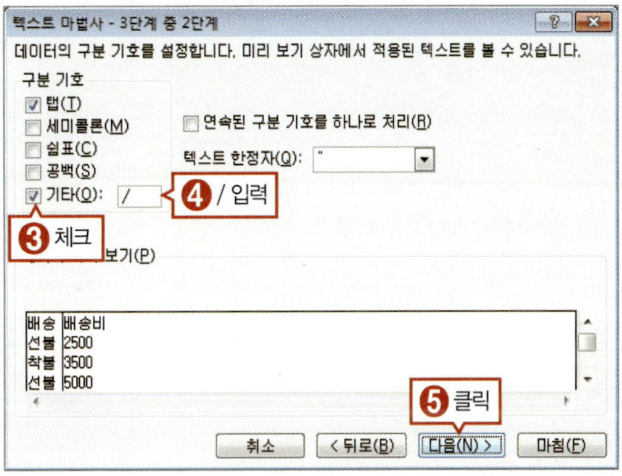

03 [텍스트 마법사 3단계]는 [데이터 미리보기] 목록에서 서식을 지정하는 단계입니다. 지정할 서식이 없으므로 [마침]을 클릭해서 텍스트 마법사를 완료합니다. 배송 항목과 배송비 항목이 나눠져 나타납니다.

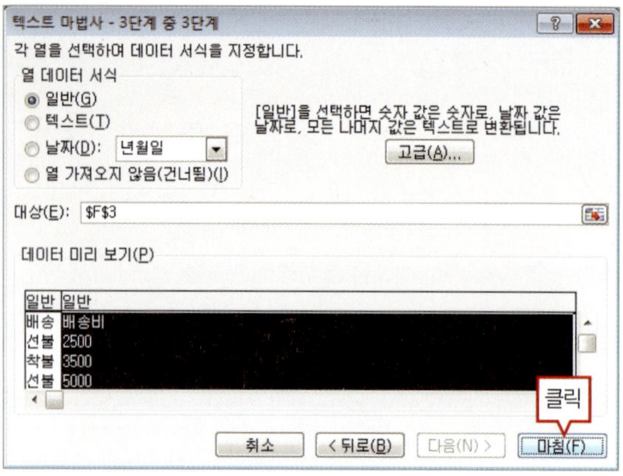

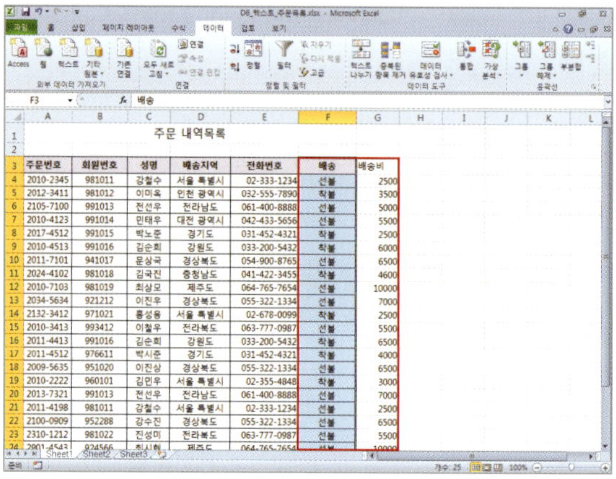

핵심기능 75

중복 데이터 삭제하기

• **실습 파일** ⓒ : 엑셀\실습\DB_중복제거_주문목록.xlsx

• **완성 파일** ⓒ : 엑셀\완성\DB_중복제거_고객명단_완성.xlsx

데이터베이스에서 중복된 데이터가 있으면 데이터를 분석할 때 잘못된 결과를 불러올 수 있으므로 중복 항목을 제거하는 것이 좋습니다.

01 중복 데이터 제거하기

한 명의 회원이 여러 상품을 주문할 수 있으므로 상품 주문 거래 내역 목록에는 중복된 데이터가 남아 있을 수 있습니다. 회원 번호와 고객명(강철수 고객, 4/15/22행)이 같은 중복 데이터가 제거된 고객 명단을 만들어보겠습니다.

① [A3] 셀을 선택합니다. ② [데이터] 탭의 [데이터 도구] 그룹에서 **[중복된 항목 제거]**를 클릭합니다.

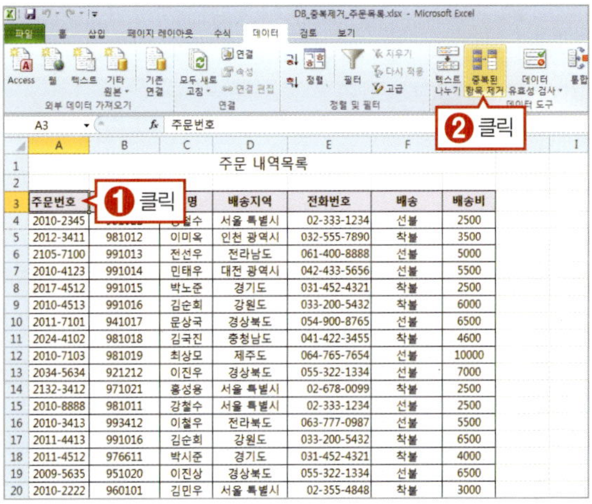

02 ① [중복된 항목 제거] 대화 상자에서 **[모두 선택 취소]**를 클릭하고, ② **[회원번호]**, **[성명]**을 체크합니다. ③ **[확인]**을 클릭합니다.

Tip 체크한 항목에 일치하는 레코드가 제거됩니다.

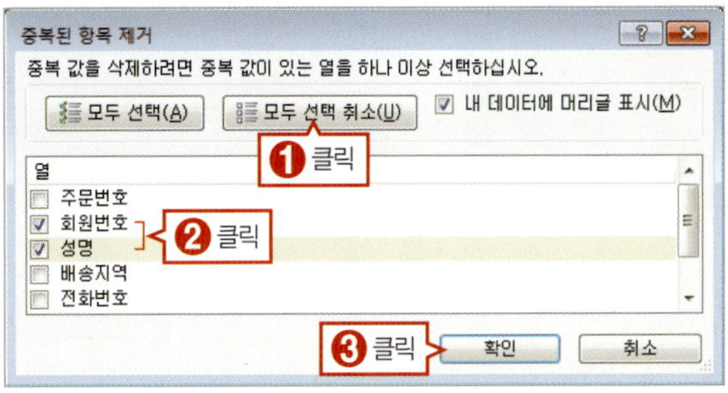

03 5개의 중복된 데이터가 제거되었다는 메시지가 나타나면 **[확인]**을 클릭합니다.

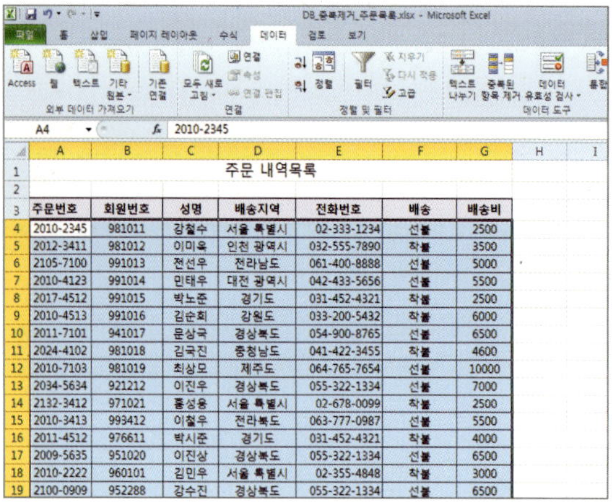

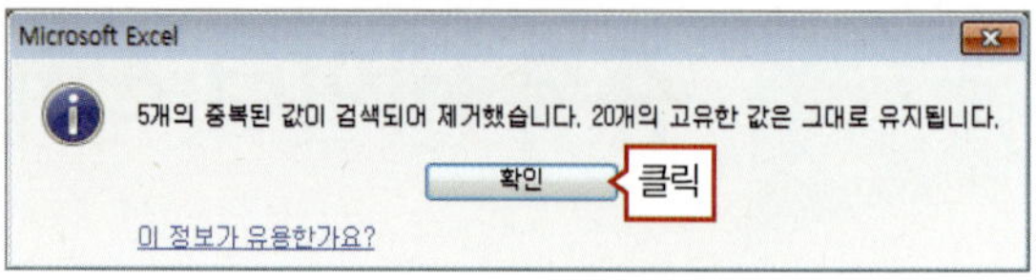

Tip 중복된 데이터는 첫 번째 레코드 하나만 남고 두 번째 레코드부터는 삭제됩니다.

04 ① **[파일]** 탭의 ② **[다른 이름으로 저장]**을 클릭합니다. ③ 파일명에 **고객명단**을 입력한 후 ④ **[저장]**을 클릭합니다.

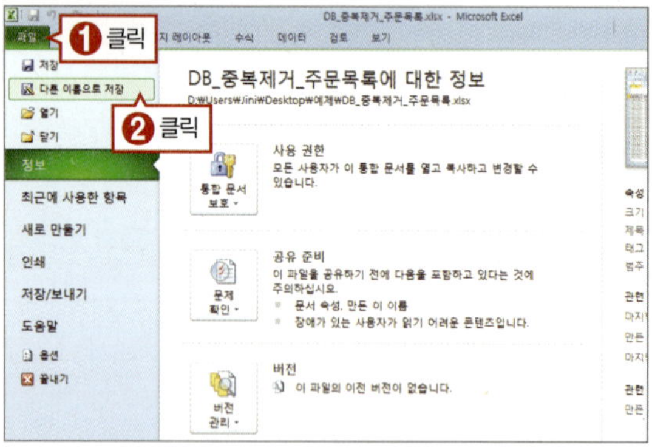

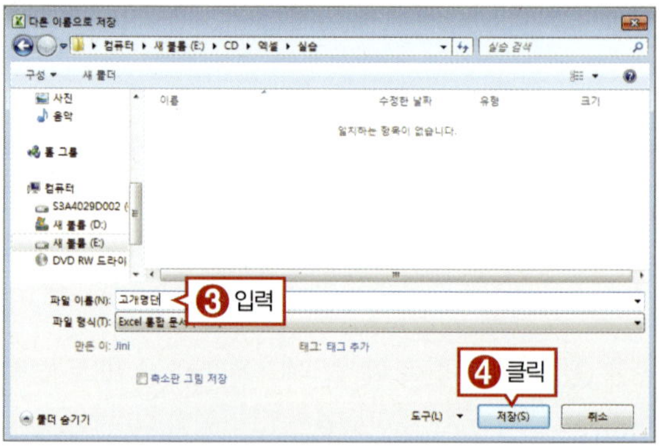

핵심기능 76

동일한 항목으로 데이터 통합하기

- **실습 파일** : 엑셀\실습\DB_통합_매출실적.xlsx
- **완성 파일** : 엑셀\완성\DB_통합_매출실적_완성.xlsx

데이터 통합은 첫 번째 필드 항목을 기준으로 여러 워크시트의 결과를 합계, 개수, 평균, 최댓값, 최솟값, 곱, 수치 개수, 표본 표준 편차, 표준 편차, 표본 분산, 분산 등으로 요약하고 집계합니다.

01 팀명을 기준으로 1분기~4분기까지의 매출 수량을 통합하기

① [통합] 시트에서 [A3] 셀을 선택합니다. ② [데이터] 탭의 [데이터 도구] 그룹에서 **[통합]**을 클릭합니다. ③ [통합] 대화 상자에서 함수로 **[합계]**를 선택하고, ④ **[참조란]**을 클릭합니다.

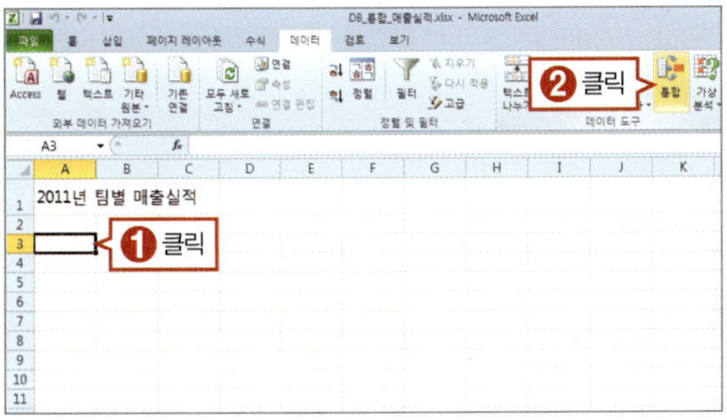

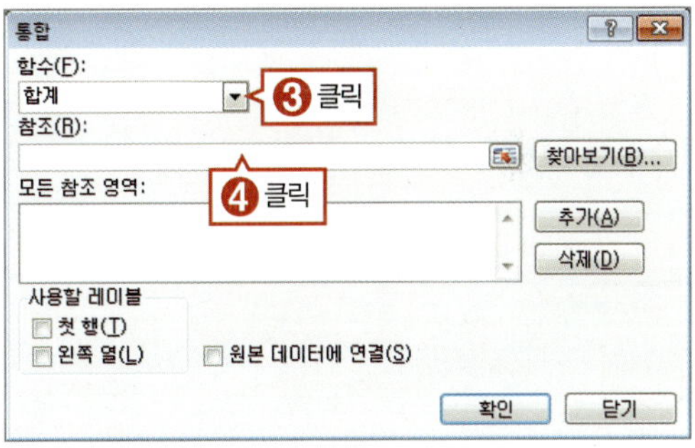

02 통합할 데이터 선택하기

① [1분기] 시트 탭을 클릭하고 ② [A3]~[E17] 셀을 범위로 지정한 후 ③ **[추가]**를 클릭해서 선택한 범위를 모든 참조 영역으로 보냅니다.

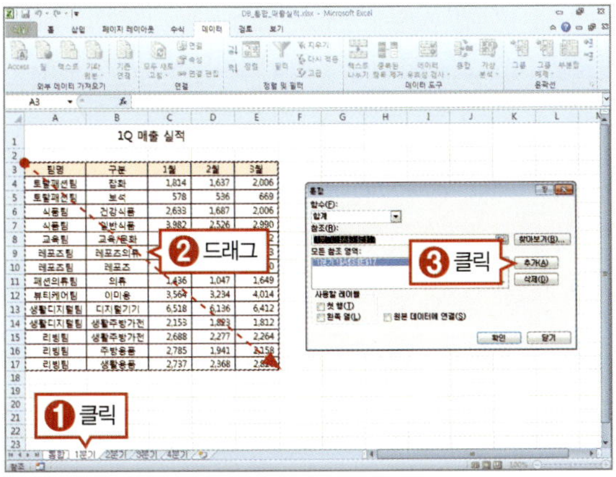

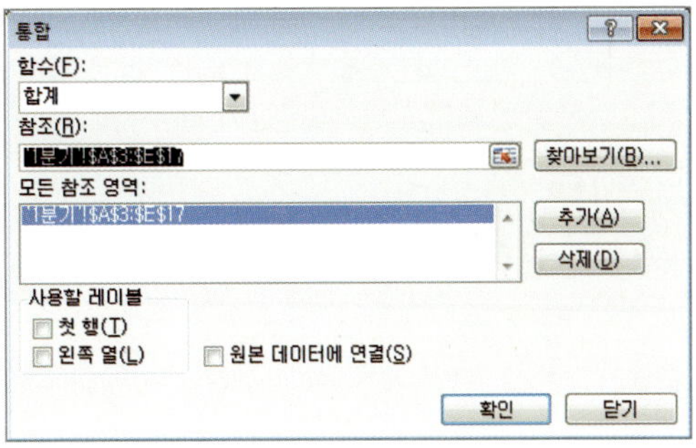

Tip 데이터 통합은 첫 번째 열을 기준으로 여러 데이터를 하나로 합칩니다.

03 ① [2분기] 시트 탭을 클릭합니다. ② [A3]~[E20] **셀**을 범위로 지정한 후 ③ **[추가]**를 클릭합니다.

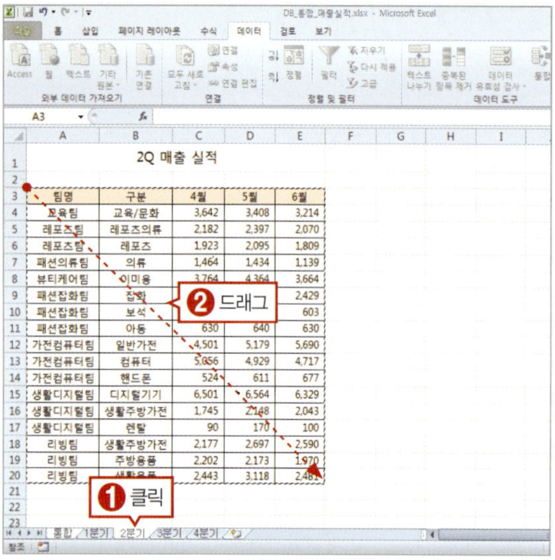

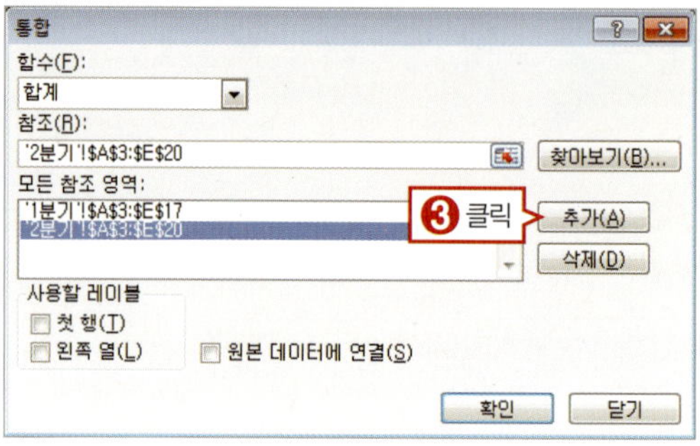

04 ① [3분기] 시트 탭을 클릭합니다. ② [A3]~[E16] **셀**을 범위로 지정한 후 ③ **[추가]**를 클릭합니다.

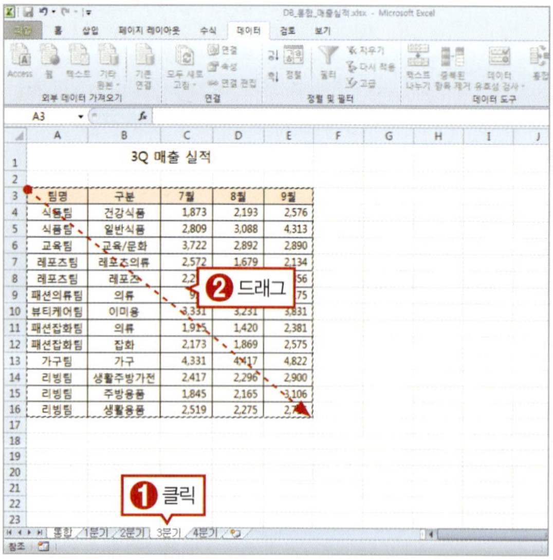

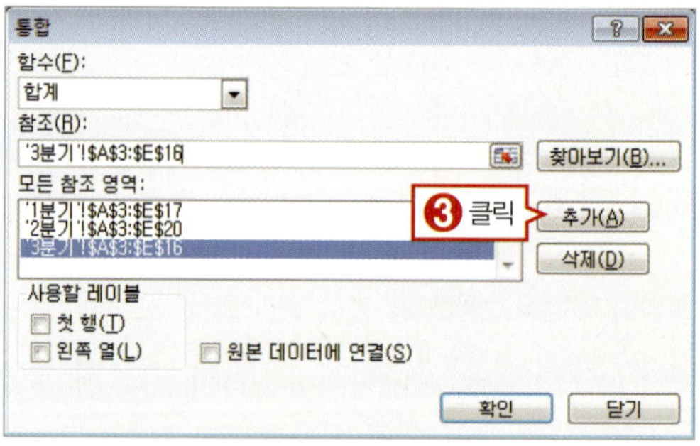

05 ① **[4분기]** 시트 탭을 클릭합니다. ② **[A3]~[E19] 셀**을 범위로 지정한 후 ③ **[추가]**를 클릭합니다. ④ 사용할 레이블에 **[첫 행]**과 **[왼쪽 열]**에 체크한 후 ⑤ **[확인]**을 클릭합니다.

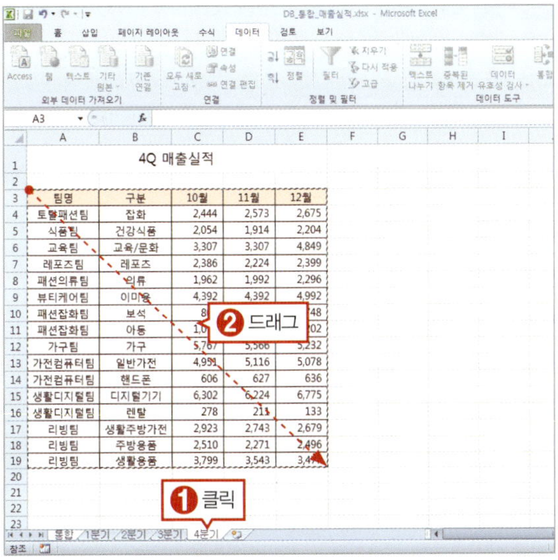

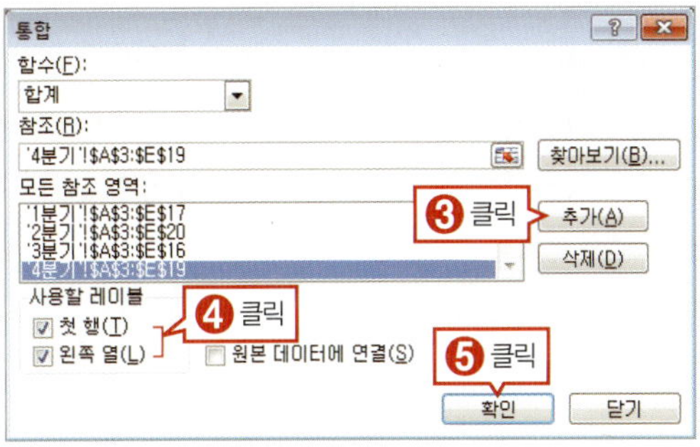

Tip 사용할 레이블에 첫 행과 왼쪽 열을 체크하면 제목 행과 제목 열을 기준으로 통합됩니다. 그러나 레이블을 사용하지 않으면 행과 열 방향의 순서대로 데이터를 통합하기 때문에 통합 결과가 잘못될 수 있습니다.

06 1분기부터 4분기까지의 데이터가 통합되어 [통합] 시트의 [A3] 셀부터 입력됩니다. ① [A3] 셀에 **팀명**을 입력하고 ② **열 너비**를 조정합니다. ③ **[B]열**을 클릭해서 마우스 오른쪽 버튼을 클릭하고 ④ **[삭제]**를 선택합니다.

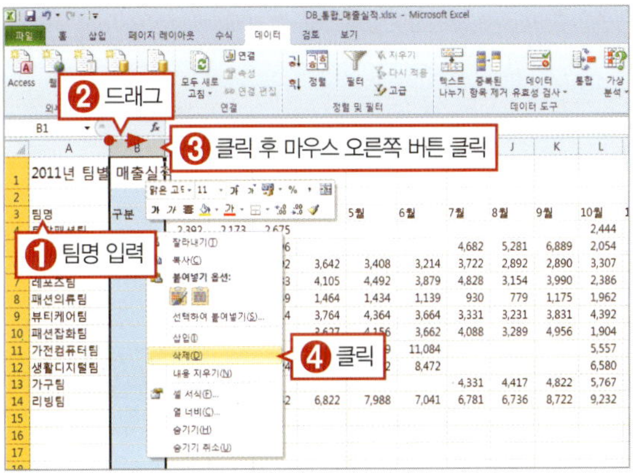

07 ① **[A3]~[M14] 셀**을 범위로 지정합니다. ② [홈] 탭의 [스타일] 그룹에서 **[표 서식]**을 클릭합니다. ③ **[표스타일 보통 3]**을 선택해서 표에 서식을 적용합니다.

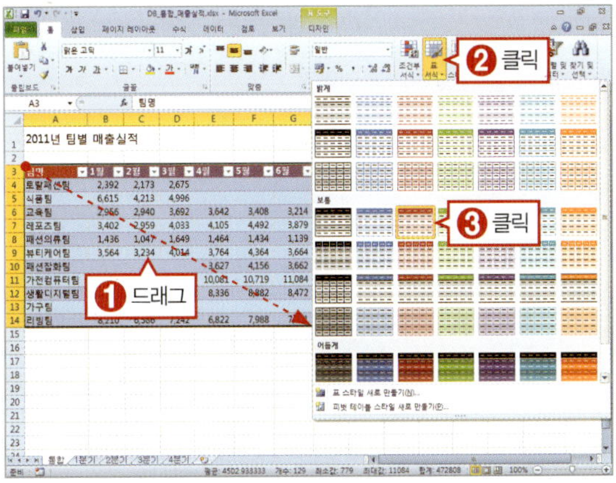

핵심기능 77

셀 값을 기준으로 정렬하기

- **실습 파일** ⓞ : 엑셀\실습\DB_정렬_급여명세1.xlsx
- **완성 파일** ⓞ : 엑셀\완성\DB_정렬_급여명세1_완성.xlsx

데이터베이스에서 사용자가 보기 편한 기준으로 데이터를 정렬할 수 있어야 합니다. [정렬] 대화 상자에서는 보다 다양한 기준으로 셀을 정렬할 수 있습니다.

01 ① **[부서명]** 필드에서 임의의 셀을 선택합니다. ② [데이터] 탭의 [정렬 및 필터] 그룹에서 **[오름차순]**을 클릭해서 부서별로 정렬합니다.

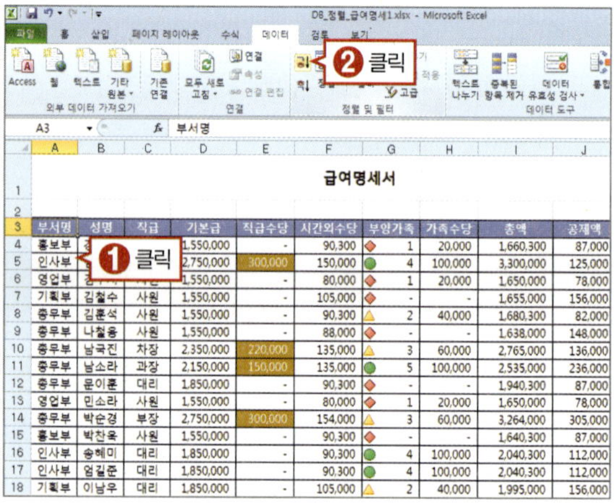

02 여러 조건으로 정렬하기

① 데이터에서 임의의 셀을 선택하고 ② [데이터] 탭의 [정렬 및 필터] 그룹에서 **[정렬]**을 클릭합니다. ③ 두 번째 정렬 기준을 추가하기 위해 **[기준 추가]**를 클릭하고 ④ [다음 기준]에서 **[직급]**, **[값]**, **[오름차순]**을 선택합니다. ⑤ 세 번째 정렬 기준을 추가하기 위해 **[기준 추가]**를 클릭하고 ⑥ 다음 기준에서 **[실수령액]**, **[값]**, **[내림차순]**을 선택합니다. ⑦ **[확인]**을 클릭합니다.

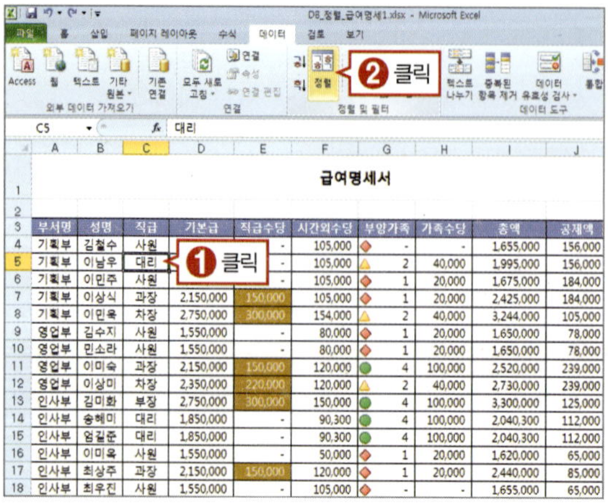

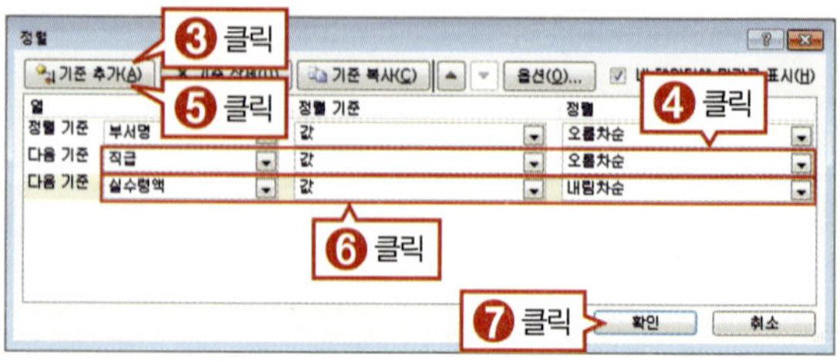

03 [부서명], [직급] 순에 따라 오름차순으로, 실수령액을 기준하여 내림차순으로 데이터가 정렬됩니다.

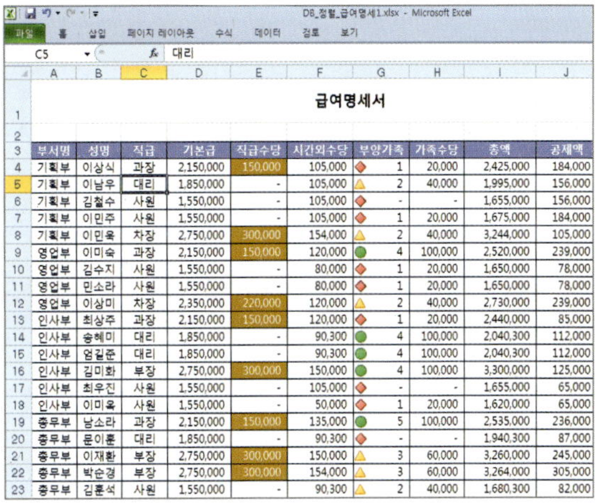

급여명세서

부서명	성명	직급	기본급	직급수당	시간외수당	부양가족	가족수당	총액	공제액
기획부	이상식	과장	2,150,000	150,000	105,000	1	20,000	2,425,000	184,000
기획부	이남우	대리	1,850,000	-	105,000	2	40,000	1,995,000	156,000
기획부	김철수	사원	1,550,000	-	105,000	-	-	1,655,000	156,000
기획부	이민주	사원	1,550,000	-	105,000	1	20,000	1,675,000	184,000
기획부	이민옥	차장	2,750,000	300,000	154,000	2	40,000	3,244,000	105,000
영업부	이미숙	과장	2,150,000	150,000	120,000	4	100,000	2,520,000	239,000
영업부	김수지	사원	1,550,000	-	80,000	1	20,000	1,650,000	78,000
영업부	민소라	사원	1,550,000	-	80,000	1	20,000	1,650,000	78,000
영업부	이상미	차장	2,350,000	220,000	120,000	2	40,000	2,730,000	239,000
인사부	최상주	과장	2,150,000	150,000	120,000	1	20,000	2,440,000	85,000
인사부	송혜미	대리	1,850,000	-	90,300	4	100,000	2,040,300	112,000
인사부	엄길준	대리	1,850,000	-	90,300	4	100,000	2,040,300	112,000
인사부	김미화	부장	2,750,000	300,000	150,000	4	100,000	3,300,000	125,000
인사부	최우진	사원	1,550,000	-	105,000	-	-	1,655,000	65,000
인사부	이미옥	사원	1,550,000	-	50,000	1	20,000	1,620,000	65,000
총무부	남소라	과장	2,150,000	150,000	135,000	5	100,000	2,535,000	236,000
총무부	문이훈	대리	1,850,000	-	90,300	-	-	1,940,300	87,000
총무부	이재환	부장	2,750,000	300,000	150,000	3	60,000	3,260,000	245,000
총무부	박순경	부장	2,750,000	300,000	154,000	3	60,000	3,264,000	305,000
총무부	김훈석	사원	1,550,000	-	90,300	2	40,000	1,680,300	82,000

Tip 정렬 순서

숫 자	가장 작은 음수에서 가장 큰 양수로 정렬
날 짜	가장 이전 날짜에서 가장 최근 날짜로 정렬
문자(문자와 숫자가 섞여 있는 경우)	0~9 (공백) ! " # $ % & ( ) * , . / : ; ? @ [₩] ^ _ ` { | } ~ + 〈 = 〉 A–Z 순으로 정렬
논리 값	FALSE, TRUE 순으로 정렬
오류 값	#N/A, #VALUE! 등의 오류 값은 정렬 순서가 모두 동일

핵심기능 78

사용자가 지정한 순서로 정렬하기

- **실습 파일** : 엑셀\실습\DB_정렬_급여명세2.xlsx
- **완성 파일** : 엑셀\완성\DB_정렬_급여명세2_완성.xlsx

일반적인 정렬 순서가 아닌 월, 요일, 분기 등의 정렬 순서나 사용자가 직접 지정한 순서로 데이터를 정렬할 수 있습니다.

01 오름차순으로(과장~차장) 정렬되어 있는 직급을 사용자 지정 순서(부장~사원)로 정렬하기

① 데이터에서 임의의 셀을 선택하고 ② [데이터] 탭의 [정렬 및 필터] 그룹에서 **[정렬]**을 클릭합니다. ③ 직급 필드의 정렬 순서에서 **[사용자 지정 목록]**을 선택합니다.

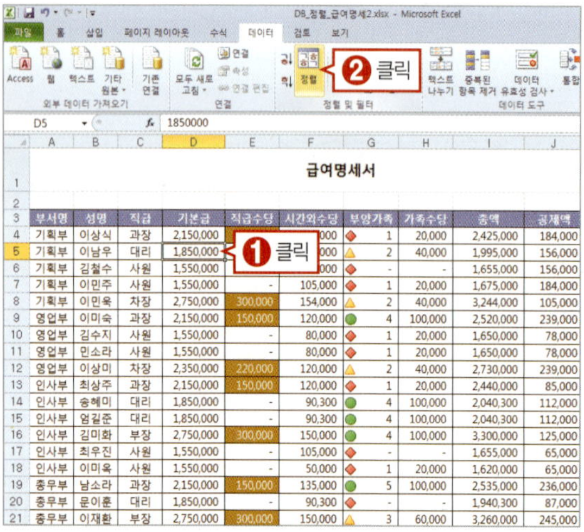

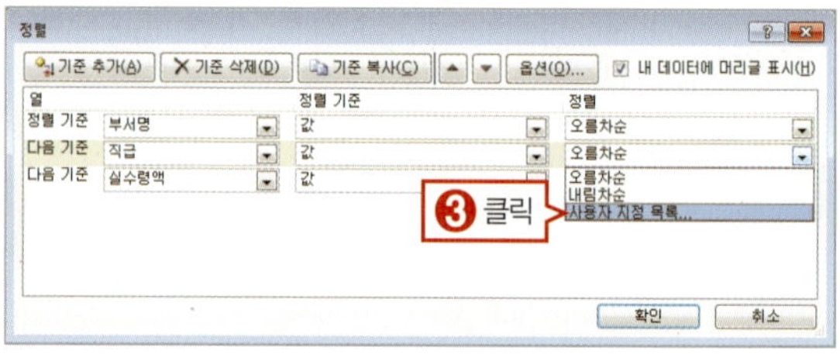

Tip 일반적인 정렬 순서가 아닌 월, 요일, 분기 순으로 정렬할 경우 '사용자 지정 목록'으로 설정합니다.

02 ① 사용자 지정 목록에서 **[새 목록]**을 선택합니다. ② 목록 항목에 **[부장]**, **[차장]**, **[과장]**, **[대리]**, **[사원]** 순으로 Enter를 눌러 입력한 후 ③ **[추가]**를 클릭합니다. ④ **[확인]**을 클릭하여 [정렬] 대화 상자로 돌아옵니다.

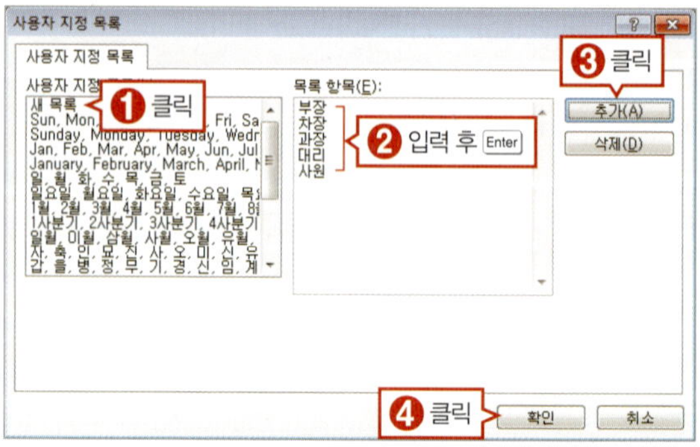

Tip 사용자 지정 목록에 원하는 정렬 순서가 없으면 목록 항목에 쉼표(,)나 Enter로 구분하여 항목을 입력하고 [추가]를 클릭하여 목록을 추가합니다.

03 [정렬] 대화 상자에서 직급의 정렬 순서가 부장~사원 순으로 지정되었습니다. **[확인]**을 클릭하여 [정렬] 대화 상자를 닫습니다.

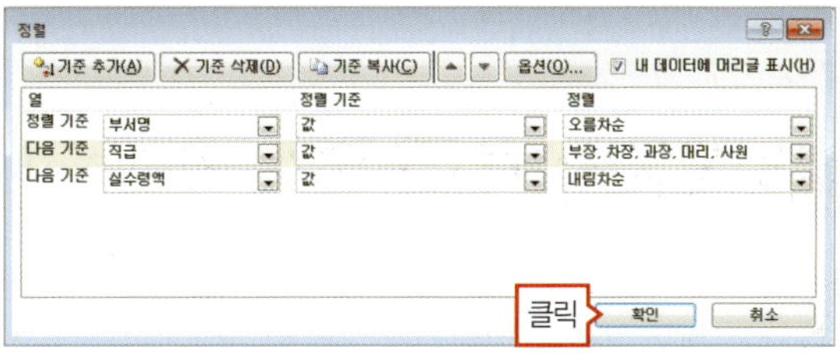

04 다음과 같이 부서명이 같을 경우 사용자 지정 목록 순으로 직급이 정렬되었습니다.

급여명세서

부서명	성명	직급	기본급	직급수당	시간외수당	부양가족	가족수당	총액	공제액
기획부	이민욱	차장	2,750,000	300,000	154,000	2	40,000	3,244,000	105,000
기획부	이상식	과장	2,150,000	150,000	105,000	1	20,000	2,425,000	184,000
기획부	이남우	대리	1,850,000	-	105,000	2	40,000	1,995,000	156,000
기획부	김철수	사원	1,550,000	-	105,000	-	-	1,655,000	156,000
기획부	이민주	사원	1,550,000	-	105,000	1	20,000	1,675,000	184,000
영업부	이상미	차장	2,350,000	220,000	120,000	2	40,000	2,730,000	239,000
영업부	이미숙	과장	2,150,000	150,000	120,000	4	100,000	2,520,000	239,000
영업부	김수지	사원	1,550,000	-	80,000	1	20,000	1,650,000	78,000
영업부	민소라	사원	1,550,000	-	80,000	1	20,000	1,650,000	78,000
인사부	김미화	부장	2,750,000	300,000	150,000	4	100,000	3,300,000	125,000
인사부	최상주	과장	2,150,000	150,000	120,000	1	20,000	2,440,000	85,000
인사부	송혜미	대리	1,850,000	-	90,300	4	100,000	2,040,300	112,000
인사부	엄길준	대리	1,850,000	-	90,300	4	100,000	2,040,300	112,000
인사부	최우진	사원	1,550,000	-	105,000	-	-	1,655,000	65,000
인사부	이미옥	사원	1,550,000	-	50,000	1	20,000	1,620,000	65,000
총무부	이재환	부장	2,750,000	300,000	150,000	3	60,000	3,260,000	245,000
총무부	박순경	부장	2,750,000	300,000	154,000	3	60,000	3,264,000	305,000
총무부	남국진	차장	2,350,000	220,000	135,000	3	60,000	2,765,000	136,000
총무부	남소라	과장	2,150,000	150,000	135,000	5	100,000	2,535,000	236,000

핵심기능 79

SUBTOTAL 함수를 이용한 필터

- **실습 파일** : 엑셀\실습\DB_필터_협력업체1.xlsx
- **완성 파일** : 엑셀\완성\DB_필터_협력업체1_완성.xlsx

전체 데이터의 합계, 개수가 아닌 조건에 맞는 데이터 목록만 가지고 부분합을 계산하기 위해서는 SUBTOTAL 함수를 사용합니다.

01 SUBTOTAL 함수로 평균과 개수 계산하기

① [F4] 셀에 =SUBTOTAL(1,E7:E53)을 입력하고 Enter를 눌러 품질의 평균 점수를, ② [H4] 셀에 =SUBTOTAL(3,A7:A53)를 입력하고 Enter를 눌러 협력업체 목록의 개수를 구합니다.

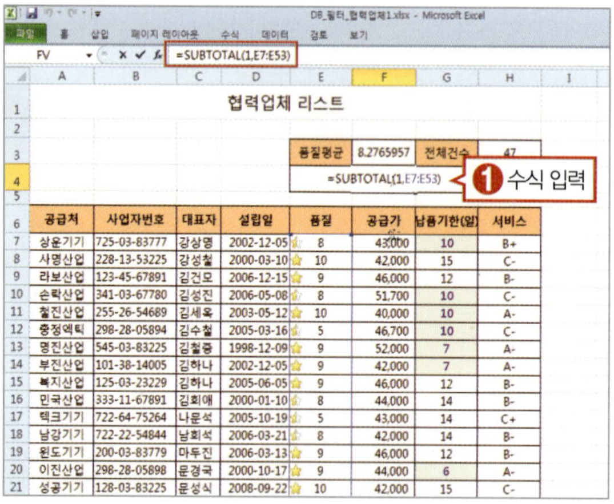

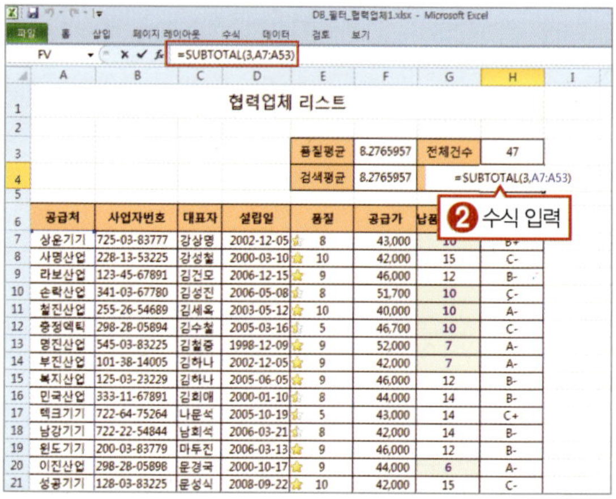

Tip 검색 평균과 건수의 값은 전체 평균과 건수와 같지만, [핵심기능 81]의 자동필터 기능으로 지정 조건에 맞는 데이터를 검색할 경우 검색된 결과에 따라 Subtotal 함수로 구한 검색 평균과 건수의 값은 달라집니다.

Tip 목록이나 데이터베이스의 부분합을 계산하는 SUBTOTAL 함수

자동 필터나 고급 필터 기능으로 데이터를 검색하여 원하는 데이터를 추출하면 결과에 따라 계산된 수식 값도 매번 달라져야 합니다. 하지만 일반적인 SUM 함수나 COUNT, AVERAGE 함수를 사용하면 데이터의 추출된 결과와 상관없이 전체 데이터의 계산 결과를 표시합니다.

SUBTOTAL 함수를 사용하면 현재 표시되는 데이터의 목록을 가지고 부분합을 계산하므로 자동 필터나 고급 필터에서 자주 사용하는 함수입니다.

함수 범주	수학/삼각 함수
함수 형식	=SUBTOTAL(함수번호, 범위1, 범위2 …) · 함수 번호 : 데이터 범위나 목록에서 부분합을 계산할 함수를 1~11 또는 101~111까지 지정할 수 있습니다. · 1~11 : 숨겨진 행의 셀 값을 포함하여 계산(필터 기능 이외에 일부 행 숨기기를 한 경우) · 101~111 : 숨겨진 행의 셀 값을 포함하지 않고 계산(필터 기능 이외에 일부 행 숨기기를 한 경우)

fun_num (숨겨진 값 포함)	fun_num (숨겨진 값 무시)	함수 유형	계 산
1	101	AVERAGE	평균
2	102	COUNT	수치 개수
3	103	COUNTA	개수
4	104	MAX	최댓값
5	105	MIN	최솟값
6	106	PRODUCT	수치 곱
7	107	STDEV	표본 표준 편차
8	108	STDEVP	표준 편차
9	109	SUM	합계
10	110	VAR	표본 분산
11	111	VARP	분산

핵심기능 80

자동 필터로 데이터 추출하기

- **실습 파일** ⓞ : 엑셀\실습\DB_필터_협력업체2.xlsx
- **완성 파일** ⓞ : 엑셀\완성\DB_필터_협력업체2_완성.xlsx

필터링은 지정한 조건에 맞는 데이터를 찾는 기능입니다. 날짜, 문자, 숫자의 필터 조건으로 데이터를 추출할 수 있습니다. 필터링 기능으로 추출한 데이터는 복사, 삭제, 편집이 가능하며 서식을 지정하여 인쇄할 수 있습니다.

01 ① 데이터 목록에서 임의의 셀을 선택합니다. ② [데이터] 탭의 [정렬 및 필터] 그룹에서 **[필터]**를 클릭해서 자동 필터를 적용합니다. ③ 공급처 필드의 [▾**필터 목록]**을 클릭하고 ④ 텍스트 필터 검색란에 **산업**을 입력합니다. ⑤ **[확인]**을 클릭합니다.

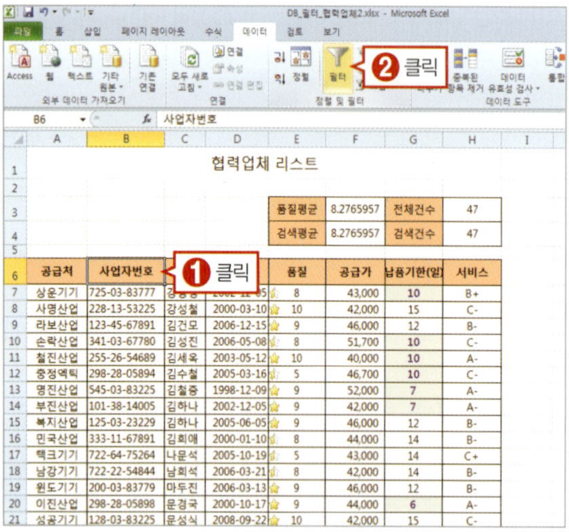

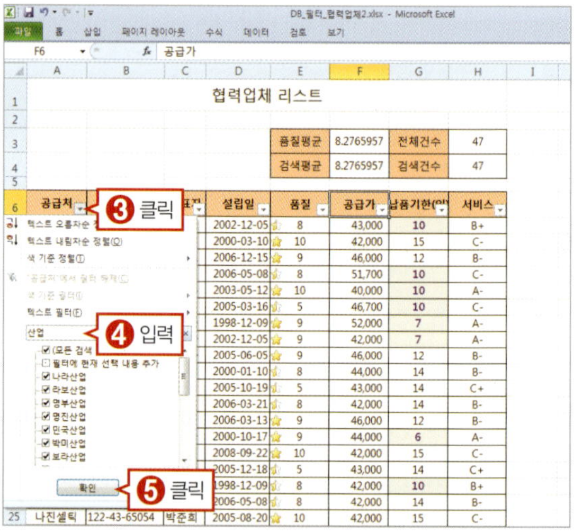

02 공급처에 **산업**이라는 문자가 포함된 레코드만 표시되면서 앞서 SUBTOTAL 함수로 수식을 입력한 [F4], [H4] 셀의 값이 검색된 레코드를 기준으로 다시 계산됩니다.

Tip 자동 필터 버튼이 ▾면 아무 조건도 지정되지 않은 필드 열이라는 뜻이며 ▾면 현재 필드 열에 조건이 지정되어 있다는 의미입니다.

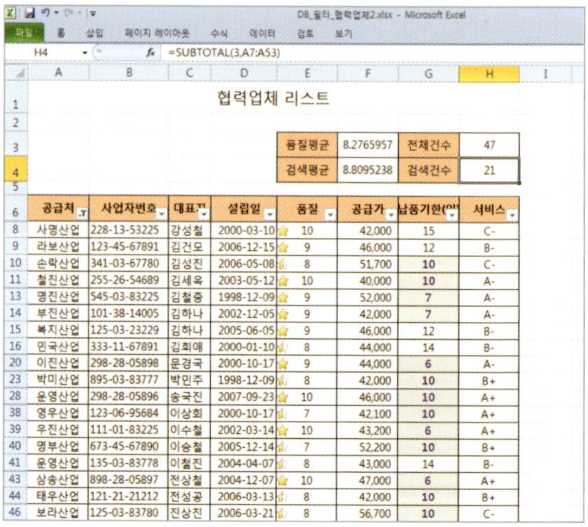

03 ① 서비스 필드의 [▼ **필터 목록**]을 클릭하고 ② 텍스트 필터의 [**모두 선택**]을 선택하여 체크를 해제합니다. ③ A+, A-만 선택하여 체크하고 ④ [**확인**]을 클릭해서 서비스가 A+, A-인 공급처를 검색합니다.

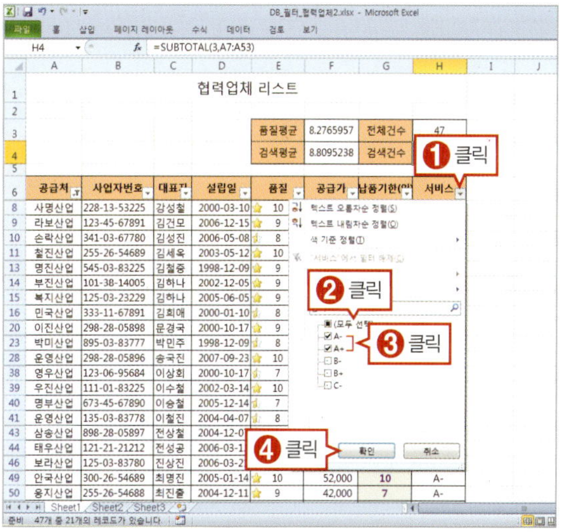

04 ① 공급가 필드의 [▼ **필터 목록**]을 클릭하고 ② [숫자 필터]-[**작거나 같음**]을 선택합니다. ③ 대화 상자에서 조건 입력란에 **45000**을 입력합니다. ④ [**확인**]을 클릭해서 공급가가 45,000원 이하인 공급처를 검색합니다.

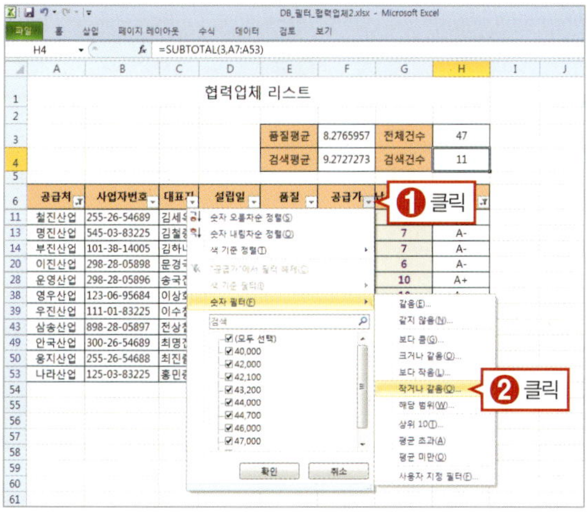

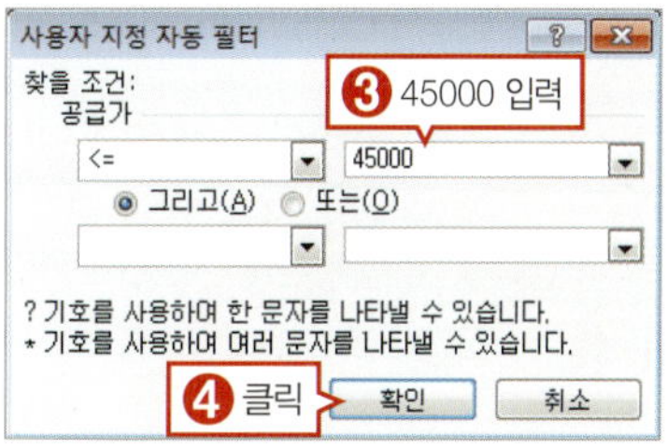

Tip 필드 열의 데이터가 숫자일 경우 같은 값, 이상, 이하, 미만, 초과 등의 값을 검색할 수 있습니다.

05 공급처는 **산업**이라는 문자가 포함된 목록이고, 공급가는 **45000 이하**, 서비스가 **A+, A-**인 목록이 표시됩니다. [데이터] 탭의 [정렬 및 필터] 그룹에서 [**지우기**]를 클릭해서 모든 데이터를 표시합니다.

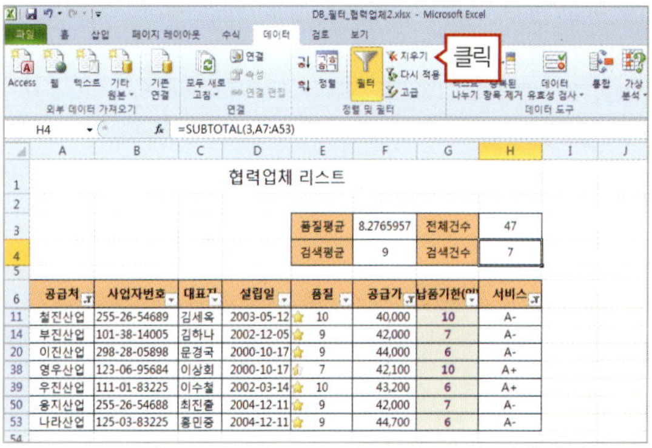

핵심기능 81

서식 필터로 데이터 추출하기

- **실습 파일** ⓒ : 엑셀\실습\DB_필터_협력업체3.xlsx
- **완성 파일** ⓒ : 엑셀\완성\DB_필터_협력업체3_완성.xlsx

자동 필터를 사용하면 셀 서식, 아이콘의 필터 조건을 입력하여 원하는 데이터를 추출할 수 있습니다. 셀 범위의 셀 색이나 글꼴 서식을 수동 또는 조건부로 지정한 경우 색으로 필터링할 수도 있습니다. 또한 조건부 서식을 통해 만든 아이콘 모음으로 필터링할 수 있습니다.

01 ① 데이터 목록에서 임의의 셀을 선택합니다. ② [데이터] 탭의 [정렬 및 필터] 그룹에서 **[필터]**를 클릭해서 자동 필터를 적용합니다. ③ **[품질]** 필드의 [▾ **필터 목록**]을 클릭하고 ④ [색 기준 필터]–[☆ **별 아이콘**]을 선택해서 별이 있는 셀을 검색합니다.

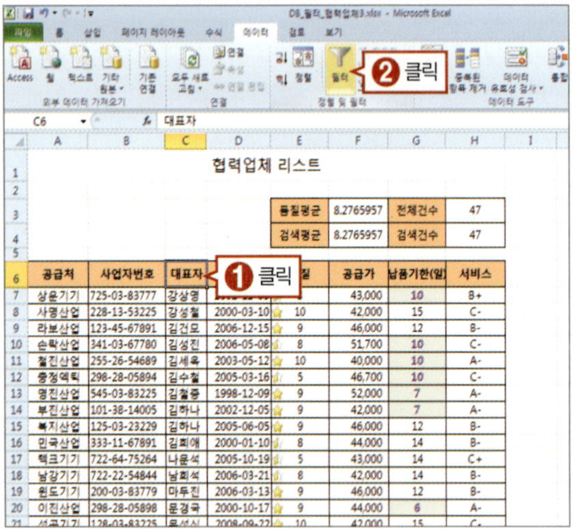

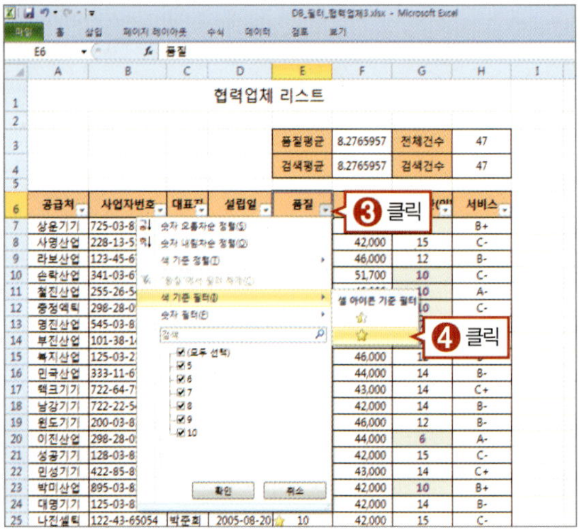

02 ① **[납품 기한]** 필드의 [▾ **필터 목록**]을 클릭합니다. ② [색 기준 필터]–[**자주**]를 선택해서 자주 글꼴 색이 있는 셀을 검색합니다. 품질 점수가 9 이상(☆), 납품기한이 10일 이하( )인 데이터가 표시됩니다.

Tip 필드 열의 데이터에 글꼴 색, 셀 색, 아이콘 서식이 지정되어 있으면 색 기준 필터를 조건으로 검색할 수 있습니다.

Tip 모든 필터링이 끝난 뒤에 자동 필터를 해제하려면 [데이터] 탭의 [정렬 및 필터] 그룹에서 [필터]를 클릭합니다.

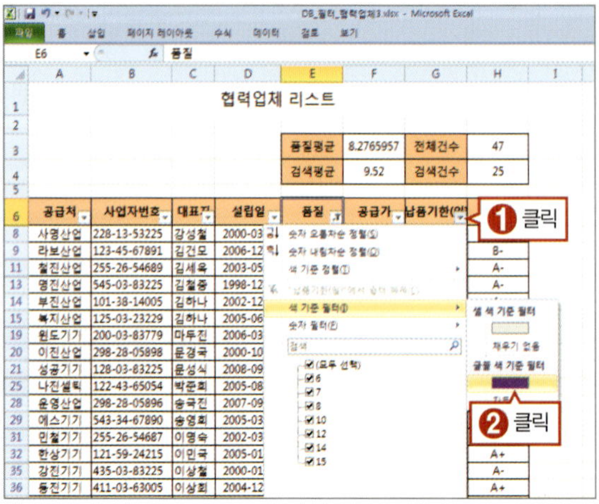

핵심기능 82

평균과 상위 10 기준으로 데이터 추출하기

• **실습 파일** ⓒ : 엑셀\실습\DB_필터_협력업체4.xlsx
• **완성 파일** ⓒ : 엑셀\완성\DB_필터_협력업체4_완성.xlsx

자동 필터를 사용하여 상위 값, 하위 값을 조건으로 원하는 데이터를 추출할 수 있습니다.

01 ① 데이터 목록에서 임의의 셀을 선택합니다. ② [데이터] 탭의 [정렬 및 필터] 그룹에서 **[필터]**를 클릭해서 자동 필터를 적용합니다. ③ **[공급가]** 필드의 [▾**필터 목록]**을 클릭하고 ④ [숫자 필터]–**[평균 미만]**을 선택해서 공급가가 평균 미만인 데이터를 추출합니다.

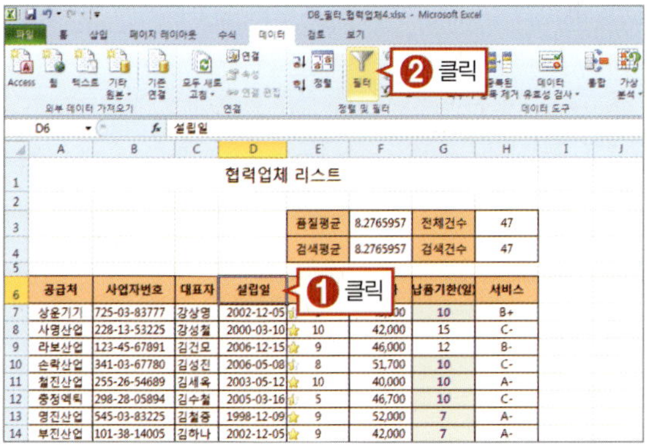

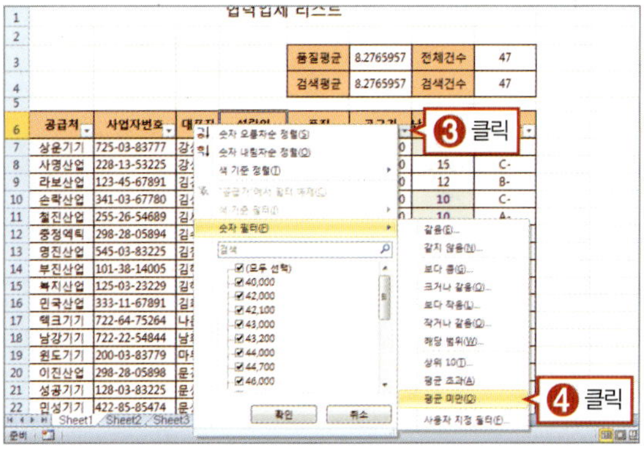

02 ① **[품질]** 필드의 [▾**필터 목록]**을 클릭합니다. ② [숫자 필터]–**[상위 10]**을 선택합니다. ③ [상위 10 자동 필터] 대화 상자에서 **[상위]**, **[20]**, **[%]**를 지정한 다음 ④ **[확인]**을 클릭합니다. 협력 업체 목록에서 공급가가 **평균 미만**이고, 품질 점수가 **상위 20%**에 해당하는 데이터가 추출됩니다.

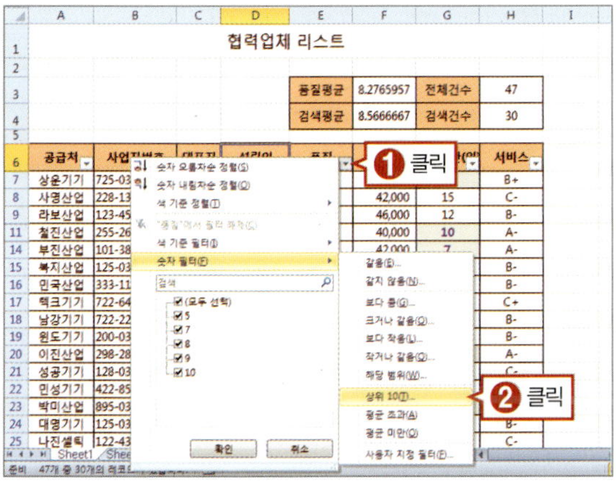

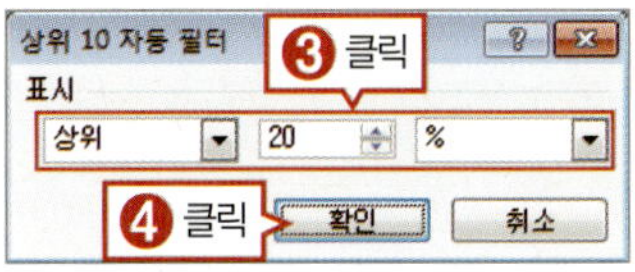

핵심기능 83

여러 그룹으로 다중 부분합 작성하기

- **실습 파일** : 엑셀\실습\DB_부분합_예산지출1.xlsx
- **완성 파일** : 엑셀\완성\DB_부분합_예산지출1_완성.xlsx

부분합은 자동으로 특정 필드를 그룹화하여 분류하고, 분류한 각 그룹별로 합계, 평균, 개수 등을 자동으로 계산하는 기능입니다.

01 필드 정렬하기

① [B3] 셀을 선택합니다. ② [데이터] 탭의 [정렬 및 필터] 그룹에서 **[정렬]**을 클릭합니다. ③ **[기준 추가]**를 클릭하고 ④ 그림과 같이 **[부서]**와 **[계정항목]** 필드를 그림과 같은 정렬 조건으로 설정합니다. ⑤ **[확인]**을 클릭해서 부분합을 구할 필드를 정렬합니다.

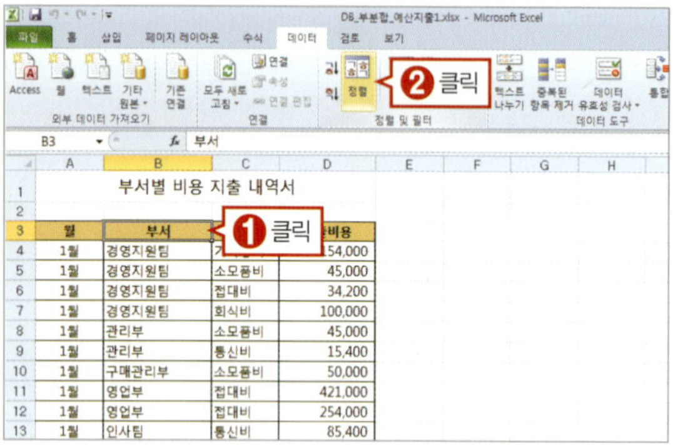

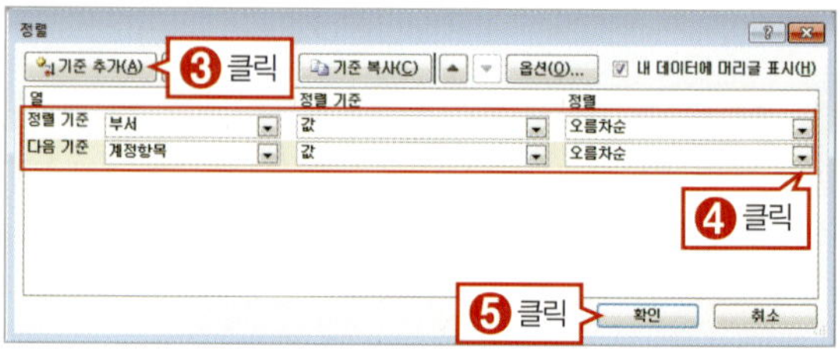

02 부분합 구하기

① 데이터에서 임의의 셀을 선택하고 ② [윤곽선] 그룹에서 **[부분합]**을 클릭합니다. ③ [그룹화할 항목]을 **[부서]**, [사용할 함수]를 **[합계]**, [부분합 계산 항목]을 **[지출비용]**으로 설정합니다. ④ **[확인]**을 클릭해서 첫 번째 부서별 지출 비용 소계를 구합니다.

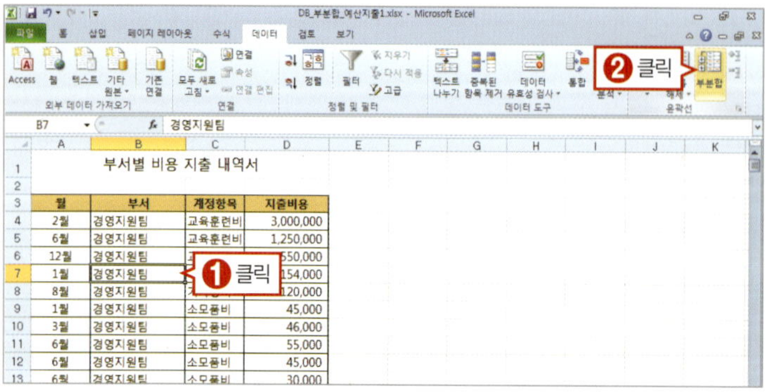

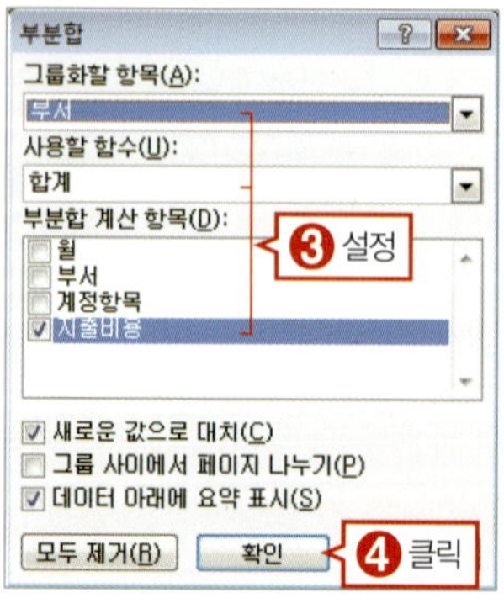

Tip [모두 제거]를 클릭하면 부분합을 제거할 수 있습니다.

03 ① [윤곽] 그룹에서 **[부분합]**을 클릭합니다. ② [그룹화할 항목]을 **[계정항목]**, [사용할 함수]를 **[합계]**, [부분합 계산 항목]을 **[지출비용]**으로 설정합니다. ③ **[새로운 값으로 대치]**에 체크를 해제한 다음 ④ **[확인]**을 클릭해서 다중으로 두 번째 부분합을 구합니다.

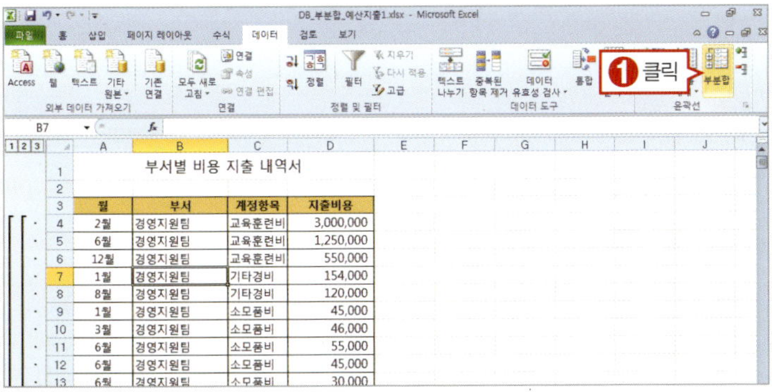

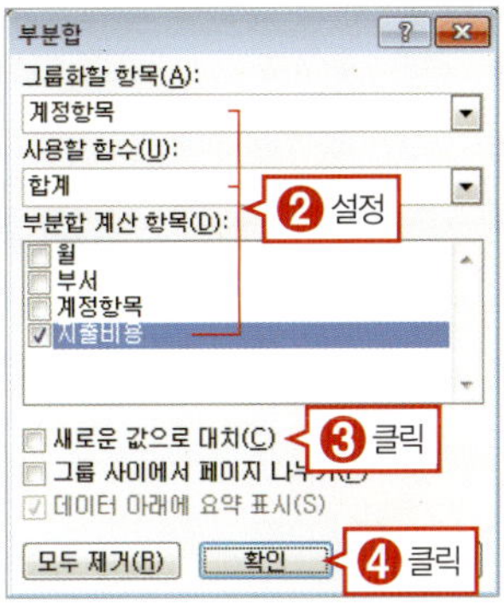

Tip [새로운 값으로 대치]에 체크를 해제해야 여러 그룹으로 부분합을 할 수 있습니다.

04 그림과 같이 부서별, 계정항목별 지출 비용의 합계가 나타납니다.

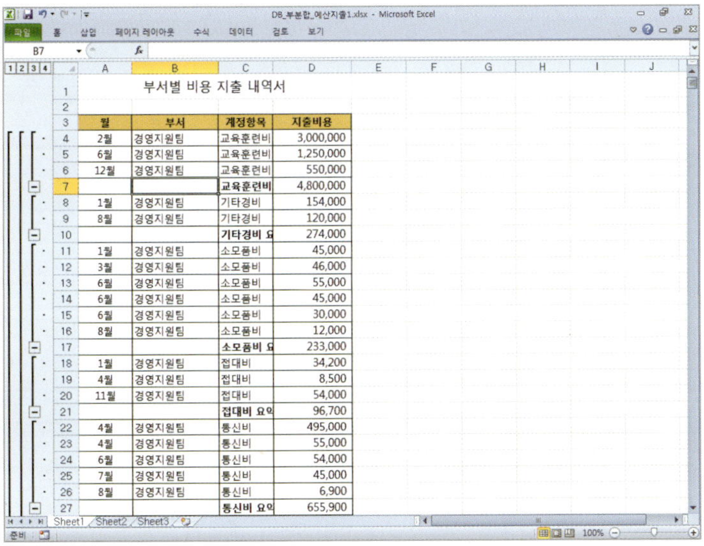

핵심기능 84

부분합 그룹 윤곽의 일부 부분합 복사하기

- **실습 파일** : 엑셀\실습\DB_부분합_예산지출2.xlsx
- **완성 파일** : 엑셀\완성\DB_부분합_예산지출2_완성.xlsx

부분합을 지정하면 그룹별 소계가 구해지고 윤곽 기호가 나타납니다. 윤곽 기호로 일부 축소된 데이터를 복사해서 다른 곳에 붙여넣으면 숨겨진 하위 수준까지 붙여지므로 화면에 보이는 셀만 붙여넣는 과정이 필요합니다.

01 부분합 복사하기

부분합으로 그림과 같이 부서별, 계정항목별 지출비용의 합계가 구해지며 윤곽 기호가 생깁니다. 윤곽 기호 중에 [2 2번]을 클릭하면 부서별 부분합 결과만 표시합니다.

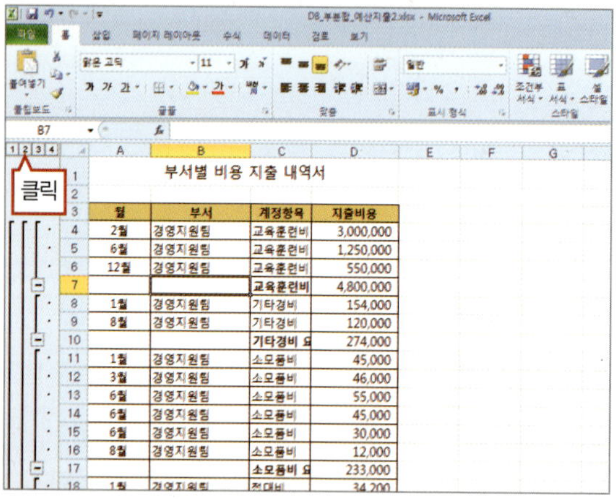

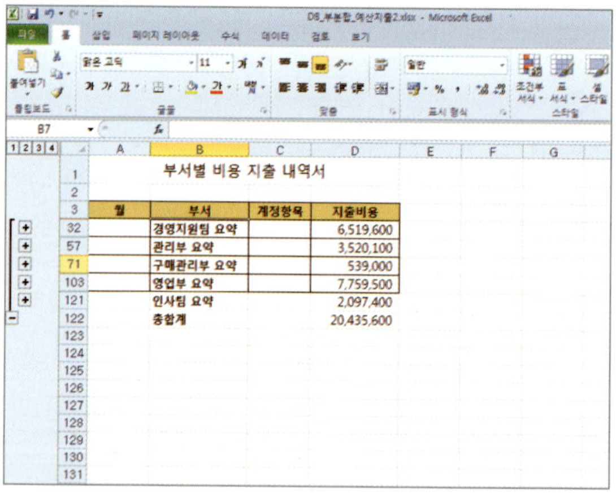

02 [+ 확장]이나 [- 축소]를 클릭해서 데이터를 확장하거나 축소할 수 있습니다.

Tip 윤곽 기호를 이용하면 그룹별로 하위 수준을 숨기거나 표시할 수 있습니다. 1은 전체 결과(총 합계), 2는 부서별 소계, 3은 부서별, 계정별 소계, 4는 전체 데이터를 표시합니다.

+ : 확장 버튼을 클릭하면 숨겨져 있는 하위 수준을 표시

- : 축소 버튼을 클릭하며 하위 수준(그룹)을 숨김.

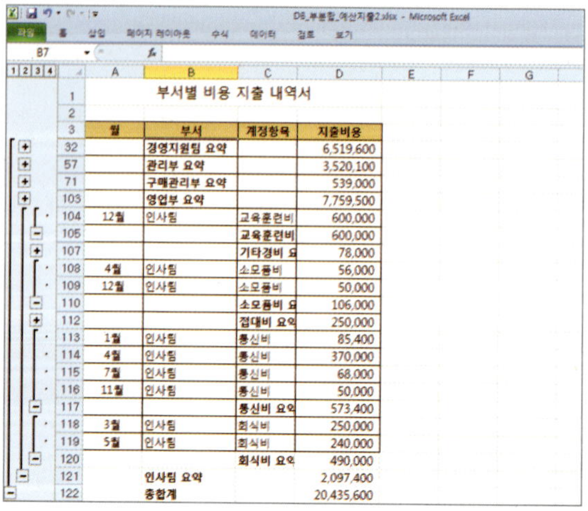

03 ① 윤곽 기호 중에 [3번]을 클릭하면 부서별, 계정항목별 소계만 표시됩니다. 그림과 같이 요약된 결과만 표시된 상태에서 ② [B3]~[D122] 셀을 범위로 지정하고 F5를 누릅니다. ③ [이동] 대화 상자에서 [옵션]을 클릭합니다. ④ [화면에 보이는 셀만]을 선택한 후 ⑤ [확인]을 클릭하면 화면에 보이는 영역만 범위로 지정됩니다.

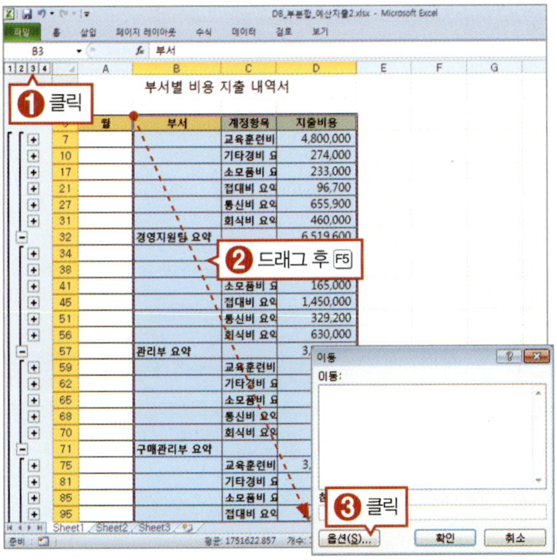

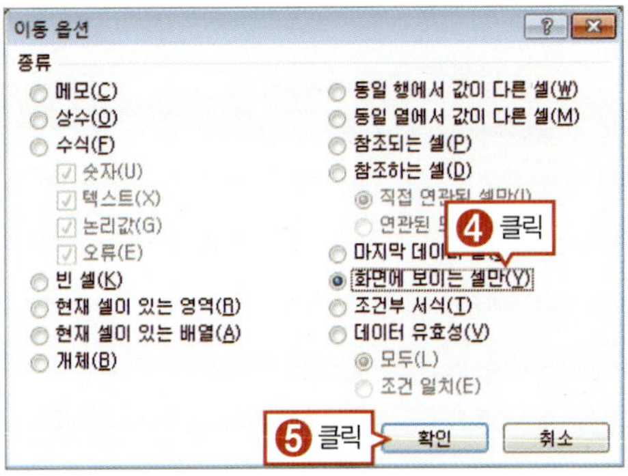

Tip 화면에 보이는 셀 선택 단축키는 Alt+;입니다.

04 ① 화면에 보이는 셀만 선택된 상태에서 Ctrl+C를 눌러 복사합니다. ② [Sheet2] 시트를 선택하고 붙여넣을 셀을 선택하여 ③ Ctrl+V를 누르면 화면에 보이는 영역만 붙여넣을 수 있습니다. [Sheet2] 시트에서 열 너비를 보기 좋게 조절합니다.

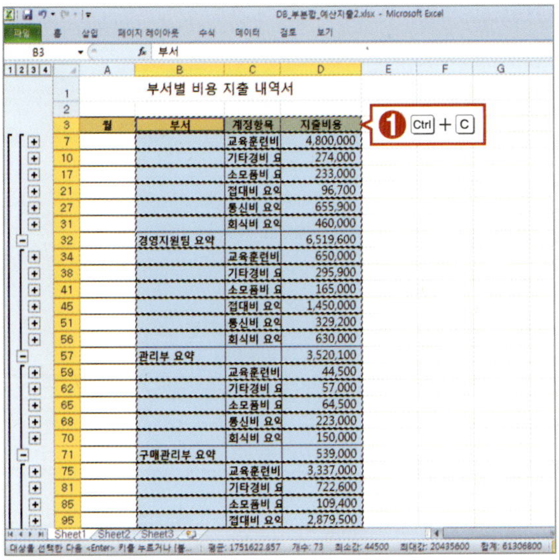

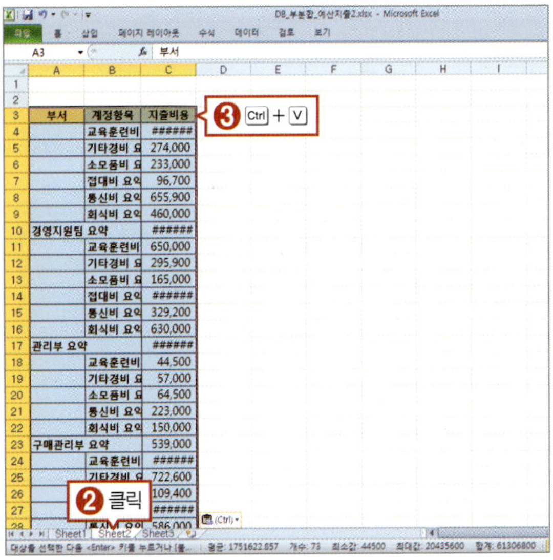

핵심기능 85

피벗 테이블 만들기

• **실습 파일** ⓒ : 엑셀\실습\DB_피벗_매출표1.xlsx
• **완성 파일** ⓒ : 엑셀\완성\DB_피벗_매출표1_완성.xlsx

피벗 테이블은 복잡한 데이터를 간단하게 요약하고 데이터의 흐름이나 추이를 간편하게 비교하여 표로 요약하는 기능입니다.

01 ① 데이터에서 임의의 셀을 선택하고 ② [삽입] 탭의 [표] 그룹에서 **[피벗 테이블]**을 클릭합니다. ③ **[표 또는 범위 선택]**을 선택하면 [표/범위]에 자동으로 데이터 범위가 지정됩니다. ④ 피벗 테이블 보고서를 넣을 위치로 **[새 워크시트]**를 선택한 후 ⑤ **[확인]**을 클릭합니다.

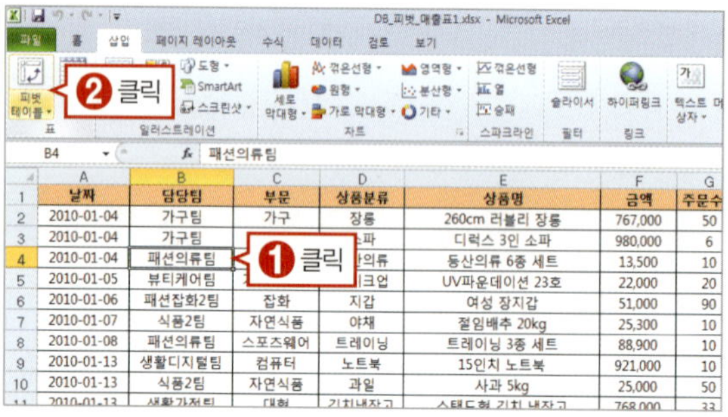

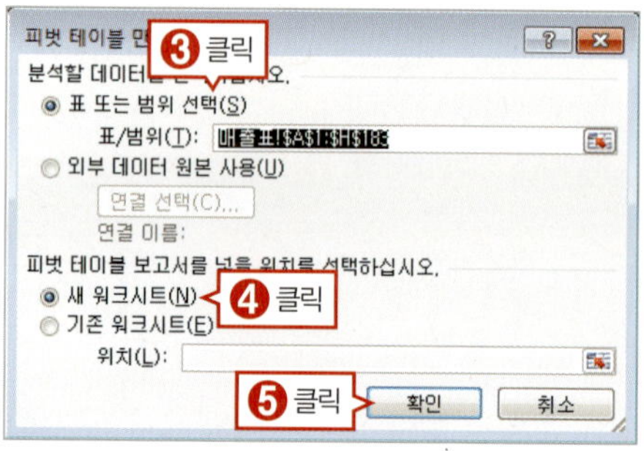

02 새로운 시트가 삽입되면서 왼쪽에는 피벗 테이블 레이아웃을 설계할 영역이, 오른쪽에는 피벗 테이블 필드 목록 창이 나타납니다. 필드 목록 창에서 **[날짜]**, **[담당팀]**, **[부문]**, **[주문수량]**을 선택해서 체크합니다.

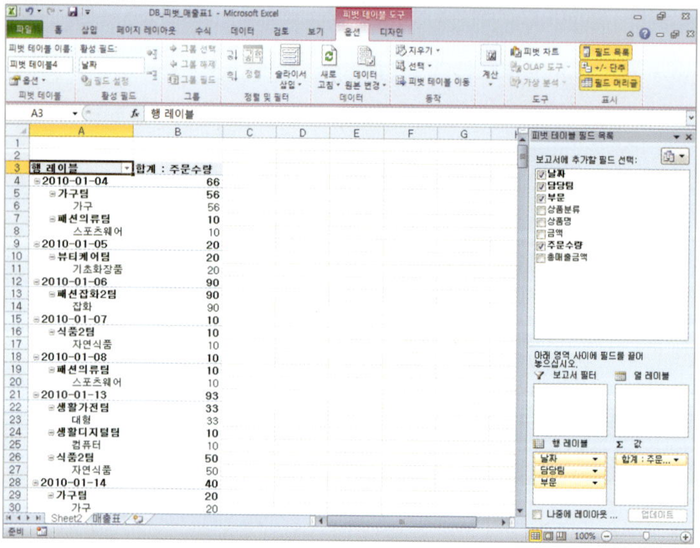

03 ① 행 레이블 영역에 있는 **[날짜]**를 **[보고서 필터] 영역**으로, ② **[부문]**을 **[열 레이블] 영역**으로 드래그하여 옮깁니다.

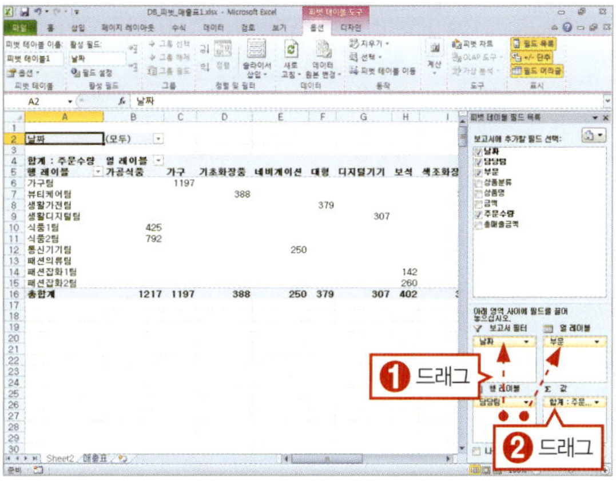

Tip 행/열 레이블 영역에 있는 필드를 클릭한 후 [필드 제거]를 선택하거나 [행 레이블] 또는 [열 레이블]을 선택해서 위치를 바꾸거나 제거할 수 있습니다.

핵심기능 86

피벗 테이블 그룹 지정 및 필드 필터링하기

• **실습 파일** ⓒ : 엑셀\실습\DB_피벗_매출표2.xlsx
• **완성 파일** ⓒ : 엑셀\완성\DB_피벗_매출표2_완성.xlsx

행과 열 방향으로 그룹화된 항목이 숫자 데이터인 경우 다시 한 번 그룹으로 지정할 수 있으며, 요약된 피벗 테이블의 필드에서 조건을 지정하여 필터링할 수 있습니다.

01 ① [필드 목록] 창에서 [보고서 필터] 영역에 있는 **[날짜]**를 [행 레이블] 영역으로, ② [행 레이블] 영역에 있는 **[담당팀]**을 [보고서 필터] 영역으로 드래그하여 옮깁니다.

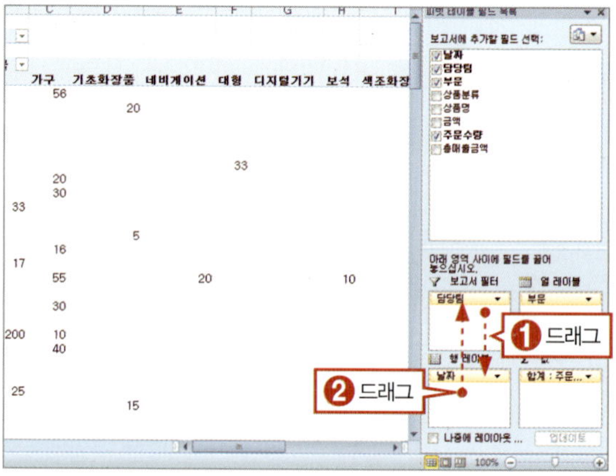

02 날짜와 같은 숫자 데이터는 그룹화할 수 있습니다. ① [행 레이블]에서 임의의 셀을 선택합니다. ② [피벗 테이블 도구]–[옵션] 탭의 [그룹] 그룹에서 **[그룹 선택]**을 클릭합니다. ③ [그룹화할 단위]에서 **[월]**과 **[분기]**를 선택하고 ④ **[확인]**을 클릭해서 월별, 분기별로 그룹화합니다.

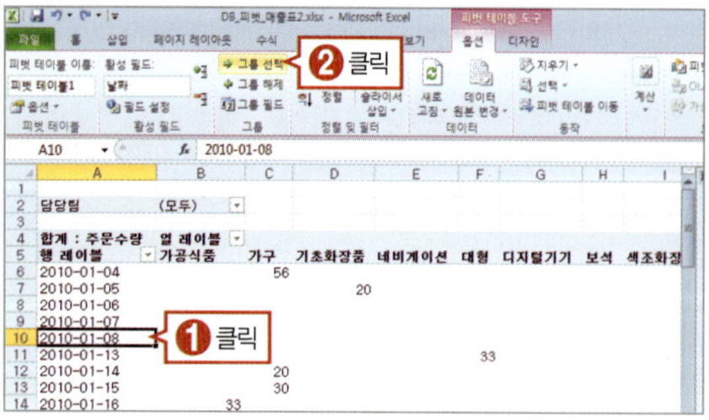

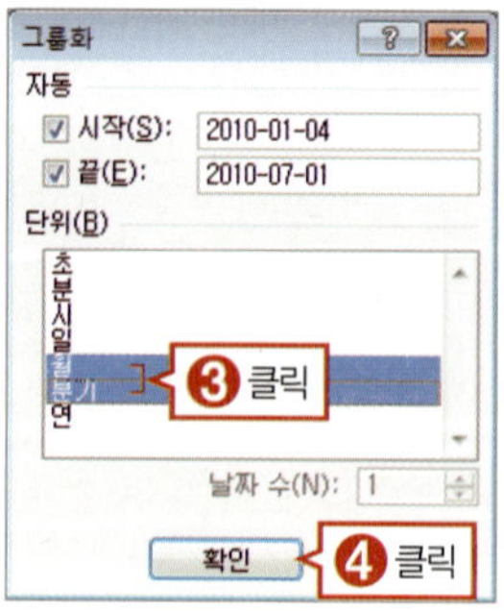

03 피벗 테이블은 기본적으로 합계로 요약됩니다. ① 요약 기준을 변경하려면 값 영역 필드에서 임의의 셀을 선택합니다. ② [피벗 테이블 도구]–[옵션] 탭의 [계산] 그룹에서 **[값 요약 기준]**을 클릭한 후 ③ **[최소값]**을 선택합니다. 값 영역 필드 요약 기준이 최솟값으로 변경됩니다.

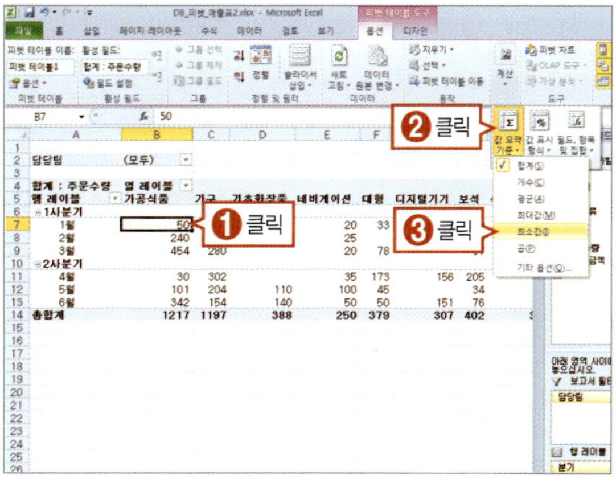

04 ① **[▼ 담당팀 필터 목록]**을 클릭합니다. ② **[여러 항목 선택]**을 체크한 후 ③ **[모두]**를 클릭해서 체크를 해제합니다. ④ **[생활 가전팀]**, **[생활 디지털팀]**, **[통신기기팀]**을 선택해서 체크한 후 ⑤ **[확인]**을 클릭합니다. 보고서에 [생활 가전팀]과 [생활 디지털팀], [통신기기팀]에 해당하는 상품 분류가 표시됩니다.

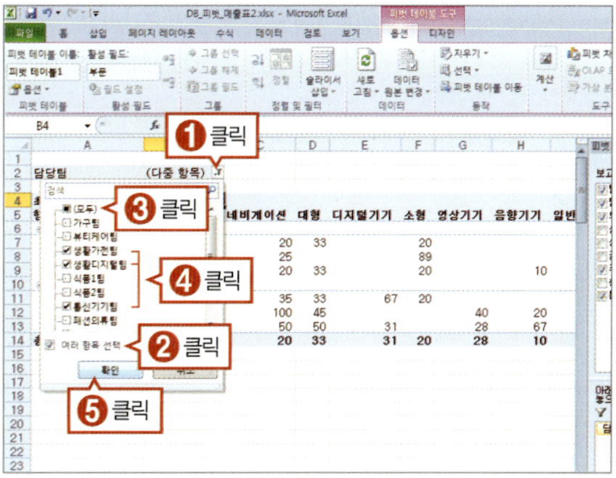

05 ① **[▼ 열 레이블 목록]**을 클릭하고 ② **[대형]**과 **[소형]**, **[컴퓨터]**에만 체크합니다. ③ **[확인]**을 클릭해서 [대형], [소형], [컴퓨터] 항목만 나타냅니다.

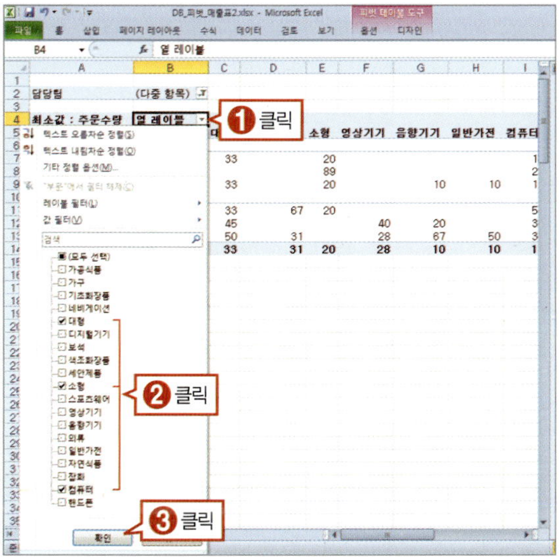

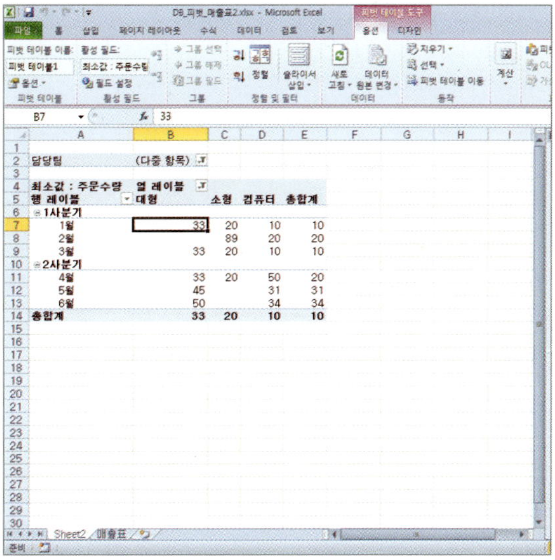

Tip [⊞확장]과 [⊟축소]를 클릭해서 일부 하위 레코드를 확장/축소할 수 있습니다.

핵심기능 87

피벗 테이블 슬라이서 삽입/제거하기

- **실습 파일** ◎ : 엑셀\실습\DB_피벗_매출표3.xlsx
- **완성 파일** ◎ : 엑셀\완성\DB_피벗_매출표3_완성.xlsx

슬라이서는 엑셀 2010의 새로운 기능으로, 피벗 테이블의 데이터 중에서 사용자가 원하는 자료를 필드의 목록 창에서 세분화하고 필터링하여 필요한 내용만 표시합니다.

01 ① [필드 목록] 창에서, **[담당팀]**, **[부문]**, **[총매출금액]**만 체크되게 합니다. ② [행 레이블] 영역에 **[담당팀]**을, [열 레이블] 영역에 **[부문]**을, Σ값에 **[총매출금액]**을 드래그하여 옮깁니다.

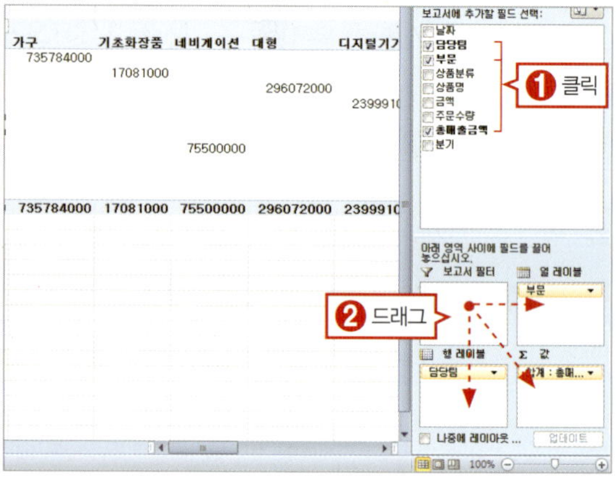

02 불필요한 창을 숨기기

① [피벗 테이블 도구]-[옵션] 탭의 [표시] 그룹에서 **[필드 목록]**, **[필드 머리글]**을 각각 클릭하여 숨깁니다. ② [정렬 및 필터] 그룹에서 **[슬라이서 삽입]**을 클릭하고 ③ **[날짜]**와 **[상품분류]**에 체크 표시한 후 ④ **[확인]**을 클릭합니다.

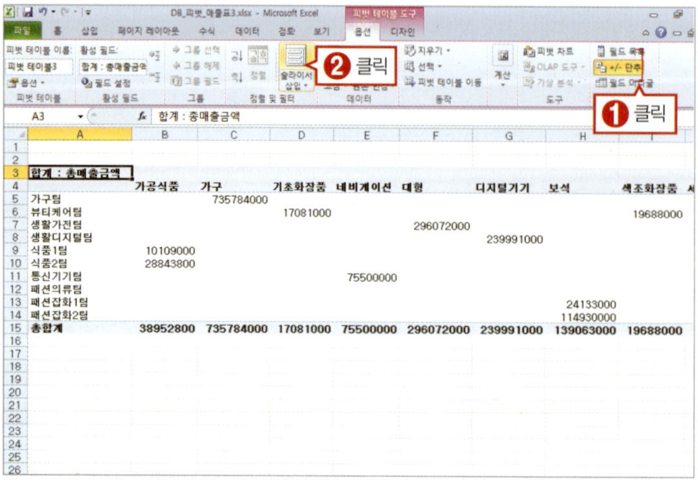

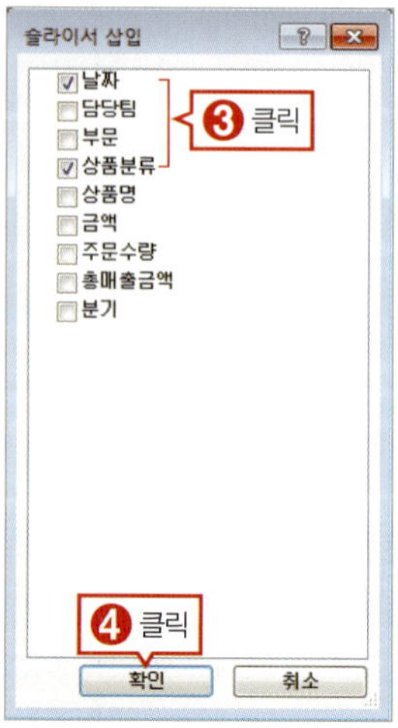

03 ① [날짜]와 [상품 분류] 슬라이서 창을 드래그하여 오른쪽 적당한 위치에 배치합니다. ② [날짜] 창에서 **[1월]**을 선택하고 Shift를 누른 상태에서 **[3월]**을 선택합니다. ③ [상품 분류] 창에서 Ctrl을 누른 상태로 **[GPS]**, **[MP3]**, **[TV]**, **[김치 냉장고]**, **[냉장고]**를 선택해서 필터링합니다.

Tip [필터 지우기]를 클릭하면 전체 목록이 나타납니다.

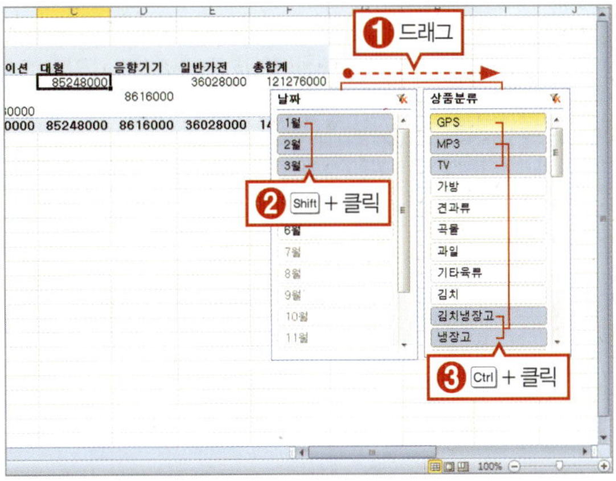

04 슬라이서 제거하기

① [날짜] 슬라이서 창에서 **마우스 오른쪽 버튼**을 클릭하고 ② **["날짜" 제거]**를 클릭해서 슬라이서 창을 닫습니다. ③ 마찬가지 방법으로 **[상품 분류]** 슬라이서 창을 닫습니다.

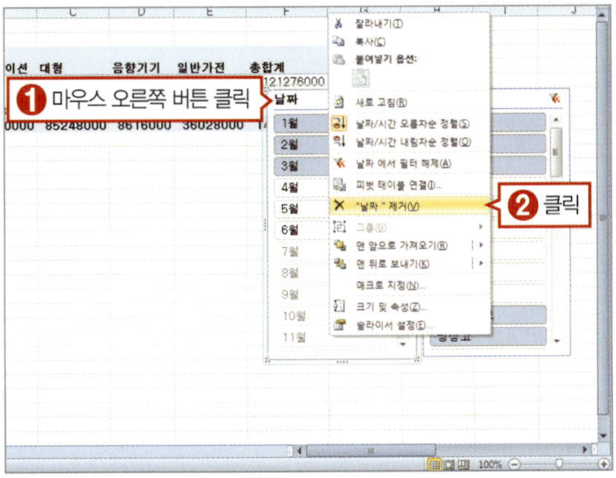

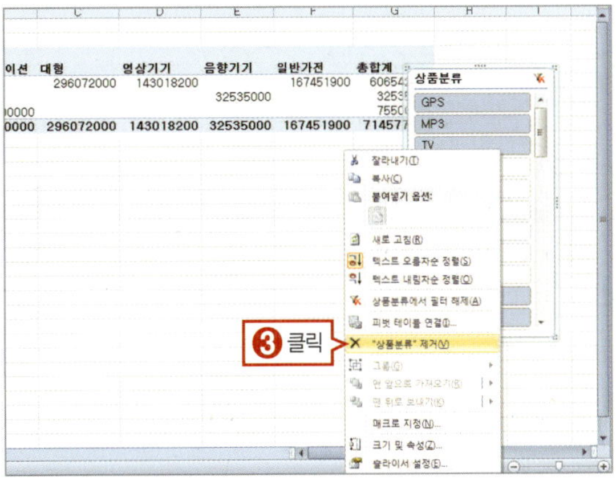

핵심기능 88

피벗 테이블 레이아웃 및 디자인 변경하기

- **실습 파일** ⓒ : 엑셀\실습\DB_피벗_매출표4.xlsx
- **완성 파일** ⓒ : 엑셀\완성\DB_피벗_매출표4_완성.xlsx

피벗 테이블 기능으로 요약한 보고서에 레이아웃과 서식, 스타일을 적용해서 보고서를 보기 좋고 이해하기 쉽게 꾸밀 수 있습니다.

01 부분합 표시하기

① [디자인] 탭의 [레이아웃] 그룹에서 **[부분합]**을 클릭합니다. ② **[그룹 하단에 모든 부분합 표시]**를 선택합니다.

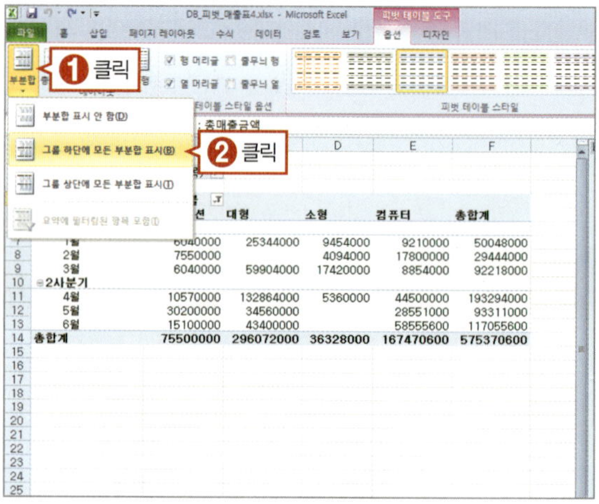

02 열의 총합계만 표시하기

피벗 테이블은 기본적으로 행과 열의 총합계가 표시됩니다. ① [디자인] 탭의 [레이아웃] 그룹에서 **[총합계]**를 클릭하고 ② **[열의 총합계만 설정]**을 선택해서 열의 총합계만 표시합니다.

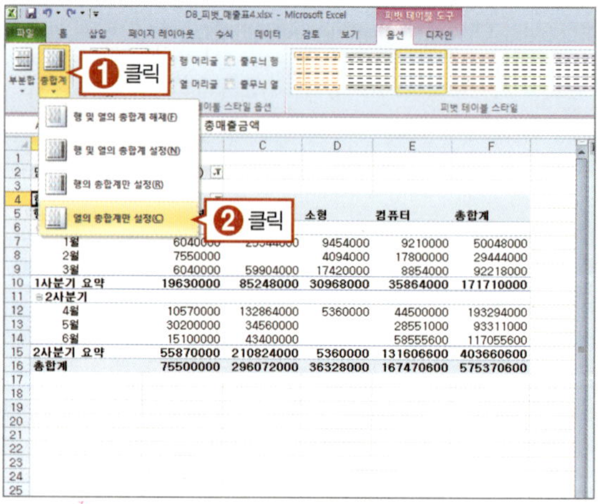

03 ① [피벗테이블 도구]–[디자인] 탭의 [레이아웃] 그룹에서 **[보고서 레이아웃]**을 클릭합니다. ②③ **[테이블 형식으로 표시]**와 **[항목 레이블 반복 안함]**을 각각 선택하여 레이아웃을 테이블 형식으로 변경합니다.

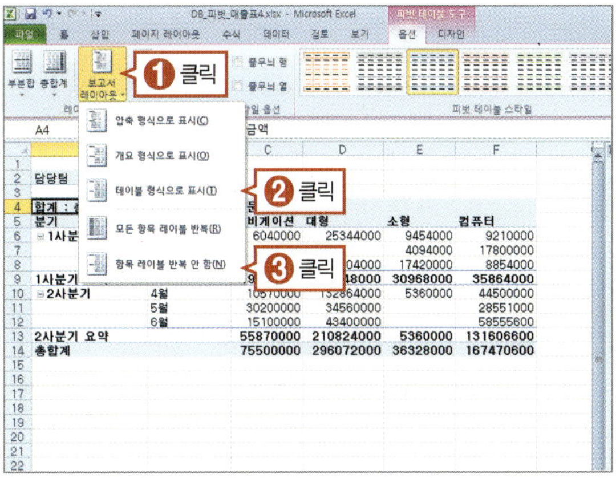

04 ① [디자인] 탭의 [피벗 테이블 스타일 옵션] 그룹에서 **[행 머리글]**, **[줄무늬 행]**, **[열 머리글]**에 체크합니다. ② [피벗 테이블 스타일] 그룹에서 [**자세히**]를 클릭합니다. ③ **[피벗 스타일 밝게 21]**을 선택하여 피벗 스타일을 변경합니다.

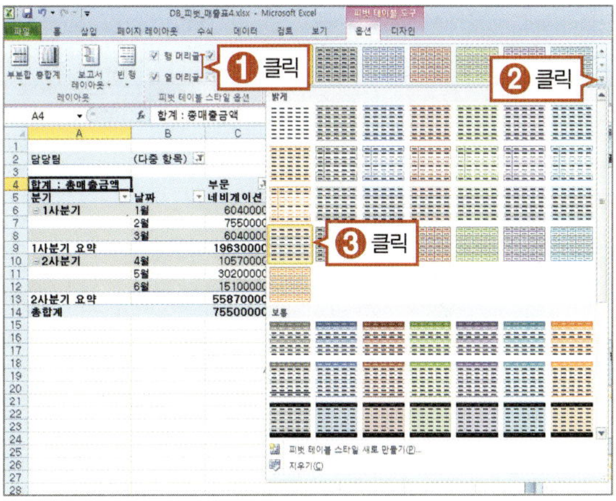

05 셀 병합하기

행/열 레이블에 2개 이상의 필드가 있는 경우 첫 번째 항목에 대해 셀 병합을 할 수 있습니다. ① [피벗 테이블 도구]–[옵션] 탭의 [피벗 테이블] 그룹에서 **[옵션]**을 선택합니다. ② [레이아웃 및 서식] 탭에서 **[레이블이 있는 셀 병합 및 가운데 맞춤]**에 체크한 후 ③ **[확인]**을 클릭합니다.

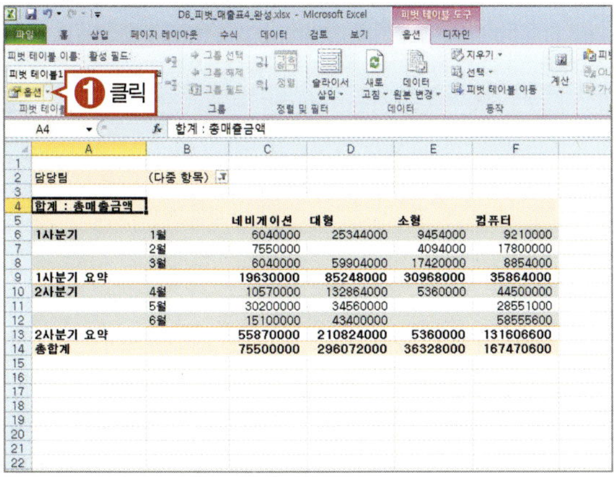

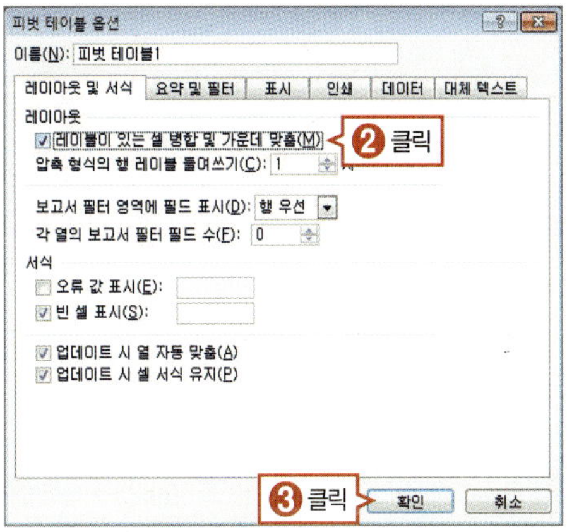

06 ① [총매출금액] 필드에 있는 임의의 셀에서 마우스 오른쪽 버튼을 클릭하고 ② **[필드 표시 형식]**을 선택합니다. ③ 표시 형식 범위에서 **[숫자]**를 선택하고 ④ **[1000단위 구분 기호 사용]**에 체크한 후 ⑤ **[확인]**을 클릭합니다.

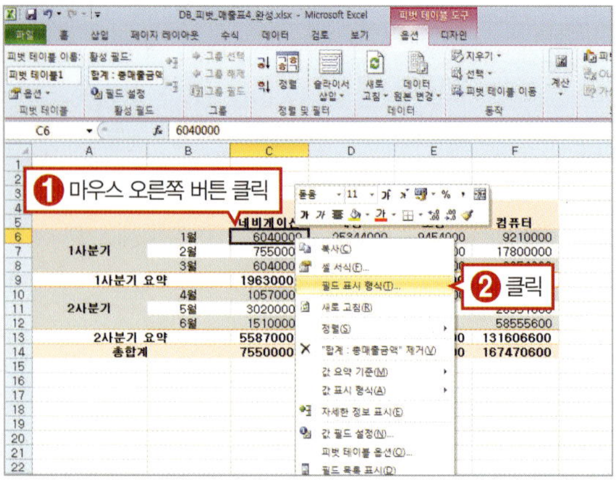

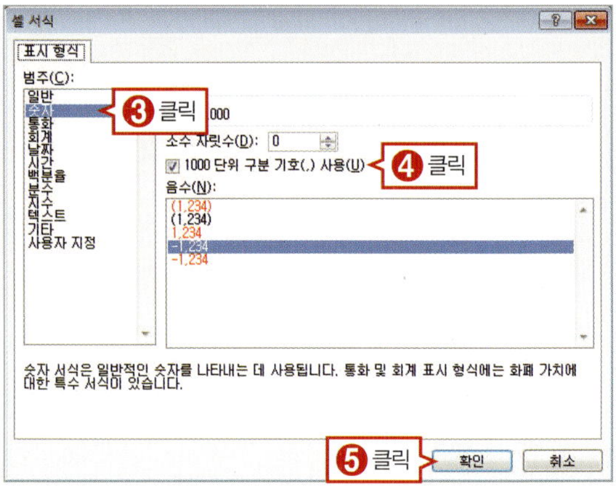

07 [피벗 테이블 도구]-[옵션] 탭의 [표시] 그룹에서 **[필드목록]**, **[+/- 버튼]**, **[필드 머리글]**을 각각 클릭하여 숨기면 그림과 같은 피벗 테이블 보고서가 완성됩니다.

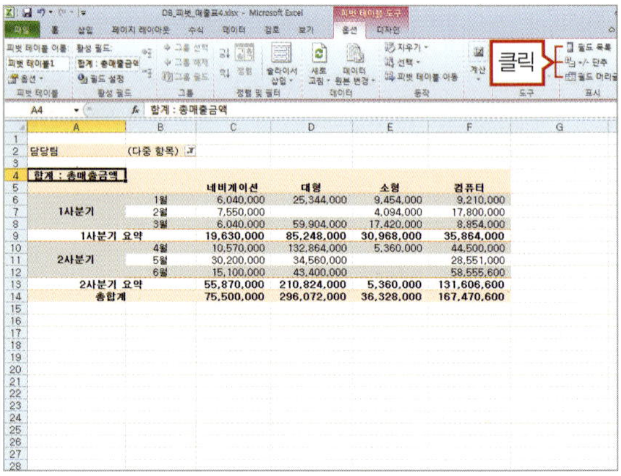

핵심기능 89

피벗 차트 삽입하기

- **실습 파일** : 엑셀\실습\DB_피벗_매출표5.xlsx
- **완성 파일** : 엑셀\완성\DB_피벗_매출표5_완성.xlsx

피벗 차트는 피벗 테이블 보고서를 요약하고 분석한 데이터를 시각화하여 그래픽으로 표현한 것입니다. 표준 차트와 달리 피벗 테이블의 레이아웃이나 표시되는 세부 항목 등이 변경되면 피벗 테이블 차트도 자동으로 갱신되는 대화형 차트입니다.

01 ① 피벗 테이블에서 임의의 셀을 선택합니다. ② [피벗 테이블 도구]-[옵션] 탭의 [도구] 그룹에서 **[피벗 차트]**를 클릭합니다. ③ **[누적 원통형]**을 선택하고 ④ **[확인]**을 클릭해서 차트를 만듭니다. 차트를 원하는 위치로 이동하고 크기를 조절합니다.

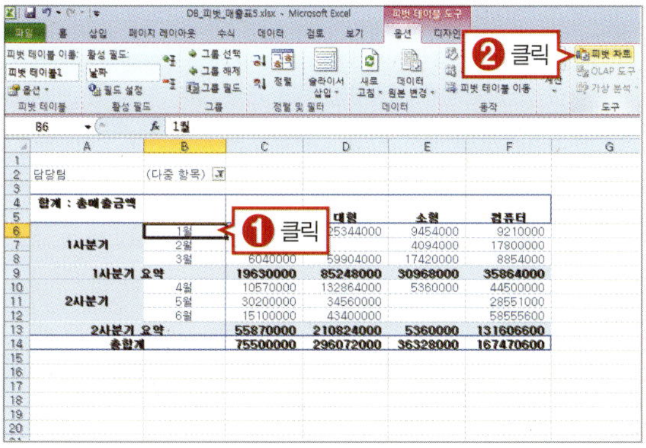

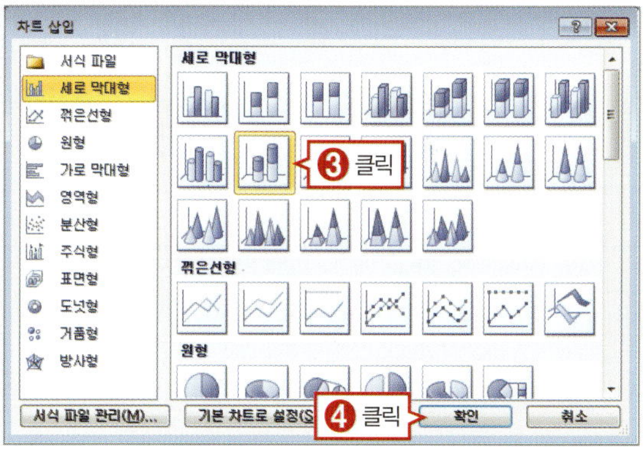

02 필드 버튼으로 필터링 하기

① [분기 ▾]를 클릭하고 ② **[1사분기]**에만 체크한 다음 ③ **[확인]**을 클릭합니다. 필터링한 조건으로 차트가 갱신됩니다.

Tip 차트에서 조건을 지정하여 필터링하면 동적으로 연결되어 있는 피벗 테이블도 자동 갱신됩니다.

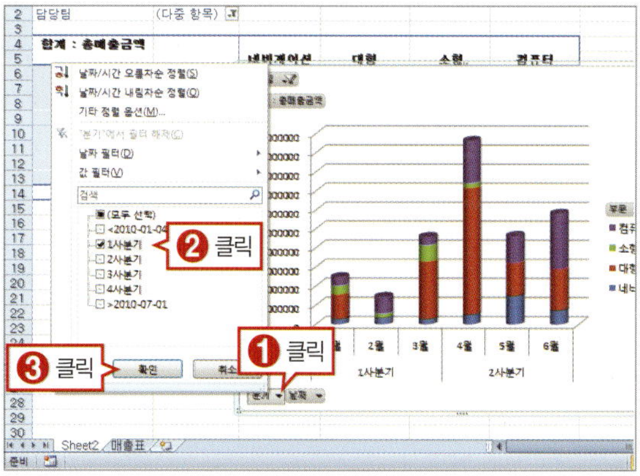

03 ① [피벗 차트 도구]-[디자인] 탭의 [위치] 그룹에서 **[차트 이동]**을 클릭합니다. ② **[새 시트]**를 선택하고 시트 이름을 **피벗차트**로 입력한 다음 ③ **[확인]**을 클릭해서 차트를 새 시트로 옮깁니다.

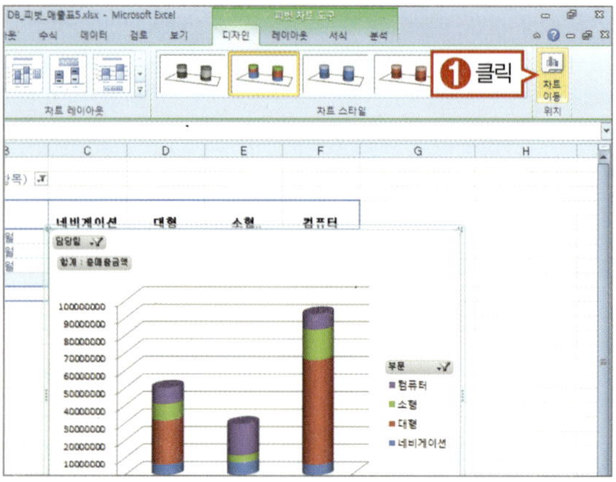

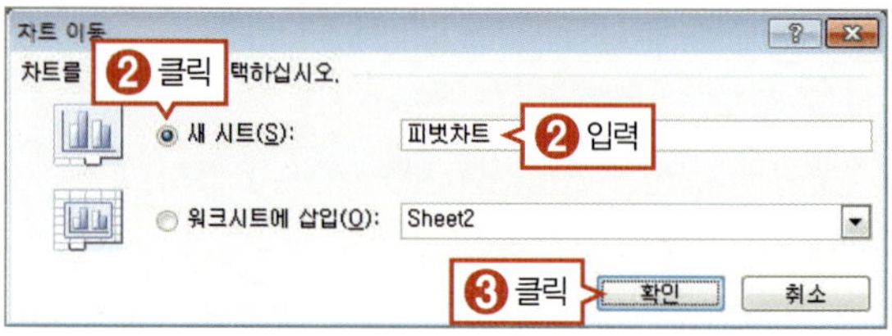

04 ① [피벗 차트 도구]-[디자인] 탭의 [차트 스타일] 그룹에서 [**자세히]**를 클릭합니다. ② **[스타일 40]**을 선택해서 피벗 차트 스타일을 변경합니다.

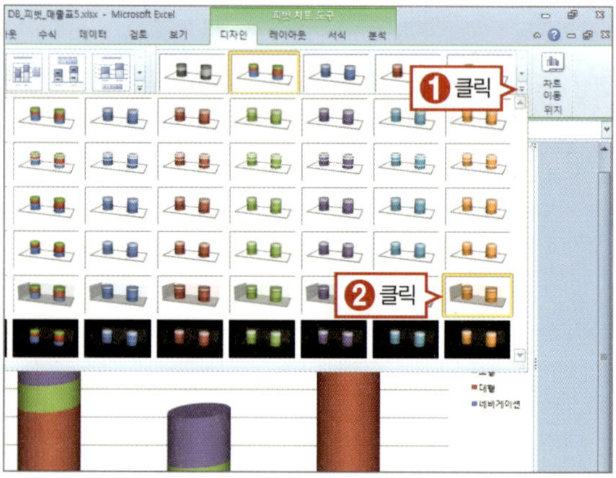

05 ① [피벗 차트 도구]-[분석] 탭의 [표시/숨기기] 그룹에서 **[필드 단추]**를 클릭하여 ② **[모두 숨기기]**를 선택하면 필드 버튼이 모두 사라집니다.

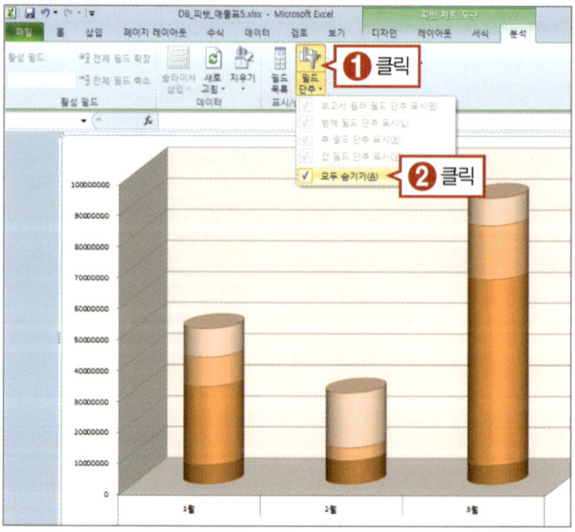

핵심기능 90

개발 도구 탭 추가 및 매크로 보안 설정하기

매크로를 기록하고 실행하려면 매크로와 관련된 명령어들이 모여 있는 [개발 도구] 탭을 추가하고, 매크로 보안 설정을 해야 합니다.

01 리본 메뉴에 [개발 도구] 탭을 표시하기

① [파일] 탭에서 **[옵션]**을 클릭합니다. ② [리본 사용자 지정] 항목의 [리본 메뉴 사용자 지정] 목록에서 **[개발 도구]**에 체크한 후 ③ **[확인]**을 클릭합니다. 리본 메뉴에 [개발 도구] 탭이 표시됩니다.

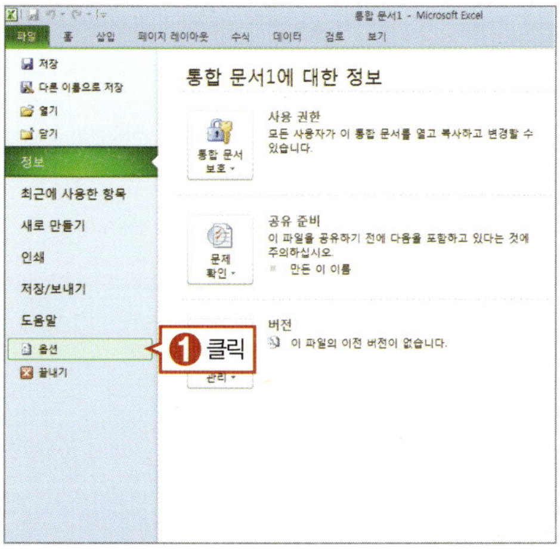

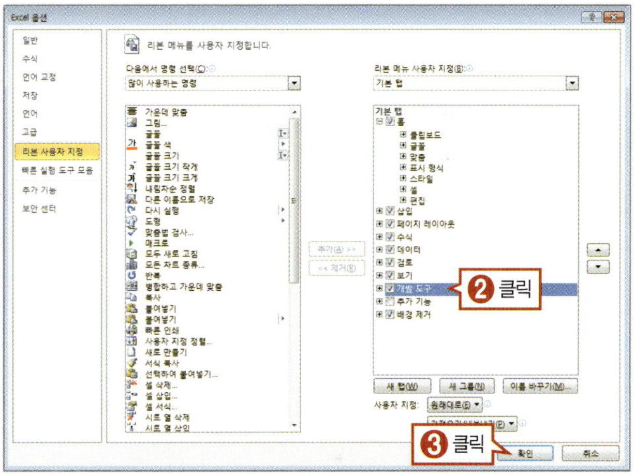

02 ① [개발 도구] 탭의 [코드] 그룹에서 **[매크로 보안]**을 클릭합니다. ② [매크로 설정] 항목의 [매크로 설정] 목록에서 **[모든 매크로 제외(알림 표시)]**를 선택하고 ③ **[확인]**을 클릭합니다.

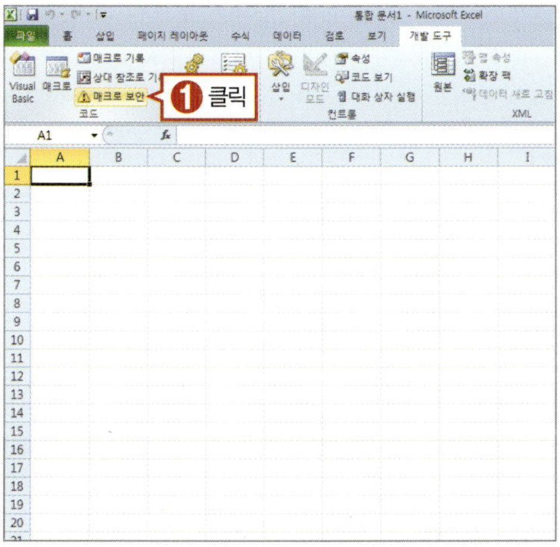

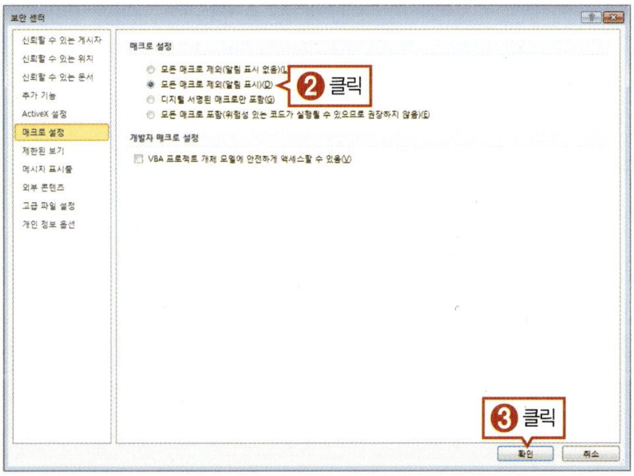

핵심기능 91

자동 매크로 기록 및 저장하기

• **실습 파일** : 엑셀\실습\매크로_판매현황1.xlsm
• **완성 파일** : 엑셀\완성\매크로_판매현황1_완성.xlsm

자동 매크로는 일련의 명령어들을 매우 쉽게 VBA(Visual Basic Applicaton)로 기록할 수 있습니다. 매크로를 기록하기 전에는 명령어의 순서와 흐름을 계획하고 순서에 맞춰 연습한 후 기록을 시작하는 것이 좋습니다.

01 매크로 기록하기

조건부 서식에서 이름이 같은 데이터 중 첫 번째 하나만 셀에 표시하고, 나머지 이름은 셀에 표시되지 않도록 하는 조건부 서식 과정을 매크로로 기록하겠습니다.

① **[A4] 셀**을 선택합니다. ② [개발 도구] 탭의 [코드] 그룹에서 **[매크로 기록]**을 클릭합니다. ③ [매크로 이름]을 **이름중복숨기기**, ④ [바로 가기 키]는 **h**, ⑤ [매크로 저장 위치]를 **[현재 통합 문서]**로 설정한 후 ⑥ **[확인]**을 클릭합니다.

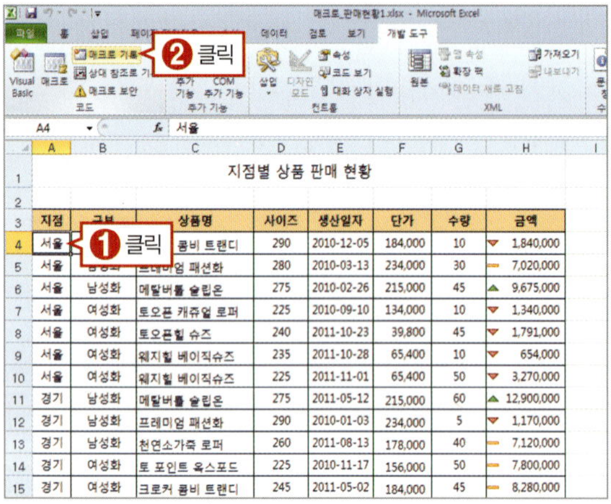

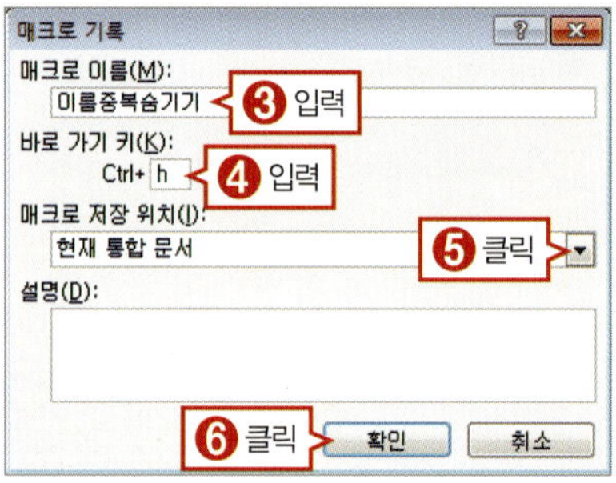

Tip 매크로 기록 대화 상자

- 매크로 이름 : 기록할 매크로 이름을 입력합니다. 매크로 이름은 첫 글자가 반드시 문자로 시작해야 하고 공백, 특수 문자(!,@,?,%,& 등), 셀 주소는 사용할 수 없습니다.
- 바로 가기 키 : 매크로를 실행하는 바로 가기 키를 설정할 수 있으며 대소문자를 구별합니다.
- 매크로 저장 위치 : 자동 매크로가 기록될 위치를 '개인용 통합 문서', '새 통합 문서', '현재 통합 문서' 중에서 선택합니다.
- 설명 : 매크로에 대한 부연 설명을 입력합니다.

02 ① Ctrl+Shift+↓를 눌러 [A4]~[A33] 셀을 범위로 지정합니다. ② [홈] 탭의 [스타일] 그룹에서 **[조건부 서식]**을 클릭하고 ③ **[새 규칙]**을 선택합니다. ④ **[수식을 사용하여 서식을 지정할 셀 결정]**을 선택하고 ⑤ 지점명이 같으면 셀의 글꼴 서식을 흰색으로 적용하기 위해 수식 입력란에 **=$A3=$A4**를 입력합니다. ⑥ **[서식]**을 클릭합니다.

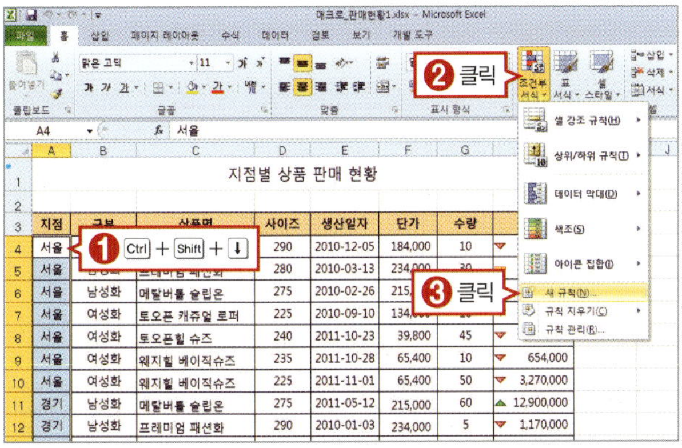

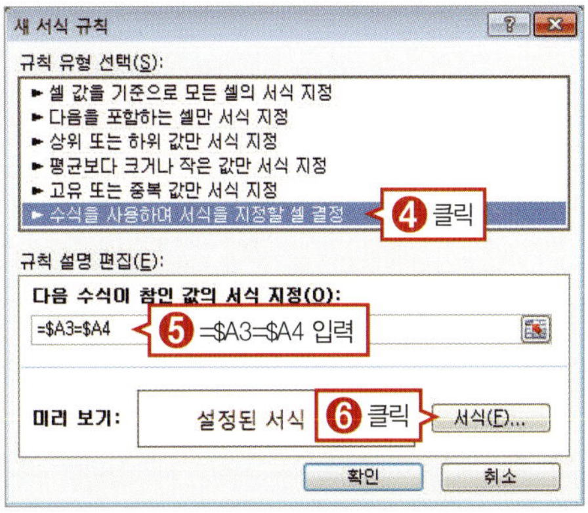

03 ① [셀 서식] 대화 상자의 [글꼴] 탭에서 [색]을 **[흰색]**으로 선택합니다. ② [테두리] 탭에서 [**위쪽 테두리**]를 **더블클릭**해서 테두리를 지웁니다. ③ **[확인]**을 두 번 클릭하고 대화 상자를 닫습니다.

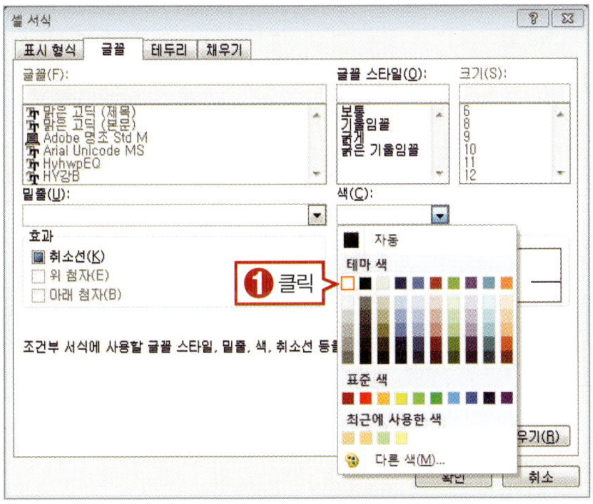

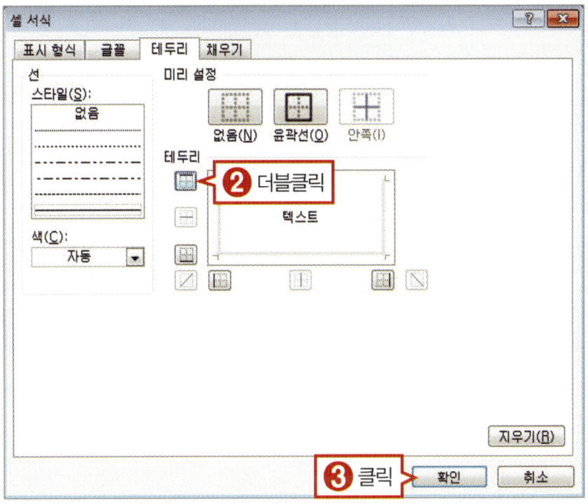

04 [개발 도구] 탭의 [코드] 그룹에서 **[기록 중지]**를 클릭하여 매크로 작성을 마칩니다.

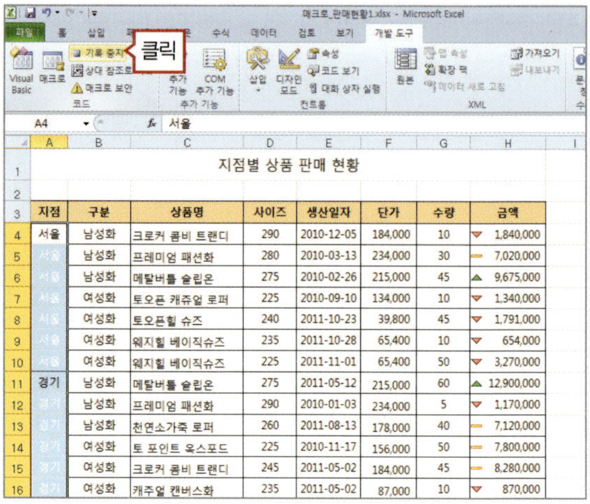

05 조건부 서식의 규칙을 지우는 매크로를 기록하겠습니다. ① [A4] **셀**을 선택합니다. ② [개발 도구] 탭의 [코드] 그룹에서 **[매크로 기록]**을 클릭합니다. ③ [매크로 이름]을 **조건부규칙지우기**로 입력합니다. ④ [매크로 저장 위치]를 **[현재 통합 문서]**로 설정하고 ⑤ **[확인]**을 클릭합니다.

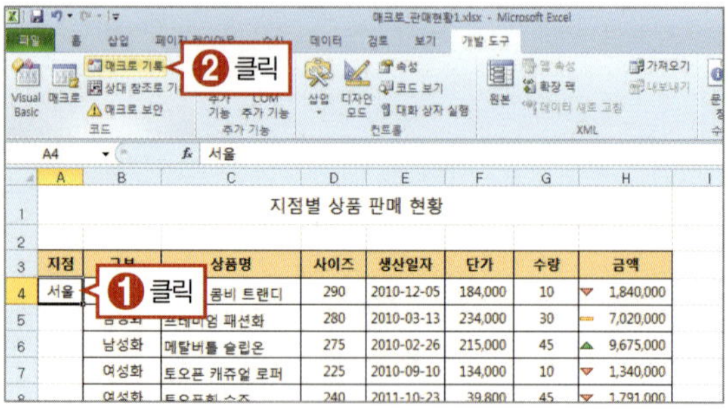

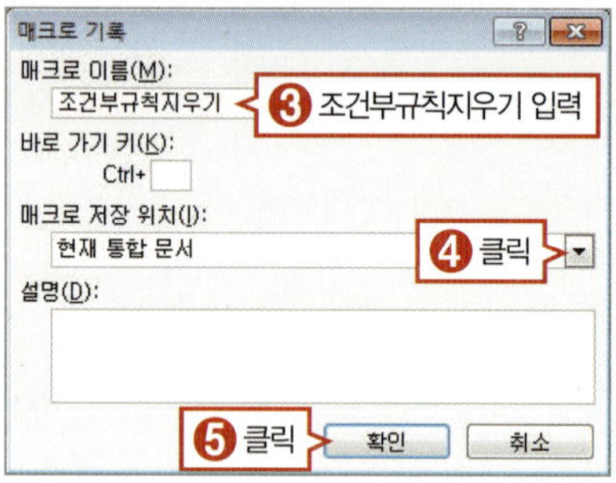

06 ① Ctrl+Shift+↓를 눌러 [A4]~[A33] **셀**을 범위로 지정합니다. ② [홈] 탭의 [스타일] 그룹에서 **[조건부 서식]**을 클릭하고 ③ [규칙 지우기]-**[선택한 셀의 규칙 지우기]**를 선택합니다.

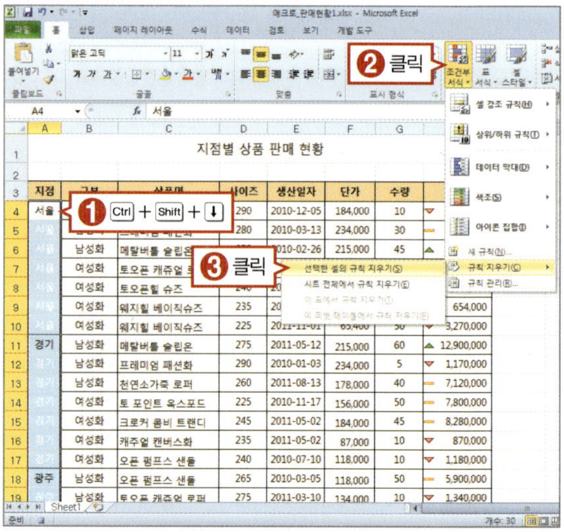

07 [개발 도구] 탭의 [코드] 그룹에서 **[기록 중지]**를 클릭하여 매크로 작성을 마칩니다.

지점	구분	상품명	사이즈	생산일자	단가	수량	금액
							지점별 상품 판매 현황
서울	남성화	크로커 콤비 트렌디	290	2010-12-05	184,000	10	▼ 1,840,000
서울	남성화	프레미엄 패션화	280	2010-03-13	234,000	30	▼ 7,020,000
서울	남성화	메탈버틀 슬립온	275	2010-02-26	215,000	45	▲ 9,675,000
서울	여성화	토오픈 캐쥬얼 로퍼	225	2010-09-10	134,000	10	▼ 1,340,000
서울	여성화	토오픈힐 슈즈	240	2011-10-23	39,800	45	▼ 1,791,000
서울	여성화	웨지힐 베이직슈즈	235	2011-10-28	65,400	10	▼ 654,000
서울	여성화	웨지힐 베이직슈즈	225	2011-11-01	65,400	50	▼ 3,270,000
경기	남성화	메탈버틀 슬립온	275	2011-05-12	215,000	60	▲ 12,900,000
경기	남성화	프레미엄 패션화	290	2011-01-03	234,000	5	▼ 1,170,000
경기	남성화	천연소가죽 로퍼	260	2011-08-13	178,000	40	▼ 7,120,000
경기	여성화	토 포인트 옥스포드	225	2010-11-17	156,000	50	▼ 7,800,000

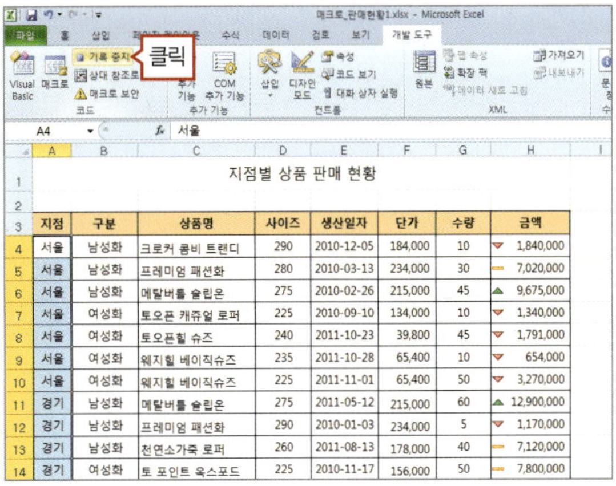

08 ① [파일] 탭의 [다른 이름으로 저장]을 클릭합니다. ② 파일 형식을 [Excel 매크로 사용 통합 문서]로 선택합니다. ③ 저장 위치를 정하고 ④ 파일 이름을 입력합니다(여기서는 매크로_판매현황1로 입력). ⑤ [저장]을 클릭해서 저장합니다.

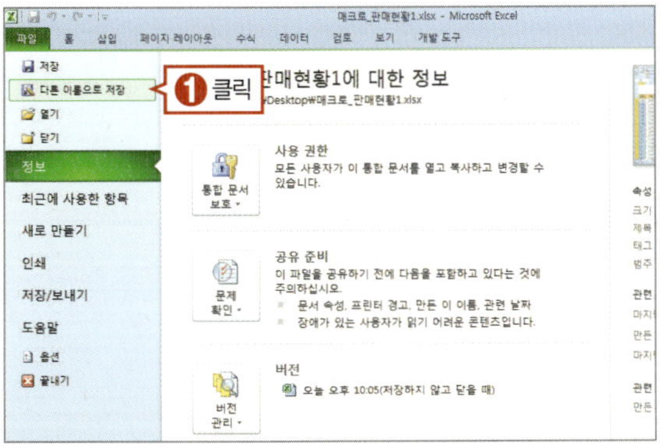

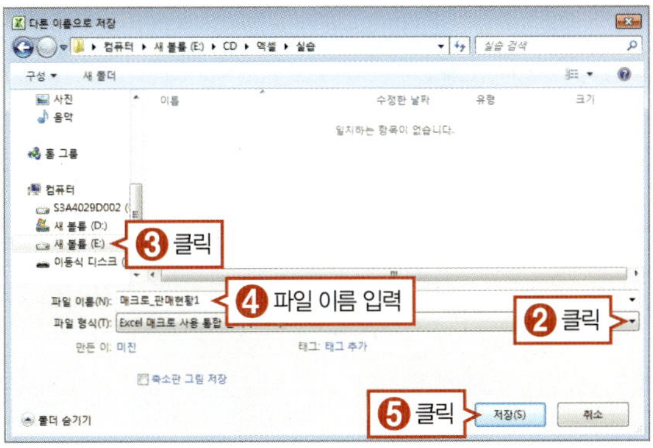

Tip *.xlsx 형태로 저장하면 현재 통합 문서에서 작성한 매크로가 저장되지 않습니다. 반드시 매크로 사용 통합 문서인 *.xlsm 형식으로 저장합니다.

핵심기능 92

바로 가기 키와 양식 컨트롤로 매크로 실행하기

- **실습 파일** : 엑셀\실습\매크로_판매현황2.xlsm
- **완성 파일** : 엑셀\완성\매크로_판매현황2_완성.xlsm

매크로를 실행하려면 [매크로] 대화 상자를 이용합니다. [매크로] 대화 상자 이외에 바로 가기 키, 도형이나 양식 이용, 빠른 실행 도구 모음에 명령 아이콘 등록 등 다양한 방법이 있습니다.

01 **매크로_매출현황2** 문서를 열면 메시지 표시줄에 보안 경고 메시지가 나타납니다. **[콘텐츠 사용]**을 클릭해서 매크로를 사용할 수 있도록 설정합니다.

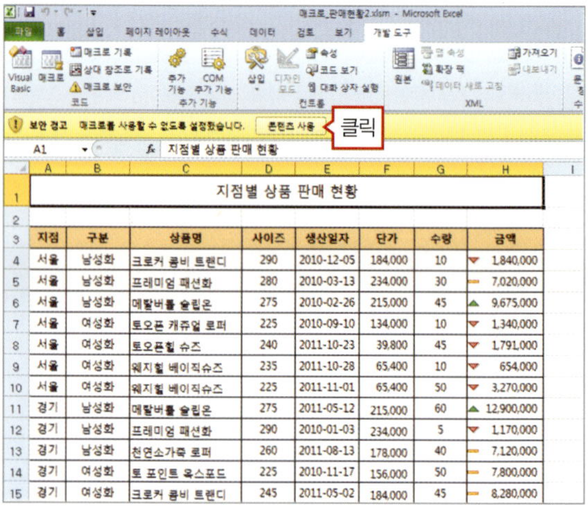

02 ① [개발 도구] 탭의 [코드] 그룹에서 **[매크로]**를 클릭하면 앞서 기록한 매크로 목록이 나타납니다. ② 여기서는 **[취소]**를 클릭해서 [매크로] 대화 상자를 닫습니다.

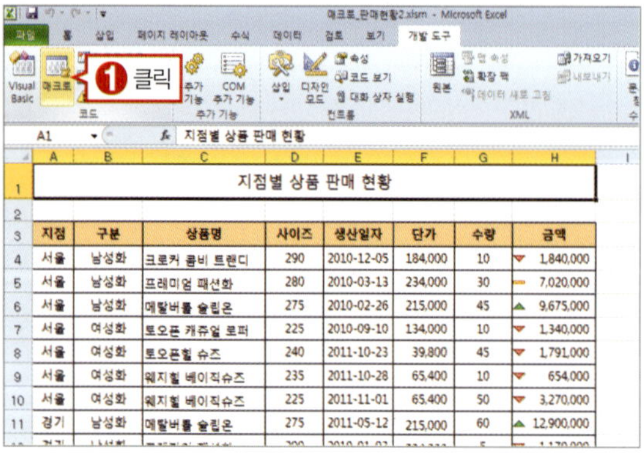

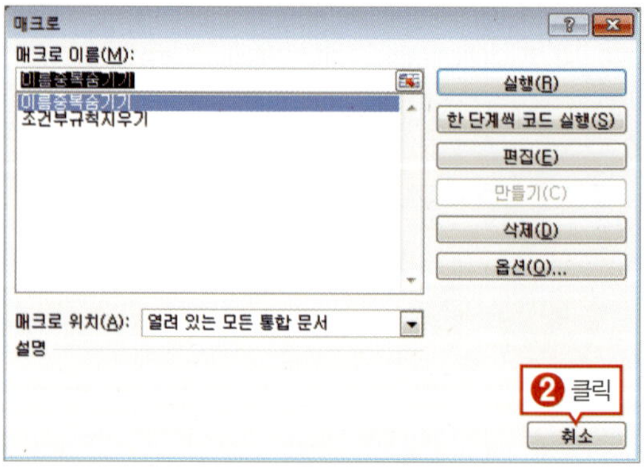

03 이름중복숨기기 매크로를 바로 가기 키로 실행하기

[A4] 셀을 선택하고 Ctrl+H를 눌러 매크로를 실행합니다.

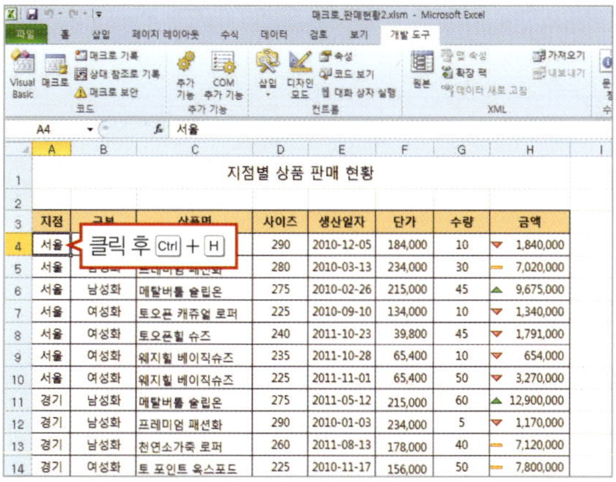

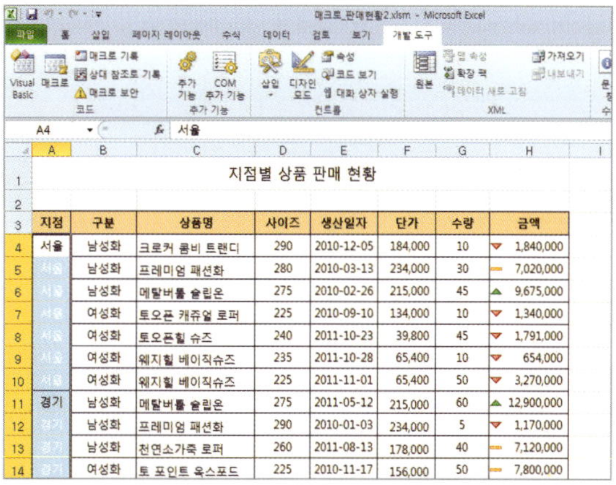

04 조건부 규칙 지우기 매크로를 양식 컨트롤로 실행하기

① [A4] 셀을 선택합니다. ② [개발 도구] 탭의 [컨트롤] 그룹에서 **[삽입]**을 클릭한 후 ③ 양식 컨트롤의 **[단추]**를 선택합니다.

Tip ActiveX 컨트롤은 주로 VBA로 프로그래밍을 할 때 사용하며, 양식 컨트롤은 매크로를 실행하거나 통합 문서에서 함수와 연동 작업을 할 때 사용합니다.

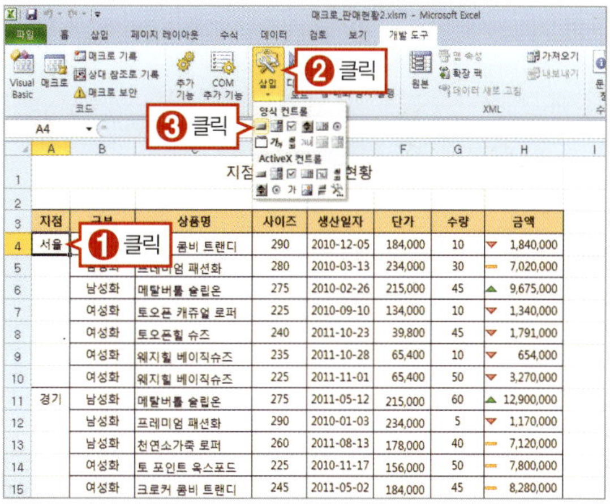

05 ① [I3] 셀에서 드래그하여 **단추를 삽입**하면 [매크로 지정] 대화 상자가 표시됩니다. ② 매크로 목록에서 **[조건부규칙지우기]**를 선택하고 ③ **[확인]**을 클릭합니다.

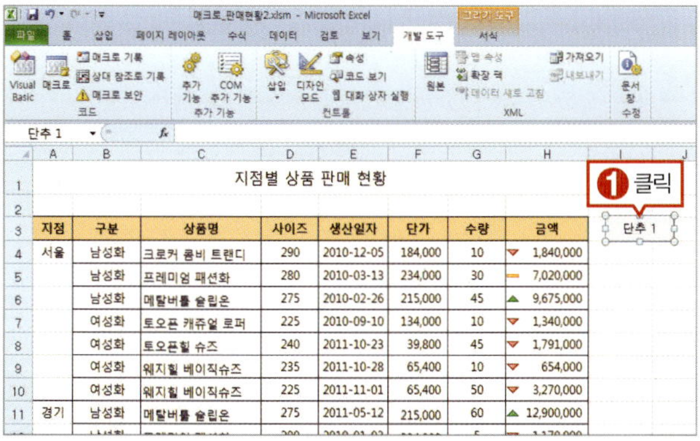

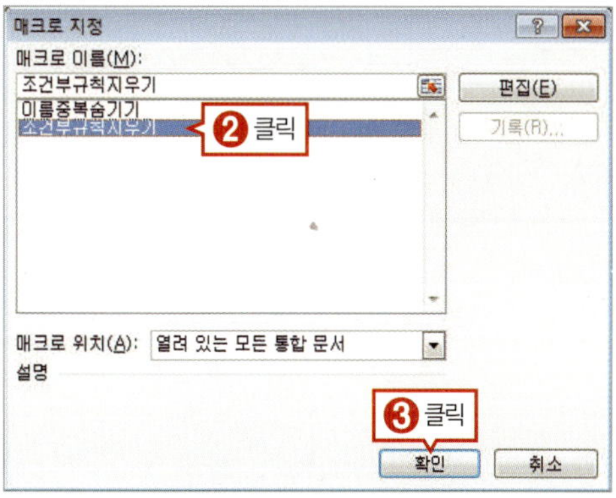

06 ① **단추** 안을 클릭하고 **규칙 지우기**라고 입력합니다. ② 임의의 셀을 선택하여 단추 선택을 해제합니다.

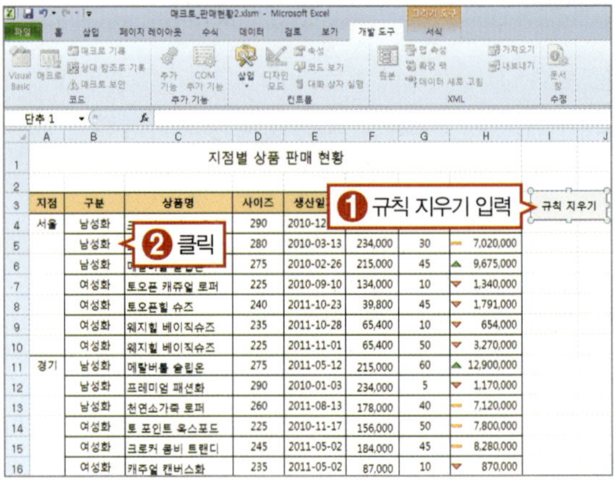

07 ① **[A4] 셀**을 선택하고 ② **[규칙지우기]**를 클릭하여 매크로를 실행합니다.

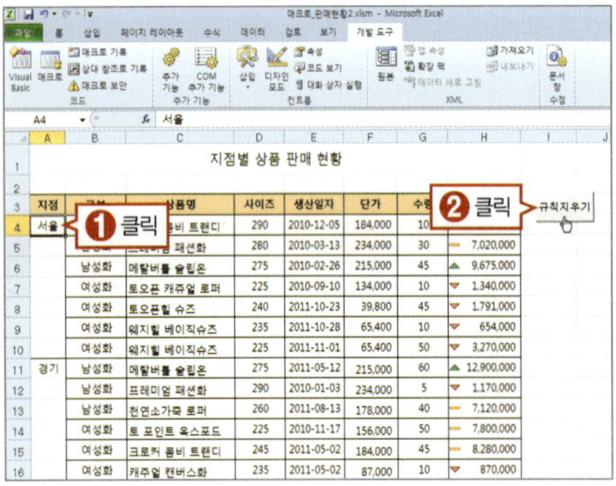

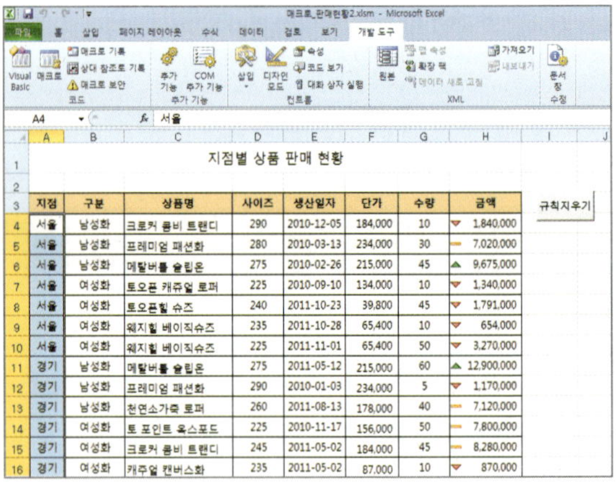

핵심기능 93

매크로 편집하기

• **실습 파일** ⓒ : 엑셀\실습\매크로_판매현황3.xlsm
• **완성 파일** ⓒ : 엑셀\완성\매크로_판매현황3_완성.xlsm

비주얼 베이직 편집기(Visual Basic Editor)를 이용하면 이미 작성된 매크로를 편집하거나 직접 VBA(Visual Basic for Application) 언어로 매크로를 작성할 수 있습니다.

01 매크로 편집하기

앞서 기록한 **이름중복숨기기** 매크로의 조건부 서식 규칙 조건은 =$A3=$A4이므로 항상 [A]열에만 매크로가 적용됩니다. 따라서 셀이 있는 위치의 열에 조건부 서식 규칙이 적용되도록 매크로를 편집합니다. ① Alt+F11를 눌러 **비주얼 베이직 편집기 창**을 엽니다. ② 프로젝트 창에서 [모듈 폴더]의 [⊞확장]을 클릭하면 [Module1]이 나타납니다. ③ [Module1]을 더블클릭하면 **[이름중복숨기기] 매크로 구문**이 코드 창에 표시됩니다.

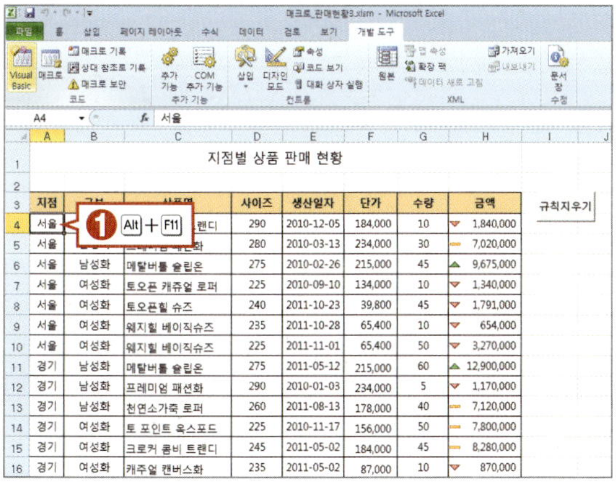

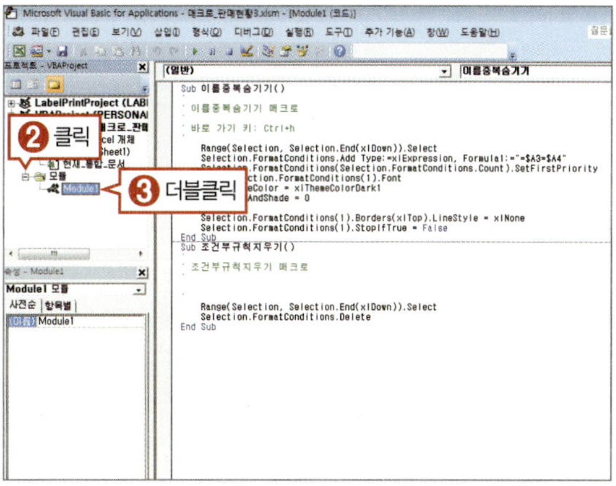

Tip [개발 도구] 탭의 [코드] 그룹에서 [Visual Basic]을 클릭하거나 시트 탭에서 마우스 오른쪽 버튼을 클릭하여 [코드보기]를 선택해도 비주얼 베이직 편집기 창을 열 수 있습니다.

Tip 비주얼 베이직 편집기 창의 화면 구성 살펴보기

① 프로젝트 탐색기 창 : 엑셀을 구성하는 통합문서, 워크시트 그리고 모듈, 폼, 클래스 등의 개체를 계층 구조 형태로 표시합니다.

② 속성 창 : 각 프로젝트 탐색기 창에 나타나는 개체들의 속성을 설정합니다.

③ 코드 창 : 매크로가 VBA 코드로 기록되어 나타나는 창으로 매크로를 직접 수정하거나 삭제할 수 있으며 매크로를 만들 수 있습니다.

④ 프로시저 : Sub로 시작해서 VBA 명령어 코드가 입력되고 End Sub로 끝나는 부분이 프로시저로 앞서 매크로 기록기로 기록한 매크로에 해당합니다.

02 **[이름중복숨기기]** 코드 창에 다음과 같이 빨간색 코드를 입력하여 매크로를 수정합니다.

```
Sub 이름중복숨기기()
'
' 이름중복숨기기 매크로
'
' 바로 가기 키: Ctrl+H
'
    Dim con1 As String
    con1 = "=" & ActiveCell.Cells(0, 1).Address(False) & "=" & ActiveCell.Address(False)

    Range(Selection, Selection.End(xlDown)).Select
    Selection.FormatConditions.Add Type:=xlExpression, Formula1:=con1
    Selection.FormatConditions(Selection.FormatConditions.Count).SetFirstPriority
    With Selection.FormatConditions(1).Font
        .ThemeColor = xlThemeColorDark1
        .TintAndShade = 0
    End With
    Selection.FormatConditions(1).Borders(xlTop).LineStyle = xlNone
    Selection.FormatConditions(1).StopIfTrue = False
End Sub
```

입력

입력

Tip

1. **Dim con1 As String** 구문은 변수 con1을 문자로 선언합니다.
2. **ActiveCell.Cells(0, 1).Address(False)** 구문은 현재 셀이 [B4] 셀일 경우 한 행 전의 열고정 셀인 [$B3] 셀을,
3. **ActiveCell.Address(False)** 구문은 현재 셀을 열고정한 [$B4] 셀을 의미합니다. 따라서 con1 변수에 =$B3=$B4 값을 넘겨줍니다.
4. **Selection.FormatConditions.Add Type:=xlExpression, Formula1:=con1**
   구문은 조건부 서식 규칙에 con1 변수 값("=$B3=$B4")을 넘겨줍니다.

03 ① [닫기]를 클릭하여 비주얼 베이직 편집기를 닫습니다. ② **[A4] 셀**을 선택하고 Ctrl+H를 누릅니다. ③ **[B4] 셀**을 선택하고 Ctrl+H를 누르면 현재 셀을 기준으로 매크로가 실행됩니다.

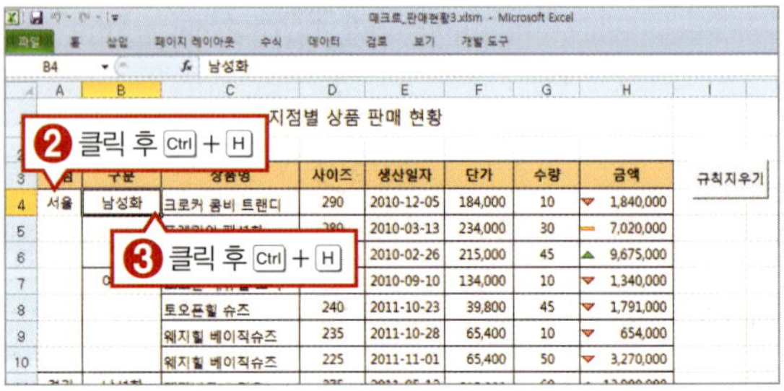

핵심기능 94

매크로 삭제하기

- **실습 파일** ⓒ : 엑셀\실습\매크로_판매현황4.xlsm
- **완성 파일** ⓒ : 엑셀\완성\매크로_판매현황4_완성.xlsm

잘못 작성된 매크로나 더 이상 필요하지 않은 매크로는 언제든지 삭제할 수 있습니다. 매크로를 삭제하려면 [개발 도구] 탭의 [코드] 그룹에서 [매크로]를 클릭하여 매크로를 삭제하거나 비주얼 베이직 편집기(Visual Basic Editor)에서 매크로를 삭제합니다.

01 ① [개발 도구] 탭의 [코드] 그룹에서 **[매크로]**를 클릭합니다. ② [매크로] 대화 상자에서 **[이름중복숨기기]**를 선택하고 ③ **[삭제]**를 클릭합니다.

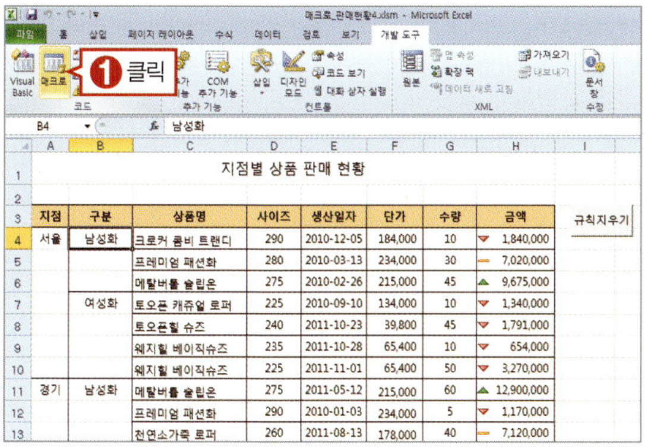

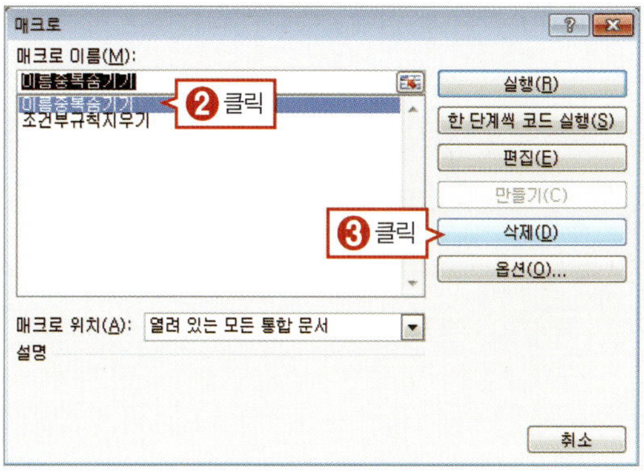

02 ① 매크로 삭제 경고 메시지가 나타나면 **[예]**를 클릭하여 경고 메시지 창을 닫습니다. ② [개발 도구] 탭의 [코드] 그룹에서 **[매크로]**를 클릭하면 이름중복숨기기 매크로가 삭제된 것을 확인할 수 있습니다.

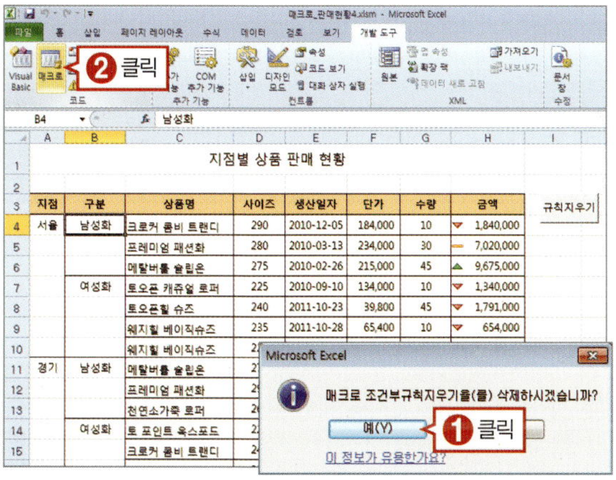

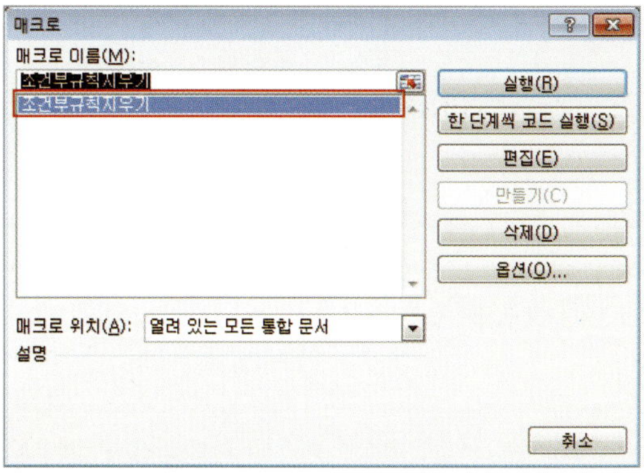

Tip 매크로를 삭제하면 Ctrl+H 바로 가기 키를 눌러도 매크로가 실행되지 않고 [찾기/바꾸기] 바로 가기 키가 실행됩니다.

회사에서 바로 통하는

PART 2

파워포인트 2010 핵심기능

들어가기 전에

파워포인트 2010 인터페이스 살펴보기

기본 화면 구성

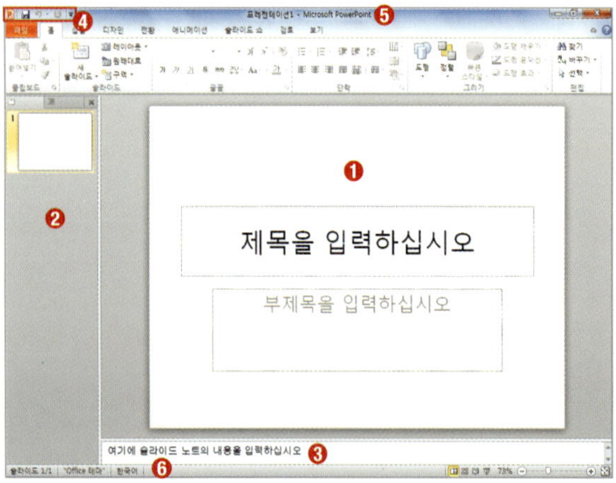

① **슬라이드 창** : 슬라이드를 편집하는 작업 영역으로 도형, 텍스트, 차트, 표 등의 개체들을 삽입하고 편집합니다.

② **개요 및 슬라이드 축소판 창** : 여러 장의 슬라이드를 표시하는 방법으로 두 가지 형태가 있습니다.

- **개요 탭** : 각 슬라이드의 제목 텍스트 및 내용 텍스트를 나타냅니다.
- **슬라이드 축소판** : 각 슬라이드를 작은 그림으로 나타냅니다.

③ **슬라이드 노트 창** : 발표자가 슬라이드에 대한 부연 설명이나 발표할 내용을 입력하는 공간입니다. 인쇄 시에 슬라이드 노트의 인쇄 여부를 설정할 수 있습니다.

④ **빠른 실행 도구** : 사용자가 자주 사용하는 기능을 모아놓은 도구함입니다. 빠른 실행 도구는 사용자 편의에 따라 기능을 추가/제거할 수 있습니다.

⑤ **제목 표시줄** : 현재 편집 중인 문서의 이름 등이 나타납니다.

⑥ **상태 표시줄** : 현재 편집 중인 슬라이드의 번호, 테마 이름 및 언어 등이 나타납니다.

리본 메뉴

리본 메뉴는 슬라이드를 작성할 때 필요한 각종 명령을 기능별로 구분해서 탭 형태로 모아놓은 것입니다.

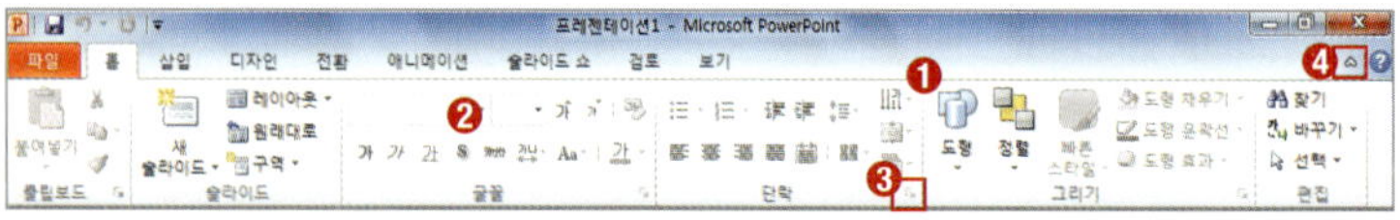

① **탭 표시줄** : 탭을 클릭하면 탭에 관련된 각종 명령 버튼이 그룹별로 나타납니다.

② **그룹** : 탭의 하위 개념으로 하나의 탭 안에 여러 개의 그룹이 있습니다.

③ **대화 상자 표시 아이콘** : 각 그룹에 있는 기능들의 세부 옵션을 설정할 수 있는 대화 상자를 불러옵니다.

④ **리본 메뉴 최소화 버튼** : 리본 메뉴를 최소화하여 슬라이드 창을 더 넓게 활용할 수 있습니다(단축키 Ctrl+F1).

미니 도구 모음 및 바로 가기 메뉴

슬라이드에 삽입한 개체를 선택하고 마우스 오른쪽 버튼을 클릭하면 해당 개체에 따라 바로 가기 메뉴가 나타나며, 텍스트 개체의 경우 바로 가기 메뉴와 더불어 텍스트 서식을 지정할 수 있는 미니 도구 모음이 나타납니다.

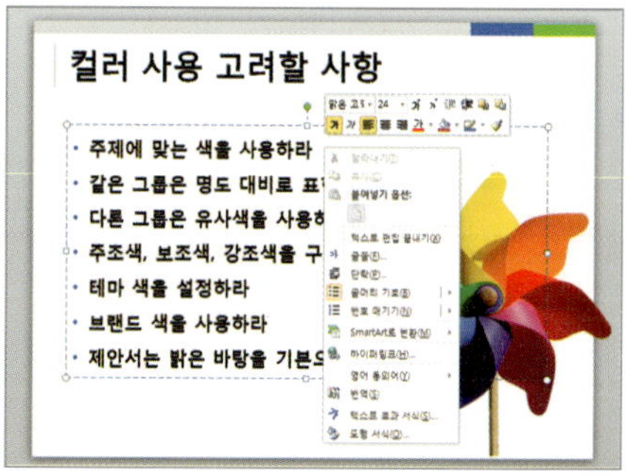

화면 보기 및 확대/축소 버튼

상태 표시줄에 네 가지 형태의 화면 보기 버튼과 확대/축소 버튼이 있습니다. 상황에 따라 적절한 보기 방식을 선택하고 화면 비율을 조절하면서 작업합니다.

① **기본 보기** : 슬라이드를 편집할 때 사용하는 보기 형태입니다.

② **여러 슬라이드 보기** : 여러 슬라이드를 한꺼번에 볼 수 있어 복사나 이동 등을 할 때 편리합니다.

③ **읽기용 보기**: 슬라이드 쇼 보기와 비슷하지만 화면 아래쪽에서 보기 형태 및 슬라이드 이동 등을 조작할 수 있습니다.

④ **슬라이드 쇼** : 완성한 슬라이드를 꽉 찬 화면으로 보는 방식입니다.

▲ 기본 보기

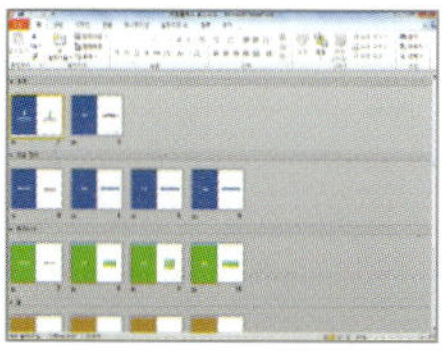
▲ 여러 슬라이드 보기

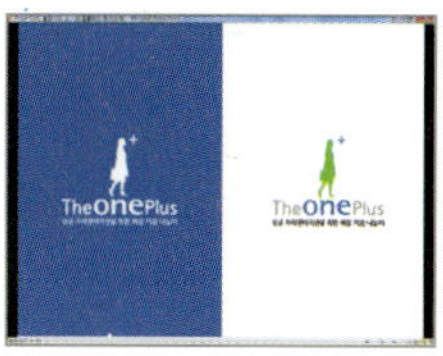
▲ 읽기용 보기

▲ 슬라이드 쇼 보기

⑤ **확대/축소 비율** : 숫자를 클릭하면 나타나는 대화 상자에 비율을 입력하거나 원하는 비율을 선택합니다.

⑥ **조절바** : 조절바를 드래그하여 확대/축소 비율을 조절합니다.

⑦ **현재 창 크기에 맞춤** : 슬라이드 크기를 현재 창 크기에 최대한 적합하게 맞춥니다.

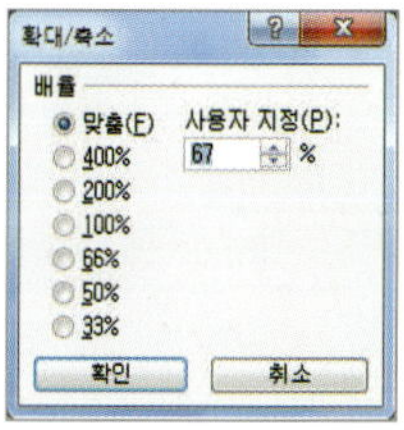

핵심기능 01

새 프레젠테이션 만들기

새롭게 프로젝트를 시작하기 위해 프레젠테이션 문서를 만듭니다. 이때 서식 없이 새 프레젠테이션을 만들거나 서식 또는 테마를 적용하여 문서를 만들 수 있습니다.

01 새 프리젠테이션 만들기

① [파일] 탭–**[새로 만들기]**를 클릭합니다. ② **[새 프레젠테이션]**을 더블클릭하거나 **[만들기]**를 누르면 내용이 들어 있지 않은 새 프레젠테이션이 만들어집니다.

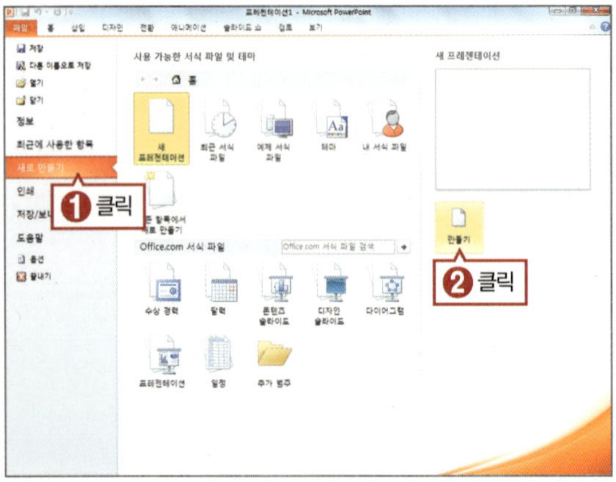

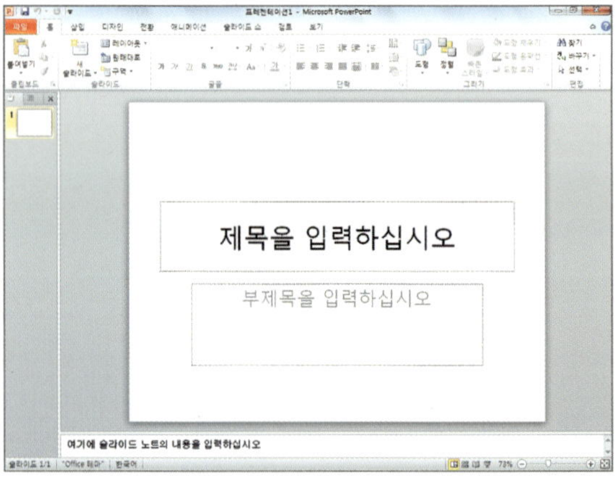

02 특정 테마 적용하기

① [파일] 탭에서 **[새로 만들기]**를 클릭합니다. ② **[테마]**를 선택한 후 원하는 테마 하나를 **더블클릭**하거나 [만들기]를 누릅니다. 선택한 테마가 적용된 프레젠테이션이 만들어집니다.

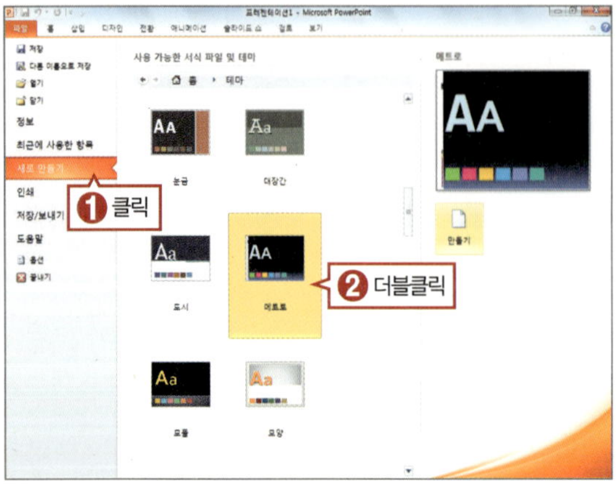

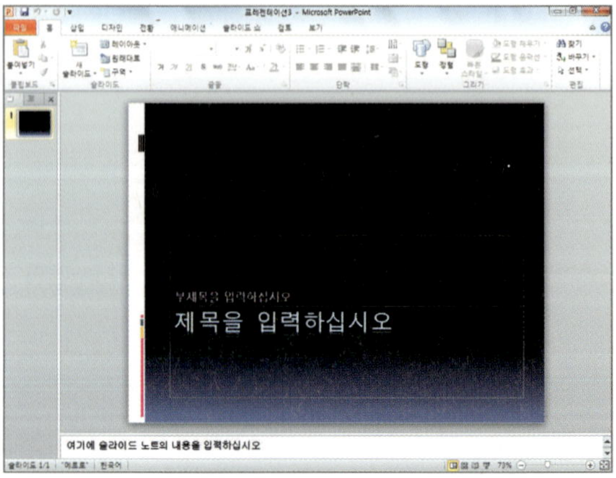

Tip Office.com에서 제공하는 서식을 적용하여 프레젠테이션을 만들기 위해서는 [파일] 탭 – [새로 만들기]를 클릭하고 Office.com 서식 파일 중에서 원하는 서식을 선택한 후 [다운로드]를 클릭하면 됩니다. 이때는 반드시 인터넷이 연결되어 있어야 합니다.

핵심기능 02

프레젠테이션 문서 열기 및 저장하기

• **실습 파일** ⓒ : 파워포인트\실습\프레젠테이션 문서 열기 및 저장하기.pptx
• **완성 파일** ⓒ : 파워포인트\완성\프레젠테이션 문서 열기 및 저장하기_완성.pptx

파워포인트 2010은 기본적으로 확장자가 *.pptx인 프레젠테이션 문서로 저장됩니다. 그 밖에도 PDF 문서, 비디오, CD 용 패키지 등 다양한 형태로 저장할 수 있습니다.

01 파일 열기

프레젠테이션 문서를 열기 위해 [파일] 탭-**[열기]**를 클릭합니다.

Tip 열기의 단축키는 Ctrl+O입니다.

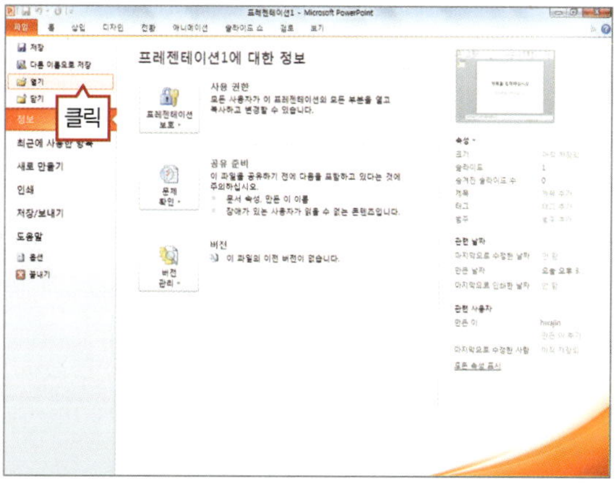

02

[열기] 대화 상자가 나타나면 ① **프레젠테이션 문서 열기 및 저장하기.pptx** 파일을 선택합니다. ② **[열기]**를 클릭합니다.

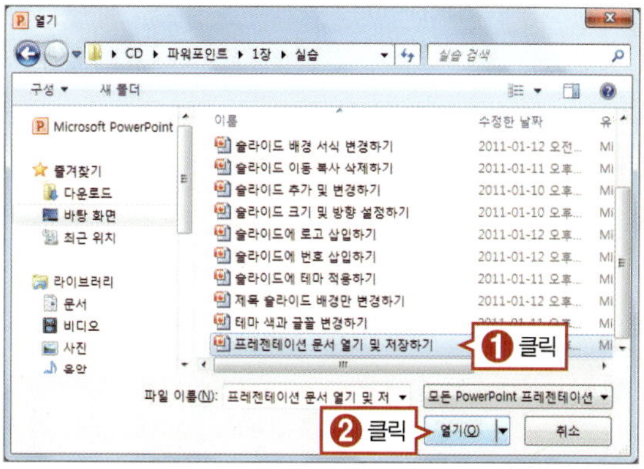

03 파일 저장하기

열린 파일을 저장하기 위해 [파일] 탭-[**저장**]을 클릭합니다.

Tip 저장하기의 단축키는 Ctrl+S입니다.

Tip 새 문서를 저장할 경우에는 [파일] 탭 – [다른 이름으로 저장]을 클릭합니다. 단축키는 F12입니다.

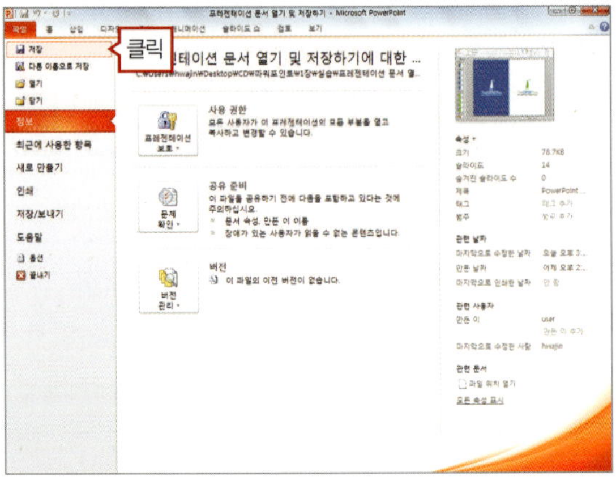

04 다른 파일 형식으로 저장하기

① [파일] 탭-[**저장/보내기**]를 클릭한 후 ② 원하는 파일 형식을 선택합니다.

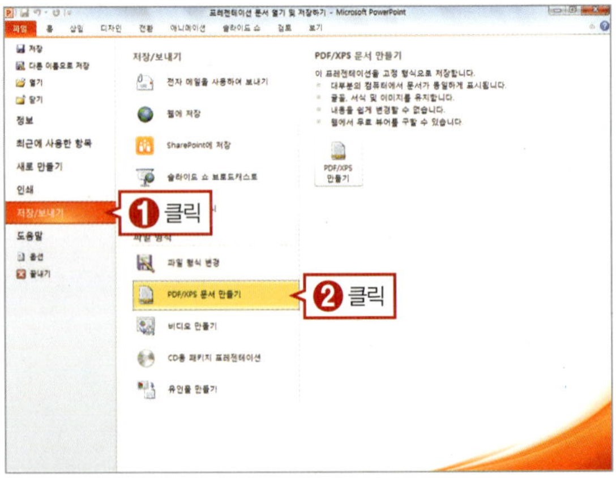

핵심기능 03

슬라이드 크기 및 방향 설정하기

- **실습 파일** ◎ : 파워포인트\실습\슬라이드 크기 및 방향 설정하기.pptx
- **완성 파일** ◎ : 파워포인트\완성\슬라이드 크기 및 방향 설정하기_완성.pptx

파워포인트는 기본적으로 '화면 슬라이드 쇼(4 : 3)'로 설정되어 있습니다. 그러나 유인물이나 보고서 같은 경우는 A4 사이즈에 세로 형태를 많이 사용합니다. 따라서 프레젠테이션의 최종 목적에 따라 먼저 페이지를 설정하고 구체적인 디자인 작업을 하는 것이 좋습니다.

01 페이지 설정하기

[디자인] 탭-[페이지 설정] 그룹에서 **[페이지 설정]**을 클릭합니다.

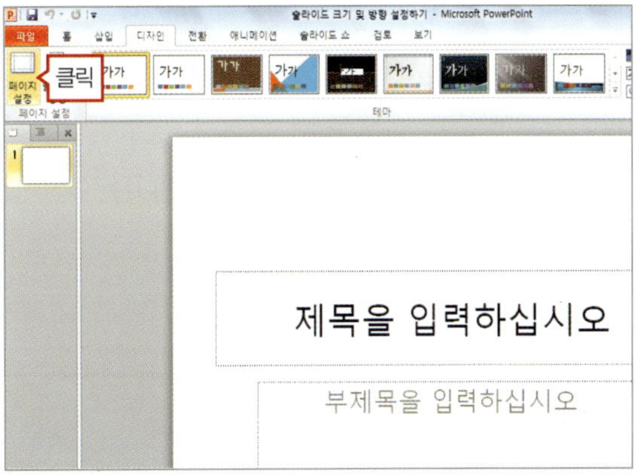

02 ① [페이지 설정] 대화 상자의 [슬라이드 크기] 목록에서 **[A4 용지]**를 선택합니다. ② [슬라이드 방향]은 **[세로]**를 선택합니다. ③ **[확인]**을 누릅니다.

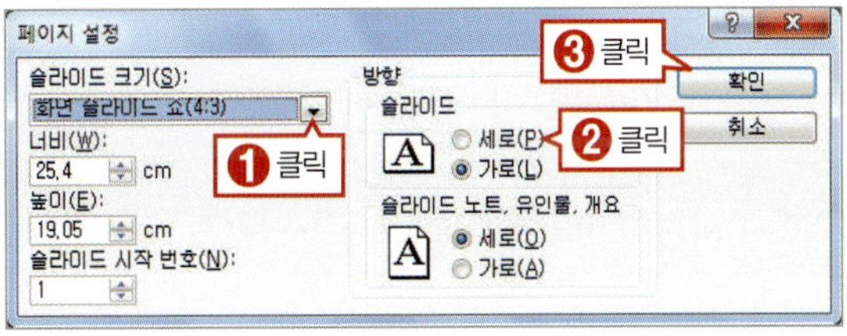

03 슬라이드 크기는 A4 용지로, 슬라이드 방향은 세로로 바뀝니다.

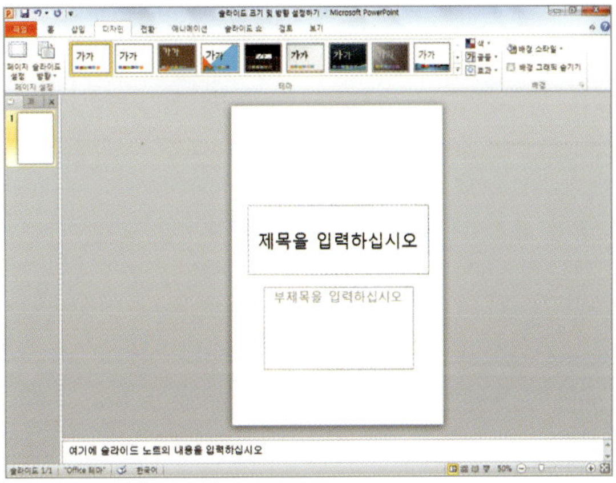

핵심기능 04

슬라이드 추가 및 레이아웃 변경하기

- **실습 파일** ⓒ : 파워포인트\실습\슬라이드 추가 및 레이아웃 변경하기.pptx
- **완성 파일** ⓒ : 파워포인트\완성\슬라이드 추가 및 레이아웃 변경하기_완성.pptx

원하는 레이아웃의 슬라이드를 추가하고 추가된 슬라이드의 레이아웃을 마음대로 변경할 수 있습니다. 레이아웃을 잘 구성하면 슬라이드에서 전하고자 하는 내용을 효과적으로 표현할 수 있습니다. 파워포인트에서는 기본적으로 11개의 레이아웃을 제공합니다.

01 슬라이드 추가하기

① [홈] 탭–[슬라이드] 그룹에서 **[새 슬라이드]**를 클릭합니다. ② [레이아웃 선택] 목록의 슬라이드 축소판 그림에서 **[제목만]** 레이아웃을 선택합니다.

Tip 새 슬라이드를 만드는 단축키는 Ctrl+M입니다.

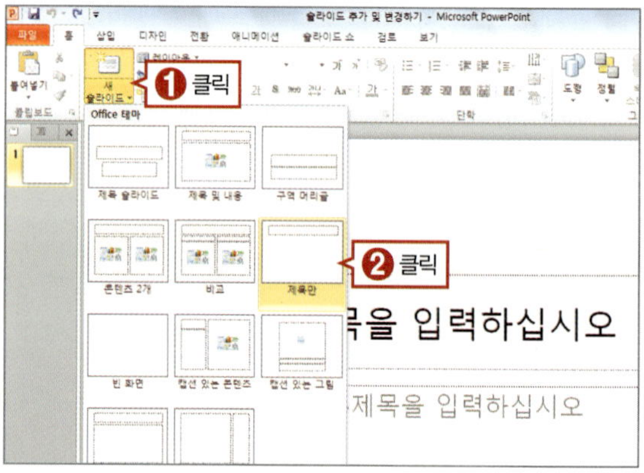

02 레이아웃 변경하기

① [홈] 탭–[슬라이드] 그룹에서 **[레이아웃]**을 클릭합니다. ② 레이아웃 선택 목록의 슬라이드 축소판 그림에서 **[제목 및 내용]** 레이아웃을 선택합니다. 선택한 레이아웃으로 슬라이드 레이아웃이 변경된 것을 확인할 수 있습니다.

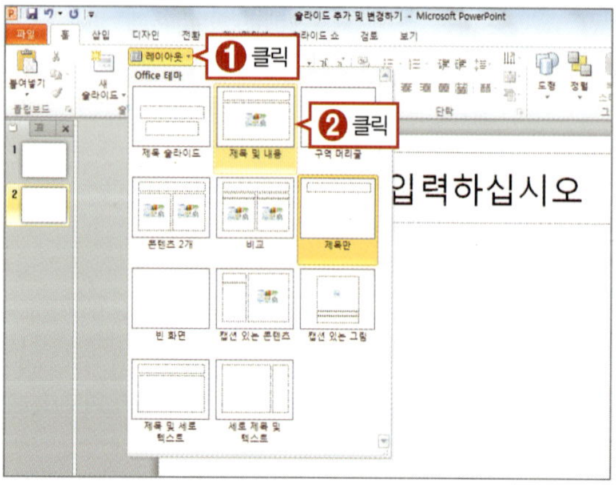

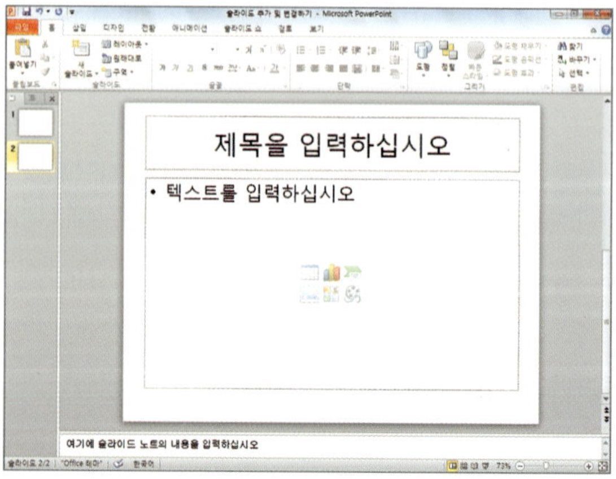

Tip 적용한 레이아웃의 개체 틀을 삭제하거나 크기를 변경했을 때 본래 상태로 되돌리려면 [홈] 탭 – [슬라이드] 그룹에서 [원래대로]를 클릭합니다.

핵심기능 05

슬라이드 이동/복사/삭제하기

- **실습 파일** ◎ : 파워포인트\실습\슬라이드 이동 복사 삭제하기.pptx
- **완성 파일** ◎ : 파워포인트\완성\슬라이드 이동 복사 삭제하기_완성.pptx

슬라이드의 순서를 바꾸기 위해 슬라이드를 이동하는 방법 및 비슷한 슬라이드를 만들 때 기존 슬라이드를 복사하는 방법에 대해 살펴봅니다. 슬라이드 이동/복사/삭제는 기본적이면서도 많이 사용하는 기능입니다. 다양한 실행 방법을 알아보겠습니다.

01 슬라이드 이동하기

① 화면 좌측의 [슬라이드] 탭에서 이동하려는 **3번 슬라이드**를 선택합니다. ② 3번 슬라이드를 드래그하여 **9번과 10번 슬라이드 사이**로 이동시킵니다.

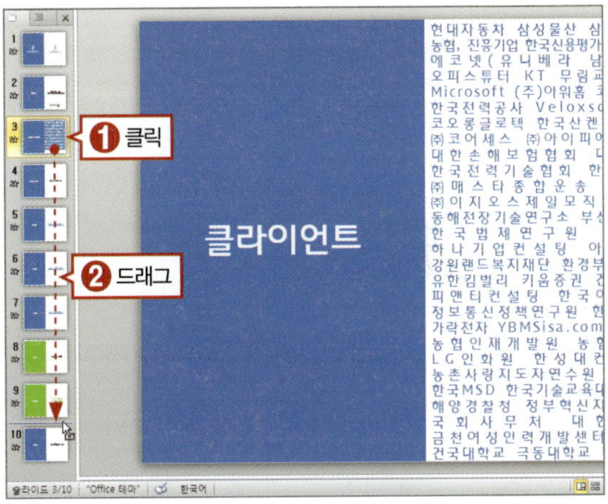

02 슬라이드 복사하기

① [슬라이드] 탭에서 복사하고자 하는 **8번 슬라이드**를 선택합니다. ② [홈] 탭-[클립보드] 그룹에서 **[복사]**를 클릭합니다.

Tip 슬라이드 복사의 단축키는 Ctrl+C입니다.

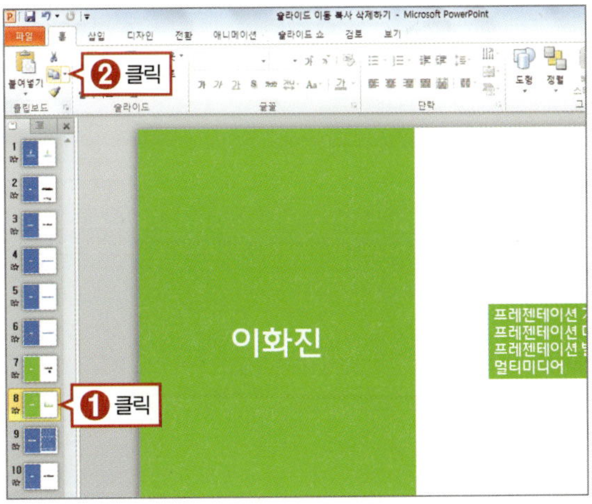

03 복사한 슬라이드 붙여넣기

[홈] 탭-[클립보드] 그룹에서 **[붙여넣기]**를 클릭합니다.

Tip 슬라이드 붙여넣기의 단축키는 Ctrl+V이고, 슬라이드 복사와 붙여넣기를 한번에 하는 단축키는 Ctrl+D입니다.

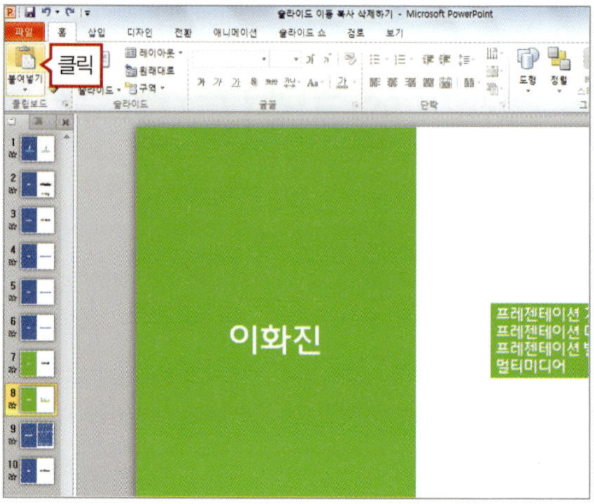

04 슬라이드 삭제하기

슬라이드 탭에서 삭제하고자 하는 **7, 8, 9번 슬라이드**를 Ctrl을 누른 채 선택하고 Delete를 누릅니다.

Tip 여러 슬라이드를 선택할 때는 Ctrl을 누른 상태에서 슬라이드를 선택합니다.

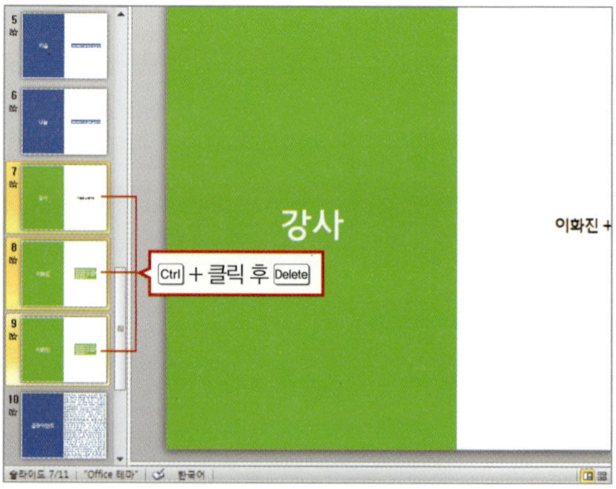

Tip [보기] 탭-[프레젠테이션 보기] 그룹에서 [여러 슬라이드]를 클릭하여 나타나는 슬라이드 축소판 그림을 사용하여도 슬라이드를 이동하거나 복사 및 삭제할 수 있습니다.

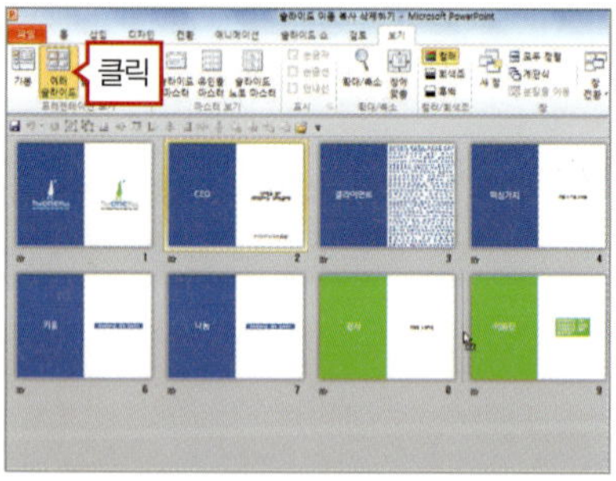

핵심기능 06

슬라이드에 테마 적용하기

- **실습 파일** ⓒ : 파워포인트\실습\슬라이드에 테마 적용하기.pptx
- **완성 파일** ⓒ : 파워포인트\완성\슬라이드에 테마 적용하기_완성.pptx

테마는 색이나 글꼴, 그래픽을 사용하여 문서 모양을 제공하는 통합적인 디자인 요소의 집합체입니다. 이런 테마를 모든 슬라이드에 적용하는 방법과 특정 슬라이드에만 적용하는 방법을 알아보겠습니다.

01 슬라이드에 테마 적용하기

[디자인] 탭–[테마] 그룹에서 **[자세히]**를 클릭합니다.

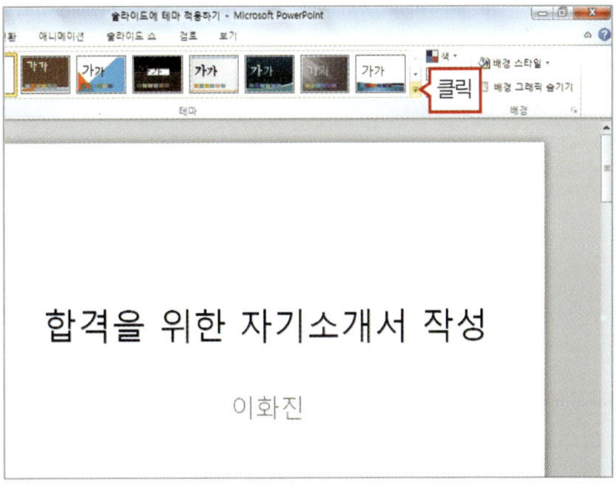

02 모든 슬라이드에 테마 적용하기

다양한 테마 목록 중에서 **[office 테마]**를 선택하면 표지와 나머지 모든 슬라이드에 선택한 테마가 적용됩니다.

03 특정 슬라이드에만 다른 테마를 적용하기

① [슬라이드] 탭에서 다른 테마를 적용할 **6번 슬라이드**를 선택한 후 ② [테마] 그룹의 **[자세히]**를 누릅니다. ③ 테마 목록 중 [연꽃 당초 무늬] 위에서 마우스 오른쪽 버튼을 클릭하여 **[선택한 슬라이드에 적용]**을 선택합니다.

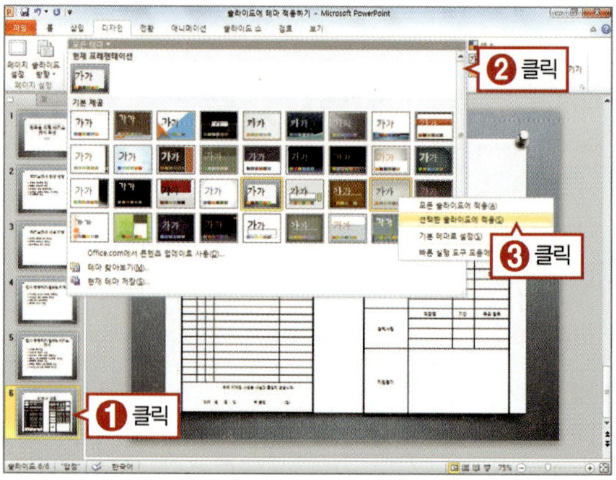

04 선택한 슬라이드에만 테마가 적용된 것을 확인할 수 있습니다.

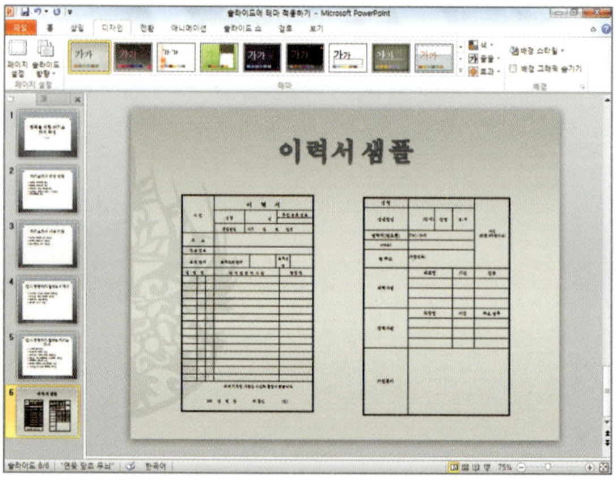

핵심기능 07

테마 색과 글꼴 변경하기

- **실습 파일** ⓞ : 파워포인트\실습\테마 색과 글꼴 변경하기.pptx
- **완성 파일** ⓞ : 파워포인트\완성\테마 색과 글꼴 변경하기_완성.pptx

적용한 테마의 색과 글꼴을 다른 것으로 변경하여 분위기를 다양하게 바꿔볼 수 있습니다. 사용자가 직접 나만의 느낌을 살려 테마 색과 글꼴을 만들어 변경할 수 있습니다.

01 적용된 테마 색 변경하기

① [디자인] 탭-[테마] 그룹에서 **[색]**을 클릭합니다.
② **[원근감]**을 선택합니다.

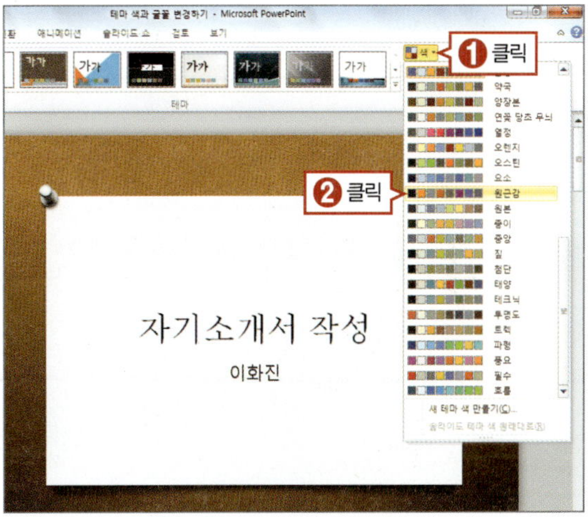

Tip 사용자가 원하는 테마 색을 만들려면 [새 테마 색 만들기]를 선택합니다.

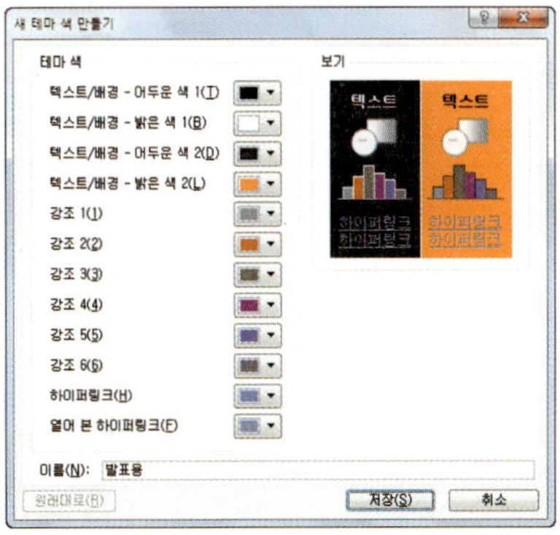

02 적용된 테마 글꼴 변경하기

① [디자인] 탭-[테마] 그룹에서 [글꼴]을 클릭한 후 ② [HY 견고딕]을 선택합니다.

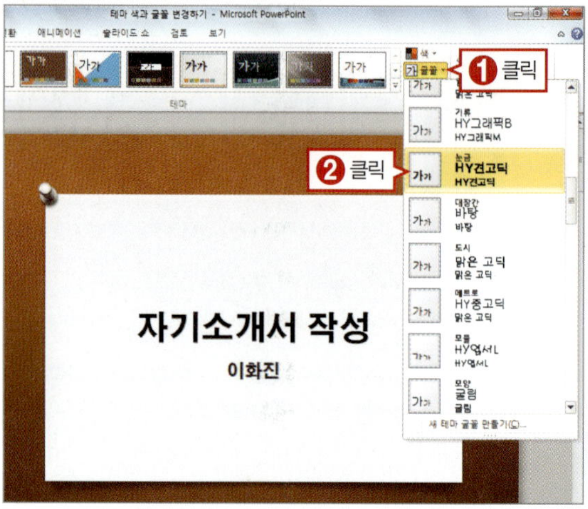

Tip 사용자가 원하는 테마 글꼴을 만들려면 [새 테마 글꼴 만들기]를 선택합니다.

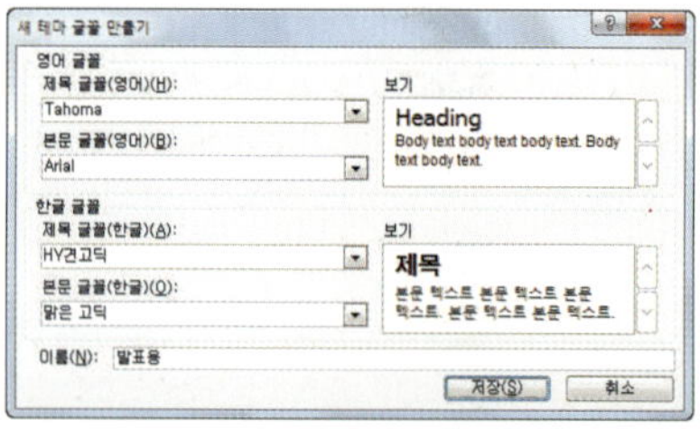

핵심기능 08

슬라이드 배경 서식 변경하기

- **실습 파일** ⓒ : 파워포인트\실습\슬라이드 배경 서식 변경하기.pptx, 더원플러스 본문 배경.jpg
- **완성 파일** ⓒ : 파워포인트\완성\슬라이드 배경 서식 변경하기_완성.pptx

슬라이드에 공통적으로 적용되는 슬라이드 배경이나 로고, 번호 등을 디자인하기 위해 슬라이드 마스터를 사용합니다. 단색 외에 그라데이션, 그림, 질감, 패턴 등을 이용하여 슬라이드를 디자인할 수 있습니다.

01 배경 서식 변경하기

[보기] 탭-[마스터 보기] 그룹에서 **[슬라이드 마스터]**를 클릭합니다.

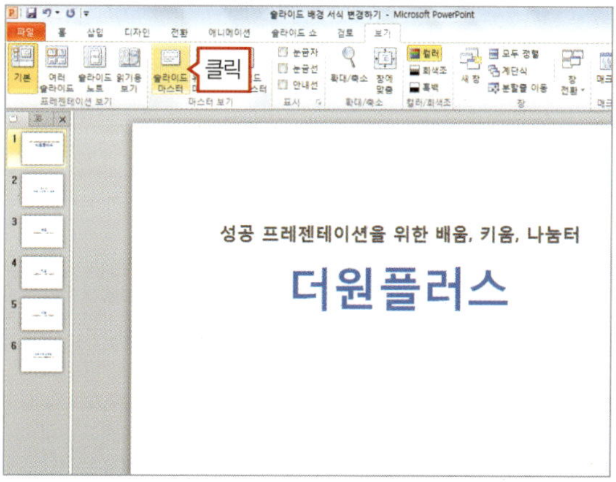

02 ① **최상위 [슬라이드 마스터]**를 선택합니다. ② [슬라이드 마스터] 탭-[배경] 그룹에서 **[배경 스타일]**을 클릭한 후 ③ **[배경 서식]**을 선택합니다.

Tip 슬라이드 배경을 변경할 때는 마우스 오른쪽 버튼을 클릭한 후 바로 가기 메뉴에서 [배경 서식]을 클릭해도 됩니다.

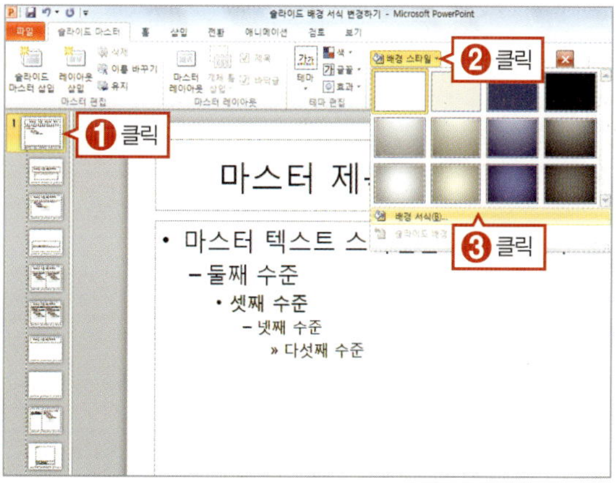

03 ① [배경 서식] 대화 상자의 [채우기] 항목에서 **[그림 또는 질감 채우기]**를 선택하고 ② **[파일]**을 클릭합니다.

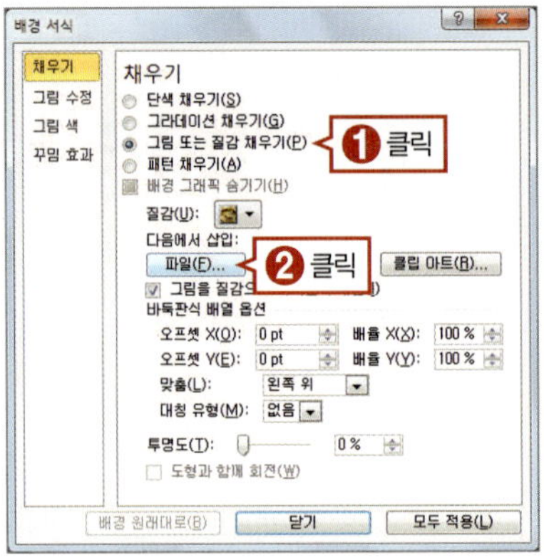

Tip 채우기 항목에 따라 슬라이드 배경을 단색, 그라데이션, 질감, 패턴으로 변경할 수도 있습니다.

04 ① [그림 삽입] 대화 상자가 열리면 **더원플러스 본문 배경.jpg**를 선택한 후 ② **[삽입]**을 클릭합니다. ③ [배경 서식] 대화 상자의 **[닫기]**를 클릭합니다.

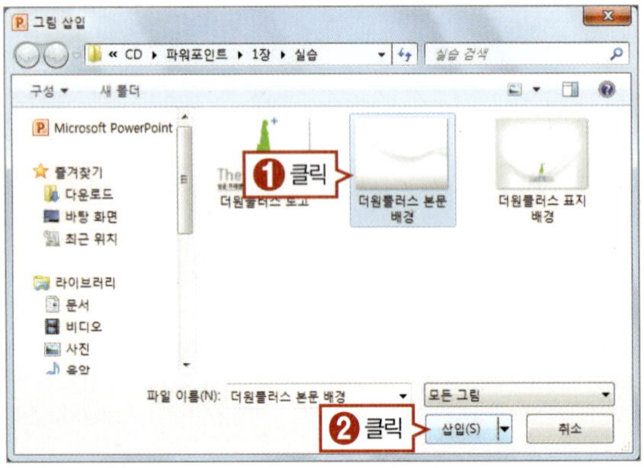

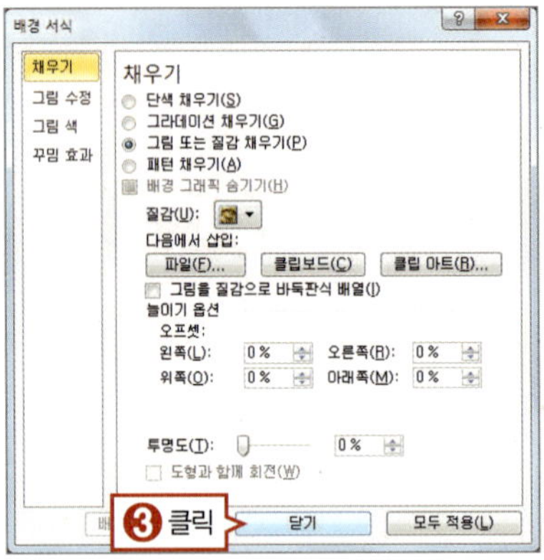

경로 부록 CD\파워포인트\실습\더원플러스 본문 배경.jpg

05 삽입한 배경 이미지가 모든 레이아웃에 적용되었는지 확인하기 위해 [슬라이드 마스터] 탭–[닫기] 그룹에서 **[마스터 보기 닫기]**를 클릭합니다. 모든 슬라이드에 같은 배경 이미지가 적용된 것을 확인할 수 있습니다.

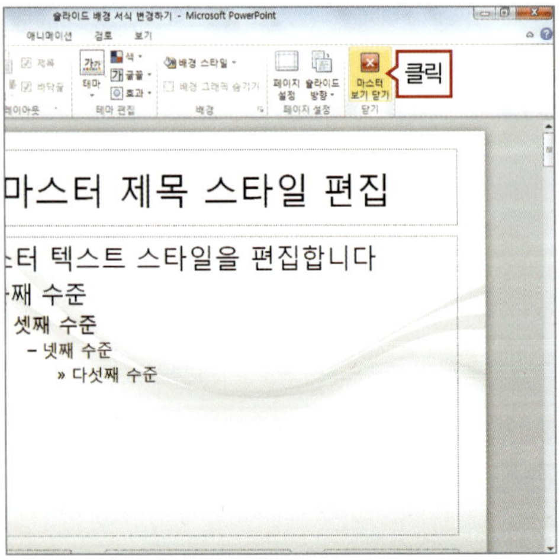

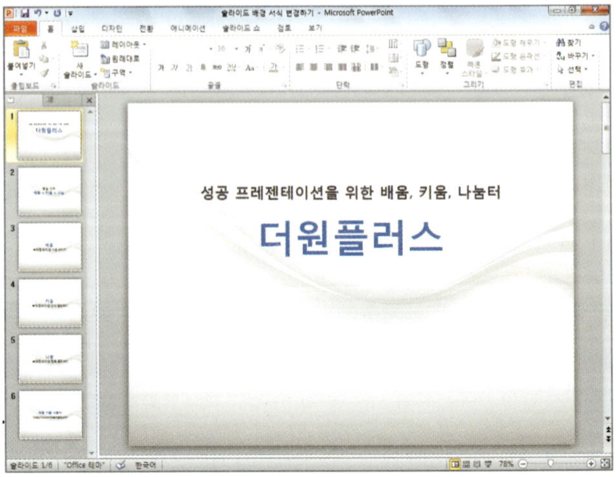

핵심기능 09

제목 슬라이드 배경만 변경하기

• **실습 파일** ⓒ : 파워포인트\실습\제목 슬라이드 배경만 변경하기.pptx, 더원플러스 표지 배경.jpg

• **완성 파일** ⓒ : 파워포인트\완성\제목 슬라이드 배경만 변경하기_완성.pptx

슬라이드 마스터에서 배경 서식을 변경하면 모든 레이아웃에 공통으로 적용됩니다. 제목 슬라이드에만 다른 배경을 적용하려면 제목 레이아웃에서 배경 서식을 변경해야 합니다.

01 제목 슬라이드 배경 변경하기

[보기] 탭–[마스터 보기] 그룹에서 **[슬라이드 마스터]**를 클릭합니다

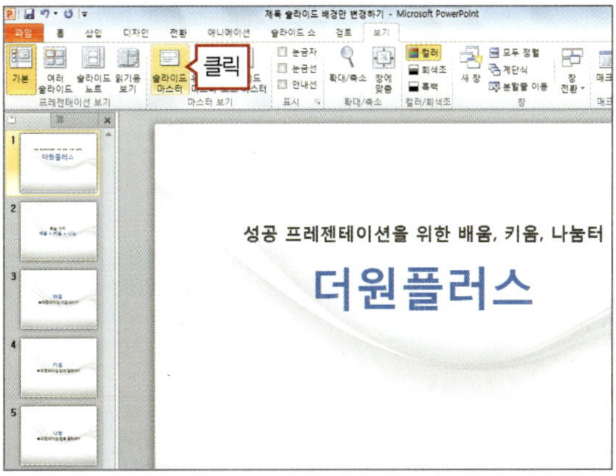

02 ① **[제목 슬라이드 레이아웃]**을 선택합니다. ② [슬라이드 마스터] 탭–[배경] 그룹에서 **[배경 스타일]**을 클릭한 후 ③ **[배경 서식]**을 선택합니다.

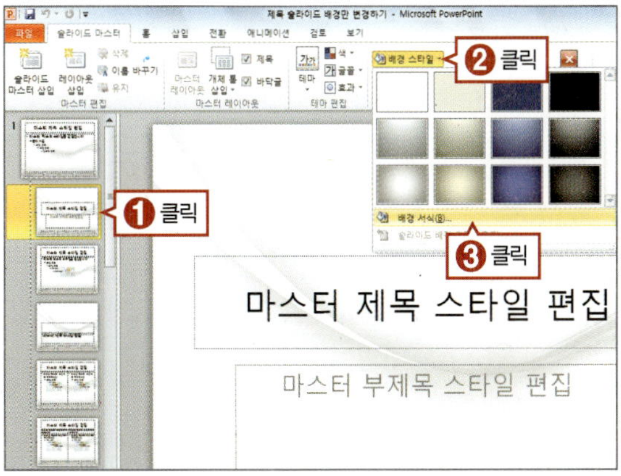

03 ① [배경 서식] 대화 상자가 열리면 [채우기] 항목에서 **[그림 또는 질감 채우기]**를 선택하고 ② **[파일]**을 클릭합니다.

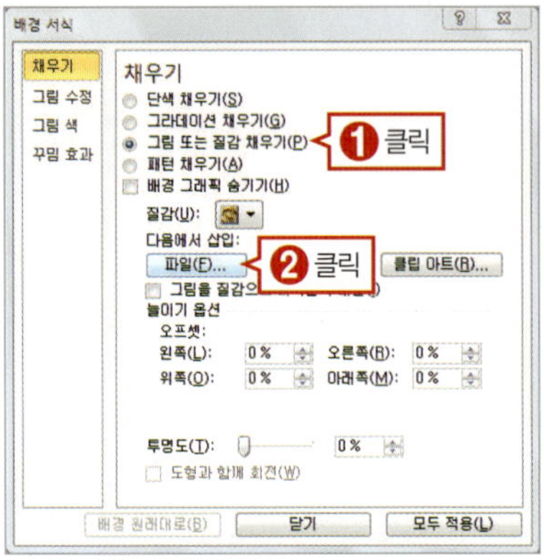

04 ① [그림 삽입] 대화 상자에서 **더원플러스 표지 배경**.jpg를 선택한 후 ② **[삽입]**을 클릭합니다. ③ [배경 서식] 대화 상자의 **[닫기]**도 클릭합니다.

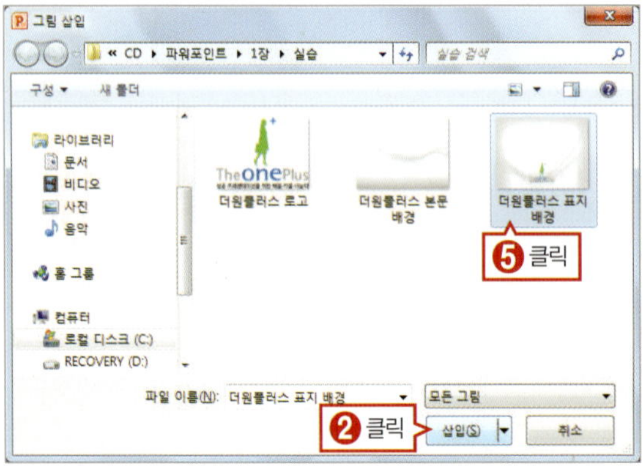

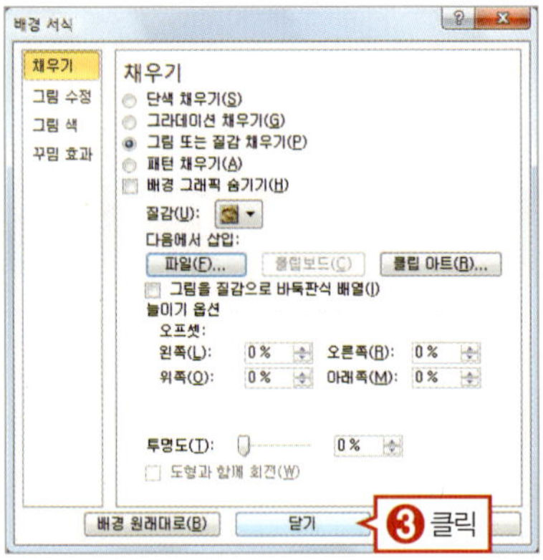

05 삽입한 표지의 배경 이미지가 제목 슬라이드에만 적용되었는지 확인하기 위해 [슬라이드 마스터] 탭-[닫기] 그룹에서 **[마스터 보기 닫기]**를 클릭합니다.

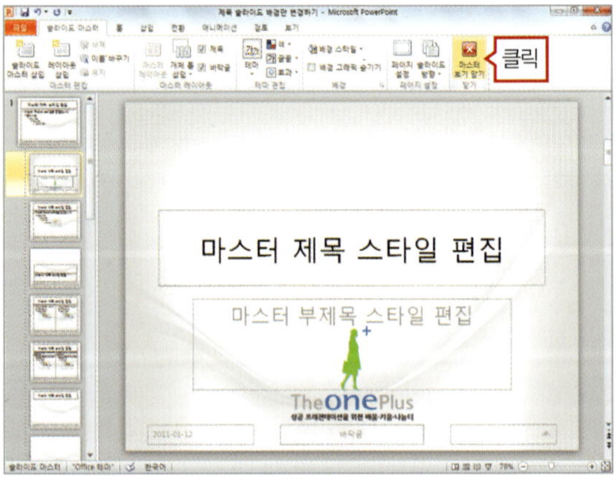

06 제목 슬라이드에만 배경 이미지가 변경된 것을 확인할 수 있습니다.

핵심기능 10

슬라이드에 로고 삽입하기

- **실습 파일** ⓒ : 파워포인트\실습\슬라이드에 로고 삽입하기.pptx, 더원플러스 로고.png
- **완성 파일** ⓒ : 파워포인트\완성\슬라이드에 로고 삽입하기_완성.pptx

기업에서 사용하는 슬라이드 레이아웃을 구성할 때는 회사 이름과 로고를 넣습니다. 슬라이드 마스터에 로고를 삽입하면 전체 슬라이드에서 같은 위치에 로고가 나타납니다. 하지만 모든 페이지에 같은 형식으로 이름과 로고가 등장하면 때로 식상한 느낌을 주기 때문에 융통성 있는 구성이 필요합니다.

01 로고 삽입하기

[보기] 탭–[마스터 보기] 그룹에서 **[슬라이드 마스터]**를 클릭합니다.

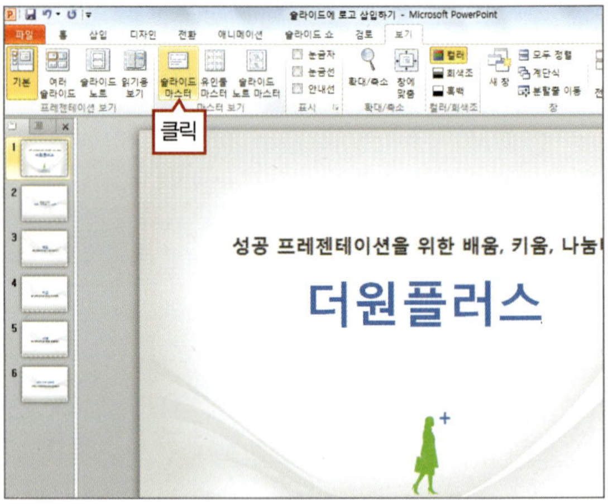

02 ① **최상위 [슬라이드 마스터]**를 선택합니다. ② [삽입] 탭–[이미지] 그룹에서 **[그림]**을 클릭합니다.

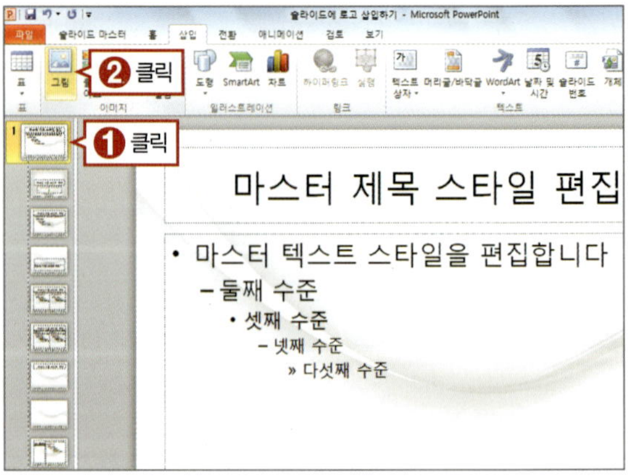

03 ① [그림 삽입] 대화 상자가 열리면 **더원플러스 로고.png**를 선택한 후 ② **[삽입]**을 클릭합니다.

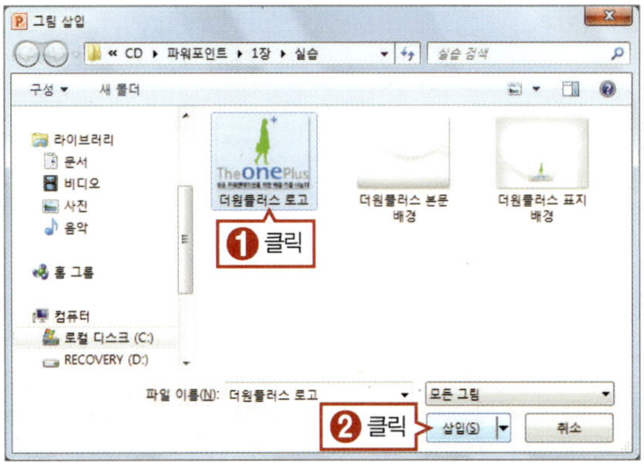

04 로고가 나타나면 사각형 테두리의 **둥근 점을 드래그**하여 적당한 크기로 줄인 후 화면의 오른쪽 위에 위치시킵니다.

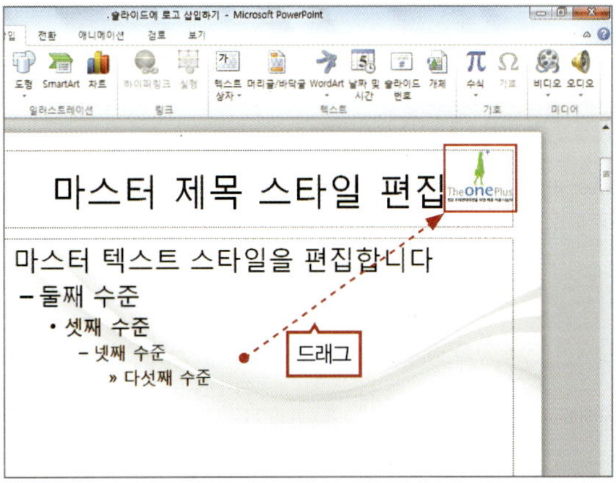

05 제목 슬라이드에는 로고가 보이지 않게 하기

① **[제목 슬라이드 레이아웃]**을 선택한 후 ② [슬라이드 마스터] 탭–[배경] 그룹에서 **[배경 그래픽 숨기기]**에 체크합니다. ③ [슬라이드 마스터] 탭–[닫기] 그룹에서 **[마스터 보기 닫기]**를 클릭합니다. 제목 슬라이드를 제외한 모든 슬라이드의 오른쪽 위에 로고가 삽입된 것을 확인할 수 있습니다.

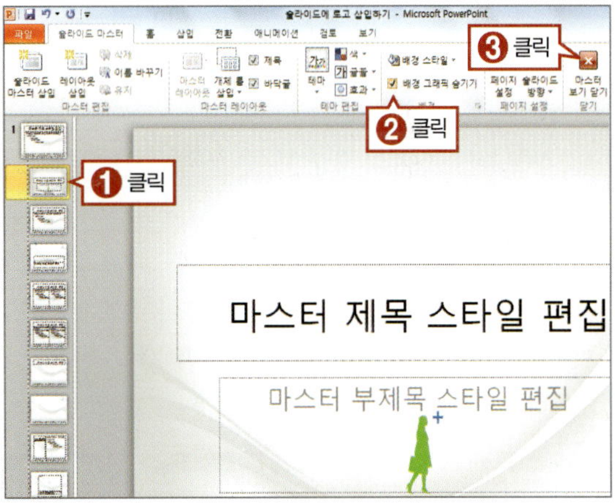

핵심기능 11

슬라이드에 번호 삽입하기

• **실습 파일** ⓒ : 파워포인트\실습\슬라이드에 번호 삽입하기.pptx
• **완성 파일** ⓒ : 파워포인트\완성\슬라이드에 번호 삽입하기_완성.pptx

프레젠테이션이 끝나고 청중에게 질문을 받아 답변하는 시간이 오면 그 질문에 해당하는 슬라이드를 펼쳐봐야 하는 경우가 종종 생깁니다. 이때 수십 장에 달하는 슬라이드 중에서 딱 필요한 부분만 찾아서 볼 수 있는 방법이 바로 슬라이드 번호입니다. 머리글/바닥글 기능을 이용하여 슬라이드 번호를 삽입하는 방법과 제목 슬라이드에만 번호를 삽입하지 않는 방법에 대해서도 알아보겠습니다.

01 슬라이드에 번호 삽입하기

[삽입] 탭-[텍스트] 그룹에서 **[슬라이드 번호]**를 클릭합니다.

02 제목 슬라이드에서 페이지 번호 삭제하기

① [머리글/바닥글] 대화 상자가 나타나면 [슬라이드] 탭에서 **[슬라이드 번호]**, **[제목 슬라이드에는 표시 안 함]**에 체크합니다. ② **[모두 적용]**을 클릭합니다.

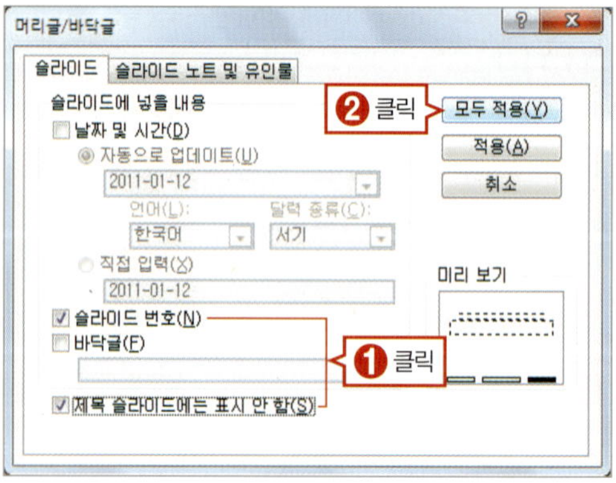

03 2번 슬라이드의 시작 번호가 1이 되게 하기

① [슬라이드] 탭에서 2번 슬라이드를 선택한 후 ② [디자인] 탭–[페이지 설정] 그룹에서 **[페이지 설정]**을 클릭합니다.

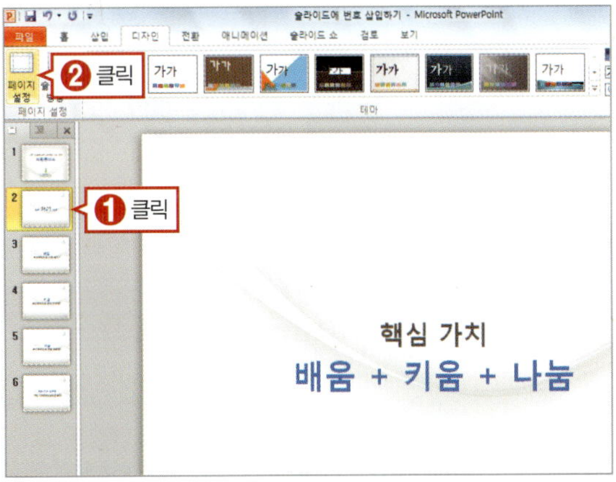

04 ① [페이지 설정] 대화 상자에서 [슬라이드 시작 번호]을 0으로 설정한 후 ② **[확인]**을 클릭합니다.

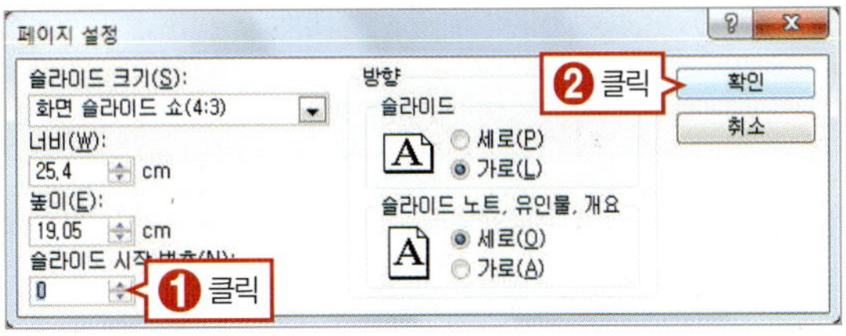

05 **2번 슬라이드의 오른쪽 아래** 부분을 보면 슬라이드 번호가 1인 것을 확인할 수 있습니다.

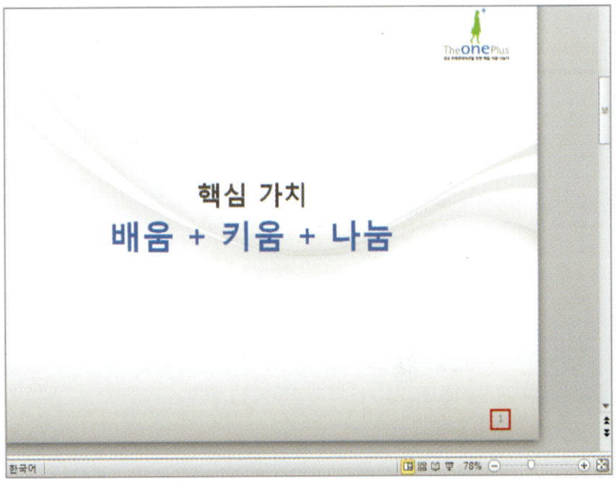

핵심기능 12

구역 활용하기

- **실습 파일** ⓒ : 파워포인트\실습\구역 활용하기.pptx
- **완성 파일** ⓒ : 파워포인트\완성\구역 활용하기_완성.pptx

많은 슬라이드를 작업할 때, 구역을 나누고 관련 있는 슬라이드끼리 묶어놓으면 해당 슬라이드의 내용을 빠르게 찾아볼 수 있습니다. 구역은 하나의 프레젠테이션 문서에 여러 사람이 작업을 할 경우에도 유용합니다. 또한 특정 구역을 이동 시키거나 확장/축소 및 삭제할 수 있으므로 전체 프리젠테이션의 흐름을 빠르게 변경할 수 있습니다.

01 구역 추가하기

① 구역을 추가하기 위해서는 **[여러 슬라이드 보기]** 상태에서 ② 구역을 추가하고자 하는 2번과 3번 슬라이드 사이를 마우스 오른쪽 버튼으로 클릭하여 **[구역 추가]**를 선택합니다.

Tip 여러 슬라이드 보기 상태로 만들려면 화면의 오른쪽 아래에 있는 [여러 슬라이드 보기]를 클릭합니다.

Tip 구역을 추가하는 또 다른 방법은 [홈] 탭-[슬라이드] 그룹에서 [구역]을 클릭한 후 [구역 추가]를 선택하는 것입니다.

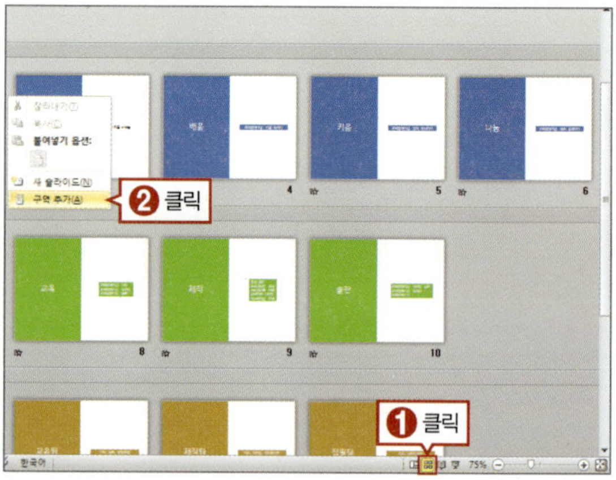

02 구역 이름 바꾸기

[제목 없는 구역] 위에서 마우스 오른쪽 버튼을 클릭하여 **[구역 이름 바꾸기]**를 선택합니다.

Tip 구역 이름을 바꾸는 또 다른 방법은 [홈] 탭-[슬라이드] 그룹에서 [구역]을 클릭한 후 [구역 이름 바꾸기]를 선택하는 것입니다.

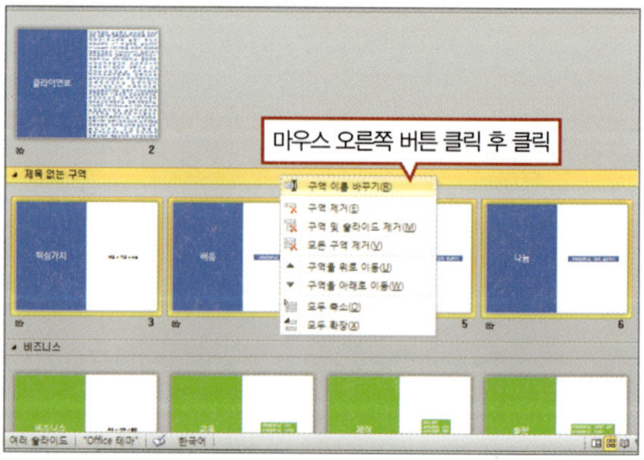

03 ① [구역 이름 바꾸기] 대화 상자가 나타나면 구역 이름을 **핵심 가치**라고 입력한 후 ② **[이름 바꾸기]**를 클릭합니다.

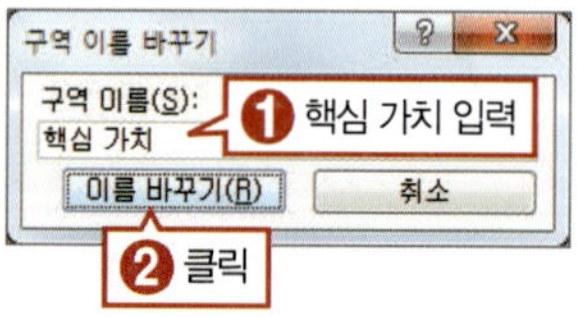

04 핵심 가치라는 이름의 구역이 추가되는 것을 확인할 수 있습니다.

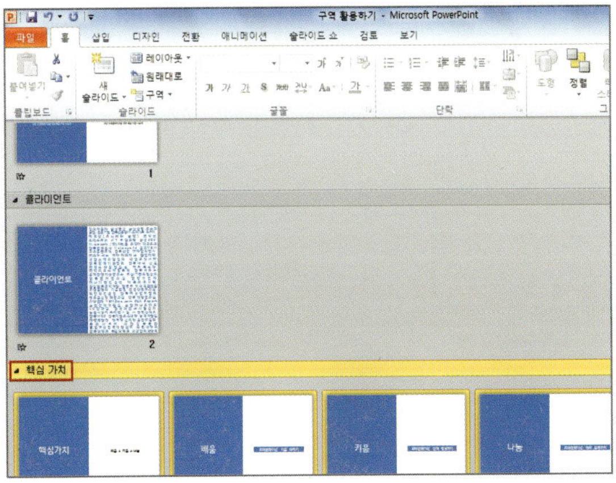

05 구역 이동하기

① 이동하고자 하는 **[핵심 가치]** 구역을 선택한 후 ② 마우스 오른쪽 버튼을 클릭하여 **[구역을 위로 이동]**을 선택합니다.

Tip 구역을 드래그하여 원하는 위치로 옮길 수도 있습니다.

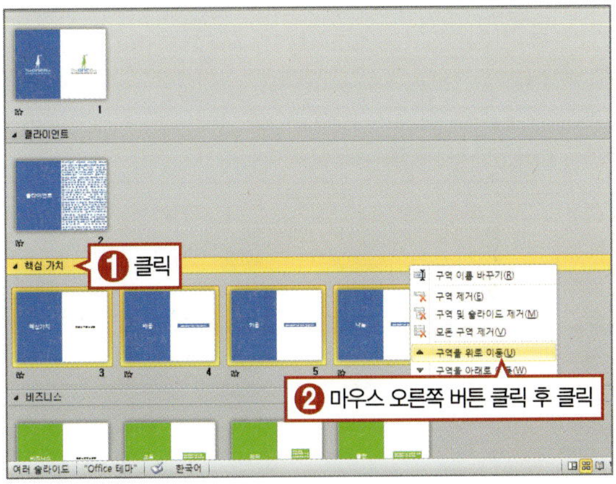

06 구역이 위로 올라간 것을 확인할 수 있습니다.

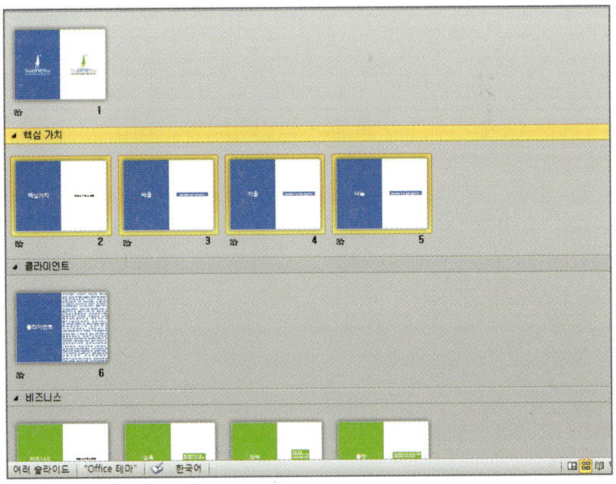

07 구역 삭제하기

① 불필요한 구역인 **클라이언트**를 선택한 후 ② 마우스 오른쪽 버튼을 클릭하여 **[구역 제거]**을 선택합니다.

Tip 구역을 제거하는 또 다른 방법은 [홈] 탭–[슬라이드] 그룹에서 [구역]을 클릭한 후 [구역 제거]를 선택하는 것입니다. 만들어진 모든 구역을 제거하려면 [홈] 탭–[슬라이드] 그룹에서 [구역]을 클릭한 후 [모든 구역 제거]를 선택합니다.

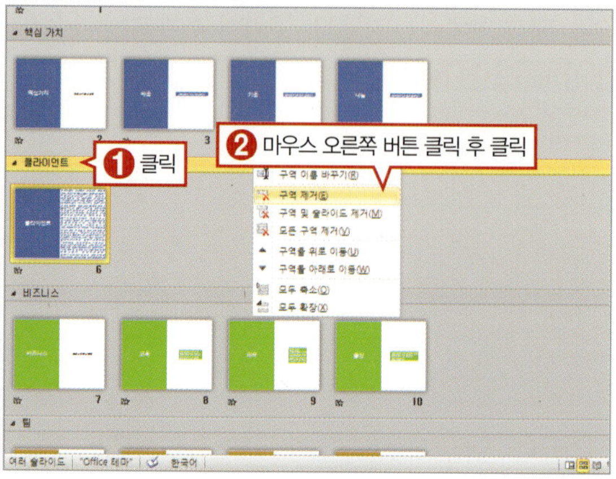

08 구역이 제거된 것을 확인할 수 있습니다.

Tip 구역이 제거되어도 구역에 속해 있는 슬라이드는 그대로 남아 있습니다.

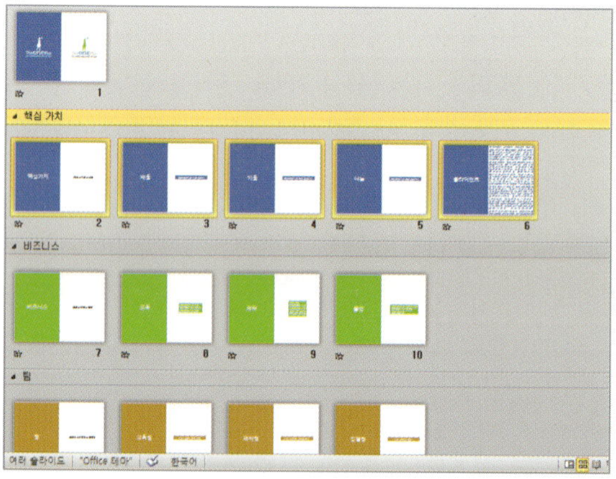

09 모든 구역 축소하기

모든 구역을 축소하기 위해 구역 위에 마우스 오른쪽 버튼을 클릭하여 **[모두 축소]**를 선택합니다.

Tip 모든 구역을 축소하는 또 다른 방법은 [홈] 탭–[슬라이드] 그룹에서 [구역]을 클릭한 후 [모두 축소]를 선택하는 것입니다.

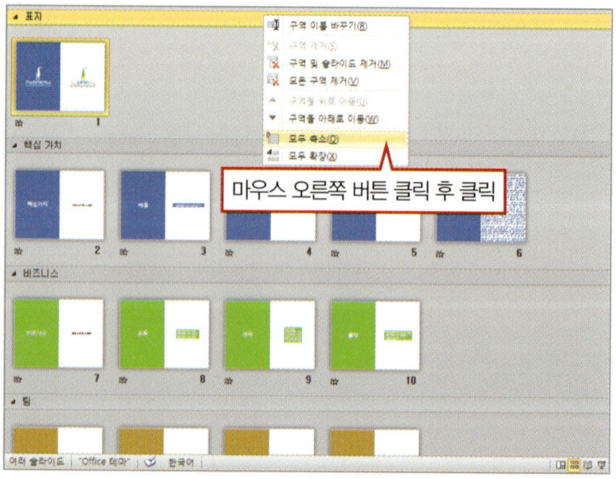

10 특정 구역만 확장하기

[비즈니스] 구역을 **더블클릭**합니다. 해당 구역이 확장되는 것을 확인할 수 있습니다.

Tip 특정 구역만 축소하고 싶다면 해당하는 구역을 더블클릭합니다.

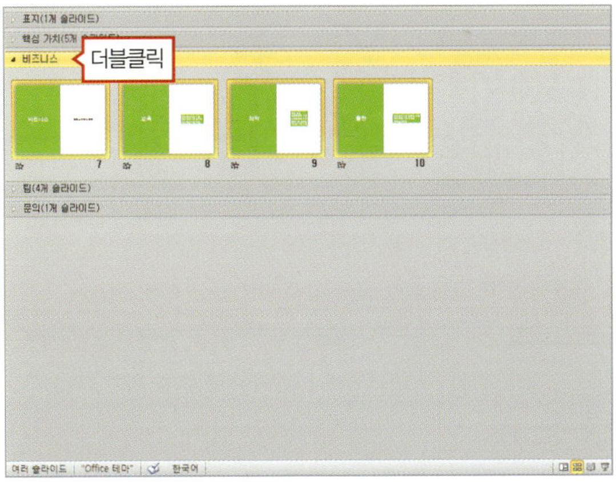

11 모든 구역을 확장하기

구역 위에 마우스 오른쪽 버튼을 클릭하여 **[모두 확장]**을 선택합니다. 모든 구역이 확장된 것을 확인할 수 있습니다.

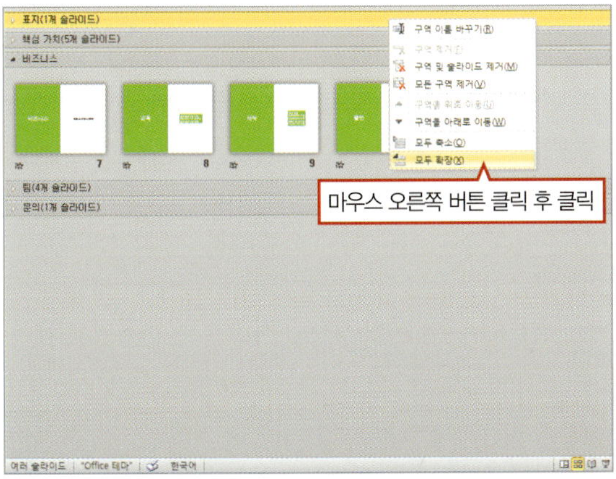

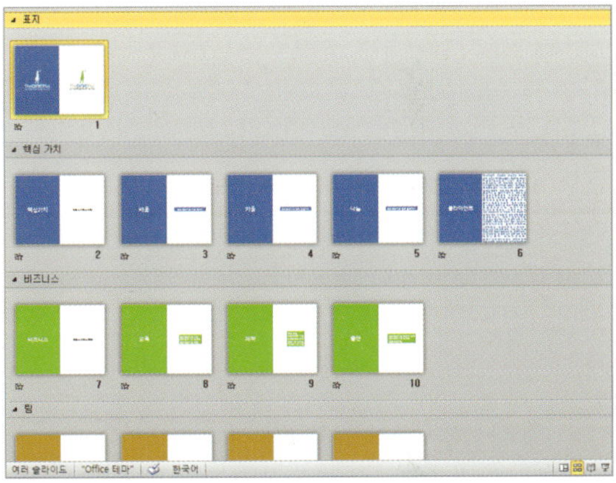

Tip 모든 구역을 확장하는 또 다른 방법은 [홈] 탭-[슬라이드] 그룹에서 [구역]을 클릭한 후 [모두 확장]을 선택하는 것입니다.

핵심기능 13

슬라이드에 텍스트 입력하기

• **실습 파일** : 파워포인트\실습\슬라이드에 텍스트 입력하기.pptx
• **완성 파일** : 파워포인트\완성\슬라이드에 텍스트 입력하기_완성.pptx

파워포인트에서 텍스트를 입력하기 위해서는 개체 틀, 텍스트 상자, 도형 등의 폼이 있어야 합니다. 다양한 방법으로 텍스트를 입력해보겠습니다.

01 개체 틀에 텍스트 입력하기

개체 틀에 텍스트를 입력할 때는 먼저 **개체 틀을 선택**한 후 텍스트를 입력해야 합니다.

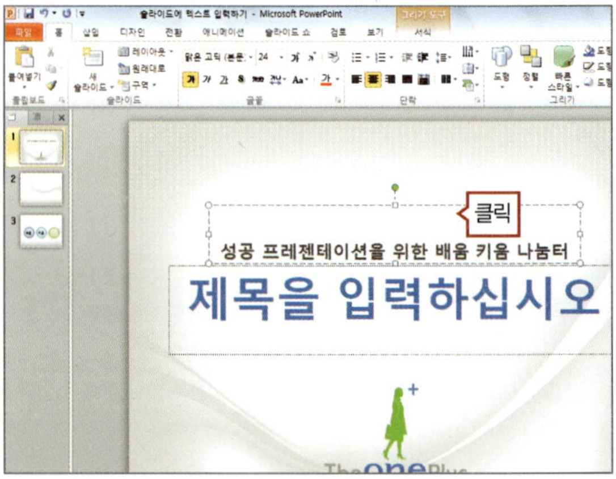

Tip 개체 틀에 입력된 텍스트는 화면 왼쪽의 [개요] 탭에서도 확인할 수 있습니다. 반대로 [개요] 탭에서 입력된 텍스트는 개체 틀에 표시됩니다. 단순히 표시만 되는 것이 아니라 개요 탭에서 텍스트를 편집할 수도 있습니다. 단, 직접 만든 텍스트 상자에 입력된 내용은 개요 탭에 표시되지 않습니다.

Tip 개체 틀에 텍스트 입력을 위한 단축키

- Ctrl+Enter : 다음 개체 틀로 이동, 새 슬라이드 생성
- Tab 또는 Alt+Shift+→ : 수준 낮추기
- Tab+Shift 또는 Alt+Shift+← : 수준 높이기

02 [개요] 탭에 텍스트 입력하기

① [개요] 탭을 열고 ② 2번 슬라이드의 원하는 위치에 커서를 놓고 **꿈꾸는 CEO**를 입력합니다.

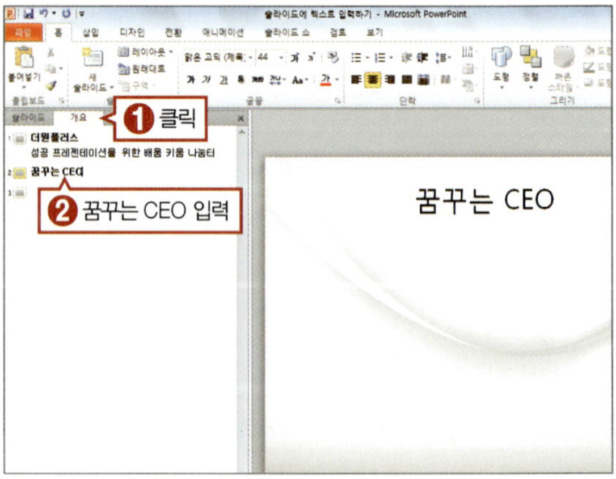

Tip [개요] 탭에서는 주로 슬라이드 제목만 입력하여 전체 맵을 보는 것이 좋습니다.

Tip 개요 탭에서 텍스트 입력을 위한 단축키

- Enter : 새 슬라이드 생성
- Tab 또는 Alt+Shift+→ : 수준 낮추기
- Tab+Shift 또는 Alt+Shift+← : 수준 높이기

03 텍스트 상자에 텍스트 입력하기

[삽입] 탭-[텍스트] 그룹에서 **[텍스트 상자]**를 클릭합니다.

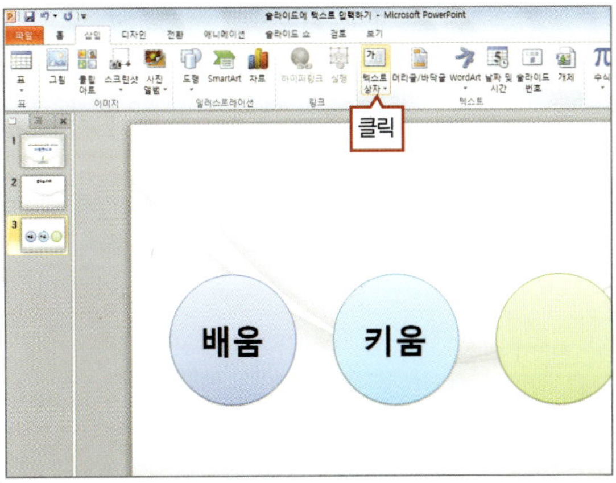

04 ① 슬라이드를 클릭한 후 ② 생성된 텍스트 상자에 **핵심 가치**를 입력합니다. 이때 텍스트 상자는 입력한 텍스트에 따라 크기가 늘어납니다.

Tip 클릭해서 만든 텍스트 상자의 줄 바꾸기 단축키

- Enter : 단락 나누기
- Shift+Enter : 단락은 유지하면서 줄만 나누기

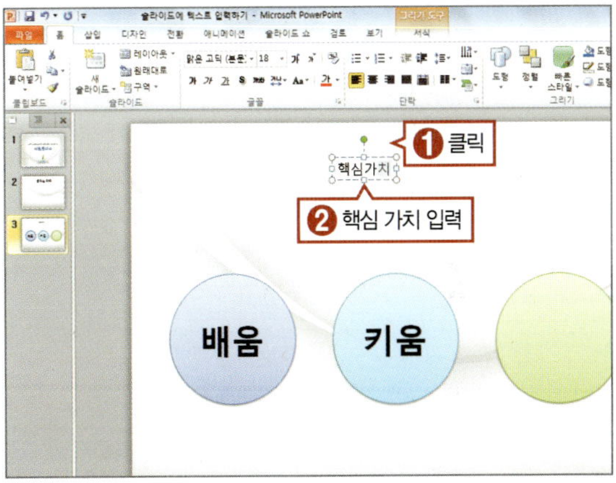

05 도형에 텍스트 입력하기

① 빈 도형을 선택한 후 ② **나눔**을 입력합니다.

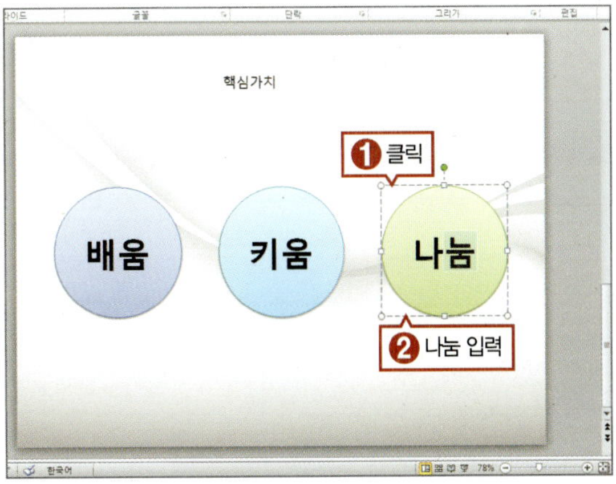

핵심기능 14

글꼴 서식 변경하기

• **실습 파일** ⓒ : 파워포인트\실습\글꼴 서식 변경하기.pptx
• **완성 파일** ⓒ : 파워포인트\완성\글꼴 서식 변경하기_완성.pptx

글꼴 그룹에서는 글꼴, 글꼴 크기, 글꼴 색뿐만 아니라 문자의 간격도 조정할 수 있습니다. 다양한 글꼴 서식을 텍스트에 적용해보겠습니다.

01 글꼴 변경하기

① 글꼴을 변경하기 위해 **더원플러스** 텍스트 상자를 클릭합니다. ② [홈] 탭-[글꼴] 그룹에서 **[글꼴]** 목록 중 ③ [HY 견고딕]을 선택합니다.

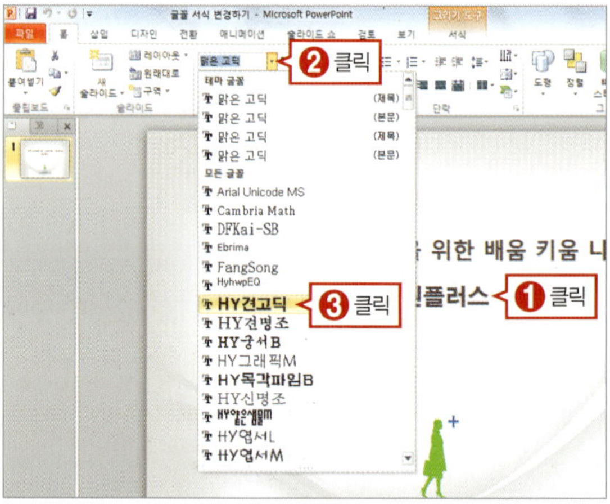

02 글꼴 크기 변경하기

① [홈] 탭-[글꼴] 그룹에서 **[글꼴 크기]** 목록 중 ②[66]을 선택합니다.

Tip

- 글꼴 크게 단축키 : Ctrl+]
- 글꼴 작게 단축키 : Ctrl+[

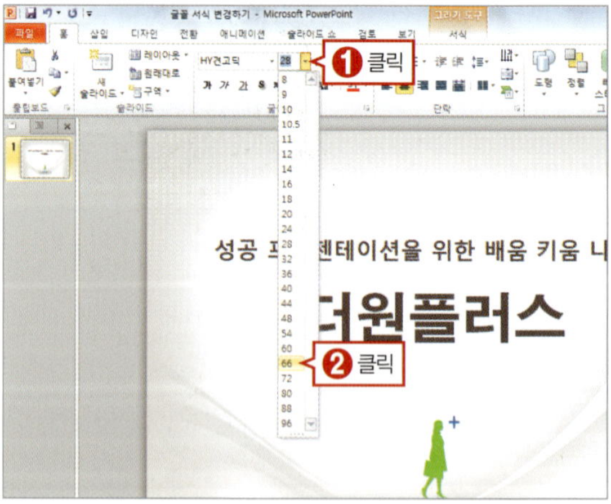

03 글꼴 색 변경하기

① [홈] 탭-[글꼴] 그룹에서 **[글꼴 색]** 목록 중 ② **[파랑]**을 선택합니다.

04 문자 간격 조정하기

① [홈] 탭-[글꼴] 그룹에서 **[문자 간격]** 목록 중 ② **[표준으로]**를 선택합니다.

Tip 문자 간격을 미세하게 조정하려면 [홈] 탭-[글꼴] 그룹에서 [문자 간격]을 클릭한 후 [기타 간격]을 선택합니다. [글꼴] 대화 상자에서 [문자 간격] 탭을 연 후 값을 입력합니다. 이때 [넓게]를 선택하고 값을 높여주면 간격이 넓어지고, [좁게]를 선택하고 값을 높여주면 간격이 좁아집니다.

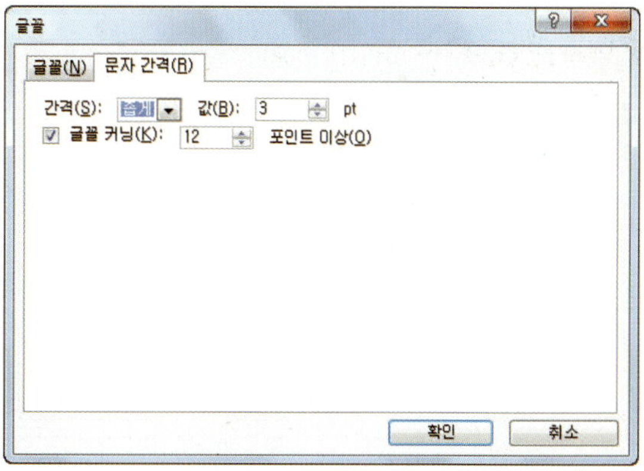

핵심기능 15

텍스트에 빠른 스타일 적용하기

- **실습 파일** ⓒ : 파워포인트\실습\텍스트에 빠른 스타일 적용하기.pptx
- **완성 파일** ⓒ : 파워포인트\완성\텍스트에 빠른 스타일 적용하기_완성.pptx

프레젠테이션의 주제나 핵심 키워드를 강조하고 싶을 때는 텍스트에 디자인을 더하면 효과적입니다. 파워포인트 2010에서는 빠른 스타일을 이용하여 텍스트에 전문가 수준의 스타일을 빠르고 쉽게 적용할 수 있습니다.

01 빠른 스타일 적용하기

① 빠른 스타일을 적용하기 위해서 **키움**을 블록 선택합니다. ② [그리기 도구]-[서식] 탭-[WordArt 스타일] 그룹에서 [**자세히**]를 클릭합니다.

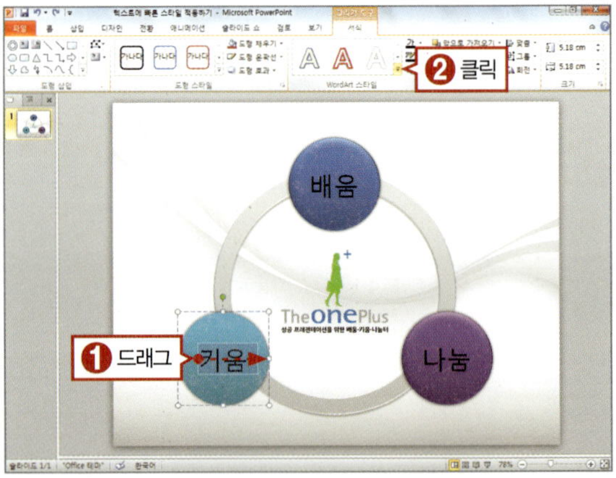

02 [빠른 WordArt 스타일 선택] 목록 중 **[채우기-흰색, 그림자]**를 선택합니다. **나눔**과 **배움** 텍스트를 선택하여 같은 방법으로 빠른 스타일을 적용해봅니다.

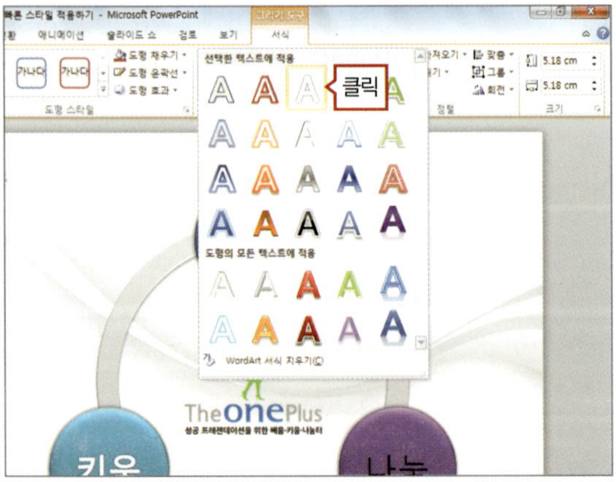

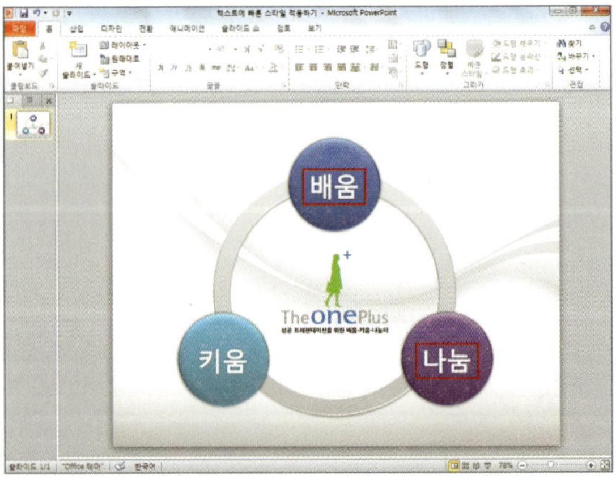

Tip 처음부터 빠른 WordArt 스타일로 텍스트를 쓰려면 [삽입] 탭-[텍스트] 그룹에서 [WordArt]를 클릭하여 [빠른 WordArt 스타일] 텍스트 상자를 삽입한 다음 텍스트를 입력합니다.

핵심기능 16

3차원 입체 텍스트 만들기

- **실습 파일** ⓒ : 파워포인트\실습\3차원 입체 텍스트 만들기.pptx
- **완성 파일** ⓒ : 파워포인트\완성\3차원 입체 텍스트 만들기_완성.pptx

내용을 강조하거나 배경과 어울리게 표현하기 위해 텍스트에 입체 효과를 줄 수 있습니다. 이때 글자의 깊이와 각도를 조정하면 글자만 튀어나온 듯한 3차원 느낌을 연출할 수 있습니다. 3차원 서식과 3차원 회전을 이용하면 쉽게 만들 수 있습니다.

01 텍스트에 입체 효과 주기

① 깃발 아래 부분의 2000, 2010, 2020의 텍스트 상자를 Shift를 누른 채 마우스로 선택합니다. ② [그리기 도구]-[서식] 탭-[WordArt 스타일] 그룹에서 **[텍스트 효과 서식]**을 클릭합니다.

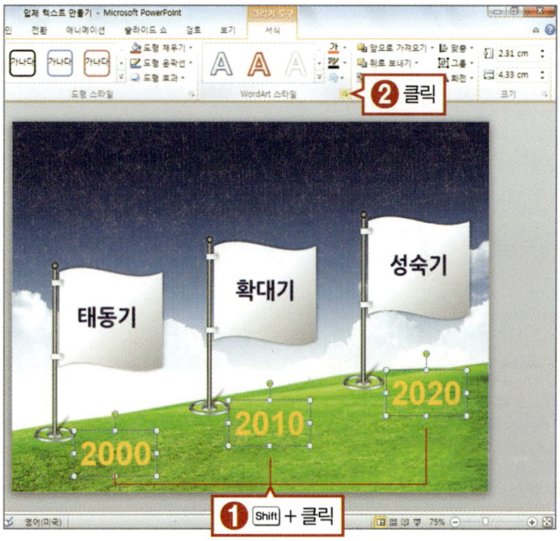

02 텍스트에 입체감 주기

① [텍스트 효과 서식] 대화 상자에서 **[3차원 서식]** 항목을 선택한 후 ② [깊이]를 10pt로 설정합니다. ③ **[닫기]**를 클릭합니다.

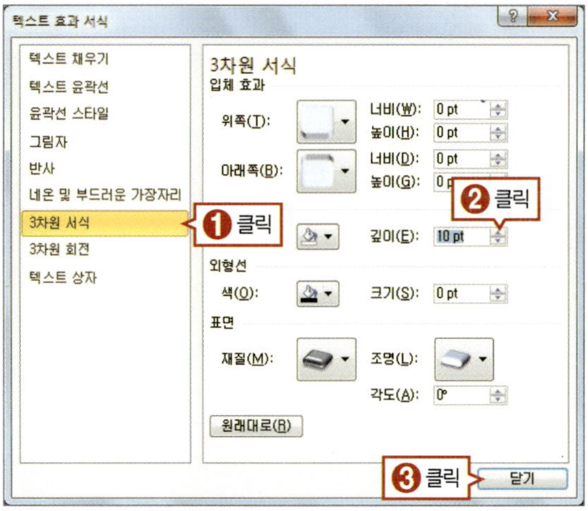

03 텍스트의 방향에 회전 각도 지정하기

① [텍스트 효과 서식] 대화 상자에서 **[3차원 회전]** 항목을 선택합니다. ② [미리 설정] 목록 중 ③ **[원근감 강조(왼쪽)]**를 선택합니다.

Tip 미세하게 회전 값을 적용하기 위해서는 [X], [Y], [Z] 값을 직접 입력하여 조정합니다.

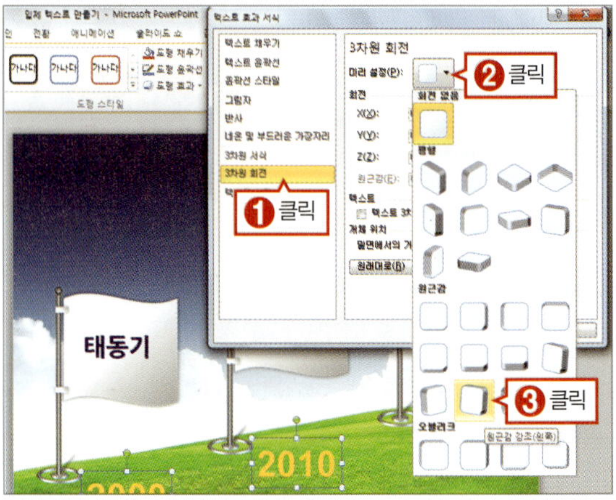

04 텍스트에 그림자 적용하기

① 2000, 2010, 2020 텍스트 상자를 Shift를 누른 채 선택한 후 ② [그리기 도구]-[서식] 탭-[WordArt 스타일] 그룹에서 **[텍스트 효과]**를 클릭합니다. ③ [그림자] 목록 중 **[원근감 대각선 오른쪽 위]**를 선택합니다.

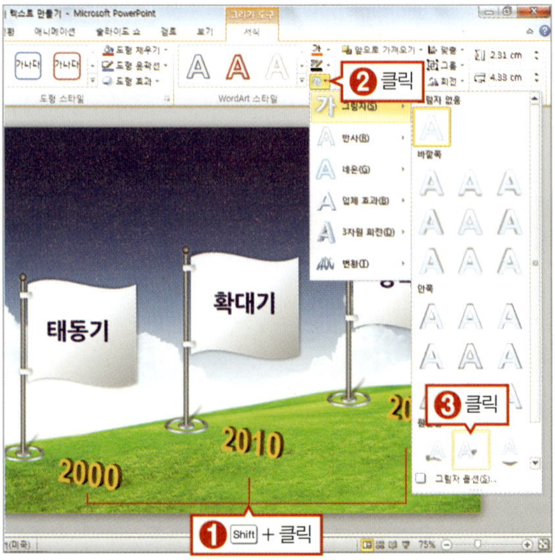

05 연도 텍스트가 입체로 만들어져 배경 및 다른 개체와 어울리는 것을 확인할 수 있습니다.

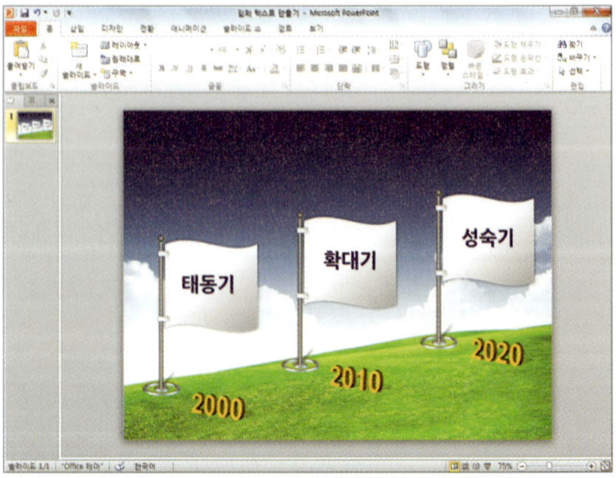

핵심기능 17

텍스트 서식 복사하기

- **실습 파일** ⓒ : 파워포인트\실습\텍스트 서식 복사하기.pptx
- **완성 파일** ⓒ : 파워포인트\완성\텍스트 서식 복사하기_완성.pptx

텍스트에 설정된 다양한 서식을 복사하여 다른 텍스트에 붙여넣을 수 있습니다. 또한 도형 서식까지 포함하여 다른 텍스트 상자나 도형에 복사하여 재사용할 수도 있습니다.

01 텍스트 서식 복사하기

① **프레젠테이션 기획 교육**의 텍스트 중간을 클릭한 후 ② [홈] 탭–[클립보드] 그룹에서 **[서식 복사]**를 클릭합니다.

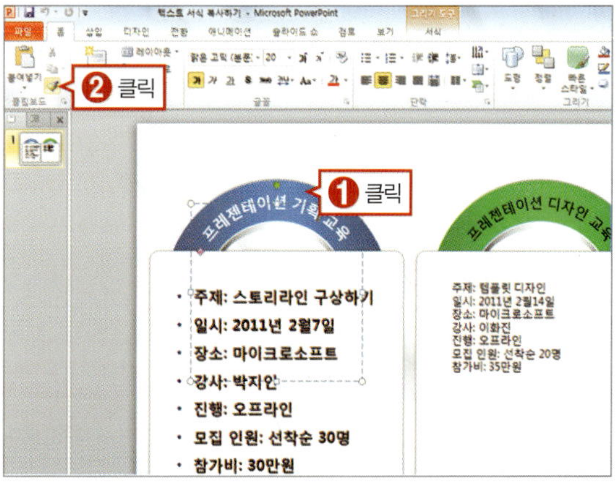

02 텍스트 서식 붙여넣기

마우스 포인터가 변경되면 글꼴 서식을 붙여넣을 오른쪽의 **프레젠테이션 디자인 교육**의 텍스트를 블록 선택합니다. 글꼴 서식이 변경되는 것을 확인할 수 있습니다.

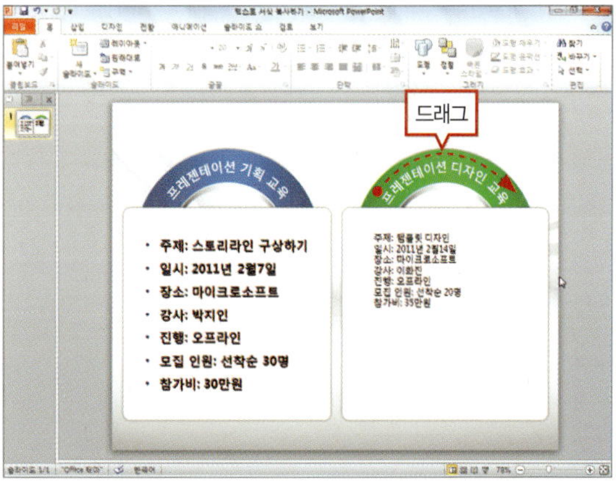

03 글꼴 서식과 맞춤 서식 및 도형 서식까지 복사하기

① 똑같은 서식을 적용하려는 모델 즉, 왼쪽 **텍스트 상자의 테두리**를 선택한 후 ② [홈] 탭-[클립보드] 그룹에서 **[서식 복사]**를 클릭합니다.

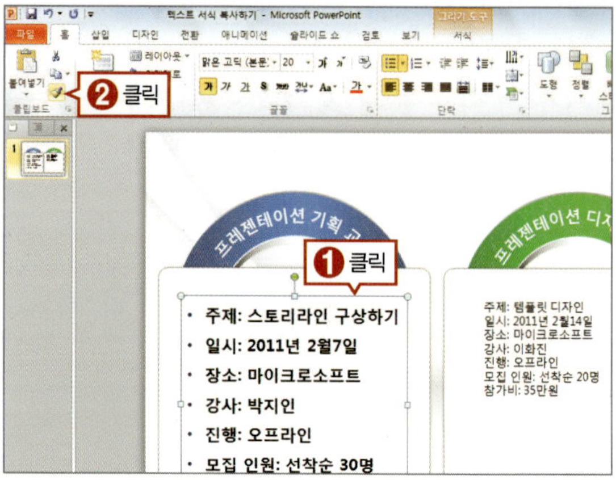

04 마우스 포인터가 변경되면 복사한 서식을 붙여 넣고 싶은 텍스트 상자의 **테두리를 클릭**합니다. 글꼴, 맞춤, 도형 서식까지 모두 변경된 것을 확인할 수 있습니다.

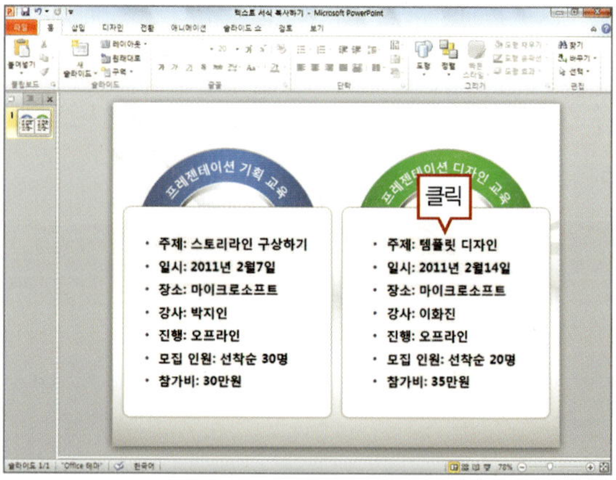

Tip 서식 복사를 여러 번 반복하려면 [서식 복사]를 더블클릭한 후 다른 텍스트 상자를 클릭합니다. 서식 복사 명령을 종료하려면 [서식 복사]를 클릭하거나 Esc를 누릅니다.

핵심기능 18

텍스트의 수평과 수직 위치 조정하기

- **실습 파일** ⓒ : 파워포인트\실습\텍스트의 수평 수직 위치 조정하기.pptx
- **완성 파일** ⓒ : 파워포인트\완성\텍스트의 수평 수직 위치 조정하기_완성.pptx

텍스트를 정렬할 때 가장 기본적으로 알아야 할 것은 텍스트의 좌우 위치와 상하 위치를 맞추는 것입니다. 배경과 잘 어울리게 위치를 조정한 텍스트는 읽기도 편하고 안정감을 줍니다.

01 텍스트의 세로 위치 조정하기

① 1번 슬라이드에서 Purpose, People, Place, Presenter가 쓰인 도형을 Shift를 누른 채 클릭합니다. ② [홈] 탭–[단락] 그룹에서 **[텍스트 맞춤]**을 클릭하고 ③ **[중간]**을 선택합니다.

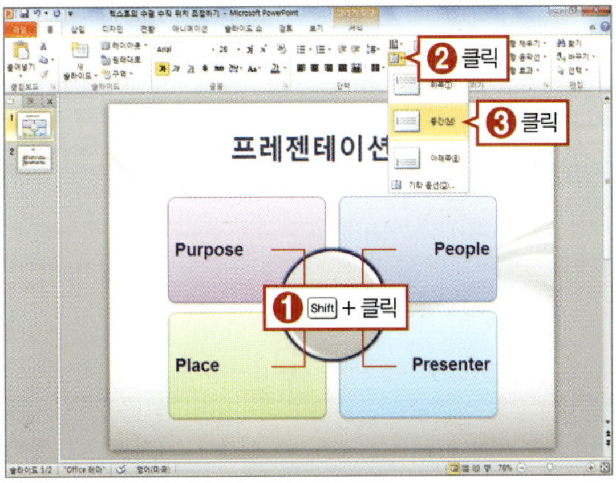

02 텍스트의 가로 위치 조정하기

Purpose, People, Place, Presenter가 쓰인 도형을 Shift를 누른 채 마우스로 클릭합니다. [홈] 탭–[단락] 그룹에서 **[가운데 맞춤]**을 클릭합니다. 텍스트가 도형의 정 가운데에 위치하는 것을 확인할 수 있습니다.

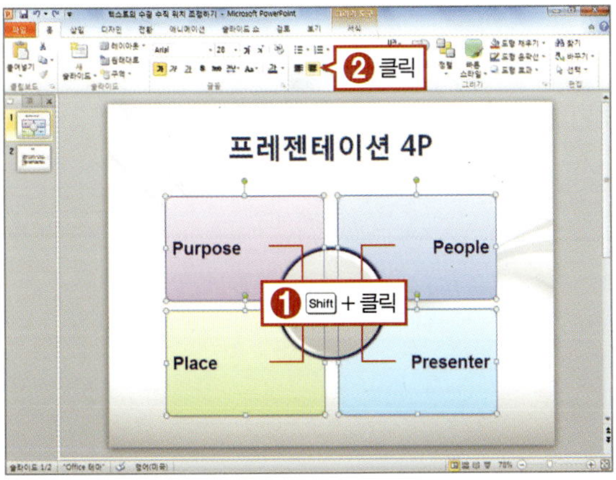

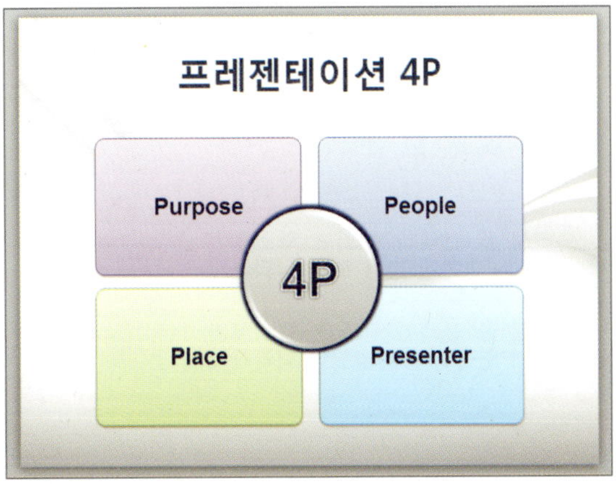

Tip [균등 분할]은 텍스트 상자의 너비에 맞게 글자 간격을 균등하게 배열하는 것입니다. 이렇게 하면 문서가 가지런하게 표시됩니다. 1번 슬라이드의 제목 '프레젠테이션4P'를 선택한 후 [홈] 탭–[단락] 그룹에서 [균등 분할]을 클릭합니다.

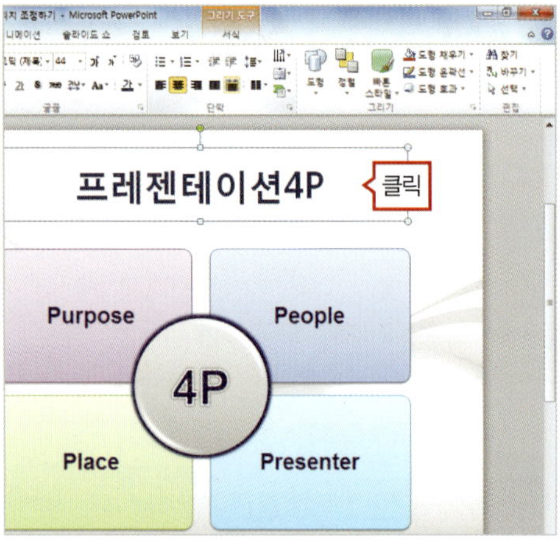

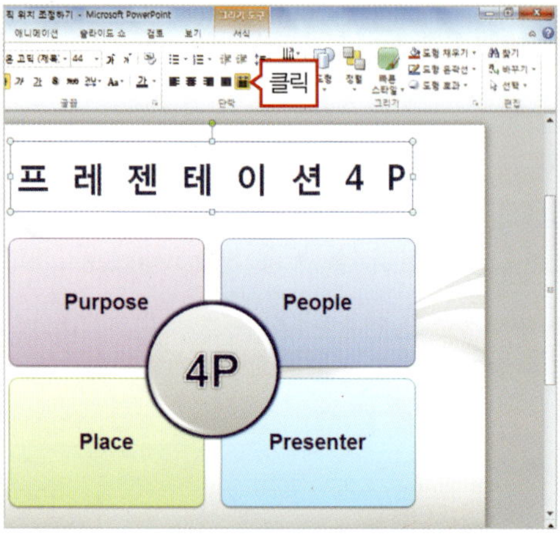

Tip 양쪽 맞춤은 단어 사이에 공백을 추가하여 텍스트 상자의 왼쪽 및 오른쪽 여백에 맞춥니다. 이렇게 하면 페이지의 왼쪽 및 오른쪽이 가지런히 표시됩니다. 2번 슬라이드의 본문 텍스트 상자를 선택한 후 [홈] 탭–[단락] 그룹에서 [양쪽 맞춤]을 클릭합니다.

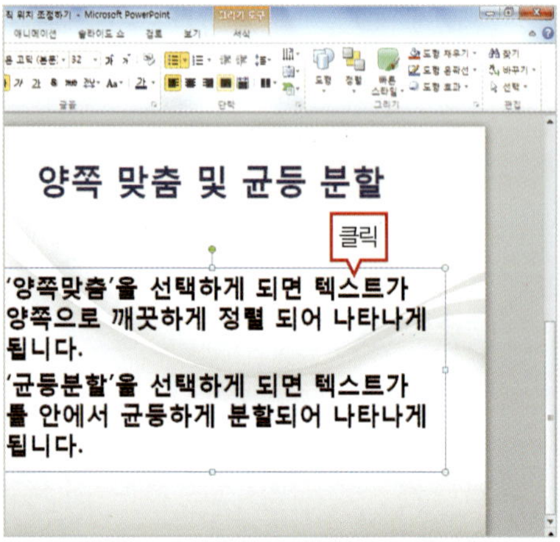

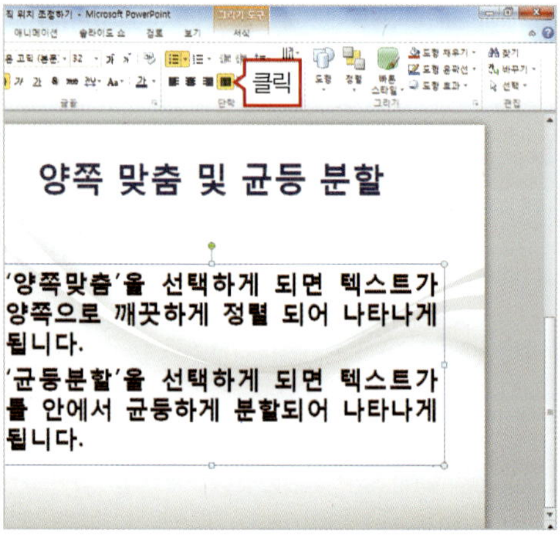

Tip 텍스트 맞춤을 세밀하게 하려면 [텍스트 맞춤]을 클릭한 후 [기타 옵션]을 선택합니다. [텍스트 효과 서식] 대화 상자에서 세밀하게 조정합니다.

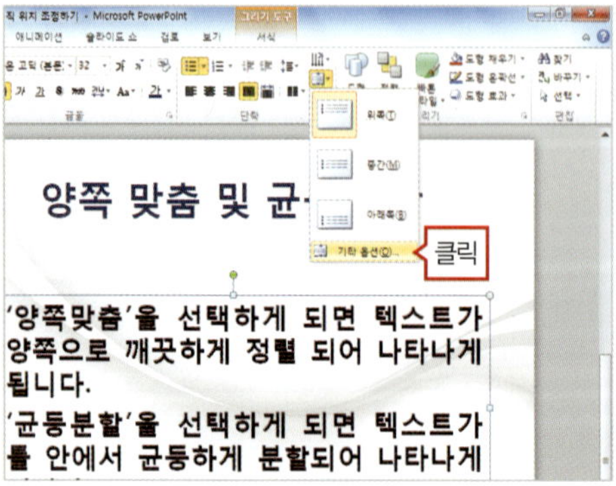

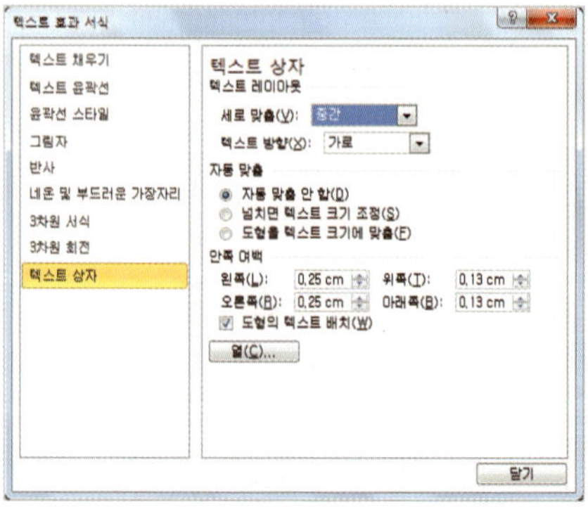

핵심기능 19 글머리 기호 설정하기

• **실습 파일** ⓒ : 파워포인트\실습\글머리 기호 설정하기.pptx
• **완성 파일** ⓒ : 파워포인트\완성\글머리 기호 설정하기_완성.pptx

글머리 기호는 많은 내용의 텍스트를 구분하기 위해 사용합니다. 단락에 글머리 기호를 설정하고 글머리 기호와 텍스트 사이의 간격을 조정하는 방법에 대해서 알아보겠습니다.

01 글머리 기호 설정하기

① 오른쪽 텍스트 상자를 선택한 후 ② [홈] 탭–[단락] 그룹에서 **[글머리 기호]**를 클릭합니다. ③ 선택 목록 중 **[속이 찬 둥근 글머리 기호]**를 선택합니다.

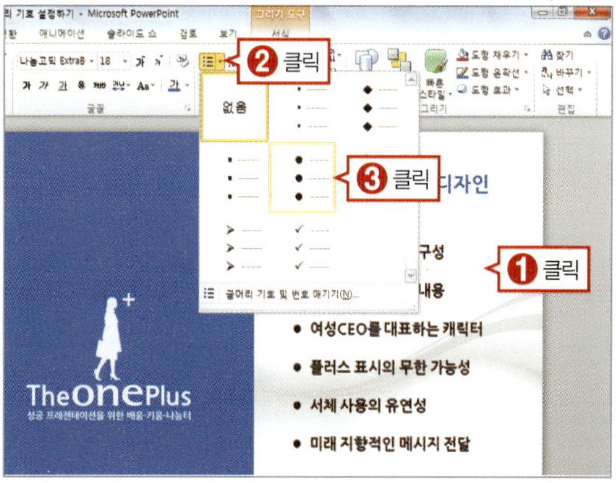

02 글머리 기호 색상 및 크기를 변경하기

① [홈] 탭–[단락] 그룹–**[글머리 기호]**의 목록 버튼을 클릭한 후 ② **[글머리 기호 및 번호 매기기]**를 선택합니다.

03 ① [글머리 기호 및 번호 매기기] 대화 상자에서 텍스트 크기는 [70%], 색은 ② **[연한 파랑]**을 지정한 후 ③ **[확인]**을 클릭합니다.

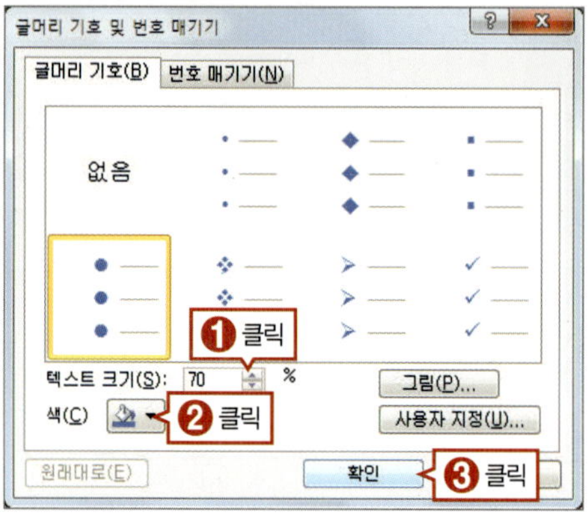

04 글머리 기호의 크기와 색이 변경된 것을 확인할 수 있습니다.

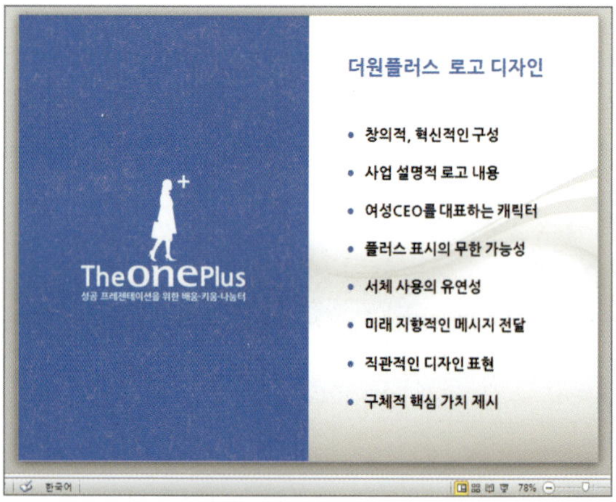

Tip 글머리 기호를 그림으로 변경하고 싶으면 [글머리 기호 및 번호 매기기] 대화 상자에서 [그림]을 클릭합니다. [그림 글머리 기호] 대화 상자에서 원하는 그림 형태를 선택한 후 [확인]을 클릭합니다.

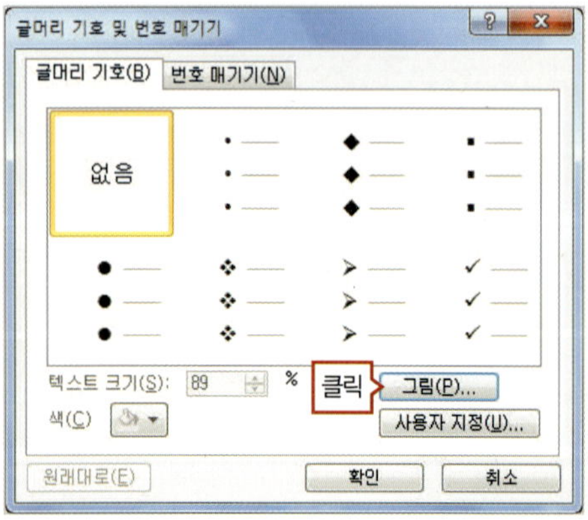

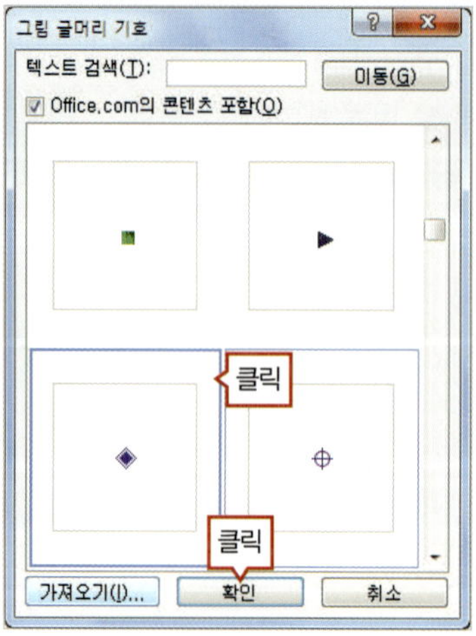

05 글머리 기호와 텍스트 사이 간격 조정하기

먼저 눈금자가 있어야 합니다. 눈금자를 표시하기 위해서 [보기] 탭-[표시] 그룹에서 **[눈금자]**를 선택합니다.

Tip 눈금자 표시의 단축키는 Shift+Alt+F9입니다.

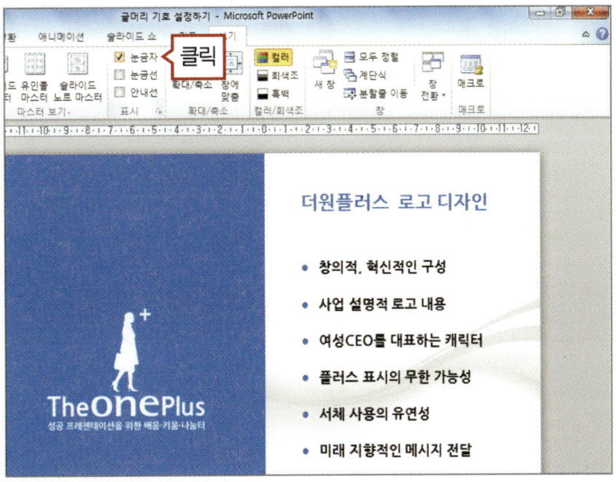

06 ① 간격을 조정할 텍스트를 블록 선택합니다. ② 상단 눈금자에 있는 [내어쓰기]에 마우스 포인터를 위치시키고 1.5까지 드래그하여 텍스트의 시작 위치를 이동합니다.

Tip 내어쓰기 및 들여쓰기 아이콘

- 첫 줄 들여쓰기(▽): 글머리 기호 및 번호 매기기의 시작 위치를 지정합니다.
- 내어쓰기(△): 글머리 기호 다음의 텍스트 위치를 지정합니다.
- 왼쪽 들여쓰기(□): 위 두 개의 아이콘이 간격을 유지한 상태에서 이동할 수 있게 합니다.

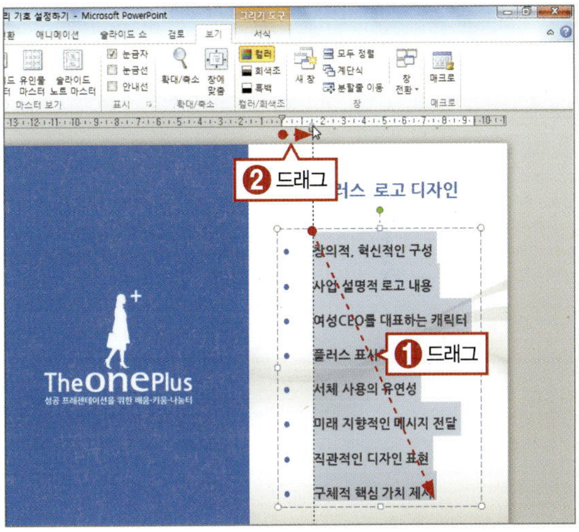

핵심기능 20

글머리 기호를 번호로 변경하기

• **실습 파일** : 파워포인트\실습\글머리 기호를 번호로 변경하기.pptx
• **완성 파일** : 파워포인트\완성\글머리 기호를 번호로 변경하기_완성.pptx

순서가 있는 텍스트는 글머리 기호보다는 번호로 구분하는 것이 좋습니다. 글머리 기호를 번호로 바꾸는 방법과 시작 번호를 바꾸는 방법에 대해서 알아보겠습니다.

01 글머리 기호를 번호로 변경하기

① 슬라이드 아래에 있는 글머리 기호가 적용된 텍스트 상자를 선택한 후 ② [홈] 탭－[단락] 그룹에서 **[번호 매기기]**를 클릭합니다. ③ 선택 목록 중 [1) 2) 3)] 형식을 선택합니다.

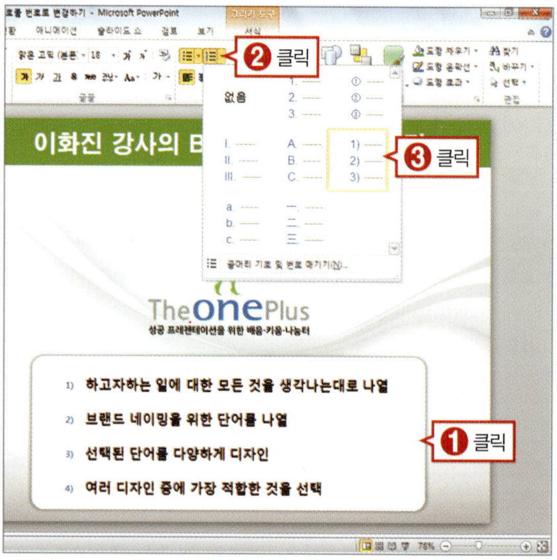

02 번호의 색상 및 크기를 변경하기

① [홈] 탭－[단락] 그룹－[번호 매기기]의 **[목록]**을 클릭한 후 ② **[글머리 기호 및 번호 매기기]**를 선택합니다.

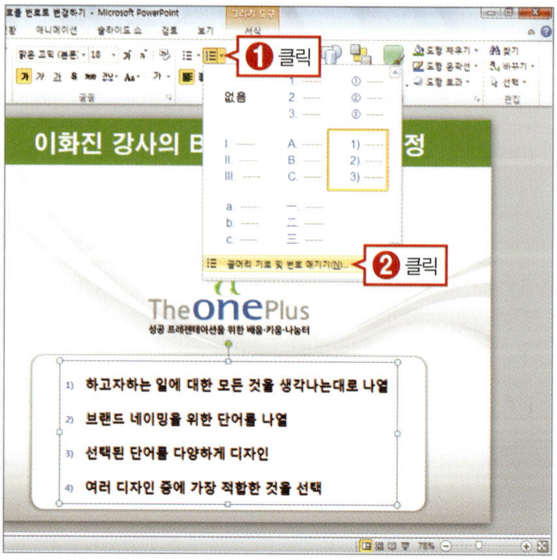

03 [글머리 기호 및 번호 매기기] 대화 상자에서 ① 텍스트 크기를 [100%], ② 색을 **[황록색, 강조3, 50% 더 어둡게]**로 지정합니다. ③ **[확인]**을 클릭합니다.

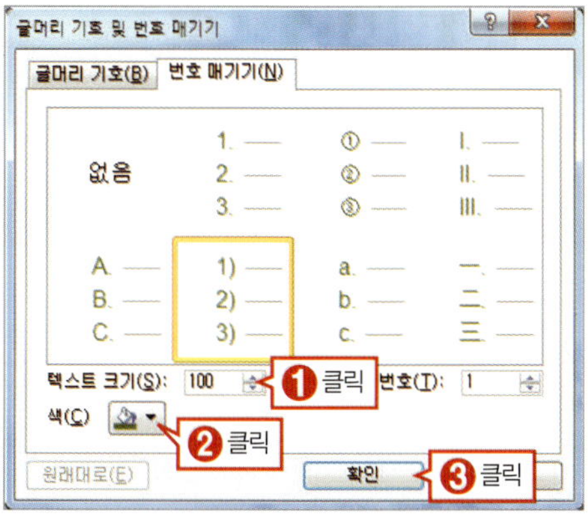

04 번호의 크기와 색이 변경된 것을 확인할 수 있습니다.

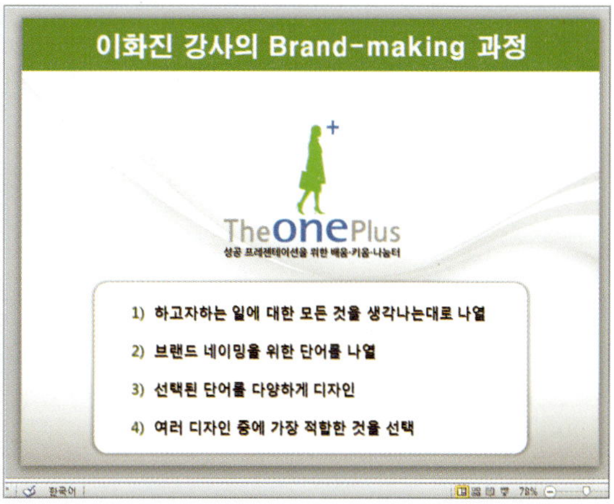

Tip 시작 번호를 변경하려면 [글머리 기호 및 번호 매기기] 대화 상자에서 시작 번호를 원하는 번호로 다시 설정하면 됩니다.

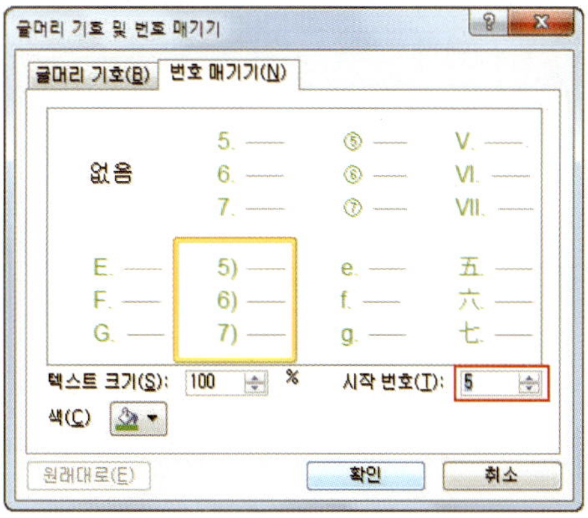

핵심기능 21

줄 및 단락 간격 조정하기

- **실습 파일** : 파워포인트\실습\줄 및 단락 간격 조정하기.pptx
- **완성 파일** : 파워포인트\완성\줄 및 단락 간격 조정하기_완성.pptx

입력한 텍스트의 줄 간격이 너무 좁으면 답답해 보이고 너무 넓으면 읽기 힘듭니다. 따라서 같은 내용은 좁히고 다른 내용은 넓히는 것이 좋습니다. 텍스트의 줄 간격을 원하는 간격으로 세밀하게 조정하는 방법을 알아보겠습니다.

01 줄 간격 넓히기

① **프레젠테이션 출판 부분**에 해당하는 4줄을 블록 선택합니다. ② [홈] 탭-[단락] 그룹에서 [줄 간격]을 클릭한 후 ③ 목록 중 [1.5]를 선택합니다.

Tip 1.5라는 것은 150%로 벌어졌다는 의미이고 줄 간격의 수치가 커질수록 줄 사이 간격은 넓어집니다.

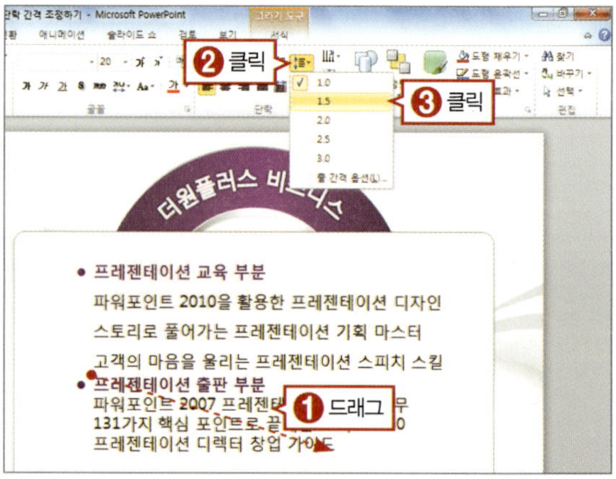

02 세밀하게 줄 간격 조정하기

① **프레젠테이션 출판 부분**에 해당하는 4줄을 블록 선택합니다. ② [홈] 탭-[단락] 그룹에서 [**줄 간격**]을 클릭한 후 ③ [**줄 간격 옵션**]을 선택합니다.

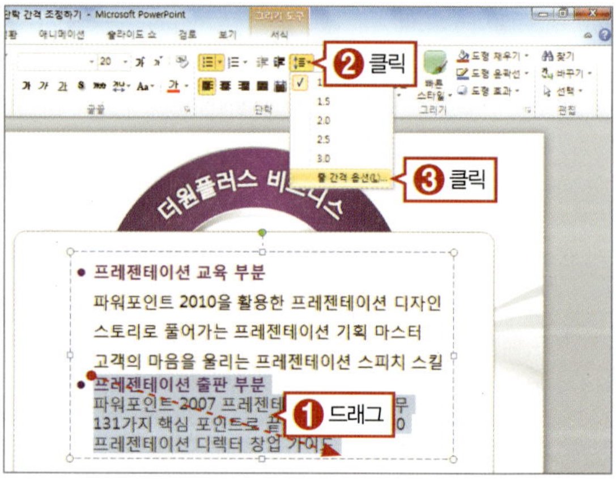

03 ① [단락] 대화 상자가 열리면 [들여 쓰기 및 간격]-[간격]에서 [줄 간격]을 **[고정]**으로 선택한 후 ② 값을 [30pt]로 설정합니다. ③ **[확인]**을 클릭합니다. 줄 간격이 넓어진 것을 확인할 수 있습니다.

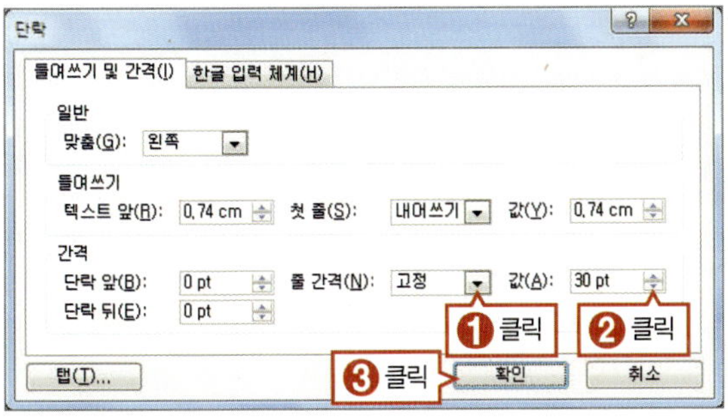

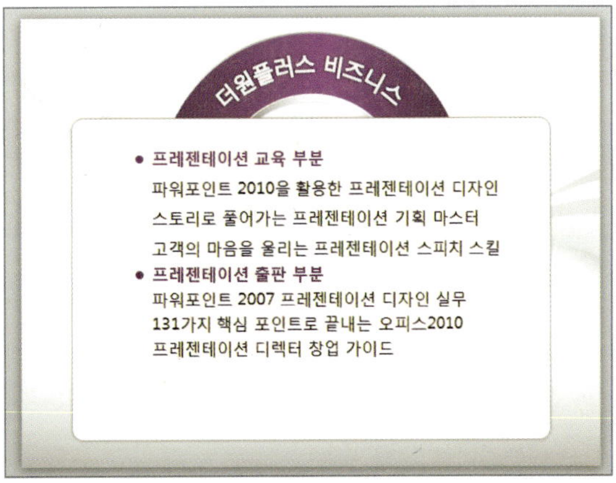

Tip 줄 간격을 [고정]으로 선택하면 포인트(pt) 값으로 세밀하게 조정할 수 있습니다. 값이 글꼴 크기보다 작은 경우 줄이 겹쳐 보일 수 있으므로 주의합니다. 고정은 주로 줄 사이 간격을 딱 붙이고 싶을 때 사용하면 유용합니다.

04 단락 간격 조정하기

프레젠테이션 교육 부분과 프레젠테이션 출판 부분을 구분하기 위해 ① **프레젠테이션 출판 부분** 텍스트를 블록 선택합니다. ② [홈] 탭-[단락] 그룹에서 **[줄 간격]**을 클릭한 ③ **[줄 간격 옵션]**을 선택합니다.

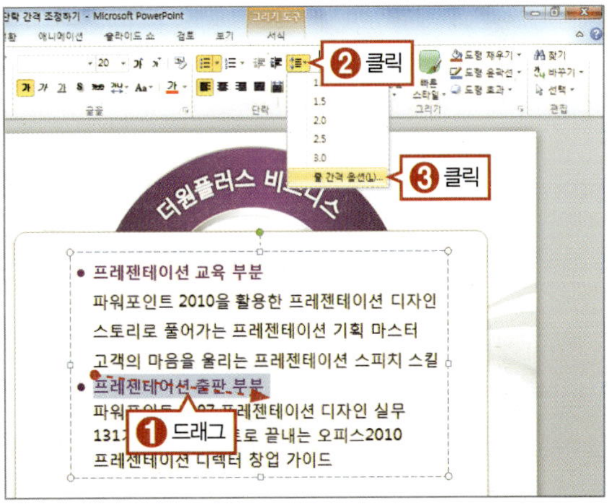

05 ① [단락] 대화 상자가 열리면 [들여 쓰기 및 간격] 탭-[간격]에서 [단락 앞]의 값을 [24pt]로 설정합니다. ② **[확인]**을 클릭합니다. 단락 간격이 넓어진 것을 확인할 수 있습니다.

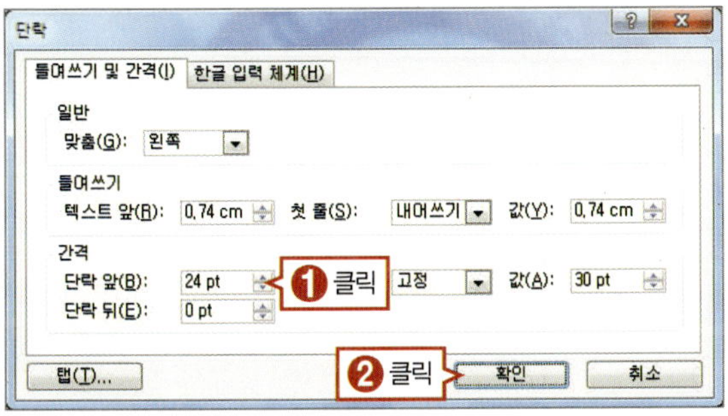

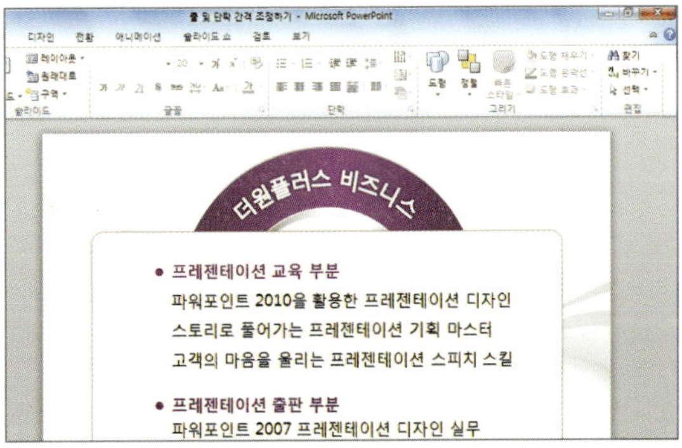

핵심기능 22

목록 수준 조정하기

• **실습 파일** : 파워포인트\실습\목록 수준 조정하기.pptx

• **완성 파일** : 파워포인트\완성\목록 수준 조정하기_완성.pptx

같은 수준의 내용을 같은 모양으로 들여쓰기나 내어쓰기하면 쉽게 내용을 파악할 수 있습니다. 이때는 목록 수준 줄임, 목록 수준 늘림을 이용합니다.

01 들여쓰기

① **프레젠테이션 교육 부분** 텍스트 아래의 내용을 블록 선택합니다. ② [홈] 탭–[단락] 그룹에서 **[목록 수준 늘림]**을 클릭합니다.

Tip 들여쓰기의 단축키는 Tab입니다.

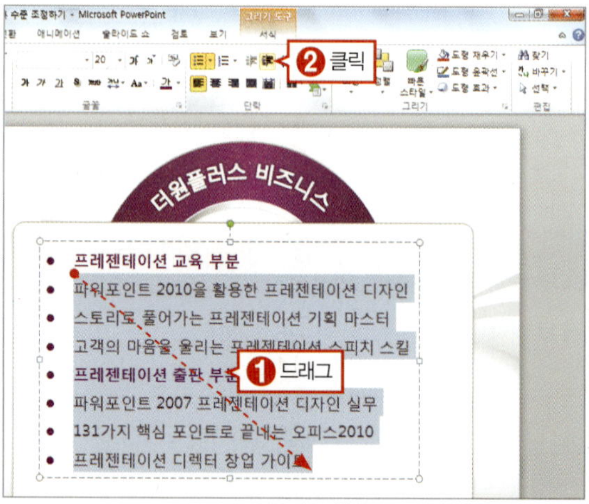

02 프레젠테이션 교육 부분을 제외한 내용이 한 칸 들여쓰기된 것을 확인할 수 있습니다.

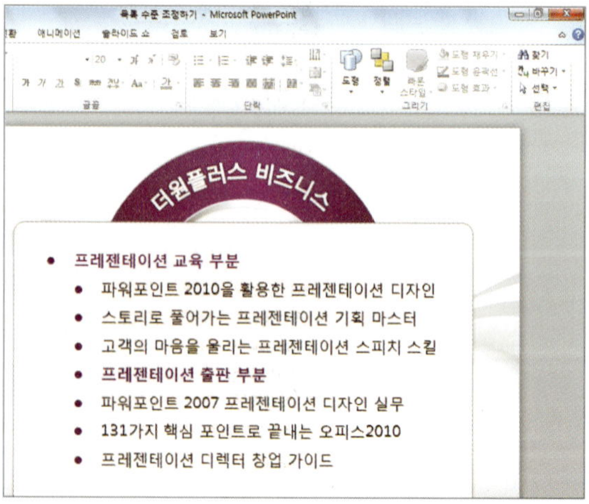

03 내어쓰기

프레젠테이션 출판 부분은 제목 역할을 하므로 한 칸 앞으로 나오게 하여 그 아래 내용과 구분하여야 합니다. ① **프레젠테이션 출판 부분**을 블록 선택한 후 ② [홈] 탭-[단락] 그룹에서 **[목록 수준 줄임]**을 클릭합니다.

Tip 내어쓰기의 단축키는 Shift+Tab입니다

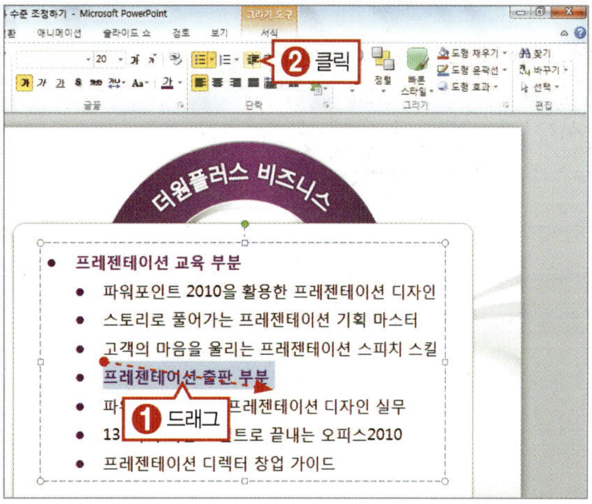

04 프레젠테이션 출판 부분이 내어쓰기된 것을 확인할 수 있습니다.

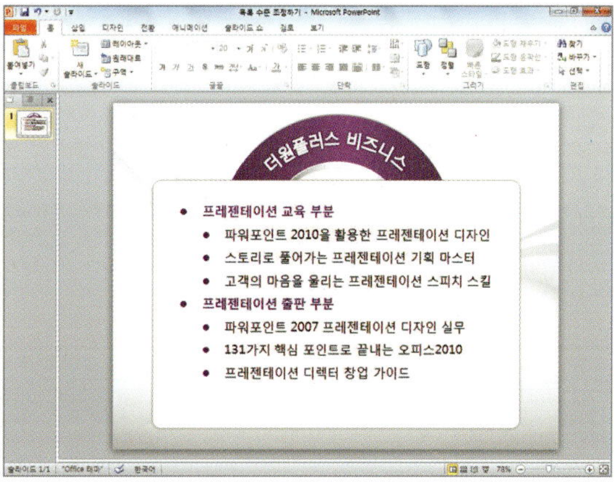

핵심기능 23

정방향 도형을 그린 후 서식 지정하기

- **실습 파일** ◎ : 파워포인트\실습\정방향 도형 그린 후 서식 지정하기.pptx
- **완성 파일** ◎ : 파워포인트\완성\정방향 도형 그린 후 서식 지정하기_완성.pptx

도형은 파워포인트에서 가장 기본적이면서 중요한 작업입니다. 특히 도형을 정방향 형태로 그리는 방법에 대해서 잘 알고 있어야 합니다.

01 PROCESS라는 텍스트 뒤에 정원을 그리기 위해 ① [삽입] 탭-[일러스트레이션] 그룹-**[도형]**을 클릭한 후 ② **[타원]**을 선택합니다.

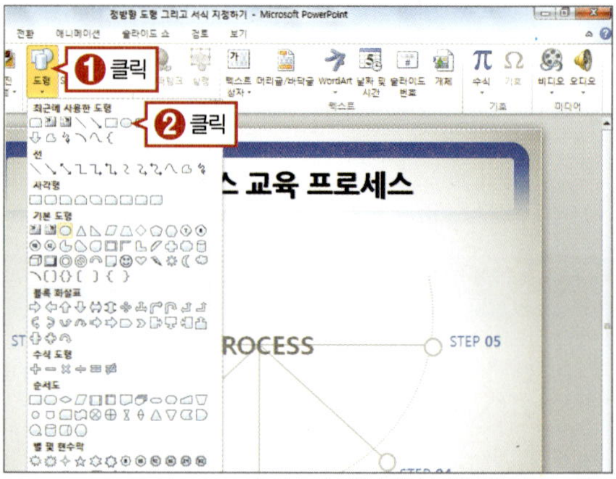

02 정방향 도형 그리기

안내선이 교차하는 지점에 마우스 포인터를 클릭한 후 Ctrl+Shift**를 누른 상태**에서 마우스를 바깥쪽으로 **드래그**하여 적당한 크기로 그려줍니다.

Tip 안내선 표시 및 숨기기의 단축키는 Alt+F9입니다.

Tip 정방향 도형을 그릴 때는 Shift를, 시작한 지점이 중심이 되려면 Ctrl을 누르고 그립니다. 두 키를 같이 누르고 도형을 그리면 시작한 지점이 중심인 정방향 도형이 그려집니다.

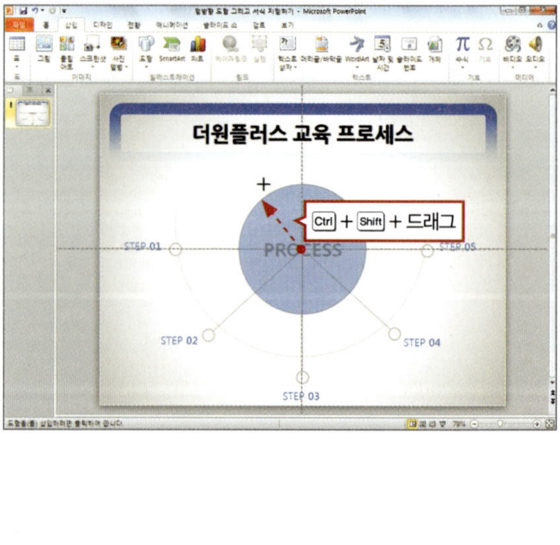

03 도형 서식 변경하기

① 그려진 정원을 선택한 후 ② [그리기 도구]-[서식] 탭-[도형 스타일] 그룹에서 **[도형 채우기]**를 클릭합니다. ③ **[흰색, 배경 1]**을 선택합니다. ④ [도형 윤곽선]을 클릭하고 ⑤ **[흰색, 배경 1, 25% 더 어둡게]**를 선택합니다. ⑥ [두께]는 **[6pt]**로 지정합니다.

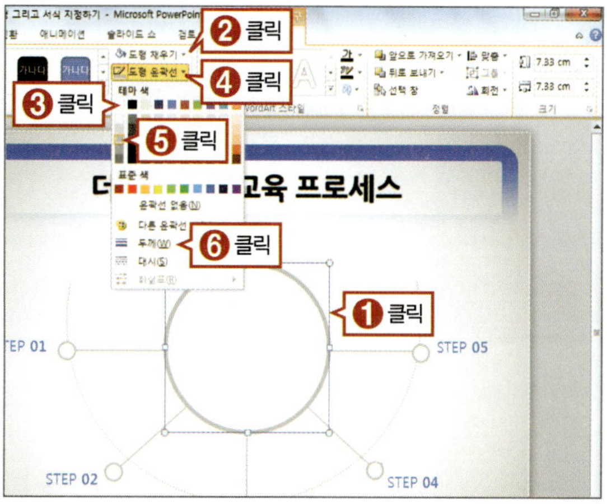

04 정원을 PROCESS라는 텍스트의 뒤쪽으로 보내기

정원이 선택된 상태에서 [그리기 도구]-[서식] 탭-[정렬] 그룹에서 **[뒤로 보내기]**를 클릭합니다.

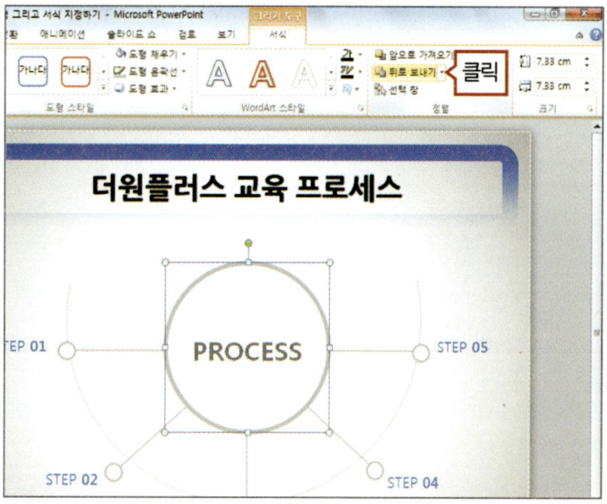

핵심기능 24

도형의 크기 조절 및 수직 복사하기

- **실습 파일** ⓒ : 파워포인트\실습\도형 크기 조절 및 수직 복사하기.pptx
- **완성 파일** ⓒ : 파워포인트\완성\도형 크기 조절 및 수직 복사하기_완성.pptx

도형의 크기를 일정한 비율로 조절하거나 수직으로 복사할 수 있습니다. 수직이나 수평으로 이동하기 위해서는 Shift를 누릅니다.

01 텍스트 내용이 한 줄로 보이게 하기

① 직사각형 도형을 선택한 후 ② 오른쪽 중간에 있는 사각형 조절점을 오른쪽으로 **드래그**합니다.

Tip 도형의 크기를 조정할 때 Shift를 누른 상태로 꼭지점에 있는 크기 조절점을 드래그하면 정비례로 크기를 조정할 수 있고, Ctrl을 누른 상태로 드래그하면 개체의 중심을 잡아주면서 크기를 조정할 수 있습니다.

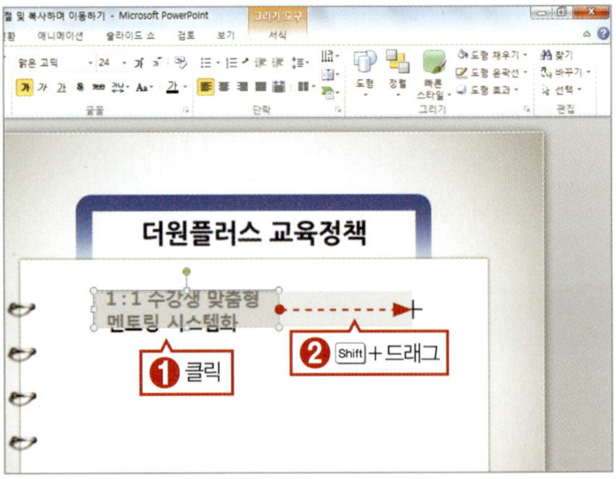

02 크기를 조정한 직사각형을 선택한 후 수직 복사하기 위해 Shift+Ctrl를 **누른 상태**에서 아래로 **드래그**합니다.

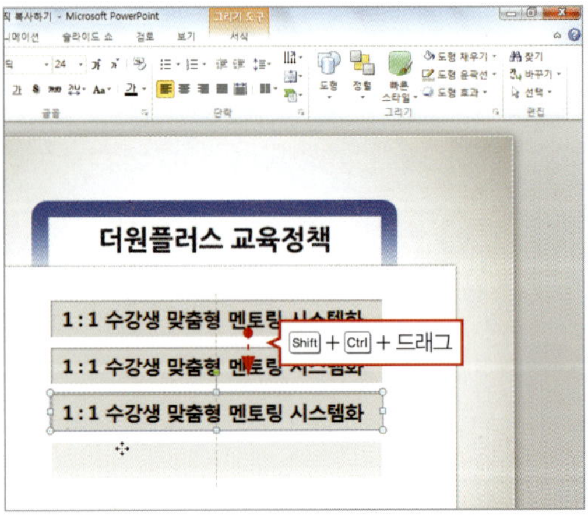

03 직사각형이 수직 방향으로 복사된 것을 확인할 수 있습니다.

Tip 수직 복사된 사각형의 간격을 일정하게 맞추려면 정렬할 사각형을 모두 선택한 후 [그리기 도구]-[서식] 탭-[정렬] 그룹에서 [맞춤]-[세로 간격을 동일하게]를 선택합니다.

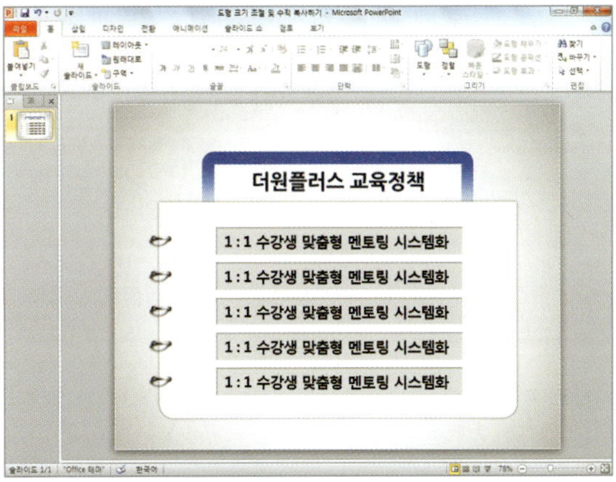

Tip 도형을 같은 간격으로 일정하게 복사하고 싶으면 Ctrl+D를 사용합니다.

1. 수직 복사할 도형을 선택한 후 Ctrl+D를 눌러 도형을 복사합니다.
2. 복사된 도형을 키보드 방향키를 사용하여 기준 도형과 좌우를 맞춰줍니다.
3. 원하는 개수만큼 Ctrl+D를 클릭합니다.
4. 같은 간격으로 일정하게 개체가 복사되는 것을 확인할 수 있습니다.

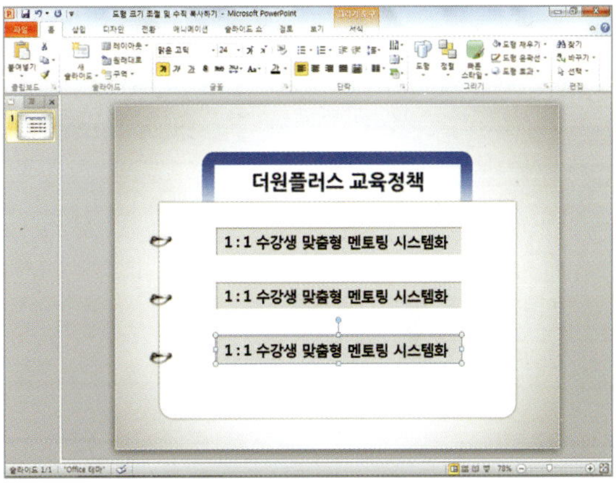

핵심기능 25

도형에 빠른 스타일 적용 후 다른 도형에 같은 서식 적용하기

- **실습 파일** : 파워포인트\실습\도형에 빠른 스타일 적용 후 다른 도형에 같은 서식 적용하기.pptx
- **완성 파일** : 파워포인트\완성\도형에 빠른 스타일 적용 후 다른 도형에 같은 서식 적용하기_완성.pptx

파워포인트 2010에서는 다양한 도형 서식이 적용된 빠른 스타일 갤러리를 통해 도형을 손쉽게 디자인할 수 있습니다. 또한 적용된 서식을 다른 도형에 똑같이 적용할 수 있습니다.

01 ① **배움**이란 텍스트가 있는 도형을 선택한 후 ② [그리기 도구]–[서식] 탭–[도형 스타일] 그룹에서 [**자세히**]를 클릭합니다.

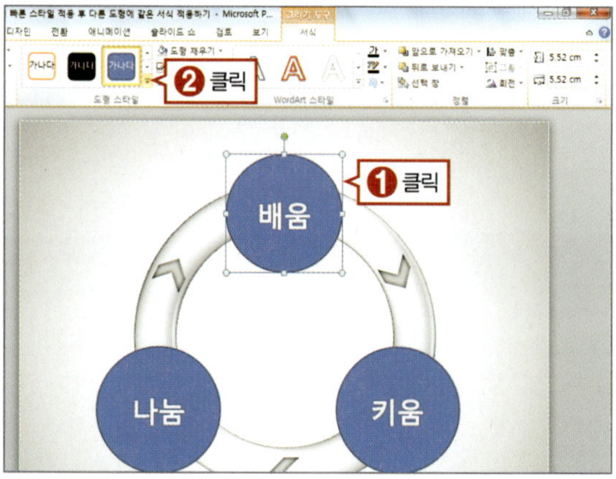

02 빠른 도형 스타일 선택 목록 중에서 **[강한 효과, 자주, 강조 4]**를 선택합니다.

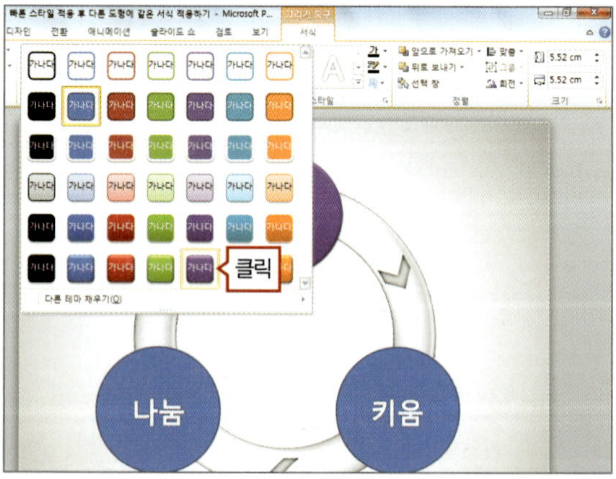

03 도형 서식 복사하기

① 스타일이 변경된 **배움**이란 텍스트가 있는 도형을 선택한 후 ② [홈] 탭–[클립보드]그룹에서 **[서식 복사]**를 클릭합니다.

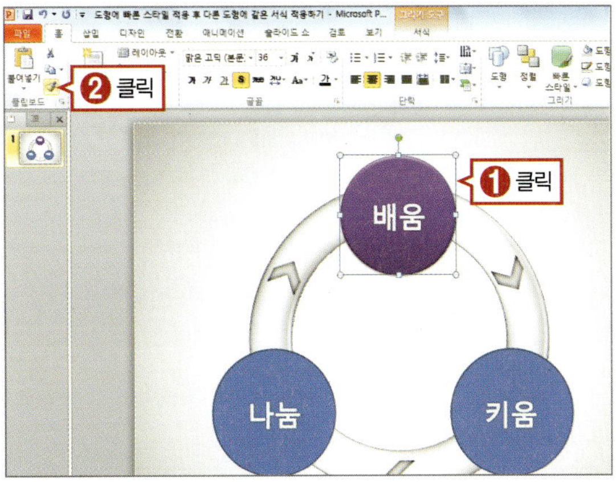

04 도형 서식 붙여넣기

마우스 포인트 옆에 [서식 복사]가 붙으면 **나눔**이란 텍스트가 있는 도형을 선택합니다.

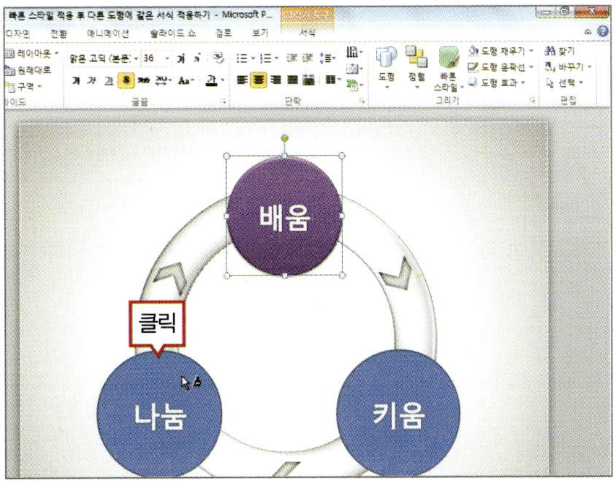

05 나머지 **키움**이란 텍스트가 있는 도형도 같은 방법으로 서식을 적용합니다. 세 개의 도형에 같은 서식이 적용된 것을 확인할 수 있습니다.

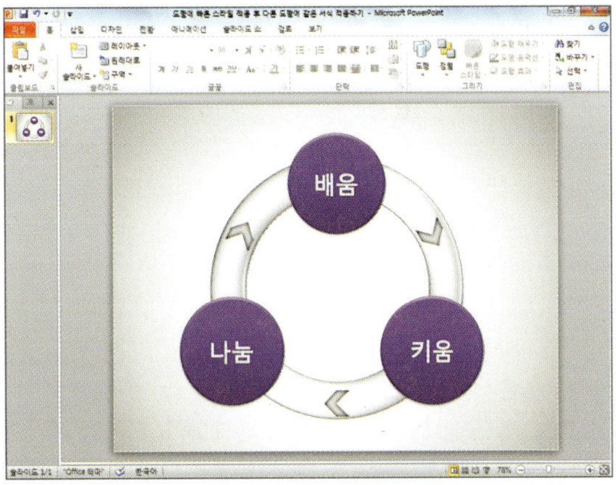

핵심기능 26

도형에 그라데이션 적용하기

- **실습 파일** ◎ : 파워포인트\실습\도형에 그라데이션 적용하기.pptx
- **완성 파일** ◎ : 파워포인트\완성\도형에 그라데이션 적용하기_완성.pptx

그라데이션은 두 가지 이상의 색이 점차적으로 혼합되어 하나처럼 채워지는 것입니다. 색의 시작점인 중지점을 이용하여 다양한 그라데이션을 만들 수 있습니다.

01 위쪽 곡선에 그라데이션을 적용하기

① **곡선**을 선택한 후 [그리기 도구]–[서식] 탭–[도형 스타일]그룹에서 **[도형 서식]**을 클릭합니다.

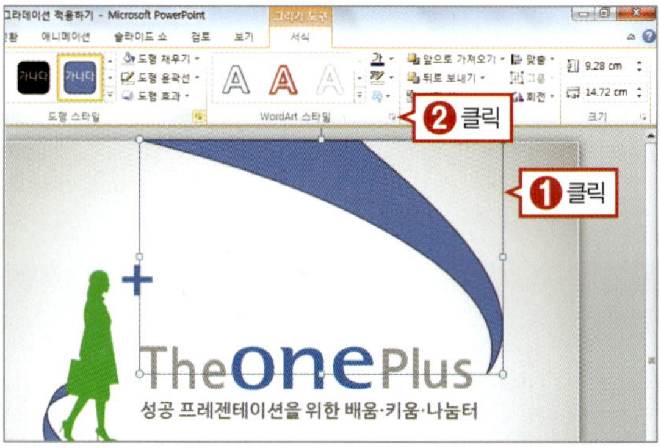

02 [도형 서식] 대화 상자에서 [채우기] 항목의 **[그라데이션 채우기]**를 선택합니다.

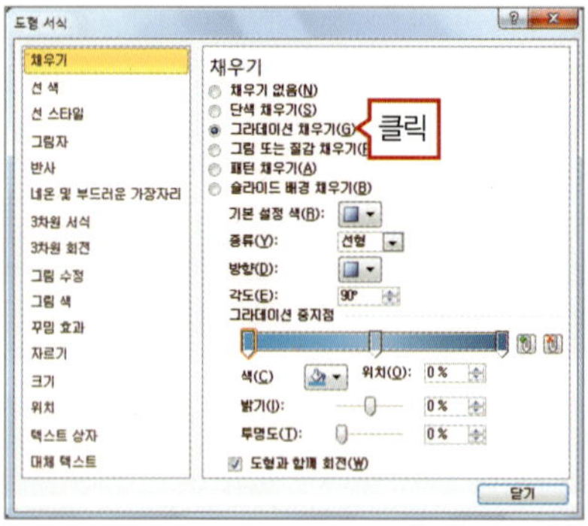

03 ① 종류를 **[선형]**, ② 방향을 **[선형 위쪽]**으로 선택한 후 중지점을 다음과 같이 설정합니다.

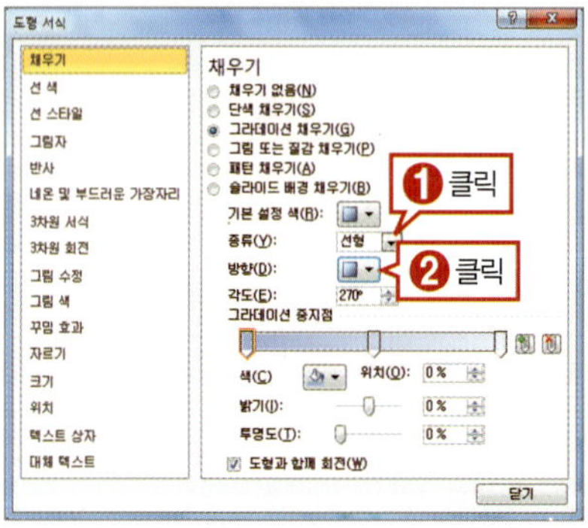

[중지점 1/3]

① 위치 [0%], ② 색 [빨강 : 0, 녹색 : 118, 파랑 : 192], ③ 밝기 [0%], ④ 투명도 [0%]

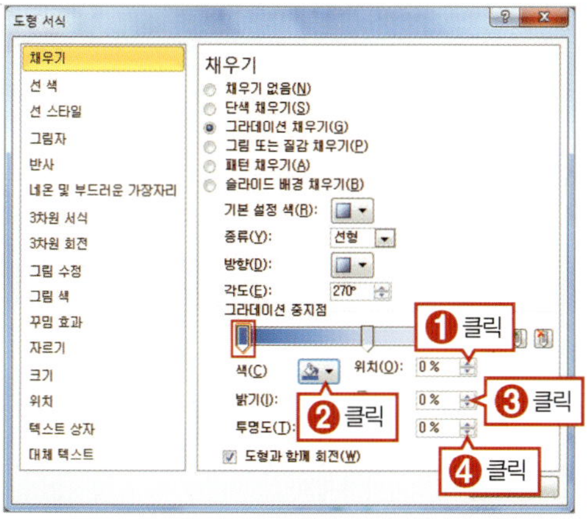

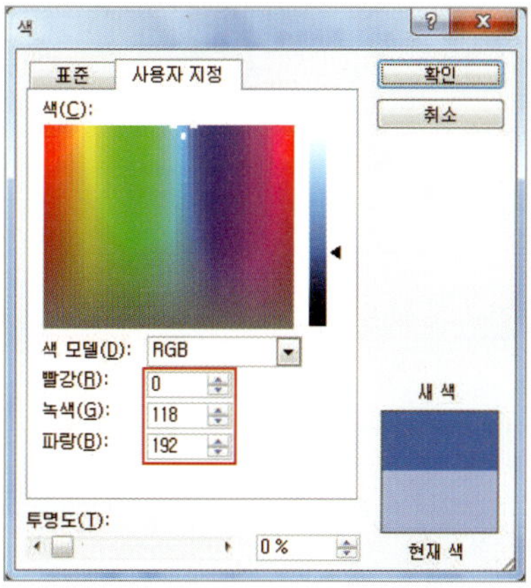

[중지점 2/3]

① 삭제

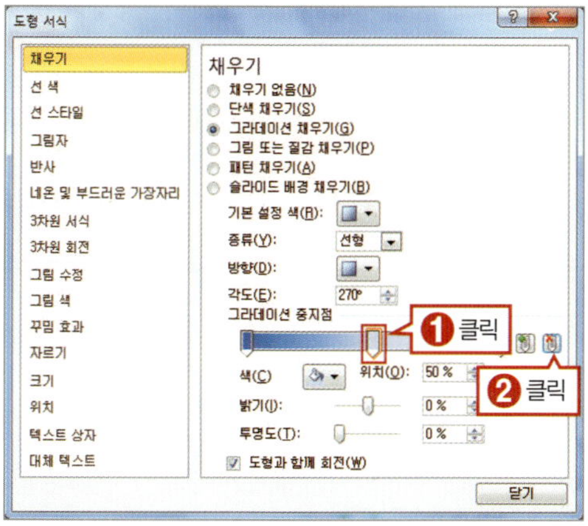

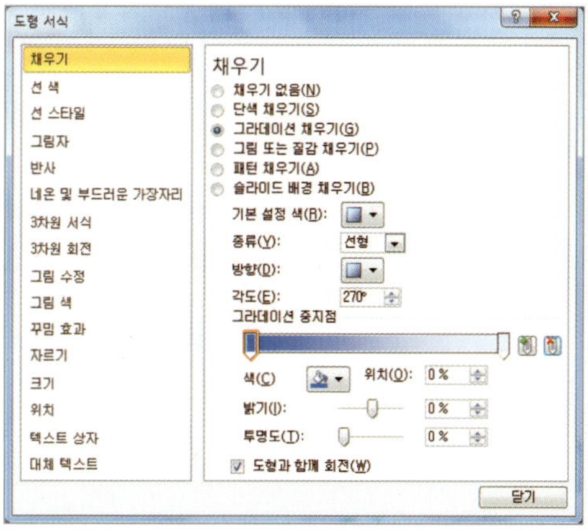

[중지점 2/2]

① 위치 [100%], ② 색 [빨강 : 0, 녹색 : 118, 파랑 : 192], ③ 밝기 [50%], ④ 투명도 [0%]

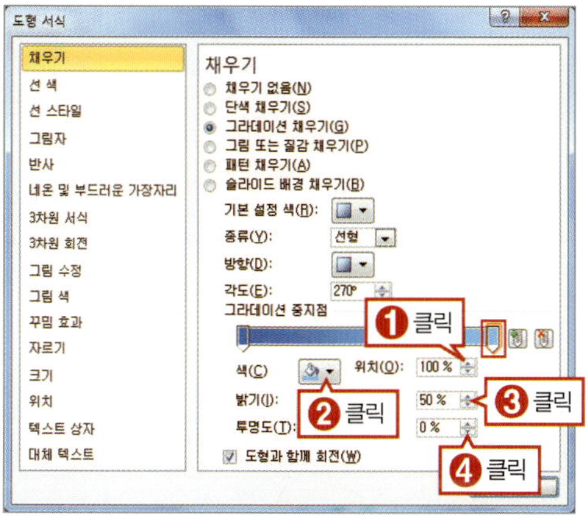

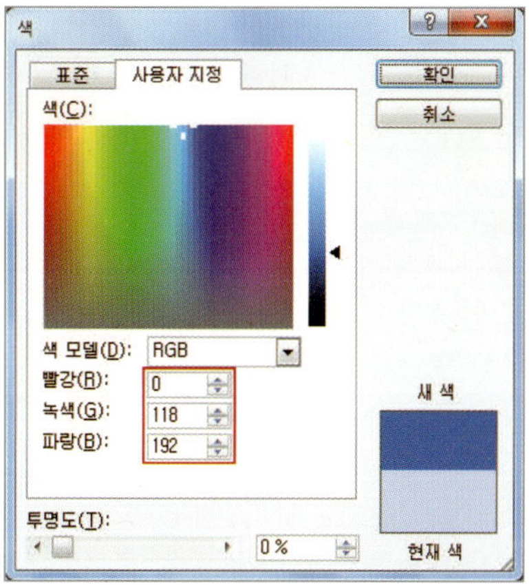

04 [도형 서식] 대화 상자의 왼쪽 목록에서 ① **[선 색]**을 클릭한 후 ② **[선 없음]**을 선택합니다. ③ **[닫기]**를 클릭해 대화 상자를 닫습니다.

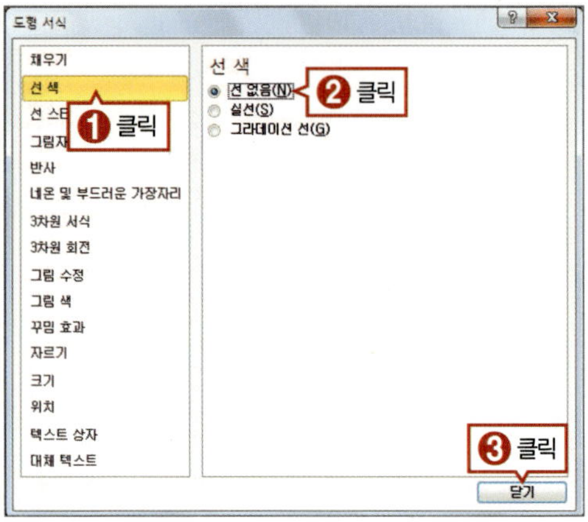

05 아래쪽 곡선에 그라데이션 적용하기

① 그라데이션 종류는 **[선형]**, ② 방향은 **[선형 아래쪽]**, 중지점은 다음과 같이 설정합니다.

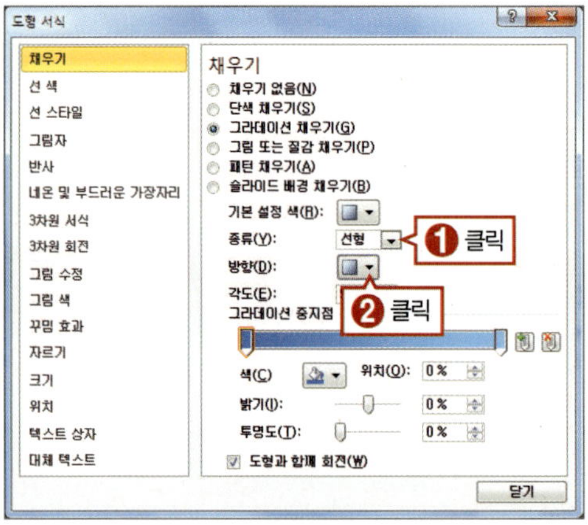

[중지점 1/2]

① 위치 [0%], ② 색 [**빨강 : 37, 녹색 : 192, 파랑 : 0**], ③ 밝기 [0%], ④ 투명도 [0%]

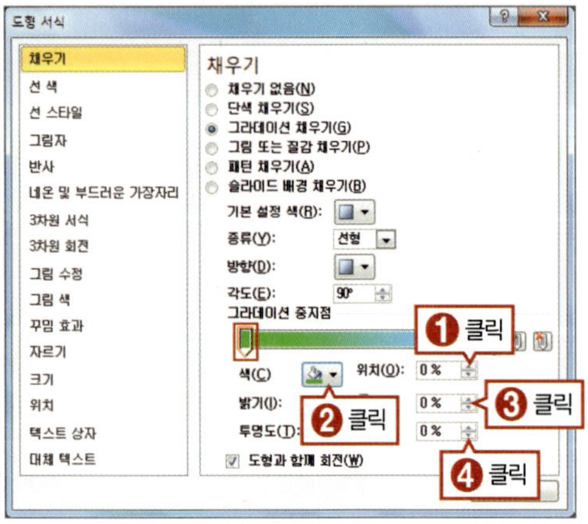

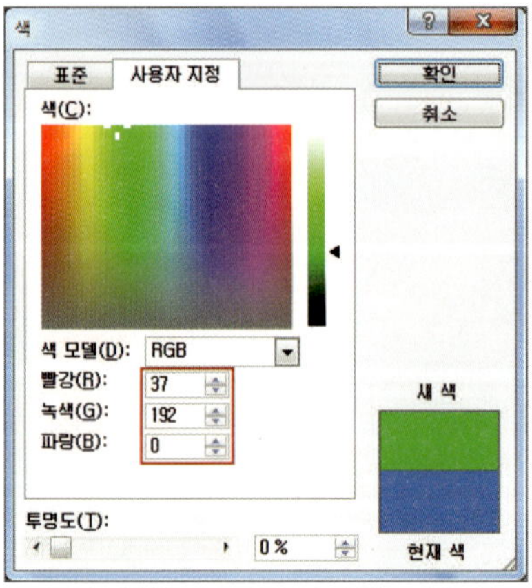

[중지점 2/2]

① 위치 [100%], ② 색 [빨강 : 37, 녹색 : 192, 파랑 : 0], ③ 밝기 [50%], ④ 투명도 [0%]

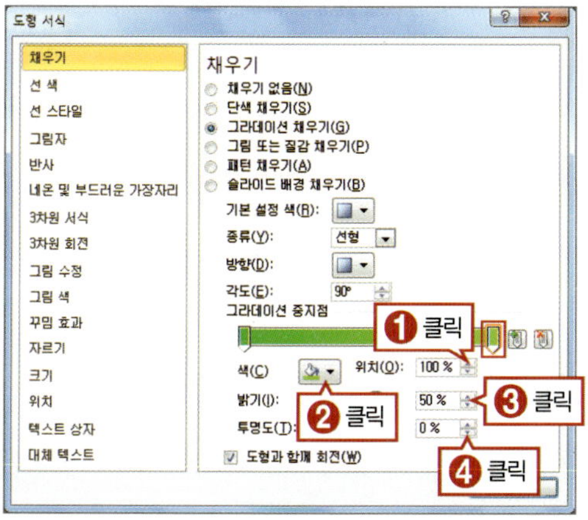

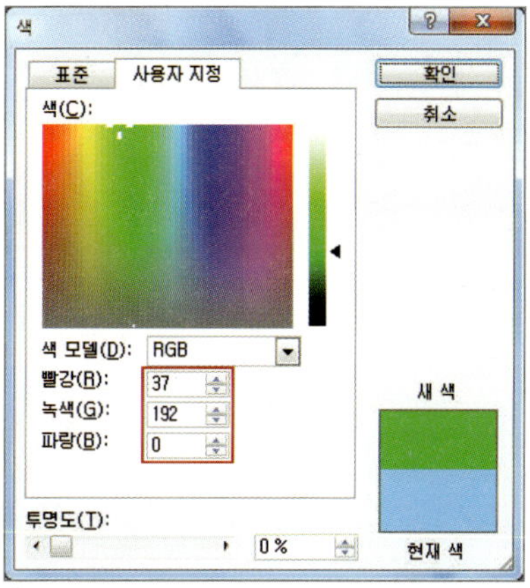

06 [도형 서식] 대화 상자의 왼쪽 목록에서 ① **[선 색]**을 클릭한 후 ② **[선 없음]**을 선택합니다.

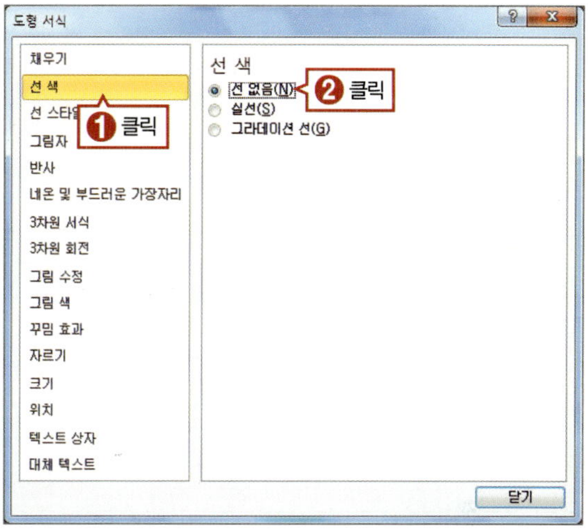

07 곡선에 그라데이션이 적용된 것을 확인할 수 있습니다.

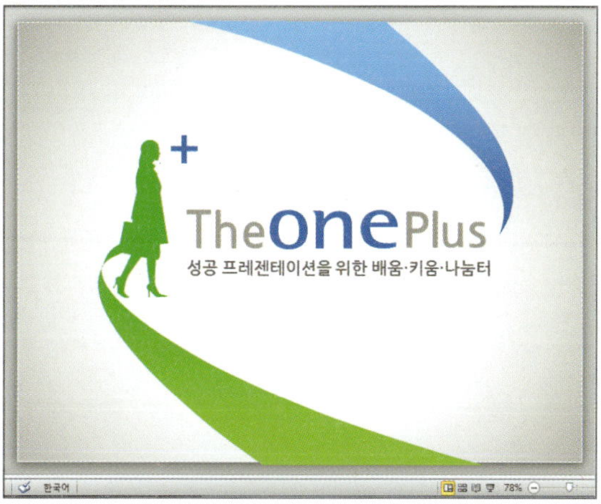

핵심기능 27

평면 사각형을 3차원 입체 도형으로 만들기

- **실습 파일** : 파워포인트\실습\평면 사각형을 3차원 입체 도형으로 만들기.pptx
- **완성 파일** : 파워포인트\완성\평면 사각형을 3차원 입체 도형으로 만들기_완성.pptx

3D 프로그램 없이도 파워포인트 2010에서는 손쉽게 입체 효과를 낼 수 있습니다. 재질과 조명도 적용할 수 있어서 다양한 느낌을 만들어낼 수 있습니다.

01 ① 슬라이드 가운데의 **정사각형**을 선택한 후 [그리기 도구]–[서식] 탭–**[도형 서식]**을 클릭합니다.

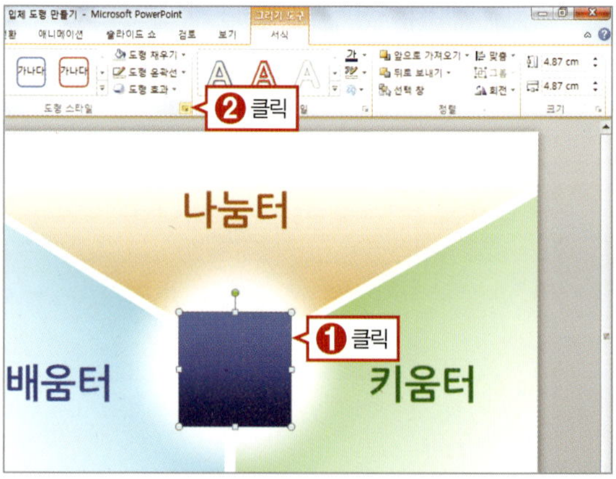

02 ① [도형 서식] 대화 상자에서 **[3차원 서식]** 항목을 선택한 후 [입체 효과], [깊이] 및 [표면]을 그림과 같이 설정합니다.

② 위쪽 [너비 : 6pt, 높이 : 6pt], 아래쪽 [너비 : 6pt, 높이 : 6pt]

③ 깊이 [150pt]

④ 재질 **[부드러운 가장자리]**

⑤ 조명 **[아침]**, 각도 [160도]

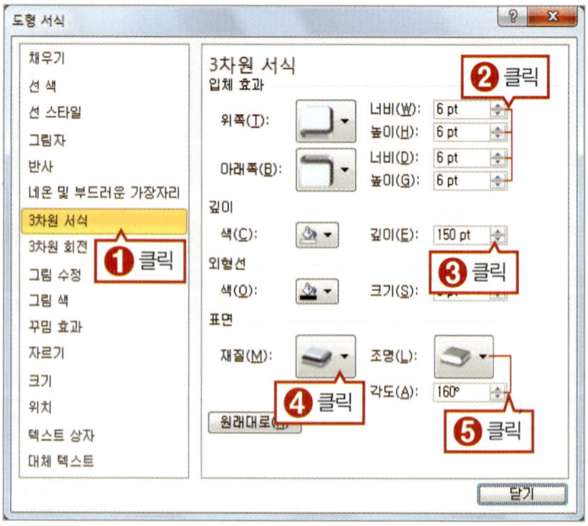

03 ① [도형 서식] 대화 상자에서 **[3차원 회전]**을 선택합니다. ② **[미리 설정]**에서 ③ **[등각 왼쪽을 아래로]**를 클릭합니다. [닫기]를 눌러 대화 상자를 닫습니다.

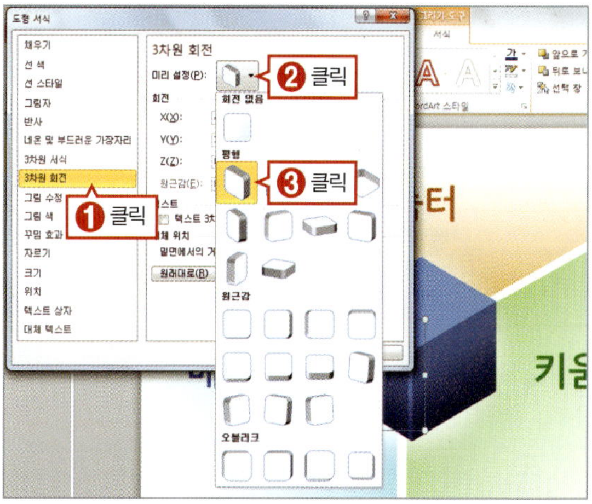

04 정사각형이 정육면체가 된 것을 확인할 수 있습니다.

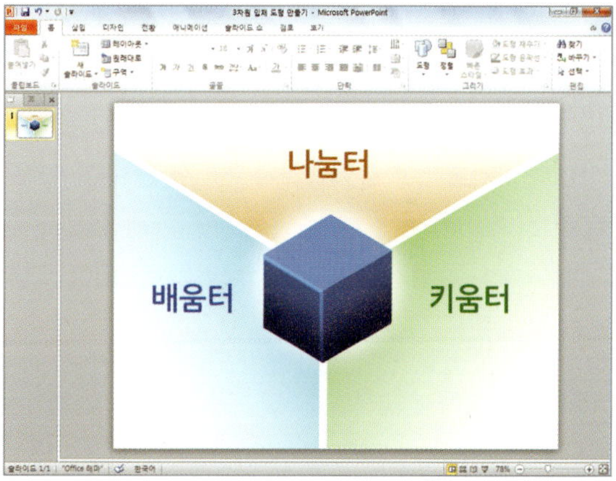

핵심기능 28

도형 순서 및 줄 맞추기

• **실습 파일** : 파워포인트\실습\도형 순서 및 줄 맞추기.pptx
• **완성 파일** : 파워포인트\완성\도형 순서 및 줄 맞추기_완성.pptx

슬라이드에 여러 개의 개체가 있을 때 순서나 맞춤을 이용하여 보기 좋게 배열합니다. 이때 개체를 슬라이드에 맞출 것인지, 선택한 개체를 중심으로 맞출 것인지를 판단해야 합니다.

01 숫자만 맨 앞으로 정렬하기

① 슬라이드 왼쪽에 있는 숫자가 써 있는 3개의 원을 Ctrl을 눌러 모두 선택합니다. 맨 앞으로 가져오기 위해서 ② [그리기 도구]–[서식] 탭–[정렬] 그룹에서 **[앞으로 가져오기]**를 클릭합니다. ③ **[맨 앞으로 가져오기]**를 선택합니다.

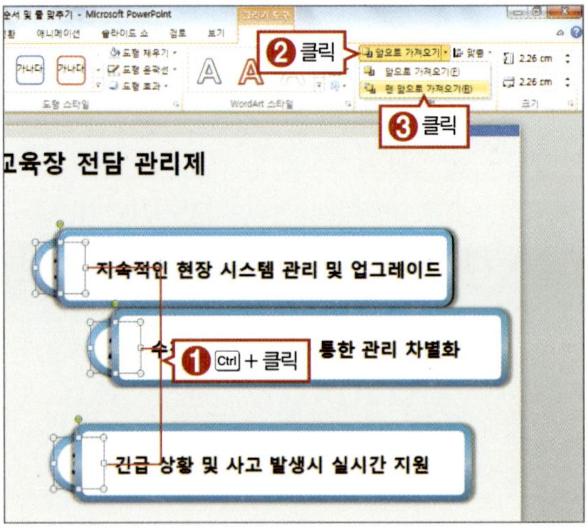

02 그룹화하기 숫자

① 3이 써 있는 **원**과 옆으로 내용이 있는 **모서리가 둥근 직사각형**을 드래그하여 함께 선택합니다. ② [그리기 도구]–[서식] 탭–[정렬] 그룹에서 **[그룹]**을 클릭합니다. ③ **[그룹]**을 선택합니다. 나머지 1번과 2번도 동일한 방법으로 그룹화합니다.

Tip
• 그룹 단축키 : Ctrl+G
• 그룹 해제 단축키 : Ctrl+Shift+G

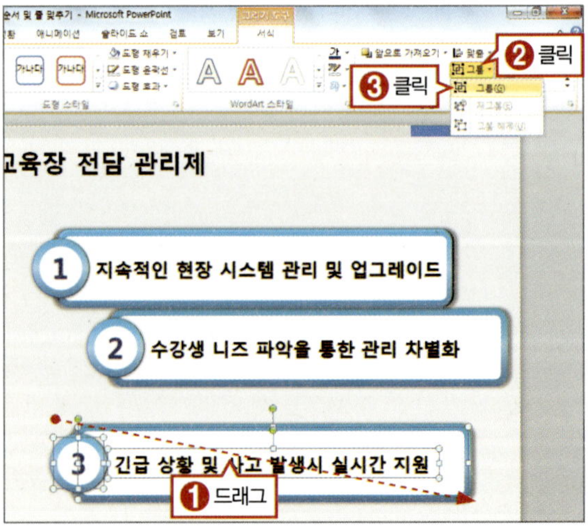

03 선택한 개체의 가장 왼쪽을 기준으로 맞추기

① Ctrl을 누른 채 그룹화된 세 개의 개체를 선택한 후 ② [그리기 도구]-[서식] 탭-[정렬] 그룹에서 **[맞춤]**을 클릭합니다. ③ **[왼쪽 맞춤]**을 클릭합니다.

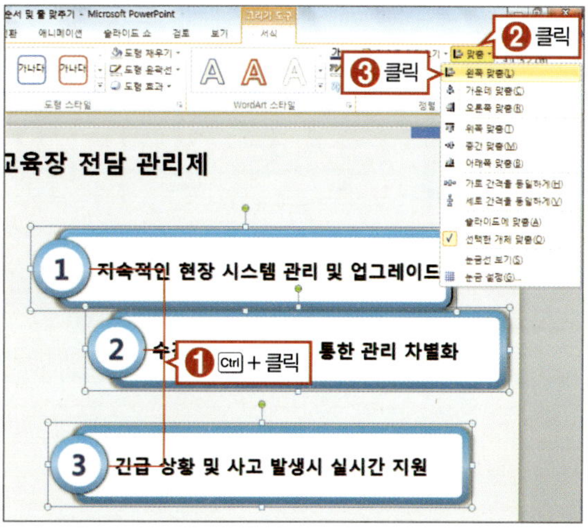

04 세로 간격 맞추기

① 그룹화된 세 개의 개체를 선택한 후 ② [그리기 도구]-[서식] 탭-[정렬] 그룹에서 **[맞춤]**을 클릭합니다. ③ **[세로 간격 동일하게]**를 클릭합니다.

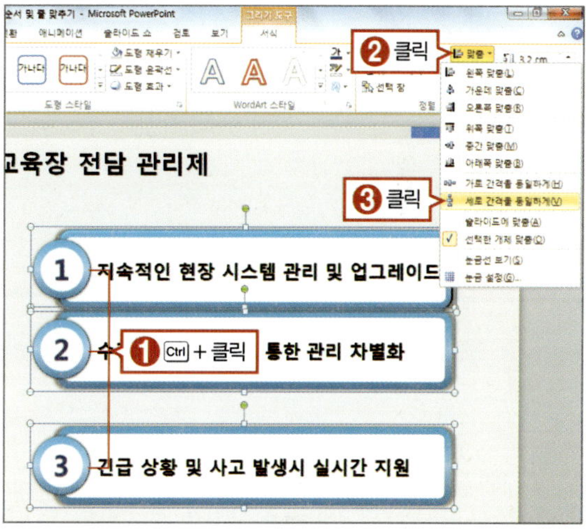

05 세 개의 개체가 왼쪽과 개체 간 세로 간격이 동일하게 맞춰진 것을 확인할 수 있습니다.

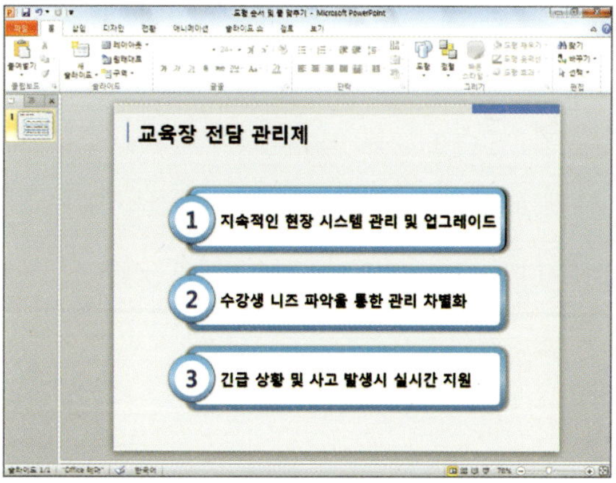

Tip 슬라이드에 있는 개체를 슬라이드를 중심으로 간격을 맞추고 싶다면 [슬라이드에 맞춤]을 먼저 선택한 후 원하는 맞춤 명령을 선택합니다.

핵심기능 29

스마트아트 그래픽 삽입 및 텍스트 입력하기

• **실습 파일** : 파워포인트\실습\스마트아트 그래픽 삽입 및 텍스트 입력하기.pptx

• **완성 파일** : 파워포인트\완성\스마트아트 그래픽 삽입 및 텍스트 입력하기_완성.pptx

스마트아트 그래픽은 다양한 레이아웃 형태를 사용자가 내용의 목적에 맞게 선택하여 표현할 수 있습니다. 또한 슬라이드에 삽입한 스마트아트 그래픽을 텍스트나 도형으로 변환하여 사용할 수도 있습니다.

01 [삽입] 탭–[일러스트레이션] 그룹–[SmartArt]를 클릭합니다.

02 [SmartArt 그래픽 선택] 대화 상자에서 ① [주기형] 항목 중 ② [세그먼트 주기형]을 선택합니다. ③ [확인]을 클릭합니다.

Tip 선택한 스마트아트 그래픽이 언제 어떻게 쓰이는지 설명이 잘되어 있어 사용자는 목적에 맞게 사용할 수 있습니다.

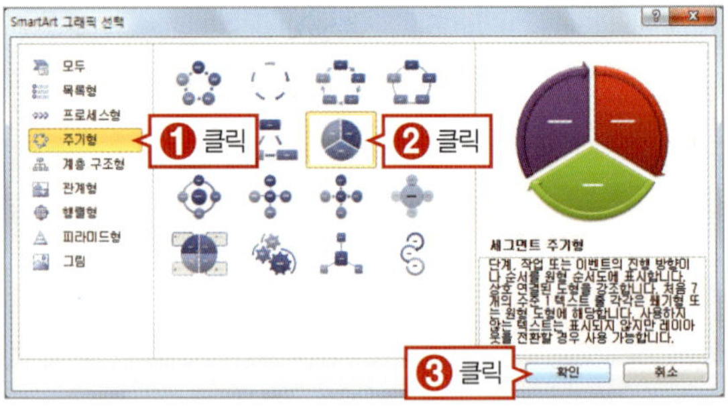

03 슬라이드에 삽입된 [세그먼트 주기형] 스마트아트 그래픽에 텍스트를 삽입하기 위해 [SmartArt 도구]-[디자인] 탭-[그래픽 만들기] 그룹에서 **[텍스트 창]**을 클릭합니다.

Tip 텍스트 창을 나타내려면 스마트아트 그래픽 왼쪽에 있는 화살표를 클릭해도 됩니다.

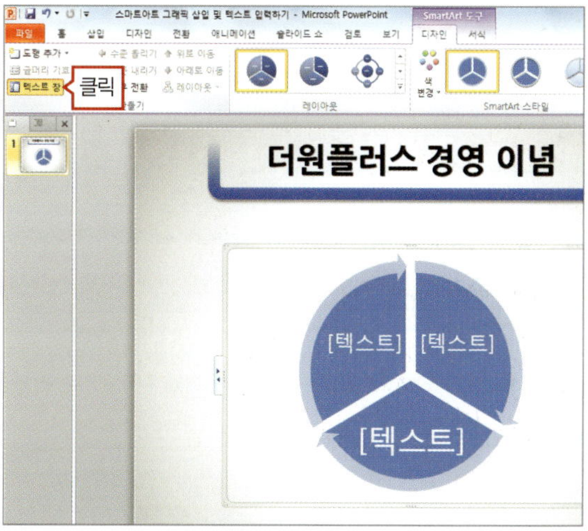

04 ① 텍스트 창에 **배움**, **키움**, **나눔**이라고 입력합니다. 입력된 텍스트가 자동으로 스마트아트 그래픽에 표시된 것을 확인할 수 있습니다. ② 텍스트 창에 **[닫기]**를 클릭하여 텍스트 창을 닫고 스마트아트 그래픽을 완성합니다.

Tip 텍스트 창 대신 스마트아트 그래픽 도형을 선택하여 직접 텍스트를 입력해도 됩니다.

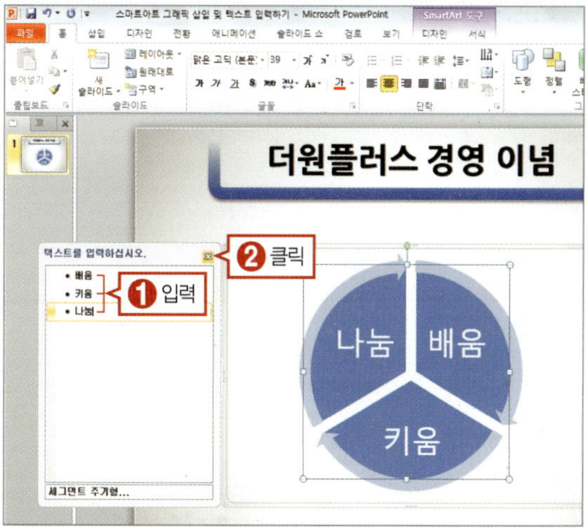

핵심기능 30

스마트아트 그래픽 색상 및 스타일 변경하기

• **실습 파일** ⓒ : 파워포인트\실습\스마트아트 그래픽 색상 및 스타일 변경하기.pptx

• **완성 파일** ⓒ : 파워포인트\완성\스마트아트 그래픽 색상 및 스타일 변경하기_완성.pptx

스마트아트 스타일에서는 손쉽게 색과 3차원 효과를 적용할 수 있습니다. 또한 스마트아트 그래픽에서는 개별적으로 도형을 선택하여 서식 및 효과를 변경할 수 있습니다.

01 스마트아트 그래픽의 색 변경하기

① 슬라이드에서 스마트아트 그래픽을 선택합니다. ② [SmartArt 도구]-[디자인] 탭-[SmartArt 스타일] 그룹에서 **[색 변경]**을 클릭한 후 ③ **[색상형 범위 - 강조색 4 또는 5]**를 선택합니다.

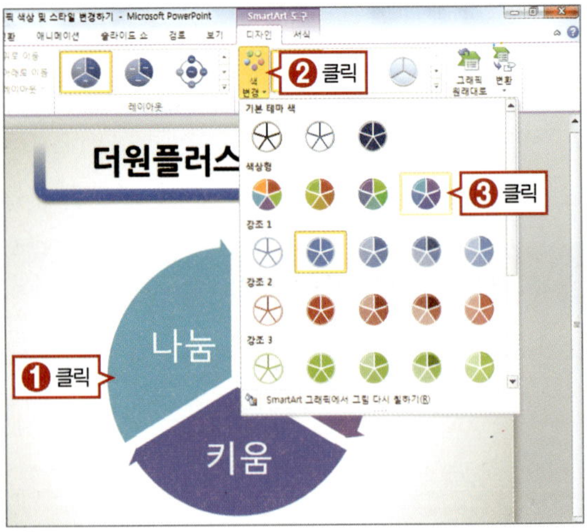

02 스마트아트 그래픽에 3차원 효과 적용하기

① [SmartArt 도구]-[디자인] 탭-[SmartArt 스타일] 그룹에서 **[자세히]**를 클릭합니다. ② **[강한 효과]**를 선택합니다.

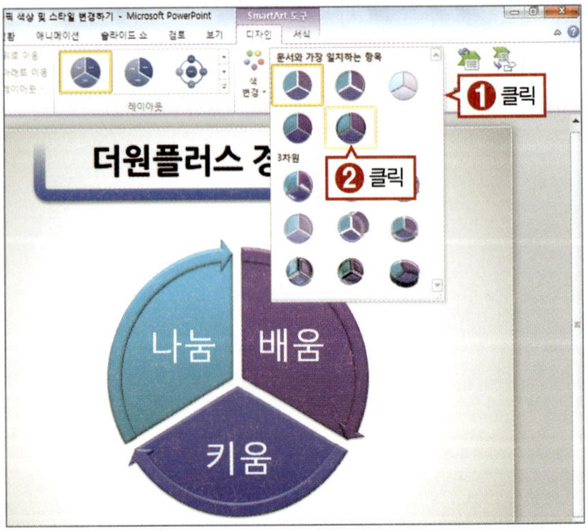

03 개별 서식 변경하기

① **배움**이라는 텍스트가 있는 쪽의 곡선 화살표를 선택합니다. ② [SmartArt 도구]–[서식] 탭–[도형 스타일] 그룹에서 [**자세히**]를 클릭한 후 ③ **[미세 효과, 자주, 강조 4]**를 선택합니다.

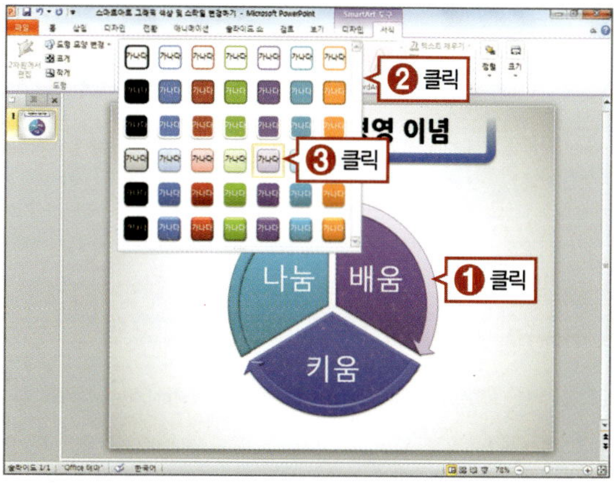

04 나머지 두 개의 곡선 화살표도 같은 방법으로 서식을 변경하여 스마트아트 그래픽 디자인을 완성합니다.

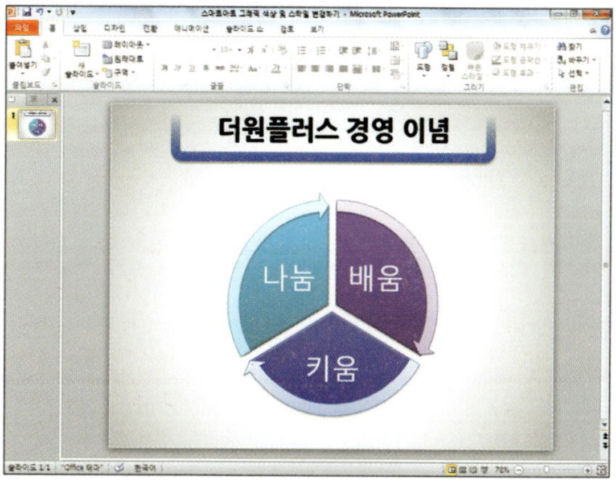

핵심기능 31

스마트아트 그래픽에 도형 추가 및 모양 변경하기

• **실습 파일** ⓒ : 파워포인트\실습\스마트아트 그래픽에 도형 추가 및 모양 변경하기.pptx
• **완성 파일** ⓒ : 파워포인트\완성\스마트아트 그래픽에 도형 추가 및 모양 변경하기_완성.pptx

내용에 따라 기본 스마트아트 그래픽에 도형을 추가하거나 삭제할 수 있습니다. 또한 각각의 도형을 일반 도형처럼 모양을 변경하거나 서식을 변경할 수 있습니다.

01 도형 추가하기

① 스마트아트 그래픽 개체를 선택한 후 ② [SmartArt 도구]–[디자인] 탭–[그래픽 만들기] 그룹에서 [도형 추가]를 클릭합니다.

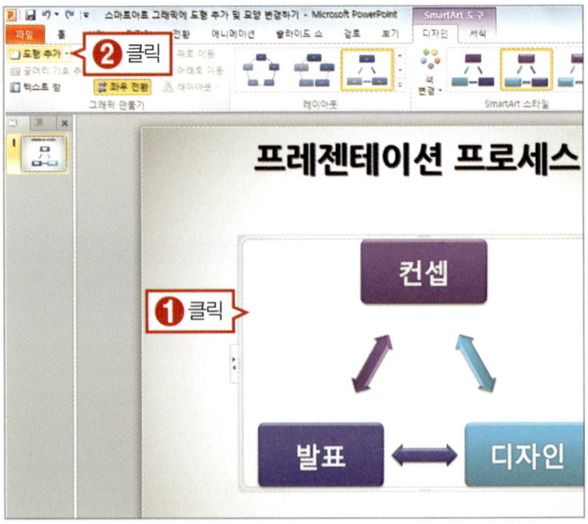

02 오른쪽에 도형이 하나 추가되면서 **디자인**이란 텍스트가 들어 있는 도형은 **아래쪽으로 이동**하고, 동시에 도형을 연결하는 화살표도 새롭게 생성된 것을 확인할 수 있습니다.

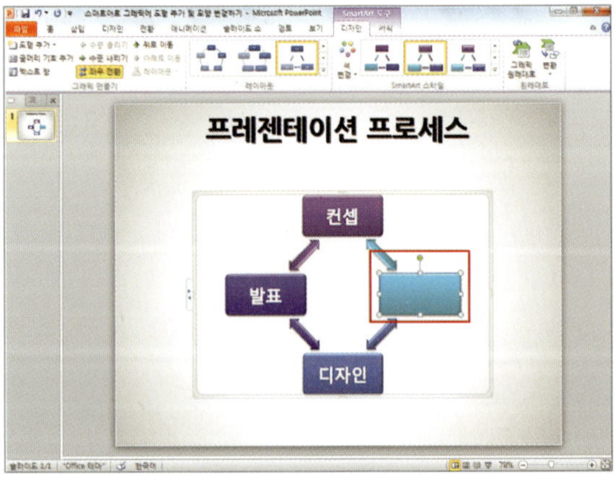

03 [**도형 추가**]를 다시 한 번 클릭하여 도형을 한 개 더 추가합니다.

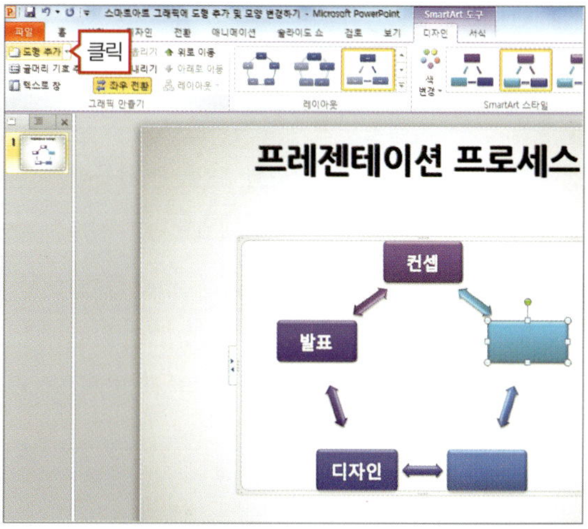

04 ① [SmartArt 도구]-[디자인] 탭-[그래픽 만들기] 그룹에서 [**텍스트 창**]을 클릭합니다. ② 나타나는 텍스트 창에 **스토리**, **리허설**을 입력합니다.

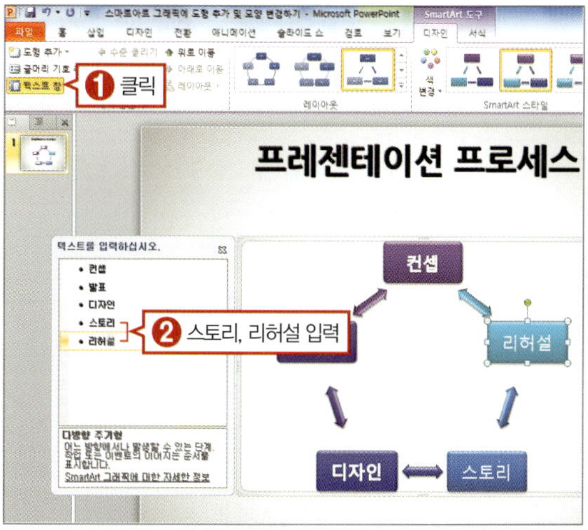

05 도형 이동하기

리허설이란 텍스트가 있는 도형을 디자인과 발표라는 텍스트가 있는 도형 사이에 위치하도록 하기 위해 [SmartArt 도구]-[디자인] 탭-[그래픽 만들기] 그룹에서 [**위로 이동**]을 두 번 클릭합니다.

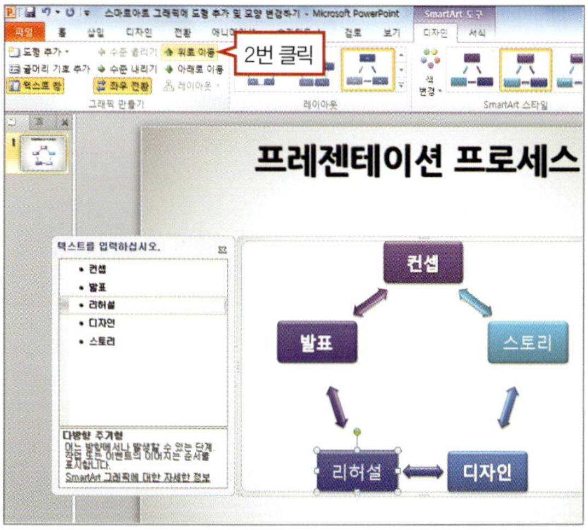

06 도형 모양 변경하기

① Ctrl을 눌러 도형들 사이에 있는 양쪽 화살표 모양 도형을 모두 선택합니다. ② [SmartArt 도구]-[서식] 탭-[도형] 그룹에서 **[도형 모양 변경]**을 클릭한 후 ③ **[오른쪽 화살표]** 도형을 선택합니다.

Tip 스마트아트 그래픽 내에 도형 개체를 다중 선택하기 위해서는 Ctrl이나 Shift를 누른 상태에서 도형 개체를 선택합니다.

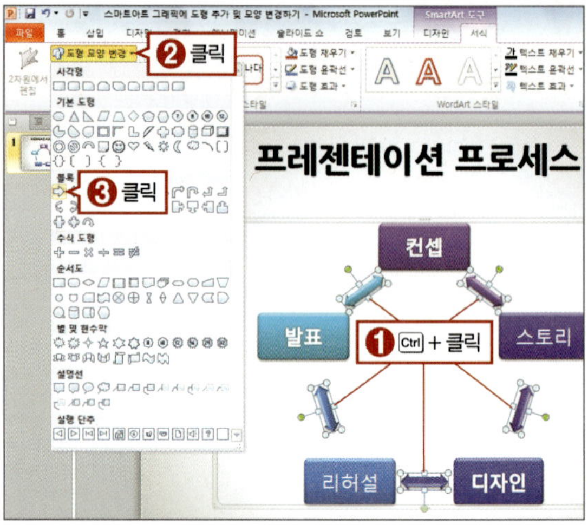

07 도형 모양이 변경된 것을 확인할 수 있습니다.

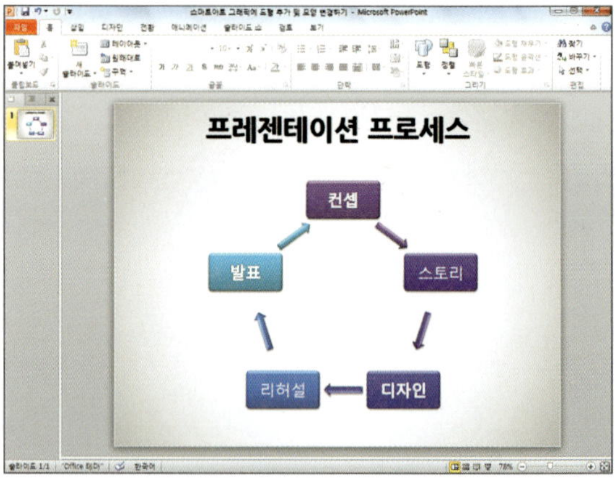

핵심기능 32

텍스트 또는 그림을 스마트아트 그래픽으로 변환하기

- **실습 파일** ⓒ : 파워포인트\실습\텍스트 또는 그림을 스마트아트 그래픽으로 변환하기.pptx
- **완성 파일** ⓒ : 파워포인트\완성\텍스트 또는 그림을 스마트아트 그래픽으로 변환하기_완성.pptx

글머리 기호가 있는 텍스트나 여러 개의 그림을 스마트아트 그래픽으로 쉽게 변환할 수 있습니다.

01 ① **1번 슬라이드**에서 본문 텍스트 내용을 선택한 후 ② [홈] 탭–[단락] 그룹에서 [**SmartArt 그래픽으로 변환**]을 클릭합니다. ③ 나타나는 목록 중 [**세로 블록 목록형**]을 선택합니다.

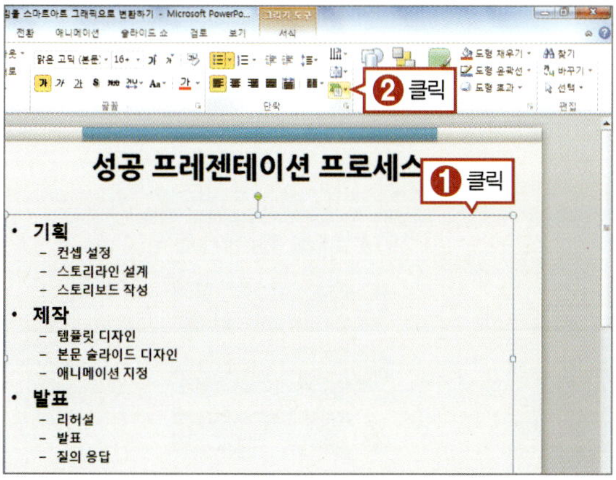

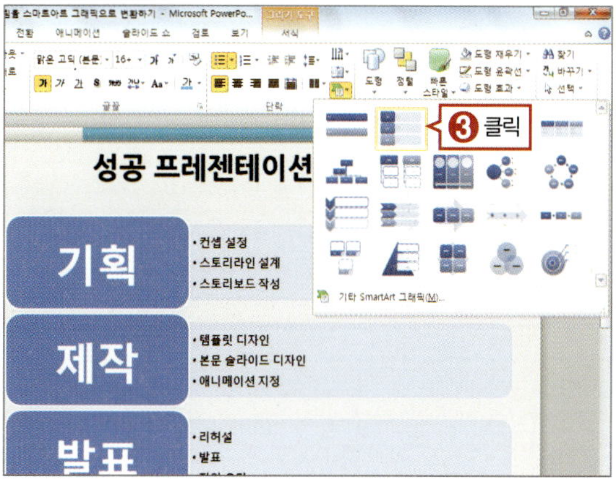

02 텍스트가 선택한 스마트아트 그래픽 형태로 변환된 것을 확인할 수 있습니다.

Tip 스마트아트 그래픽 목록 중에 원하는 것이 없다면 [기타 SmartArt 그래픽]을 클릭하여 [SmartArt 그래픽 선택] 대화 상자에서 원하는 형태를 선택합니다.

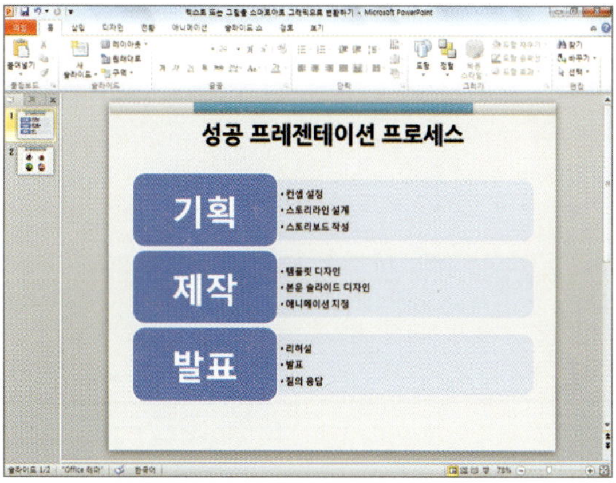

03 2번 슬라이드에 있는 그림 4개로 빠르게 레이아웃을 만들고 싶다면 ① 먼저 4개의 그림을 드래그하여 모두 선택합니다. ② [그림 도구]-[서식] 탭-[그림 스타일] 그룹에서 **[그림 레이아웃]**을 클릭한 후 ③ **[세로 그림 강조 목록형]**을 선택합니다.

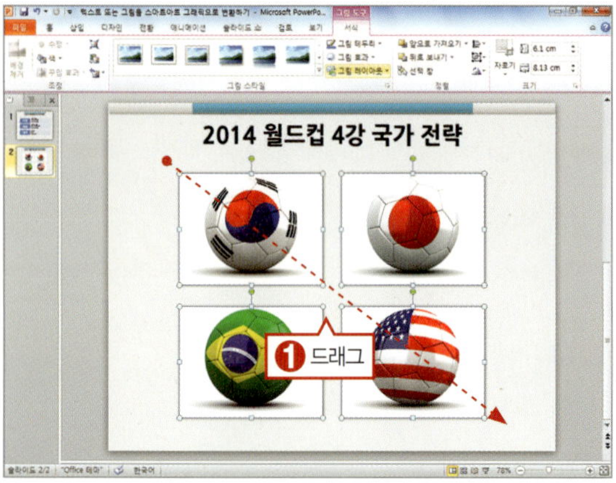

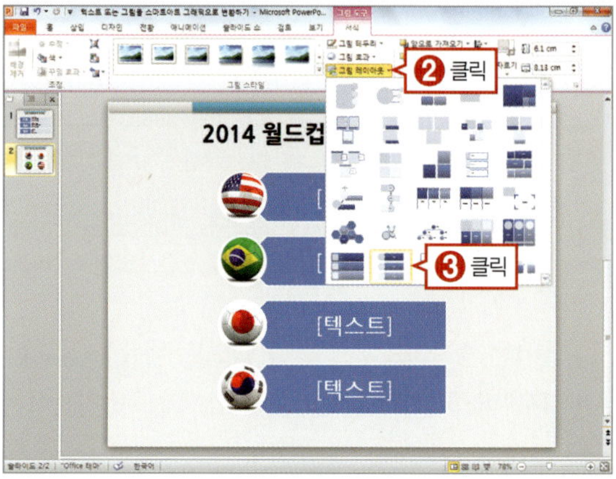

04 그림이 선택한 스마트아트 그래픽 형태로 변환된 것을 확인할 수 있습니다.

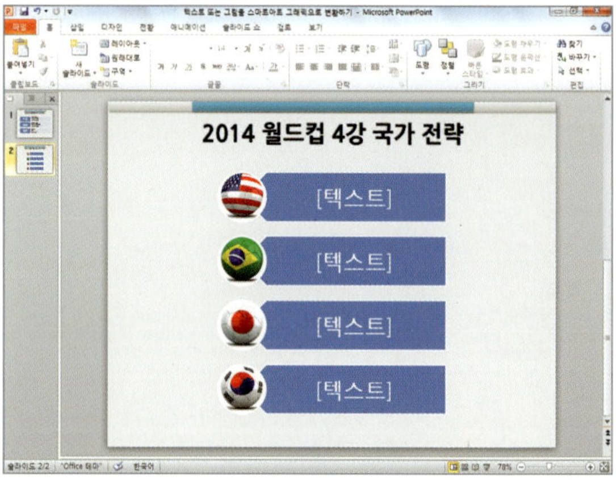

핵심기능 33 표 삽입 후 빠른 스타일 적용하기

• **실습 파일** ◎ : 파워포인트\실습\표 삽입 후 빠른 스타일 적용하기.pptx
• **완성 파일** ◎ : 파워포인트\완성\표 삽입 후 빠른 스타일 적용하기_완성.pptx

표를 다양한 방법으로 삽입할 수 있고, 삽입한 표에 미리 정의된 레이아웃과 스타일을 빠르게 적용할 수 있습니다.

01 ① 표를 삽입하기 위해 [삽입] 탭-[표] 그룹에서 [표]를 클릭한 후 ② [8×5 표], 즉 8열 5행을 드래그합니다.

Tip [표]를 이용하여 표를 만들면 8열 10행 이내의 표만 삽입할 수 있습니다.

Tip 표를 삽입하는 다른 방법은 [삽입] 탭-[표] 그룹에서 [표]를 클릭한 후 [표 삽입], [표 그리기], [Excel 스프레드시트] 중 하나를 이용하는 것입니다.

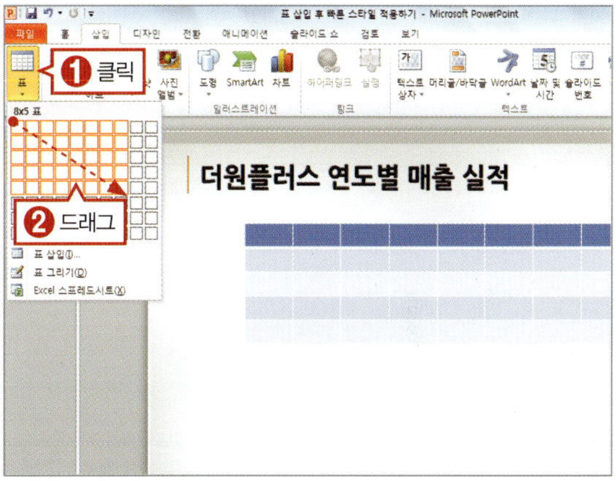

02 슬라이드에 표가 삽입되는 것을 확인할 수 있습니다.

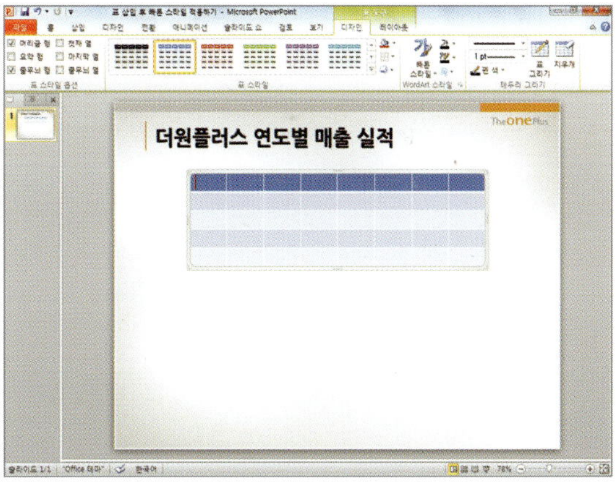

03 ① 아래쪽과 양쪽 옆으로 크기를 늘려 슬라이드에 보기 좋게 표를 만듭니다. 표 빠른 스타일을 적용하기 위해 ② 표를 선택하고 ③ [표 도구]-[디자인] 탭-[표 스타일] 그룹에서 [**자세히**]를 클릭합니다.

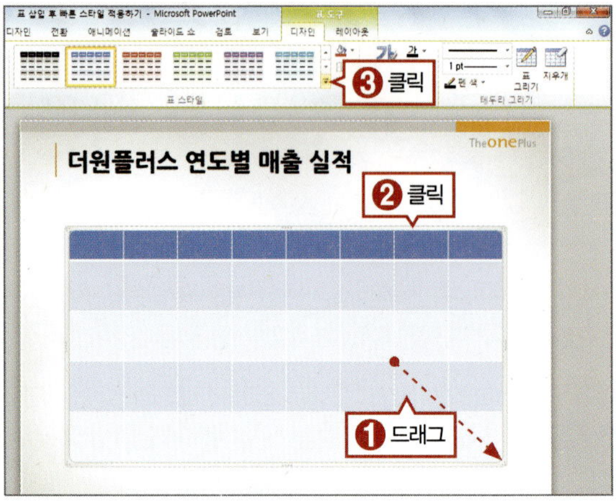

04 나타나는 빠른 스타일 중 [**테마 스타일 1 - 강조 6**]을 선택합니다.

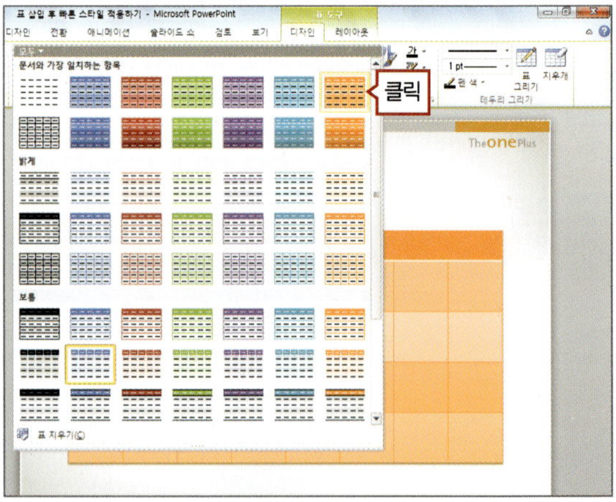

05 표에 스타일이 빠르게 적용된 것을 확인할 수 있습니다.

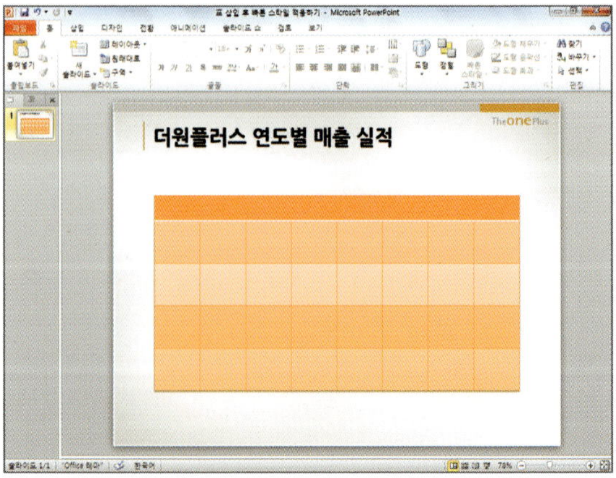

핵심기능 34

표 디자인하기

- **실습 파일** ⓞ : 파워포인트\실습\표 디자인하기.pptx
- **완성 파일** ⓞ : 파워포인트\완성\표 디자인하기_완성.pptx

사용자가 원하는 대로 표의 테두리 색, 스타일, 두께를 지정할 수 있고, 셀의 색이나 효과도 지정할 수 있습니다. 또한 표 안에 있는 텍스트에도 색이나 효과를 지정할 수 있습니다.

01 표 전체의 테두리 색과 두께 변경하기

① 표의 테두리를 클릭하여 표 전체를 선택합니다. ② [표 도구]-[디자인] 탭-[테두리 그리기] 그룹에서 [펜 색]을 **[흰색, 배경 1, 50% 더 어둡게]**, ③ [펜 두께]를 **[1pt]**로 선택합니다. ④ [표 스타일] 그룹에서 **[모든 테두리]**를 선택합니다.

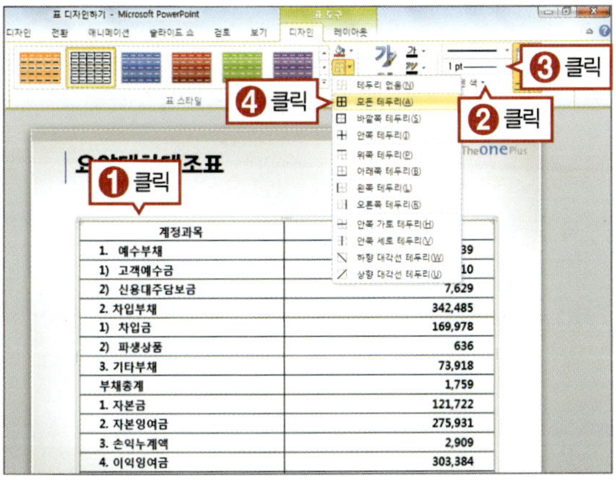

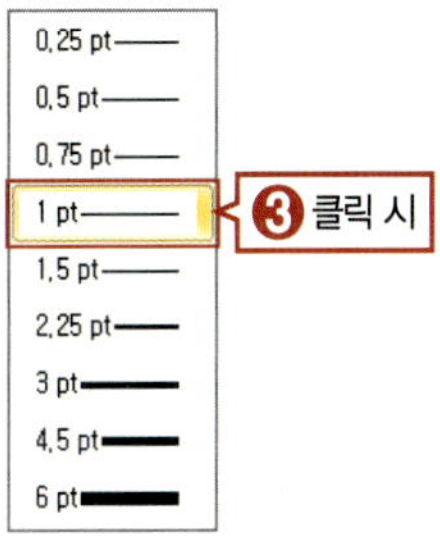

02 표의 위쪽 테두리와 아래쪽 테두리 두껍게 하기

① 표를 선택한 후 ② [표 도구]-[디자인] 탭-[테두리 그리기] 그룹에서 [펜 두께]를 **[3pt]**로 선택합니다. ③ [표 스타일] 그룹에서 **[위쪽 테두리]**, **[아래쪽 테두리]**를 각각 선택합니다.

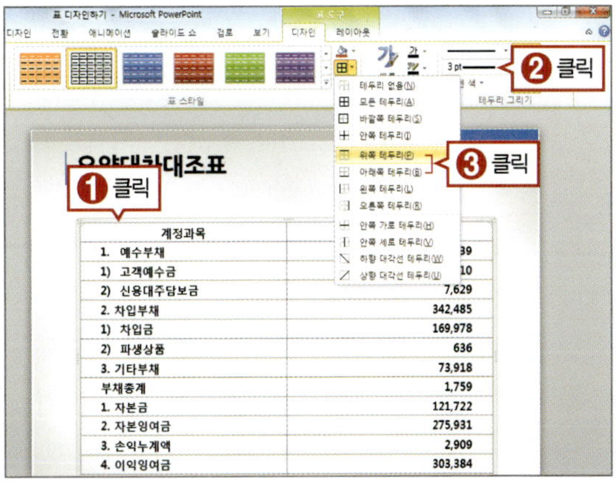

03 표의 왼쪽 테두리와 오른쪽 테두리 지우기

① [표 도구]–[디자인] 탭–[테두리 그리기] 그룹에서 **[지우개]**를 선택합니다. ② 표의 **왼쪽 테두리**와 **오른쪽 테두리**를 드래그합니다.

Tip 지우개로 선을 지울 때 드래그하여 표시되는 지우개의 경로가 점선인 경우에는 선이 지워지지 않고, 반드시 선 형태일 때만 지워집니다.

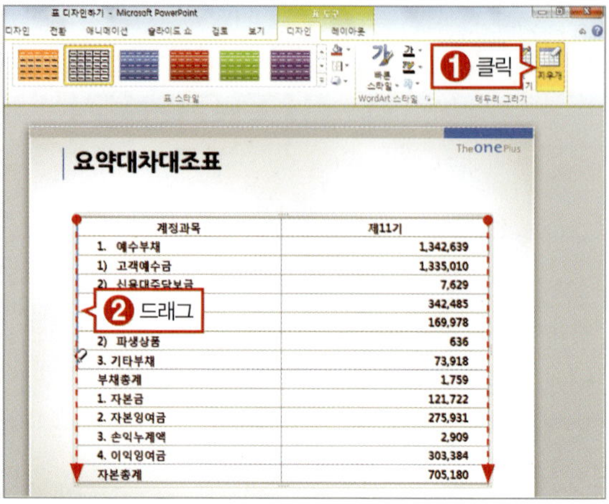

04 표 1행에 색을 적용하기

① **1행**을 블록 선택합니다. ② [표 도구]–[디자인] 탭–[표 스타일] 그룹에서 **[음영]**을 클릭한 후 ③ **[흰색, 배경 1, 25% 더 어둡게]**를 선택합니다. ④ 나머지 행을 모두 블록 선택하고 ⑤ **[흰색, 배경 1, 5% 더 어둡게]**를 클릭합니다.

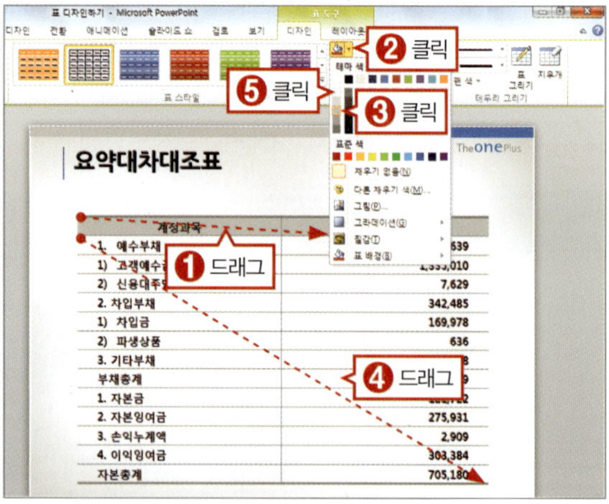

05 강조하고 싶은 행에 특정 색과 테두리를 적용하기

① 강조하고 싶은 행을 블록 선택한 후 ② [표 도구]–[디자인] 탭–[표 스타일] 그룹에서 **[음영]**을 클릭하여 원하는 색을 지정합니다. ③ [테두리 그리기] 그룹에서 원하는 **[펜 색]**과 **[펜 두께]**를 선택합니다. ④ [표 스타일] 그룹에서 **[위쪽 테두리]**, **[아래쪽 테두리]**를 각각 선택합니다.

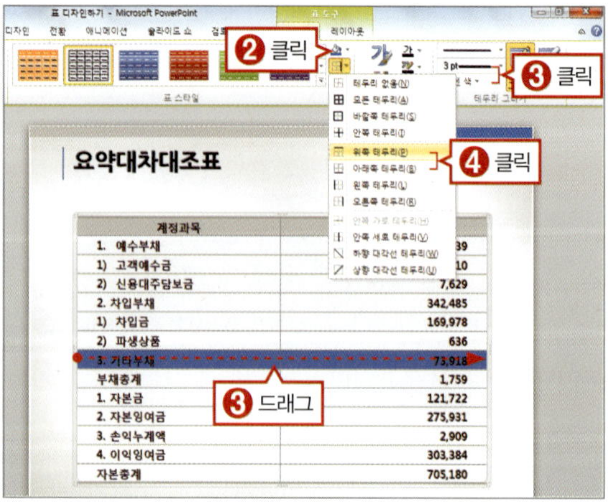

06 표에 있는 특정 텍스트의 색을 변경하기

① 변경하고자 하는 텍스트를 드래그합니다. ② [표 도구]-[디자인] 탭-[WordArt 스타일] 그룹에서 **[텍스트 채우기]**를 클릭하고 ③**[흰색]**을 선택합니다.

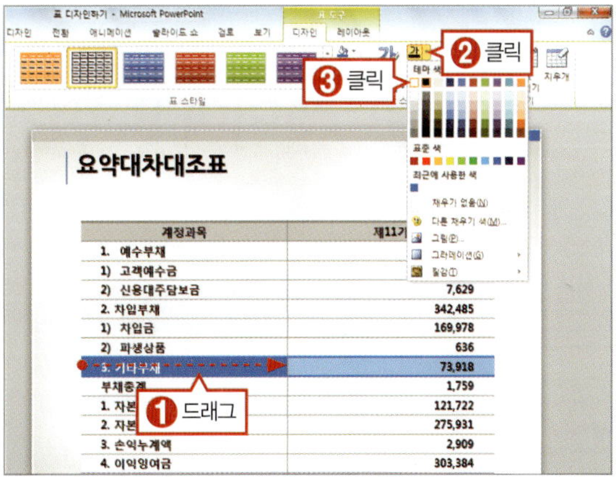

07 표의 특정 행 부분이 강조된 것을 확인할 수 있습니다.

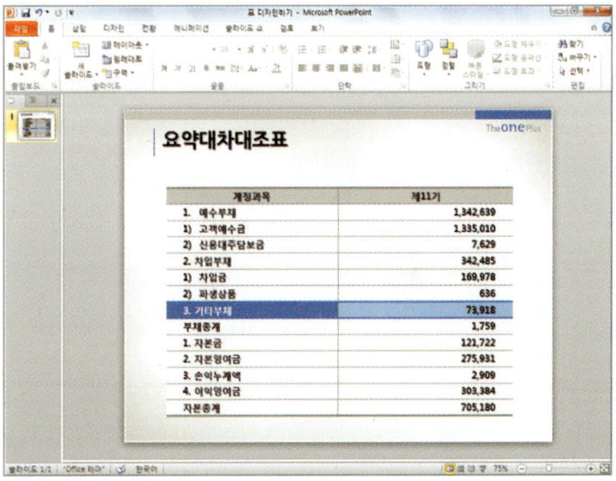

핵심기능 35

표 레이아웃 변경하기

- **실습 파일** ⓞ : 파워포인트\실습\표 레이아웃 변경하기.pptx
- **완성 파일** ⓞ : 파워포인트\완성\표 레이아웃 변경하기_완성.pptx

표의 여러 셀을 병합하거나 하나의 셀을 여러 셀로 분할할 수 있고, 선택한 행의 높이나 열의 너비를 같게 할 수 있습니다. 또한 셀 안의 텍스트 위치도 지정할 수 있습니다.

01 셀 병합하기

① **발표**라는 텍스트가 있는 셀과 그 아래쪽 2개의 셀을 블록 선택합니다. ② [표 도구]–[레이아웃] 탭–[병합] 그룹에서 **[셀 병합]**을 클릭합니다.

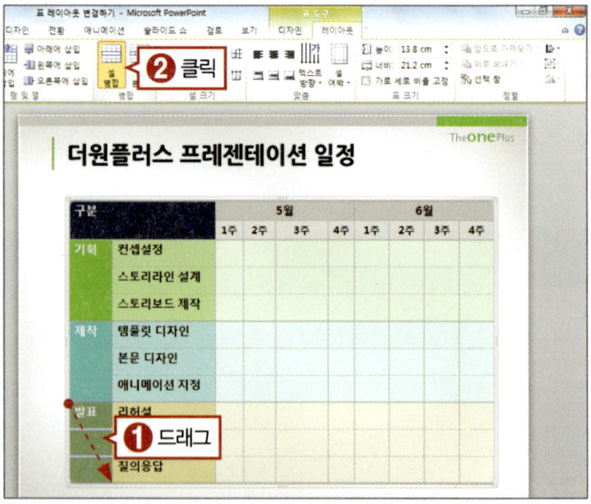

02 5월에 해당하는 4개 주의 열 너비를 같게 하기

① [5월] 셀 아래에 있는 **1주, 2주, 3주, 4주**가 적힌 셀을 블록 선택합니다. ② [표 도구]–[레이아웃] 탭–[셀 크기] 그룹에서 **[열 너비 같게]**를 클릭합니다.

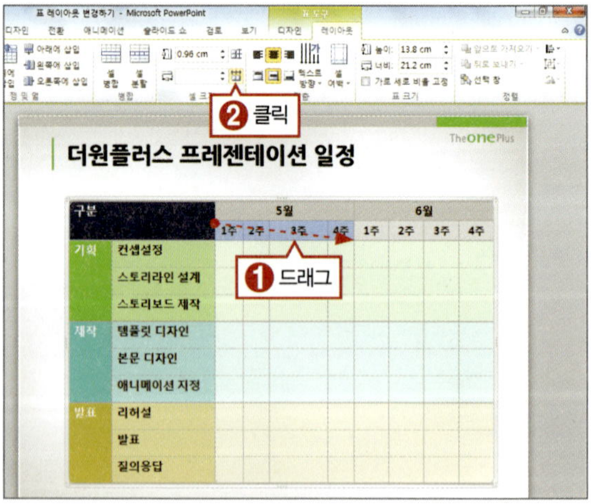

03 셀 안에서 텍스트의 위치를 맞추기

왼쪽의 각 셀 이름이 쓰여있는 부분의 텍스트가 각 셀에서 왼쪽으로 맞춰져 있고, 칸 안에서는 위쪽에 있습니다. ① 그림과 같이 셀을 블록 선택합니다. ② [표 도구]-[레이아웃] 탭-[맞춤] 그룹에서 **[가운데 맞춤]**과 **[세로 가운데 맞춤]**을 각각 클릭합니다.

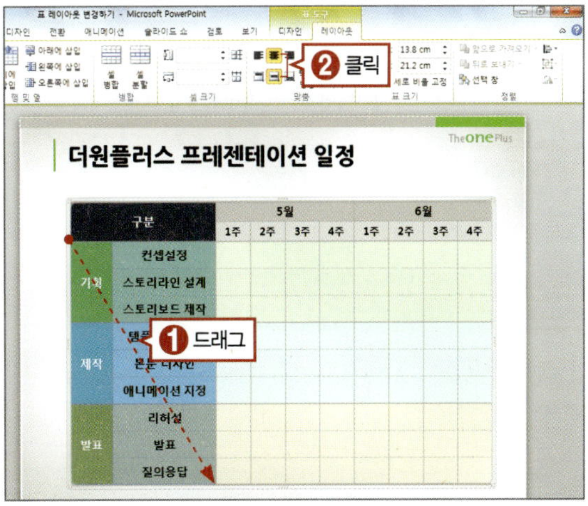

04 표가 완성된 것을 확인할 수 있습니다.

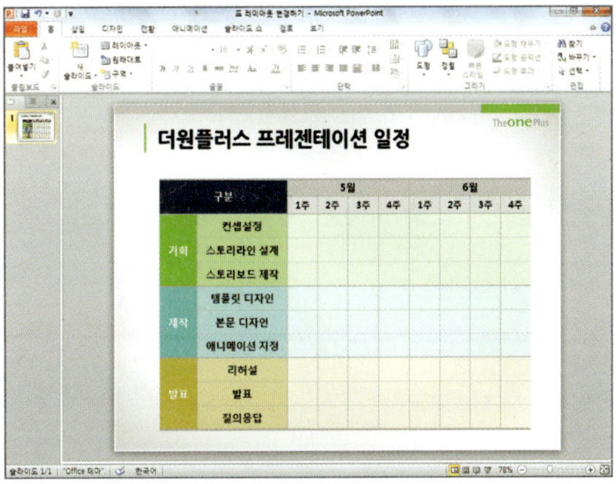

핵심기능 36

차트 삽입 후 데이터 입력하기

• **실습 파일** ⓒ : 파워포인트\실습\차트 삽입 후 데이터 입력하기.pptx

• **완성 파일** ⓒ : 파워포인트\완성\차트 삽입 후 데이터 입력하기_완성.pptx

프레젠테이션에서 수치 정보는 차트로 표현하는 것이 좋습니다. 파워포인트에서 차트를 삽입하면 자동으로 엑셀 창이 열리며, 이곳에 원하는 데이터 값을 입력하면 차트에 표시됩니다.

01 차트 삽입하기

[삽입] 탭–[일러스트레이션] 그룹에서 **[차트]**를 클릭합니다.

02 ① [차트 삽입] 대화 상자가 열리면 [세로 막대형] 목록에서 **[묶은 세로 막대형]**을 선택합니다. ② **[확인]**을 클릭합니다.

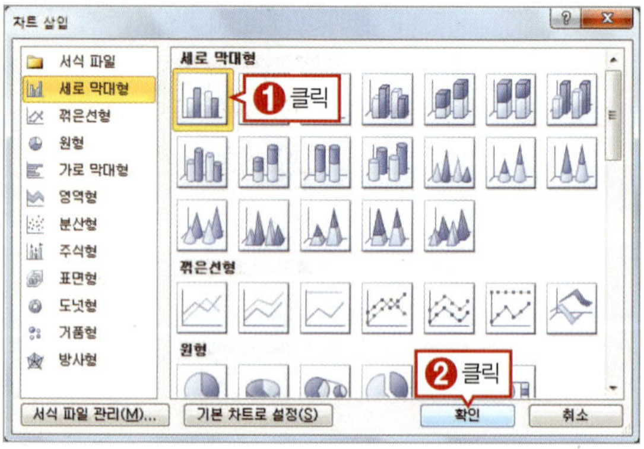

03 데이터 값 입력하기

엑셀 창이 열리면 기본 값을 삭제하고 다음 표와 같이 값을 **입력**합니다.

	교육	제작	출판
2001	30	20	10
2002	35	25	30
2003	50	40	25
2004	60	50	45

Tip 엑셀과 파워포인트 차트가 연동되어 엑셀에서 수정한 값이 그대로 차트에 적용되어 나타납니다.

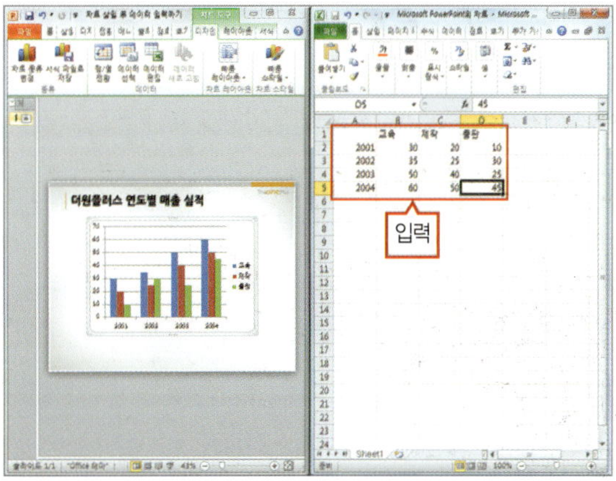

04 엑셀 창을 닫고 파워포인트 슬라이드를 확인해 보면 입력한 데이터 값으로 차트가 표시되는 것을 확인할 수 있습니다.

Tip 다시 엑셀 창을 열어 데이터를 편집하고 싶으면 [차트 도구]–[디자인] 탭–[데이터] 그룹에서 [데이터 편집]을 클릭합니다.

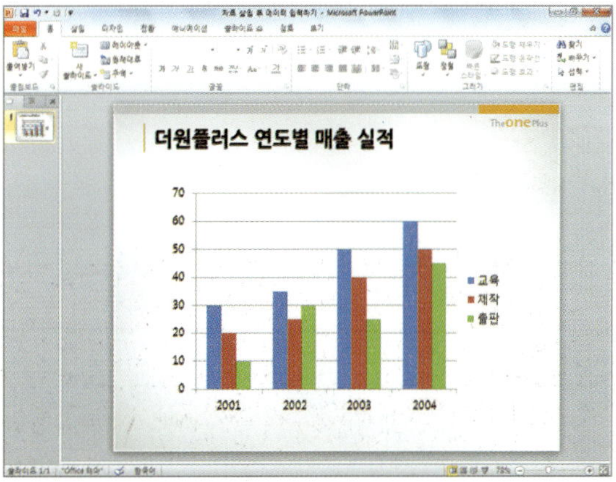

핵심기능 37

차트 레이아웃과 스타일 빠르게 변경하기

• **실습 파일** : 파워포인트\실습\차트 레이아웃과 스타일 빠르게 변경하기.pptx
• **완성 파일** : 파워포인트\완성\차트 레이아웃과 스타일 빠르게 변경하기_완성.pptx

차트를 삽입한 후 사용자가 차트의 레이아웃 요소를 하나하나 변경하거나 서식을 변경하지 않아도 레이아웃과 스타일을 빠르게 변경할 수 있습니다.

01 차트 레이아웃 변경하기

① 먼저 차트를 선택한 후 ② [차트 도구]–[디자인] 탭–[차트 레이아웃] 그룹에서 [**자세히**]를 클릭합니다.

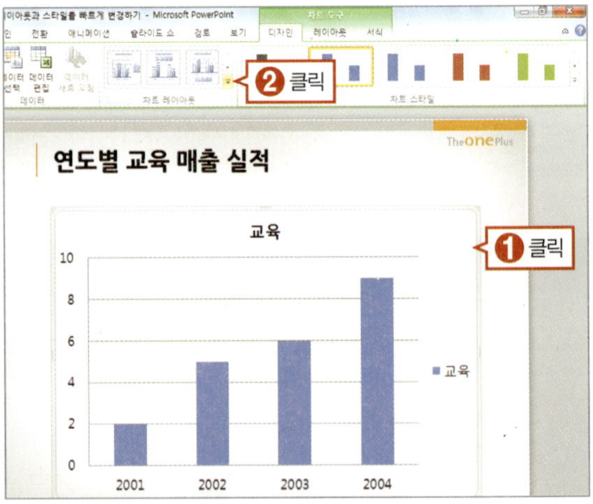

02 [레이아웃 4]를 선택합니다.

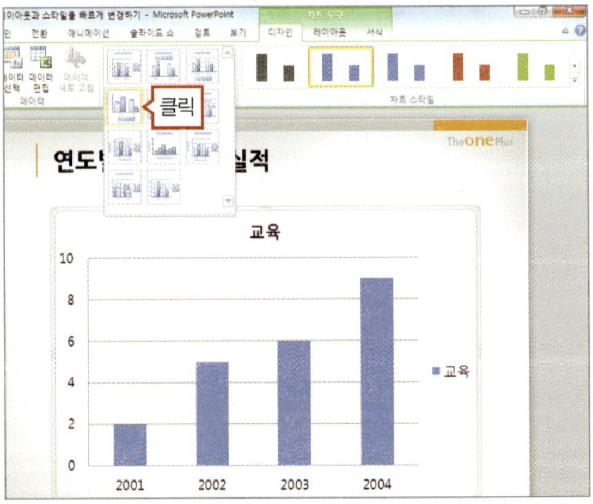

03 차트 아래 있는 차트 제목인 **교육**이란 텍스트를 선택하여 Delete를 눌러 삭제합니다.

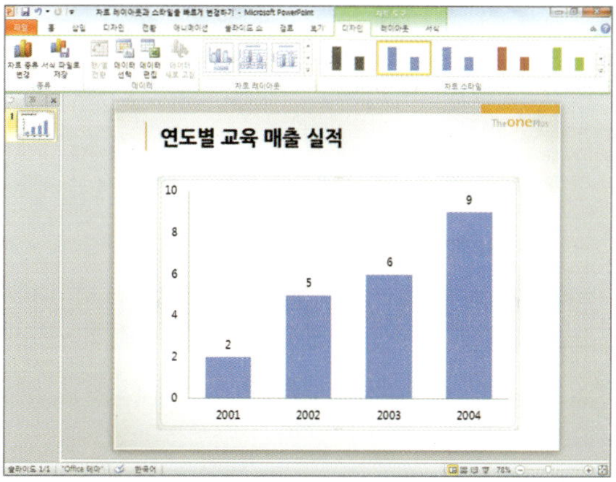

04 차트 스타일을 빠르게 변경하기

① 차트를 선택한 후 ② [차트 도구]–[디자인] 탭–[차트 스타일] 그룹에서 [**자세히**]를 클릭합니다.

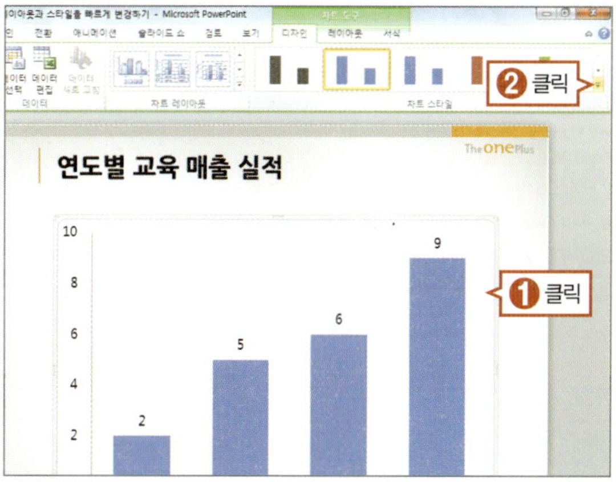

05 [**스타일 32**]를 선택합니다. 차트의 레이아웃과 스타일이 빠르게 변경된 것을 확인할 수 있습니다.

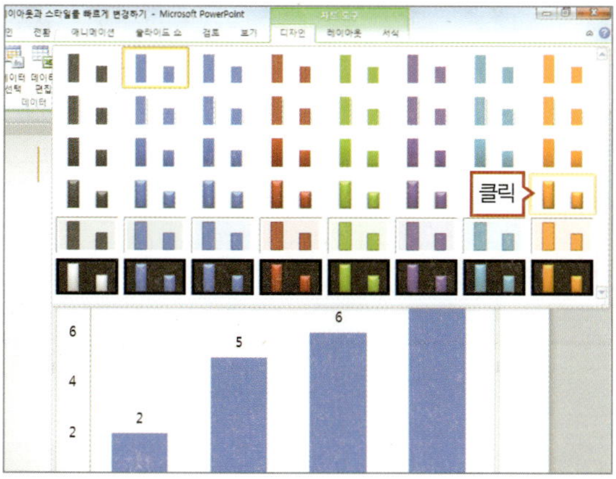

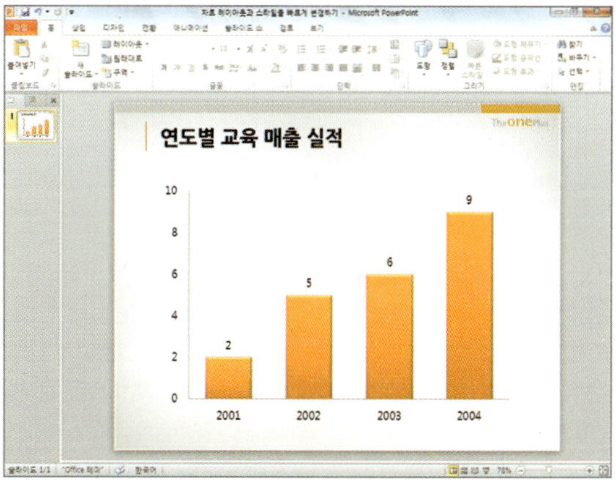

Tip 각 빠른 차트 스타일에 마우스를 대고 있으면 스타일 번호가 나타납니다.

핵심기능 38

차트 레이아웃과 서식을 구체적으로 변경하기

• **실습 파일** ◎ : 파워포인트\실습\차트 레이아웃과 서식 구체적으로 변경하기.pptx

• **완성 파일** ◎ : 파워포인트\완성\차트 레이아웃과 서식 구체적으로 변경하기_완성.pptx

계열, 축, 범례, 데이터 레이블, 차트 영역 등 차트를 구성하는 요소를 사용자가 원하는 대로 변경할 수 있습니다. 내용을 효율적으로 전달하기 위해 차트 레이아웃과 서식을 변경해보겠습니다.

01 범례 없애기

차트 아래에 있는 범례인 2010을 선택한 후 Delete를 눌러 삭제합니다.

Tip 범례를 없애는 또 다른 방법은 범례를 선택한 후 [차트 도구]–[레이아웃] 탭–[레이블] 그룹에서 [범례]를 클릭하고 [없음]을 선택합니다.

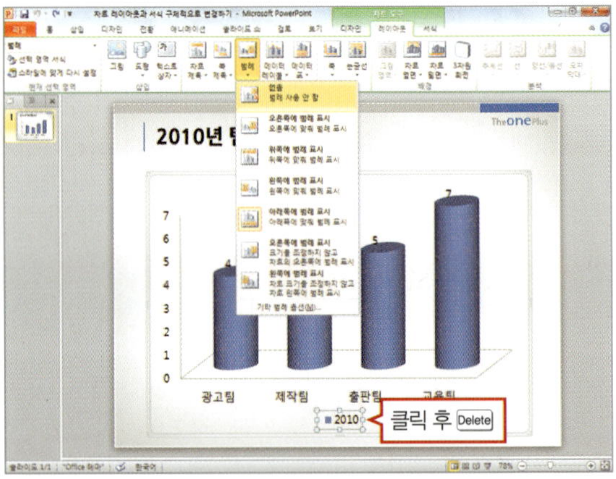

02 세로 축 없애기

0부터 7까지 숫자가 쓰인 **세로축**을 선택한 후 Delete를 눌러 삭제합니다.

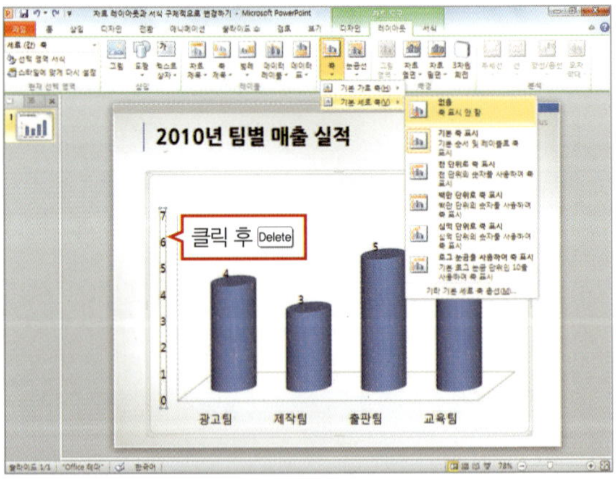

Tip 세로축을 없애는 또 다른 방법으로 세로축을 선택한 후 [차트 도구]–[레이아웃] 탭–[축] 그룹에서 [축]–[기본 세로축]–[없음]을 선택합니다.

03 원통 모양 변경하기

① 임의의 원통을 선택한 후 ② [차트 도구]–[레이아웃] 탭–[배경] 그룹에서 **[3차원 회전]**을 클릭합니다.

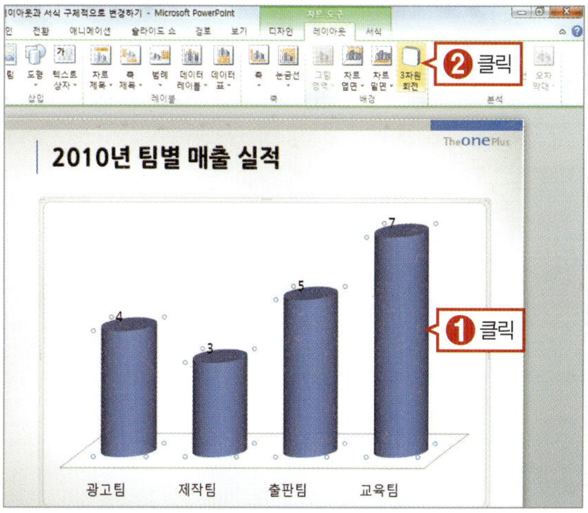

04 ① [차트 영역 서식] 대화 상자에서 회전 값을 [X(X) : 0˚, Y(Y) : 0˚]로 설정합니다. ② **[닫기]**를 누릅니다.

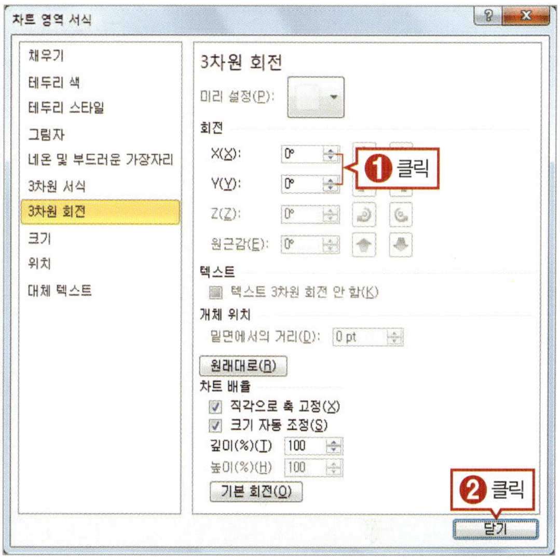

05 원통형 서식 변경하기

① 광고팀에 해당하는 원통을 천천히 **두 번 클릭**합니다. ② [차트 도구]–[서식] 탭–[도형 스타일] 그룹에서 빠른 스타일 갤러리 중 **[강한 효과–파랑, 강조 1]**을 선택합니다.

Tip 여러 개의 원통 중에서 하나를 선택하려면 먼저 아무 원통이나 선택한 후에 선택하려는 원통을 한 번 더 선택합니다.

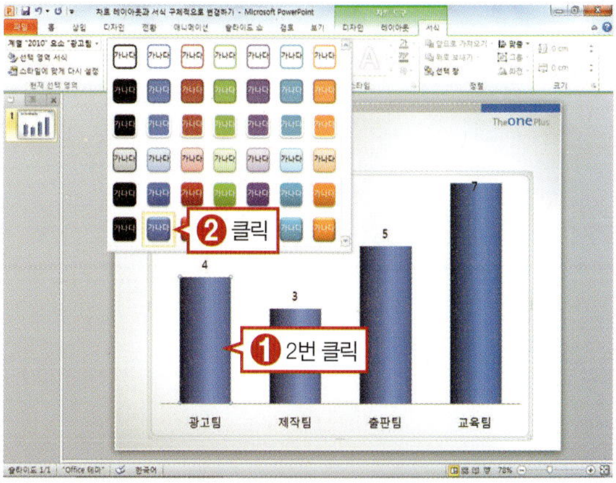

06 제작팀, 출판팀, 교육팀도 같은 방법으로 다음과 같은 스타일을 적용하여 원통형의 서식을 변경합니다.

[제작팀 : 강한 효과 – 바다색, 강조 5]

[출판팀 : 강한 효과 – 황록색, 강조 3]

[교육팀 : 강한 효과 – 주황, 강조 5]

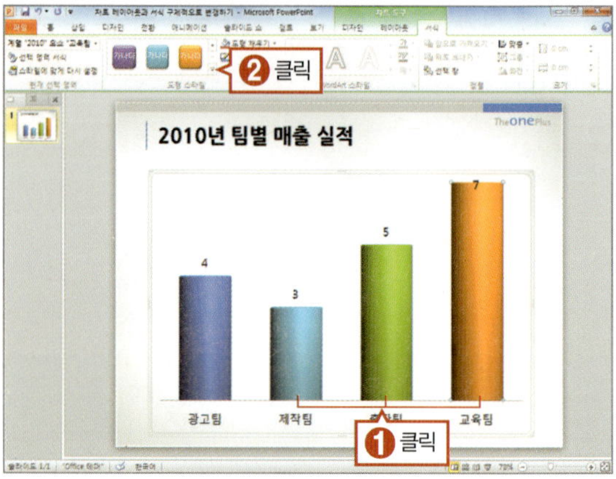

07 데이터 값 스타일 변경하기

① 각 원통 위의 데이터 값 중 임의의 값 하나를 선택합니다. ② [차트 도구]–[서식] 탭–[WordArt 스타일] 그룹에서 [빠른 WordArt 스타일] 중 **[채우기–흰색, 그림자]**를 선택합니다.

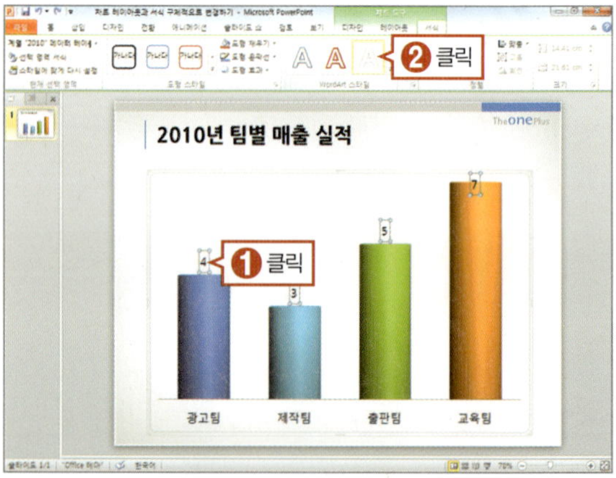

08 데이터 값 글꼴 크기 변경하기

① [홈] 탭–[글꼴]그룹으로 이동하여 데이터 값의 글꼴 크기는 [48pt]로 변경합니다. ② 크기가 변경된 각각의 데이터 값을 클릭한 후 원통 위쪽 면에 드래그하여 위치시킵니다.

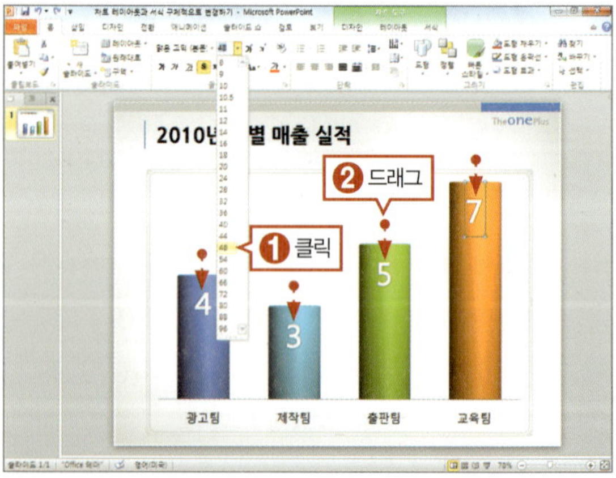

09 가로 축 서식 변경하기

① 가로 축을 선택한 후 ② [홈] 탭-[글꼴] 그룹에서 글꼴 크기는 [24pt]로 설정하고 ③ [굵게]를 클릭하여 글꼴을 굵게 만들어줍니다. 원통그래프가 완성된 것을 확인할 수 있습니다.

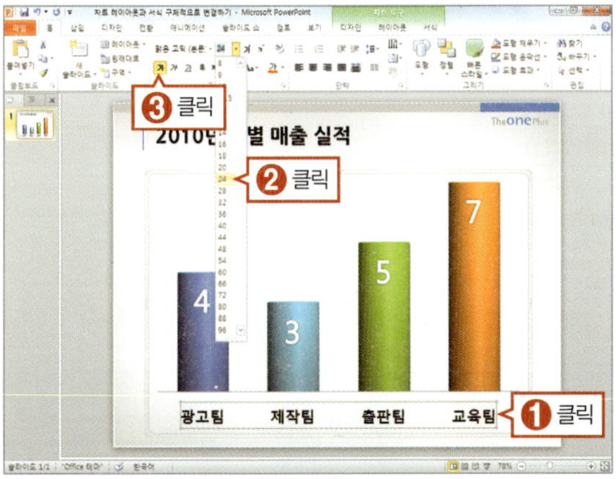

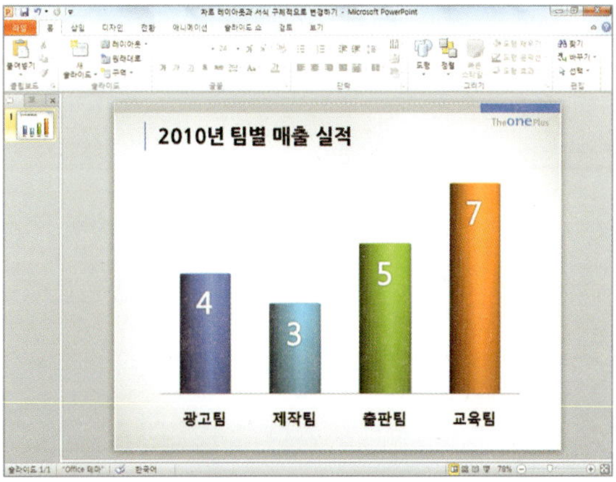

핵심기능 39

그림 삽입 후 빠른 스타일 적용하기

- **실습 파일** ⓒ : 파워포인트\실습\그림 삽입 후 빠른 스타일 적용하기.pptx, 어린이1~3.jpg
- **완성 파일** ⓒ : 파워포인트\완성\그림 삽입 후 빠른 스타일 적용하기_완성.pptx

그림을 삽입한 후 다양한 그림 스타일을 손쉽게 적용할 수 있습니다. 빠른 그림 스타일은 그림을 전문가 수준으로 빠르게 디자인할 수 있다는 장점이 있습니다.

01 그림 삽입하기

[삽입] 탭-[이미지] 그룹에서 **[그림]**을 클릭합니다.

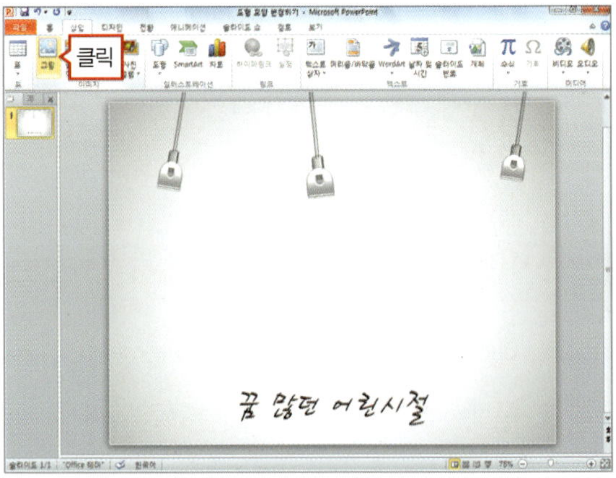

02

① [그림 삽입] 대화 상자에서 Ctrl을 누르고 **어린이1.jpg, 어린이2.jpg, 어린이3.jpg**를 선택합니다. ② **[삽입]**을 클릭합니다.

Tip 개체를 다중 선택하기 위해서는 Ctrl 또는 Shift를 누릅니다.

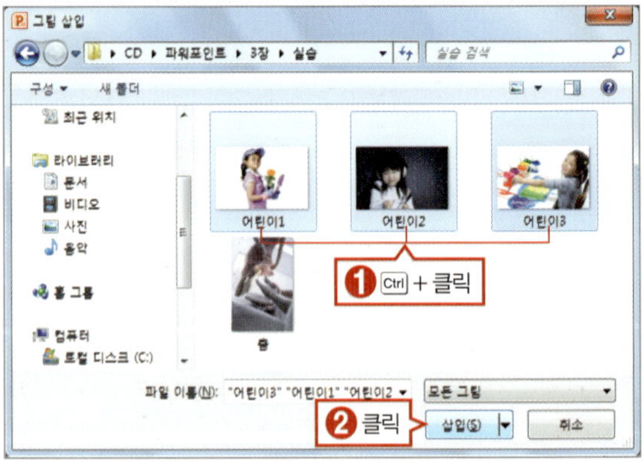

03 삽입된 3개의 이미지가 선택되어 있는 상태에서 빠른 그림 스타일을 적용하기 위해 [그림]-[서식] 탭-[그림 스타일]에서 [**자세히**]를 클릭합니다.

04 빠른 그림 스타일 중 [**회전, 흰색**]을 선택합니다.

05 그림 테두리의 점을 드래그하여 크기를 조정하고, 그림 상단의 연두색 점을 조정하여 그림을 회전시켜서 적절한 위치에 배치합니다.

Tip 도형과 마찬가지로 그림 크기를 조정할 때 Shift를 누르면 정비례로 크기를 조정할 수 있고, Ctrl을 누르면 개체의 중심을 잡아주면서 크기를 조정할 수 있습니다.

핵심기능 40

그림의 특정 부분만 강조하기

• **실습 파일** ◎ : 파워포인트\실습\그림의 특정 부분만 강조하기.pptx

• **완성 파일** ◎ : 파워포인트\완성\그림의 특정 부분만 강조하기_완성.pptx

전체 그림 중 특정 부분만 컬러로 남겨두고 나머지는 회색조로 나타내거나 희미하게 만들어 내용을 더 부각시킬 수 있습니다. 이때 그림을 더욱 강조하기 위해 자르기한 그림 주변을 부드럽게 처리하는 것이 좋습니다.

01 ① 슬라이드의 **그림을 클릭**하여 선택한 후 ② Ctrl + D를 눌러 **복제**합니다. ③ 그림 2개를 모두 보기 위해 **화면을 축소**합니다.

Tip 그림을 복사하기 위해 Ctrl를 누른 상태에서 마우스를 드래그해도 됩니다.

02 ① 그림 2개를 나란히 놓고 하나를 선택한 후 ② [그림 도구]–[서식] 탭–[조정] 그룹에서 [색]을 클릭합니다. ③ [다시 칠하기] 목록 중 **[회색조]**를 선택합니다.

03 ① 나머지 컬러 그림을 선택하여 회색조로 변경한 이미지와 겹치도록 회색조 그림 위로 위치를 조정합니다. ② [그림 도구]-[서식] 탭-[크기] 그룹에서 **[자르기]**를 클릭하면 그림 사각 테두리에 꺽쇠가 생성됩니다. ③ 이 꺽쇠를 드래그하여 강조하고 싶은 부분만 남도록 **영역을 조절**합니다. ④ 조절이 끝났으면 **[자르기]**를 클릭합니다.

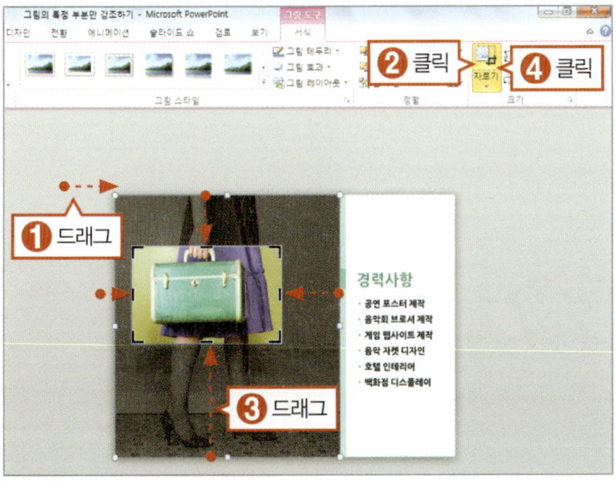

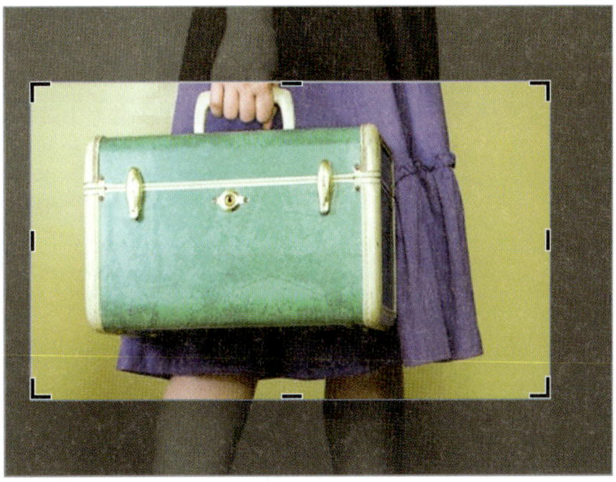

04 잘린 그림 주변 부드럽게 처리하기

① [그림 도구]-[서식] 탭-[그림 스타일] 그룹에서 **[그림 효과]**를 클합니다. ② [부드러운 가장자리]-**[50 포인트]**를 선택합니다. 전체 그림 중에서 특정 부분을 강조하여 완성했습니다.

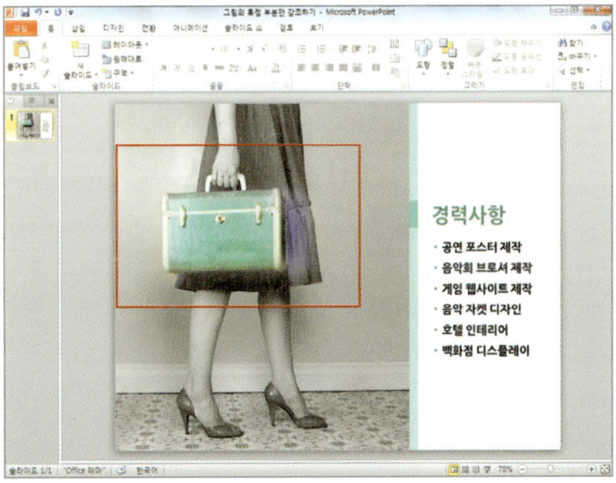

핵심기능 41

그림 서식 변경 후 서식은 유지하고 그림만 변경하기

• **실습 파일** ◎ : 파워포인트\실습\그림 서식 변경 후 서식은 유지하고 그림만 변경하기.pptx, 춤.jpg

• **완성 파일** ◎ : 파워포인트\완성\그림 서식 변경 후 서식은 유지하고 그림만 변경하기_완성.pptx

그림에 테두리 및 반사, 그림자와 같은 서식을 변경한 후 서식은 그대로 유지하면서 그림만 변경할 수 있습니다.

01 ① 가운데 그림을 선택한 후 ② [그림 도구]-[서식] 탭-**[그림 테두리]**를 클릭합니다. ③ [테마 색] 중 **[흰색, 배경1]**을 선택합니다.

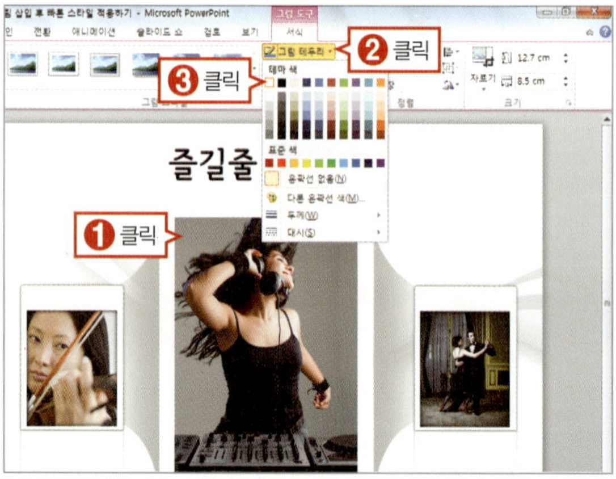

02 그림 테두리 두께 변경하기

① [그림 도구]-[서식] 탭-**[그림 테두리]**를 클릭한 후 ② [두께]-**[다른 선]**을 선택합니다.

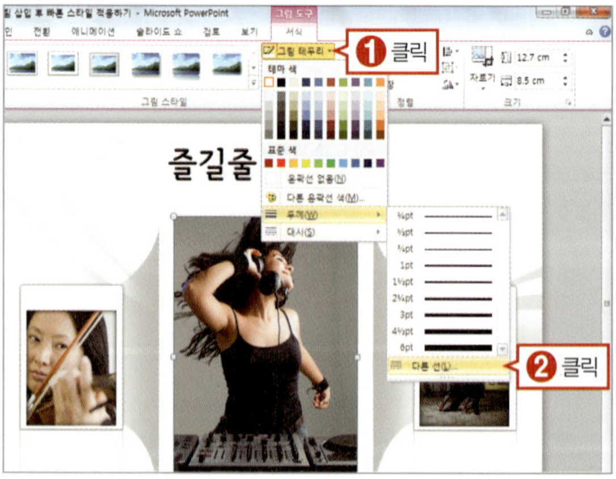

03 ① [그림 서식] 대화 상자에서 [선 스타일]-[너비]를 [20pt]로 설정한 후 ② [닫기]를 누릅니다.

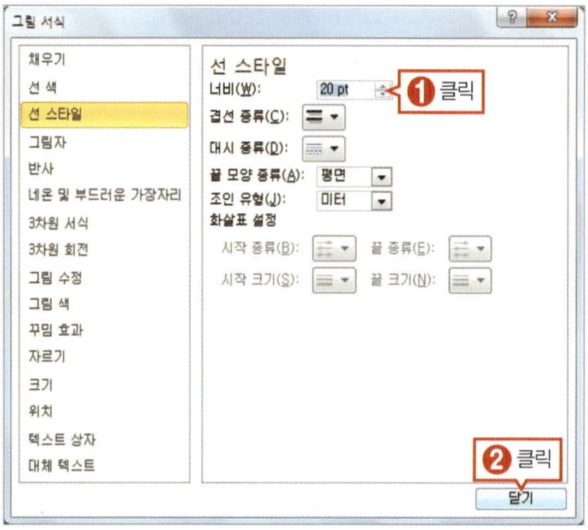

04 그림에 그림자 효과 적용하기

① [그림 도구]-[서식] 탭-[그림 스타일] 그룹에서 **[그림 효과]**를 클릭한 후 ② [그림자]의 [바깥쪽]에 **[오프셋 가운데]**를 선택합니다.

05 그림에 반사 효과 적용하기

① [그림 도구]-[서식] 탭-[그림 스타일] 그룹에서 **[그림 효과]**를 클릭한 후 ② [반사]의 [반사 변형]에 **[근접 반사, 4pt 오프셋]**을 선택합니다.

06 그림을 다른 그림으로 변경하기

① 가운데 그림을 선택한 후 ② [그림 도구]-[서식] 탭-[조정] 그룹에서 **[그림 바꾸기]**를 클릭합니다.

07 ① [그림 삽입] 대화 상자가 열리면 **춤**.jpg를 선택한 후 ② **[삽입]**을 클릭합니다. 그림만 변경되고 서식 및 효과는 그대로 유지되는 것을 확인할 수 있습니다.

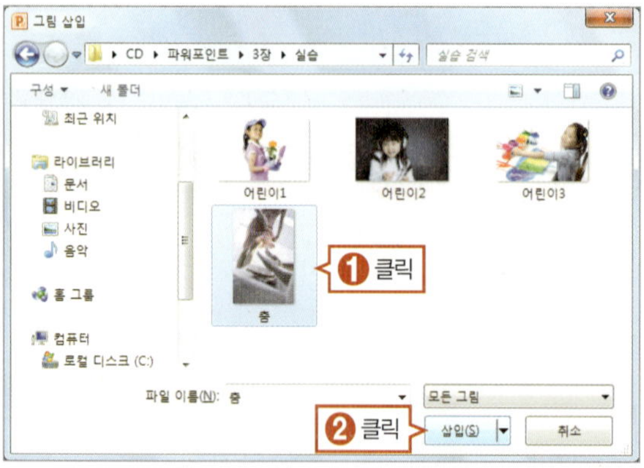

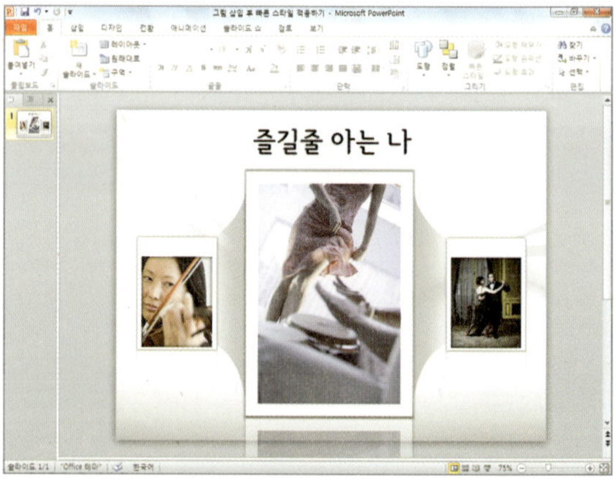

핵심기능 42

그림에서 불필요한 부분 제거하기

- **실습 파일** ⓒ : 파워포인트\실습\그림에서 불필요한 부분 제거하기.pptx
- **완성 파일** ⓒ : 파워포인트\완성\그림에서 불필요한 부분 제거하기_완성.pptx

그림에서 불필요한 부분을 제거하여 주제에 맞게 표현할 수 있습니다. 단 제거하고자 하는 부분은 남기고자 하는 부분과 색 구분이 분명한 것이 좋습니다.

01 ① 슬라이드에 그림을 선택한 후 ② [그림 도구]−[서식] 탭−[조정] 그룹에서 **[배경 제거]**를 클릭합니다.

02 움직이는 텍스트 선의 핸들을 조정하여 원하는 그림이 최대한 포함되도록 만듭니다.

03 ① 추가적으로 제거할 영역을 표시하기 위해 [배경 제거] 탭-[고급 검색] 그룹에서 **[제거할 영역 표시]**를 클릭합니다. ② 마우스 포인터가 연필로 바뀌면 그림에서 제거할 영역에 선을 그려줍니다. 왼쪽 가방 아래쪽과 오른쪽 테이프 아래쪽을 표시합니다.

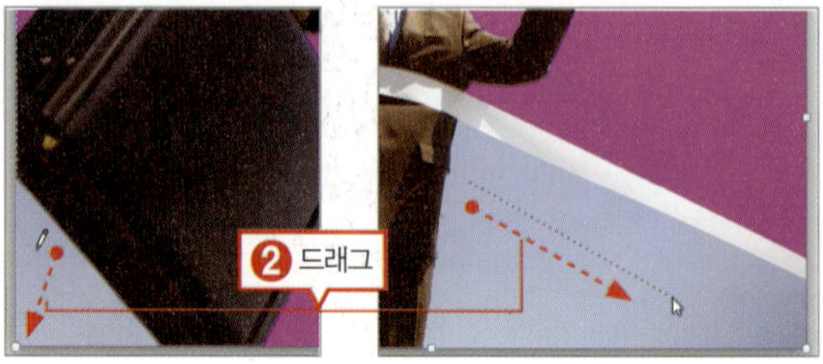

04 제거할 영역이 다 표시되면 [배경 제거] 탭-[닫기] 그룹에서 **[변경 내용 유지]**를 클릭합니다.

05 불필요한 하늘 부분이 제거되고 그 자리에 슬라이드 배경이 보입니다. 남은 부분이 슬라이드 내용과 조화롭게 표현되는 것을 확인할 수 있습니다.

핵심기능 43

그림을 원하는 모양으로 자르고 용량 줄이기

• **실습 파일** ◎ : 파워포인트\실습\원하는 모양으로 그림 자르고 용량 줄이기.pptx, 인연.jpg

• **완성 파일** ◎ : 파워포인트\완성\원하는 모양으로 그림 자르고 용량 줄이기_완성.pptx

향상된 자르기 명령을 사용하면 그림에서 원치 않는 부분을 자르고 효율적으로 제거하여 원하는 모양으로 만들 수 있으므로 주제를 부각시킬 수 있습니다.

01 먼저 슬라이드에 이미지를 불러오기 위해 [삽입] 탭-[이미지] 그룹에서 **[그림]**을 클릭합니다.

02 ① [그림 삽입] 대화 상자에서 **인연**.jpg를 선택한 후 ② **[삽입]**을 클릭합니다.

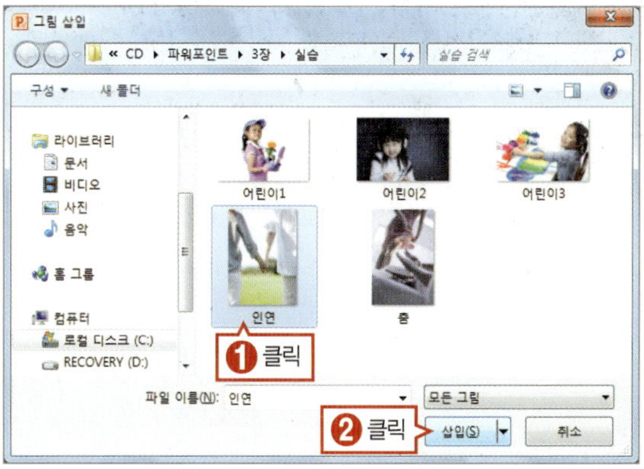

03 그림 크기 다시 설정하기

① 삽입된 이미지를 선택한 후 ② [그림 도구]-[서식] 탭-[조정] 그룹에서 **[그림 원래대로]**를 클릭하여 ③ **[그림 및 크기 다시 설정]**을 선택합니다. 그림 크기가 슬라이드보다 커집니다. ④ **화면을 축소**시켜 전체 그림이 보이도록 합니다.

04 필요한 부분만 남기고 잘라내기

① 이미지를 선택한 후 [그림 도구]-[서식] 탭-[크기] 그룹에서 **[자르기]**를 클릭합니다. ② 꺽쇠 모양의 **자르기 핸들**을 드래그하여 그림과 같이 원하는 부분을 남긴 후 ③ **[자르기]**를 다시 한 번 클릭하여 잘라냅니다.

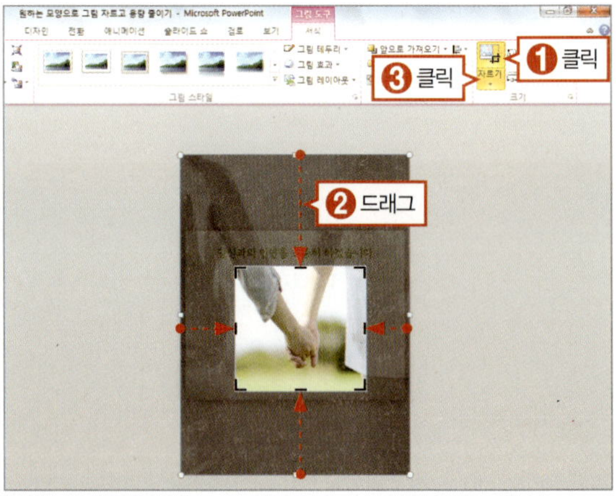

05 자른 그림을 하트 모양으로 만들기

① 그림을 선택한 후 ② [그림 도구]-[서식] 탭-[크기] 그룹에서 **[자르기]**를 클릭합니다. ③ [도형에 맞춰 자르기]-**[하트]**를 선택합니다. 그림 모양이 하트 모양으로 바뀐 것을 확인할 수 있습니다.

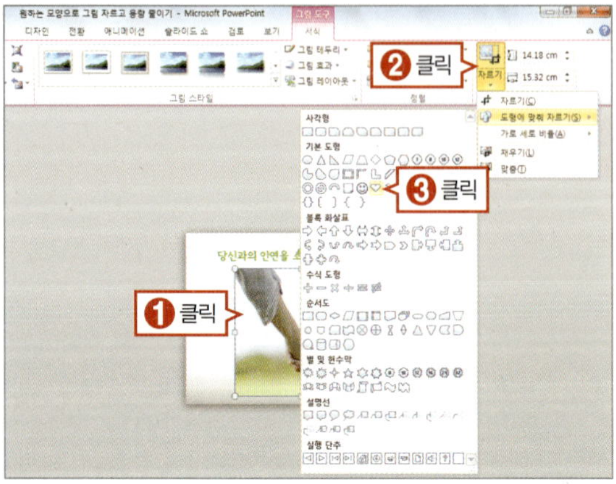

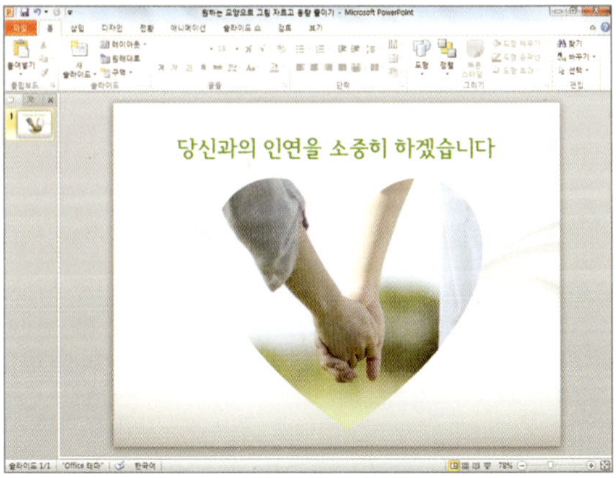

06 잘려진 이미지 부분을 완전히 삭제하기 위해 [그림 도구]-[서식] 탭-[조정] 그룹에서 **[그림 압축]**을 클릭합니다.

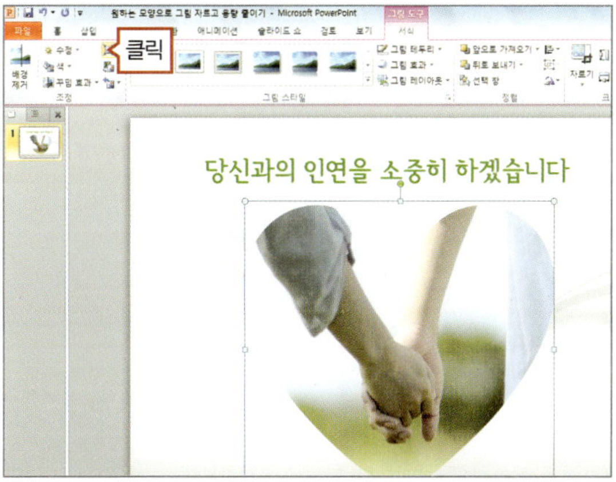

Tip 파워포인트에서 자른 것은 슬라이드상에서만 보이지 않는 것으로 이미지의 용량은 그대로 유지하고 있습니다. 용량을 줄이려면 잘린 부분을 아예 없애야 합니다. 그렇게 하기 위해서는 그림 압축을 해야 합니다.

07 ① [그림 압축] 대화 상자에서 **[압축 옵션]** 두 가지를 모두 체크한 후 ② **[확인]**을 클릭합니다.

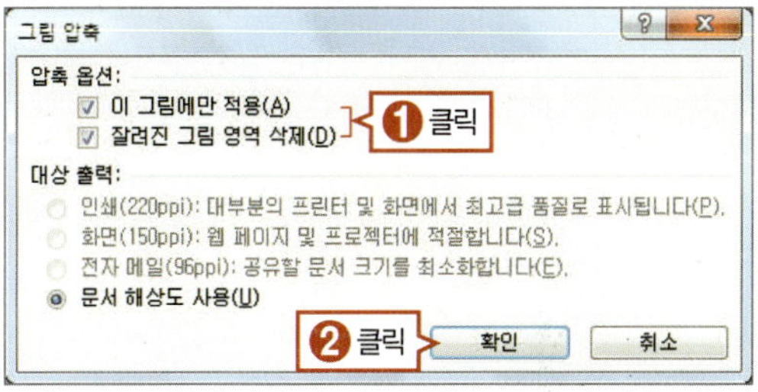

08 **원본 이미지와의 용량 차이를 비교하기 위해 이미지 저장하기**

① 이미지를 선택한 후 마우스 오른쪽 버튼을 클릭합니다. ② **[그림으로 저장]**을 선택합니다.

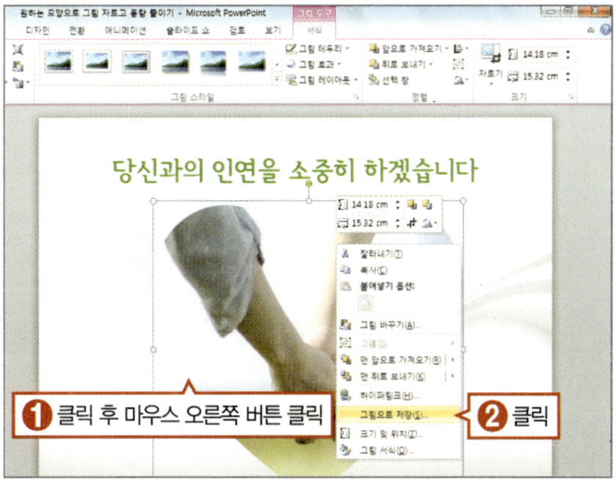

09 ① [그림으로 저장] 대화 상자에서 파일 이름을 **인연-1**, ② 파일 형식은 jpg로 지정한 후 ③ **[확인]**을 클릭합니다.

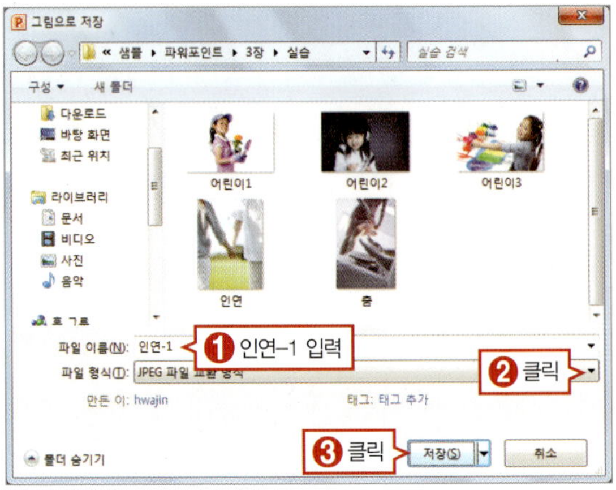

10 용량을 비교해보면 원본 그림 **인연.jpg**는 40.3KB이고, 불필요한 부분을 자른 그림 **인연-1.jpg**는 11.3KB로 용량이 줄어든 것을 확인할 수 있습니다.

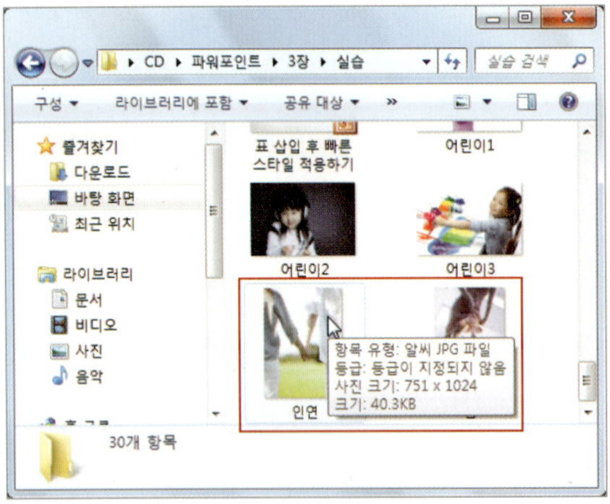

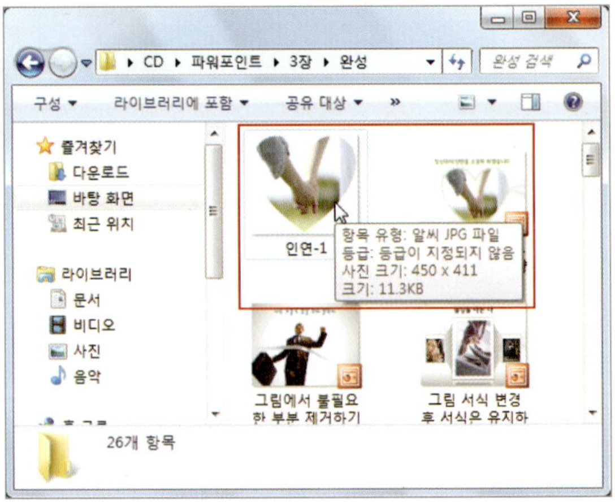

11 테두리 및 효과 적용하기

① 이미지를 선택합니다. ② [그림 도구]-[서식] 탭-[그림 스타일] 그룹에서 **[그림 테두리]**를 클릭하고 [흰색, 6pt], ③ [그림 효과]에서 [네온]-[다른 네온 색]-**[빨강 : 55, 녹색 : 184, 파랑 : 20]**을 지정합니다.

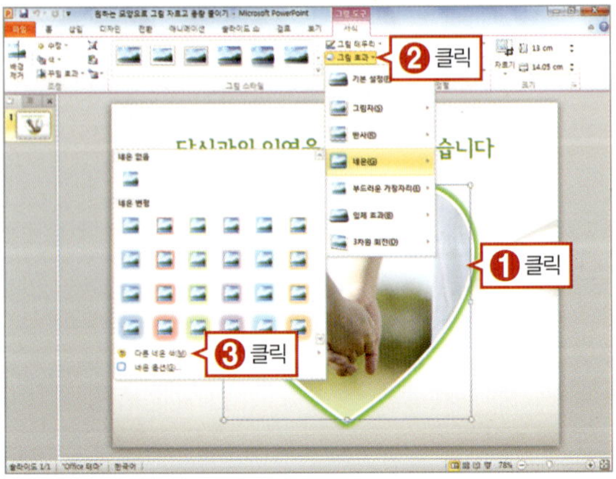

[그림 테두리] : 흰색, 6pt

[그림 효과] : 네온

[네온 색] : [빨강] 55, [녹색] 184, [파랑] 20

핵심기능 44 웹에서 무료 이미지 가져와서 삽입하기

- **실습 파일** : 파워포인트\실습\웹에서 무료 이미지 가져와서 삽입하기.pptx
- **완성 파일** : 파워포인트\완성\웹에서 무료 이미지 가져와서 삽입하기_완성.pptx

Office.com에 접속하여 내용에 적합한 이미지를 검색하여 무료로 사용합니다. 미디어 유형 및 이미지 크기를 구분해서 검색할 수 있기 때문에 빠르고 쉽게 이미지를 찾을 수 있습니다.

01 ① 1번 슬라이드에서 [삽입] 탭–[이미지] 그룹–**[클립아트]**를 클릭합니다. ② 클립아트 작업 창 아래 쪽에 **[Office.com에서 더 찾아보기]**를 클릭합니다.

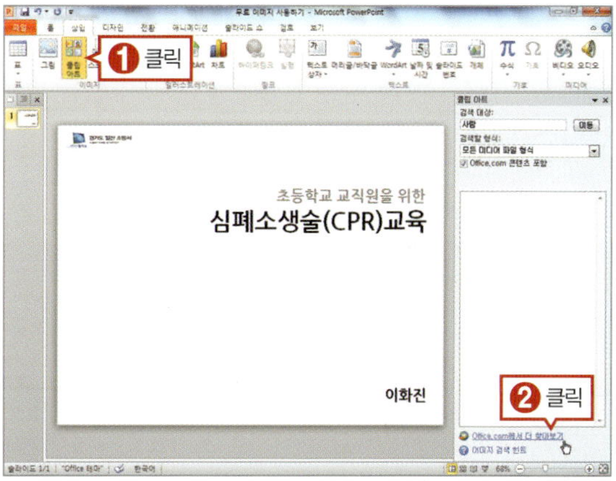

02 ① 이미지를 검색할 수 있는 검색 창이 나타나면 검색 상자에 **심폐소생술**을 입력한 후 ② **[돋보기]**를 클릭합니다.

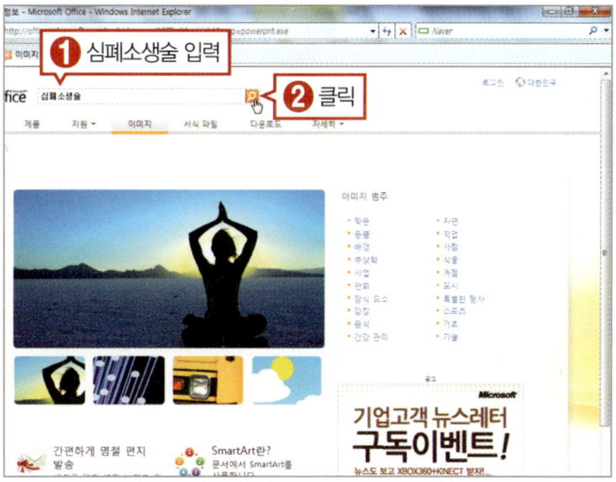

03 검색한 결과 중 원하는 이미지 위에 마우스를 올려놓고 나타나는 바로 가기 메뉴에서 **복사**를 클릭합니다.

Tip Office.com의 이미지들은 계속 업데이트되어 현재 화면과 다를 수 있으므로 원하는 클립아트를 찾아서 선택하세요.

04 파워포인트에서 이미지를 넣을 슬라이드를 선택한 후 단축키 Ctrl+V를 실행하여 이미지를 붙여넣습니다.

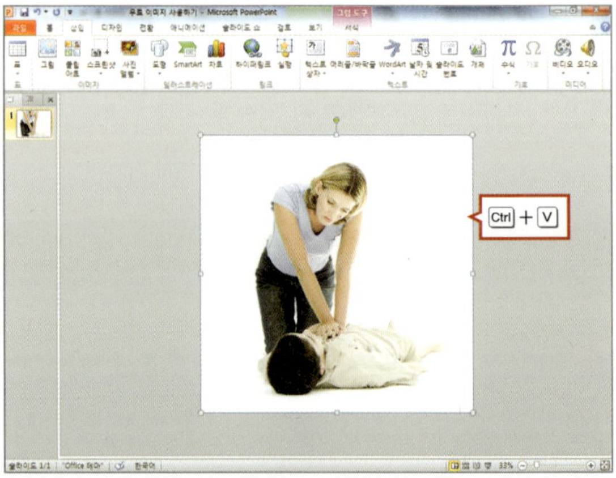

05 ① 이미지를 선택한 후 ② 단축키 Ctrl+Shift를 **누른 상태**에서 마우스로 사방 모서리 중 하나를 **드래그**하여 크기를 내용에 어울리게 줄입니다.

Tip 도형 크기를 조정할 때 Ctrl를 누르고 조정하면 중심을 고정한 채 조절할 수 있고, Shift를 누르고 조정하면 가로와 세로의 비율을 유지하면서 조절할 수 있습니다.

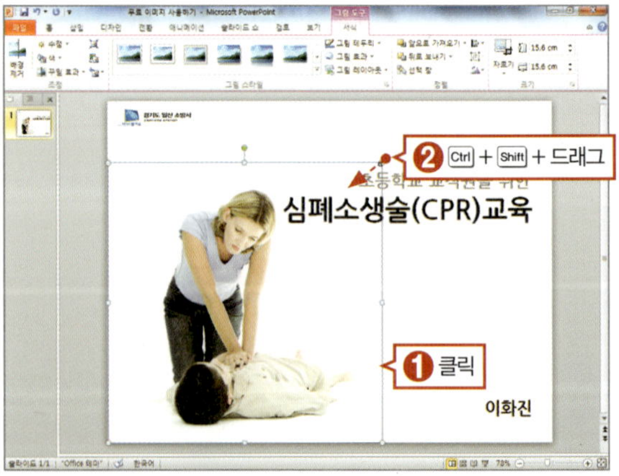

핵심기능 45

클립아트의 그룹을 해제하여 필요한 부분만 사용하기

- **실습 파일** ◎ : 파워포인트\실습\클립아트 그룹 해제하여 필요한 부분만 사용하기.pptx
- **완성 파일** ◎ : 파워포인트\완성\클립아트 그룹 해제하여 필요한 부분만 사용하기_완성.pptx

클립아트 포맷은 WMF(Windows Metafile Format)로 그룹 해제를 할 수 있습니다. 따라서 불필요한 부분은 삭제하고 원하는 부분만 내용에 맞게 사용할 수 있습니다.

01 ① 클립아트를 선택합니다. ② [그림 도구]의 [서식] 탭–[정렬] 그룹–**[그룹]**을 클릭한 후 ③ **[그룹 해제]**를 선택합니다.

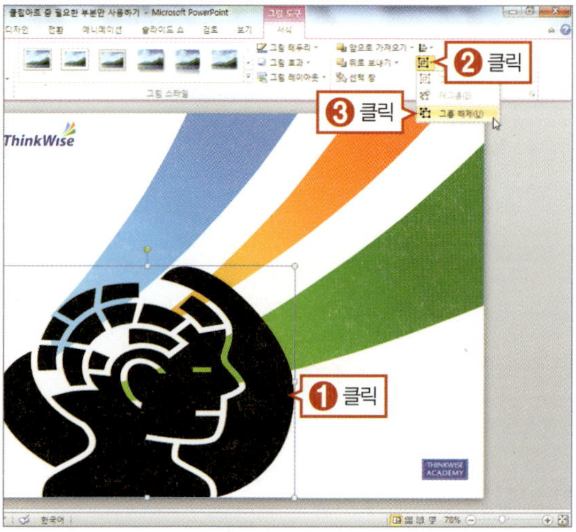

02 클립아트를 그리기 개체로 변환할지를 묻는 메시지 창이 나타나면 **[예]**를 클릭합니다.

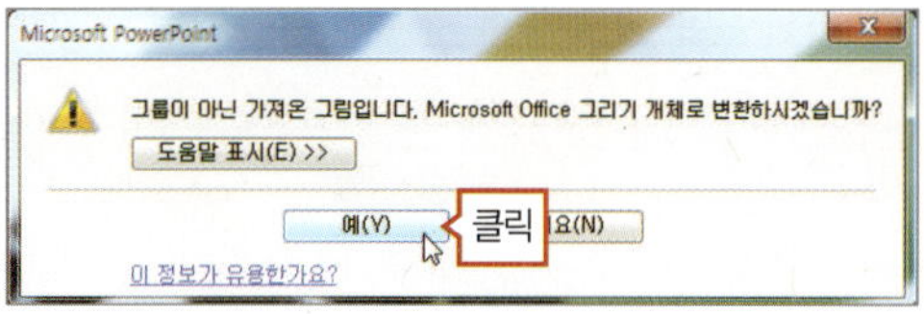

03 Ctrl+Shift+G를 눌러 한 번 더 **그룹을 해제**하여 클립아트를 세세한 여러 개의 개체로 만듭니다.

Tip 그룹 단축키는 Ctrl+G이고, 그룹 해제 단축키는 Ctrl+Shift+G입니다.

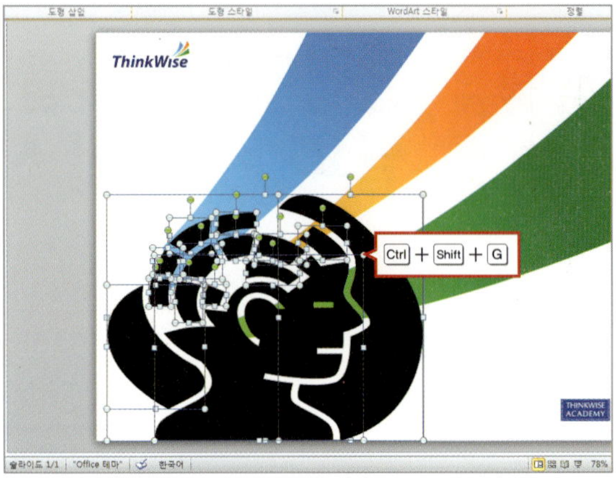

04 ① 그룹 해제한 개체 중 그림처럼 **불필요한 개체 3개**를 선택합니다. ② Delete를 눌러 **삭제**합니다.

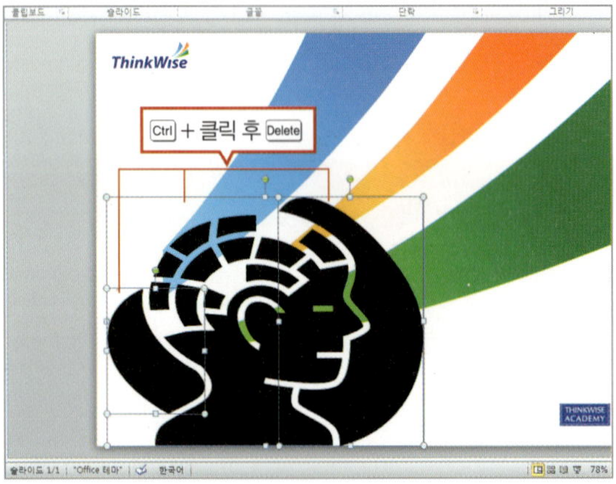

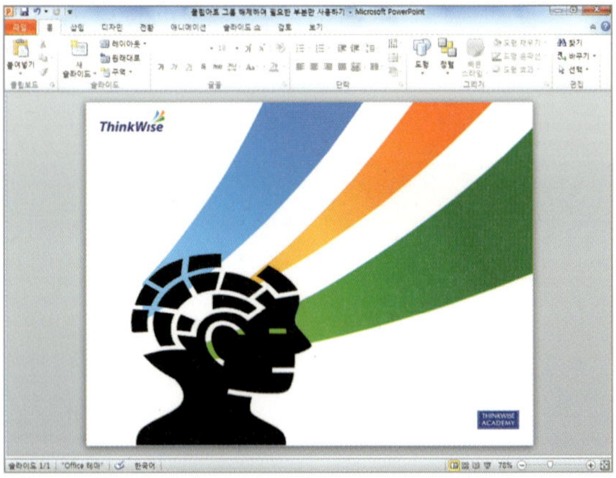

05 ① **나머지 개체**를 선택한 후 ② Ctrl +G를 눌러 **그룹화**합니다.

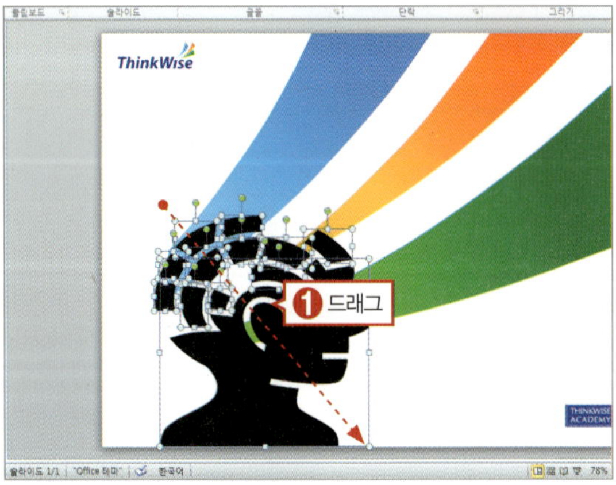

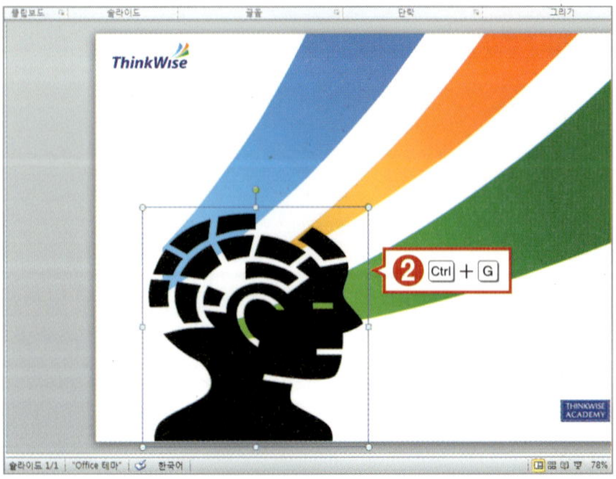

06 그림 좌우 대칭시키기

① 그룹화한 개체를 선택하고 ② [그리기 도구]의 [서식] 탭-[정렬] 그룹에서 **[회전]**을 클릭합니다. ③ **[좌우 대칭]**을 선택합니다.

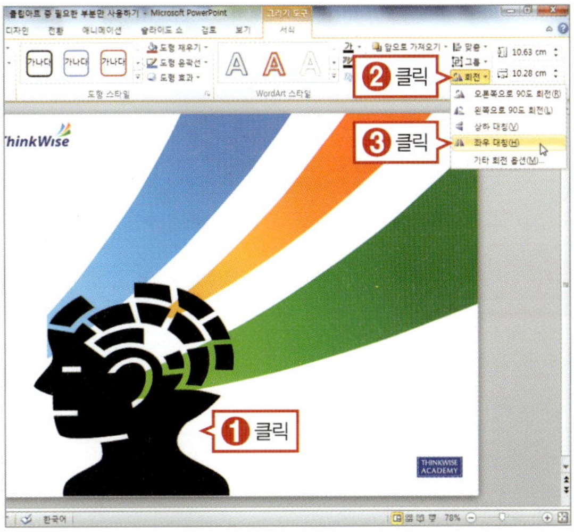

07 개체 꾸미기

① [그리기 도구]의 [서식] 탭-[도형 스타일] 그룹의 [**자세히**]를 클릭한 후 ② **[미세 효과-파랑, 강조 1]**을 선택합니다.

Tip 수정한 클립아트는 그룹화된 개체를 마우스 오른쪽 버튼으로 클릭한 후 바로 가기 메뉴에서 [그림으로 저장]을 선택하여 저장합니다. 이때 배경을 투명하게 저장하려면 파일 형식은 PNG 형식으로 하는 것이 좋습니다.

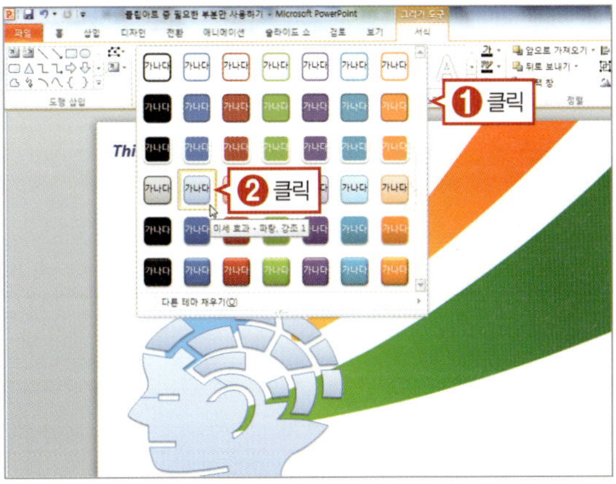

핵심기능 46

오디오 클립 삽입 후 특정 슬라이드까지 실행하기

- **실습 파일** ◎ : 파워포인트\실습\오디오 클립 삽입 후 특정 슬라이드까지 실행하기.pptx
- **완성 파일** ◎ : 파워포인트\완성\오디오 클립 삽입 후 특정 슬라이드까지 실행하기_완성.pptx

오디오 클립을 삽입한 슬라이드부터 특정 슬라이드까지 슬라이드 쇼가 진행되는 동안 오디오 파일을 재생할 수 있습니다. 이때 오디오 클립의 재생 중지를 제어하기 위해서는 사용자 지정 애니메이션에서 효과 옵션을 지정합니다.

01 오디오 클립 삽입하기

① 2번 **슬라이드**를 선택합니다. ② [삽입] 탭-[미디어] 그룹에서 [**오디오**]를 클릭한 후 ③ **[오디오 파일]**을 선택합니다.

Tip 슬라이드에 오디오 클립을 삽입하는 방법에는 오디오 파일, 클립 아트 오디오, 오디오 녹음, 화면 전환 효과음, 애니메이션 효과음 등 5가지가 있습니다.

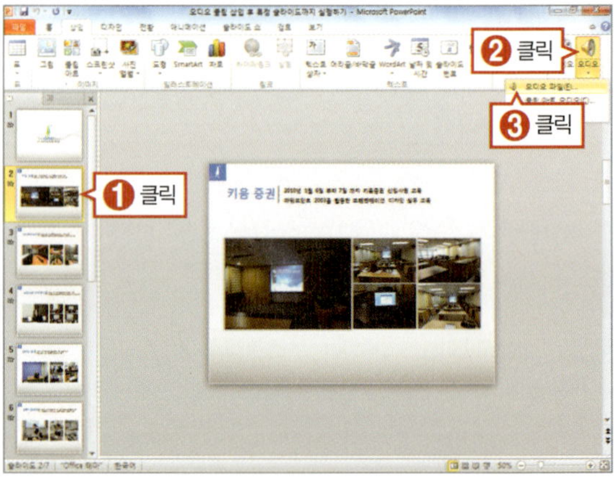

02

① [오디오 삽입] 대화 상자가 열리면 부록 CD\파워포인트\실습 폴더에서 **배경음악**.mp3를 선택한 후 ② **[삽입]**을 클릭합니다. ③ 삽입된 오디오 클립에서 **스피커 모양의 아이콘**을 선택하여 슬라이드 오른쪽 위에 위치시킵니다.

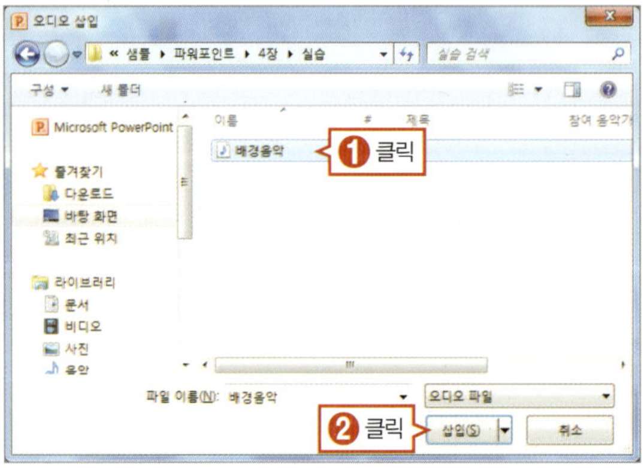

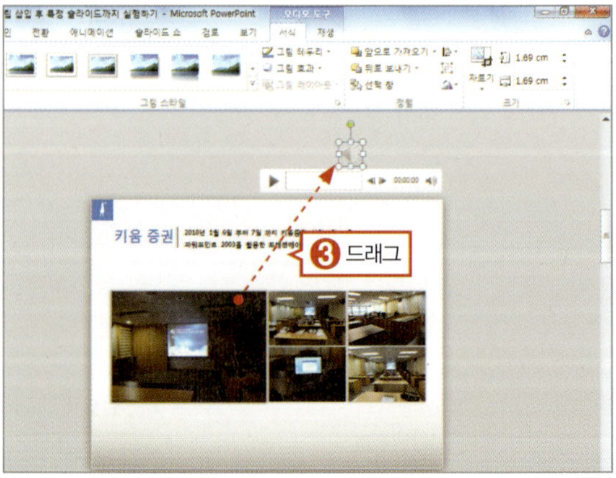

Tip 오디오 클립 삽입 시 [오디오 삽입] 대화 상자의 오른쪽 아래에 있는 [목록]을 클릭하면 삽입 여부에 대한 옵션을 지정할 수 있습니다.

03 슬라이드 쇼 실행 시 오디오 클립 자동 실행하기

① **오디오 클립**을 선택한 후 ② [오디오 도구]–[재생] 탭–[오디오 옵션] 그룹의 [시작 목록] 중에서 **[자동 실행]**을 선택합니다.

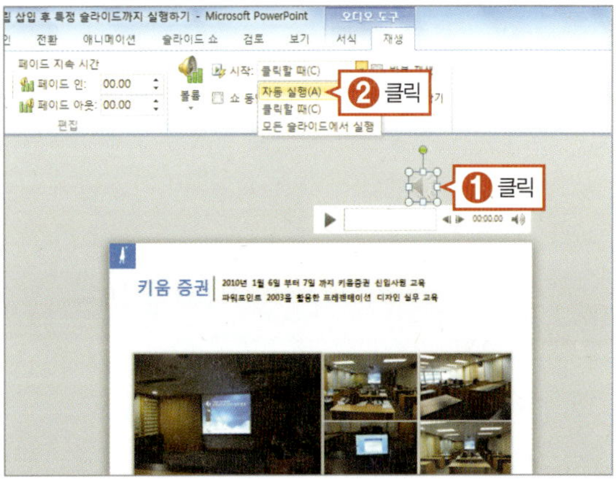

04 오디오 클립을 6번 슬라이드까지만 실행하기

[애니메이션] 탭–[고급 애니메이션] 그룹에서 **[애니메이션 창]**을 클릭합니다.

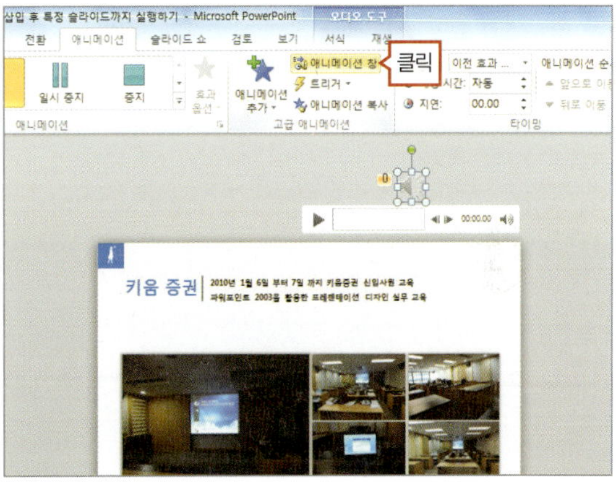

05 ① [애니메이션 창]에서 오디오 클립 목록 옆에 있는 **[목록]**을 클릭한 후 ② **[효과 옵션]**을 선택합니다. ③ [오디오 재생] 대화 상자 [효과] 탭에서 [재생 중지] 옵션 중 **[지금부터]**를 선택하고 ④ 5를 입력합니다. ⑤ **[확인]**을 클릭합니다.

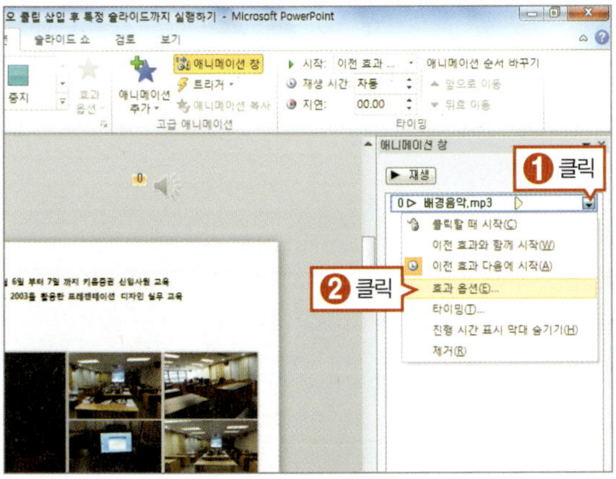

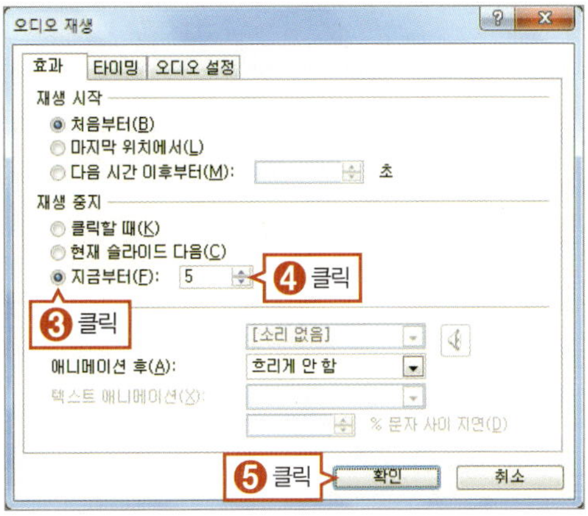

06 슬라이드 쇼 실행하기

[슬라이드 쇼] 탭 – [슬라이드 쇼 시작] 그룹에서 **[현재 슬라이드부터]**를 클릭합니다.
슬라이드 쇼가 실행되면 오디오 클립도 실행됩니다. 실행되는 슬라이드부터 5번째 있는 슬라이드까지 오디오 클립이 계속 실행되다가 6번째 슬라이드에서 재생이 중지되는 것을 확인할 수 있습니다.

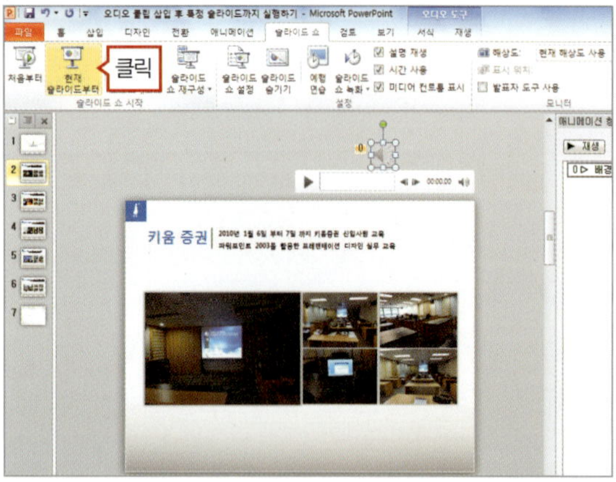

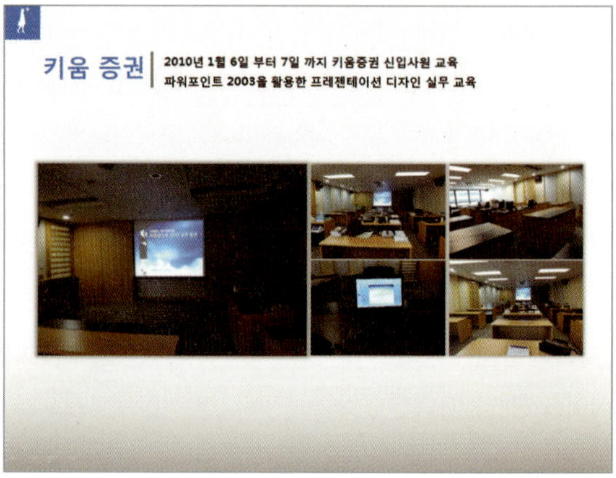

Tip 화면의 오른쪽 아래에 있는 [슬라이드 쇼]를 클릭하거나 Shift+F5를 눌러도 현재 슬라이드부터 슬라이드 쇼를 실행할 수 있습니다.

핵심기능 47

전체 오디오 클립 중 원하는 부분만 남기기

- **실습 파일** ◎ : 파워포인트\실습\전체 오디오 클립 중 원하는 부분만 남기기.pptx
- **완성 파일** ◎ : 파워포인트\완성\전체 오디오 클립 중 원하는 부분만 남기기_완성.pptx

오디오 클립을 삽입한 후 슬라이드 내용과 관계없는 설명이 있거나 슬라이드 시간에 맞게 오디오 길이를 줄여야 하는 경우에는 오디오 클립을 트리밍합니다. 트리밍 기능을 이용하면 오디오의 시작과 종료 시간을 사용자가 지정할 수 있습니다.

01 오디오 클립 트리밍하기

① 슬라이드에 있는 **오디오 클립**을 선택한 후 ② [오디오 도구]-[재생] 탭-[편집] 그룹에서 **[오디오 트리밍]**을 클릭합니다.

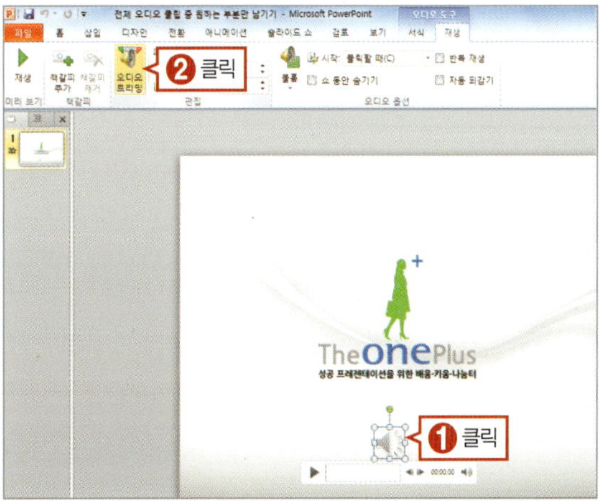

02 [오디오 맞추기] 대화 상자에서 클립의 처음을 트리밍하려면 ① **[시작 지점]**을 드래그하여 원하는 지점으로 이동시킵니다. 클립의 끝을 트리밍하려면 ② **[종료 지점]**을 드래그하여 원하는 지점으로 이동시킵니다. ③ **[확인]**을 클릭한 후 오디오를 실행하여 확인합니다.

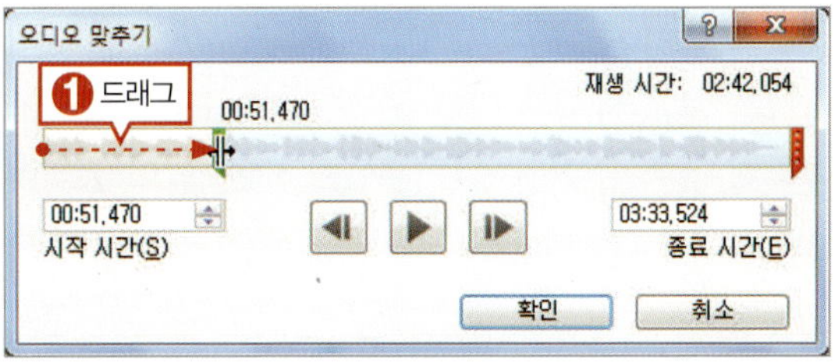

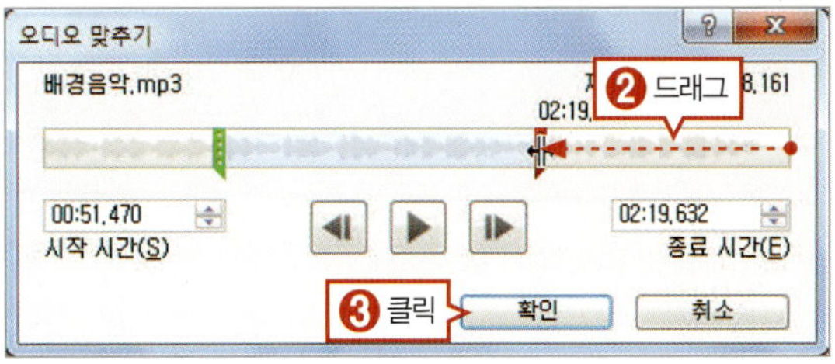

Tip 트리밍을 위해 직접 시작 시간과 종료 시간을 설정할 수도 있습니다. 이때 오디오 클립을 미리 재생하여 시간을 확인한 후에 트리밍 작업을 하면 효과적입니다.

핵심기능 48

부드럽게 시작하고 부드럽게 끝나는 오디오 클립 만들기

• **실습 파일** ◎ : 파워포인트\실습\부드럽게 시작하고 부드럽게 끝나는 오디오 클립 만들기.pptx

• **완성 파일** ◎ : 파워포인트\완성\부드럽게 시작하고 부드럽게 끝나는 오디오 클립 만들기_완성.pptx

오디오 편집 시 가장 많이 사용하는 기능은 소리가 점점 커지면서 오디오 클립이 부드럽게 시작되도록 하고, 끝은 점점 작아지면서 부드럽게 종료되도록 하는 것입니다. 이 효과는 오디오 페이드 인/아웃 기능을 사용하여 쉽게 만들 수 있습니다.

01 페이드 인 설정

① **오디오 클립**을 선택한 후 ② [오디오 도구]-[재생] 탭-[편집] 그룹에서 **[페이드 인]** 입력 상자에 01.00을 입력합니다. 오디오 클립의 시작 부분이 서서히 커지는 것을 확인할 수 있습니다.

Tip 오디오 클립 재생은 오디오 컨트롤에서 [재생]을 누릅니다.

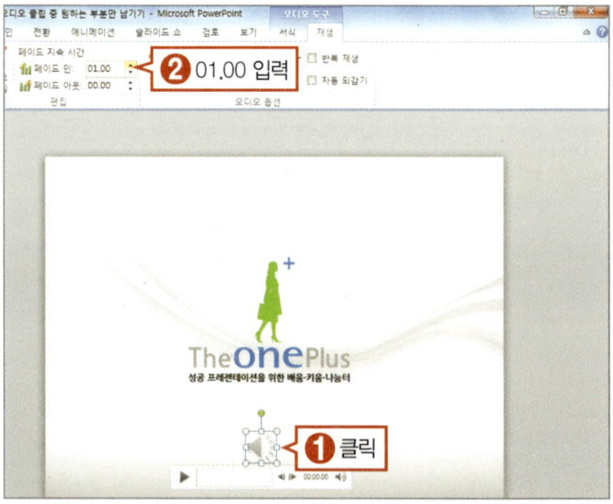

02 페이드 아웃 설정

① **오디오 클립**을 선택한 후 ② [오디오 도구]-[재생] 탭-[편집] 그룹에서 **[페이드 아웃]** 입력 상자에 01.00을 입력합니다.

Tip 페이드 상자 옆에 있는 위쪽/아래쪽 화살표를 클릭하여 페이드 인/아웃 시간을 늘리거나 줄일 수 있습니다.

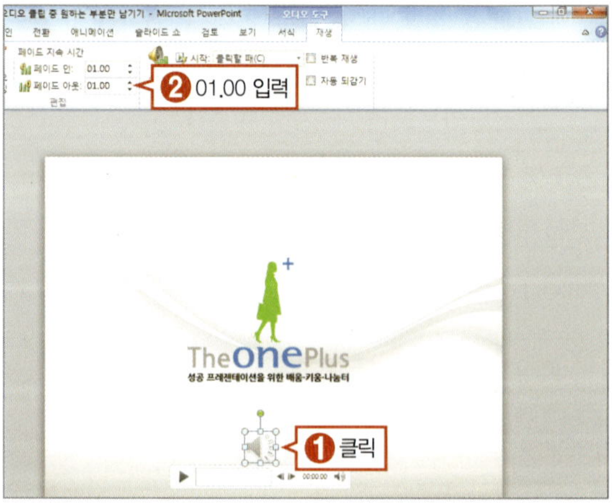

핵심기능 49

비디오 클립 삽입하기

- **실습 파일** ⓒ : 파워포인트\실습\비디오 클립 삽입하기.pptx
- **완성 파일** ⓒ : 파워포인트\완성\비디오 클립 삽입하기_완성.pptx

청중의 시선을 사로잡는 방법 중 하나는 슬라이드에 비디오 클립을 삽입하여 프레젠테이션 내용을 역동적으로 표현하는 것입니다. 파워포인트 2010에서는 비디오 클립을 문서에 포함시킬 수 있어 따로 비디오 클립을 챙기지 않아도 됩니다.

01 비디오 클립 삽입하기

① [삽입] 탭－[미디어] 그룹에서 [**비디오**]를 클릭한 후 ② **[비디오 파일]**을 선택합니다.

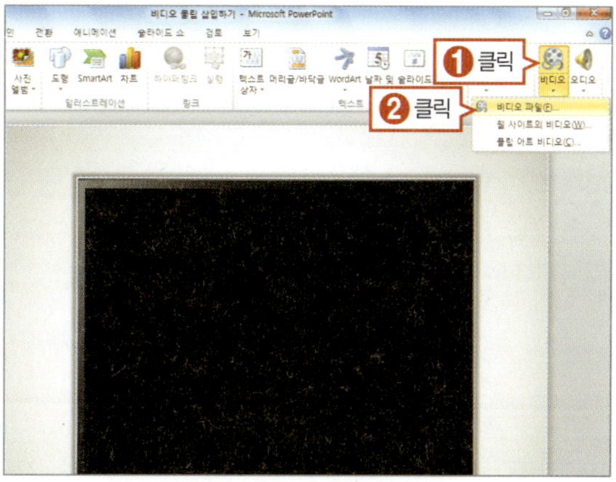

02 [비디오 삽입] 대화 상자가 열리면 ① 부록 CD\파워포인트\실습 폴더에서 **파워포인트 2010 강의 소개**.wmv를 선택한 후 ② **[삽입]**을 클릭합니다. ③ 삽입된 비디오 클립을 슬라이드에 있는 모니터에 위치시키고, 크기 조정 핸들로 크기를 조정합니다.

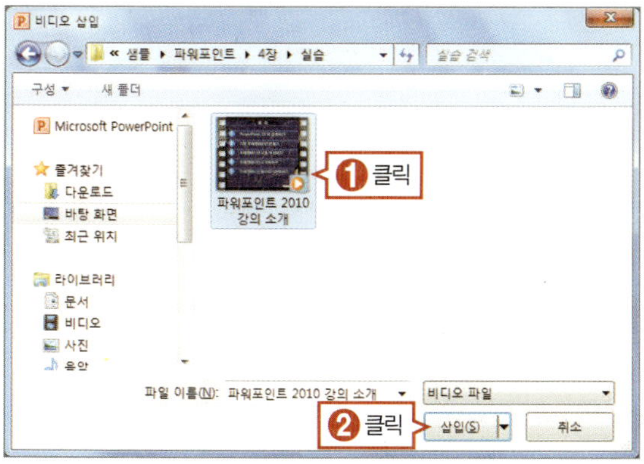

03 슬라이드 쇼 실행 시 자동으로 비디오 실행하기

① 슬라이드에 삽입된 비디오 클립을 선택한 후 ② [비디오 도구]-[재생] 탭-[비디오 옵션] 그룹에서 시작을 **[자동 실행]**으로 합니다.

Tip 파워포인트 2010에서는 비디오 클립을 삽입하면 기본적으로 시작이 [클릭할 때]로 되어 있습니다.

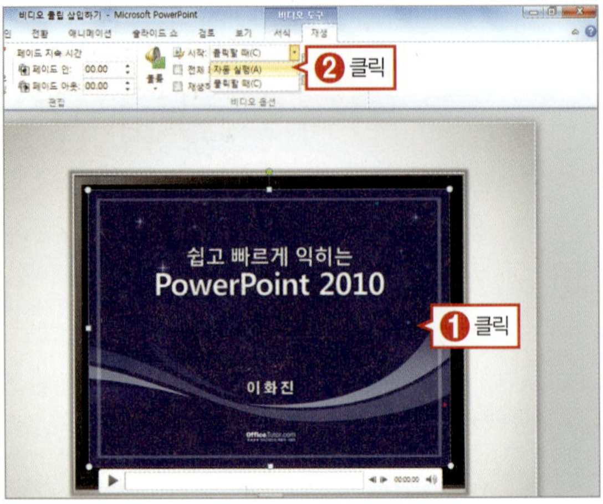

04 슬라이드 쇼 실행하기

[슬라이드 쇼] 탭-[슬라이드 쇼 시작] 그룹에서 **[처음부터]**를 클릭합니다. 슬라이드 쇼가 실행되며 비디오 클립도 실행되는 것을 확인할 수 있습니다.

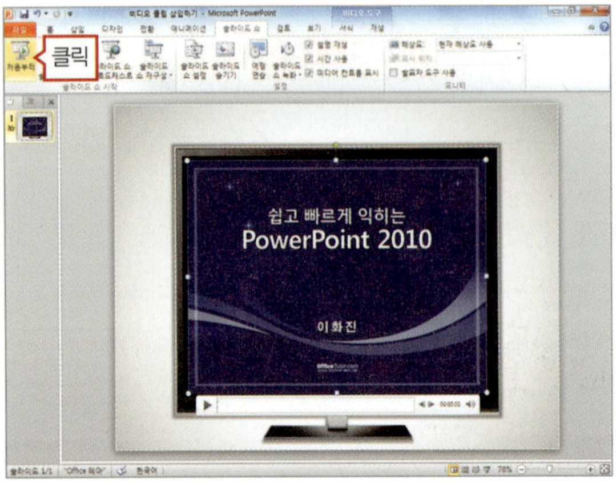

Tip 첫 번째 슬라이드를 선택한 후 화면의 오른쪽 아래에 있는 [슬라이드 쇼] 버튼을 클릭하거나 F5를 눌러도 첫째 슬라이드부터 슬라이드 쇼를 실행할 수 있습니다.

비디오 서식 변경하기

- **실습 파일** ⓒ : 파워포인트\실습\비디오 서식 변경하기.pptx
- **완성 파일** ⓒ : 파워포인트\완성\비디오 서식 변경하기_완성.pptx

파워포인트 2010에서는 비디오 클립의 서식을 마치 그림처럼 다양하게 변경할 수 있습니다. 비디오의 밝기 및 대비, 색, 모양 등을 변경할 수 있고, 그림자, 네온, 반사, 3차원 회전 같은 시각 효과도 적용할 수 있습니다. 이때 비디오에 너무 많은 변화를 주어 내용 전달에 방해가 되지 않도록 주의합니다.

01 비디오의 밝기 및 대비 조정하기

① 슬라이드에 삽입된 비디오 클립을 선택합니다. ② [비디오 도구]–[서식] 탭–[조정] 그룹에서 **[수정]**을 클릭한 후 ③ **[밝기 : 0% (표준) 대비 : +20%]**를 선택합니다.

02 비디오의 모서리 둥글게 만들기

① 비디오 클립을 선택합니다. ② [비디오 도구]–[서식] 탭–[비디오 스타일] 그룹에서 **[비디오 셰이프]**를 클릭한 후 ③ **[모서리가 둥근 직사각형]**을 선택합니다. ④ 왼쪽 위에 나타나는 노란색 마름모 모양의 **모양 조절 핸들**을 왼쪽으로 드래그하여 모서리를 약간만 둥글게 만듭니다.

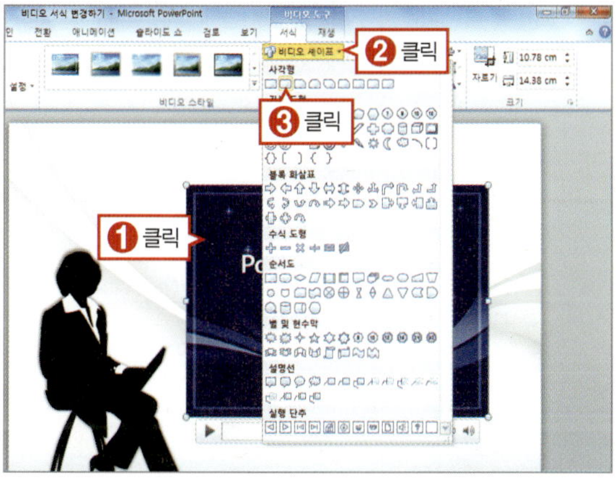

03 입체 및 3차원 회전, 그림자와 같은 비디오 효과를 적용하기

① [비디오 도구]-[서식] 탭-[비디오 스타일] 그룹에서 **[비디오 효과]**를 클릭한 후 ② [기본 설정]-**[기본 설정 색 12]**를 선택합니다. 손쉽게 비디오에 효과가 적용된 것을 확인할 수 있습니다.

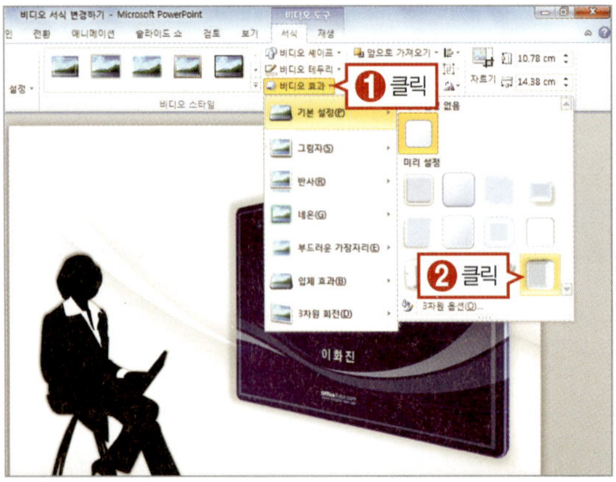

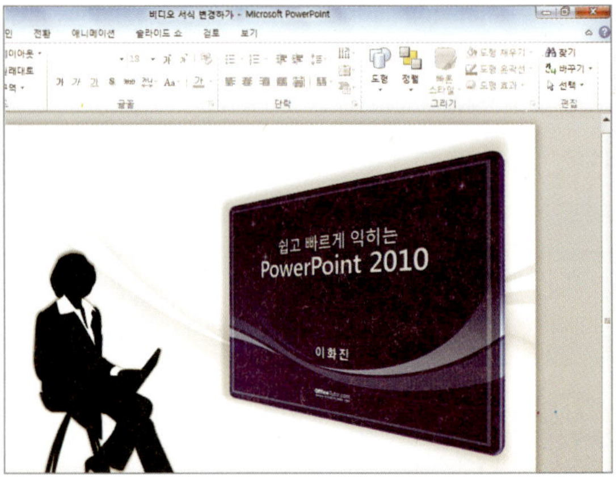

04 비디오 서식에 테두리 적용하기

① [비디오 도구]-[서식] 탭-[비디오 스타일] 그룹에서 **[비디오 테두리]**를 클릭한 후 ② 테마 색 중 **[검정, 텍스트 1]**을 선택합니다. ③ 테두리 두께를 변경하기 위해 [비디오 스타일] 그룹에서 **[비디오 테두리]**를 클릭한 후 ④ [두께] 중 **[6pt]**를 선택합니다.

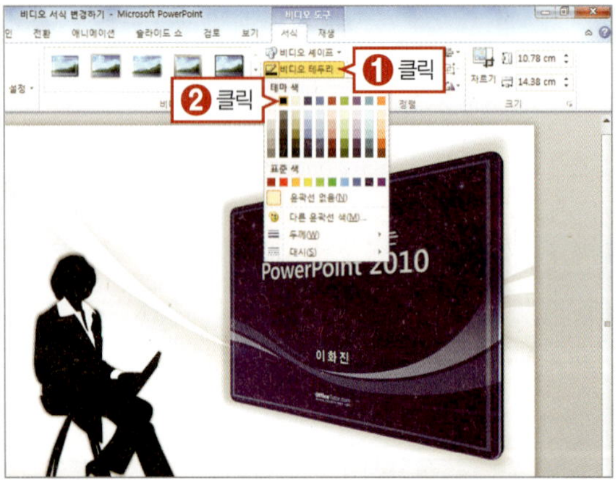

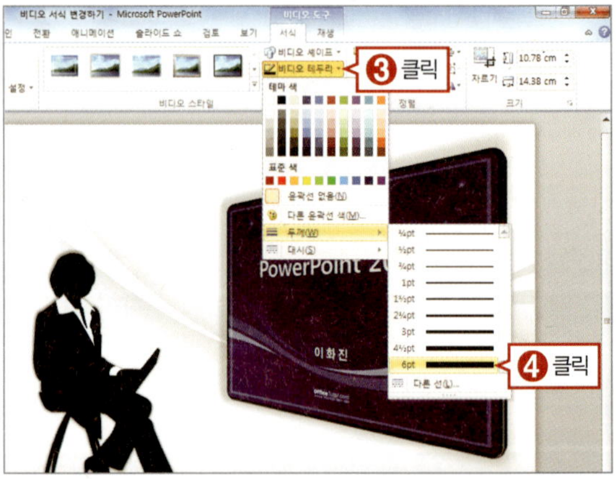

05 비디오에 적용된 그림자 변경하기

① 비디오 클립을 선택합니다. ② [비디오 도구]–[서식] 탭–[비디오 스타일] 그룹에서 **[비디오 효과]**를 클릭한 후 ③ [그림자]–[바깥쪽]–**[오프셋 가운데]**를 선택합니다. 비디오의 그림자 효과가 변경된 것을 확인할 수 있습니다.

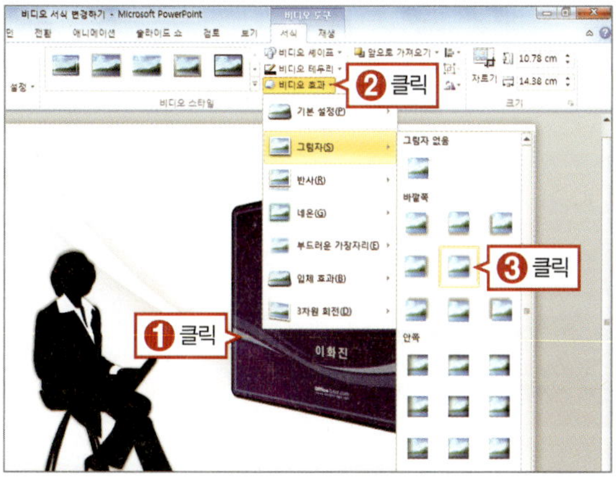

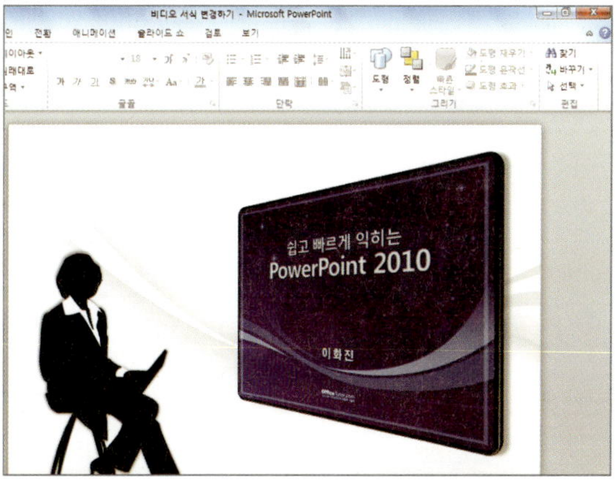

핵심기능 51

전체 비디오 클립 중 원하는 부분만 남기기

- **실습 파일** : 파워포인트\실습\전체 비디오 클립 중 원하는 부분만 남기기.pptx
- **완성 파일** : 파워포인트\완성\전체 비디오 클립 중 원하는 부분만 남기기_완성.pptx

비디오 클립을 삽입한 후 슬라이드 내용과 관계없는 설명이 있거나 슬라이드 시간에 맞게 비디오 길이를 줄여야 하는 경우에는 비디오 클립을 트리밍합니다. 트리밍 기능을 이용하면 비디오의 시작과 종료 시간을 사용자가 지정할 수 있습니다.

01 ① 슬라이드에 있는 비디오 클립을 선택한 후 ② [비디오 도구]–[재생] 탭–[편집] 그룹에서 **[비디오 트리밍]**을 클릭합니다.

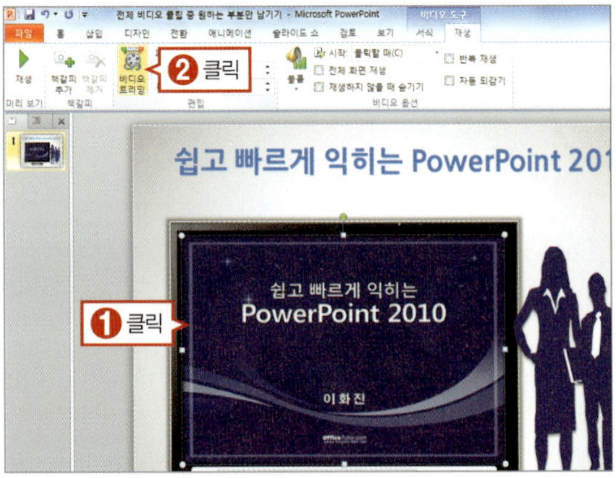

02 [비디오 맞추기] 대화 상자에서 클립의 처음을 트리밍하려면 ① **[시작 지점]**을 드래그하여 원하는 지점으로 이동시킵니다. 클립의 끝을 트리밍하려면 ② **[종료 지점]**을 드래그하여 원하는 지점으로 이동시킵니다. ③ **[확인]**을 클릭한 후 비디오를 실행하여 확인합니다.

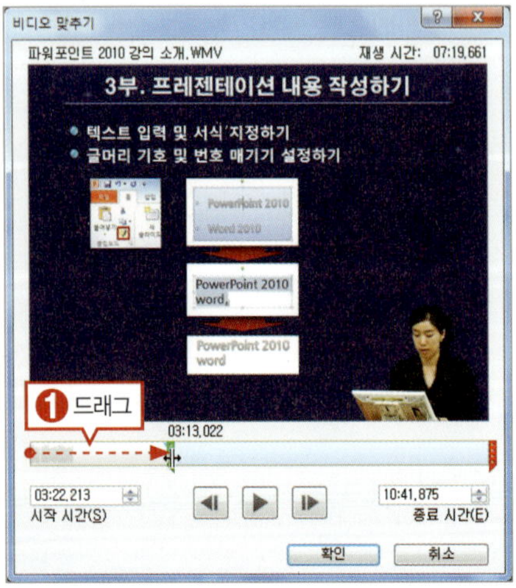

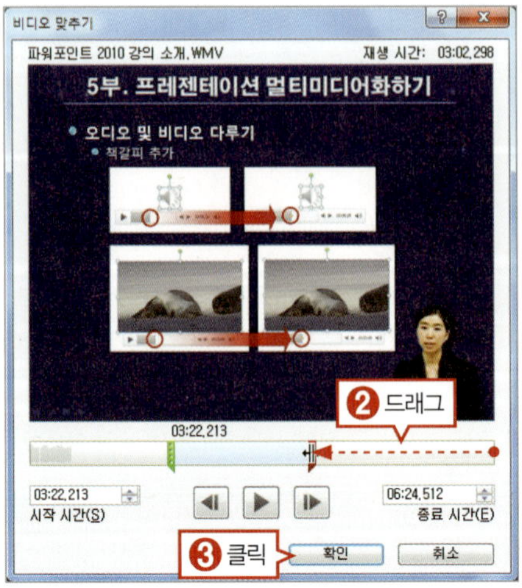

Tip 트리밍을 위해 직접 시작 시간과 종료 시간을 설정할 수도 있습니다. 이때 비디오 클립을 미리 재생하여 시간을 확인한 후 트리밍 작업을 하면 효과적입니다.

핵심기능 52

비디오 클립에 특정 지점 지정하기

- **실습 파일** ⓒ : 파워포인트\실습\비디오 클립에 특정 지점 지정하기.pptx
- **완성 파일** ⓒ : 파워포인트\완성\비디오 클립에 특정 지점 지정하기_완성.pptx

비디오의 내용 중 특정 지점에 표시를 해놓으면 애니메이션을 시작하거나 비디오 클립의 특정 지점을 빠르게 찾아낼 수 있습니다. 이를 위해 책갈피 추가 기능을 사용합니다.

01 비디오 클립에 책갈피 추가하기

① 슬라이드에 있는 비디오 클립을 선택한 후 ② 비디오 클립 아래의 비디오 컨트롤에서 **[재생]**을 눌러 비디오를 실행합니다. 표시하고 싶은 특정 지점을 찾습니다. ③ 원하는 지점에 책갈피를 표시하기 위해 [비디오 도구]-[재생] 탭-[책갈피] 그룹에서 **[책갈피 추가]**를 클릭합니다. 책갈피를 추가한 지점에 노란색 원이 표시되는 것을 확인할 수 있습니다.

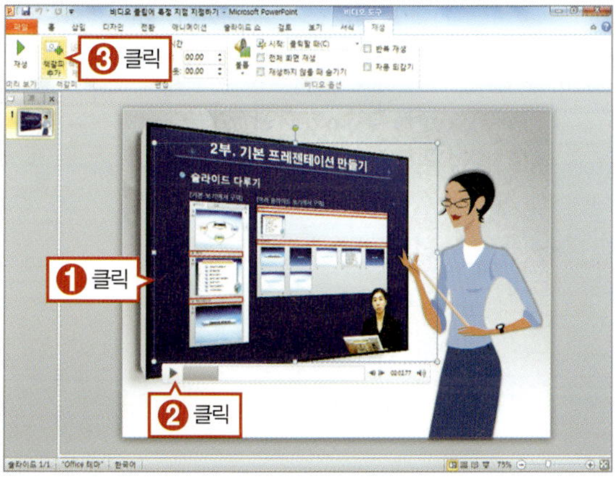

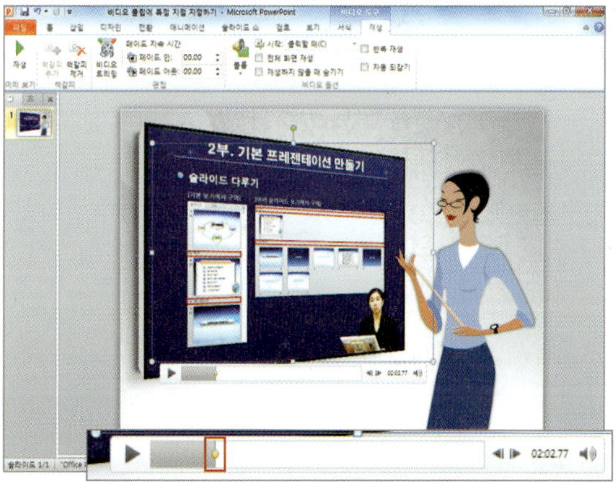

Tip 추가된 책갈피를 삭제하기 위해서는 시간 표시 막대에서 제거할 책갈피를 찾아 선택한 후 [비디오 도구]-[재생] 탭-[책갈피] 그룹에서 [책갈피 제거]를 클릭합니다.

핵심기능 53

비디오 클립의 미리 보기 이미지 설정하기

- **실습 파일** ⓞ : 파워포인트\실습\비디오 클립의 미리 보기 이미지 설정하기.pptx, 미리 보기 화면.jpg
- **완성 파일** ⓞ : 파워포인트\완성\비디오 클립의 미리 보기 이미지 설정하기_완성.pptx

비디오 클립을 시작하기 전 비디오와 관련된 미리 보기 화면을 설정하면 청중은 보다 쉽게 비디오의 내용을 파악할 수 있습니다. 미리 보기 화면은 재생되는 비디오 클립의 특정 화면을 사용하거나 저장된 이미지 파일을 사용합니다.

01 미리보기 이미지 설정하기

① 비디오 클립을 선택합니다. ② [비디오 도구]-[서식] 탭-[조정] 그룹에서 **[포스터 틀]**을 클릭합니다. ③ 나타나는 메뉴 중에서 **[파일의 이미지]**를 선택합니다.

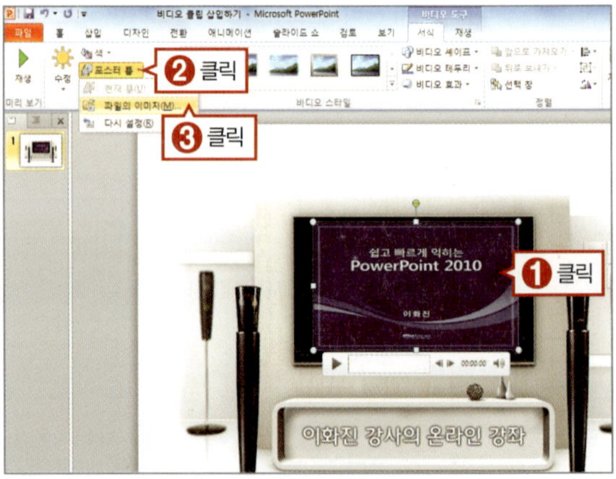

02 ① [그림 삽입] 대화 상자가 열리면 부록 CD\파워포인트\실습 폴더에서 **미리 보기 화면.jpg**를 선택한 후 ② **[삽입]**을 클릭합니다. 삽입한 그림이 포스터 틀로 적용된 것을 확인할 수 있습니다.

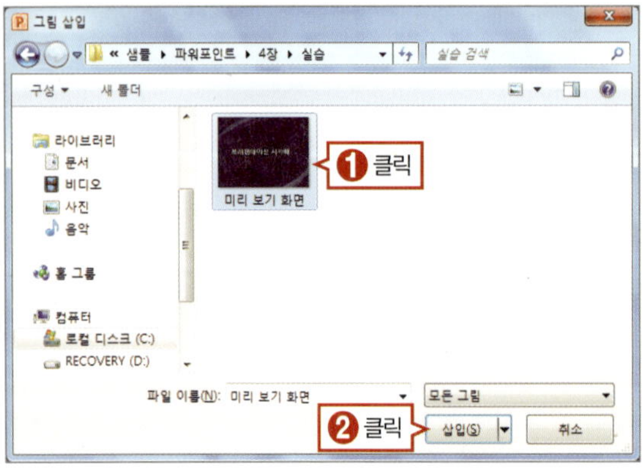

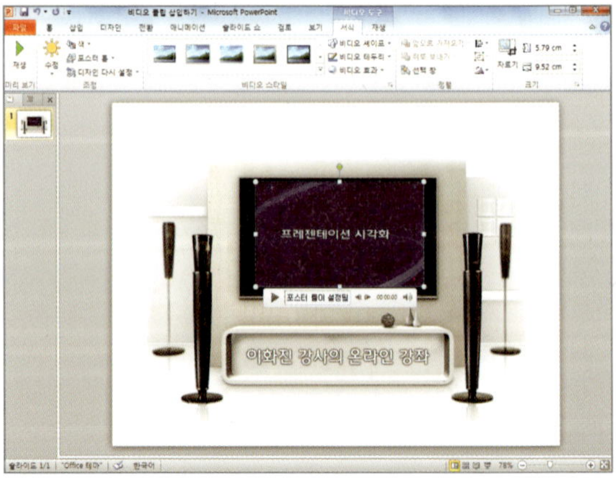

03 페이드 인 기능으로 비디오 클립 부드럽게 시작하기

① 비디오 클립을 선택한 후 ② [비디오 도구]-[재생] 탭-[편집] 그룹에서 **[페이드 인]** 입력 상자에 01.00을 입력합니다. 비디오 클립이 서서히 시작되는 것을 확인할 수 있습니다.

Tip 비디오 클립 재생은 비디오 클립 아래의 비디오 컨트롤에서 [재생]을 누르면 됩니다.

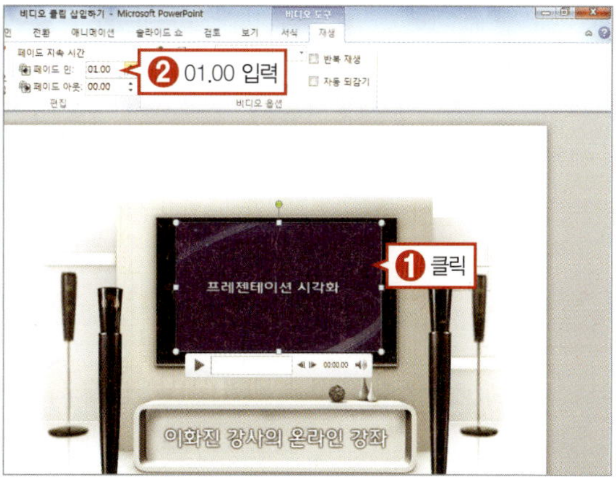

핵심기능 54

미디어 파일 압축하기

- **실습 파일** ⓒ : 파워포인트\실습\미디어 파일 압축하기.pptx
- **완성 파일** ⓒ : 파워포인트\완성\미디어 파일 압축하기_완성.pptx

슬라이드에 비디오나 오디오 파일을 삽입한 경우 파워포인트 문서에 저장됩니다. 그러나 미디어 파일의 용량이 큰 경우 파워포인트 문서의 크기도 커지게 됩니다. 따라서 미디어 파일을 압축하여 저장하는 것이 좋습니다. 단, 압축으로 인해 미디어 품질이 영향을 받을 수 있으므로 저장하기 전에 압축된 품질을 확인하기 바랍니다.

01 미디어 파일 압축하기

① [파일] 탭-[정보]-**[미디어 압축]**을 클릭한 후 ② **[프레젠테이션 품질]**을 선택합니다. [미디어 압축] 대화 상자가 열리고 압축 진행률이 보입니다. ③ 압축이 끝나면 **[닫기]**를 클릭하여 대화 상자를 닫아줍니다.

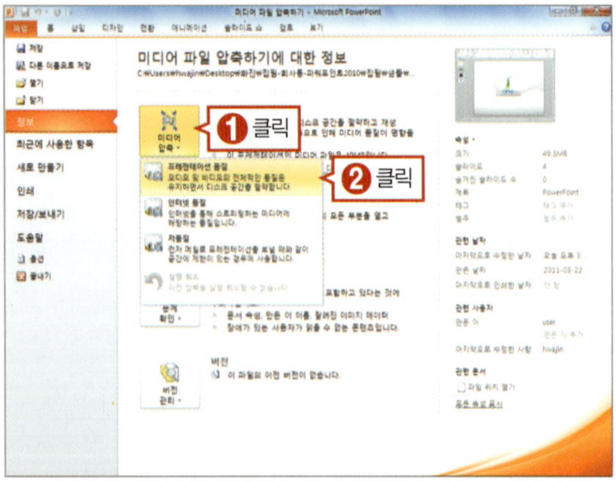

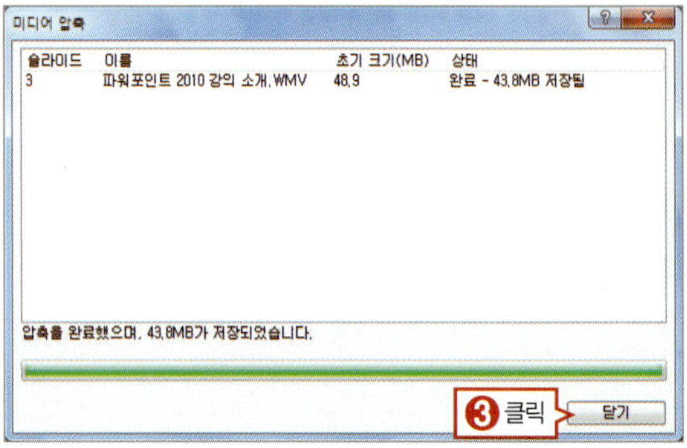

02 슬라이드에 있는 미디어 파일이 압축되어 용량이 줄어든 것을 확인할 수 있습니다.

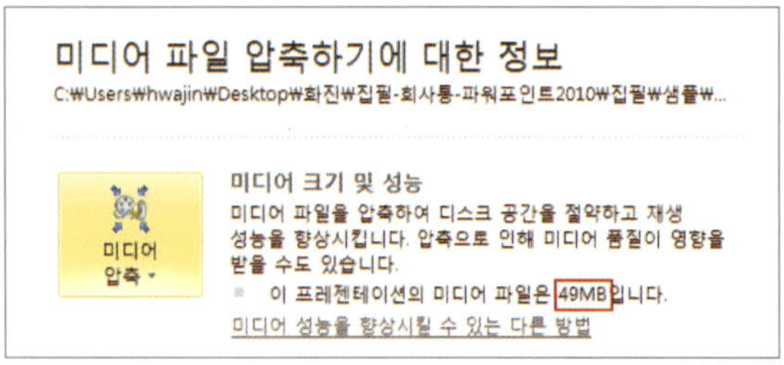

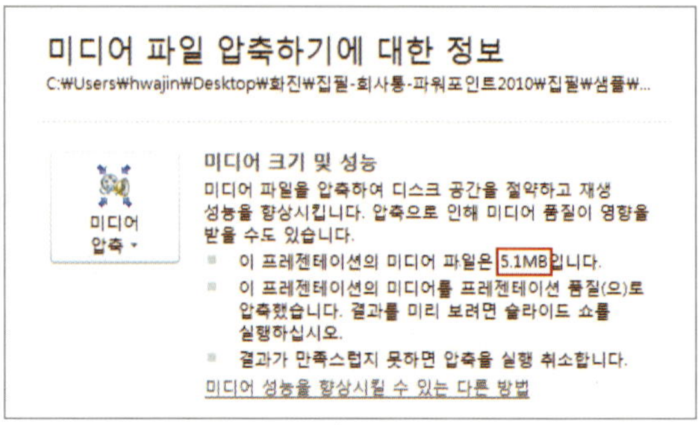

Tip 압축된 미디어 파일을 원래대로 복구하려면 [파일] 탭-[정보]-[미디어 압축]-[실행 취소]를 선택합니다.

핵심기능 55

개체에 애니메이션 적용하기

- **실습 파일** ⓒ : 파워포인트\실습\개체에 애니메이션 적용하기.pptx
- **완성 파일** ⓒ : 파워포인트\완성\개체에 애니메이션 적용하기_완성.pptx

발표자의 말과 청중의 시선을 동기화할 수 있는 가장 좋은 방법은 개체에 애니메이션을 적용하는 것입니다. 목적에 맞게 애니메이션을 적용하여 청중의 시선을 끌어보길 바랍니다.

01 텍스트에 애니메이션 적용하기

① **슬라이드 제목**을 선택합니다. ② [애니메이션] 탭–[애니메이션] 그룹에서 [**자세히**]를 클릭한 후 ③ 나타나는 애니메이션 목록 중 [나타내기]–[**닦아내기**]를 선택합니다.

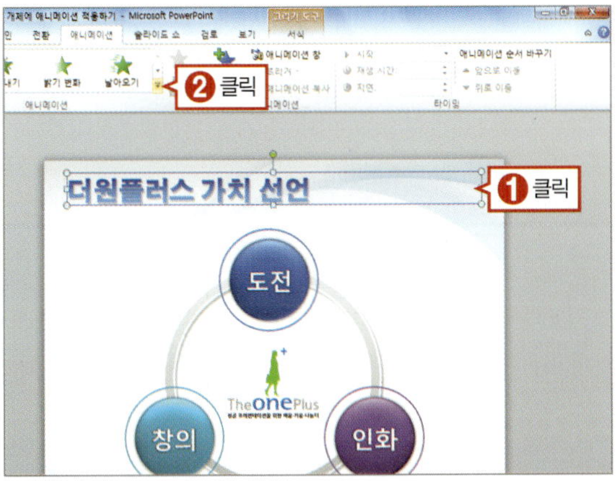

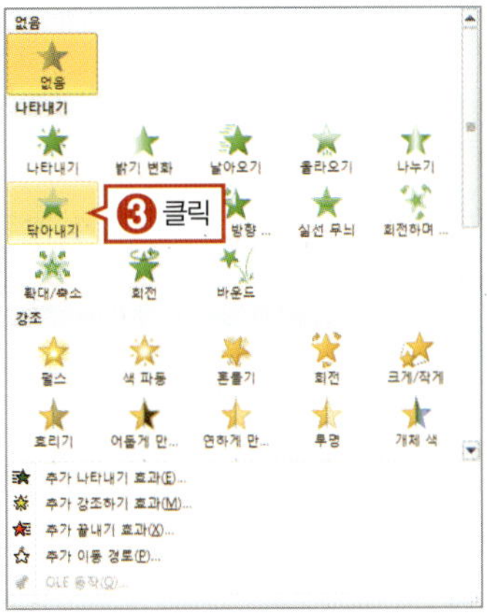

02 애니메이션 효과 옵션 변경하기

텍스트에 적용된 닦아내기 애니메이션의 방향을 변경하려면 ① 텍스트를 선택한 후 ② [애니메이션] 탭–[애니메이션] 그룹에서 [**효과 옵션**]을 클릭합니다. ③ [**왼쪽에서**]를 선택합니다.

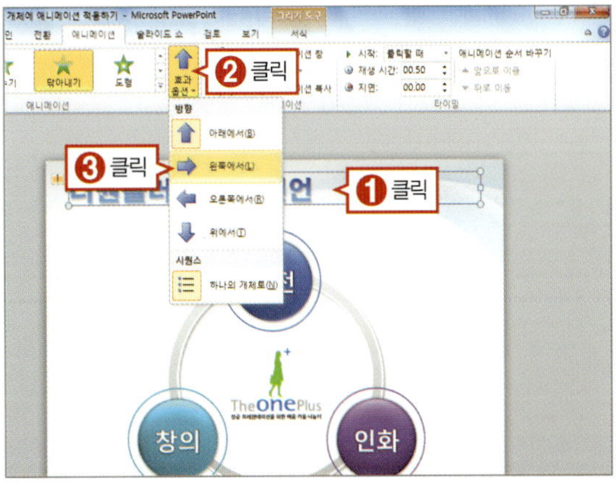

03 두 개의 개체에 같은 애니메이션 적용하기

① 슬라이드 가운데 있는 **더원플러스 로고**와 맨 뒤에 있는 **테두리 원**을 Ctrl을 누르고 선택합니다. ② [애니메이션] 탭–[애니메이션] 그룹에서 [**자세히**]를 클릭한 후 ③ [나타내기]–[**확대/축소**]를 선택합니다.

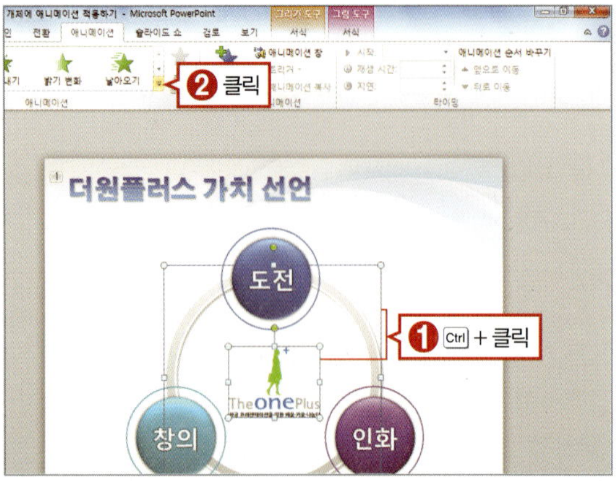

Tip 여러 개의 개체를 선택할 때는 Ctrl이나 Shift를 누른 상태에서 개체를 선택합니다.

04 애니메이션 창 열기

[애니메이션] 탭–[고급 애니메이션] 그룹에서 [**애니메이션 창**]을 클릭합니다. 화면의 오른쪽에 [애니메이션 창] 작업 창이 열리는 것을 확인할 수 있습니다. 지금까지 개체에 적용한 애니메이션이 목록으로 보입니다.

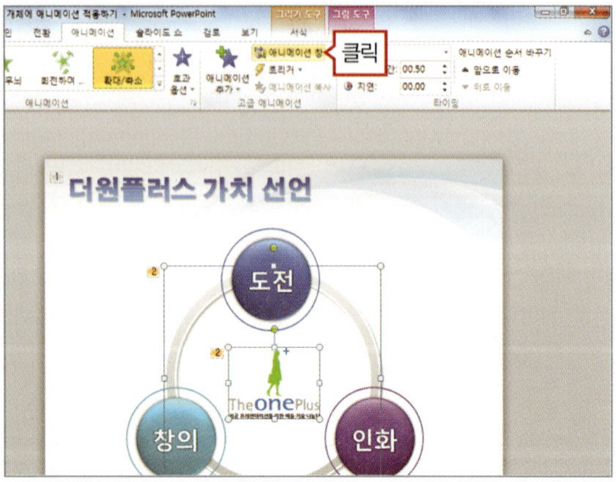

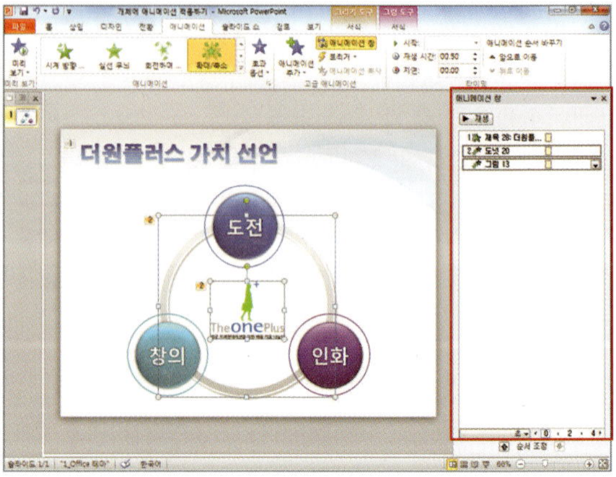

05 ① **도전**, **창의**, **인화**라는 텍스트가 써 있는 원을 모두 선택합니다. ② [애니메이션] 탭–[애니메이션] 그룹에서 [자세히]를 클릭한 후 ③ 나타나는 애니메이션 목록 중 [나타내기]–**[밝기 변화]**를 선택합니다.

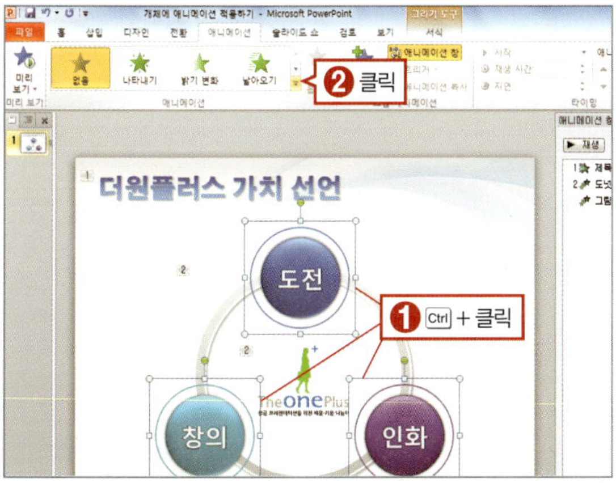

06 애니메이션 시작 방법 변경하기

3개의 원이 선택되어 있는 상태에서 [애니메이션] 탭–[타이밍] 그룹에서 [시작]을 **[클릭할 때]**로 선택합니다.

Tip 애니메이션 재생 시간을 지정하기 위해서는 [애니메이션] 탭–[타이밍] 그룹에서 재생 시간을 지정합니다.

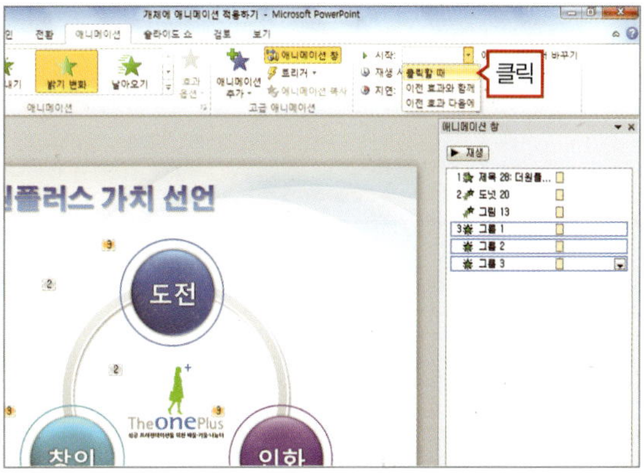

07 애니메이션 실행하기

[슬라이드 쇼] 탭–[슬라이드 쇼 시작] 그룹에서 **[처음부터]**, 또는 **[현재 슬라이드부터]**를 클릭합니다. 슬라이드 쇼가 실행되면 개체에 적용된 애니메이션 효과를 확인할 수 있습니다.

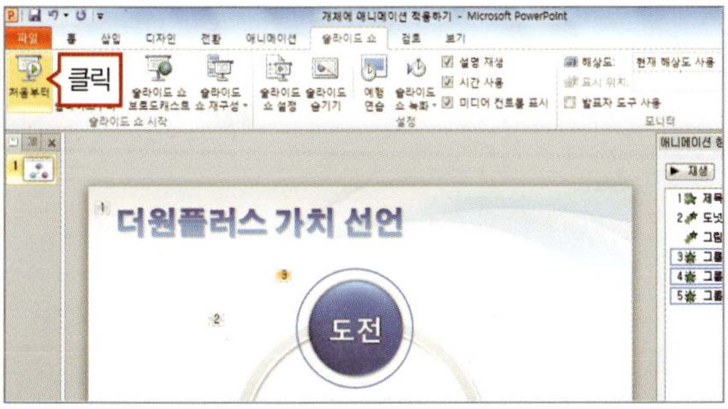

Tip 화면의 오른쪽 아래에 있는 [슬라이드 쇼]를 클릭하거나 F5를 눌러도 슬라이드 쇼를 실행할 수 있습니다.

Tip 슬라이드 쇼를 끝내려면 Esc를 누릅니다.

핵심기능 56 애니메이션을 추가하고 다른 개체에 똑같이 적용하기

- **실습 파일** ⓒ : 파워포인트\실습\애니메이션을 추가하고 다른 개체에 똑같이 적용하기.pptx
- **완성 파일** ⓒ : 파워포인트\완성\애니메이션을 추가하고 다른 개체에 똑같이 적용하기_완성.pptx

하나의 개체에 두 개 이상의 애니메이션을 적용할 수 있습니다. 추가된 애니메이션은 기존 애니메이션의 뒤로 적용됩니다. 여러 개의 애니메이션을 적용한 후 다른 개체에 똑같이 애니메이션을 적용할 수도 있습니다.

01 애니메이션 창 열기

[애니메이션] 탭-[고급 애니메이션] 그룹에서 **[애니메이션 창]**을 클릭하여 화면 오른쪽에 애니메이션 창을 열어줍니다.

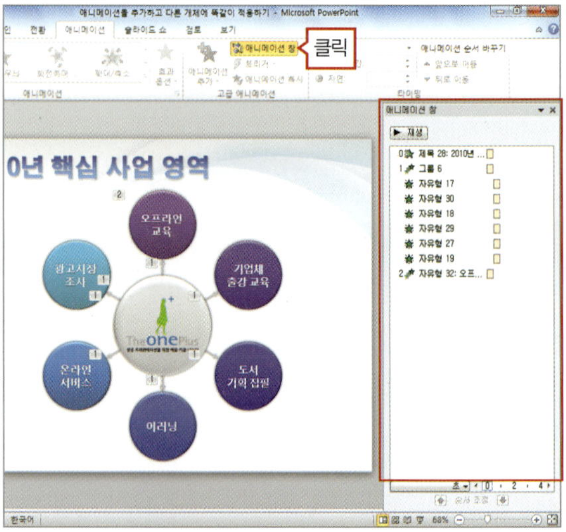

02 애니메이션 추가하기

① 오프라인 교육이라는 텍스트가 있는 원을 선택합니다. ② [애니메이션] 탭-[고급 애니메이션] 그룹에서 **[애니메이션 추가]**를 클릭한 후 ③ [강조]-**[크게/작게]**를 선택합니다.

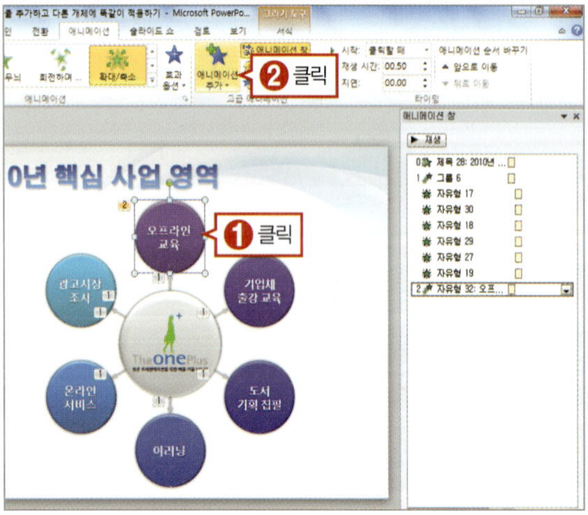

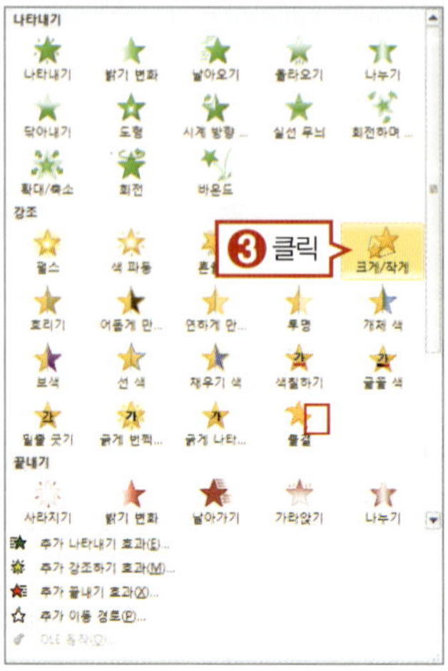

03 시작 방법, 재생 시간 변경하기

① [애니메이션] 탭–[타이밍] 그룹에서 시작을 **[이전 효과 다음에]**, ② [재생 시간]에 00.05를 입력합니다.

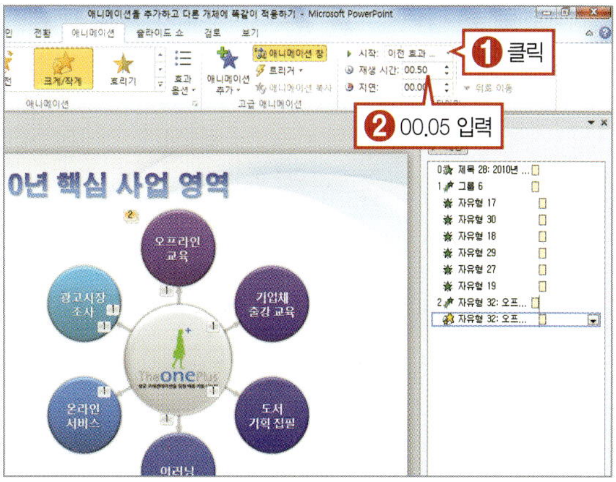

04 효과 옵션 지정하기

① 애니메이션 창에서 **[크게/작게]** 강조 효과가 적용된 항목을 선택한 후 ② 목록의 오른쪽에 있는 **[▼목록]**을 클릭하여 ③ **[효과 옵션]**을 선택합니다.

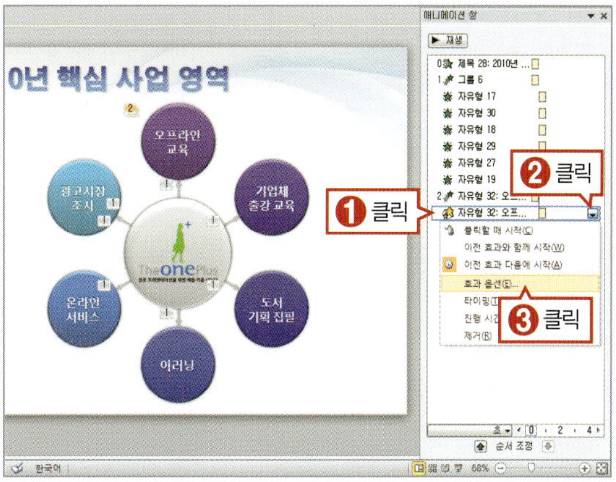

05 ① [크게/작게] 대화 상자에서 **[효과]** 탭을 열고 ② [크기]를 120%로 변경합니다. ③ **[자동 반복]**에 체크한 후 ④ **[확인]**을 클릭하여 대화 상자를 닫습니다.

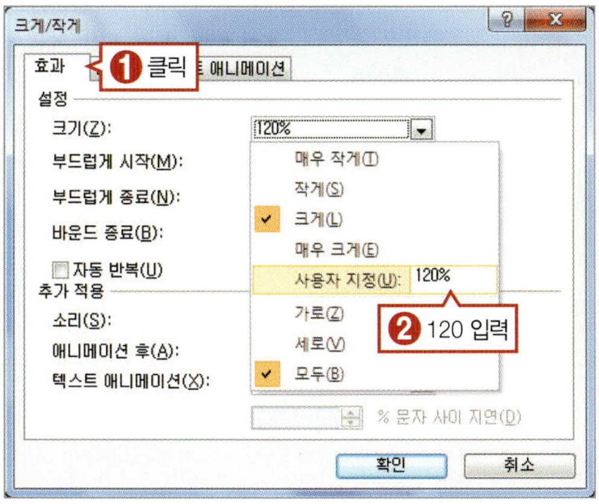

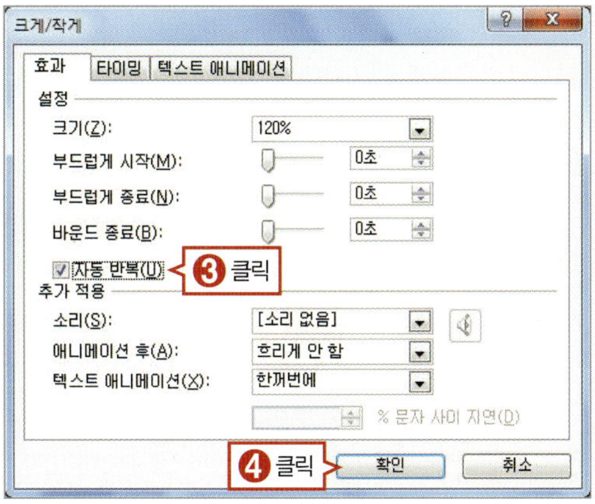

06 애니메이션 복사하기

① **오프라인 교육**이라는 텍스트가 있는 원을 선택한 후 ② [애니메이션] 탭-[고급 애니메이션] 그룹에서 **[애니메이션 복사]**를 클릭합니다.

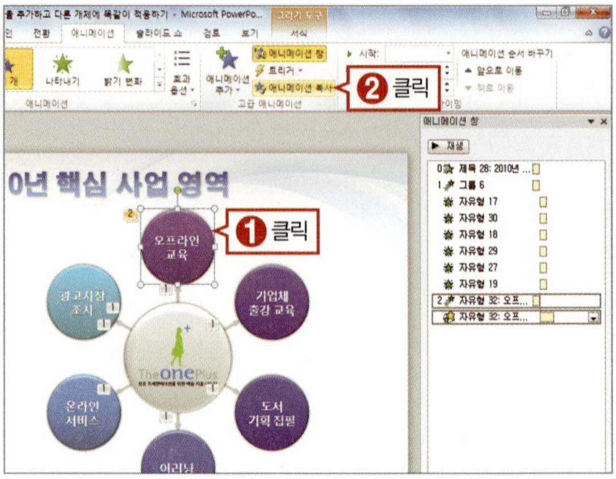

07 복사한 애니메이션 효과 다른 개체에 붙여넣기

마우스 포인터가 변경되면 복사한 애니메이션 효과를 붙여넣을 개체인 **기업체 출강 교육**이라는 텍스트가 있는 원을 선택합니다. 같은 애니메이션이 적용된 것을 확인할 수 있습니다.

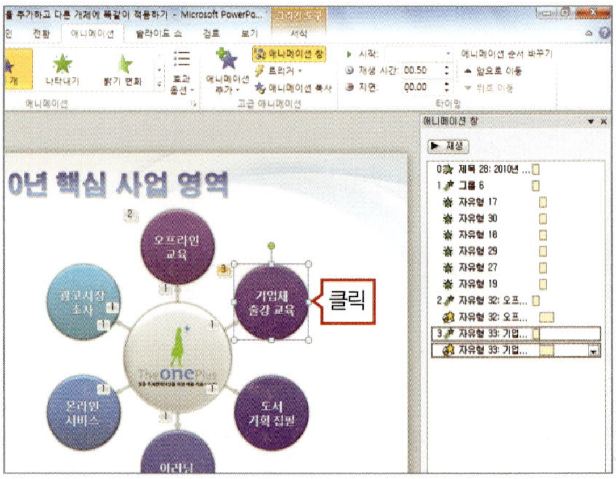

08 나머지 텍스트가 있는 원도 같은 방법으로 애니메이션을 복사하여 붙여넣습니다.

Tip 여러 개체에 같은 명령을 적용하려면 해당되는 명령 버튼을 더블클릭합니다.

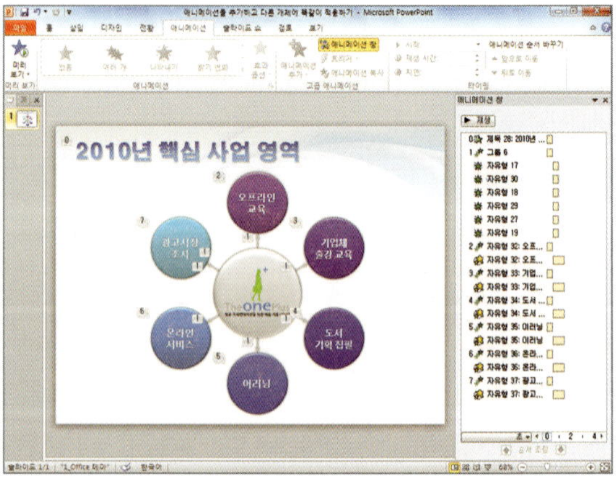

09 애니메이션 실행하기

[슬라이드 쇼] 탭-[슬라이드 쇼 시작] 그룹에서 **[처음부터]**, 또는 **[현재 슬라이드부터]**를 클릭합니다. 슬라이드 쇼가 실행되면 개체에 적용된 애니메이션 효과를 확인할 수 있습니다.

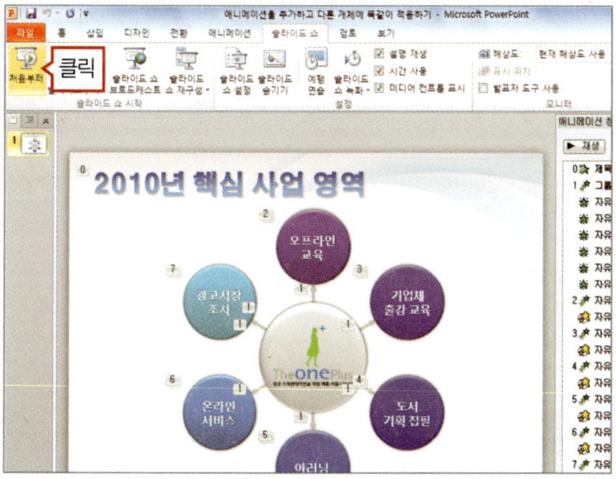

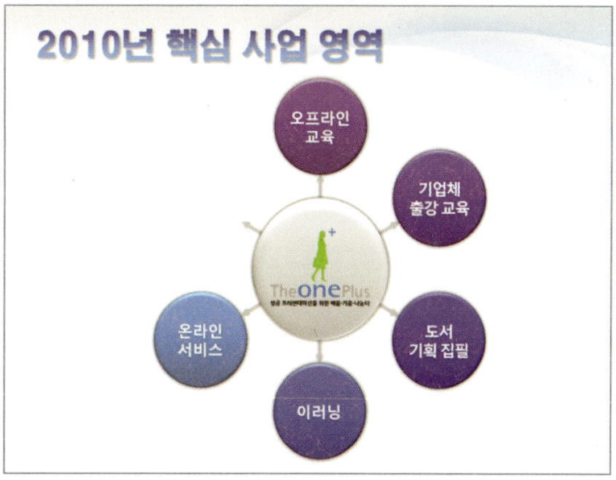

Tip 화면의 오른쪽 아래에 있는 [슬라이드 쇼]를 클릭하거나 F5를 눌러도 슬라이드 쇼를 실행할 수 있습니다.

Tip 슬라이드 쇼를 끝내려면 Esc를 누릅니다.

핵심기능 57 슬라이드에 화면 전환 효과 적용하기

• **실습 파일** ◎ : 파워포인트\실습\슬라이드에 화면 전환 효과 적용하기.pptx
• **완성 파일** ◎ : 파워포인트\완성\슬라이드에 화면 전환 효과 적용하기_완성.pptx

화면 전환 효과는 슬라이드 쇼 실행 시 현재 슬라이드에서 다음 슬라이드로 넘어갈 때의 동작을 말합니다. 파워포인트 2010에서는 화려하고 동적인 화면 전환 효과로 청중의 시선을 매료시킬 수 있습니다.

01 슬라이드에 화면 전환 효과 적용하기

① **1번 슬라이드**를 선택합니다. ② [전환] 탭–[슬라이드 화면 전환] 그룹에서 [**자세히**]를 클릭한 후 ③ [화려한 효과] 중 [**갤러리**]를 선택합니다.

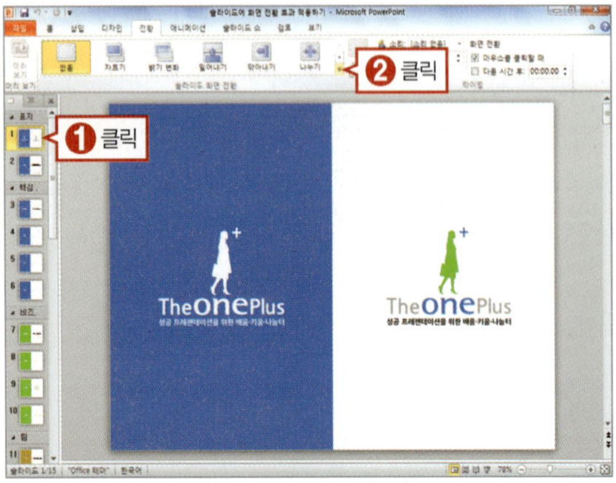

02 전환 길이 지정하기

[전환] 탭–[타이밍] 그룹에서 기간을 02.00으로 변경합니다.

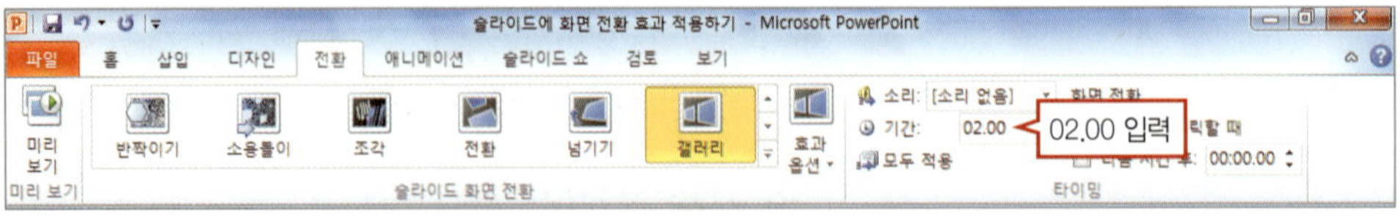

03 전체 슬라이드에 같은 화면 전환 효과 지정하기

[전환] 탭–[타이밍] 그룹에서 **[모두 적용]**을 클릭합니다. 전체 슬라이드에 [갤러리] 화면 전환 효과가 적용된 것을 확인할 수 있습니다.

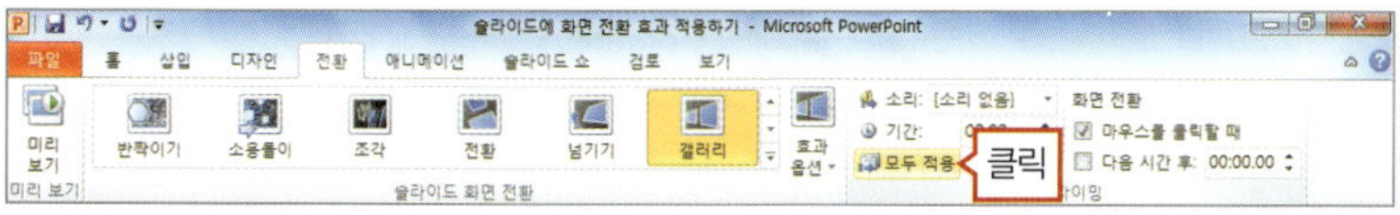

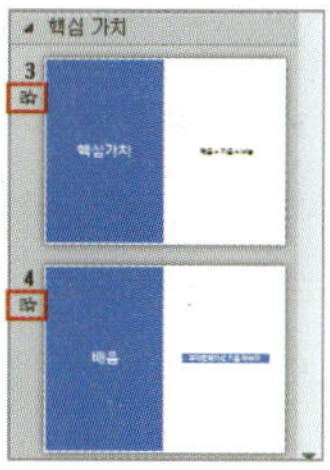

Tip 화면 전환 효과의 적용을 확인하는 방법은 왼쪽 슬라이드 탭에서 슬라이드 축소판 그림의 왼쪽 옆에, 즉 슬라이드 번호 아래에 전환 아이콘(별) 표시가 나타나는 것입니다. 전환 아이콘이 있다는 것은 슬라이드에 화면 전환 효과가 적용되었다는 것입니다.

04 효과 옵션 변경하기

① **[핵심 가치]** 구역에 해당하는 슬라이드를 선택합니다. ② [전환] 탭–[슬라이드 화면 전환] 그룹에서 **[효과 옵션]**을 클릭한 후 ③ **[왼쪽에서]**를 선택합니다.

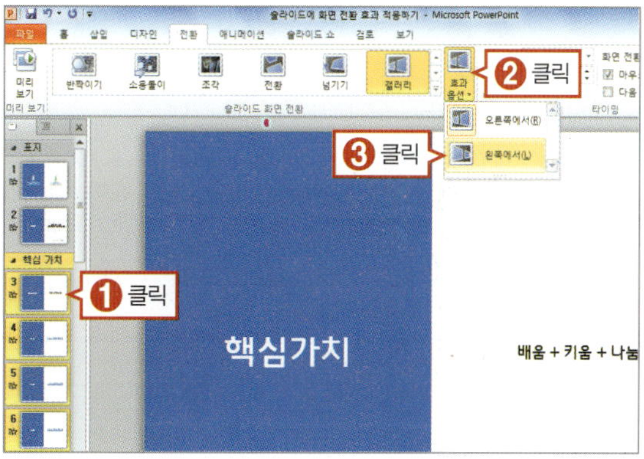

05 화면 전환 효과 실행하기

[슬라이드 쇼] 탭–[슬라이드 쇼 시작] 그룹에서 **[처음부터]**, 또는 **[현재 슬라이드부터]**를 클릭합니다. 슬라이드 쇼가 실행되며 다음 슬라이드로 넘길 때 적용된 화면 전환 효과가 나타나는 것을 확인할 수 있습니다.

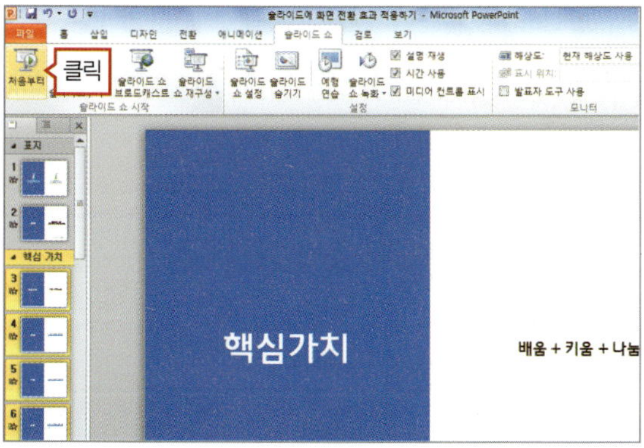

Tip 화면의 오른쪽 아래에 있는 [슬라이드 쇼]를 클릭하거나 F5를 눌러도 슬라이드 쇼를 실행할 수 있습니다.

Tip 슬라이드 쇼를 끝내려면 Esc를 누릅니다.

핵심기능 58

한 프레젠테이션 내에서 슬라이드 연결하기

- **실습 파일** ⓒ : 파워포인트\실습\한 프레젠테이션 내에서 슬라이드 연결하기.pptx
- **완성 파일** ⓒ : 파워포인트\완성\한 프레젠테이션 내에서 슬라이드 연결하기_완성.pptx

같은 프레젠테이션 내에서 슬라이드 간에 자유롭게 이동하기 위해서 하이퍼링크를 설정합니다. 주로 부연 설명이나 특정 슬라이드로 이동하여 추가 설명을 할 경우에 사용합니다.

01 개체에 하이퍼링크

① **2번 슬라이드**에서 ② **경영실적**이라는 텍스트가 있는 도형 개체를 선택합니다. ③ [삽입] 탭-[링크] 그룹에서 **[하이퍼링크]**를 클릭합니다.

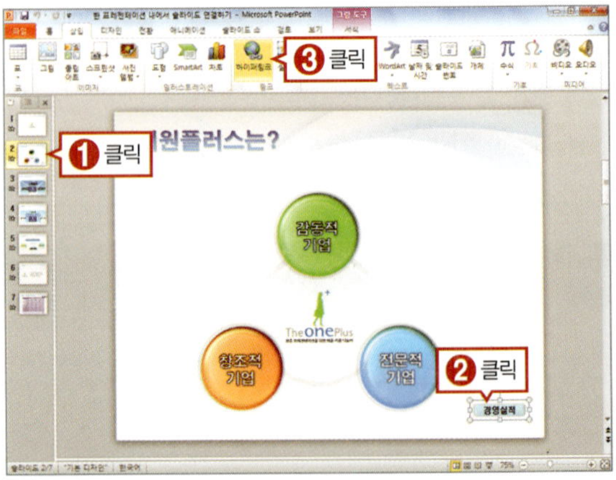

02 ① [하이퍼링크 삽입] 대화 상자에서 [연결 대상]을 **[현재 문서]**로 선택합니다. ② [이 문서에서의 위치 선택]을 **[7. 별첨. 부문별 경영실적]**으로 선택하고 ③ **[확인]**을 클릭합니다.

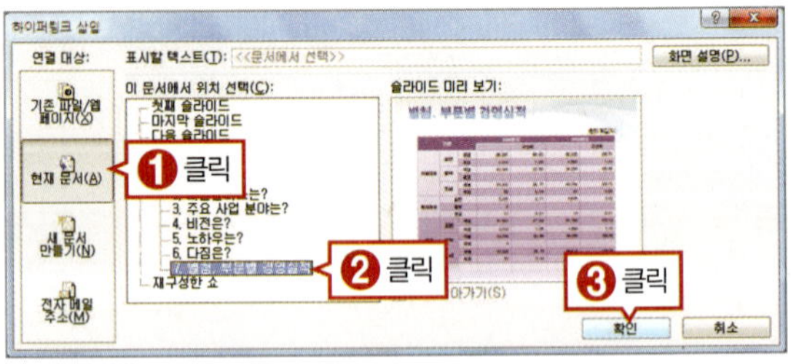

03 하이퍼링크 확인하기

① [슬라이드 쇼] 탭-[슬라이드 쇼 시작] 그룹에서 **[현재 슬라이드부터]**를 클릭합니다. 슬라이드 쇼가 실행되면 2번 슬라이드에 하이퍼링크를 설정한 **경영실적**이라는 텍스트가 있는 개체 위에 마우스를 올려놓습니다. ② 마우스 모양이 손으로 바뀌면 클릭합니다. 설정한 **7번 슬라이드**로 이동되는 것을 확인할 수 있습니다.

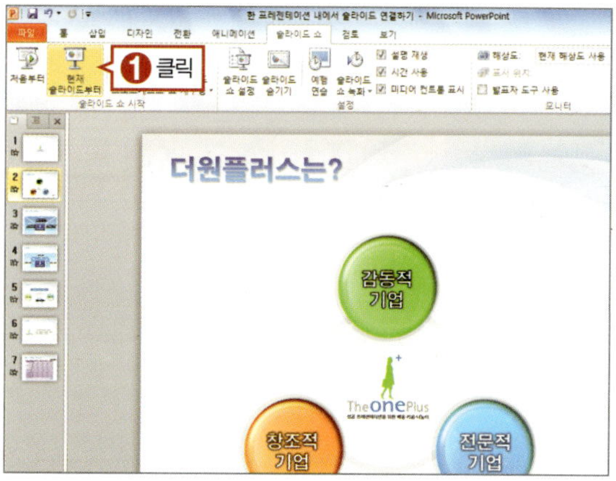

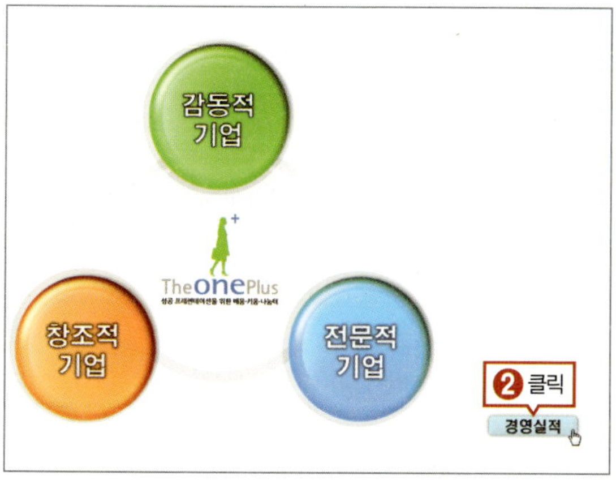

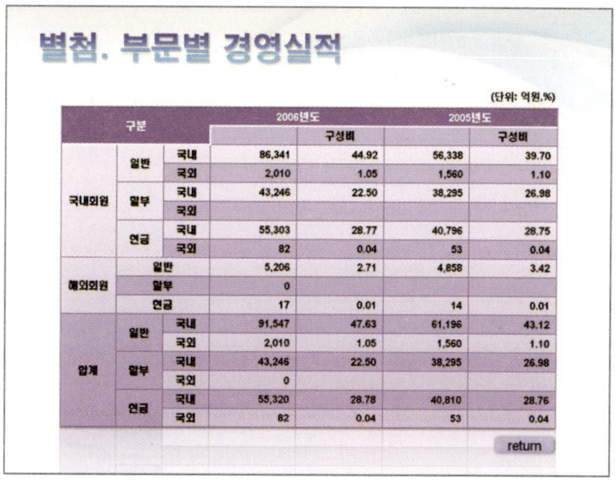

별첨. 부문별 경영실적

(단위: 억원,%)

구분			2006년도		2005년도	
				구성비		구성비
국내회원	일반	국내	86,341	44.92	56,338	39.70
		국외	2,010	1.05	1,560	1.10
	할부	국내	43,246	22.50	38,295	26.98
		국외				
	현금	국내	55,303	28.77	40,796	28.75
		국외	82	0.04	53	0.04
해외회원	일반		5,206	2.71	4,858	3.42
	할부		0			
	현금		17	0.01	14	0.01
합계	일반	국내	91,547	47.63	61,196	43.12
		국외	2,010	1.05	1,560	1.10
	할부	국내	43,246	22.50	38,295	26.98
		국외	0			
	현금	국내	55,320	28.78	40,810	28.76
		국외	82	0.04	53	0.04

return

핵심기능 59

다른 프레젠테이션의 특정 슬라이드 연결하기

- **실습 파일** ⓒ : 파워포인트\실습\다른 프레젠테이션의 특정 슬라이드 연결하기.pptx
- **완성 파일** ⓒ : 파워포인트\완성\다른 프레젠테이션의 특정 슬라이드 연결하기_완성.pptx

현재 프레젠테이션에서 다른 프레젠테이션의 특정 슬라이드를 연결할 수 있습니다. 이때 현재 프레젠테이션과 연결되는 프레젠테이션은 동일한 폴더에 있는 것이 좋습니다.

01 개체에 하이퍼링크 설정하기

① 6번 슬라이드를 선택하고 ② **더원플러스 로고**를 선택합니다. ③ [삽입] 탭–[링크] 그룹에서 **[하이퍼링크]**를 클릭합니다.

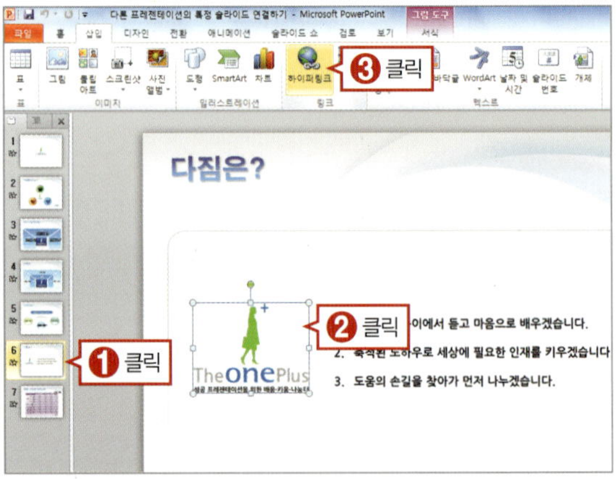

02 특정 슬라이드 선택하기

① [하이퍼링크 삽입] 대화 상자에서 [연결 대상]을 **[기존 파일/웹 페이지]**로 선택합니다. ② 부록 CD\파워포인트\실습 폴더에서 **더원플러스 회사소개.pptx**를 선택한 후 ③ 오른쪽에 있는 **[책갈피]**를 클릭합니다.

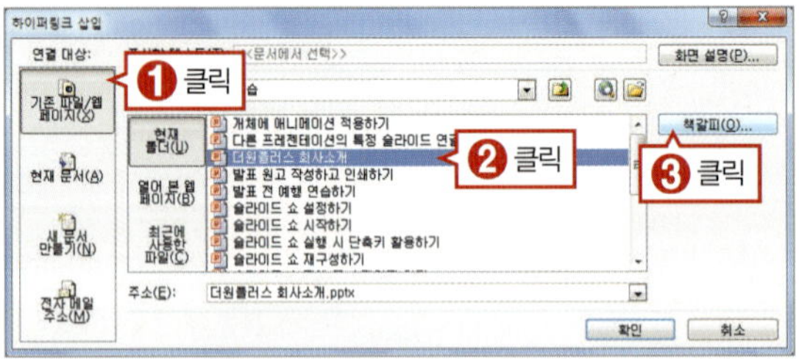

03 ① [문서에서의 위치 선택] 대화 상자에서 **[7.비즈니스]**를 선택한 후 ② **[확인]**을 클릭합니다.

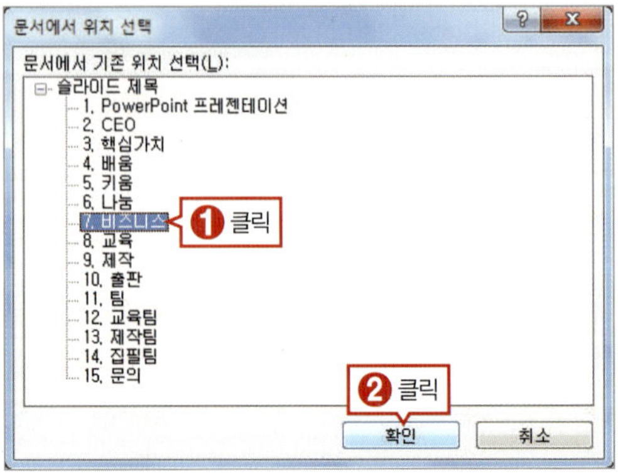

04 화면 설명 설정하기

① [하이퍼링크 삽입] 대화 상자의 오른쪽 위에 있는 **[화면 설명]**를 클릭합니다. ② [하이퍼링크 화면 설명 설정] 대화 상자가 나타나면 **더원플러스 비즈니스**라고 화면 텍스트를 입력한 후 ③ **[확인]**을 클릭합니다.

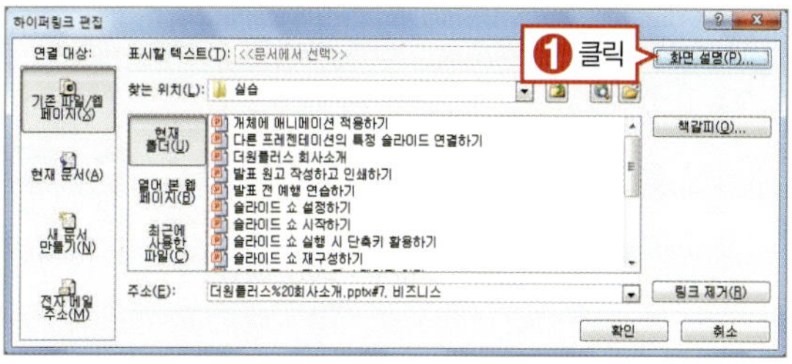

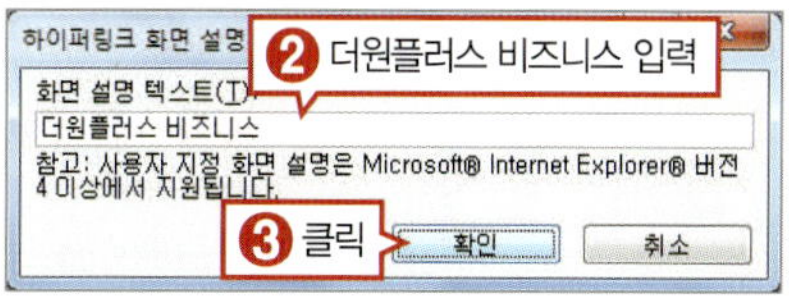

05 [하이퍼링크 삽입] 대화 상자의 오른쪽 아래에 있는 **[확인]**을 클릭하여 대화 상자를 닫습니다.

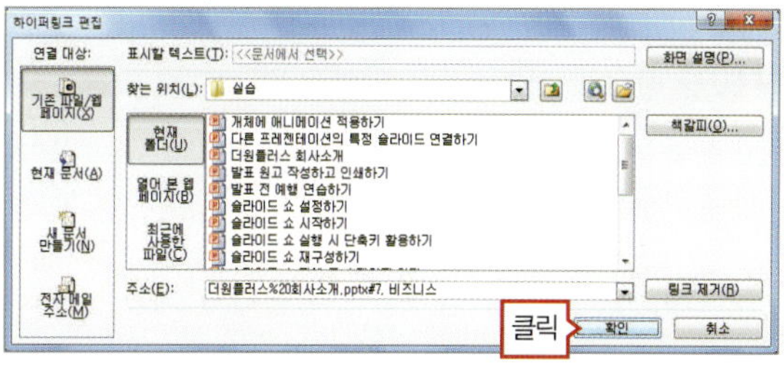

06 하이퍼링크 확인하기

① [슬라이드 쇼] 탭–[슬라이드 쇼 시작] 그룹에서 **[현재 슬라이드부터]**를 클릭합니다. 슬라이드 쇼가 실행되면 6번 슬라이드에 하이퍼링크를 설정한 **더원플러스 로고** 위에 마우스를 올려놓습니다. ② 마우스 모양이 손으로 바뀌면 클릭합니다. **더원플러스 회사소개.pptx** 파일의 **7번 슬라이드**로 이동되는 것을 확인할 수 있습니다.

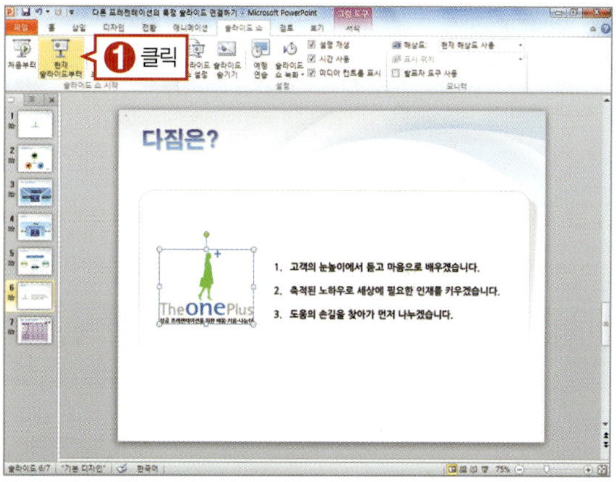

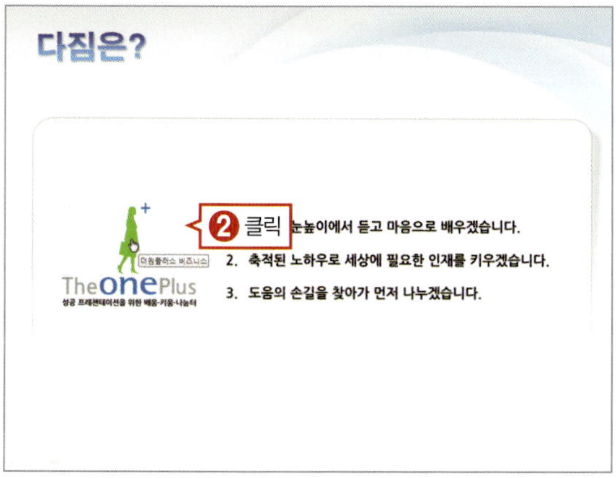

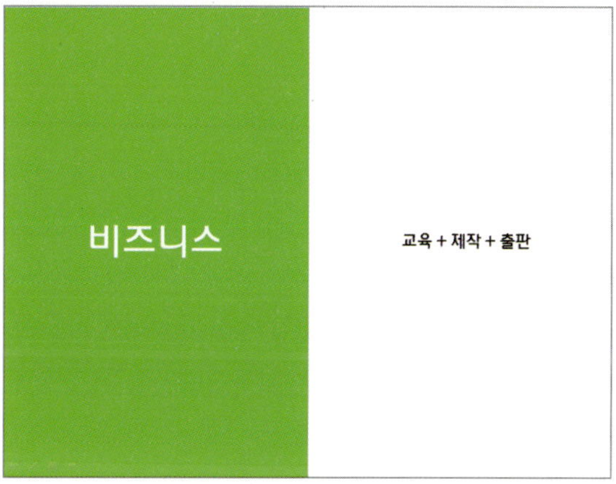

핵심기능 60

슬라이드 쇼 설정하기

- **실습 파일** ◎ : 파워포인트\실습\슬라이드 쇼 설정하기.pptx
- **완성 파일** ◎ : 파워포인트\완성\슬라이드 쇼 설정하기_완성.pptx

프레젠테이션 발표 시 사용자가 원하는 대로 슬라이드 쇼를 진행하기 위해 슬라이드 쇼 설정을 합니다. 발표 전에 목적에 맞게 슬라이드 쇼를 설정하면 청중에게 프로같은 느낌을 심어줄 수 있습니다.

01 [슬라이드 쇼] 탭-[설정] 그룹에서 **[슬라이드 쇼 설정]**을 클릭합니다.

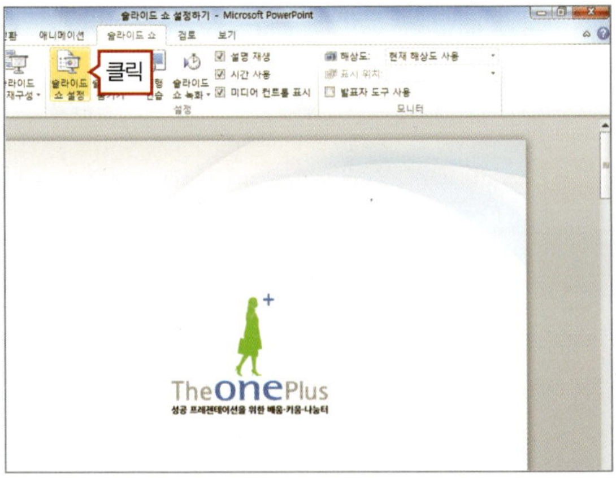

02 슬라이드 쇼 설정하기

[쇼 설정] 대화 상자가 나타나면 ① 슬라이드 표시에서 [시작]을 [3], ② [끝]을 [5]로 지정합니다. ③ 표시 옵션 목록 중 **[애니메이션 없이 보기]**를 체크한 후 ④ **[확인]**을 클릭합니다.

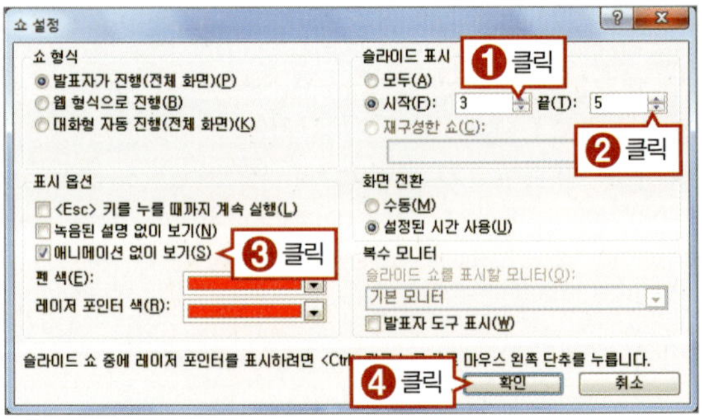

Tip [쇼 설정] 대화 상자의 구성 요소 알아보기

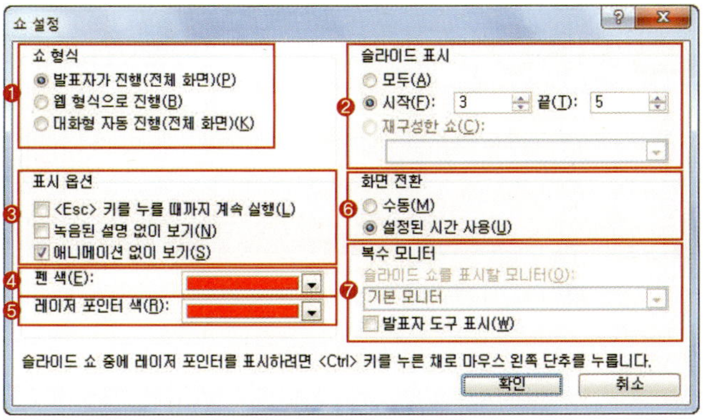

❶ 쇼 형식

- **발표자가 진행(전체 화면)** : 일반적인 쇼 보기 상태로 발표자가 Enter 나 마우스로 클릭하면 다른 슬라이드로 전환됩니다.
- **웹형식으로 진행** : 슬라이드 쇼를 읽기용 보기에서 진행합니다. 웹페이지처럼 표시합니다.
- **대화형 자동 진행(전체 화면)** : 슬라이드 쇼에서 Enter 나 마우스 클릭은 전혀 사용할 수 없으며, 하이퍼링크로 설정된 개체를 클릭하여 슬라이드 쇼가 진행됩니다.

❷ 슬라이드 표시

- **모두** : 프레젠테이션 내의 모든 슬라이드를 보여줍니다.
- **시작/끝** : 시작 슬라이드와 끝 슬라이드를 지정합니다.
- **재구성한 쇼** : 재구성한 슬라이드 쇼로 프레젠테이션을 진행합니다.

❸ 표시 옵션

- **〈ESC〉 키를 누를 때까지 계속 실행** : 슬라이드 쇼가 반복 실행하도록 할 수 있습니다
- **녹음된 설명 없이 보기** : 설명 녹음 없이 슬라이드 쇼를 진행합니다
- **애니메이션 없이 보기** : 애니메이션을 사용하지 않고 슬라이드 쇼를 진행합니다.

❹ 펜색

슬라이드 쇼에서 Ctrl + P 를 누르면 펜 기능을 실행해 밑줄이나 코멘트를 달 수 있는데, 이때 펜의 초기 색상을 지정해줍니다. 기본적으로 빨강색입니다.

❺ 레이저 포인터 색

슬라이드 쇼에서 레이저 포인터를 사용하는 경우 레이저 포인터의 색상을 지정해줍니다. 기본적으로 빨강색입니다.

❻ 화면 전환

- **수동** : 발표자의 조작에 의해서 화면 전환이 실행됩니다.
- **설정된 시간 사용** : 화면 전환 시간을 지정한 경우 지정된 시간 후에 화면 전환이 실행됩니다.

❼ 복수 모니터

- **슬라이드 쇼를 표시할 모니터** : 복수 모니터 사용 시 슬라이드 쇼가 표시될 모니터를 선택합니다.
- **발표자 도구 표시** : 발표자 도구를 실행합니다.

핵심기능 61

슬라이드 쇼 재구성하기

- **실습 파일** : 파워포인트\실습\슬라이드 쇼 재구성하기.pptx
- **완성 파일** : 파워포인트\완성\슬라이드 쇼 재구성하기_완성.pptx

전체 슬라이드 중 일부 슬라이드만 모아 슬라이드 쇼를 재구성할 수 있습니다. 이렇게 하면 갑자기 발표 시간이 짧아져도 당황하지 않고 짧은 시간용으로 만들어놓은 슬라이드 쇼로 발표할 수 있습니다.

01 ① [슬라이드 쇼] 탭–[슬라이드 쇼 시작] 그룹에서 **[슬라이드 쇼 재구성]**을 클릭한 후 ② **[쇼 재구성]**을 선택합니다.

02 [쇼 재구성] 대화 상자가 나타나면 오른쪽 위에 있는 **[새로 만들기]**를 클릭합니다.

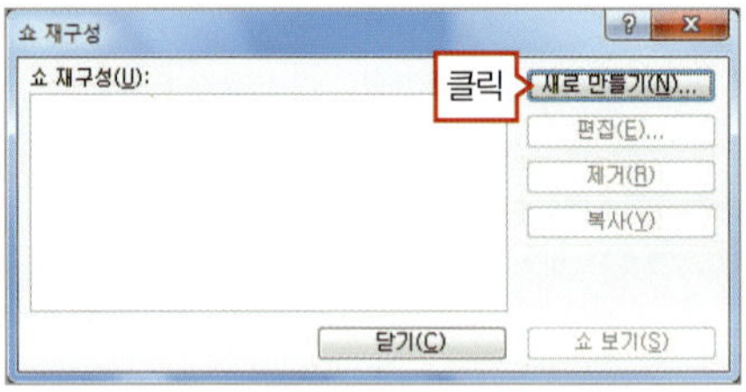

03 ① [쇼 재구성하기] 대화 상자에서 슬라이드 쇼 이름을 **핵심 가치**라고 입력합니다. ② [프레젠테이션에 있는 슬라이드] 중 **3번~6번 슬라이드**까지 선택한 후 ③ **[추가]**를 클릭합니다. [재구성한 쇼에 있는 슬라이드]에 슬라이드 쇼 이름이 추가된 것을 확인한 후 ④ **[확인]**을 클릭하여 대화 상자를 닫습니다.

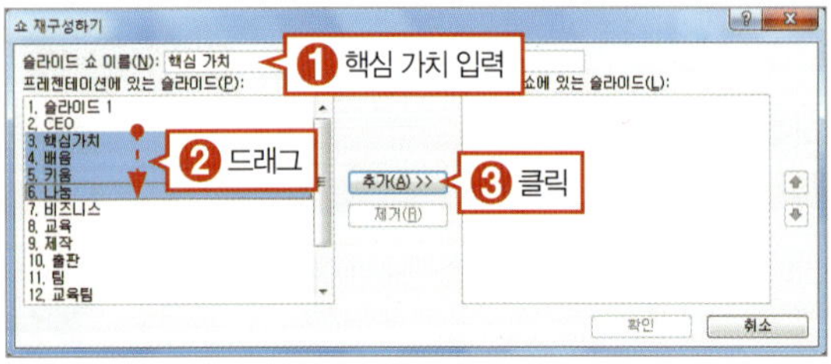

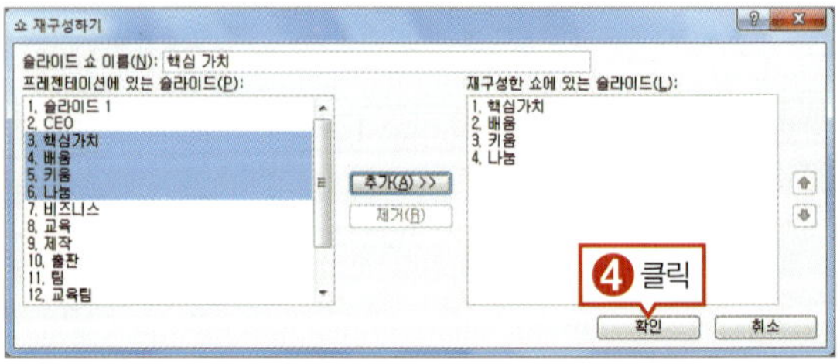

04 [쇼 재구성] 대화 상자의 목록에 **핵심 가치**라는 목록이 생긴 것을 확인한 후 **[닫기]**를 클릭합니다.

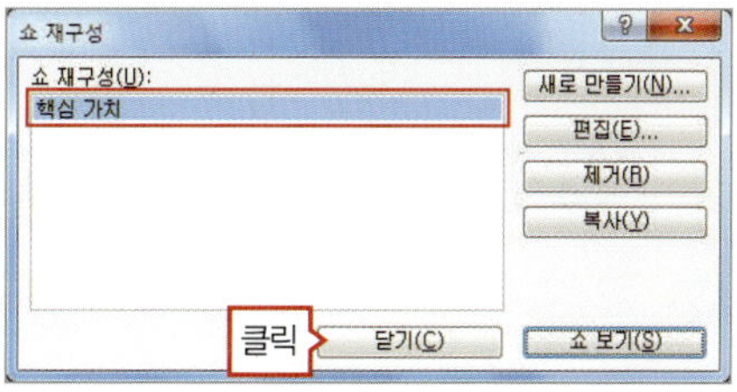

05 재구성한 슬라이드 쇼 실행하기

① [슬라이드 쇼] 탭–[슬라이드 쇼 시작] 그룹에서 **[슬라이드 쇼 재구성]**을 클릭한 후 ② **[핵심 가치]**를 선택합니다. 전체 슬라이드 중 핵심 가치 부분에 해당되는 슬라이드만 쇼가 되는 것을 확인할 수 있습니다.

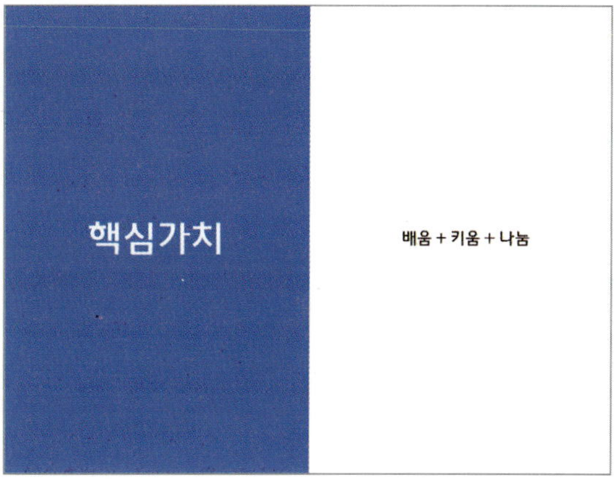

핵심기능 62

발표 원고 작성하고 인쇄하기

- **실습 파일** ⓒ : 파워포인트\실습\발표 원고 작성하고 인쇄하기.pptx
- **완성 파일** ⓒ : 파워포인트\완성\발표 원고 작성하고 인쇄하기_완성.pptx

슬라이드 노트에 프레젠테이션 시 발표할 내용을 간략하게 요약하여 작성합니다. 이를 인쇄하여 리허설 단계에서 참고할 수 있습니다.

01 슬라이드 노트 영역 늘리기

① **1번 슬라이드**를 선택합니다. ② 슬라이드 창과 슬라이드 노트 창 사이에 마우스를 클릭한 후 **위로 드래그**하여 슬라이드 노트 영역을 늘려줍니다.

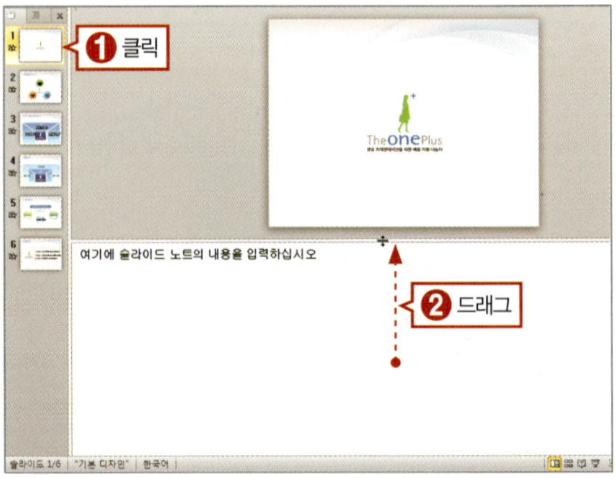

02 슬라이드 노트 창에 발표 내용을 입력합니다.

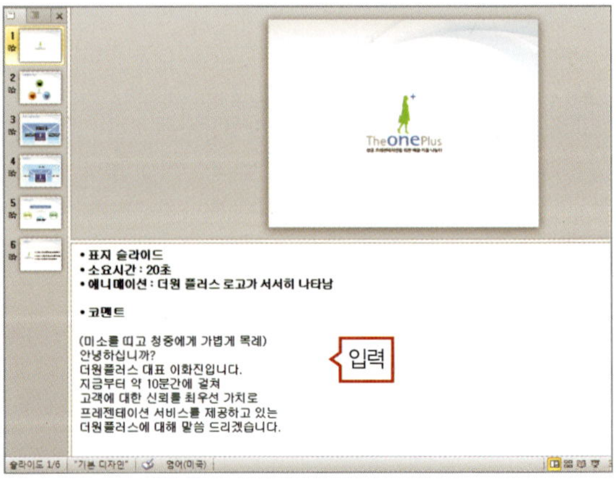

Tip 전체 페이지 형식으로 노트를 보고 작업하려면 슬라이드 노트 보기를 이용하는 것이 좋습니다. [보기] 탭–[프레젠테이션 보기] 그룹에서 [슬라이드 노트]를 클릭합니다.

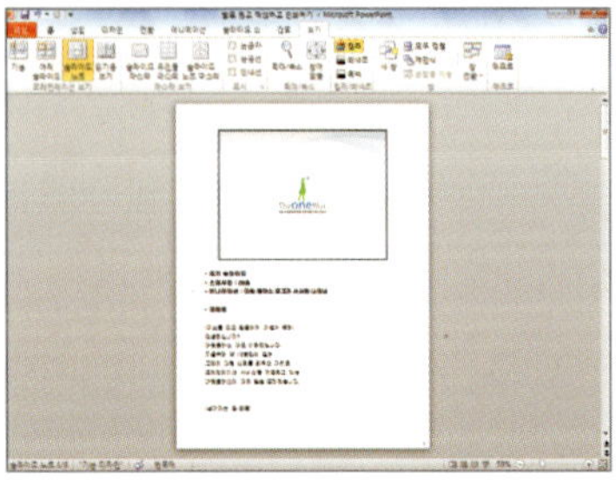

03 슬라이드 노트 인쇄하기

① [파일] 탭－[인쇄]를 클릭합니다. ② 설정에서 [▾전체 페이지 슬라이드]를 클릭한 후 ③ 인쇄 모양에서 [슬라이드 노트]를 선택합니다. ④ [인쇄]를 클릭합니다.

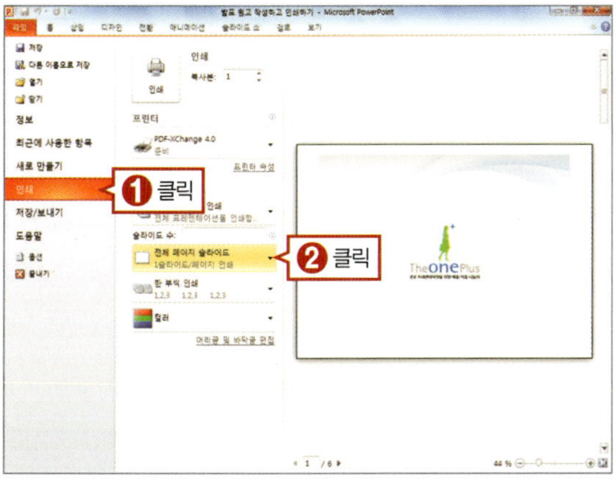

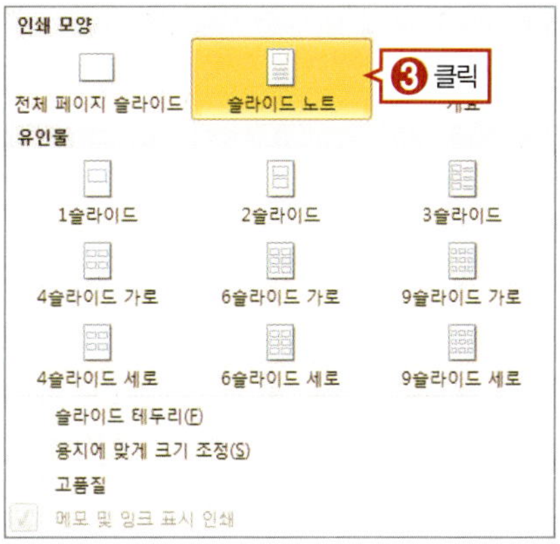

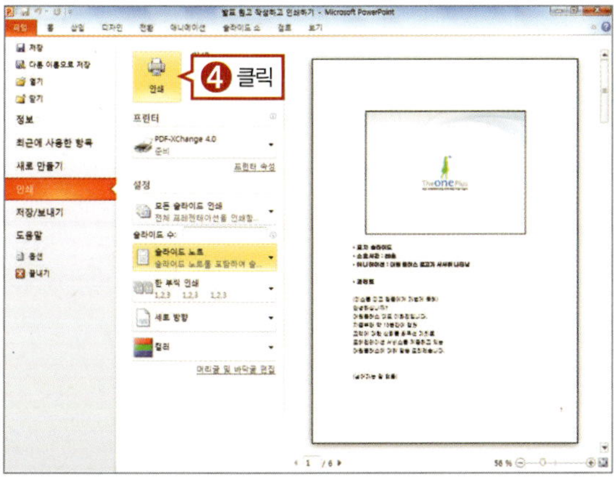

핵심기능 63

청중 유인물 만들고 인쇄하기

- **실습 파일** ⓒ : 파워포인트\실습\청중 유인물 만들고 인쇄하기.pptx
- **완성 파일** ⓒ : 파워포인트\완성\청중 유인물 만들고 인쇄하기_완성.pptx

청중에게 배포할 유인물의 레이아웃은 마스터에서 설정합니다. 청중에게 배포할 유인물에도 디자인을 함으로써 프로라는 느낌을 심어주기 바랍니다.

01 유인물 레이아웃 설정하기

[보기] 탭-[마스터 보기] 그룹에서 **[유인물 마스터]**를 클릭합니다. 유인물 마스터 보기로 전환됩니다.

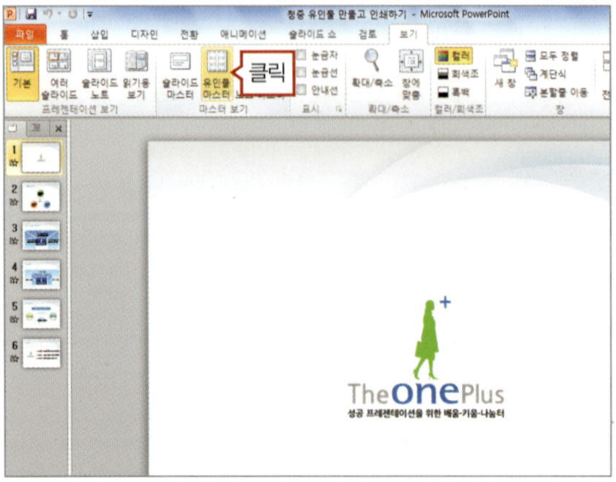

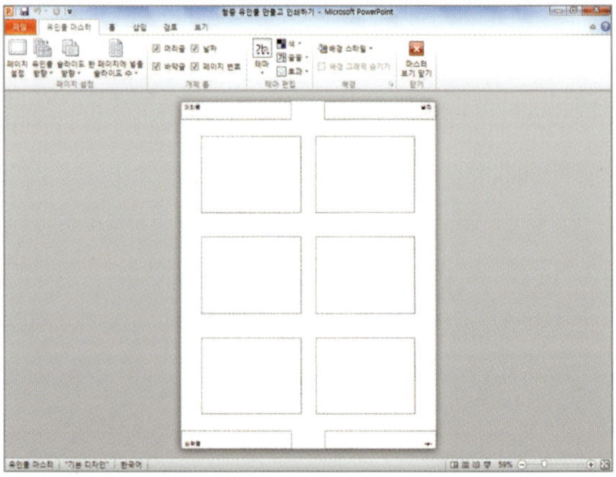

02 ① 왼쪽 위에 **더원플러스 회사소개**라고 입력하고 ② 오른쪽 위에는 날짜 2011.03.24를 입력합니다. ③ 가운데 아래에는 **더원플러스 로고**를 삽입하고 ④ 왼쪽 아래에 **슬라이드 번호 서식**을 변경합니다

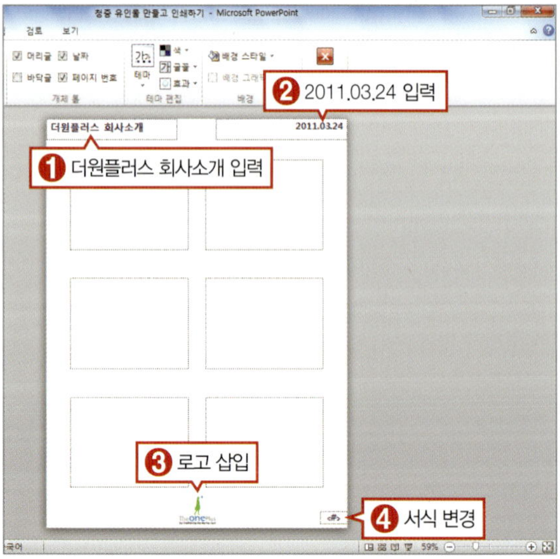

03 유인물 인쇄하기

① [파일] 탭–[**인쇄**]를 클릭합니다. ② 설정에서 [**전체 페이지 슬라이드**]를 클릭한 후 ③ 인쇄 모양에서 [유인물]–[**3슬라이드**]를 선택합니다. ④ [**인쇄**]를 클릭합니다.

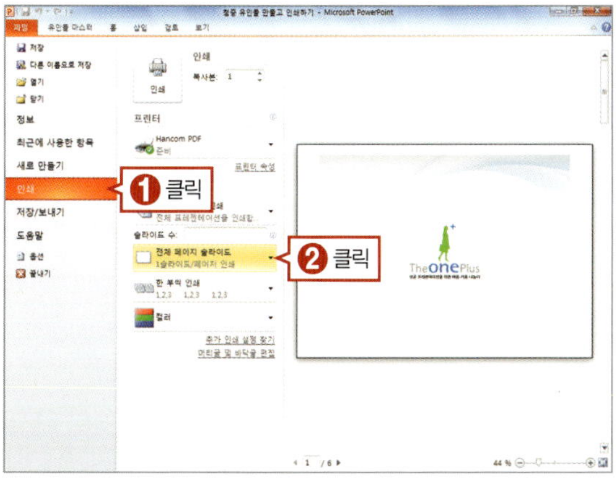

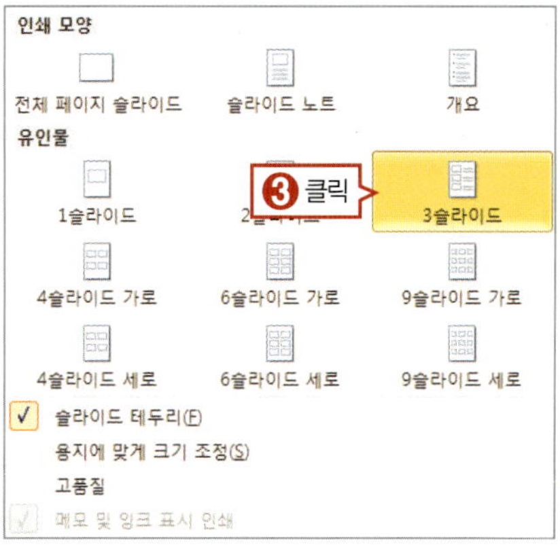

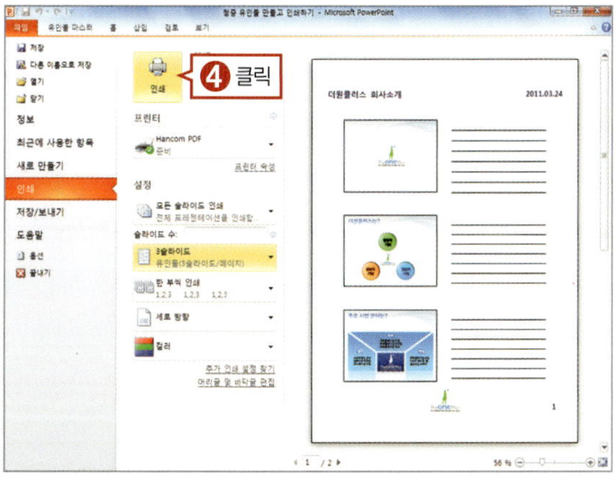

핵심기능 64

원하는 슬라이드만 다섯 장씩 회색조로 인쇄하기

• **실습 파일** : 파워포인트\실습\원하는 슬라이드만 다섯 장씩 회색조로 인쇄하기.pptx
• **완성 파일** : 파워포인트\완성\원하는 슬라이드만 다섯 장씩 회색조로 인쇄하기_완성.pptx

사용자가 원하는 대로 특정 슬라이드만 선택하여 인쇄할 수 있습니다. 또한 인쇄되는 슬라이드의 색이나 매수도 지정할 수 있습니다.

01 슬라이드 범위 지정하기

① [파일] 탭–[인쇄]를 클릭합니다. ② 설정에서 [슬라이드 수]에 2, 4, 6을 입력합니다.

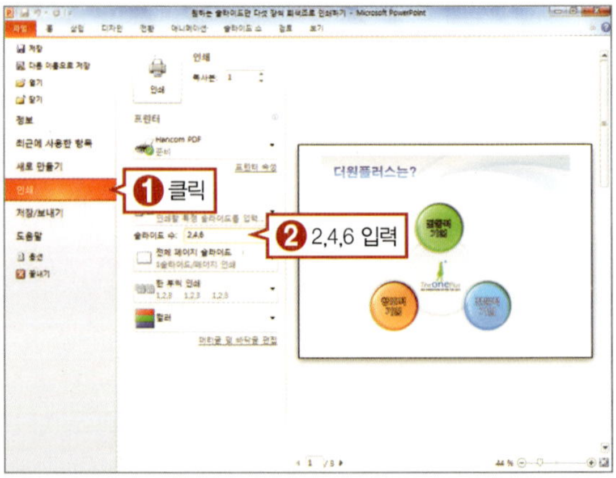

02 인쇄 색상 지정하기

① 설정에서 [▾컬러]를 클릭한 후 ② [회색조]를 선택합니다.

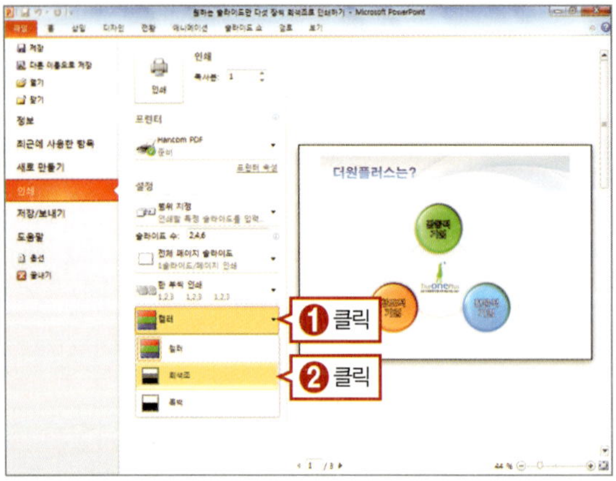

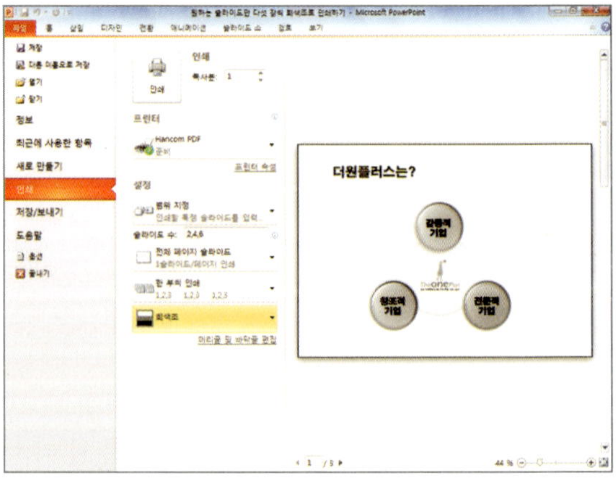

03 인쇄 매수 지정하기

① [인쇄]에서 [복사본]을 5로 설정합니다. ② **[인쇄]**를 클릭하여 인쇄를 실행합니다.

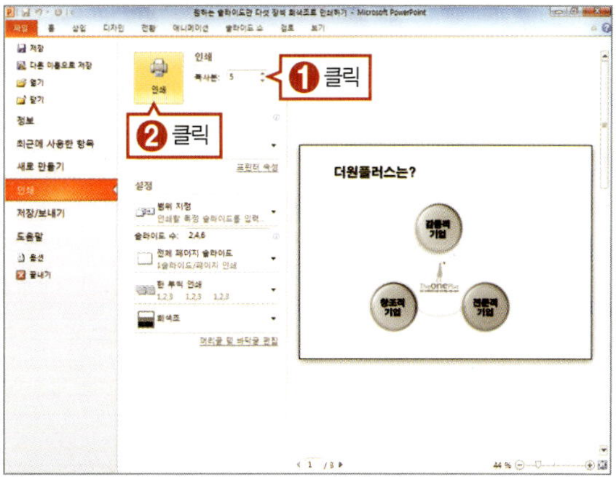

핵심기능 65

발표 전 예행 연습하기

- **실습 파일** ◎ : 파워포인트\실습\발표 전 예행 연습하기.pptx
- **완성 파일** ◎ : 파워포인트\완성\발표 전 예행 연습하기_완성.pptx

발표 전에 각 슬라이드에 소요되는 시간을 미리 체크하는 것은 매우 중요합니다. 이때 예행 연습이라는 기능을 사용하면 손쉽게 할 수 있습니다.

01 ① **1번 슬라이드**를 선택한 상태에서 ② [슬라이드 쇼] 탭–[설정] 그룹에서 **[예행 연습]**을 클릭합니다.

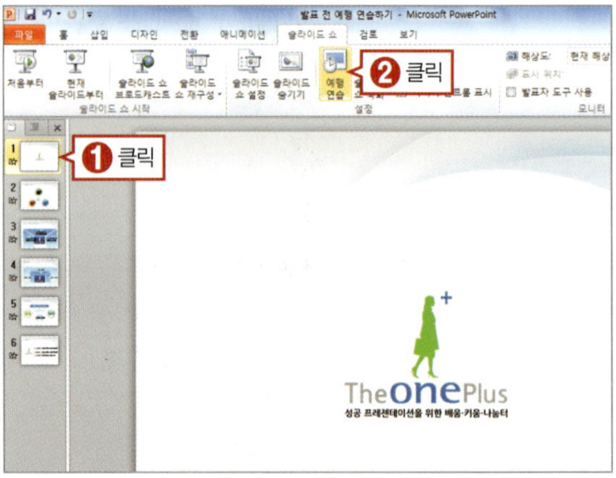

02 슬라이드 쇼가 실행되며 화면의 왼쪽 위에 **[녹화]** 대화 상자가 나타납니다. Enter를 눌러 슬라이드를 넘깁니다.

Tip 녹화 대화 상자의 왼쪽 시간은 쇼가 진행되고 있는 현재 슬라이드의 시간이고, 오른쪽에 있는 시간은 전체 녹화된 슬라이드 쇼의 누적된 시간입니다.

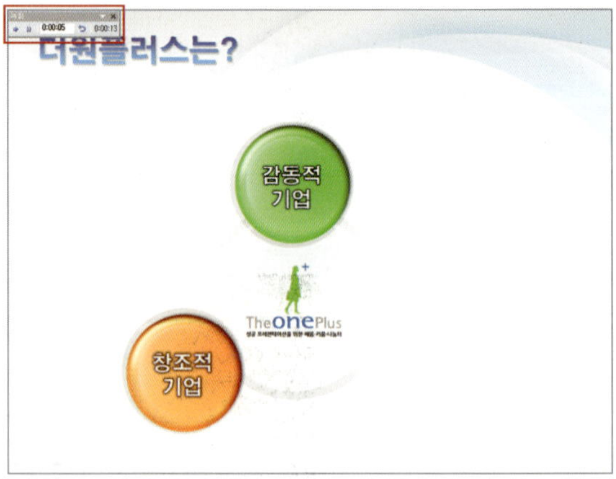

03 슬라이드를 끝까지 쇼하면 마지막에 시간 사용 여부를 묻는 대화 상자가 나타납니다. [예]를 클릭합니다.

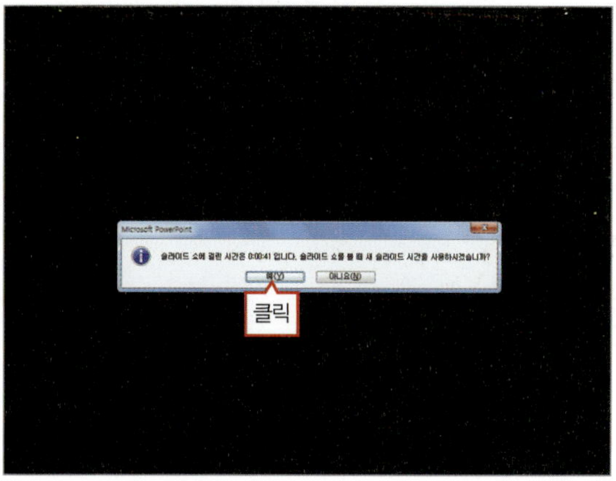

04 여러 슬라이드 보기 화면으로 바뀌며 각각이 슬라이드에 녹화된 시간이 표시됩니다.

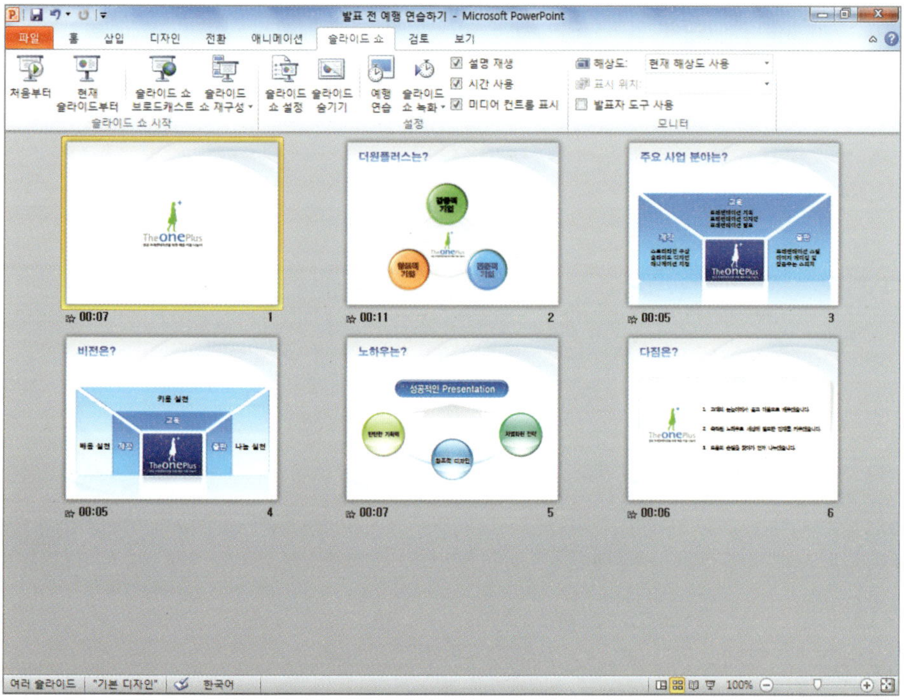

핵심기능 66

슬라이드 쇼 시작하기

- **실습 파일** ⓒ : 파워포인트\실습\슬라이드 쇼 시작하기.pptx
- **완성 파일** ⓒ : 파워포인트\완성\슬라이드 쇼 시작하기_완성.pptx

발표를 위해서는 슬라이드 쇼를 합니다. 처음부터 슬라이드 쇼를 할 수도 있고, 선택된 슬라이드부터 슬라이드 쇼를 할 수도 있습니다. 슬라이드 쇼를 하는 다양한 방법에 대해서 알아보겠습니다.

01 첫째 슬라이드에서 슬라이드 쇼하기

[슬라이드 쇼] 탭–[슬라이드 쇼 시작] 그룹에서 **[처음부터]**를 클릭합니다. 첫 번째 슬라이드부터 쇼가 시작됩니다.

Tip 첫째 슬라이드부터 슬라이드 쇼를 하기 위해서는 F5를 눌러도 됩니다.

02 Enter를 눌러 슬라이드를 넘깁니다. 마지막 슬라이드 다음에 나타나는 검은 화면에서 마우스로 화면을 클릭하거나 Enter를 눌러 기본 보기 화면으로 돌아옵니다.

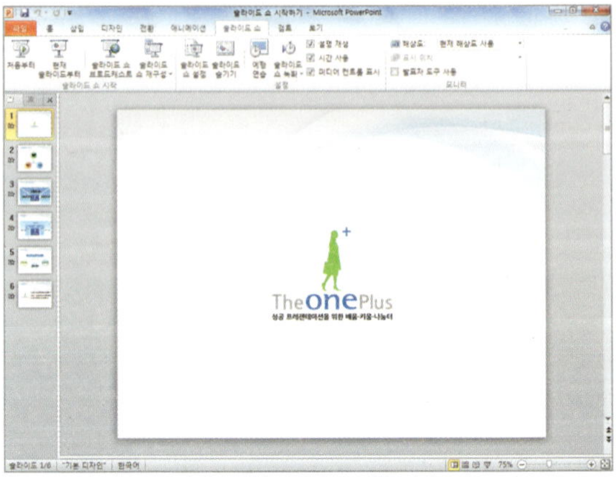

Tip 슬라이드 쇼 도중에 슬라이드 쇼를 끝내려면 Esc를 누릅니다.

03 현재 슬라이드부터 슬라이드 쇼하기

① 3번 슬라이드를 선택한 후 ② [슬라이드 쇼] 탭-[슬라이드 보기] 그룹에서 **[현재 슬라이드부터]**를 클릭합니다.

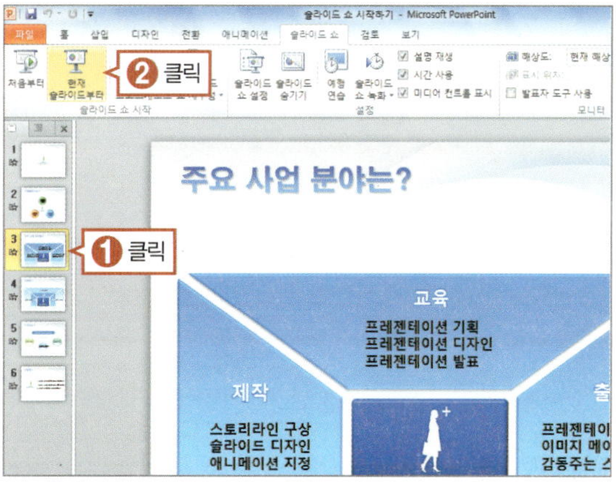

Tip 현재 슬라이드부터 슬라이드 쇼를 하기 위해 화면의 오른쪽 아래에 있는 [슬라이드 쇼]를 클릭하거나 Shift+F5를 눌러도 됩니다.

04 현재 선택된 3번 슬라이드부터 슬라이드 쇼가 진행됩니다.

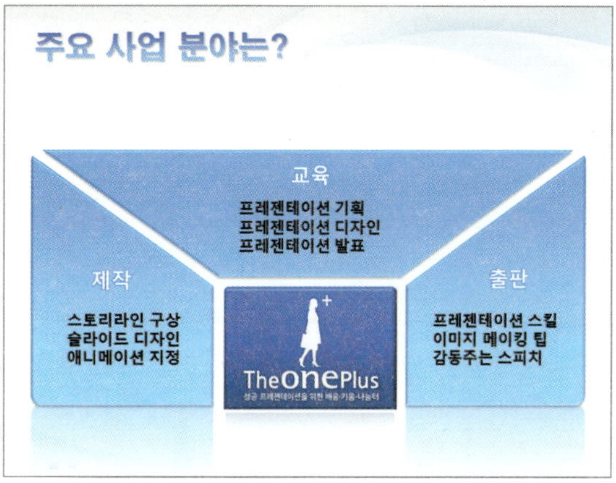

05 Enter를 눌러 슬라이드를 넘깁니다. 마지막 슬라이드 다음에 나타나는 검은 화면에서 마우스로 화면을 클릭하거나 Enter를 눌러 기본 보기 화면으로 돌아옵니다.

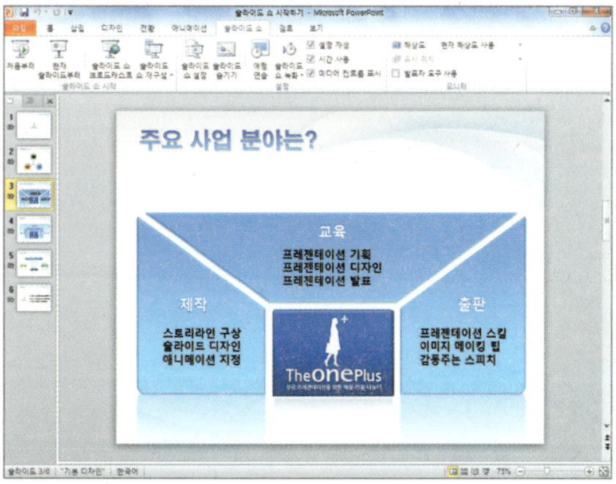

Tip 슬라이드 쇼 도중에 슬라이드 쇼를 끝내려면 Esc를 누릅니다

핵심기능 67

잉크 주석 달고 유지하기

- **실습 파일** ◎ : 파워포인트\실습\잉크 주석 달고 유지하기.pptx
- **완성 파일** ◎ : 파워포인트\완성\잉크 주석 달고 유지하기_완성.pptx

발표 시 슬라이드 쇼 화면에 부연 설명을 쓰거나 중요 표시를 해야 하는 경우가 있습니다. 이때 펜이나 형광펜을 사용하면 편리합니다.

01 슬라이드 쇼 실행하기

[슬라이드 쇼] 탭–[슬라이드 쇼 시작] 그룹에서 **[처음부터]**를 클릭합니다. 첫째 슬라이드부터 쇼가 시작됩니다.

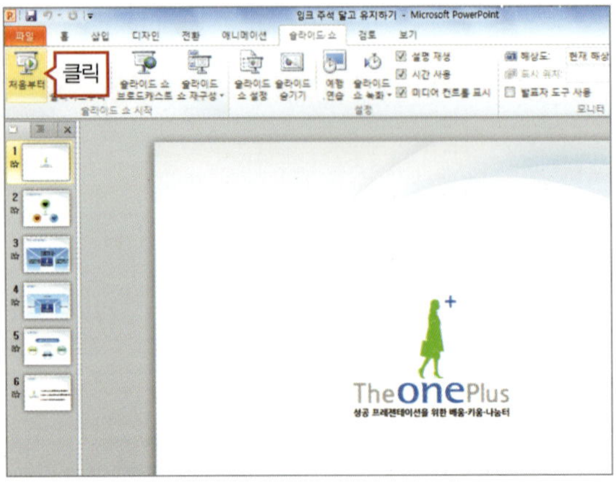

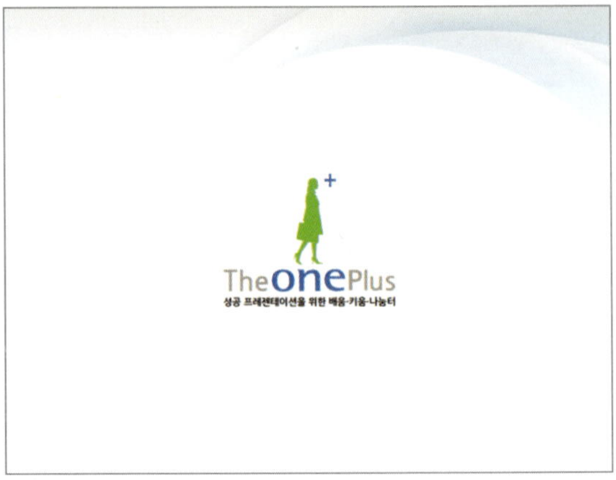

02 ① 화면의 왼쪽 아래에 [펜]을 클릭하여 ② [펜]이나 [형광펜]을 선택합니다.

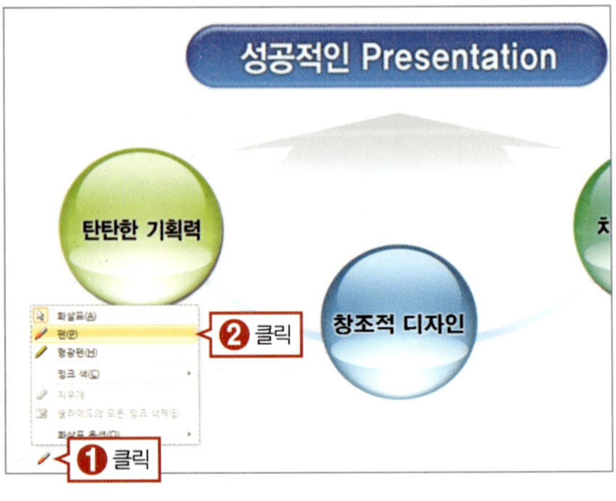

Tip 펜 색을 변경하려면 [펜]를 클릭합니다. 메뉴 중 [잉크 색] 위에 마우스 포인터를 놓고 오른쪽으로 나타나는 색 중 원하는 색을 선택합니다.

Tip 기본 펜 색을 변경하려면 [슬라이드 쇼] 탭–[설정] 그룹에서 [슬라이드 쇼]를 클릭합니다. [쇼 설정] 대화 상자에서 펜 색을 변경합니다.

03 마우스 포인터를 펜으로 바꾸어 필요한 부분에 **주석**을 달아줍니다.

Tip 다시 마우스의 모양을 화살표 모양으로 전환하려면 Ctrl+A를 누릅니다.

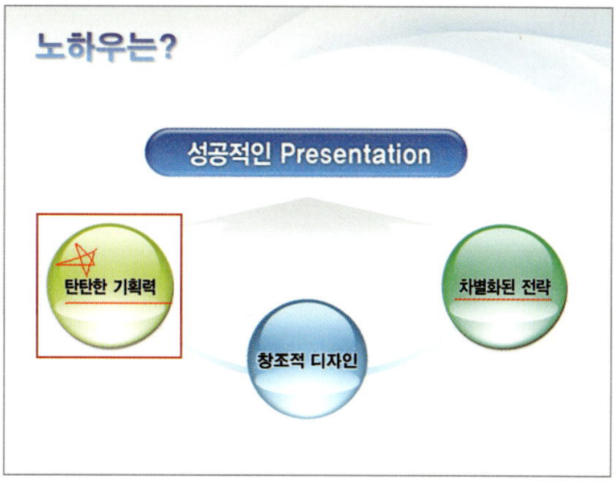

04 Enter를 눌러 슬라이드를 넘깁니다. 마지막 슬라이드 다음에 나타나는 잉크 주석 유지 여부를 묻는 창에서 **[예]**를 클릭합니다.

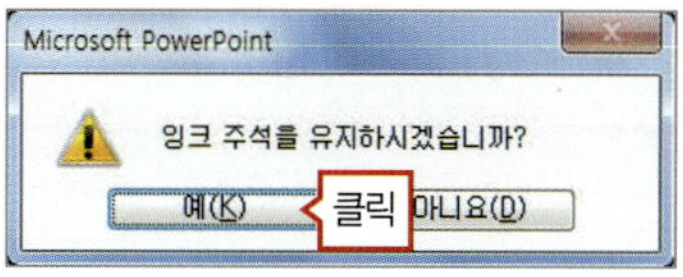

05 잉크 주석을 단 슬라이드에 잉크 주석이 그대로 남아 있는 것을 확인할 수 있습니다.

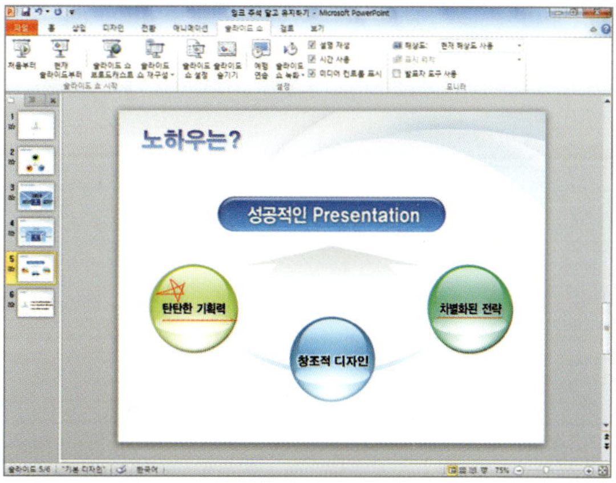

회사에서 바로 통하는

PART 3

워드 2010 핵심기능

들어가기 전에 워드 2010 인터페이스 살펴보기

워드 2010 버전의 첫 인상을 살펴보겠습니다. 빠른 실행 도구 모음, 파일명, 창 조절 버튼, 리본 메뉴, 도움말, 눈금자, 상태 표시줄, 편집 영역 등이 어느 위치에 있으며 각각의 기능은 무엇인지 살펴보겠습니다.

기본 화면 구성

워드 프로그램을 실행하면 나타나는 기본 화면으로 크게 ❶ 리본 메뉴, ❷ 빠른 실행 도구, ❸ 상태표시줄, ❹ 문서 표시 및 확대/축소로 구성되어 있습니다.

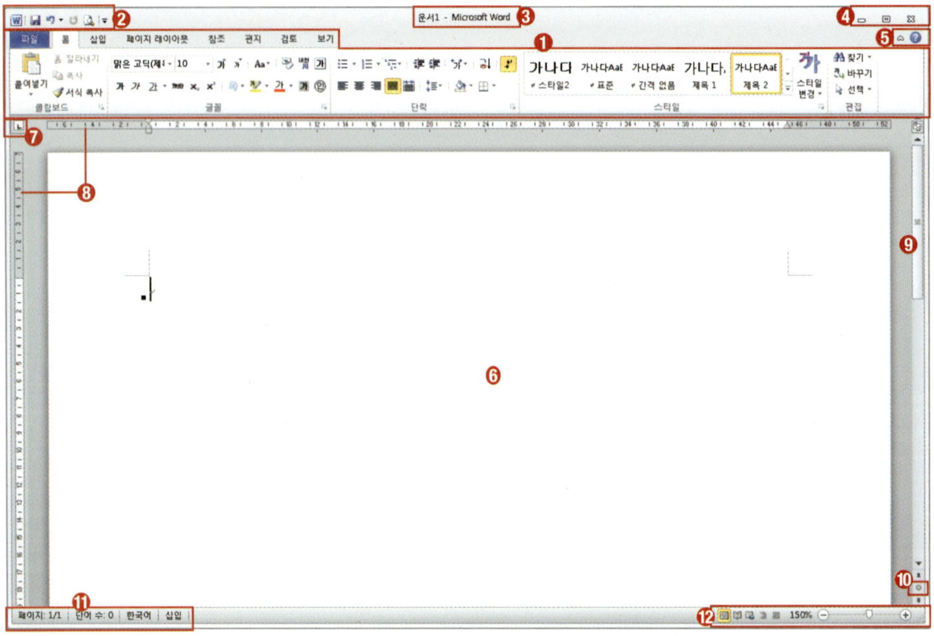

① **리본 메뉴** : 리본 메뉴는 이전의 Office 2003까지의 풀다운 메뉴를 Office 2007 버전부터 리본처럼 펼쳐놓아 사용자의 접근성을 높인 메뉴 방식입니다. 홈, 삽입, 페이지 레이아웃, 참조, 편지, 검토, 보기 등으로 구분되어 있습니다.

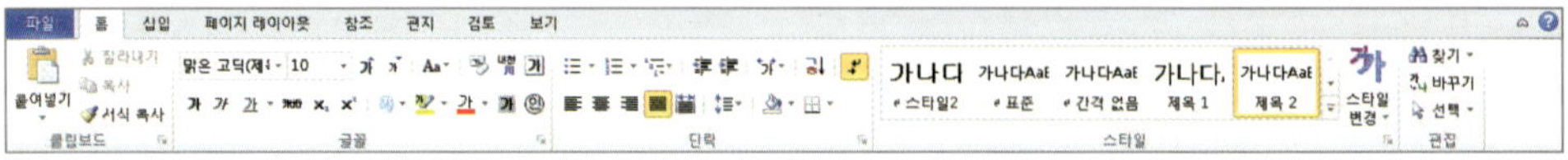

② **빠른 실행 도구 모음** : 파일 사용자가 자주 사용하는 도구를 배치해 빠르게 실행할 수 있도록 합니다. [빠른 실행 도구 모음 사용자 설정]을 이용하여 도구를 추가하거나 삭제할 수 있습니다. 그림에 보이는 목록뿐만 아니라 [기타 명령]을 통해서 워드에 사용되는 대부분의 도구를 불러와 배치할 수 있습니다.

③ **파일 이름 표시** : 현재 작업 중인 파일의 이름을 표시합니다. 저장하지 않고 새로 문서를 열면 문서1, 문서2, 문서3, … 순으로 자동 부여됩니다. 파일을 저장할 때 사용자가 파일 이름을 지정하여 저장하면 저장한 파일 이름이 표시됩니다.

④ **문서 창 조절** : 작업 창을 최소화하거나 이전 크기의 창으로 복원할 때, 또는 워드 2010을 완전히 닫을 때 사용합니다.

⑤ **리본 메뉴 최소화와 도움말** : 리본 메뉴 최소화 버튼은 리본 메뉴를 축소해 편집창 영역을 넓게 확보할 수 있는 버튼입니다. 도움말 버튼을 클릭하면 도움말을 검색할 수 있는 Office 도움말 창이 실행됩니다.

⑥ **편집창** : 워드 2010에서 문자, 표, 도형, 차트 등의 개체를 입력해 문서를 편집하는 창입니다.

⑦ **탭 버튼** : 탭을 전환할 수 있는 버튼입니다. 왼쪽 탭, 가운데 탭, 오른쪽 탭, 소수점 탭, 줄 탭, 첫 줄 들여쓰기, 내어쓰기 등을 클릭할 때마다 전환할 수 있습니다.

⑧ **가로, 세로 눈금자** : 문서의 위치를 표시해 문서를 작성할 때 위치를 확인하거나 도형, 표 등의 배치를 규칙적으로 배열할 수 있도록 도와주는 보조적인 도구입니다.

⑨ **세로 스크롤바** : 스크롤바를 움직이면 문서 위치를 위아래로 이동할 수 있습니다.

⑩ **찾아보기 개체 선택** : 개체 선택 창에서 찾고자 하는 개체를 선택한 뒤 이전 개체, 다음 개체 찾기 버튼으로 개체를 찾을 수 있는 기능입니다.

⑪ **상태 표시줄** : 편집창에서 커서가 놓인 곳의 페이지 위치, 단어 수, 입력 언어, 입력 모드(삽입/겹쳐쓰기) 등에 관한 정보를 표시합니다.

⑫ **문서 보기 및 확대 축소** : 인쇄 모양, 전체 화면 읽기, 웹 모양, 개요, 초안 등의 버튼으로 구성되어 있습니다. 각 버튼을 이용해 화면에 문서를 표현하는 방식을 변경할 수 있습니다. 기본 설정은 인쇄 모양입니다. 편집창의 화면 크기를 문서의 형태에 따라서 확대 및 축소할 수 있습니다.

Tip

① 인쇄 모양
② 전체 화면 읽기
③ 웹 모양
④ 개요
⑤ 초안

핵심기능 01

새 문서 만들고 저장하기 및 다른 이름으로 저장하기

워드 2010으로 새로운 문서를 만들고 저장하는 방법에 대해서 알아보도록 하겠습니다. 또한 다른 워드 프로세서에서 사용할 수 있도록 다른 형식의 문서로도 저장할 수 있습니다.

01 새문서 열기

① **[파일]** 탭에서 ② **[새로 만들기]**를 선택합니다. ③ [사용 가능한 서식 파일]에서 **[새 문서]**를 클릭한 후 ④ 오른쪽 화면 아래쪽의 **[만들기]**를 누르면 새로운 문서가 열립니다.

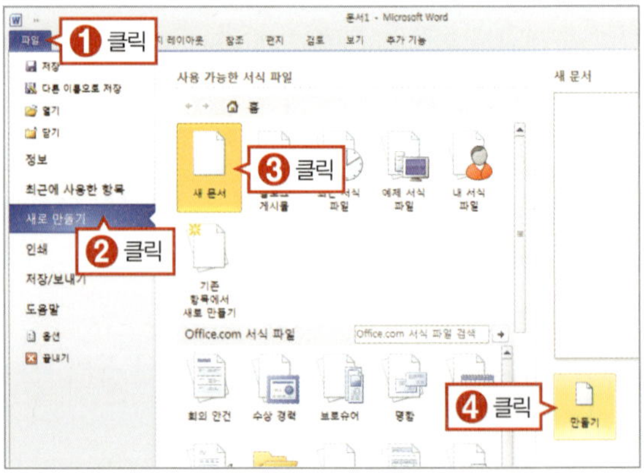

02 문서 저장하기

① **[파일]** 탭에서 ② **[저장]**을 클릭하여 [다른 이름으로 저장] 대화 상자를 실행합니다. ③ [다른 이름으로 저장] 대화 상자에서 저장할 위치를 **[바탕화면]**으로 지정하려면 대화 상자의 왼쪽 탐색창에서 [바탕화면]을 클릭합니다. ④ [파일 이름]에 **연습1**이라 입력하고 ⑤ **[저장]**을 클릭해 파일을 저장합니다.

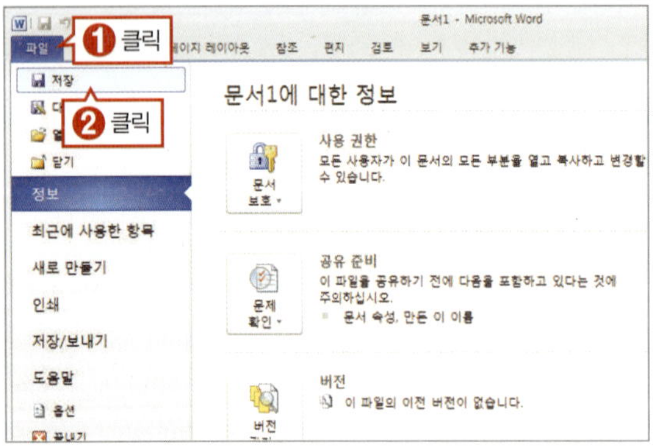

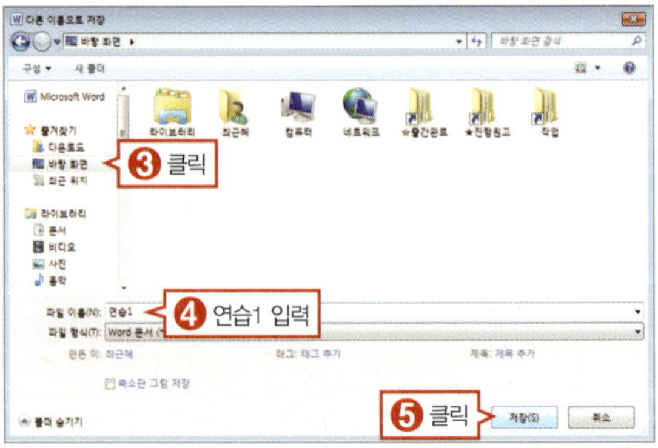

Tip 문서를 작성하고 처음 저장할 경우에는 [저장]을 누르면 [다른 이름으로 저장] 대화 상자가 나타나지만 두 번째 저장할 때는 [다른 이름으로 저장] 대화 상자가 나타나지 않고 바로 저장됩니다. 두 번째 저장할 때도 [다른 이름으로 저장]하고 싶은 경우에는 [저장] 아래에 있는 [다른 이름으로 저장]을 선택해야 합니다.

03 문서 다른 형식으로 저장하기

① [**파일**] **탭**에서 ② [**다른 이름으로 저장**]을 클릭합니다. ③ [파일 형식]에서 [**서식이 있는 텍스트**]를 선택하고 ④ [**저장**]을 클릭해 파일을 저장합니다.

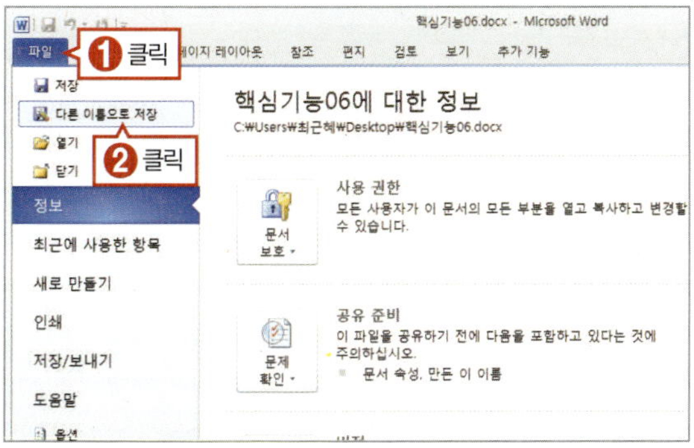

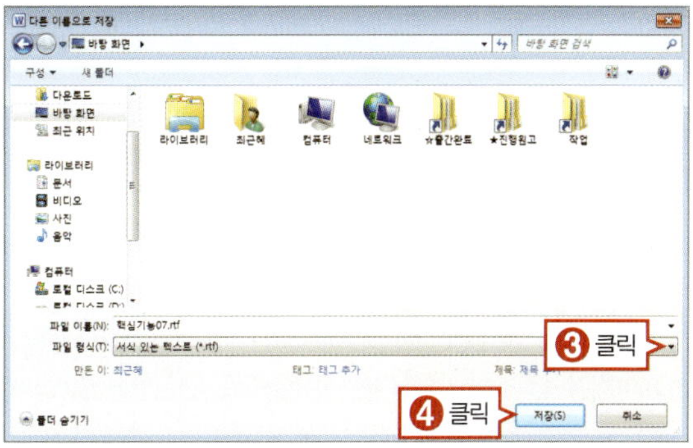

Tip 다음과 같이 저장한 파일은 거의 모든 워드 프로세서 프로그램과 호환됩니다. 단, 그림이나 그래픽 파일이 포함된 경우 그림 파일은 다른 워드 프로세서 프로그램에서 읽어오지 못할 수 있습니다.

핵심기능 02

문서에 암호 지정 및 해제하기

워드 2010으로 작성된 문서에 보안을 위해 비밀번호를 지정하는 방법과 하위 버전인 워드 2003에서 사용할 수 있도록 워드 2003 파일 형식으로 저장하는 방법을 알아보겠습니다.

01 문서에 암호 지정하기

① [파일] 탭에서 ② [다른 이름으로 저장]을 클릭해 [다른 이름으로 저장하기] 대화 상자를 실행합니다.

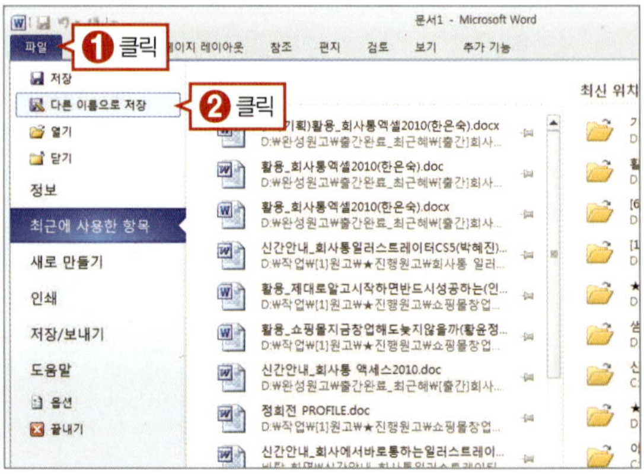

02 ① [다른 이름으로 저장] 대화 상자의 왼쪽에 있는 **[바탕화면]**을 클릭하여 저장 경로를 바탕화면으로 지정하고 ② 내용에 적당한 **파일명**을 입력합니다. ③ 대화 상자 하단에 **[도구]**를 클릭한 후 ④ **[일반 옵션]**을 선택합니다.

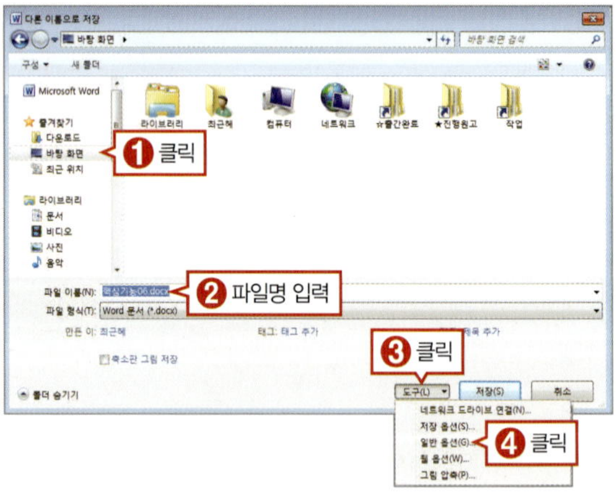

03 열기 암호 및 쓰기 암호 지정하기

① [일반 옵션] 대화 상자에서 **[열기 암호]**와 **[쓰기 암호]**를 입력한 후 ② **[확인]**을 클릭합니다. 암호 형식은 문자, 숫자 또는 문자와 숫자 혼합으로 지정할 수 있습니다.

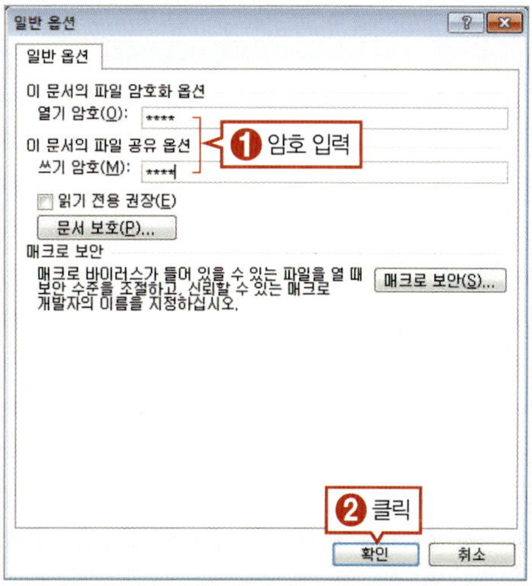

Tip 열기 암호와 쓰기 암호의 차이점

열기 암호는 파일을 열 때 사용하는 암호이고 쓰기 암호는 파일을 수정한 뒤 저장할 때 묻는 암호입니다. 문서를 아예 열지 못하도록 할 때는 열기 암호를 지정하고, 문서를 열어 열람을 할 수 있지만 내용을 수정하지 못하게 할 때는 쓰기 암호를 지정합니다. 그림처럼 두 곳에 모두 암호를 지정하면 문서를 열고 내용을 수정하여 저장할 때 비밀번호를 묻게 됩니다. 각각이 아니라 한 가지만 지정할 수도 있습니다.

04 지정한 암호 확인하기

3단계에서 [확인]을 클릭하면 암호 확인창이 실행됩니다. ① [암호 확인] 대화 상자에서 3단계에서 입력한 **열기 암호**를 다시 입력하고 ② **[확인]**을 클릭해 앞 단계에서 설정한 암호가 정확한지 확인합니다. ③ 마찬가지로 **쓰기 암호**를 다시 입력하고 ④ **[확인]**을 클릭합니다. ⑤ 올바로 지정됐다면 **[저장]**을 클릭해 문서를 저장합니다.

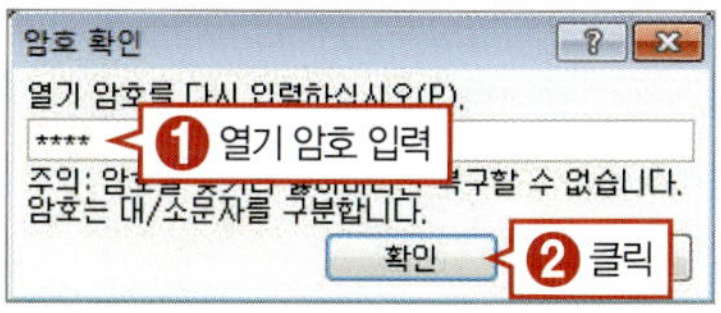

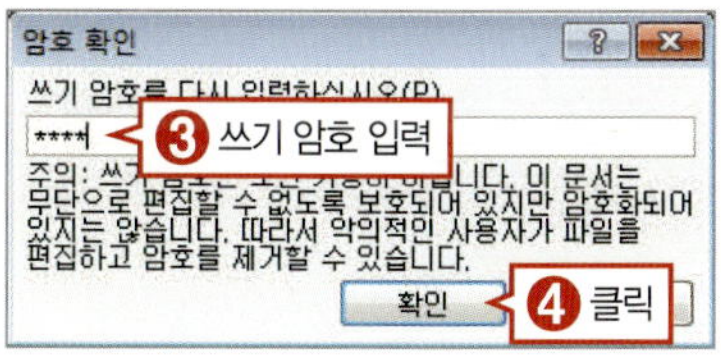

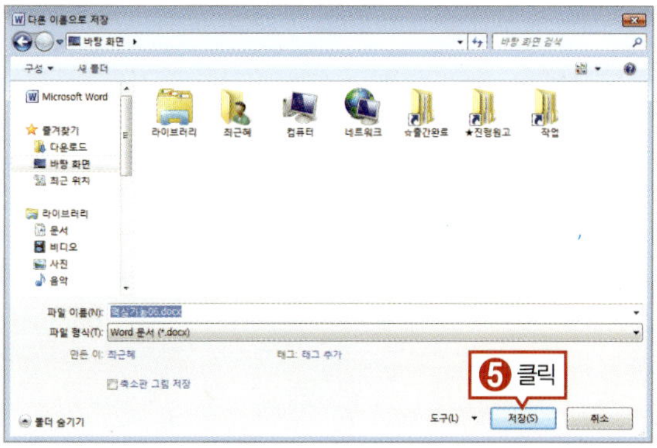

05 암호 적용 확인하기

현재 실행 중인 워드 프로그램을 **종료**합니다. 바탕화면에서 앞서 저장한 파일을 더블클릭해 **실행**합니다. 그림과 같이 [암호] 대화 상자가 나타나면 ① 앞 단계에 입력한 **암호를 입력**한 후 ② **[확인]**을 눌러 파일이 열리는지 확인합니다.

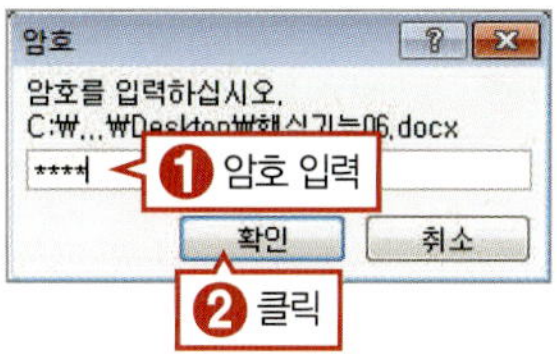

06 지정한 암호 해제하기

① [파일] 탭-**[다른 이름으로 저장]**을 클릭합니다. ② **[도구]**에서 ③ **[일반 옵션]**을 선택합니다. ④ **[열기 암호]** 및 **[쓰기 암호]**를 삭제하고 ⑤ **[확인]**을 눌러 다시 파일을 바탕화면에 저장합니다. 지금 실행 중인 워드 프로그램을 종료한 뒤 바탕화면에 저장한 파일을 열어 비밀번호를 묻는지 확인합니다.

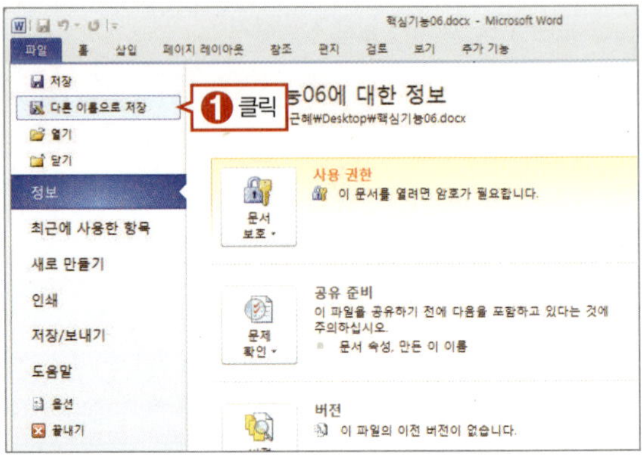

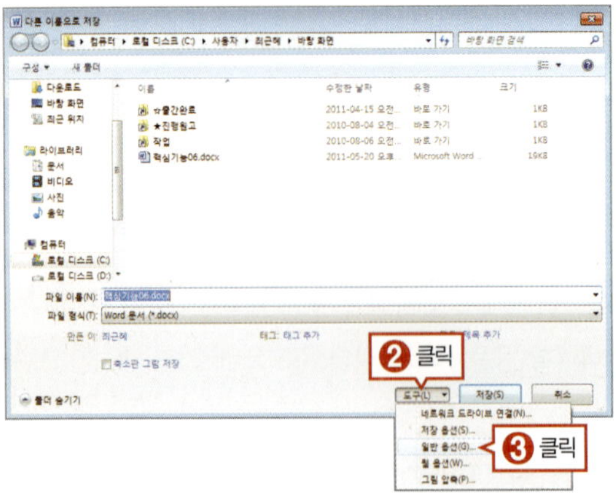

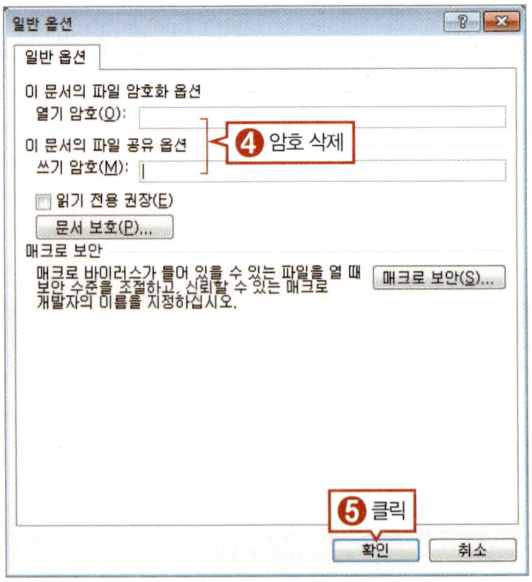

핵심기능 03

화면 확대 및 축소하기

• **실습 파일** ⓞ : 워드\실습\핵심기능03.docx

워드 2010으로 문서를 작성할 때 화면을 확대하거나 축소하는 방법에 대해 살펴보겠습니다. 문서 내에 자세하게 살펴보아야 할 부분이 있을 경우에는 확대하고, 전체적인 레이아웃을 확인할 때는 축소하는 기능입니다.

01 [보기] 탭의 [확대/축소]를 이용한 방법

① [보기] 탭–[확대/축소] 그룹에서 **[확대/축소]**를 클릭합니다. ② [확대/축소] 대화 상자에서 **[페이지 크기에 맞게]**에 체크하여 ③ **[확인]**을 클릭합니다.

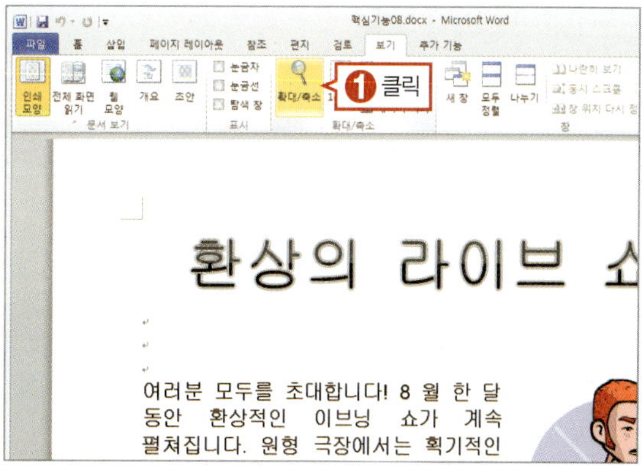

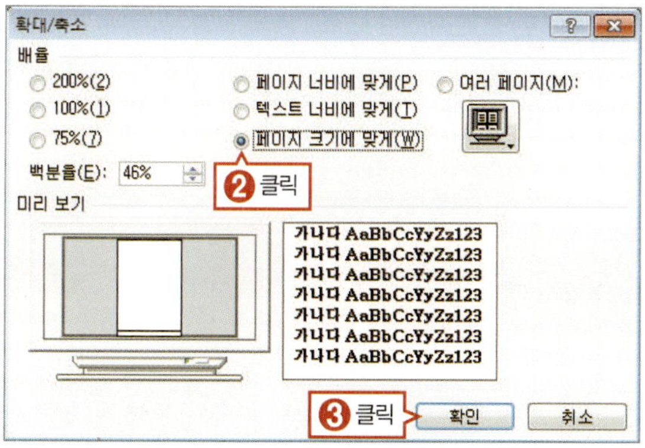

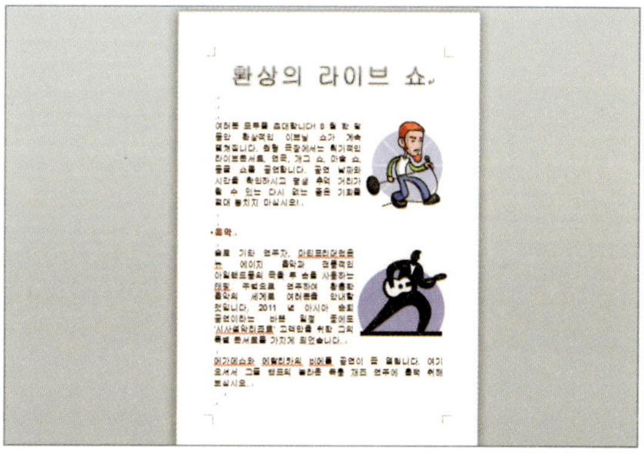

Tip [확대/축소] 대화 상자의 [미리 보기] 화면에서 각 확대/축소 옵션을 선택해 어떻게 화면이 변하는지 확인해보면서 적절한 [배율]을 선택할 수 있습니다.

02 [보기] 탭의 리본 메뉴를 이용한 방법

[보기] 탭–[확대/축소] 그룹에서 **[두 페이지 보기]**를 클릭하면 두 페이지를 한 화면에 펼쳐볼 수 있습니다. 그 밖에 **[한 페이지]**, **[페이지 너비]**, **[100%]** 등을 선택해 편집하기 좋은 화면 구성을 적용합니다.

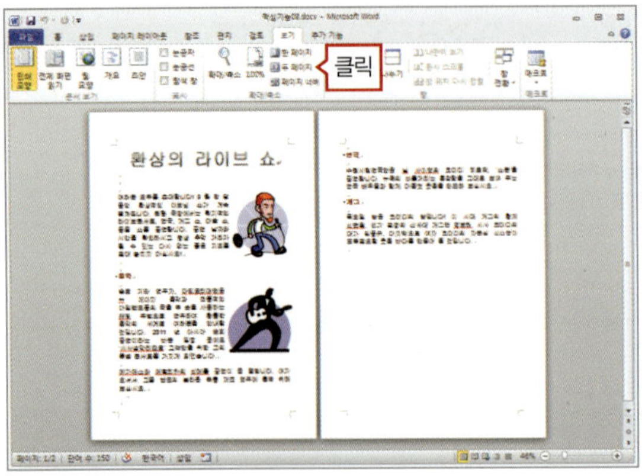

▲ [두 페이지 보기]를 적용한 화면

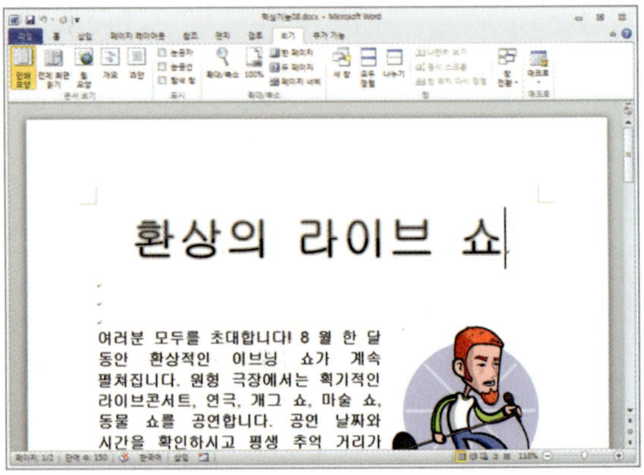

▲ [페이지 너비]를 적용한 화면

Tip 그 밖에 간단한 확대/축소 방법

[확대/축소] 슬라이드를 이용해 확대/축소를 변경할 수 있습니다.

사용하는 마우스가 휠 마우스라면 Ctrl+마우스 휠을 이용하여 확대/축소할 수 있습니다.

핵심기능 04

한자 입력 및 변환과 자주 사용하는 한자 등록하기

- **실습 파일** ⓒ : 워드\실습\핵심기능04.docx
- **완성 파일** ⓒ : 워드\완성\핵심기능04_결과.docx

워드 2010으로 한글, 영문, 한자를 입력하는 방법을 알아보겠습니다.

01 한글을 한자로 변환하기 [건전지 → 乾電池]

① 단어 **건전지**를 블록 선택한 뒤 키보드의 한자를 눌러 **[한글/한자 변환]** 대화 상자를 실행합니다. ② [한글/한자 변환] 대화 상자의 [입력 형태]에서 **[漢字]**를 선택하고 ③ **[변환]**을 눌러 한자 변환을 완료합니다.

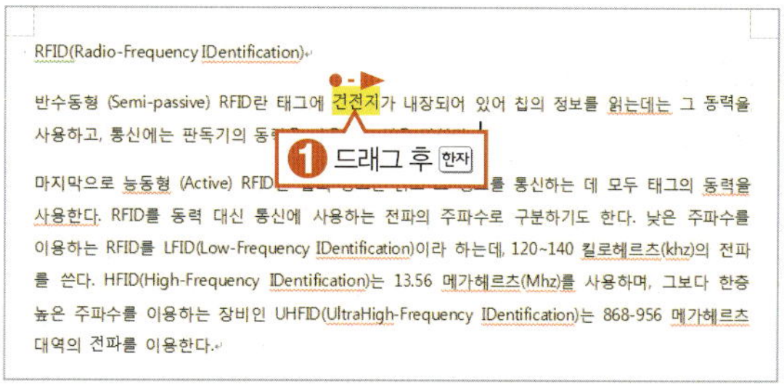

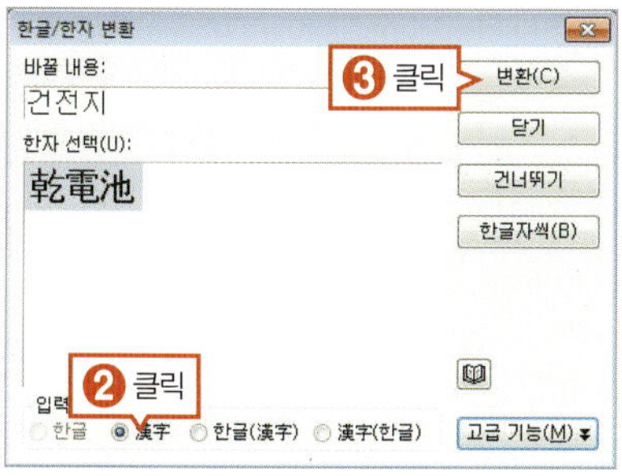

▲ 변환 결과

02 한글과 한자 병기하기 [동력 → 동력(動力)]

① **동력** 단어를 블록 선택한 뒤 한자를 눌러 앞 단계와 동일하게 **[한글/한자 변환]** 대화 상자를 활성화합니다. ② [입력 형태]에서 **[한글(漢字)]**를 선택하고 ③ **[변환]**을 클릭하면 한글과 한자가 나란히 기재된 형태로 변환됩니다.

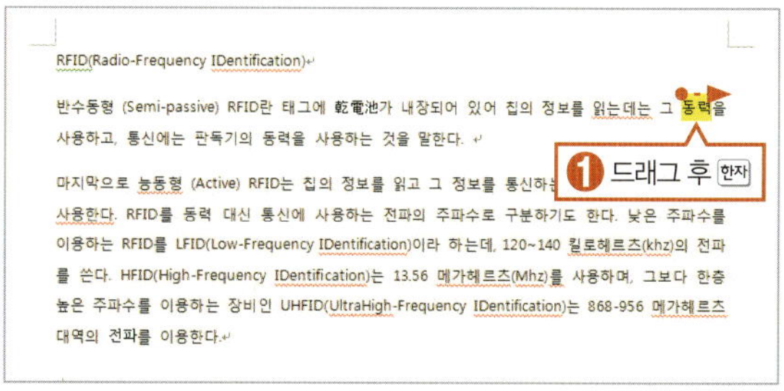

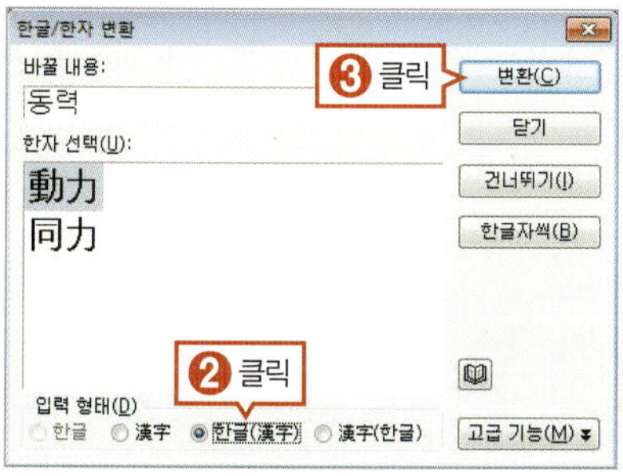

▲ 변환 결과

03 한글 앞에 한자 추가하기 [주파수 → 周波數(주파수)]

① **주파수**를 블록 선택한 뒤 한자를 눌러 **[한글/한자 변환]** 대화 상자를 실행합니다. ② [입력 형태]에서 **[漢字(한글)]**을 선택하고 ③ **[변환]**을 클릭합니다.

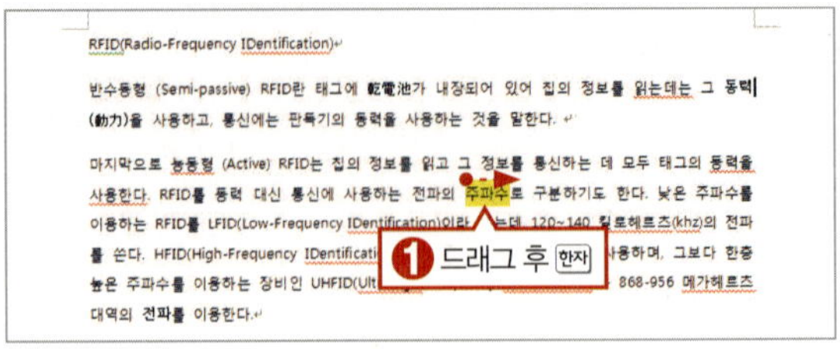

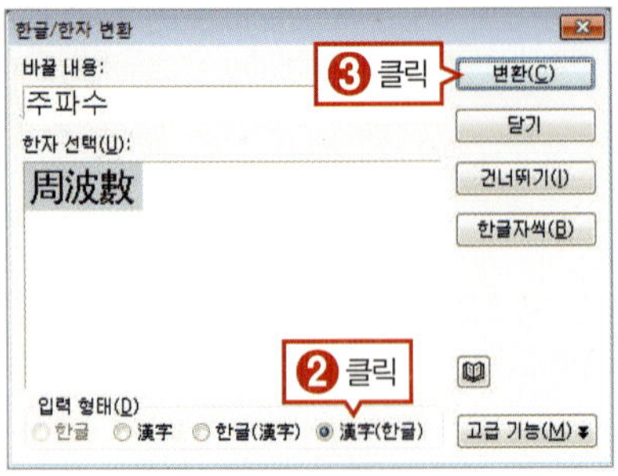

▲ 변환 결과

04 한자를 한글로 변환하기

① **京畿道**를 선택한 뒤 키보드의 한자를 눌러 **[한글/한자 변환]** 대화 상자를 활성화합니다. ② [입력 형태]에서 **[한글]**을 선택한 후 ③ **[변환]**을 클릭해 한자를 한글로 변환합니다.

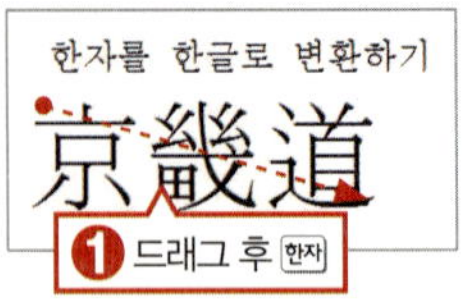

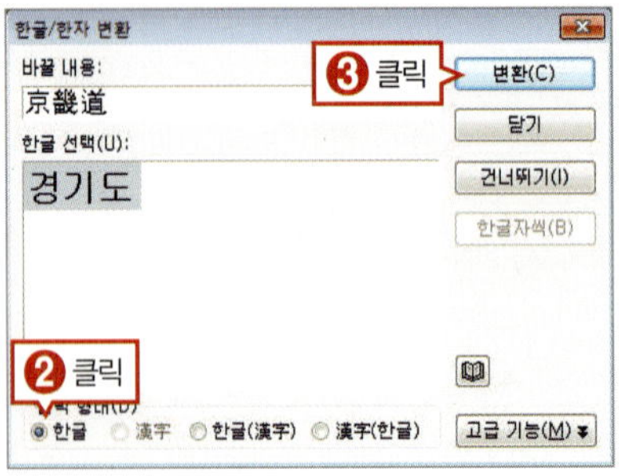

05 여러 개의 한자어 중 정확한 의미의 한자어 고르기

① **전파**를 블록 선택한 뒤 한자를 눌러 **[한글/한자 변환]** 대화 상자를 실행하면 그림과 같이 세 가지의 한자가 표시됩니다. 이 중에서 의미에 맞는 단어를 확인해보겠습니다. ② **첫 번째 한자**를 선택한 뒤 ③ **[한자 사전]**을 클릭하면 [한자 사전] 대화 상자가 실행됩니다. ④ 한자별 의미를 확인한 후 **[확인]**을 클릭합니다. 확인한 한자의 의미가 정확하다면 ⑤ [한글/한자 변환] 대화 상자에서 **[변환]**을 클릭해 작업을 완료합니다.

만약 변환하고자 하는 단어와 의미가 다른 한자라면 [확인]을 눌러 [한글/한자 변환] 대화 상자에서 다른 한자를 선택하고 [한자 사전]을 실행해 알맞은 의미의 한자를 찾아 변환합니다.

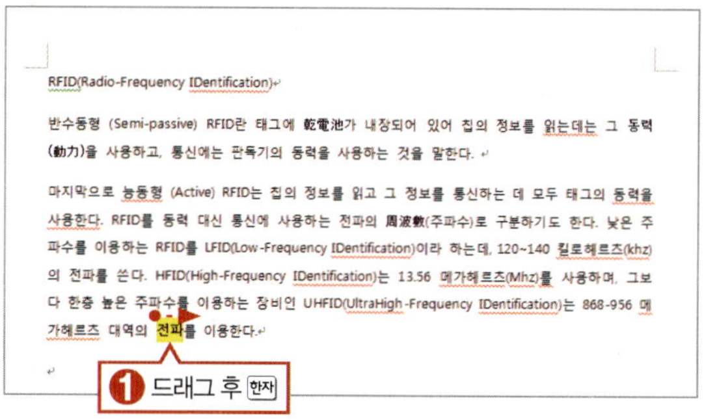

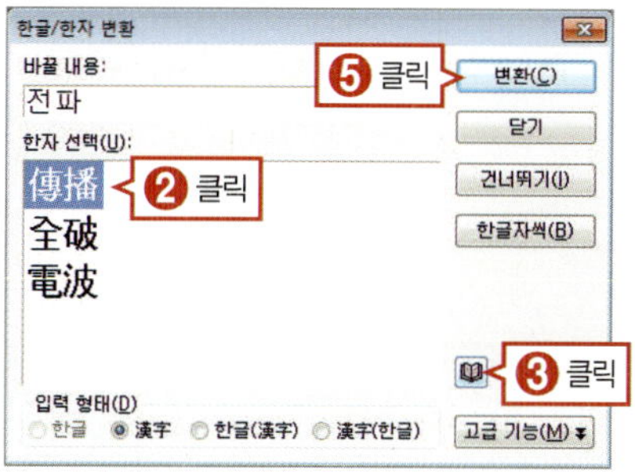

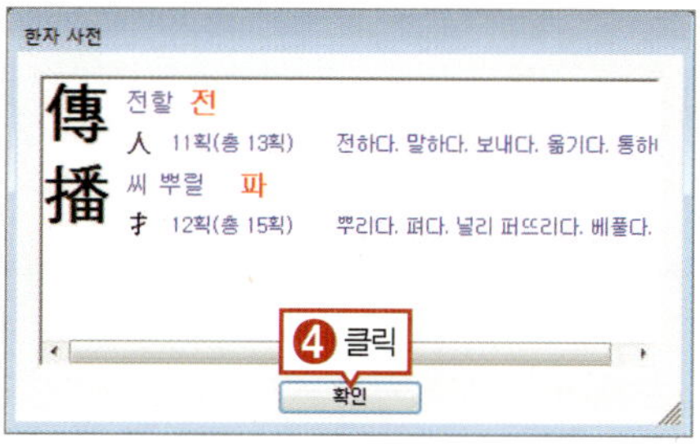

Tip 글자를 입력하면 뒤에 있는 글자가 하나씩 지워집니다.

Windows 입력 시스템은 Insert를 이용해 [삽입/겹쳐쓰기] 모드를 전환할 수 있습니다. 만약 문자를 입력할 때 뒤의 글자가 지워진다면 워드 2010의 하단 상태 표시줄에서 입력 상태가 [겹쳐쓰기]로 되어 있는지 확인합니다. [겹쳐쓰기]로 되어 있다면 Insert를 한 번 눌러 [삽입] 모드로 전환합니다.

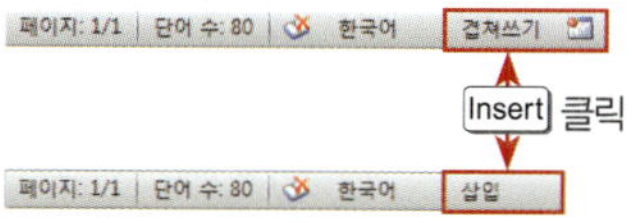

05 자주 사용하는 한자를 한자 사전에 등록하기

문서를 작성할 때 자주 사용하게 되는 한자를 미리 한자 사전에 등록하여 필요할 때마다 불러 쓸 수 있습니다. ① 한자 사전에 등록할 문자인 **화면확대**라는 단어를 블록 선택하고 한자를 누릅니다. **[한글/한자 변환]** 대화 상자에서 ② **[고급 기능]**을 클릭한 후 ③ **[새 단어 등록]**을 클릭해 **[한자 단어 등록]** 대화 상자를 실행시킵니다.

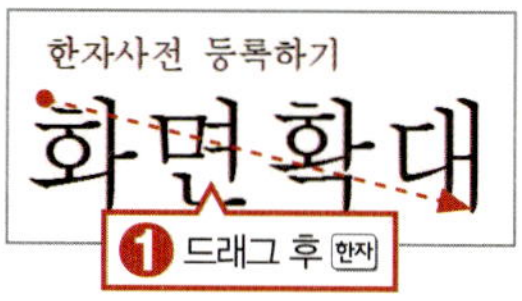

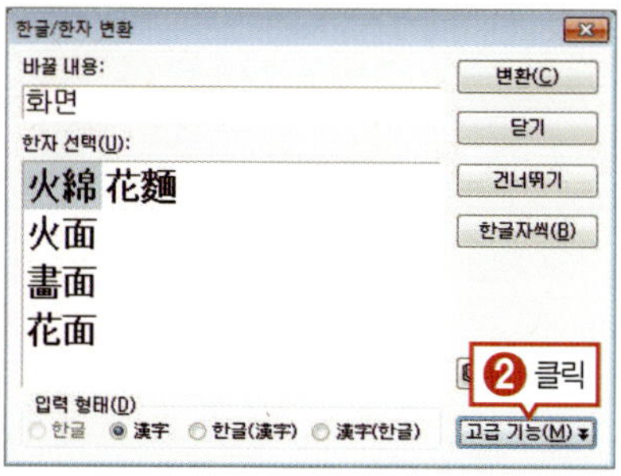

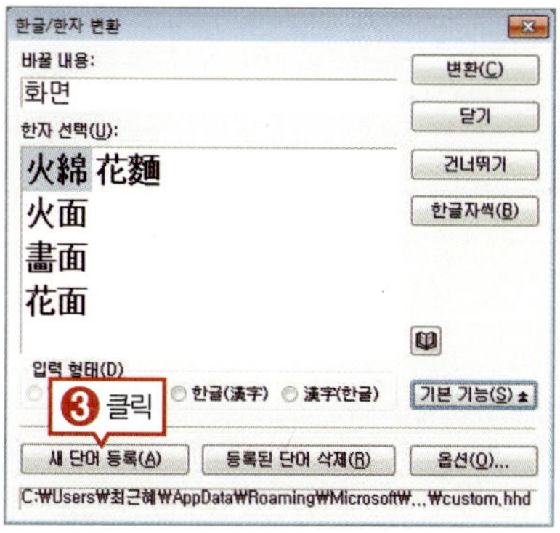

④ [한자 단어 등록] 대화 상자에서 각각의 한글의 의미에 맞는 한자를 선택합니다. ⑤ **[한자 사전]**을 클릭해 ⑥ 의미가 맞는지 확인한 뒤 [확인]을 누릅니다. ⑦ **[선택]**을 클릭해 한자로 변환합니다.

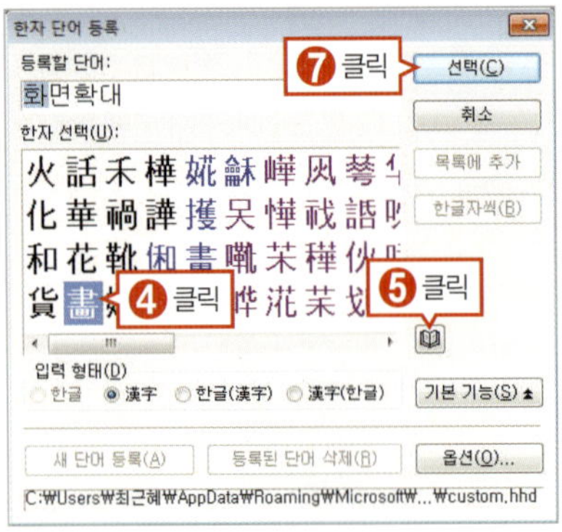

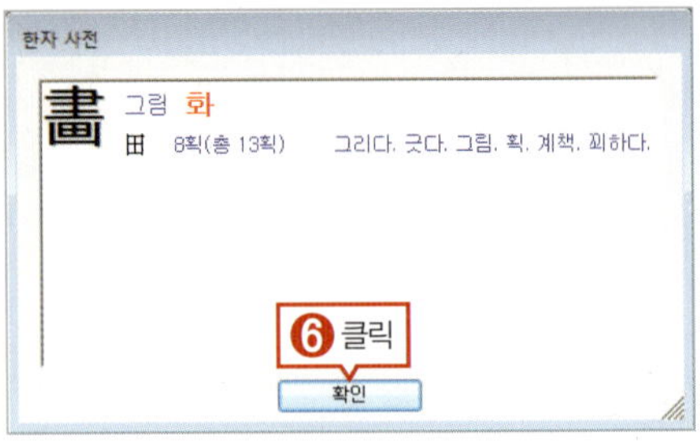

나머지 **면**, **확**, **대** 글자도 다음 그림 순서대로 선택하여 변환합니다. 모두 변환이 완료되면 ⑧ **[목록에 추가]**를 클릭해 한자 사전에 등록합니다. ⑨ 한자 사전에 등록한 후 **[변환]**을 클릭하여 변환을 완료합니다.

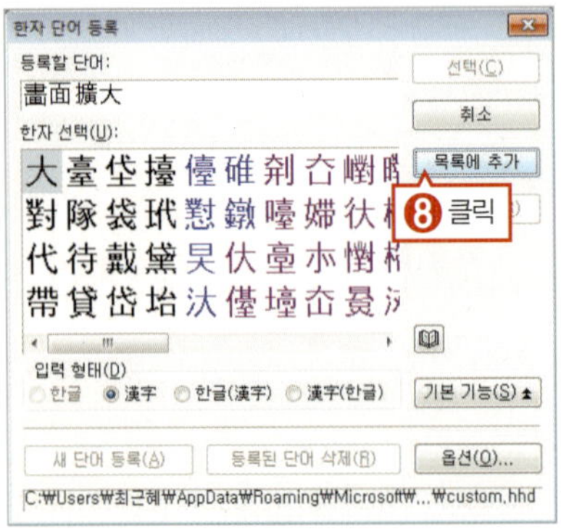

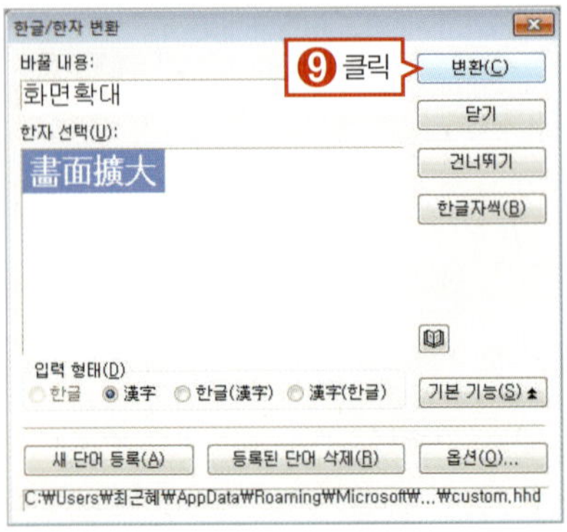

핵심기능 05

특수 기호와 수식 입력하기

- **실습 파일** : 워드\실습\핵심기능05.docx
- **완성 파일** : 워드\완성\핵심기능05_완료.docx

워드 2010으로 문서에 사용되는 기호 및 수학 공식 등의 수식을 입력하는 방법을 알아보겠습니다.

01 특수 기호 입력하기

① **녹색 정보화의 패러다임** 제목 부분의 맨 앞을 마우스로 클릭합니다. ② [삽입] 탭-[기호] 그룹-**[기호]**를 클릭한 후 ③ **[다른 기호]**를 선택합니다.

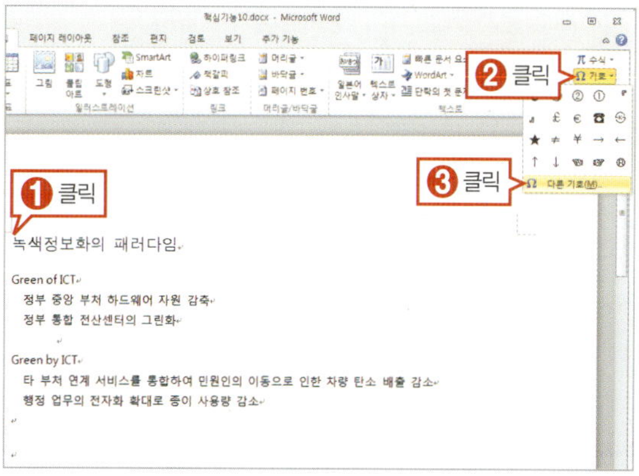

④ [기호] 대화 상자에서 [글꼴]을 [Wingdings]로 선택하고 ⑤ ◆ 도형을 찾아서 ⑥ **[삽입]**을 클릭해 문서에 삽입합니다. 기호 삽입이 모두 종료되면 ⑦ **[닫기]**를 눌러 작업을 종료합니다.

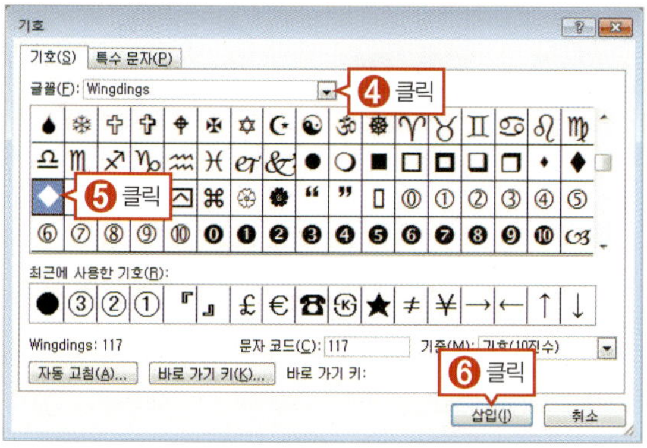

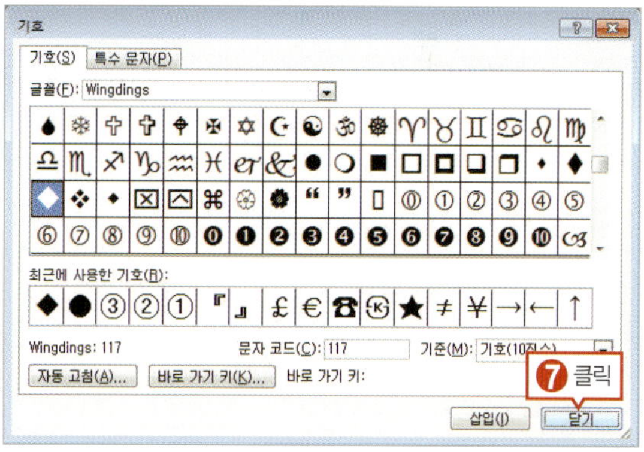

Tip 찾는 도형이 화면에 보이지 않을 때는 오른쪽의 스크롤바를 아래로 내리며 원하는 도형을 찾습니다.

Tip [기호] 대화 상자에서 [특수 문자] 탭은 자동 고침으로 등록된 문자들과 [바로 가기 키]를 표시합니다. 자동 고침은 예를 들어 (c)를 입력하면 자동으로 © 문자로 변경되는 기능입니다. 자동 고침에 대한 것은 '핵심기능 6'에서 다룹니다.

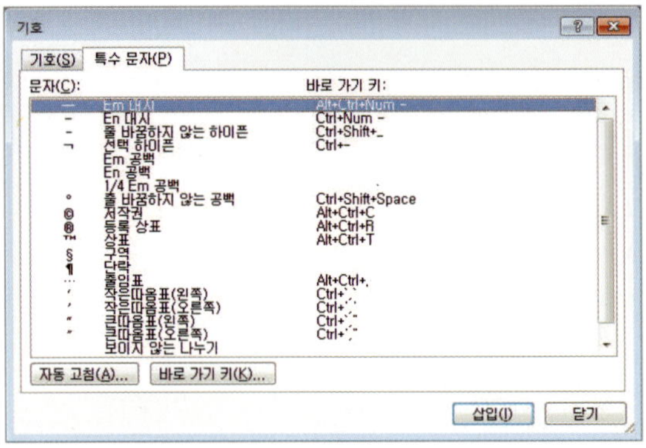

02 특수 문자 바로 가기 키 지정하기

① [삽입] 탭–[기호] 그룹–**[기호]**를 클릭한 후 ② **[다른 기호]**를 선택합니다. ③ 글꼴을 [Windings]로 선택하고 ④ 세로 스크롤바를 아래로 드래그합니다. ⑤ ➔를 선택하고 ⑥ **[바로 가기 키]**를 누릅니다. ⑦ **[새 바로 가기 키]**를 마우스로 클릭합니다. ⑧ 바로 가기 키로 Ctrl+Shift+→를 지정합니다. ⑨ **[지정]**을 클릭한 후 ⑩ **[닫기]**를 눌러 바로 가기 키 지정을 완료합니다. [기호] 대화 상자도 **[닫기]**를 누르고 문서에서 지정한 바로 가기 키를 입력해 특수 문자가 입력되는지 확인합니다.

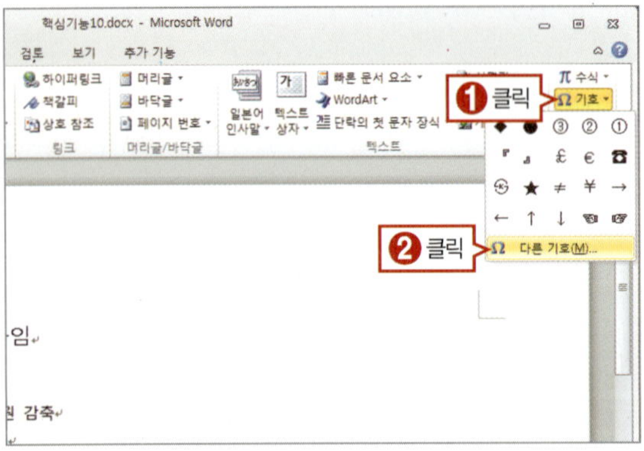

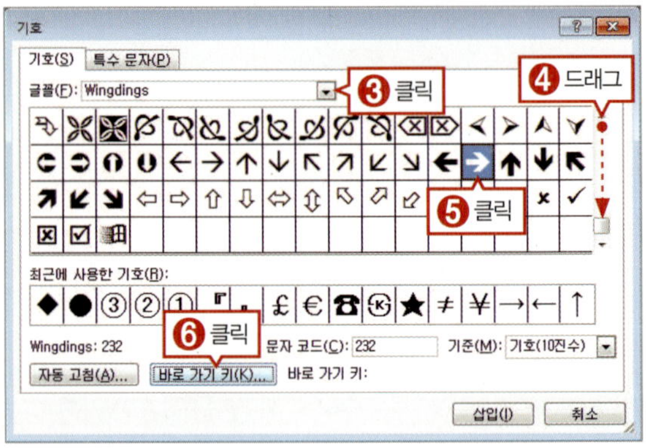

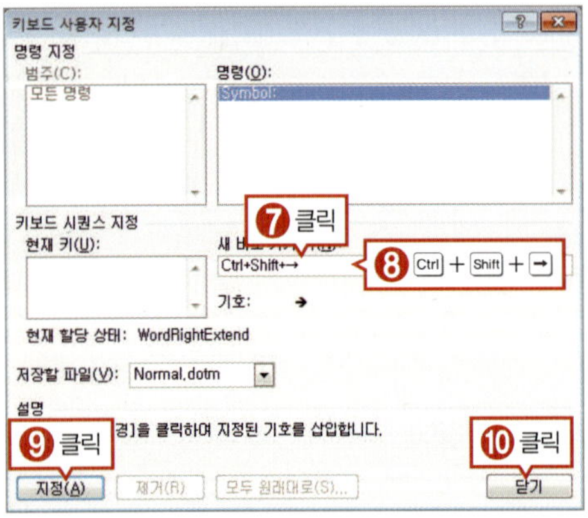

03 사칙 연산과 부등호 입력하기

① [삽입] 탭-**[수식]**을 클릭합니다. ② 키보드를 이용해 알파벳을 입력하고 리본 메뉴의 [기호]를 이용해 기호를 입력하여 **수식을 완성**합니다.

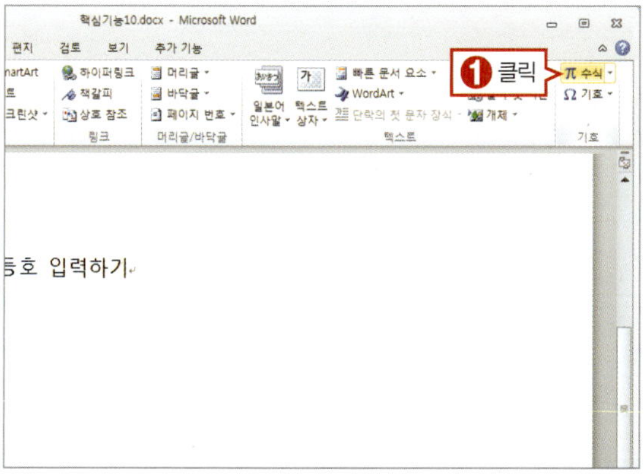

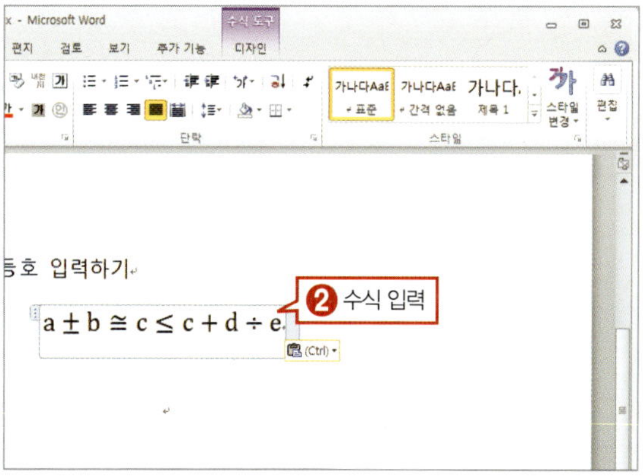

04 분수 수식 입력하기

① [삽입] 탭-[기호] 그룹에서 **[π 수식·수식]**을 클릭합니다. ② 나타나는 리스트에서 **[새 수식 삽입]**을 클릭합니다. 그러면 그림과 같이 수식 도구 디자인 창이 활성화되면서 수식 입력 박스가 활성화됩니다.

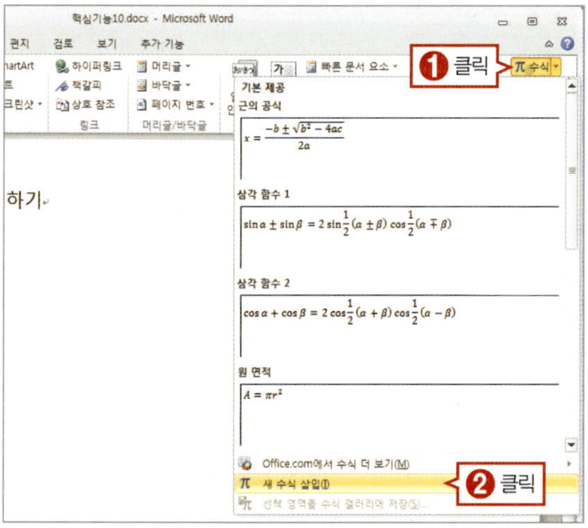

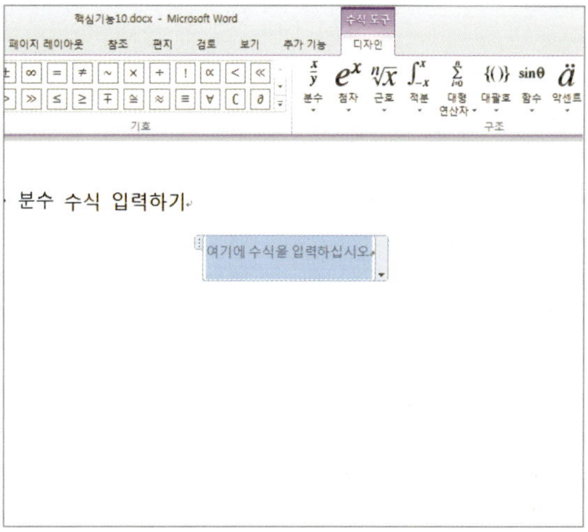

③ 분수 형태를 입력하기 위해 [디자인] 탭의 **[분수]**를 클릭한 후, ④ 첫 번째 위치의 **[상하형 분수]**를 선택합니다. 편집 창에 [상하형 분수]가 표시되면 ⑤ 분자 부분을 마우스로 클릭한 뒤 c를 입력합니다.

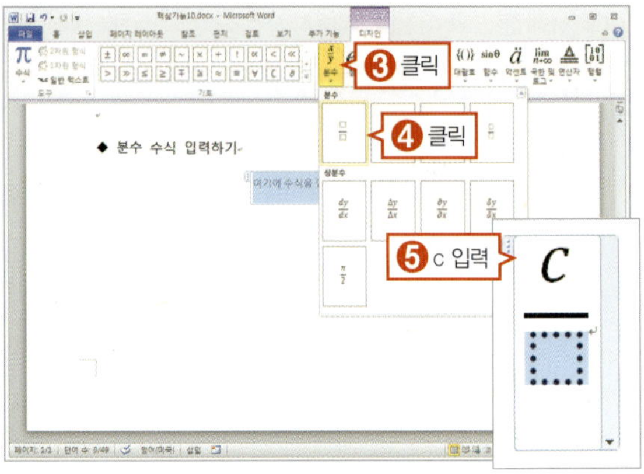

05 근호(√‾) 입력하기

① **분모** 부분을 마우스로 클릭한 후 ② [구조] 그룹의 **[근호]**를 클릭하여 ③ 첫 번째 **제곱근** 형태를 선택합니다. ④ 근호 안을 마우스로 클릭한 뒤 ⑤ a를 입력합니다. 키보드 **우측 방향키(→)**를 한 번 눌러 현재 근호에서 빠져나오게 합니다. 바로 입력하면 뒤의 문자들이 앞의 근호 안에 들어가버릴 수 있습니다.

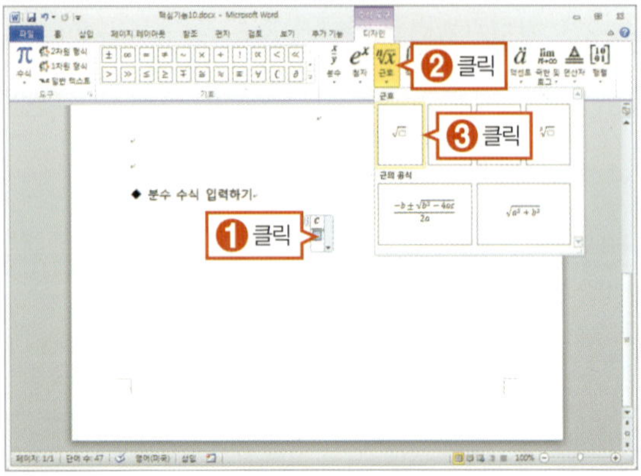

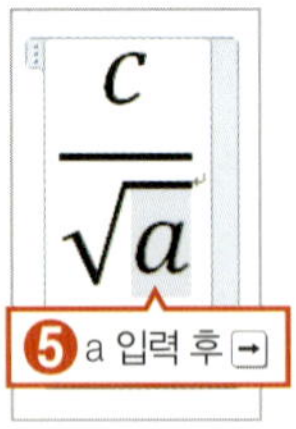

⑥ [기호] 그룹에서 ±를 클릭하고 ⑦ [구조] 그룹에서 **[근호]**, ⑧ **[제곱근]**을 앞 단계와 동일하게 선택합니다. ⑨ 근호에 b를 입력합니다.

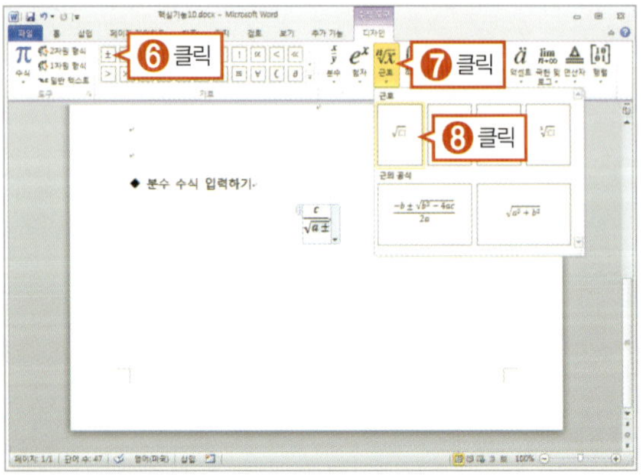

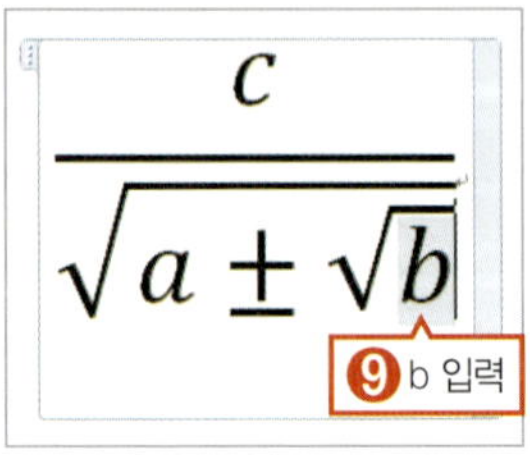

핵심기능 06

단위 기호 입력과 자동 고침 사용 및 해제하기

• **실습 파일** ⓒ : 워드\실습\핵심기능06.docx

워드 2010으로 문서에 사용되는 단위 기호를 입력하는 방법과 사용되는 자동 고침 기능에 대해서 알아보겠습니다. 자동 고침 기능이란 미리 지정한 한글 단어를 입력하면 자동으로 해당 기호로 변경되는 것입니다. 따라서 [삽입]→[기호]를 통해 변환하는 복잡함을 해결해줍니다. 즉, 자동 고침 기능은 앞의 기호 삽입 단계를 간략화할 수 있는 기능으로 문자로 기호 이름을 미리 지정해놓으면 해당 문자 이름을 입력하고 Enter를 치는 순간 지정한 기호로 자동 변경됩니다.

01 한중일 호환용 단위 기호 입력하기

① **[단위연습]** 열의 첫 번째 칸을 선택합니다. ② [삽입] 탭-[기호] 그룹의 **[기호]**를 클릭하여 ③ **[다른 기호]**를 선택합니다. ④ [기호] 대화 상자에서 [글꼴]을 **[(현재 글꼴)]**, ⑤ [하위 집합]에서 **[한중일 호환용]**을 택하고, ⑥ 기호 목록에서 **[㎡]**를 클릭한 후 ⑦ **[삽입]**을 클릭해 표에 단위를 입력합니다. 왼쪽 [단위] 열에 있는 기호대로 ㎥, ㎜ 등을 추가해봅니다.

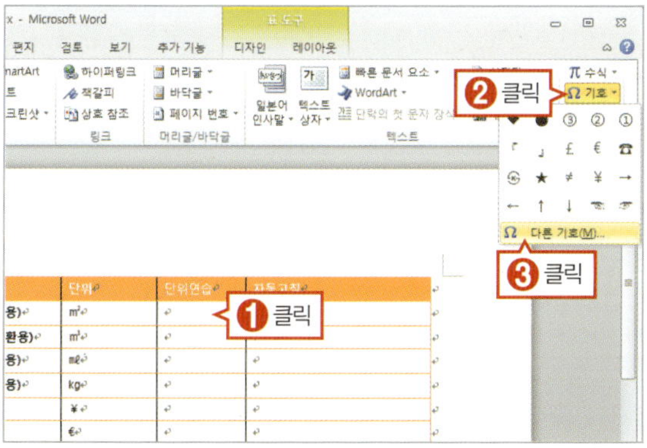

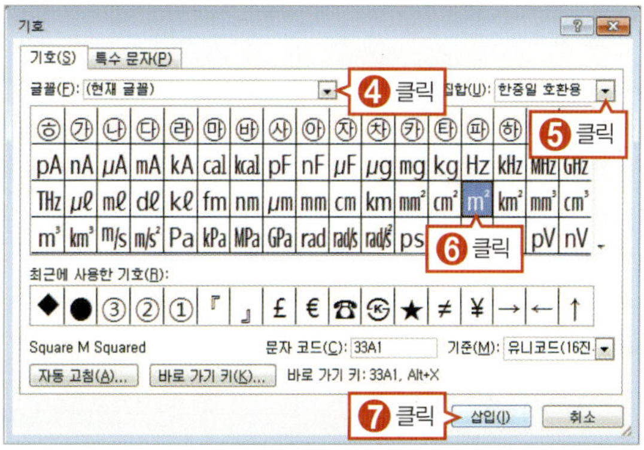

02 기타 단위 기호 입력하기

① [하위 집합]을 **[반자 및 전자]**로 변경해 ② ¥를 입력합니다. ③ 다시 **[통화 기호]**로 변경하고 ④ €를 입력합니다. ⑤ **[글자꼴 기호]**로 하위 집합 범주를 변경한 후 ⑥ ℃, ℉를 입력합니다. ⑦ **[닫기]**를 클릭합니다.

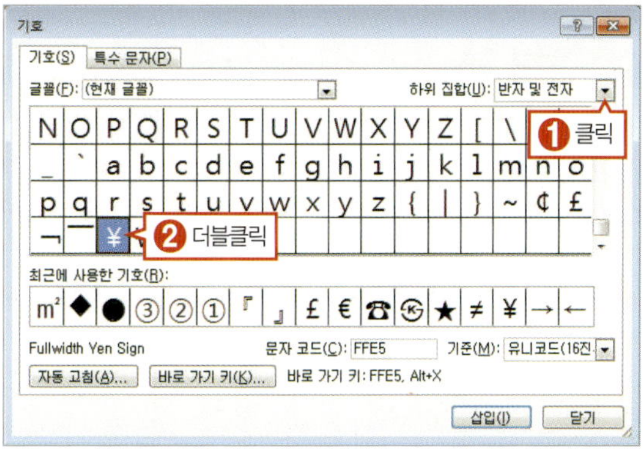

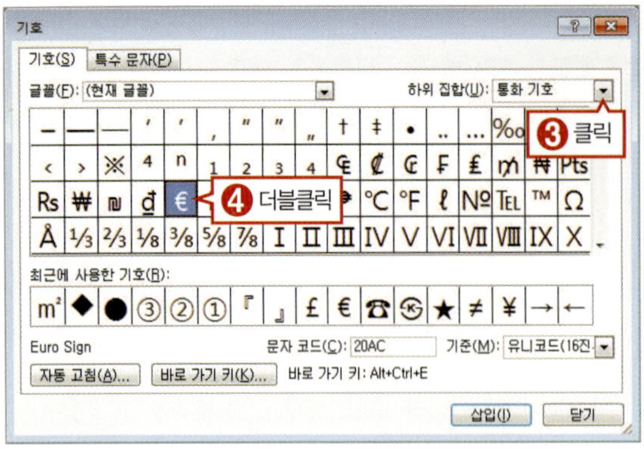

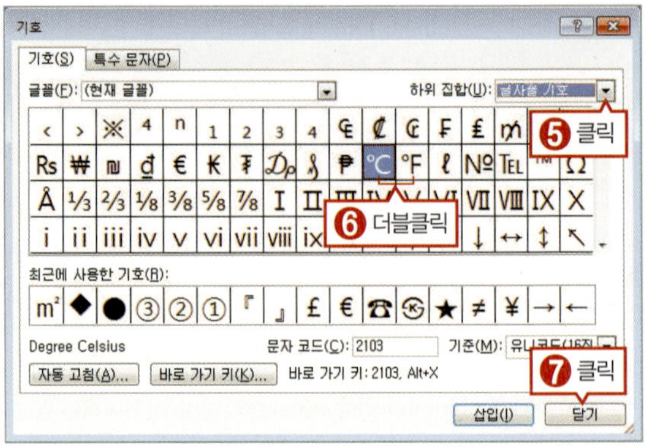

03 자동 고침 설정하기

① [삽입] 탭–[기호] 그룹–**[기호]**에서 ② **[다른 기호]**를 실행하여 [기호] 대화 상자를 활성화합니다. ③ 최근에 사용한 기호에서 ㎡를 선택한 후 ④ **[자동 고침]**을 클릭해 [자동 고침] 대화 상자를 실행합니다.

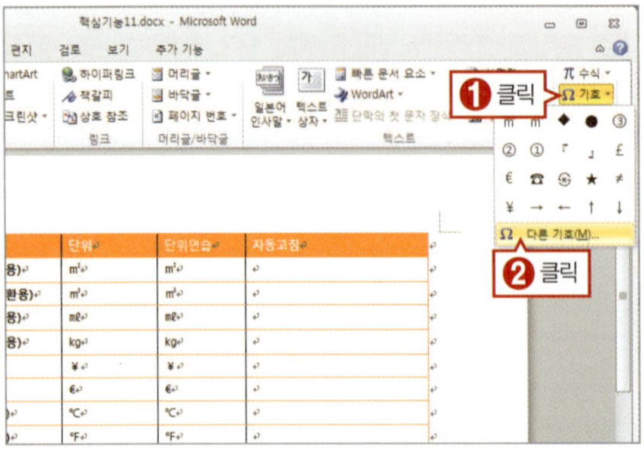

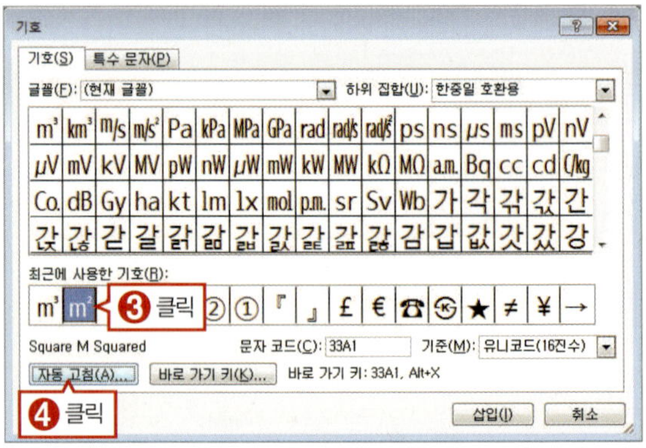

⑤ 입력 칸에 **제곱미터**라고 입력하고 ⑥ 아래의 **[추가]**를 클릭한 후 ⑦ **[확인]**을 눌러 [자동 고침] 대화 상자를 닫습니다. ⑧ [기호] 대화 상자도 **[닫기]**를 클릭해 종료합니다.

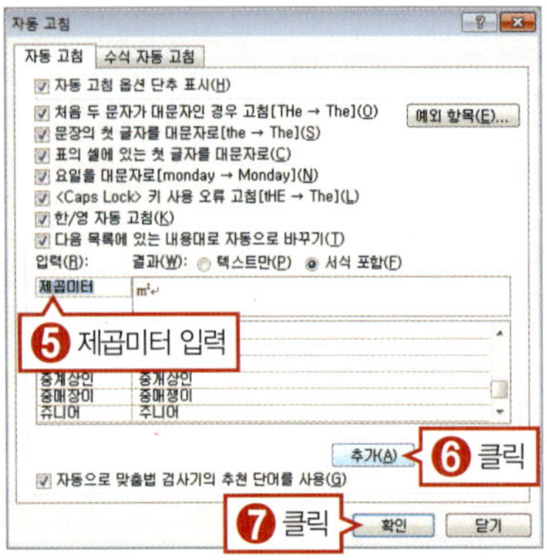

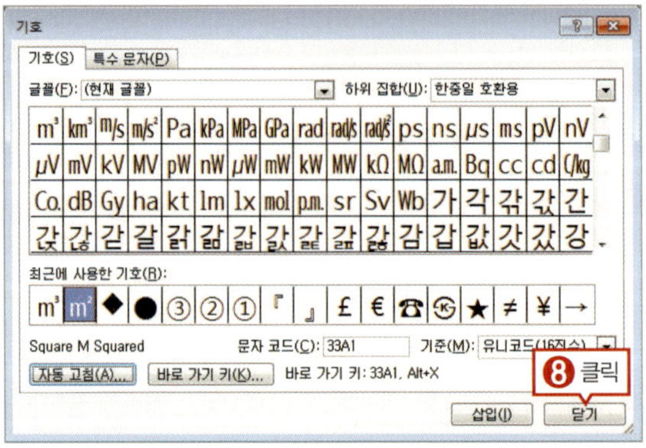

04 설정한 자동 고침 적용하기

[자동고침] 열의 첫 번째 칸에 **제곱미터**를 입력한 뒤 Enter를 치면 그림과 같이 자동으로 기호 모양 단위가 적용됩니다. 나머지 단위도 위와 같은 방법으로 자동 고침을 등록하고 변경하도록 합니다.

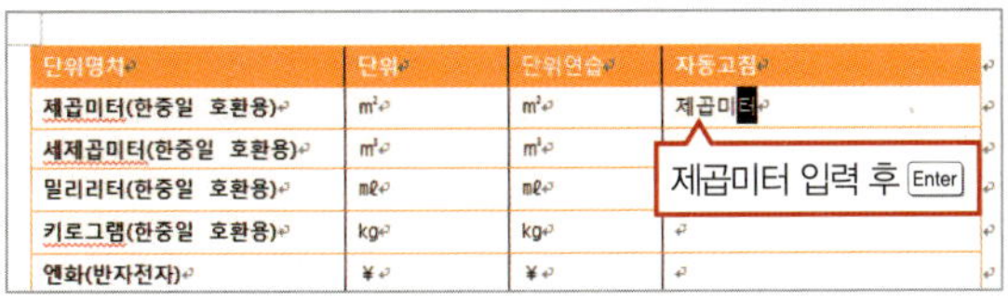

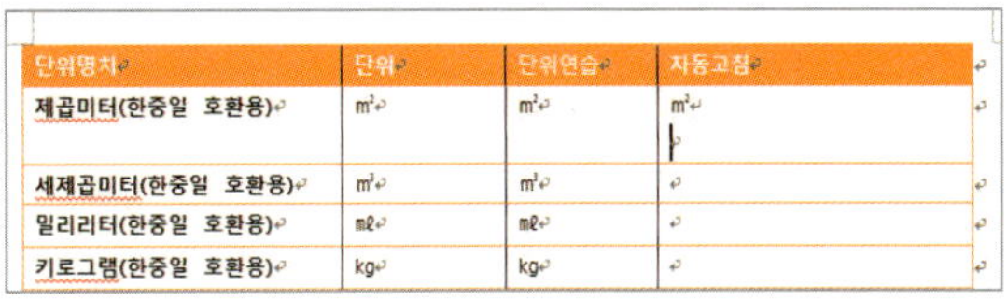

05 자동 고침 해제하기

① 자동 고침이 적용된 텍스트를 블록 선택하여 ② **[자동 고침 옵션 조절]**을 실행합니다. ③ **["제곱미터"(으)로 다시 변경]**을 클릭하면 간단히 변경을 취소할 수 있습니다.

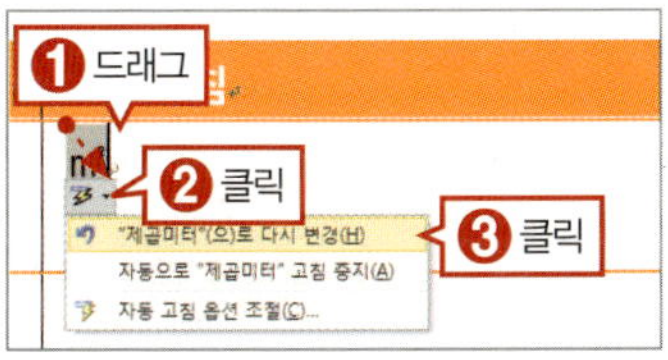

Tip 자동 고침된 기호 변경을 중지하기

자동 고침 된 ㎡의 아래 [자동 고침 옵션]을 클릭하여 [자동으로 "제곱미터" 고침 중지]를 선택하면 제곱미터에 대한 자동 고침이 해제됩니다. 이 경우에는 지정된 자동 고침에 대한 내용의 적용이 해제되어 더 이상 사용할 수 없습니다.

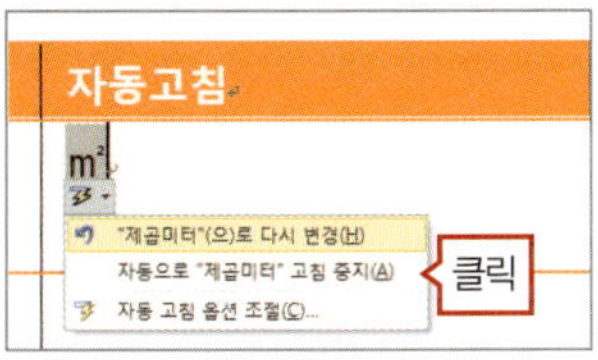

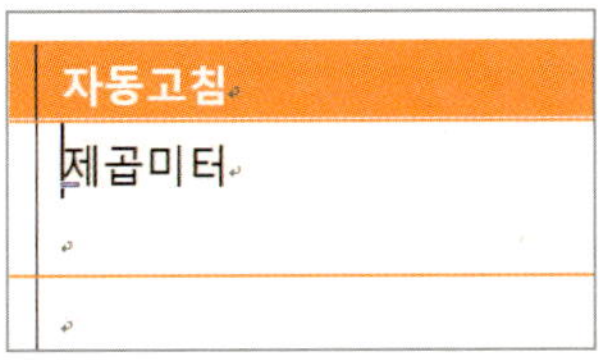

핵심기능 07

찾기 및 찾아 바꾸기

• **실습 파일** ⓒ : 워드\실습\찾아바꾸기.docx

워드 2010을 이용해 문서 내에서 원하는 문장의 위치를 찾아가는 찾기 기능과 문서 내용 중 변경해야 할 단어가 많을 경우 일일이 찾아 바꾸는 번거로움을 줄일 수 있는 찾아 바꾸기 기능에 대해서 알아보겠습니다.

01 빠른 찾기

① [홈] 탭–[편집] 그룹에서 **[찾기]**를 클릭합니다. ② 화면 왼쪽에 탐색 안내창이 실행되면 검색란에 **"내방객"**을 입력합니다. ③ 입력하고 잠시 기다리거나 Enter를 입력하면 찾는 문자로 이동합니다.

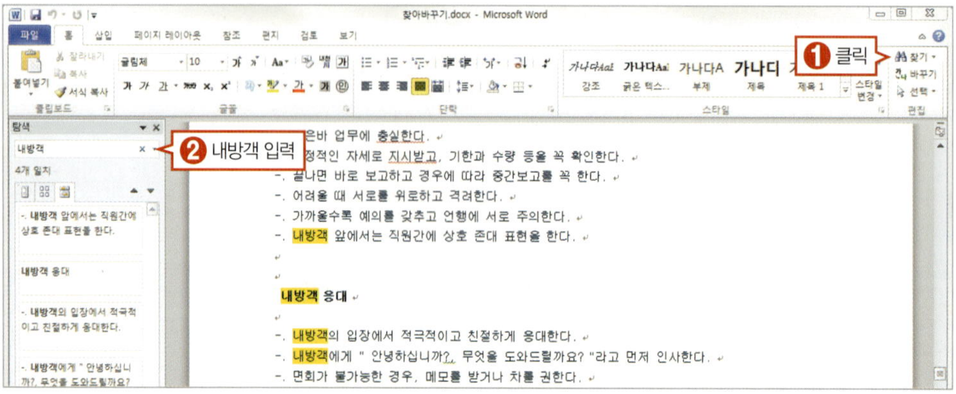

02 찾아 바꾸기

① [홈] 탭–[편집] 그룹의 **[바꾸기]**를 클릭합니다. ② 찾을 내용에 **상대방**을 입력합니다. ③ 바꿀 내용에 **고객**이라고 입력한 후 ④ **[바꾸기]**를 클릭하면 문서 안에 있는 상대방이라는 단어를 하나씩 찾아주면서 변경합니다.

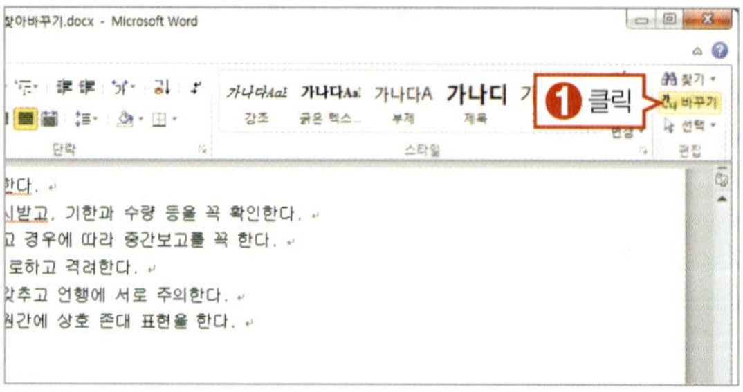

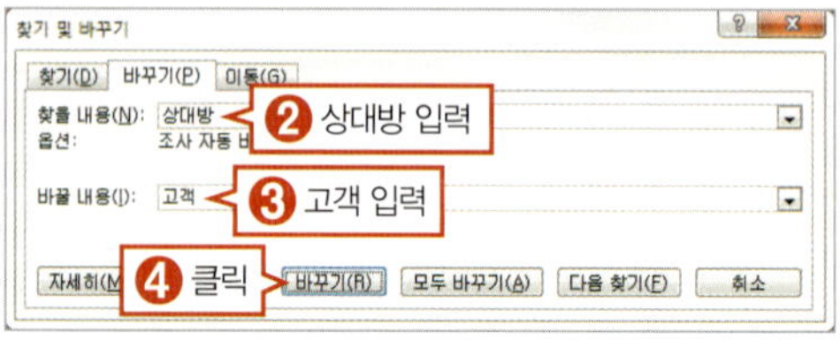

Tip 만약 한 개씩 찾아 바꾸는 것이 불편하다면 [모두 바꾸기]를 이용해 한꺼번에 변경할 수도 있습니다.

03 서식 바꾸기

① [홈] 탭–[편집] 그룹에서 **[바꾸기]**를 클릭합니다. ② **[찾기 및 바꾸기]** 대화 상자에 찾을 내용과 바꿀 내용에 **역지사지**를 입력한 상태에서 ③ **[간단히]**를 클릭해 대화 상자의 [간단히] 항목들을 활성화합니다. ④ 하단의 **[서식]**을 클릭한 후 나타나는 목록에서 ⑤ **[글꼴]**을 클릭합니다.

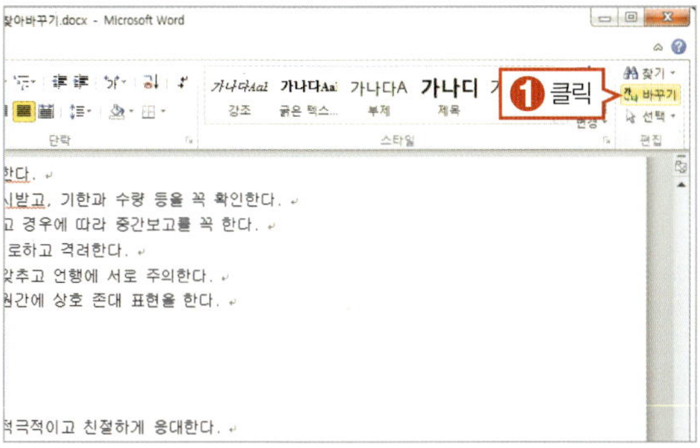

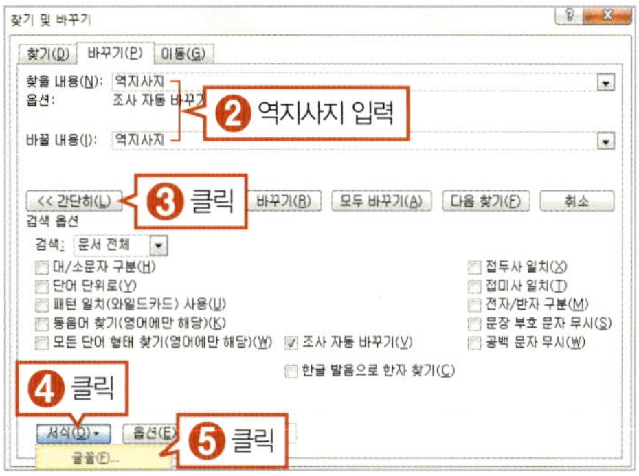

⑥ [글꼴 색]에서 **[빨강]**을 선택한 후 ⑦ **[확인]**을 클릭해 [글꼴 바꾸기] 대화 상자를 종료합니다. ⑧ [찾기 및 바꾸기] 대화 상자에서 **[바꾸기]**를 클릭해 글꼴 서식을 변경합니다.

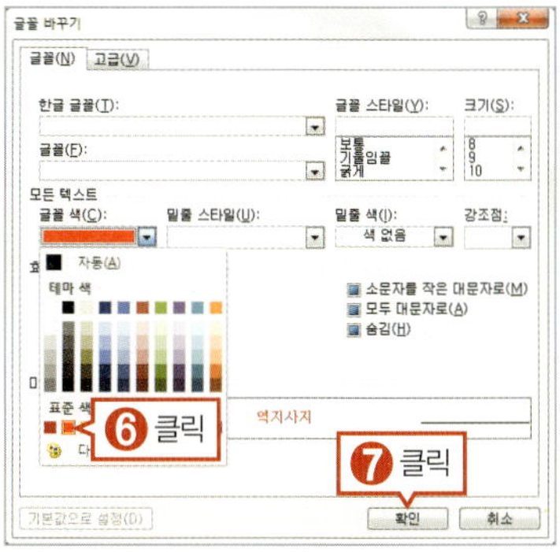

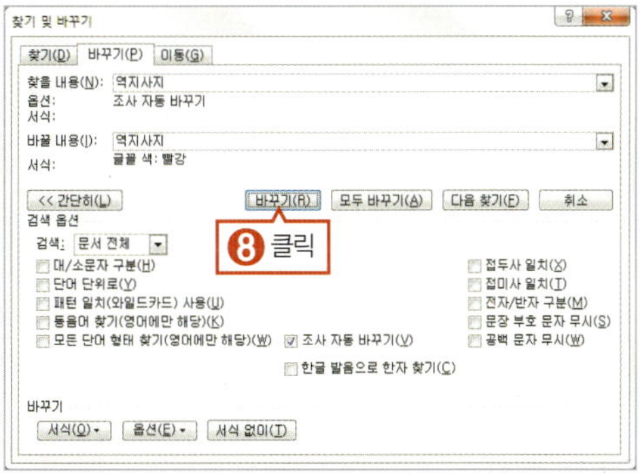

Tip 찾기 및 바꾸기 대화상자

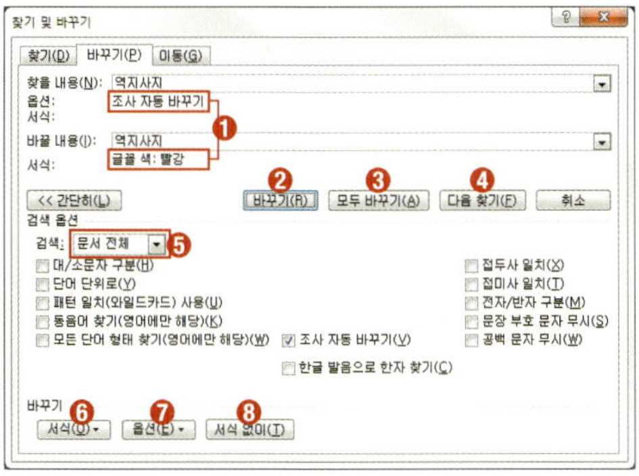

① 서식을 이용해 찾거나 바꿀 내용에 적용된 서식이나 옵션을 표시합니다.
② 바꿀 내용을 하나씩 찾아가며 바꾸어줄 때 사용합니다.
③ 여러 단어를 한번에 바꾸어줄 때 사용합니다.
④ 단어를 변경하지 않고 찾을 때 사용합니다.
⑤ 검색 방향을 선택합니다(아래쪽으로, 위쪽으로, 문서 전체).
⑥ 찾을 내용 또는 바꿀 내용의 서식을 변경할 때 사용합니다.
⑦ 특수 문자 또는 기타 찾기 및 바꾸기 기능을 지정합니다.
⑧ 찾을 내용 또는 바꿀 내용에 적용된 서식을 삭제할 때 사용합니다.

핵심기능 08

실행 취소 및 다시 실행하기

• **실습 파일** ⓞ : 워드\실습\실행취소하기.docx

워드 2010을 이용한 작업 중 잘못된 작업을 실행 취소하거나 실행 취소된 작업을 되돌리는 방법을 알아보겠습니다. 실행 취소 기능은 문서 작업 중에 잘못된 작업을 바로 앞 단계나 최대 1,000단계까지 취소하는 기능입니다.

01 실행 취소하기

① [홈] 탭-[편집] 그룹에서 **[바꾸기]**를 클릭합니다. ② [찾을 내용]에 **대화**를 입력합니다. ③ [바꿀 내용]에 **이야기**를 입력한 뒤 ④ **[모두 바꾸기]**를 실행합니다. Ctrl+Z를 실행해 적용된 바꾸기를 **실행 취소**합니다.

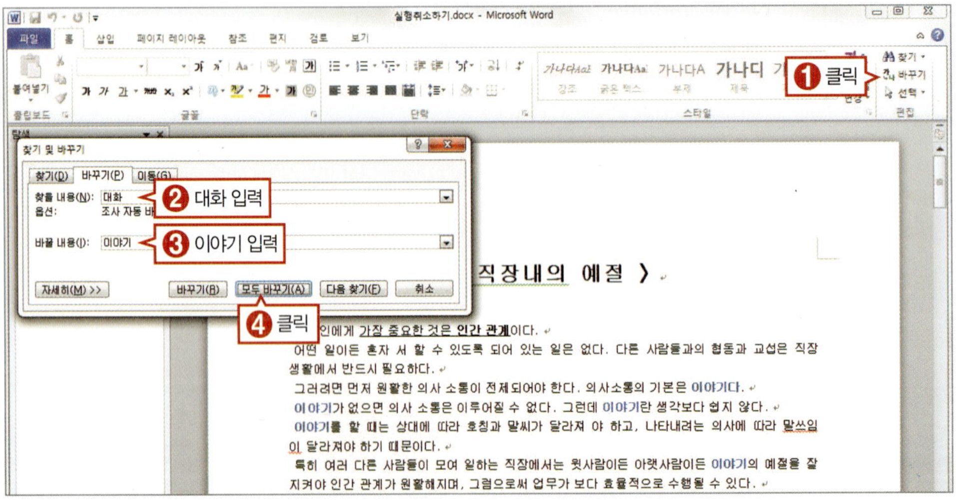

Tip Ctrl+Z의 단축키를 이용한 방법 외에 빠른 실행 도구 모음에서 [실행 취소]를 클릭합니다.

02 다시 실행하기

실행 취소하기 된 상태에서 Ctrl+Y를 클릭하거나 빠른 실행 도구의 [**다시 실행**]을 클릭합니다.

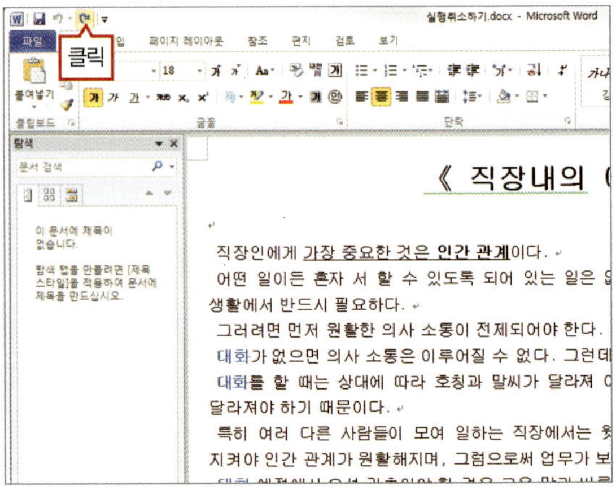

핵심기능 09

문장 이동 및 복사하기, 엑셀 표를 워드로 가져오기

• **실습 파일** ◎ : 워드\실습\이동 및 복사.docx, 표.docx, 엑셀예제.xlsx

문서 작성 중에 이미 작성한 문장을 다른 위치로 이동하거나 같은 내용의 문장을 다른 곳에 반복하여 사용하고자 할 때 사용하는 기능으로 편집 작업 중에 자주 사용됩니다.

01 단축키로 문장을 잘라내 이동시키기

① [1.상담예절] 제목에 해당되는 모든 문장을 **블록 선택**하고, Ctrl+X를 눌러 블록 선택한 부분을 잘라냅니다. ② 마우스로 **[2.명함 주고받기] 아래쪽**을 클릭하고 Ctrl+V를 눌러 잘라냈던 문장 전체를 붙여넣습니다.

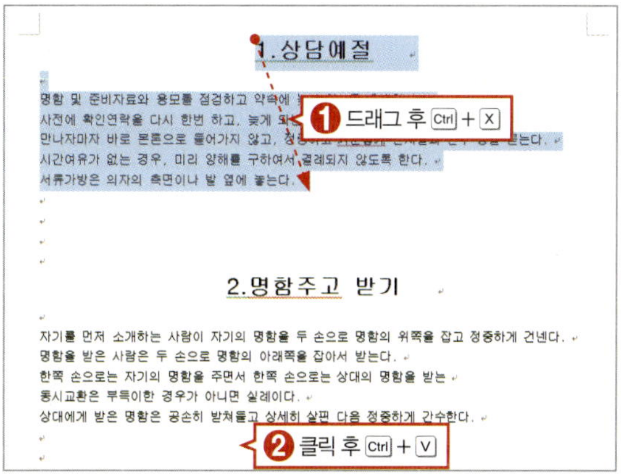

02 키보드 사용하지 않고 마우스로 끌어 이동시키기

① [1.상담예절] 단락의 모든 문장을 **블록 선택**한 후 ② 마우스를 선택 범위 위에 올려둔 채 **위로 드래그**하여 위쪽으로 이동시킵니다.

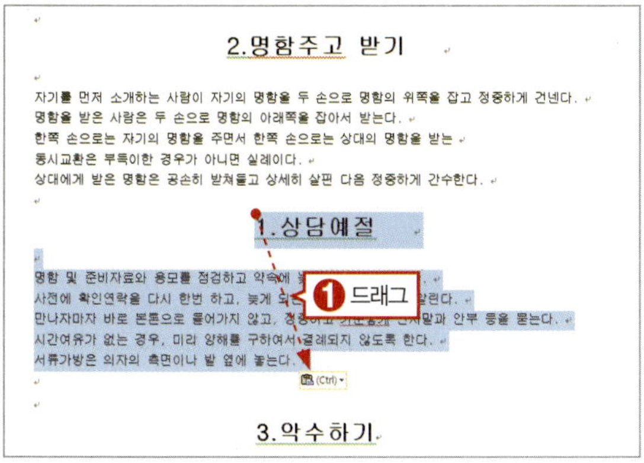

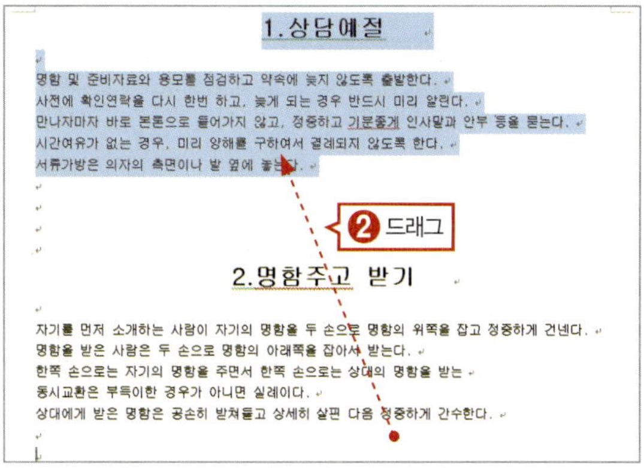

03 단축 메뉴를 이용한 복사하기

① 그림과 같이 **1.상담예절**을 블록 선택한 후 ② 마우스 오른쪽 버튼을 클릭해 **[복사]**를 선택합니다. ③ 복사하고자 하는 위치에 커서를 놓고 마우스 오른쪽 버튼을 눌러 ④ 붙여넣기 옵션 중 **[원본서식 유지]**를 클릭합니다.

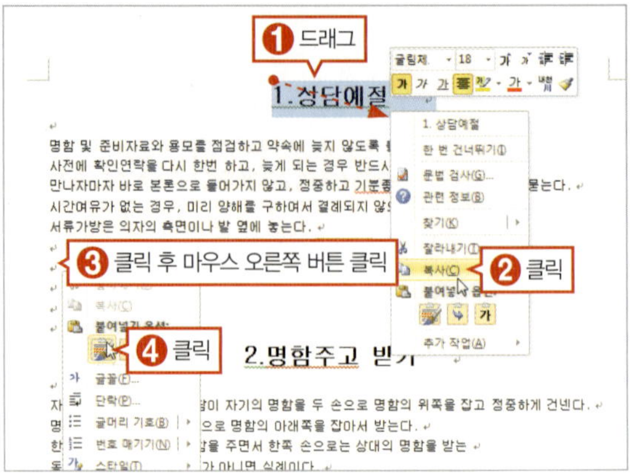

Tip 워드 2010부터는 붙여넣기 미리 보기 기능을 지원하므로, 붙여넣는 내용을 미리 볼 수 있습니다.

04 클립보드 도구를 이용해 복사하기

① 복사할 문장을 블록 선택합니다. ② [홈] 탭-[클립보드] 그룹-**[복사하기]**를 클릭해 클립보드에 복사합니다. ③ 붙여넣을 위치에 커서를 놓고 ④ 클립보드 작업창 버튼을 클릭해 작업창을 활성화합니다. ⑤ 화면 왼쪽의 **[클립보드]** 창에서 붙여넣고자 하는 항목을 클릭해 복사를 완료합니다.

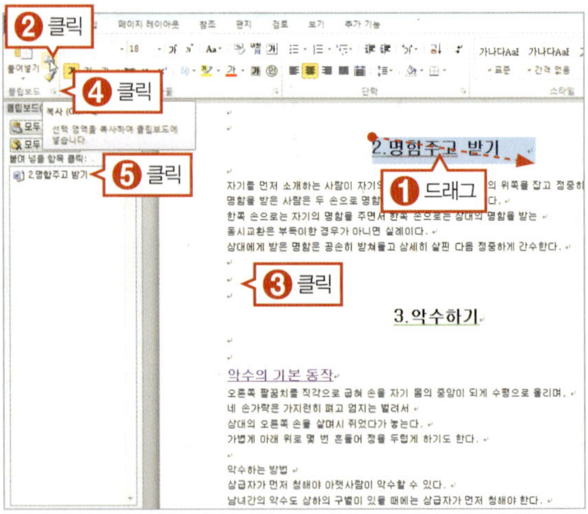

Tip 이 기능은 앞의 문장 이동하기에도 사용할 수 있습니다. 즉 이동하기, 복사하기에는 단축키, 마우스로 드래그, 바로 가기 메뉴, 클립보드 도구 모음을 모두 적용할 수 있습니다. 사용자에게 가장 편한 방법을 선택해 사용합니다.

Tip 스마트 태그 사용하기

스마트 태그는 문장을 붙여넣을 때 서식 적용에 대한 옵션을 선택할 수 있는 기능입니다.

스마트 태그는 문장을 복사해 붙여넣기를 하면 활성화됩니다. 예를 들어 그림과 같이 [3. 악수하기]를 복사해 아랫줄에 붙여넣기를 하면 스마트 태그가 활성화되고 [붙여넣기]를 누르면 [붙여넣기 옵션]을 선택할 수 있습니다.

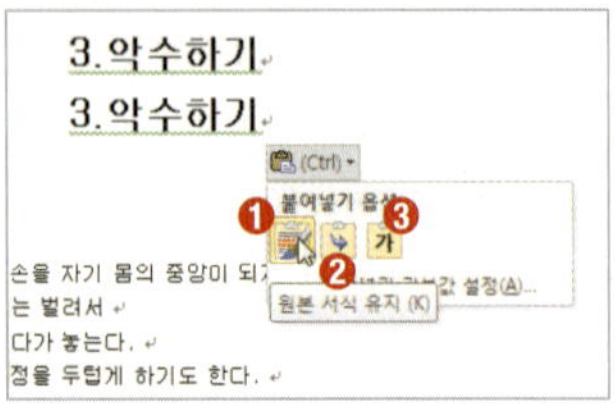

① 원본 서식 유지 : 복사한 원본 문장의 서식을 유지한 상태로 붙여넣기를 합니다.
② 서식 병합 : 붙여넣기 위치의 서식으로 변경합니다.
③ 텍스트만 유지 : 서식을 모두 제거한 상태로 붙여넣기를 합니다.

Tip 클립보드 대화창 살펴보기

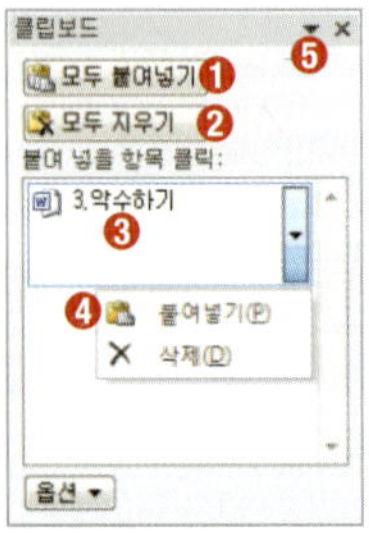

① 모두 붙여넣기 : 여러 내용을 클립보드에 복사해놓고 한 번에 해당 내용을 문서에 삽입할 때 사용합니다.
② 모두 지우기 : 클립보드의 내용을 모두 지울 때 사용합니다.
③ 클립보드 작업 선택 : 각각 클립보드의 붙여넣기 및 삭제 선택 메뉴를 활성화합니다.
④ 붙여넣기/삭제 : 각각 클립보드를 붙여넣거나 삭제할 때 사용합니다.
⑤ 옵션 : 클립보드 표시 방법을 선택할 때 사용합니다.

05 서식 복사하기

① 복사할 서식이 있는 문장을 **블록 선택**하고 ② 마우스를 선택 범위 뒤쪽으로 움직이면 그림과 같이 **[서식 도구]** 창이 활성화됩니다([홈] 탭의 [클립보드] 그룹–[서식 복사]를 클릭해도 됩니다). ③ [서식 도구] 창에서 **[서식 복사]**를 클릭하면 마우스가 붓 모양으로 바뀝니다. ④ 이 상태로 서식을 **복사할 범위를 드래그**하면 앞서 복사한 서식이 적용됩니다.

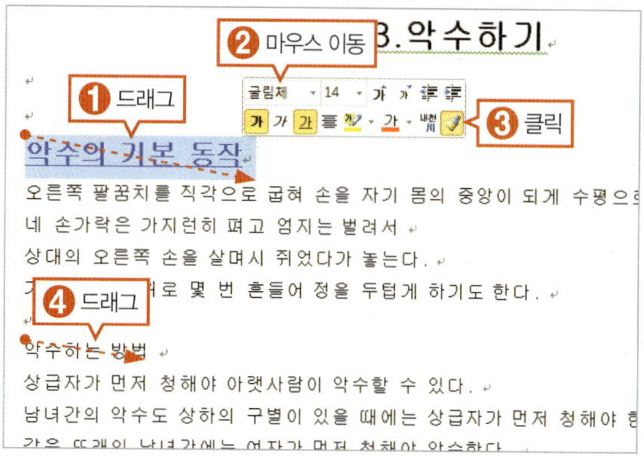

Tip 서식 복사하기를 여러 곳에 적용하고 싶을 때

[홈] 탭–[클립보드] 그룹의 [서식 복사]를 더블클릭하면 여러 곳에 서식을 붙여넣을 수 있습니다. 중간에 서식 복사를 중단하고자 한다면 Esc를 눌러 해제하면 됩니다.

06 엑셀 표를 워드로 가져오기

부록 CD에서 **표.docx**, **엑셀예제.xlsx**를 순서대로 불러옵니다. ① 엑셀 파일에서 가져오고자 하는 범위의 표나 내용을 **블록 선택**합니다. ② Ctrl+C를 눌러 내용을 **복사**합니다. ③ 작업 표시줄에서 **워드 프로그램**으로 **창을 전환**합니다. ④ 복사할 내용을 붙여넣을 위치에 커서를 놓습니다. ⑤ 마우스 우측 버튼을 눌러 바로 가기 메뉴에서 붙여넣기 옵션 중 [원본 서식 유지]에 마우스 포인터를 올려놓으면 붙여 넣을 표의 모양이 미리 보기로 표시되며, **[원본 서식 유지]**를 클릭하면 붙여넣기가 완료됩니다.

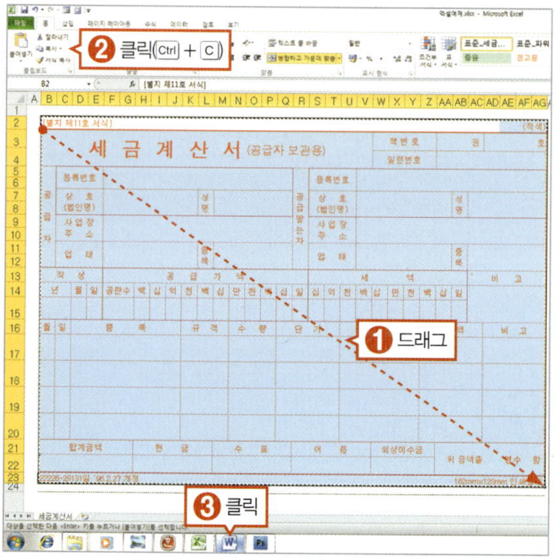

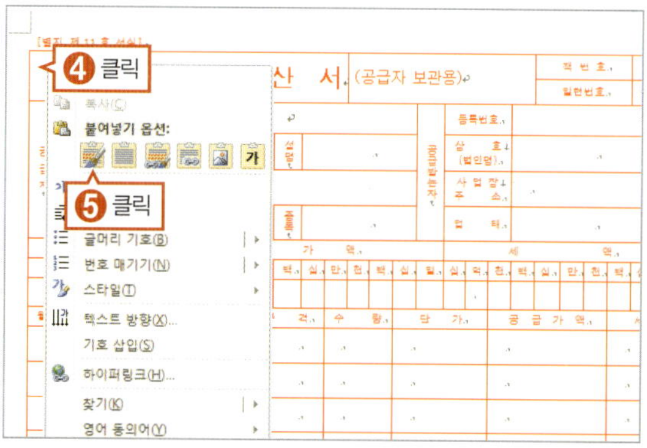

핵심기능 10

페이지 및 여백 설정하기

• **실습 파일** ⓒ : 워드\실습\사업계획서.docx

문서를 종이에 출력하기 위해 페이지 사이즈를 설정하거나 여백을 설정하는 방법을 알아보도록 하겠습니다.

01 리본 메뉴에서 페이지 설정하기

워드 2010에서 페이지를 설정하는 방법에는 세 가지가 있습니다. 그중에서 페이지 레이아웃 리본 메뉴에서 용지 크기, 용지 방향, 여백을 설정하는 방법을 알아보겠습니다.

① **여백 설정** : [기본], [좁게], [보통], [넓게] 등 워드에서 기본 제공하는 여백을 설정할 수 있습니다.

② **용지 방향** : 용지의 방향을 [세로] 또는 [가로]로 변경할 수 있습니다.

③ **용지 크기** : 국제 표준인 용지 규격을 선택해 변경할 수 있습니다.

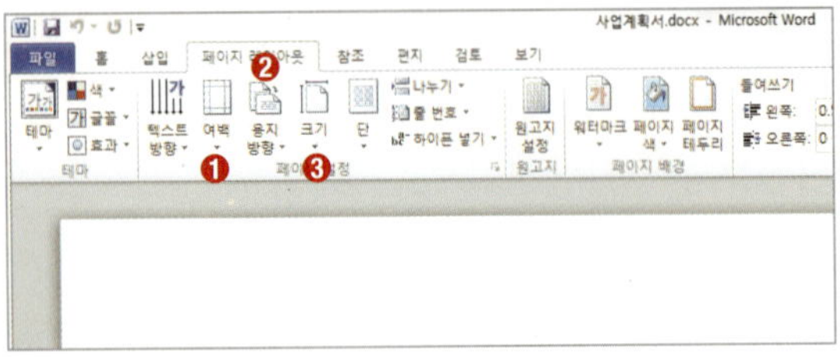

02 페이지 설정 바꾸기

① 여백 설정 : [기본] ② 용지 설정 : [세로] ③ 용지 크기 : [A4–21cm×29.7cm]

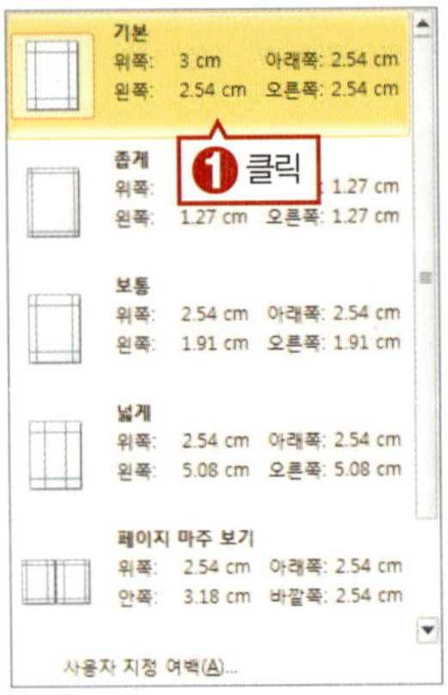

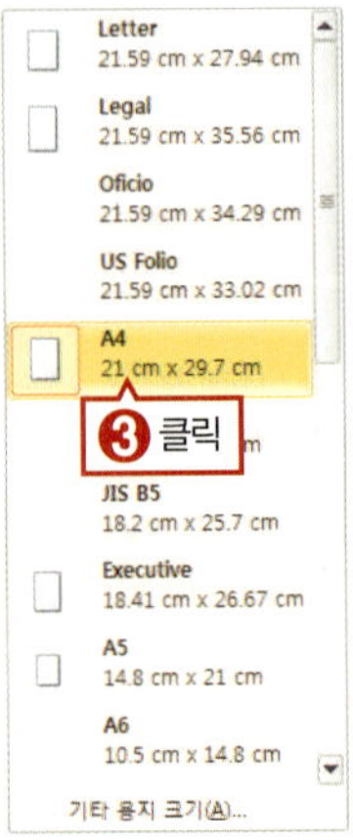

03 페이지 설정 대화 상자

리본 메뉴를 이용한 페이지 설정은 간단하게 표준화된 양식을 적용하는 데에는 편리하지만 별도의 사용자 지정은 할 수 없다는 단점이 있습니다. 그래서 이번에는 [페이지 설정] 대화 상자를 통해 여백, 용지 방향, 용지 크기 등을 변경해보겠습니다.

[페이지 레이아웃]-[페이지 설정] 탭에서 **[페이지 설정 자세히]**를 클릭합니다.

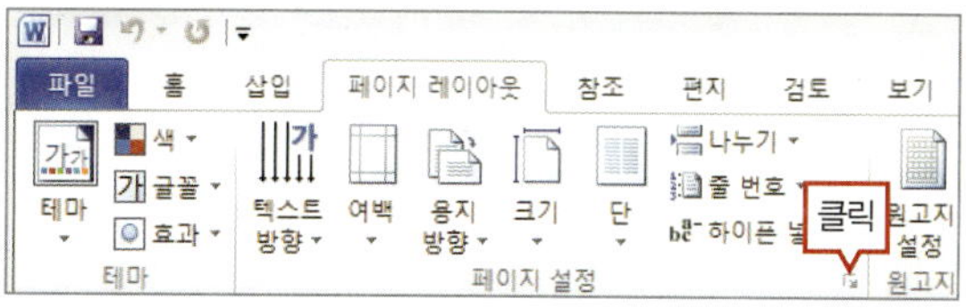

① **여백** : 용지의 **[위쪽]**, **[아래쪽]**, **[왼쪽]**, **[오른쪽]**, **[제본용 여백 위치]**를 설정할 수 있습니다.

② **용지 방향** : 용지 방향을 **[세로]**나 **[가로]**로 변경할 수 있습니다.

③ **페이지** : 인쇄 형태를 **[기본]**, **[페이지 마주 보기]**, **[용지 한 면에 두 페이지]**, **[책 접기]**, **[책 접기 거꾸로]** 등으로 변경할 수 있습니다.

④ **미리 보기** : 현재 설정된 내용을 **미리 보기**로 볼 수 있습니다.

⑤ **적용 대상** : 현재 페이지 설정을 적용할 페이지를 설정합니다. **[문서 전체]** 또는 **[현재 위치 다음부터]**를 선택할 수 있습니다.

⑥ **기본값으로 설정** : 위에서 설정한 값을 **기본값**으로 되돌립니다.

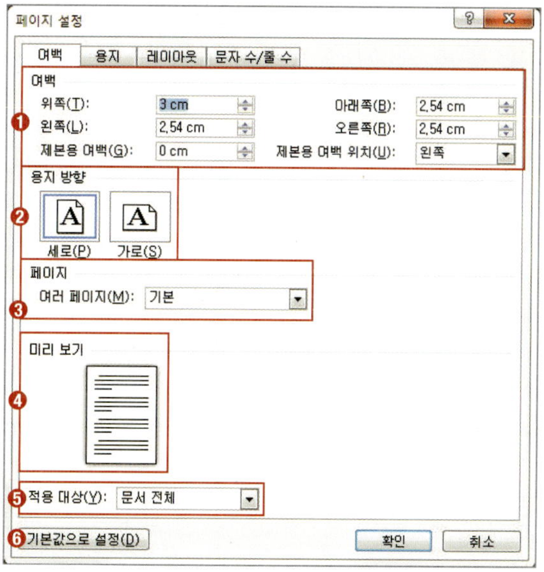

Tip 제본용 여백 설정하기

문서를 출력해 제본을 하고자 할 때는 다음과 같이 설정합니다.

① 그림과 같이 제본될 부분의 여백 크기를 지정합니다. 일반적으로 제본은 1cm 미만이면 충분합니다. 제본을 왼쪽에 할지 위쪽에 할지도 결정해 설정하면 출력할 때 제본할 위치에 설정한 여백만큼 여백이 설정되어 출력됩니다. ② 여러 페이지 부분을 페이지 마주 보기로 설정하면 양면 인쇄 시 제본하기 편하게 설정됩니다. 또한 적용된 내용은 미리 보기를 통해 확인할 수 있습니다.

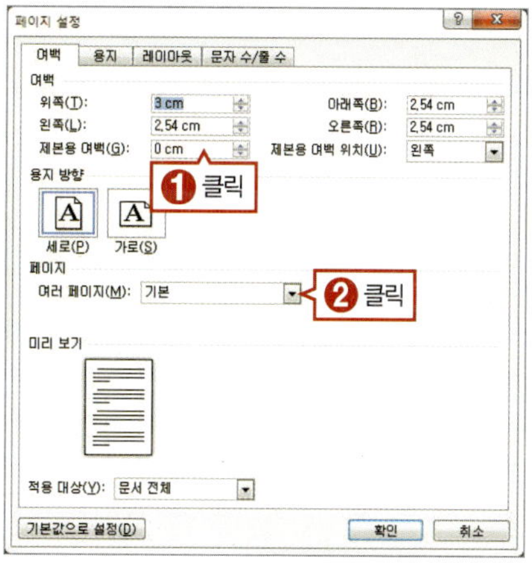

핵심기능 11

인쇄 미리 보기 및 인쇄하기

• 실습 파일 : 워드\실습\인쇄미리보기.docx

화면 이해하기 인쇄 미리 보기 화면은 Word 2010 버전에 새롭게 추가된 기능입니다. 한 화면에서 인쇄 미리 보기 및 인쇄 설정이 가능해져 인쇄 작업이 이전 버전보다 편리해졌습니다. 문서를 출력하는 방법을 알아보겠습니다. 출력 전에 현재 설정대로 어떻게 출력되는지 볼 수 있는 기능이 인쇄 미리 보기 기능입니다. 인쇄 미리 보기 후 출력하는 단계까지 차례대로 알아보겠습니다.

01 인쇄 미리 보기

① [파일] 탭－[인쇄] 메뉴를 클릭하면 그림과 같이 표시됩니다. 또는 ② [빠른 실행 도구 모음]에서 [인쇄 미리 보기 및 인쇄]를 이용해 바로 표시할 수도 있습니다.

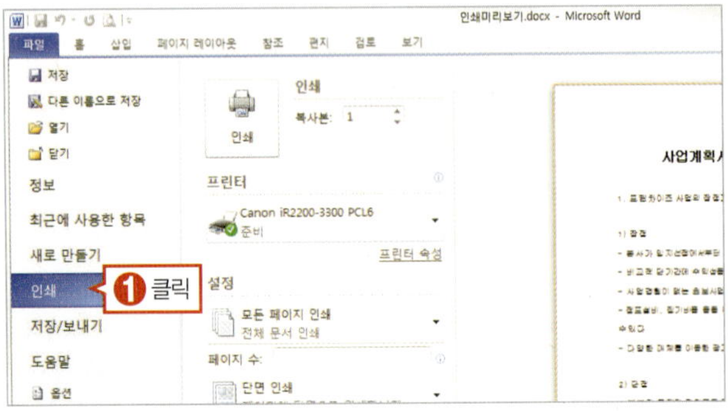

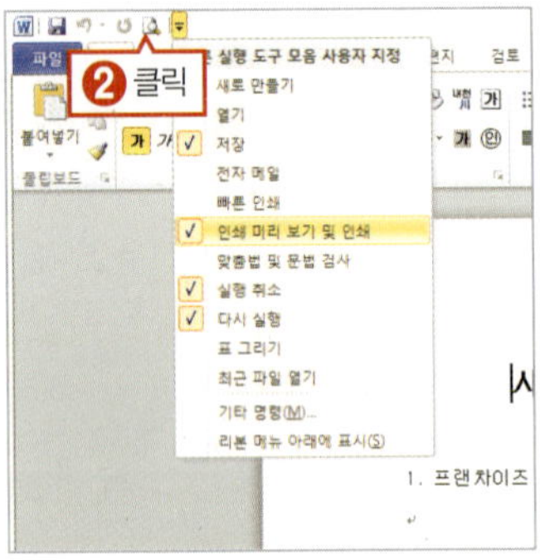

02 인쇄 미리 보기의 각 기능 이해하기

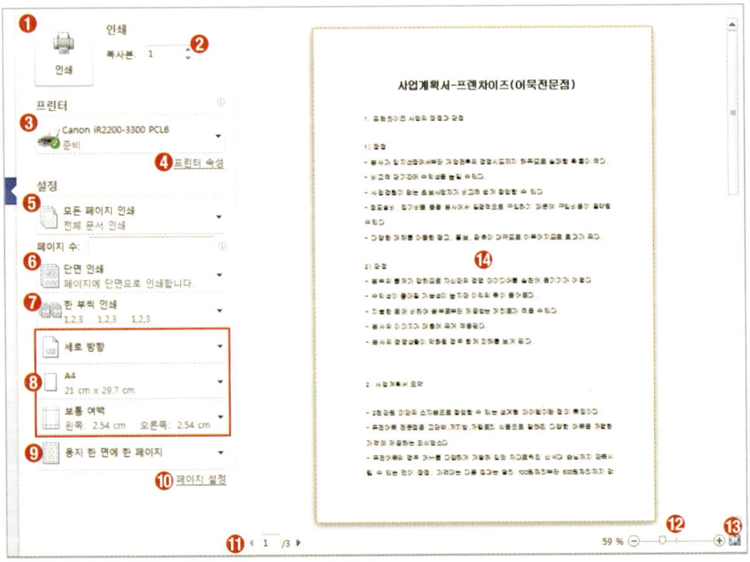

① **인쇄** : 설정이 완료된 후 인쇄를 실행하는 버튼입니다.
② **복사본** : 인쇄할 복사본 매수를 결정합니다.
③ **프린터** : 인쇄할 프린터를 선택할 수 있습니다. 여러 대의 프린터가 설치된 경우에는 그중에서 하나를 선택해 출력합니다.
④ **프린터 속성** : 설치된 프린터의 속성을 설정하는 버튼으로 프린터 제조사에서 제공하는 프로그램이 실행되어 다양한 옵션을 설정할 수 있습니다.
⑤ **설정** : 모든 문서 또는 짝수/홀수 페이지를 선택해 인쇄하거나 아래 [페이지 수]에 인쇄할 페이지 범위나 각각의 페이지를 인쇄할 때 사용합니다.
⑥ **[단면/양면]** 인쇄 설정을 변경할 수 있습니다.
⑦ ②의 [복사본] 항목에서 설정한 만큼의 복사본을 출력할 때 **한 부**씩 인쇄할지 여부를 결정합니다.
⑧ **[용지 방향]**, **[용지 크기]**, **[용지 여백]**을 설정할 수 있습니다.
⑨ **용지 한 장에 여러 장을 인쇄**할 때 사용합니다. 테스트용이나 배포용 문서를 인쇄할 때 사용합니다.
⑩ **[페이지 설정]** 대화 상자를 실행합니다.
⑪ 미리 보기 문서 페이지를 **검색**할 수 있습니다.
⑫ 미리 보기 창에 보이는 문서의 **[확대/축소]**를 설정할 수 있습니다.
⑬ 미리 보기 창에 문서를 **1장 크기**에 맞출 때 사용합니다.
⑭ **인쇄 미리 보기 창**으로, 어떻게 인쇄될지 미리 보여주는 창입니다.

02 인쇄 범위 결정하기

인쇄 미리 보기 창에서 **[설정]**을 클릭하면 그림과 같이 옵션창이 활성화됩니다.

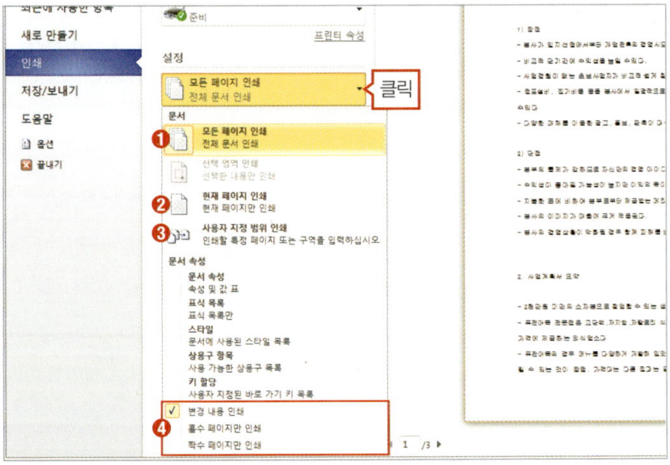

① 문서의 처음부터 끝까지 **모든 페이지**를 인쇄할 때 선택합니다.
② 현재 **미리 보기 창에 보이는 페이지**만 인쇄할 때 선택합니다.
③ **사용자가 원하는 페이지**만 골라서 인쇄할 때 선택합니다.
④ **홀수 페이지**만, 혹은 **짝수 페이지**만 인쇄할 때 선택합니다.

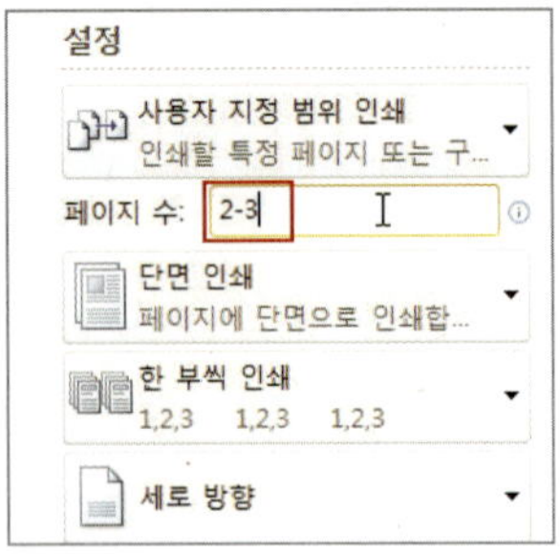

Tip 용지 한 장에 여러 페이지 인쇄하기

그림과 같이 [용지 한 면에 여러 페이지]를 클릭해 출력할 페이지를 선택하고 한 장에 모아서 출력합니다. 일반적으로 테스트용 인쇄나 배포용 인쇄에 사용합니다.

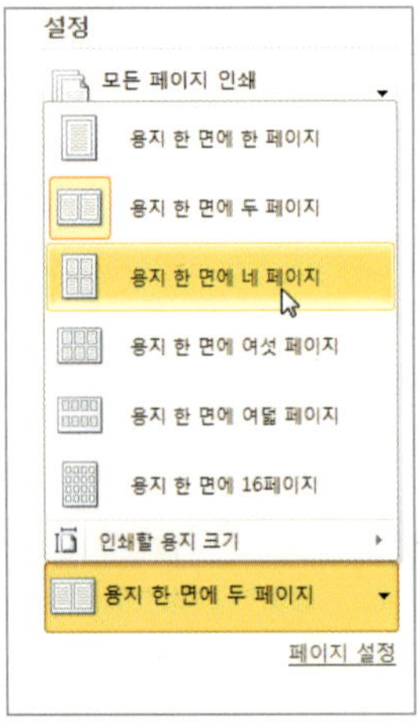

핵심기능 12

글꼴, 글꼴 색, 글꼴 크기, 밑줄 및 음영 지정하기

- **실습 파일** ◎ : 워드\실습\핵심기능12.docx
- **완성 파일** ◎ : 워드\완성\핵심기능12_완료.docx

워드 2010으로 글꼴, 글꼴 색, 글꼴 크기를 지정하는 방법에 대해 알아보도록 하겠습니다.

01 글꼴, 글꼴 색, 글꼴 스타일, 글꼴 크기 지정하기

① 서식을 지정할 **제목**을 블록 선택합니다. ② [홈] 탭–[글꼴] 그룹의 **[글꼴 자세히]**를 클릭합니다. [글꼴] 대화 상자가 나타납니다.

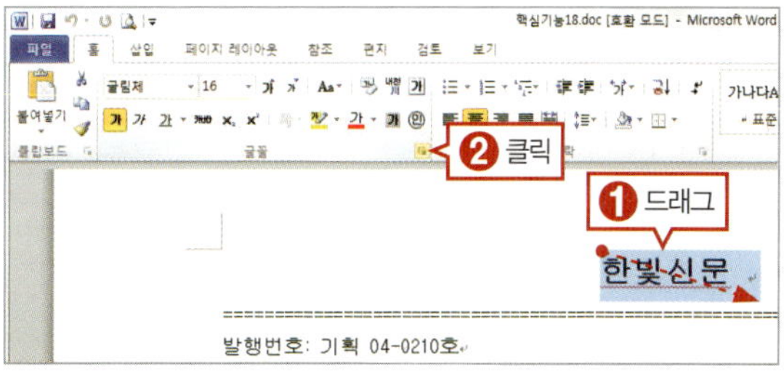

02 ① [글꼴] 대화 상자에서 [글꼴 이름]을 **[궁서체]**, ② [글꼴 스타일]은 **[굵게]**, ③ [크기]는 [24]로 지정합니다. ④ [글꼴 색]에서 **[진한 파랑]**을 선택합니다. 글꼴 색은 나타나는 메뉴에서 선택할 수 있으며, 기본값으로 검정색이 적용되어 있습니다.

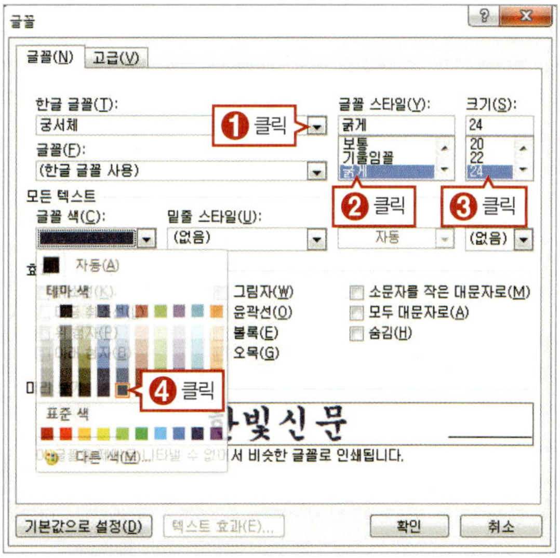

03 홈 메뉴 이용하여 본문 서식 변경하기

리본 메뉴의 [홈] 탭을 선택하여 [글꼴] 대화 상자에서 지정한 서식 중 간단한 서식을 지정할 수 있습니다. ① 아래 그림과 같이 본문의 **한빛신문**을 블록 선택하고 ② **[굵게]**를 클릭하면 [글꼴] 대화 상자에서 [글꼴 스타일]–[굵게]를 적용했을 때와 같은 서식이 적용됩니다.

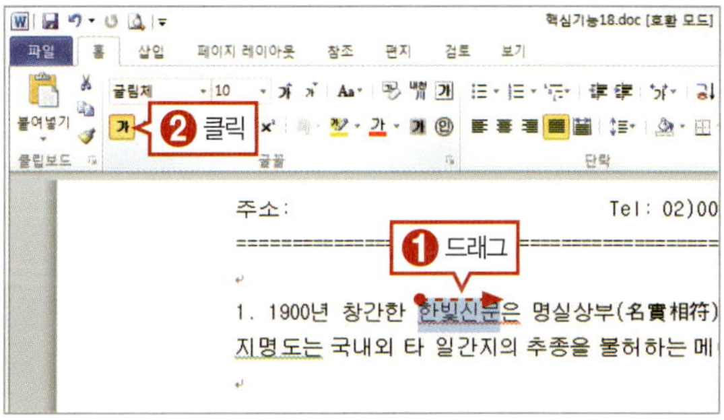

04 밑줄 및 밑줄 색상 적용하기

① 밑줄을 그을 내용인 **명실상부**를 블록 선택한 후 ② [홈] 탭-[글꼴] 그룹의 **[밑줄]**을 클릭합니다. ③ 나타나는 밑줄 목록 중 원하는 스타일을 선택하면 밑줄이 적용됩니다. 목록 이외의 다른 스타일의 밑줄을 적용하고 싶다면 ④ **[다른 밑줄]**을 선택하면 [글꼴] 대화상자가 뜹니다. ⑤ **[밑줄 스타일]**에서 다양한 종류의 밑줄을 선택할 수 있습니다. ⑥ 목록에서 **[밑줄 색]**을 선택하고 ⑦ **[파랑, 강조1, 25% 더 어둡게]**를 적용합니다.

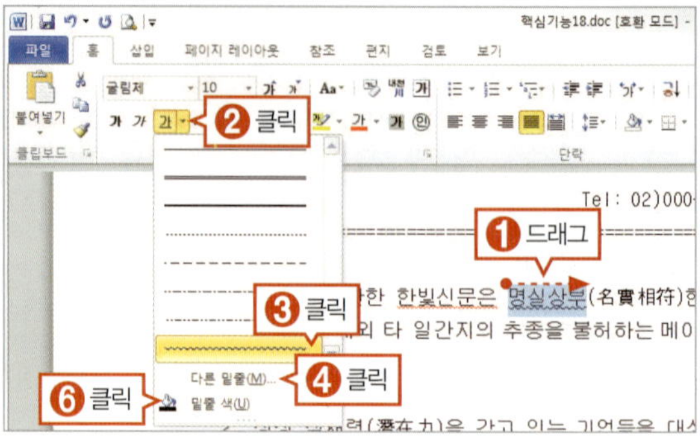

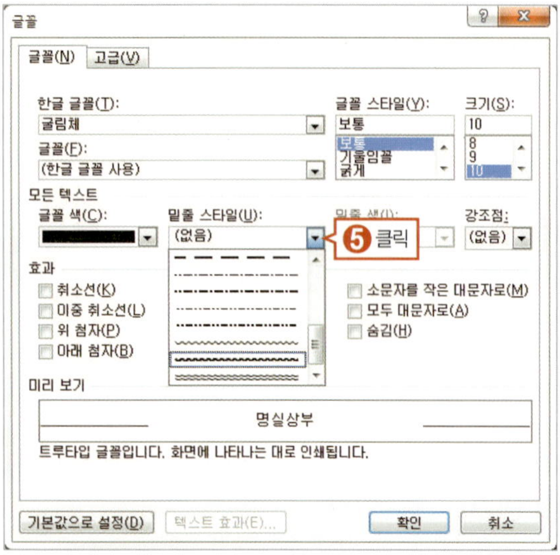

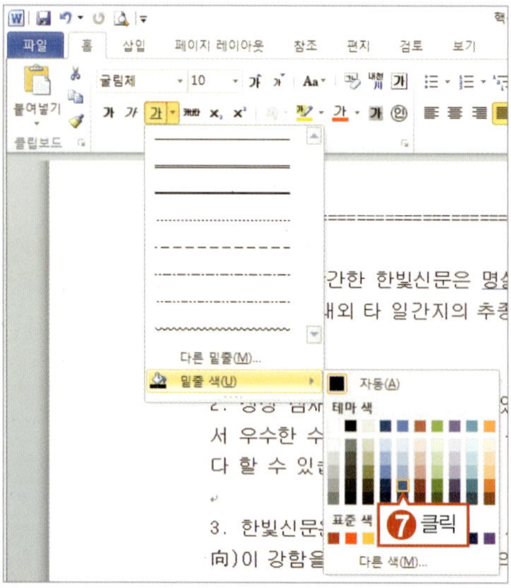

05 형광펜 기능으로 음영 지정하기

① 음영을 지정하려는 내용인 **名實相符**를 드래그하여 블록 선택한 후 ② [홈] 탭-[글꼴] 그룹의 **[형광펜]**을 클릭합니다. 기본적으로 노란색으로 지정되어 있으며 ③ 메뉴에서 **[회색-25%]**를 선택합니다. 본문 내용 중 같은 서식이 필요한 부분에 원하는 서식을 지정해봅니다.

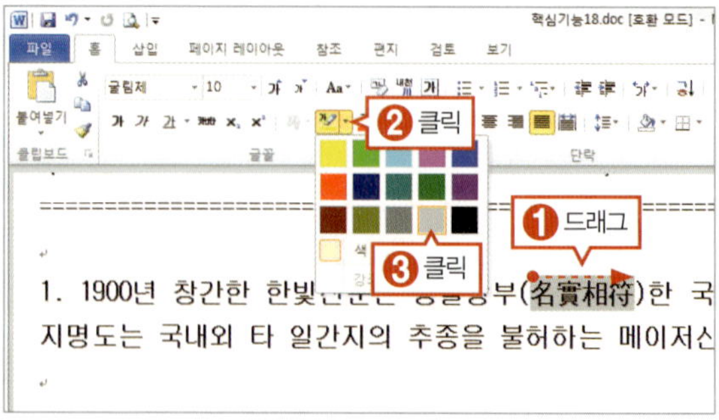

Tip 바꿀 영역을 드래그하여 블록으로 선택하면 바로 옆에 다음 그림과 같은 바로 가기 메뉴가 나타납니다. [글꼴], [글꼴 크기], [글꼴 색], 정렬 방법 등 리본 메뉴의 글꼴 그룹에 있는 메뉴들이 간소화된 것으로 서식을 간단하게 지정할 수 있습니다.

핵심기능
13
글자 간격과 장평 조정하기

- **실습 파일** : 워드\실습\핵심기능13.docx
- **완성 파일** : 워드\완성\핵심기능13_완료.docx

워드 2010으로 글자 간격과 장평을 조정하는 방법에 대해 알아보도록 하겠습니다.

01 글자 간격 조정하기

① 글자의 간격을 조정할 문장을 **블록 선택**합니다. ② [홈] 탭-[글꼴] 그룹에서 [**글꼴 자세히**]를 클릭하면 [글꼴] 대화 상자가 나타납니다.

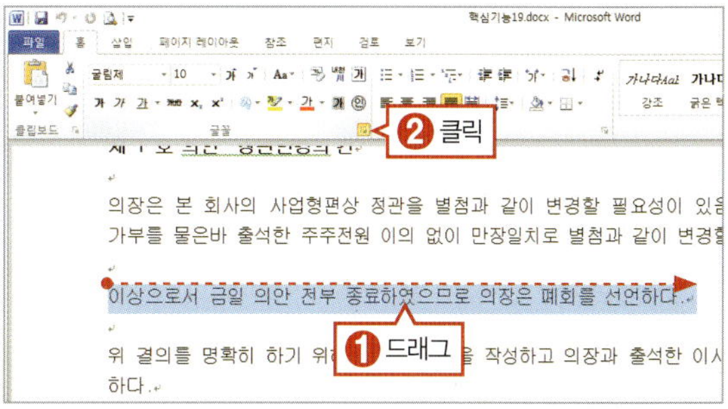

02 ① **[고급]** 탭을 선택합니다. [간격]에서 [표준], [넓게], [좁게]를 선택할 수 있습니다. 기본 값으로 [표준]이 설정되어 있으며, [넓게]를 선택하면 글자 사이의 간격이 넓어지고 [좁게]를 선택하면 글자 사이의 간격이 좁아집니다. 또, [값] 칸에 숫자를 입력하거나 오른쪽의 [조절] 버튼을 이용하여 값을 지정할 수 있습니다. ② 그림과 같이 간격을 **[넓게]**로 지정하고 ③ [값]을 **1.5**로 입력하여 [미리 보기]에서 글자 간격이 넓어졌는지 확인합니다. ④ **[확인]**을 클릭합니다.

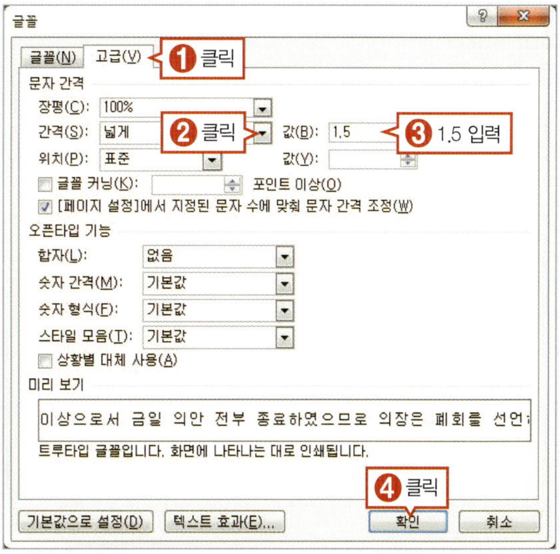

03 장평 조정하기

[글꼴] 대화 상자의 [고급] 탭에서 장평을 조정할 수 있습니다. 아래의 그림과 같이 [100%]가 기본 값으로 입력되어 있으며, 숫자를 직접 입력하거나 [장평]에서 미리 정해진 %로 선택할 수 있습니다. 100%를 기준으로 200%가 되면 글자의 장평이 2배로 늘어나고, 50%가 되면 글자의 장평이 반으로 줄어듭니다. ① [장평]을 **95%**로 입력하고 ② **[확인]**을 클릭합니다.

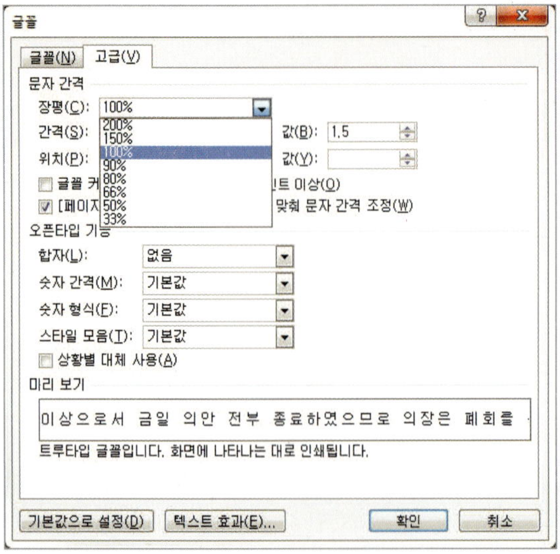

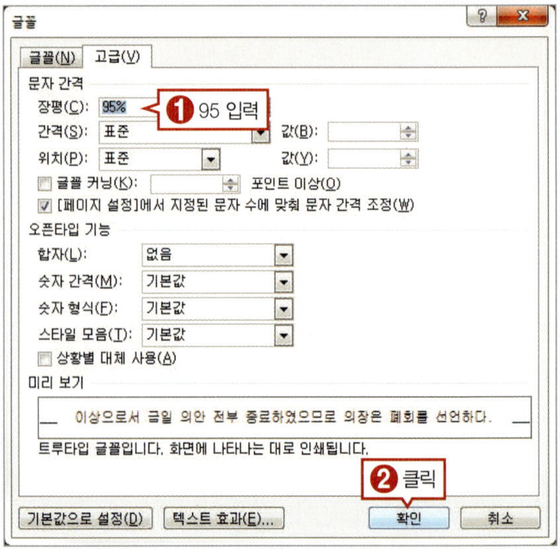

Tip 글자 간격과 장평의 차이

표준을 기준으로 글자 간격을 [넓게]로 지정하면 글자의 사이가 넓어집니다. 반대로 [좁게]를 선택하면 글자 사이의 간격이 좁아집니다. 반면 장평은 글자의 세로 길이에 대비하여 폭을 설정하는 것입니다. 장평 200%는 세로 길이를 100%로 보았을 때 가로 길이를 200%로 늘리는 것입니다. 반대로 50%는 세로 길이를 기준으로 폭을 50%로 줄이는 것입니다. 이때 글자 간격은 [넓게], [좁게]를 선택하여도 숫자의 크기가 커질수록 더 넓어지고, 더 좁아지지만, 장평은 100%보다 커지면 글자의 가로 폭이 넓어지고, 100%보다 작아지면 가로 폭이 줄어듭니다.

표준	오피스 워드
글자간격 넓게(2pt)	오 피 스 워 드
글자간격 좁게(2pt)	오피스워드
장평 200%	오 피 스 워 드
장평 100%	오피스워드

핵심기능 14

그림자 효과 및 윗주 지정하기

- **실습 파일** ⓒ : 워드\실습\핵심기능14.docx
- **완성 파일** ⓒ : 워드\완성\핵심기능14_완료.docx

워드 2010으로 그림자 효과와 윗주를 지정하는 방법에 대해서 알아보도록 하겠습니다.

01 그림자 효과 지정하기

① 그림과 같이 제목 부분을 **블록 선택**하고 ② **[글꼴]** 대화 상자를 열어 ③ **[텍스트 효과]**를 클릭합니다.

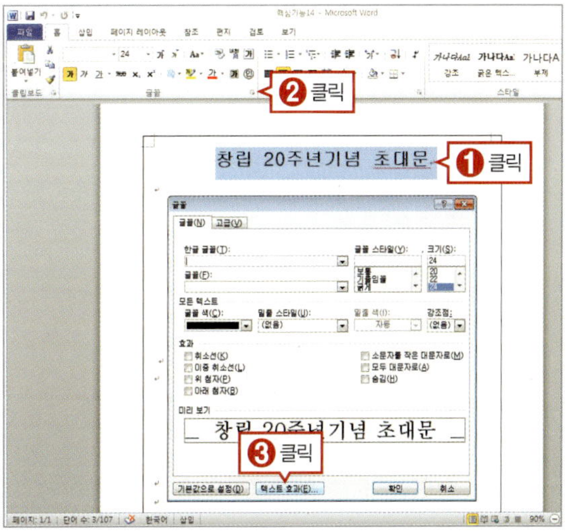

02 ① 그림과 같이 [텍스트 효과 서식] 대화 상자에서 **[그림자]** 탭을 선택하여 그림자를 지정할 수 있습니다. ② **[미리 설정]**을 클릭하여 그림자의 스타일을 선택할 수 있으며, [색], [투명도], [크기], [흐리게], [각도], [간격] 등을 직접 설정할 수 있습니다. 그림과 같이 그림자 스타일뿐만 아니라 여러 스타일을 적용해보고 적용 값도 설정해봅니다.

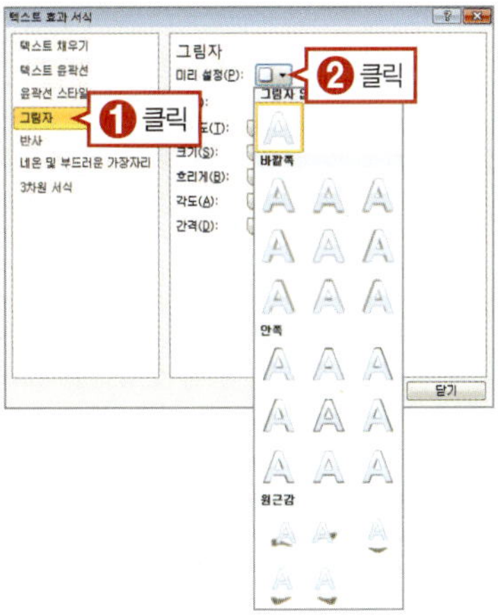

Tip 설명한 내용을 이용하여 여러 가지를 표현할 수 있습니다.

- 색 : 그림자의 색을 지정합니다.
- 투명도 : 그림자의 투명도를 지정합니다. 숫자가 클수록 투명해집니다.
- 크기 : 그림자의 크기를 지정합니다. 숫자가 클수록 그림자의 크기가 커집니다.
- 흐리게 : 그림자의 음영도를 지정합니다. 숫자가 클수록 그림자가 흐려집니다.
- 각도 : 그림자의 각도를 지정합니다.
- 간격 : 글자와 그림자 사이의 거리를 지정합니다. 숫자가 클수록 그림자와 글자 사이의 간격이 멀어집니다.

03 윗주 지정하기

① 윗주를 지정할 단어를 **블록 선택**합니다. ② [홈] 탭–[글꼴] 그룹에서 **[윗주]**를 클릭합니다.

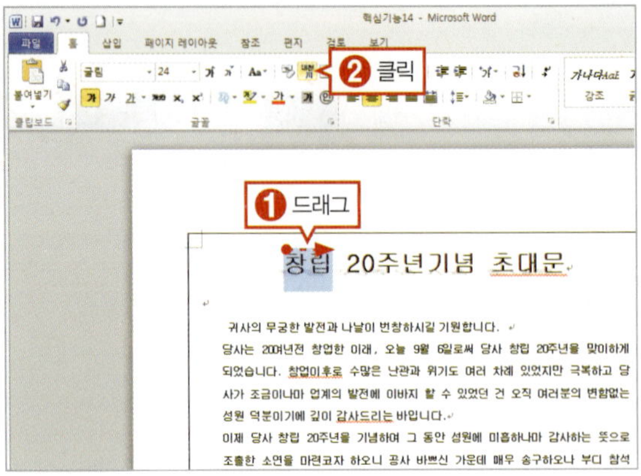

04 **[윗주 달기]** 대화 상자가 나타나면 ① 오른쪽의 그림과 같이 **創立**을 입력하고 ② **[묶어서]**를 클릭합니다. ③ [맞춤]에서 **[가운데 맞춤]**을 선택합니다.

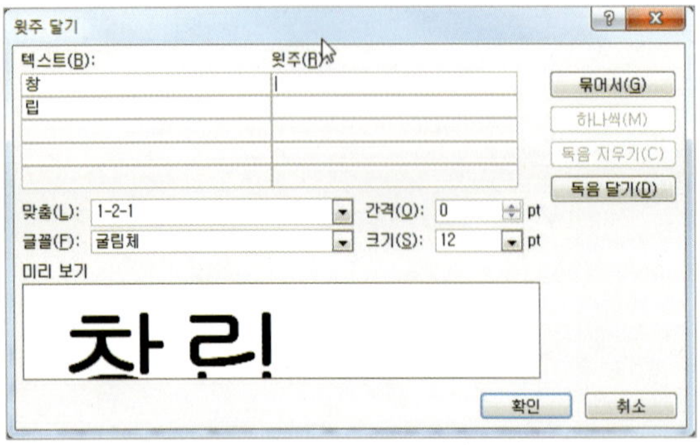

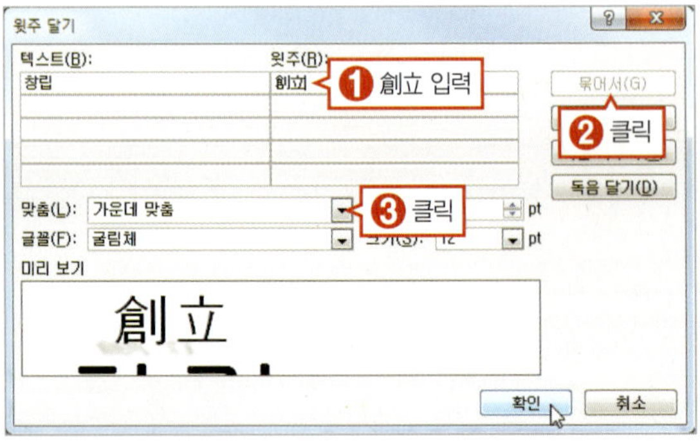

05 그림자 효과와 윗주가 지정된 상태입니다.

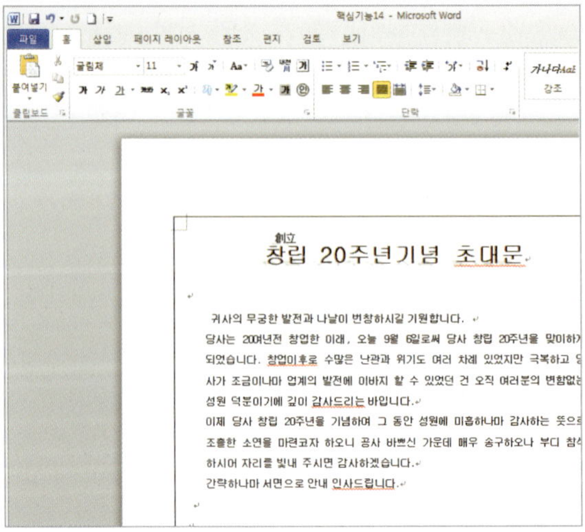

핵심기능 15

위 첨자와 아래 첨자 지정하기

- **실습 파일** : 워드\실습\핵심기능15.docx
- **완성 파일** : 워드\완성\핵심기능15_완료.docx

워드 2010으로 위 첨자와 아래 첨자를 지정하는 방법에 대해서 알아보도록 하겠습니다.

01 위 첨자 지정하기

① 첨자로 지정할 문자인 2를 블록 선택합니다. ② [홈] 탭-[글꼴] 그룹의 **[글꼴 자세히]**를 눌러 [글꼴] 대화 상자를 엽니다. ③ **[위 첨자]**에 체크한 후 ④ **[확인]**을 누릅니다.

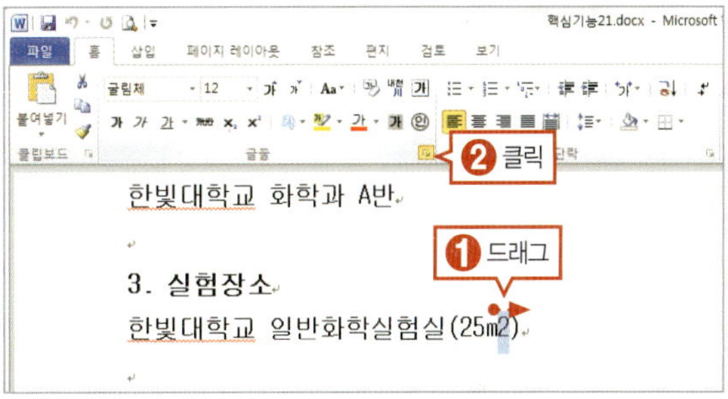

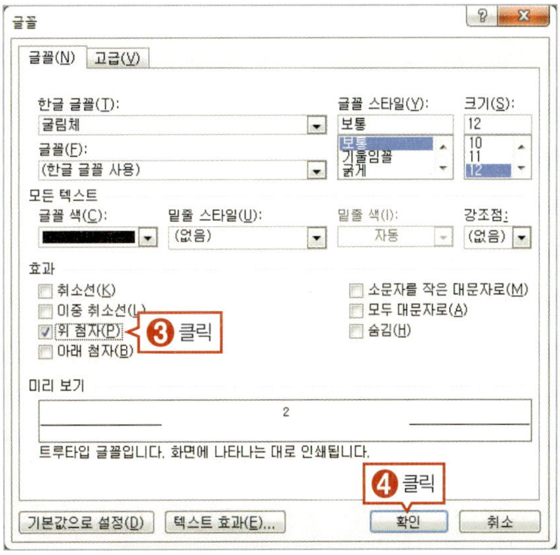

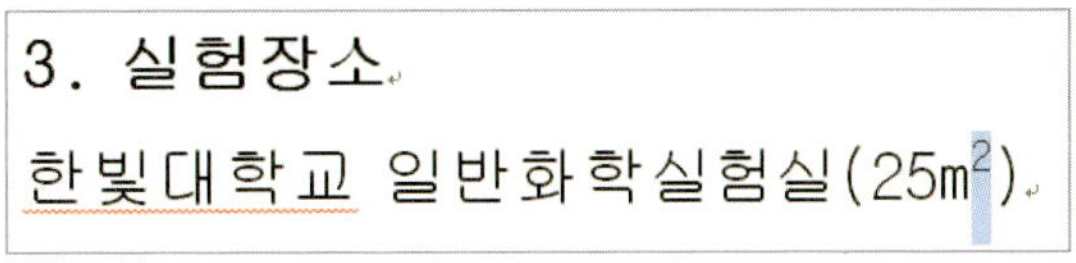

02 아래 첨자 지정하기

① 아래 첨자로 지정할 문자인 2와 3을 Ctrl을 누르고 **블록 선택**합니다. ② [홈] 탭–[글꼴] 그룹의 **[글꼴 자세히]**를 눌러 [글꼴] 대화 상자를 엽니다. ③ **[아래 첨자]**에 체크한 후 ④ **[확인]**을 누릅니다.

Tip 단, 위 첨자와 아래 첨자는 동시에 선택할 수 없습니다.

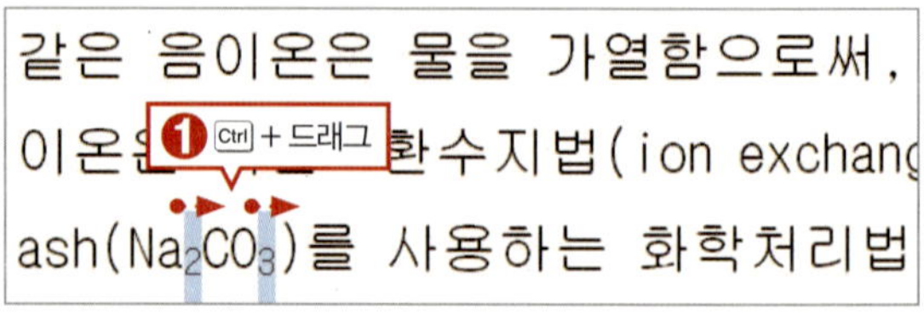

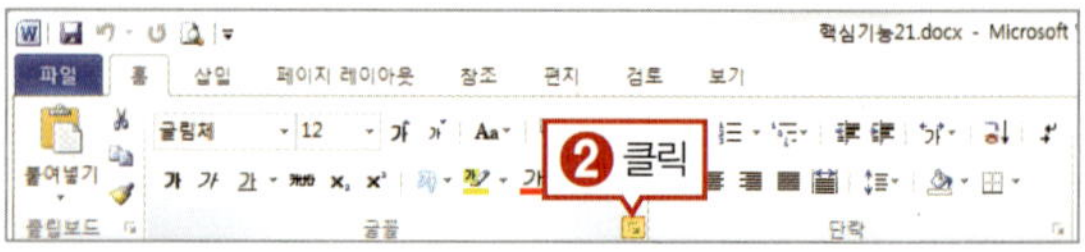

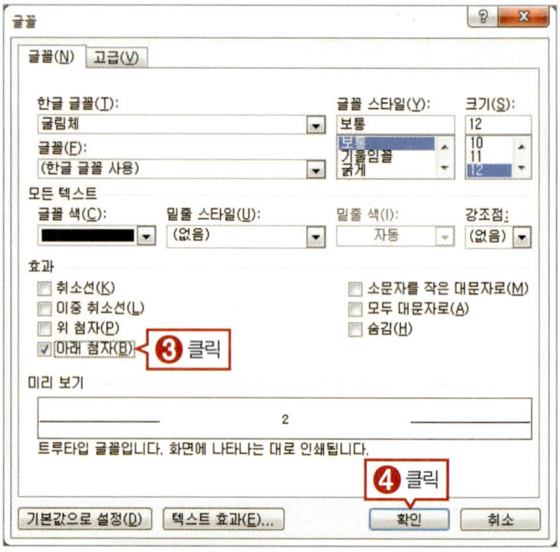

핵심기능 16

들여쓰기와 내어쓰기

- **실습 파일** : 워드\실습\핵심기능16.docx
- **완성 파일** : 워드\완성\핵심기능16_완료.docx

보고서를 작성할 때 개요 번호가 달려있는 경우 들여쓰기나 내어쓰기를 해야 하는 경우가 있습니다. 문서 내용이 많을 경우에는 스타일을 적용하는 것이 효율적이지만 문서가 단순하고 내용이 적다면 다음과 같은 방법으로 들여쓰기와 내어쓰기를 하는 것이 좋습니다.

01 들여쓰기 지정하기

① 그림과 같이 들여쓰기를 지정할 문단을 **블록 선택**합니다. ② [홈] 탭–[단락] 그룹의 **[단락 자세히]**를 클릭하면 [단락] 대화 상자가 나타납니다. ③ [첫 줄]에서 **[첫 줄]**을 선택하면 [값]에 [1 글자]가 자동으로 입력됩니다. ④ 각 수치를 화살표로 조정하거나 직접 입력합니다. **[3 글자]**는 문단의 처음에 들여쓰기의 값이 [3 글자]라는 뜻이며, 3글자의 너비만큼 공백이 삽입됩니다. ⑤ **[확인]**을 눌러 대화 상자를 닫습니다.

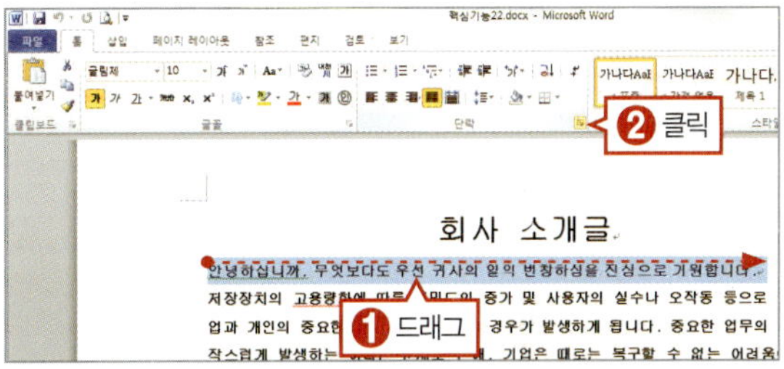

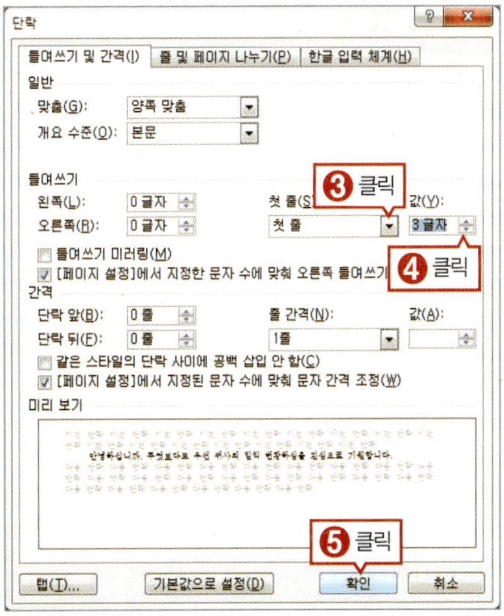

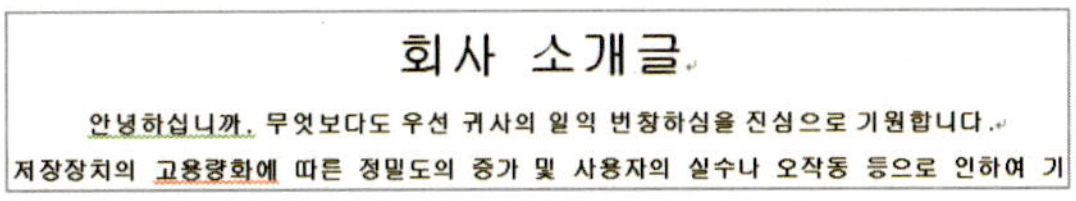

▲ 문장 첫 줄에서 세 글자만큼 들여쓰기가 적용된 문장

02 내어쓰기 지정하기

내어쓰기도 들여쓰기와 같이 [단락] 대화 상자에서 지정합니다. 내어쓰기를 지정할 문장을 블록 선택한 후 [단락] 대화 상자를 띄웁니다. ① 들여쓰기의 [첫 줄]에서 **[둘째 줄 이하]**를 선택하고 ② 내어쓰기에 삽입될 공백의 너비로 **[5글자]**를 설정한 후 ③ **[확인]**을 누릅니다.

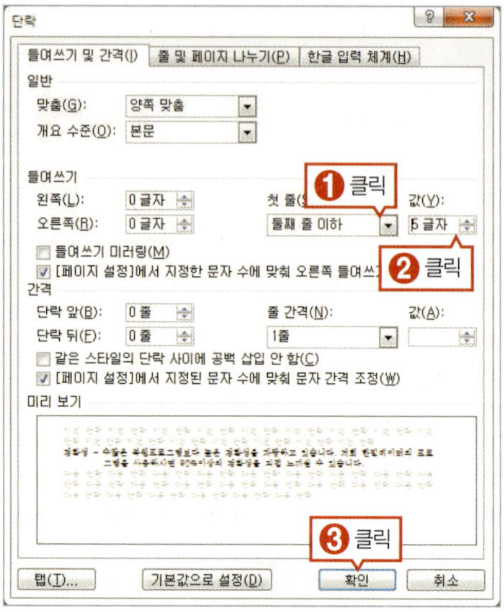

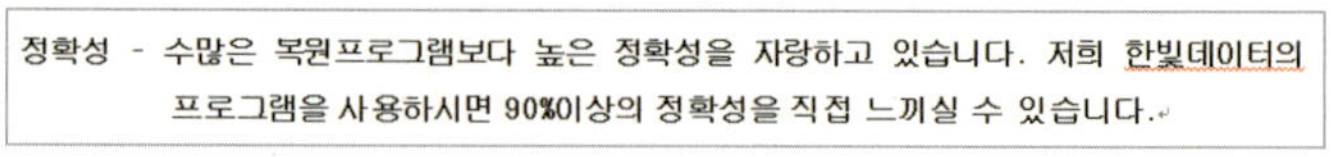
정확성 - 수많은 복원프로그램보다 높은 정확성을 자랑하고 있습니다. 저희 한빛데이터의
프로그램을 사용하시면 90%이상의 정확성을 직접 느끼실 수 있습니다.

▲ 다섯 글자만큼 내어쓰기가 적용된 문장

핵심기능 17

단락 줄 간격 및 강조점 지정하기

- **실습 파일** ⓒ : 워드\실습\핵심기능17.docx
- **완성 파일** ⓒ : 워드\완성\핵심기능17_완료.docx

아래 그림과 같이 문서 내용이 한 페이지의 끝이 아닌 중간에서 끝나는 경우에는 문서의 내용을 늘릴 수도 없고 애매할 때가 많습니다. 이때는 텍스트 줄 사이의 간격을 변경하거나 문단 사이의 간격을 조절할 수 있습니다. 또한 중요한 부분에 강조점을 지정하여 일부 내용을 돋보이게 할 수도 있습니다.

01 단락 줄 간격 조절하기

① 문서의 내용 전체를 **블록 선택**합니다. ② [홈] 탭–[단락] 그룹의 **[단락 자세히]**를 눌러 [단락] 대화 상자를 띄웁니다. ③ [줄 간격]에서 **[배수]**를 선택하면 [3]이 자동으로 입력됩니다. ④ [값]에 1.25를 입력한 후 ⑤ **[확인]**을 누르면 문서 크기에 딱 맞게 줄 간격이 조절됩니다.

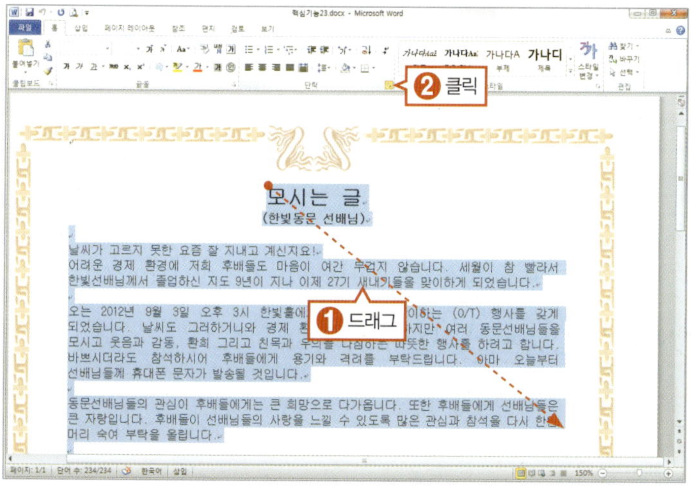

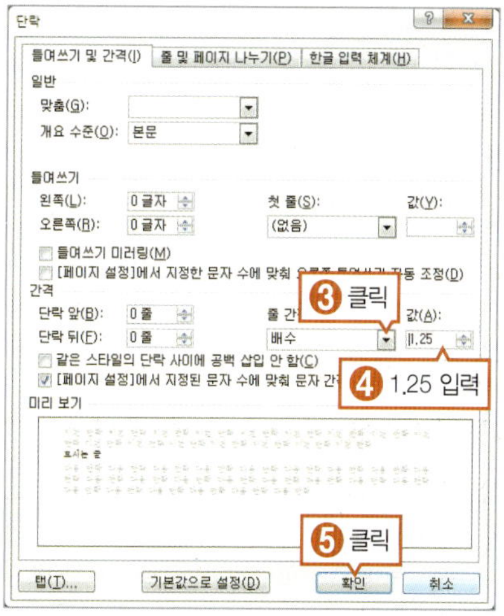

Tip 줄 간격 목록과 값 수치 알아보기

[1줄]은 글꼴에 약간의 공간을 더하여 줄 간격을 설정하고, [1.5줄]과 [2줄]은 줄 간격의 너비가 [1줄]에 비하여 각각 1.5배와 2배입니다. [최소]와 [고정]은 pt로 줄 간격의 너비를 조절하고, [배수]는 1을 기준으로 1.11로 설정하면 줄 간격이 11% 늘어나며, 3을 입력하면 300%, 즉 3배로 늘어납니다. 여러 옵션을 선택하여 줄 간격을 설정해보도록 합니다.

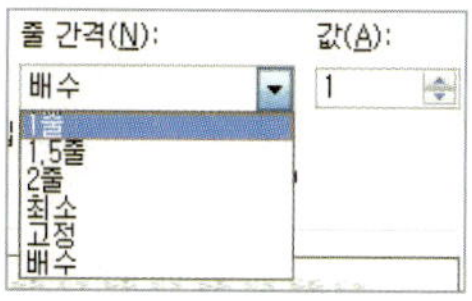

02 강조점 지정하기

① 강조점을 지정한 **한빛대학교**를 블록 선택한 후 ② [홈] 탭-[글꼴] 그룹의 **[글꼴 자세히]**를 눌러 글꼴 대화 상자를 띄웁니다. ③ [강조점] 목록에서 [˚]을 선택한 후 ④ **[확인]**을 누르면 강조점이 적용됩니다.

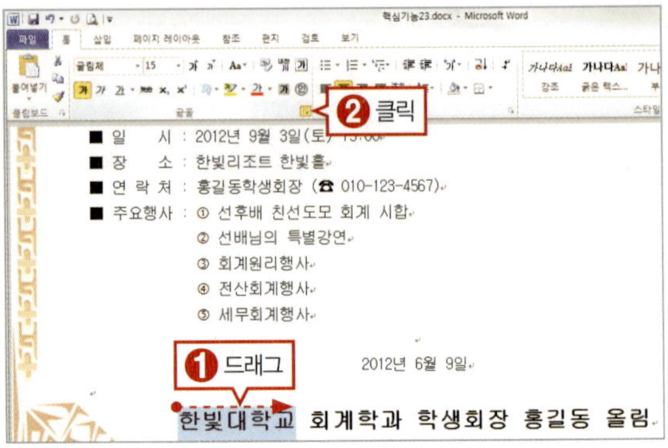

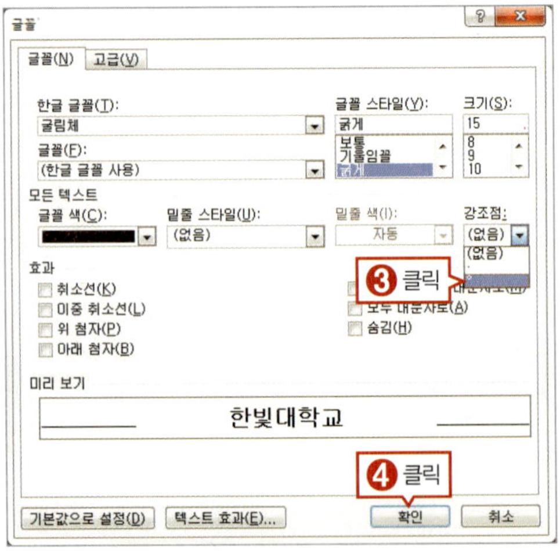

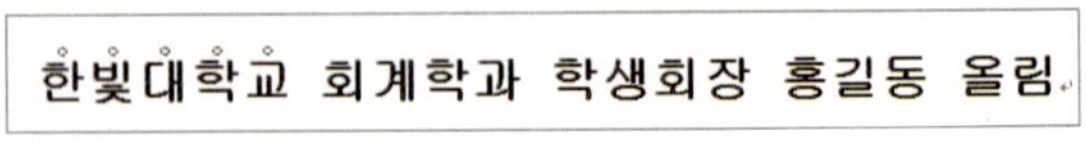

한빛대학교 회계학과 학생회장 홍길동 올림

▲ [한빛대학교]에 적용된 강조점

핵심기능 18

단락 음영 색 적용 및 서식 복사하기

- **실습 파일** : 워드\실습\핵심기능18.docx
- **완성 파일** : 워드\완성\핵심기능18_완료.docx

단락 음영 색 적용 및 서식 복사하기에 대해 알아보도록 하겠습니다.

01 단락에 음영 색 적용하기

① 음영을 적용할 단락을 드래그하여 **블록 선택**합니다. ② [페이지 레이아웃] 탭-[페이지 배경] 그룹의 **[페이지 테두리]**를 선택합니다. ③ **[음영]** 탭을 선택한 후 ④ **[채우기]**에서 음영색을 지정할 수 있습니다. 마우스 포인터를 색에 대면 대화 상자 오른쪽의 [미리보기]에서 확인할 수 있습니다. ⑤ **[황록색, 강조 3, 60% 더 밝게]**를 클릭합니다. ⑥ **[확인]**을 누릅니다.

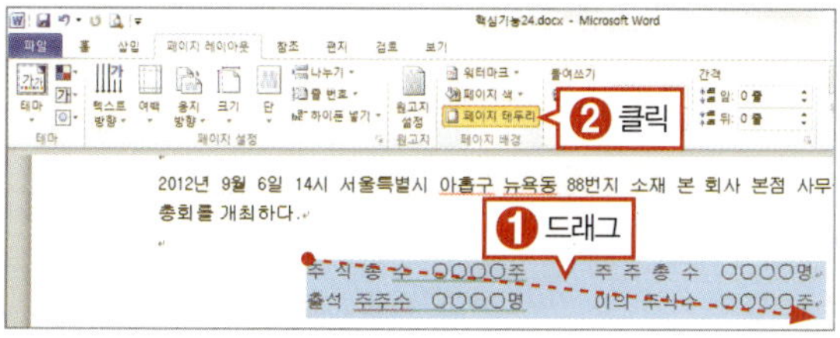

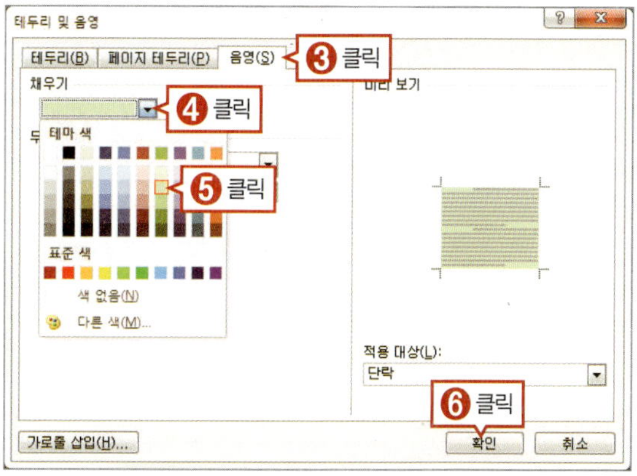

Tip 적용 대상 [단락]과 [텍스트]의 차이

[단락]을 선택할 경우 단락 전체에 음영 색이 적용되지만 [텍스트]를 선택할 경우에는 줄 간격에 음영 색이 지정되지 않습니다.

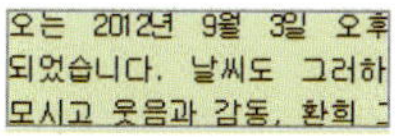

오는 2012년 9월 3일 오후
되었습니다. 날씨도 그러하
모시고 웃음과 감동, 환희

▲ 적용 대상을 [단락]으로 지정했을 때

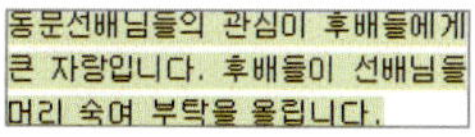

동문선배님들의 관심이 후배들에게
큰 자랑입니다. 후배들이 선배님들
머리 숙여 부탁을 올립니다.

▲ 적용 대상을 [텍스트]로 지정했을 때

02 서식 복사하기

① 복사할 서식이 있는 문장에 커서를 두고 ② [홈] 탭의 [클립보드] 그룹의 **[서식 복사]**를 클릭합니다. ③ 복사한 서식을 적용할 문장을 **드래그**합니다 내용은 그대로인 채 복사한 서식만 붙여넣기됩니다.

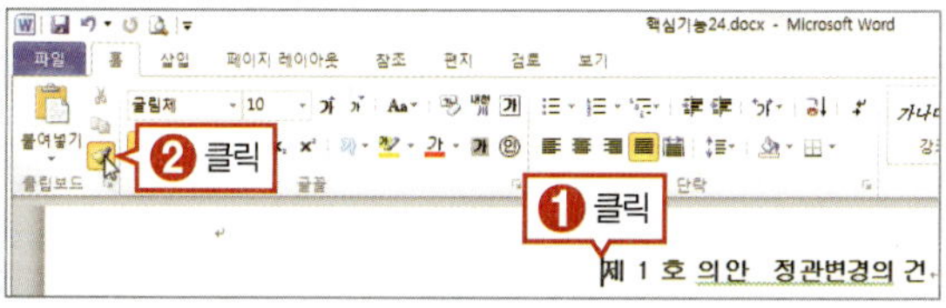

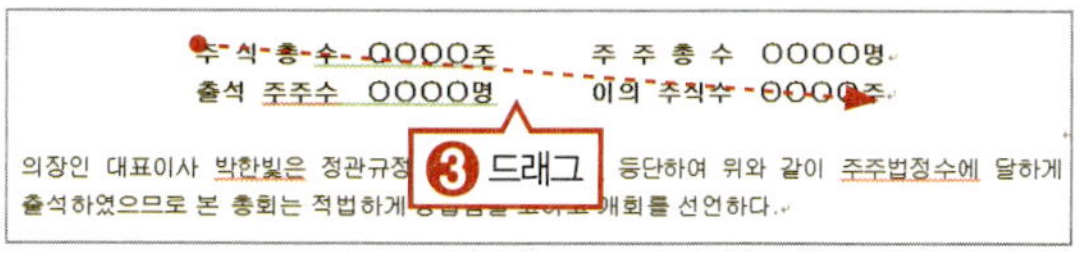

▲ 글꼴 스타일은 [굵게], [중앙 정렬]이 적용된 결과물

핵심기능 19

단락에 번호 삽입하기, 번호 서식 변경하기

- **실습 파일** ◎ : 워드\실습\핵심기능19.docx
- **완성 파일** ◎ : 워드\완성\핵심기능19_완료.docx

단락에 번호를 삽입하고, 번호 서식 변경에 대해 알아보도록 하겠습니다.

01 단락에 번호 삽입하기

① 그림과 같이 번호를 삽입할 단락을 **블록 선택**합니다. ② [홈] 탭-[단락] 그룹의 **[번호 매기기]**를 클릭하면 **[번호 매기기 라이브러리]**가 나타납니다. ③ **[번호맞춤 : 왼쪽]**을 선택하면 항목별로 원각 기호 번호가 적용됩니다.

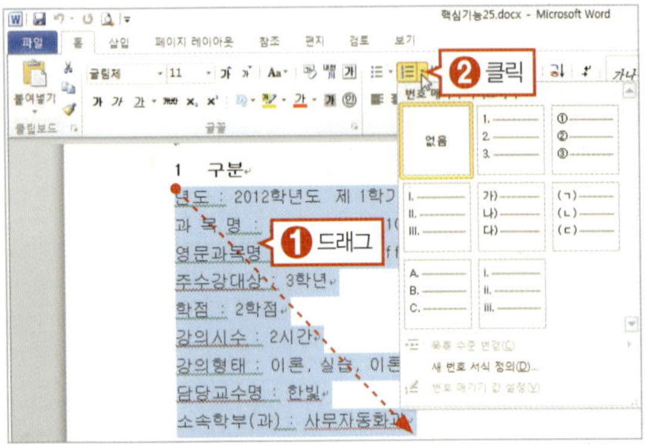

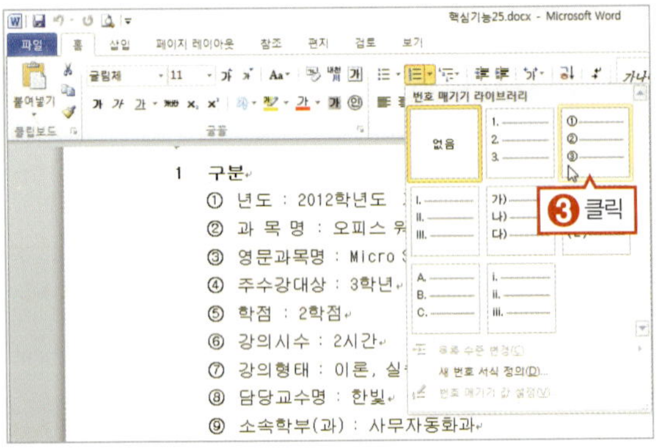

02 번호 서식 변경하기

① 번호 서식을 변경할 문단을 **블록 선택**한 후 ② **[번호 매기기 라이브러리]**에서 ③ **[새 번호 서식 정의]**를 클릭합니다. ④ [번호 스타일]은 [1, 2, 3, …]으로 설정하고 ⑤ [번호 서식]에)를 입력합니다. ⑥ [맞춤]은 **[가운데 맞춤]**을 선택한 후 ⑦ **[확인]**을 누릅니다.

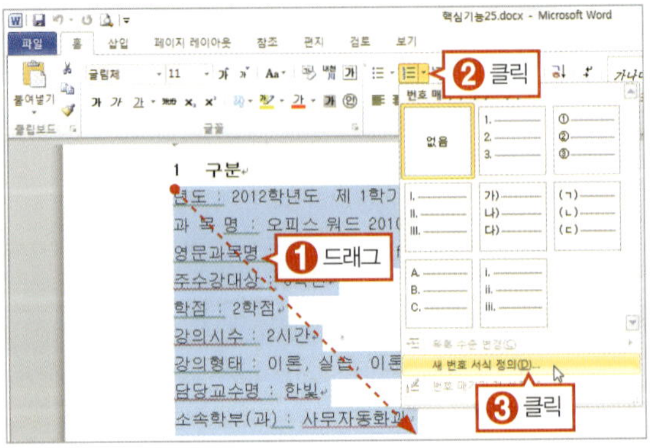

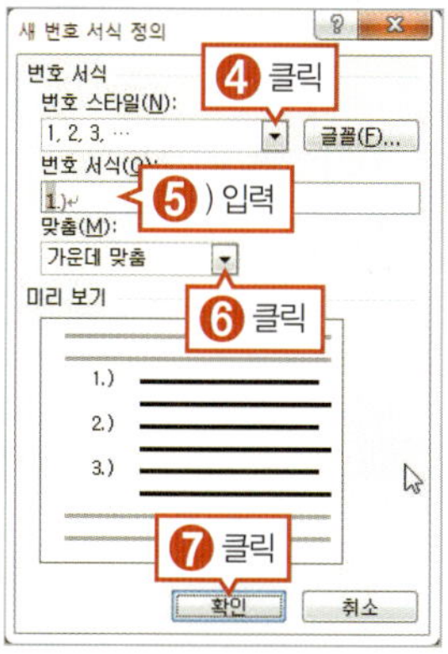

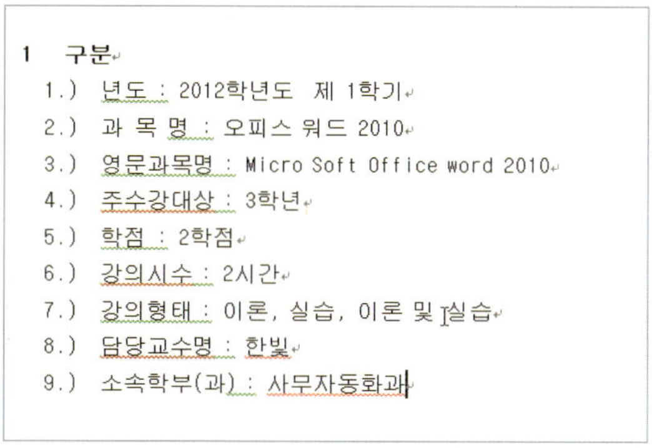

▲ [번호 스타일]과 번호 서식]이 적용된 결과물

Tip [번호 서식]에서 숫자는 수정할 수 없으며, [글꼴]을 클릭하면 숫자의 글꼴을 수정할 수 있습니다.

Tip **시작 번호를 다른 번호로 매기고 싶은 경우**

번호 스타일이 지정된 문단을 블록으로 지정하거나 마우스 커서를 위치시킨 후 [번호 매기기 라이브러리]에서 [번호 매기기 값 설정]을 선택합니다. [번호 매기기 값 설정] 대화 상자에서 [시작 번호]에 원하는 번호를 입력하고 [확인]을 누릅니다.

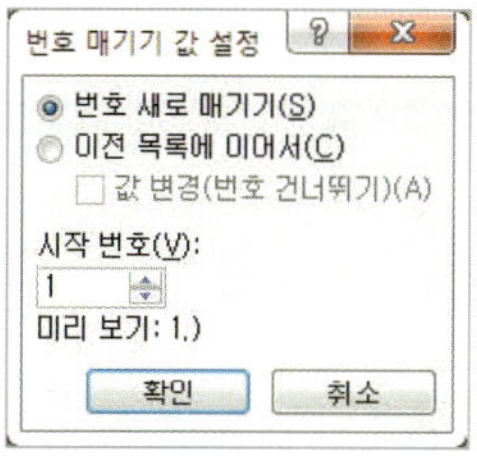

핵심기능 20

글머리 기호, 그림 글머리 기호 삽입하기

- **실습 파일** : 워드\실습\핵심기능20.docx
- **완성 파일** : 워드\완성\핵심기능20_완료.docx

글머리 기호 삽입하기에 대해 알아보도록 하겠습니다.

01 글머리 기호 삽입하기

① 그림과 같이 글머리 기호를 삽입할 단락을 **블록 선택**합니다. ② [홈] 탭-[단락] 그룹의 **[글머리 기호]**를 클릭한 후 ③ **[새 글머리 기호 정의]**를 선택합니다. ④ [새 글머리 기호 정의] 대화 상자에서 **[기호]**를 클릭합니다.

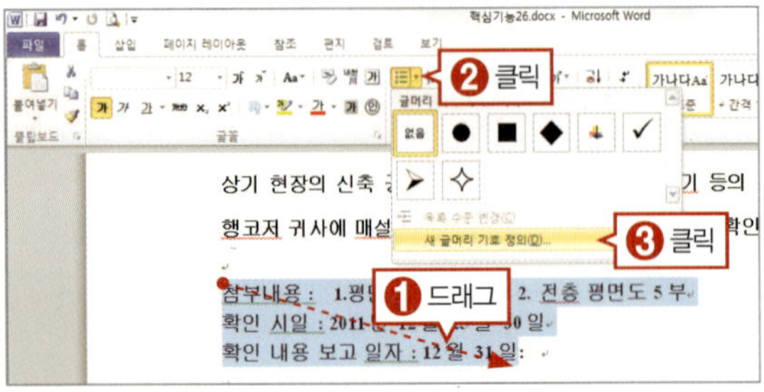

02 [기호] 대화 상자에서 ① [글꼴]을 [Wingdings]로 선택한 후 ② 스크롤바를 아래로 이동하면 다양한 스타일의 특수 문자 글머리 기호를 선택할 수 있습니다. ③ ●를 선택하고 ④ **[확인]**을 클릭합니다.

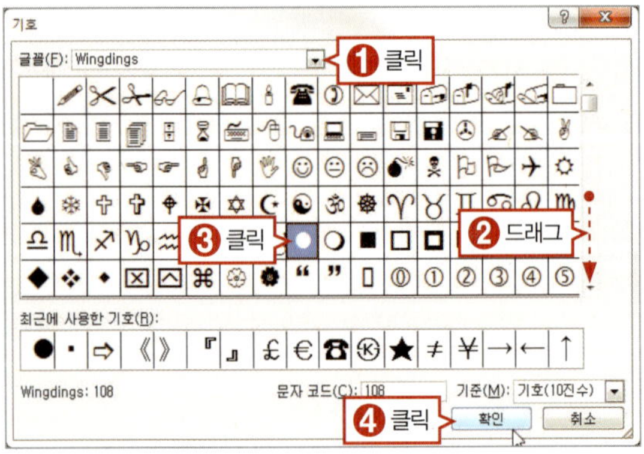

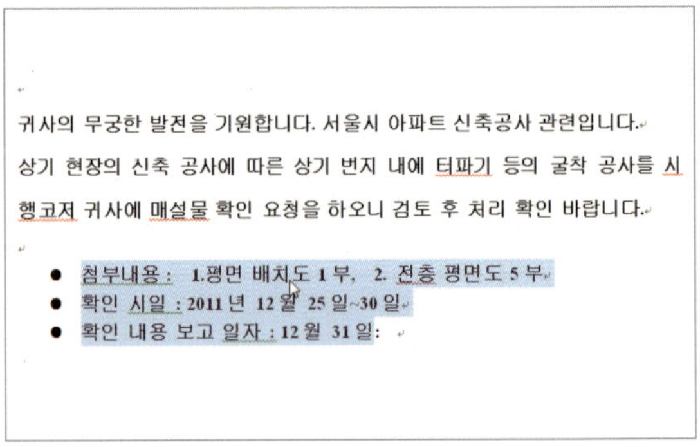

▲ 글머리 기호가 적용된 결과물

03 그림 글머리 기호 삽입하기

① 문서번호, 시행일자, 수신참조, 제목 부분에 마우스 포인터를 위치시키거나 **블록 선택**한 후 ② **[글머리 기호]**를 클릭합니다. ③ **[새 글머리 기호 정의]**를 선택합니다. ④ **[그림]**을 클릭하여 ⑤ **[그림 글머리 기호]** 대화 상자에서 원하는 그림을 선택한 후 ⑥ **[확인]**을 누르면 선택한 그림 글머리 기호의 미리 보기 스타일을 볼 수 있습니다. ⑦ **[확인]**을 누르면 그림 글머리 기호가 적용됩니다.

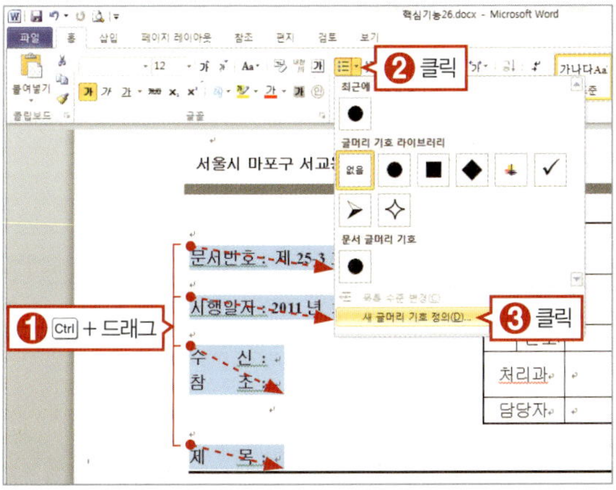

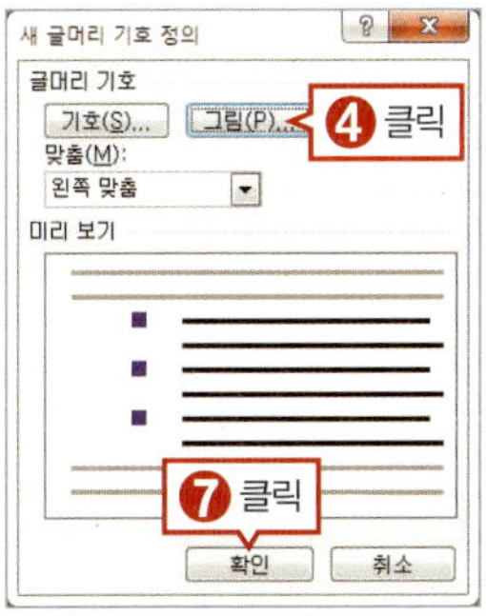

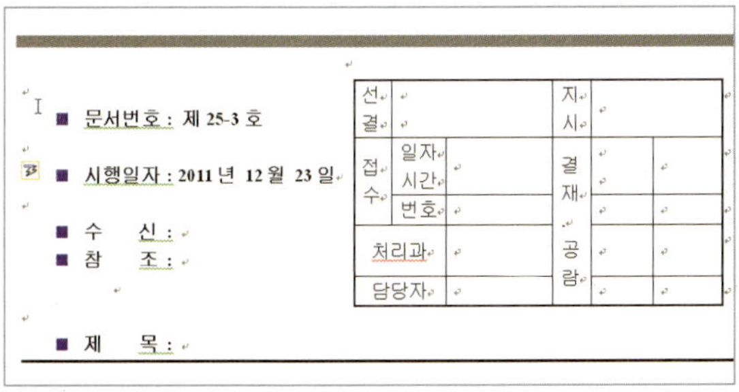

▲ 그림 글머리 기호가 적용된 결과물

Tip 불러온 그림을 글머리 기호에 적용하기

[그림 글머리 기호] 대화 상자의 [가져오기]를 클릭하면 [클립 추가] 대화 상자가 나타납니다. 부록 CD의 실습 폴더의 그림글머리기호1.jpg를 선택하여 [추가]를 클릭합니다. [확인]을 누르면 그림이 글머리로 적용됩니다.

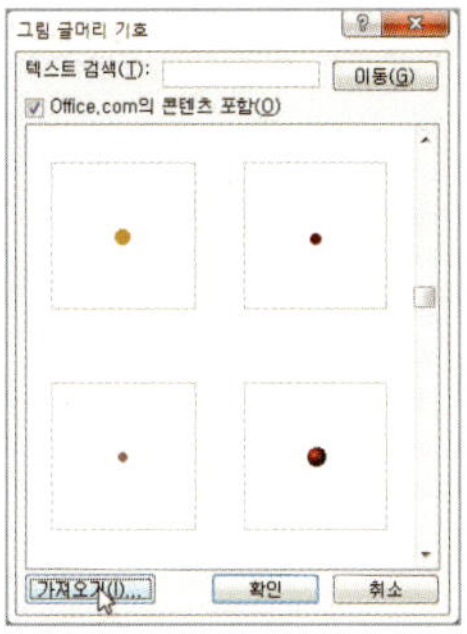

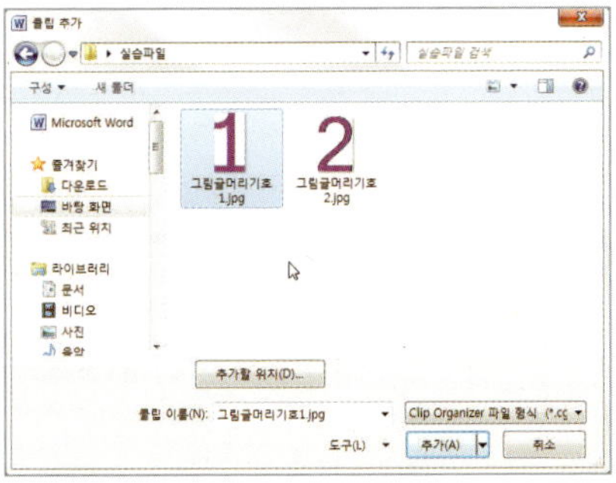

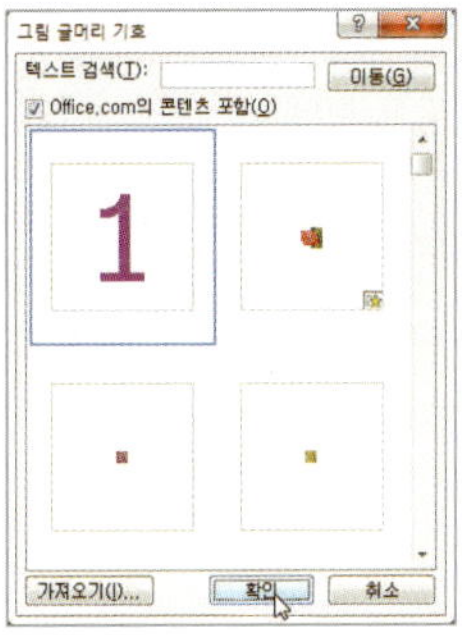

핵심기능 21

다단 지정하기

• 실습 파일 ◎ : 워드\실습\핵심기능21.docx
• 완성 파일 ◎ : 워드\완성\핵심기능21_완료.docx

신문이나 회보, 찾아보기 등을 만들 때 읽기 쉽도록 한쪽을 여러 개의 단으로 나누는 기능입니다. 다단을 사용하면 문서가 정돈되어 보이는 효과가 있고, 보다 많은 내용을 한눈에 볼 수 있습니다. 각 단의 너비가 서로 다른 단을 만들 수도 있고, 한쪽 안에서도 단 수가 다른 단을 여러 개 만들 수도 있습니다.

01 2단, 3단 지정하기

① [페이지 레이아웃] 탭-[페이지 설정] 그룹에서 **[단]**을 클릭하여 목록 중 ② **[둘]**을 선택합니다. 3단은 [셋]을 선택하면 적용됩니다.

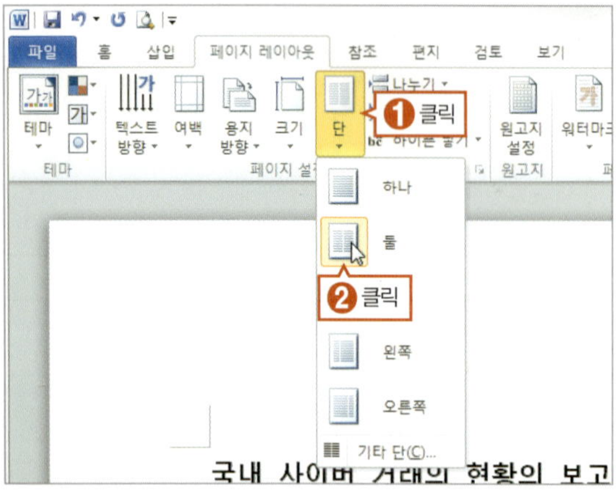

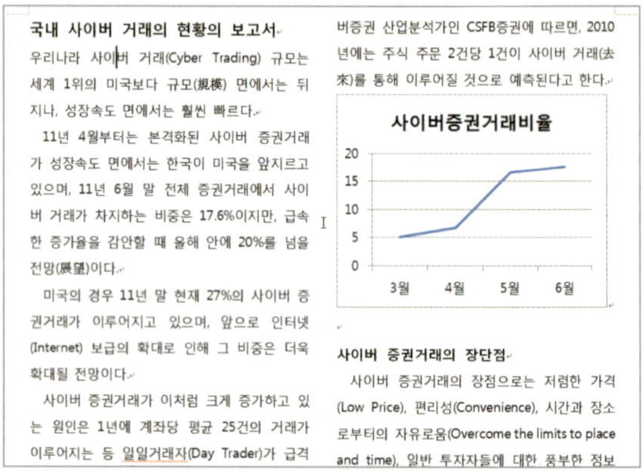

▲ 문서 전체가 2단 구성 적용된 결과물

02 원하는 구역만 다단 지정하기

① 다단을 지정할 구역만 **블록 선택**합니다. ② [페이지 레이아웃] 탭-[페이지 설정] 그룹에서 **[단]**을 클릭하여 ③ **[기타 단]**을 선택합니다.

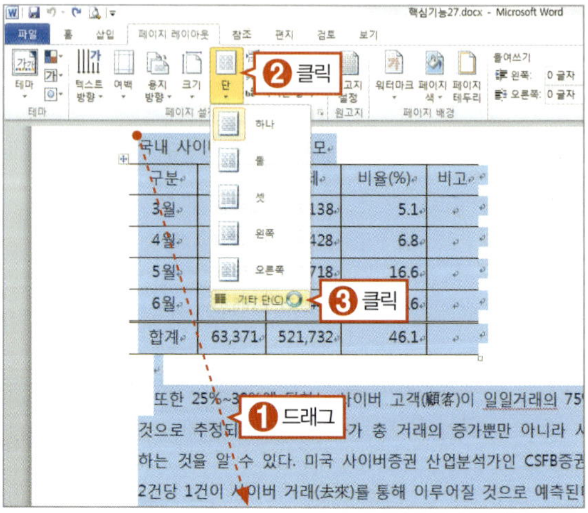

④ [단] 대화 상자가 나타나면 **[둘]**을 선택하고 ⑤ **[확인]**을 클릭합니다.

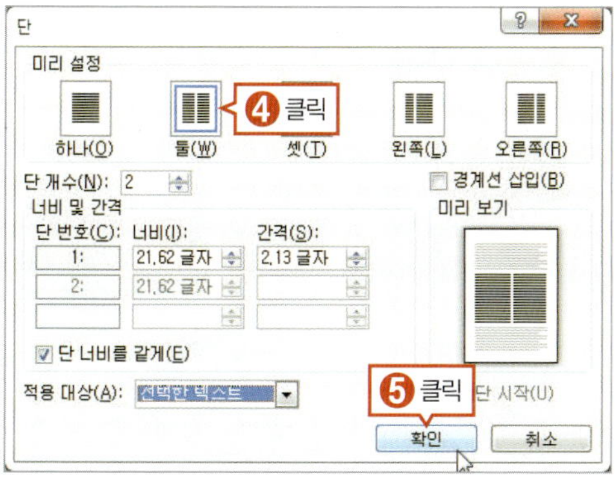

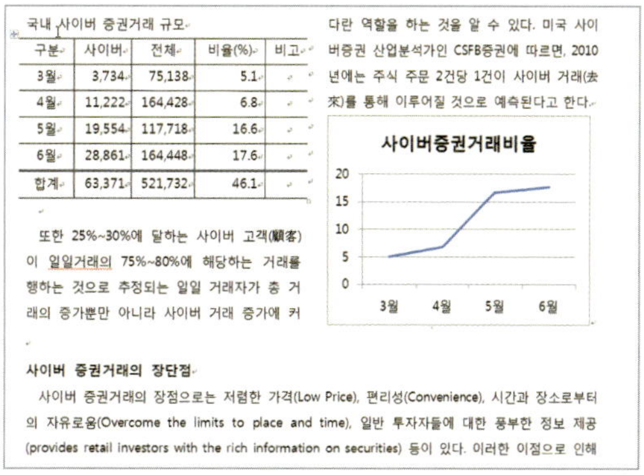

국내 사이버 증권거래 규모

구분	사이버	전체	비율(%)	비고
3월	3,734	75,138	5.1	
4월	11,222	164,428	6.8	
5월	19,554	117,718	16.6	
6월	28,861	164,448	17.6	
합계	63,371	521,732	46.1	

또한 25%~30%에 달하는 사이버 고객(顧客)이 일일거래의 75%~80%에 해당하는 거래를 행하는 것으로 추정되는 일일 거래자가 총 거래의 증가뿐만 아니라 사이버 거래 증가에 커다란 역할을 하는 것을 알 수 있다. 미국 사이버증권 산업분석가인 CSFB증권에 따르면, 2010년에는 주식 주문 2건당 1건이 사이버 거래(去來)를 통해 이루어질 것으로 예측된다고 한다.

사이버 증권거래의 장단점

사이버 증권거래의 장점으로는 저렴한 가격(Low Price), 편리성(Convenience), 시간과 장소로부터의 자유로움(Overcome the limits to place and time), 일반 투자자들에 대한 풍부한 정보 제공(provides retail investors with the rich information on securities) 등이 있다. 이러한 이점으로 인해

▲ 중간 영역만 2단 적용된 결과물('사이버 증권거래의 장단점' 단락은 1단 구성임)

Tip [단] 대화 상자의 구성 요소

① [단] 대화 상자가 나타나면 [미리 설정]의 [둘]을 선택하거나, [단 개수]를 입력하여 나눌 단 수를 설정할 수 있습니다. ② 단 [너비]와 [간격]도 설정할 수 있으며, 오른쪽의 [경계선 삽입]에 체크를 하면 경계선이 삽입됩니다. ③ [단 너비를 같게] 부분에 체크를 해제하면 왼쪽단과 오른쪽 단의 너비를 다르게 설정할 수 있습니다. ④ [적용 대상]에서 [현재 위치 다음부터]를 선택하면 커서가 있는 위치의 다음 줄부터 다단이 지정됩니다.

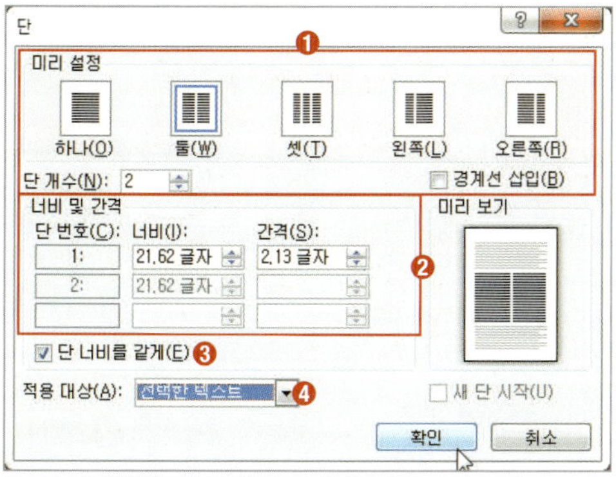

핵심기능 22

스타일 모음을 이용하여 스타일 지정 및 수정하기

- **실습 파일** : 워드\실습\핵심기능22.docx
- **완성 파일** : 워드\완성\핵심기능22_완료.docx

자주 사용하는 글자 모양이나 문단 모양을 미리 정해놓고 사용하는 것을 스타일(styles)이라고 합니다. 스타일을 만들어놓으면 필요할 때 그 스타일을 선택하는 것만으로 해당 문단의 글자 모양과 문단 모양을 한꺼번에 바꿀 수 있습니다. 스타일은 단순히 글자 모양이나 문단 모양을 간편하게 선택하기 위해서라기보다는, 긴 글에 대하여 일관성 있는 문단 모양을 유지하면서 편집 작업을 하는 데 꼭 필요한 기능입니다.

01 스타일 모음 이용하여 스타일 지정하기

① [홈] 탭-[스타일] 그룹의 **[스타일 변경]**을 클릭합니다. ② [스타일 모음]에서는 다양한 스타일을 선택할 수 있습니다. 여기서는 본문 내용에 맞게 **[전통식]**을 선택합니다.

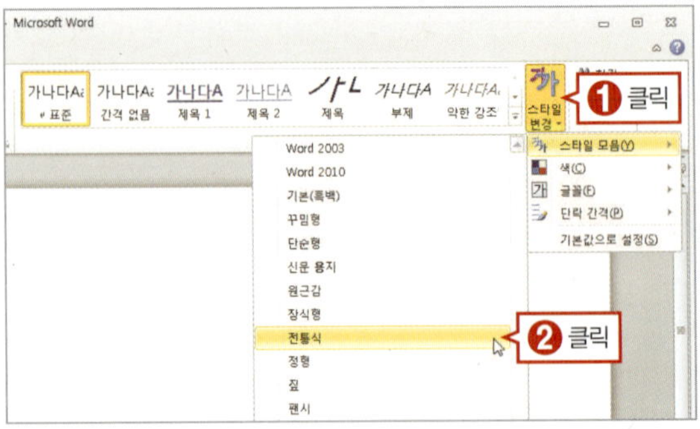

02 제목과 부제 스타일 지정하기

① 화전(花煎)을 드래그한 후 ② 메뉴의 **[스타일 그룹 자세히]**를 클릭하면 선택할 수 있는 스타일이 나타납니다. ③ 화전(花煎)은 **[제목]**으로 선택하고, ④ 제목 아래 단락은 **[인용]**을 선택합니다.

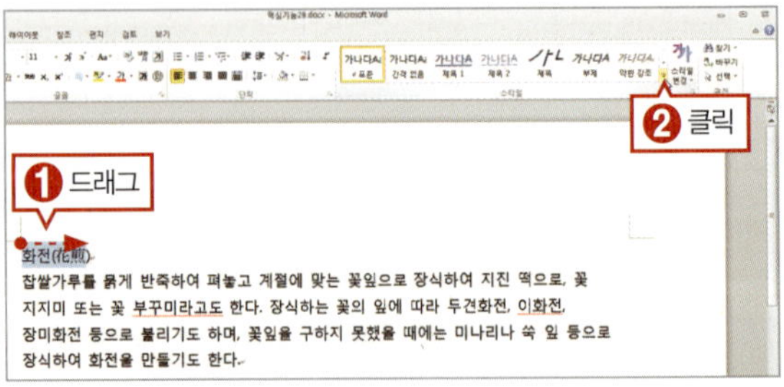

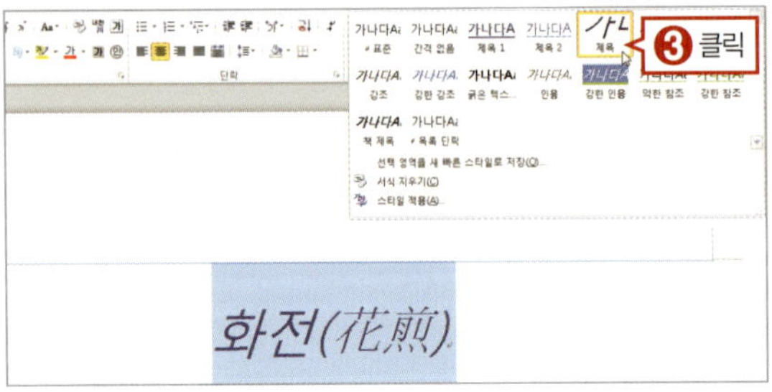

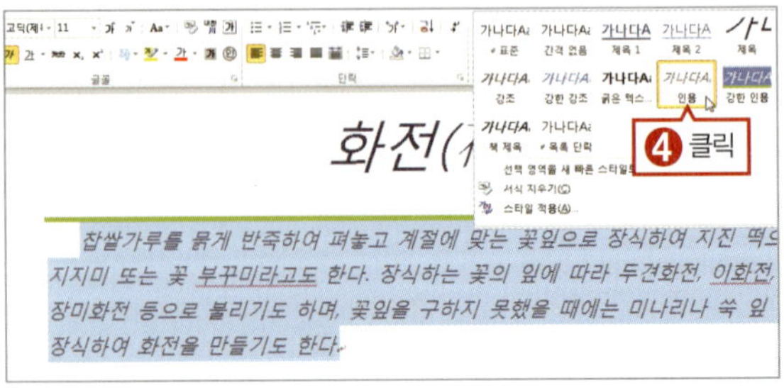

03 본문 제목 스타일 서식 변경하기

① 스타일의 서식을 변경할 제목을 **블록 선택**합니다. ② [홈] 탭–[스타일] 그룹의 **[스타일 자세히]**를 클릭하면 [스타일] 대화 상자가 나타납니다. ③ [스타일] 대화 상자에서 스타일 이름 옆의 **화살표(↵)**를 눌러 ④ **[수정]**을 선택합니다. [스타일 수정] 대화 상자가 나타나면 스타일 이름을 변경하거나 서식을 변경할 수 있습니다.

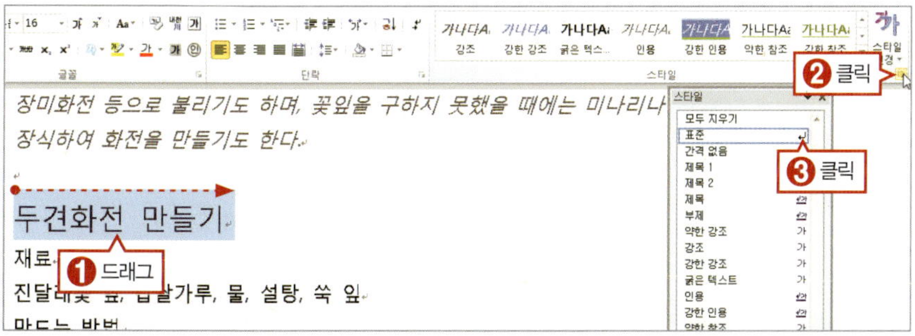

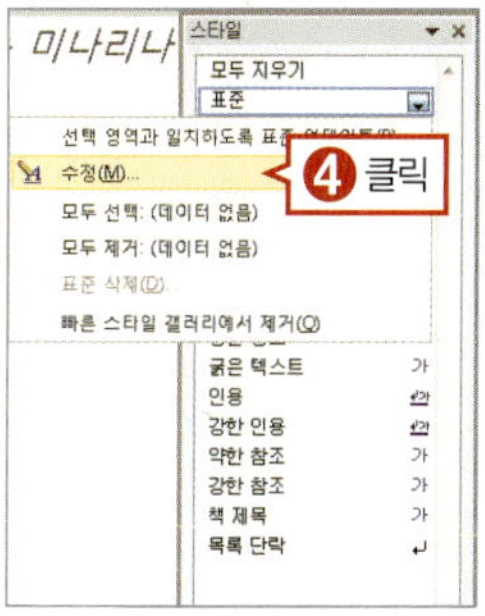

04 ① **[서식]**을 클릭하여 [글꼴], [번호 매기기] 등을 변경할 수 있습니다. ② **[글꼴]**을 선택하여 다양한 서식과 효과를 지정해봅니다. 그림과 같이 기본 스타일을 적용해보고 스타일의 서식을 변경해봅니다.

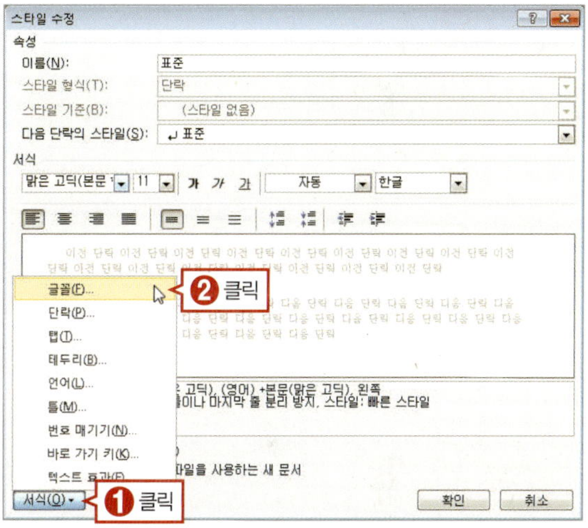

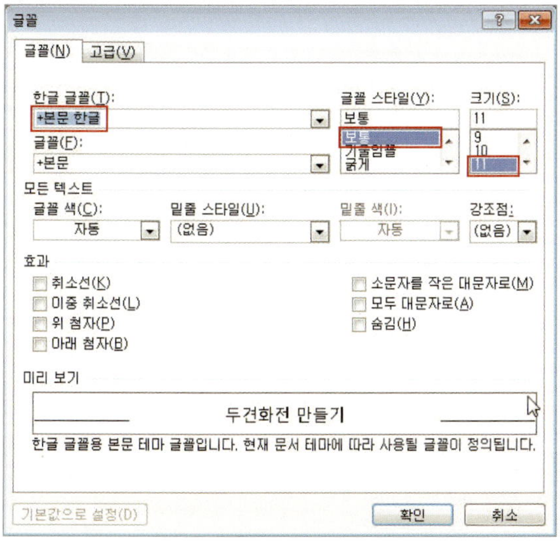

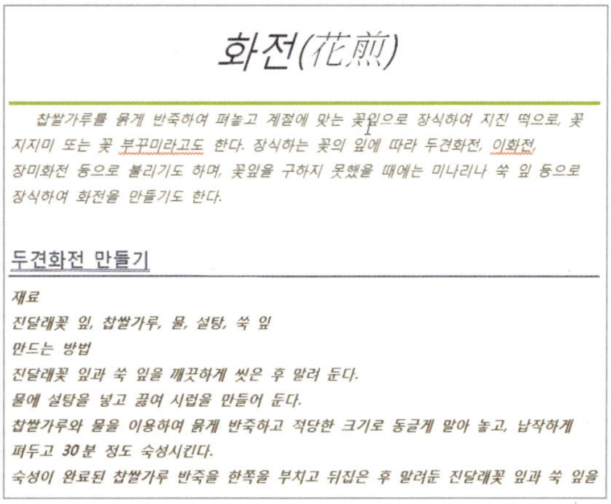

▲ 본문 제목과 내용 스타일이 변경된 결과물

핵심기능
23 스타일 이용하여 번호 삽입하기

• **실습 파일** ⓒ : 워드\실습\핵심기능23.docx
• **완성 파일** ⓒ : 워드\완성\핵심기능23_완료.docx

워드 2010의 스타일을 이용하여 번호 삽입하는 방법에 대해 알아보도록 하겠습니다.

01 번호 삽입하기

본문에서 만드는 방법 아래의 텍스트에 만드는 순서를 알 수 있게 하기 위해 번호를 붙여보겠습니다. ① **진달래꽃 잎과~시럽을 뿌려준다**까지 블록 선택하고 ② [목록 단락]의 **[스타일 수정]** 대화 상자를 엽니다. ③ **[서식]**을 클릭해 ④ **[번호 매기기]**를 선택합니다.

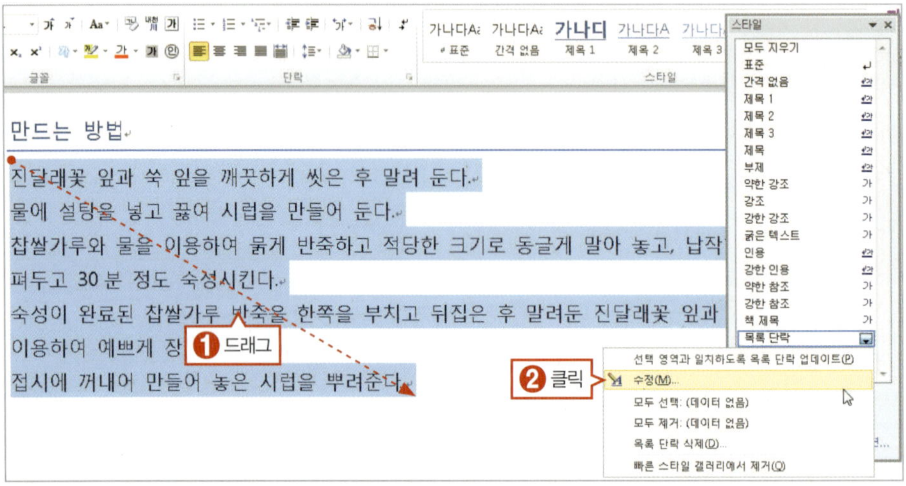

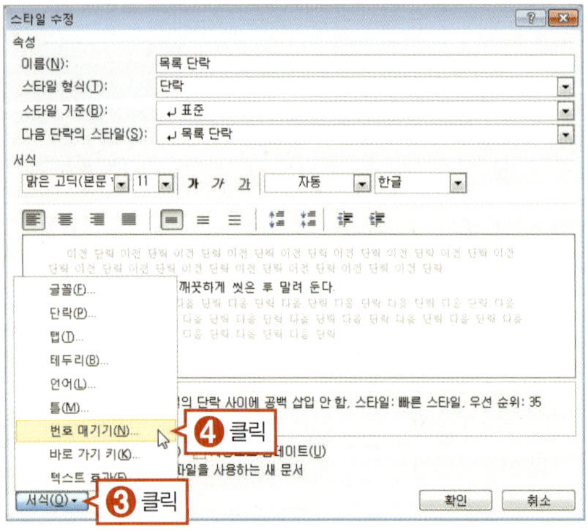

02 ① **[새 번호 서식 정의]**를 누른 후 대화 상자에서 ② [번호 스타일]을 **[하나, 둘, 셋…]**으로, ③ [맞춤] 형식을 **[하나–]**로 지정한 후 ④ **[확인]**을 클릭합니다. ⑤ [번호 매기기 라이브러리]에 새롭게 추가된 **[하나–,둘–,셋–]** 스타일을 선택한 후 ⑥ **[확인]**을 클릭합니다. ⑦ [스타일 수정] 대화 상자에서도 **[확인]**을 클릭합니다.

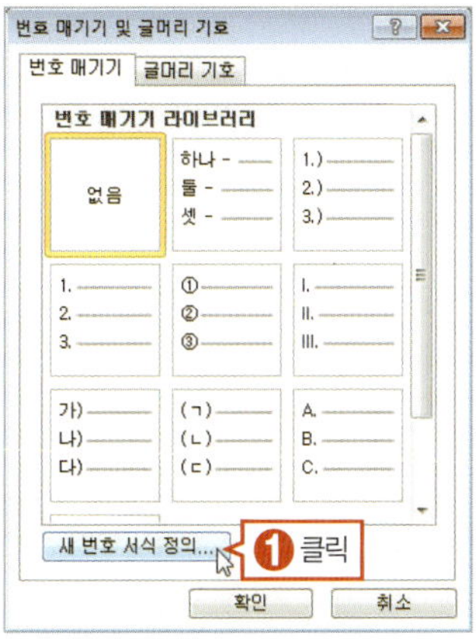

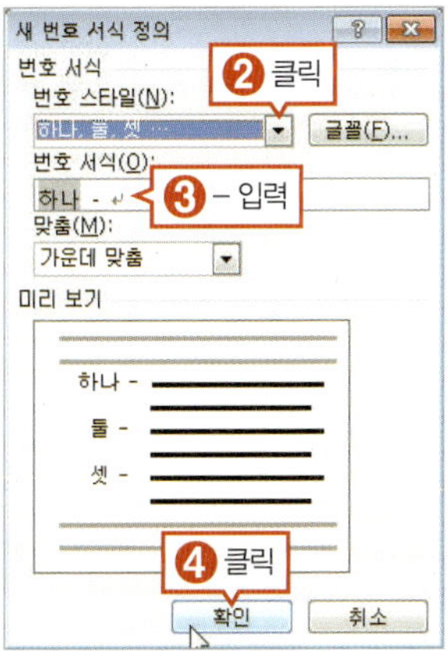

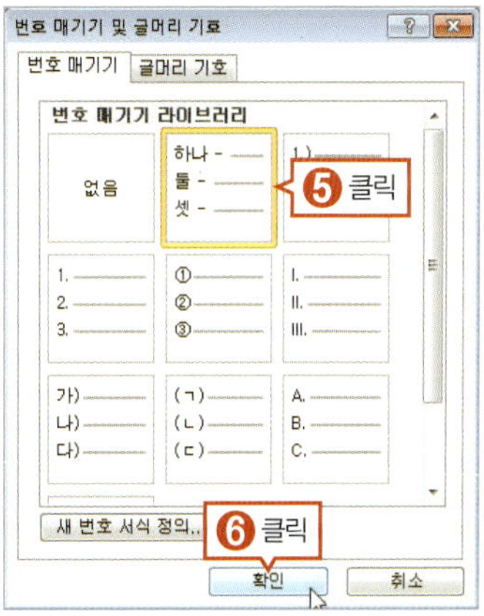

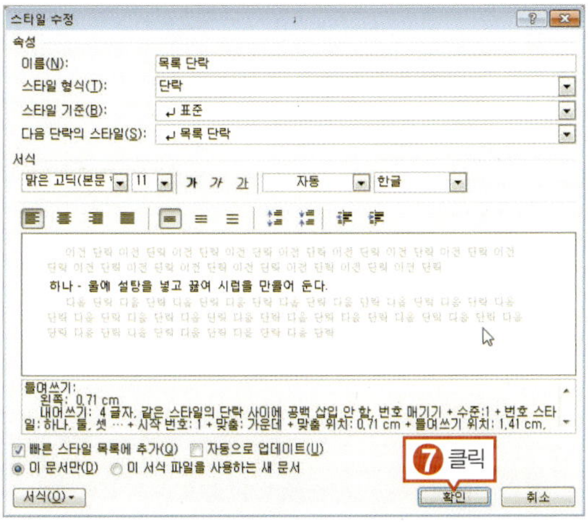

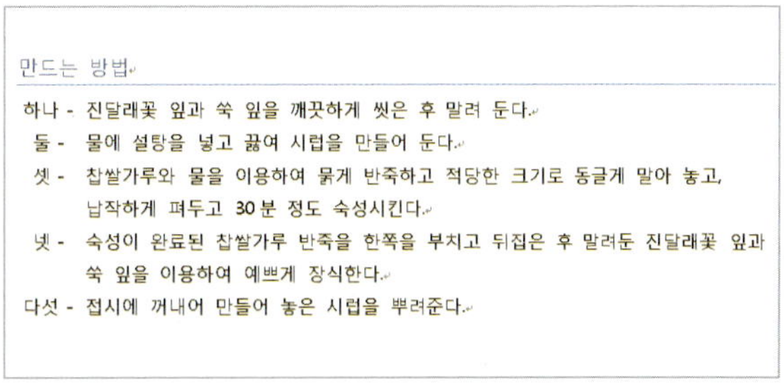

▲ [하나–, 둘–, 셋–]으로 번호 매기기 스타일이 적용된 결과

핵심기능 24

스타일 가져오기

• **실습 파일** ⓢ : 워드\실습\핵심기능24.docx
• **완성 파일** ⓢ : 워드\완성\핵심기능24_완료.docx

워드 2010의 스타일을 가져오고, 내보내는 방법에 대해 알아보도록 하겠습니다.

01 ① [홈] 탭-[스타일] 그룹의 [스타일] 대화 상자를 열어 ② **[스타일 관리]**를 클릭합니다. ③ [스타일 관리] 대화 상자에서 **[가져오기/내보내기]**를 클릭합니다.

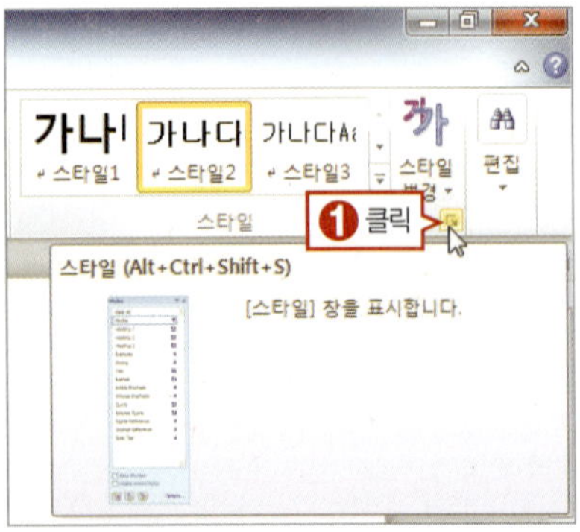

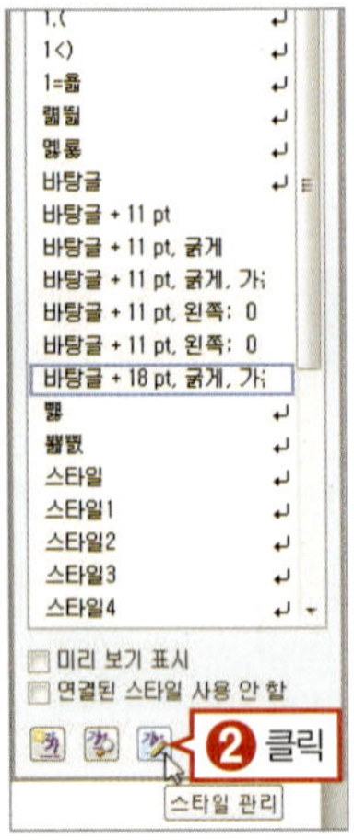

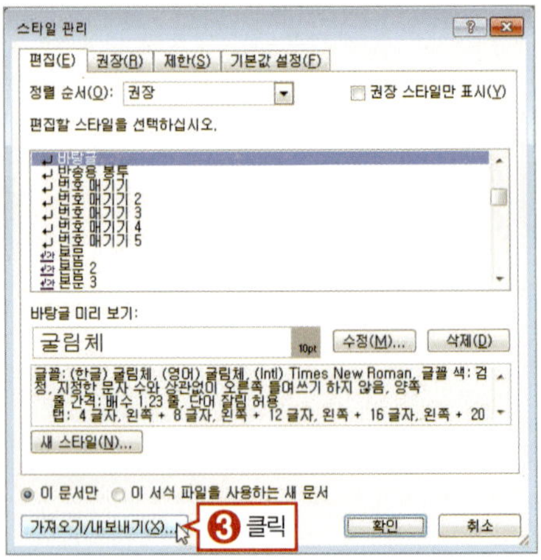

02 ① [구성 도우미] 대화 상자에서 **[파일 닫기]**를 클릭하면 현재 열려 있는 [스타일 서식 파일]이 닫히며, 버튼이 [파일 열기]로 변경됩니다. ② **[파일 열기]**를 클릭하면 [열기] 대화 상자가 나타납니다. ③ 부록 CD에서 예제가 저장된 경로를 찾아 **핵심기능24_완료.docx** 파일을 선택한 후 ④ **[열기]**를 클릭합니다.

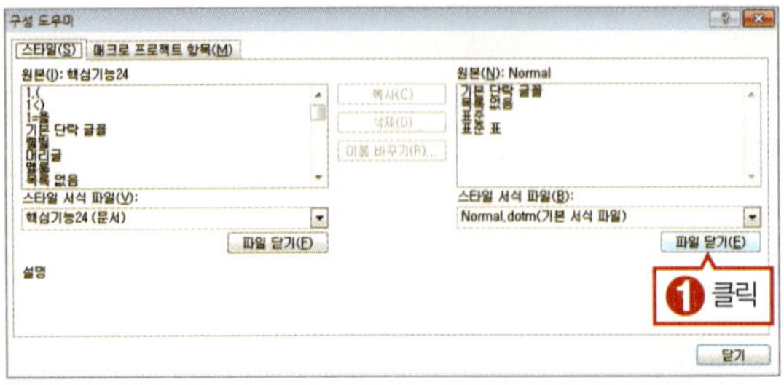

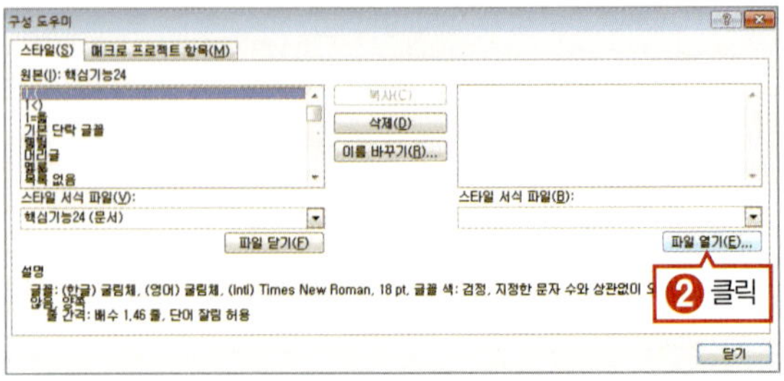

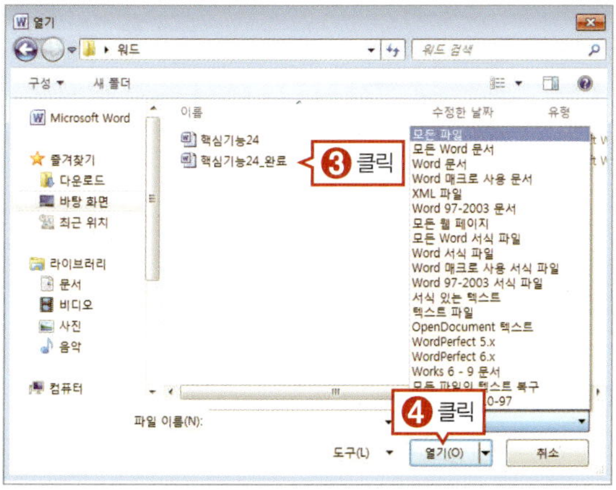

03 ① 오른쪽 목록에서 스크롤바를 아래로 내려 **[스타일 1]**에서부터 **[스타일 3]**을 Ctrl 또는 Shift를 누른 채 선택하고 ② [복사]를 누르면 [스타일1]부터 [스타일3]까지 기존의 스타일 항목을 덮어쓰겠냐는 대화 상자가 나타납니다. ③ **[예]**를 누르면 왼쪽 목록으로 [스타일1]부터 [스타일3]까지 복사됩니다. ④ 복사가 완료되면 **[닫기]**를 클릭합니다.

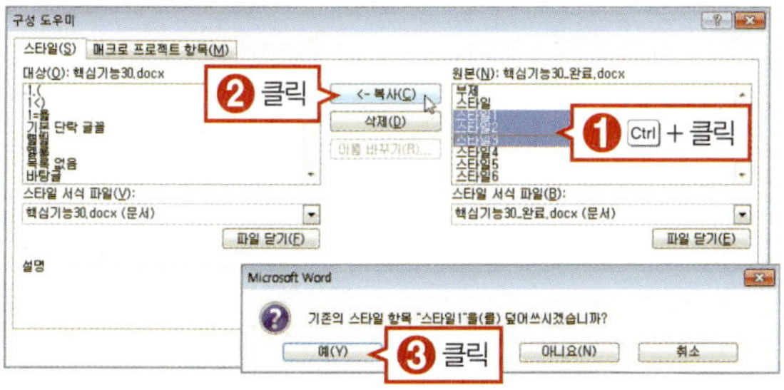

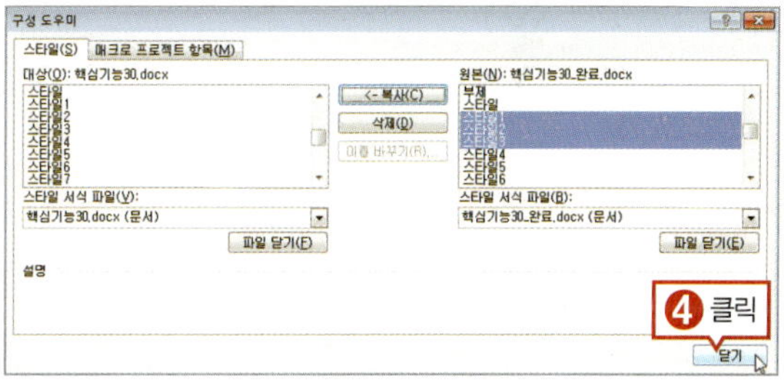

04 ① 제목에 해당하는 **보육시설 운영위원회 회칙**을 블록 선택하고 ② 오른쪽의 [스타일] 대화 상자에서 **[스타일1]**을 선택합니다. 아래의 총칙, 회칙은 [스타일2]를 적용하고 각 조를 [스타일 3]으로 지정합니다. 문서의 모든 회칙과 각 조에 스타일을 적용해봅니다.

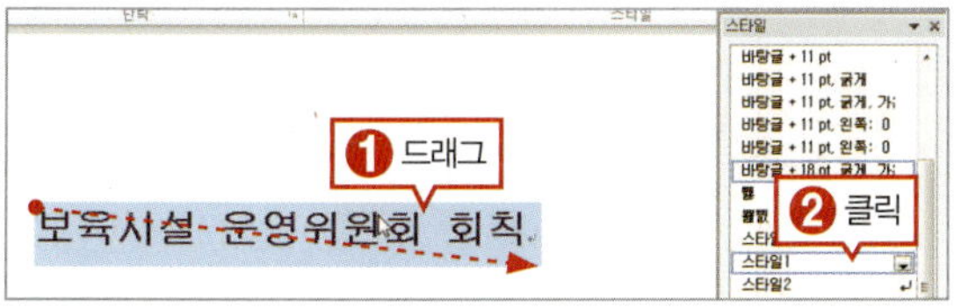

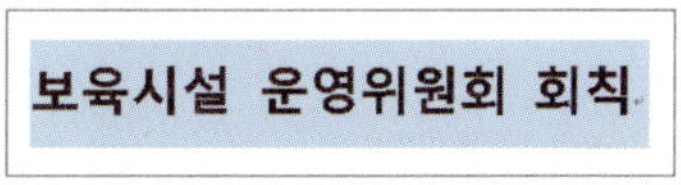

▲ 복사한 [스타일1]이 적용된 결과

Tip 적용된 서식을 간단하게 지우는 방법

서식을 지우고 싶은 곳을 블록 선택하고 [스타일] 대화 상자를 열어 [모두 지우기]를 선택합니다.

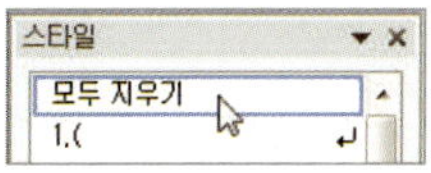

핵심기능 25

검색한 약도 이미지를 삽입하고 서식 지정하기

- **실습 파일** ⓒ : 워드\실습\핵심기능25.docx
- **완성 파일** ⓒ : 워드\완성\핵심기능25_완료.docx

네이버 지도에서 원하는 장소의 약도를 Word 이미지 파일로 삽입하고, 문서의 크기에 맞게 그림의 크기를 조절하고, 자르는 방법에 대해서 알아봅니다.

01 약도 이미지 검색하기

① 네이버(http://www.naver.com)에 접속하여 **[지도]**를 클릭합니다. ② 검색창에 **산본역**을 검색한 후 ③ **[저장]**을 클릭합니다.

02 약도 이미지 저장하기

① [파일 다운로드] 대화 상자에서 **[저장]**을 누른 후 ② 약도 파일을 삽입할 때 쉽게 찾을 수 있도록 저장 위치를 **[바탕화면]**으로 지정합니다. ③ 기본 파일 이름은 MAP이지만 **약도**로 변경한 후 ④ 파일 형식은 [PNG]로 선택해 ⑤ **[저장]**을 누릅니다.

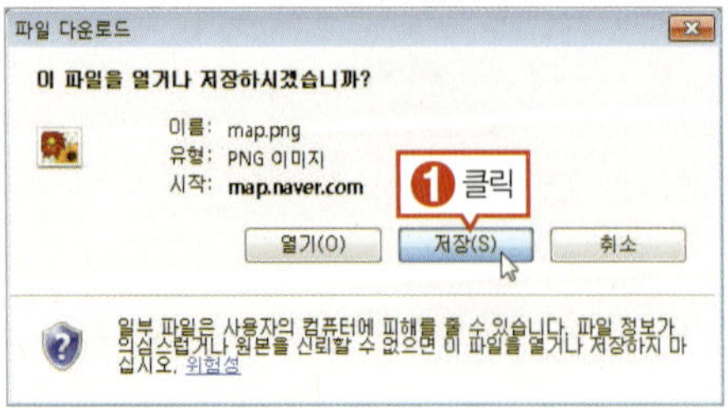

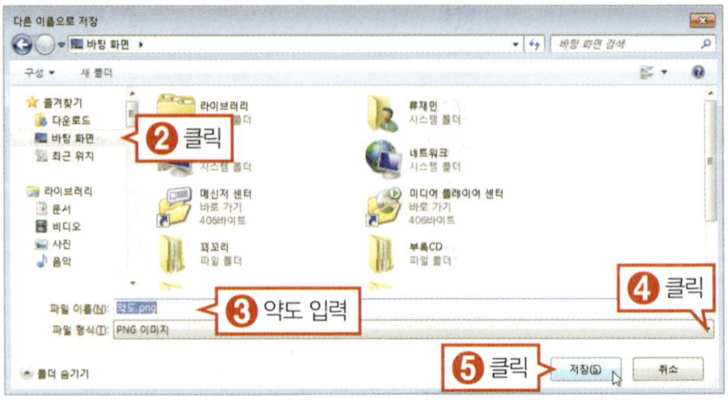

03 지도 삽입하기

[삽입] 탭-[일러스트레이션] 그룹에서 [그림]을 클릭합니다. ① [그림 삽입] 대화 상자에서 **약도** 파일을 선택하고 ② **[삽입]**을 클릭하면 워드 문서에 그림이 삽입됩니다.

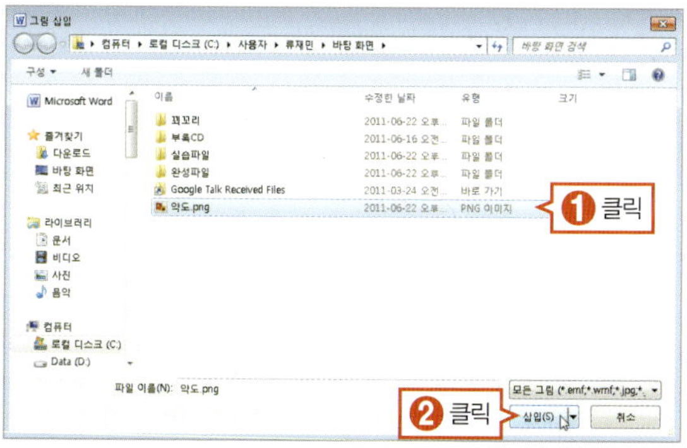

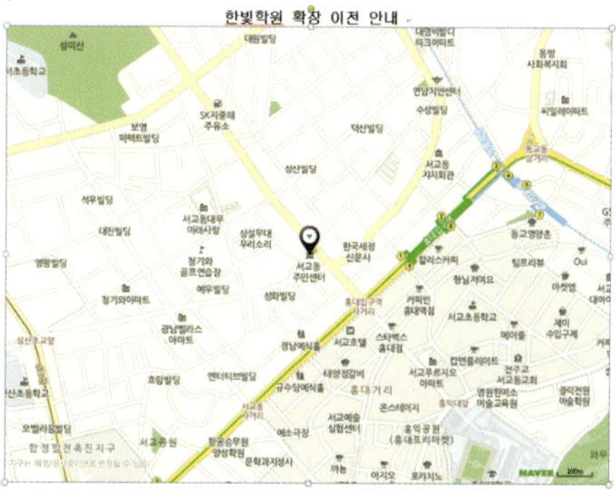

04 그림 크기 조절하기

그림 삽입이 완료되면 그림의 테두리에 8개의 크기 조절점과 테두리가 생깁니다. 조절점을 **드래그**하면 삽입된 그림의 크기를 줄이거나 늘릴 수 있습니다. 페이지가 넘어가지 않게 적당한 크기로 그림을 줄입니다.

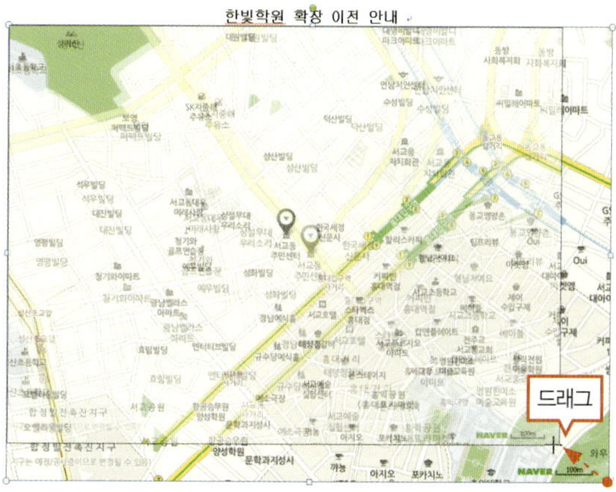

05 그림 자르기

① 삽입된 지도 그림을 선택하고 [서식] 탭-[크기] 그룹에서 **[자르기]**를 클릭합니다. ② 그림과 같이 모서리와 면에 마우스 포인터를 위치시키고 **드래그**하면 원하는 크기로 이미지를 자를 수 있습니다.

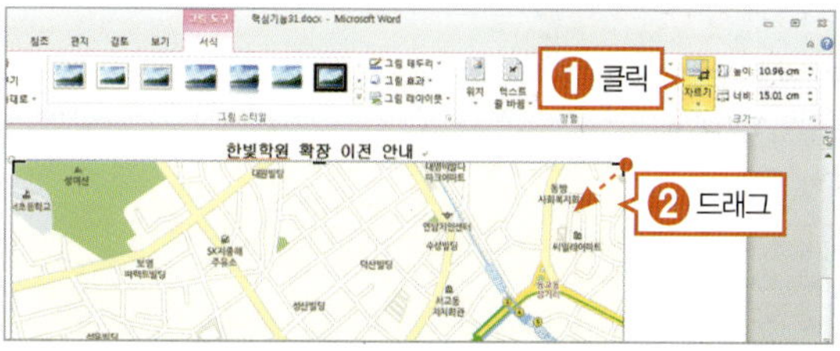

Tip 자르기 메뉴 설명

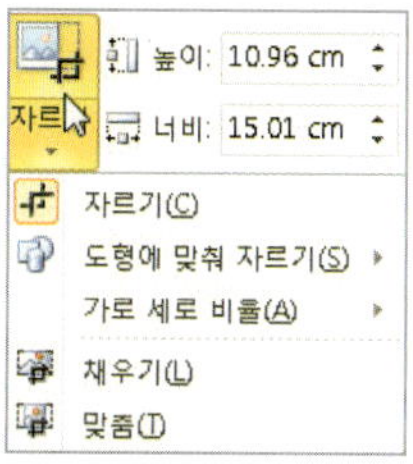

- 도형에 맞춰 자르기 : 기본 도형의 모양에 맞게 그림을 자릅니다.
- 가로 세로 비율 : 그림을 가로와 세로의 비율에 맞춰 자릅니다.
- 채우기 : 가로와 세로의 비율은 유지되며, 정해진 크기로 사진을 채우는 경우 사용합니다.
- 맞춤 : 채우기와 비슷한 기능을 갖고 있습니다.

핵심기능 26

문서 안에서 그림 배치 설정하기

• **실습 파일** ⓒ : 워드\실습\핵심기능26.docx

• **완성 파일** ⓒ : 워드\완성\핵심기능26_완료.docx

Word에 이미지 파일의 그림 배치 설정 방법에 대해 알아봅니다.

01 ① 그림을 선택한 상태에서 그림 위에 마우스 포인터를 위치시키고 **마우스 오른쪽 버튼**을 클릭합니다. ② 바로 가기 메뉴에서 [텍스트 줄 바꿈]–**[정사각형]**을 선택합니다. ③ 그림을 선택한 상태에서 [서식] 탭–**[텍스트 줄 바꿈]**을 선택하여도 같은 메뉴가 나타납니다.

Tip 배치 형식별 화면과 설명

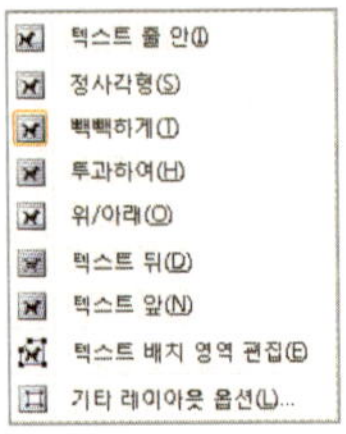

① 텍스트 줄 안 : 기본적으로 설정되어 있는 기본 값으로 삽입된 그림을 한 글자처럼 취급합니다.

② 정사각형 : 그림을 정사각형으로 취급하여 글자가 배치됩니다. 정사각형이 아닌 그림도 정사각형으로 취급합니다.

③ 빽빽하게 : 투명한 영역에 텍스트를 채웁니다.

④ 투과하여 : [빽빽하게]와 마찬가지로 그림의 투명한 영역을 글자가 채웁니다.

⑤ 위/아래 : 그림의 현재 위치를 기준으로 글자를 위와 아래로 나누어 채웁니다.

⑥ 텍스트 뒤 : 삽입된 그림을 글자의 뒤로 이동시켜 글자를 앞으로 채웁니다.

⑦ 텍스트 앞 : [텍스트 뒤]와 반대로 삽입된 그림을 글자 앞으로 이동시켜 그림 뒤에 글자를 채웁니다.

▲ [텍스트 뒤] 스타일

▲ [텍스트 앞] 스타일

핵심기능 27

클립아트 삽입하기

• **실습 파일** ⓒ : 워드\실습\핵심기능27.docx
• **완성 파일** ⓒ : 워드\완성\핵심기능27_완료.docx

Word에 이미지 파일의 그림 배치 설정 방법에 대해 알아봅니다.

01 클립아트 삽입하기

① [삽입] 탭–[일러스트레이션] 그룹에서 **[클립아트]**를 클릭합니다. ② [검색 대상]에 **병원**이라고 입력한 후 ③ **[이동]**을 클릭합니다.

02

① 클립아트를 **삽입할 위치**에 커서를 위치시키고 ② 검색 목록에서 **클립아트**를 클릭합니다.

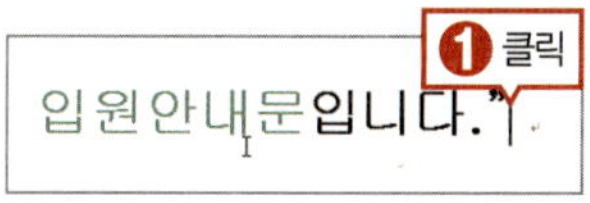

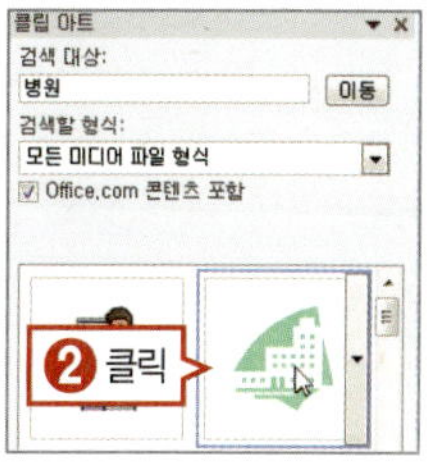

03 클립아트 크기 조절하기

클립아트를 클릭하면 문서에 바로 삽입됩니다. [클립아트] 대화 상자를 종료하고, 조절점을 드래그하여 삽입된 클립아트의 크기를 조절하여 제목과 잘 어울리도록 배치합니다.

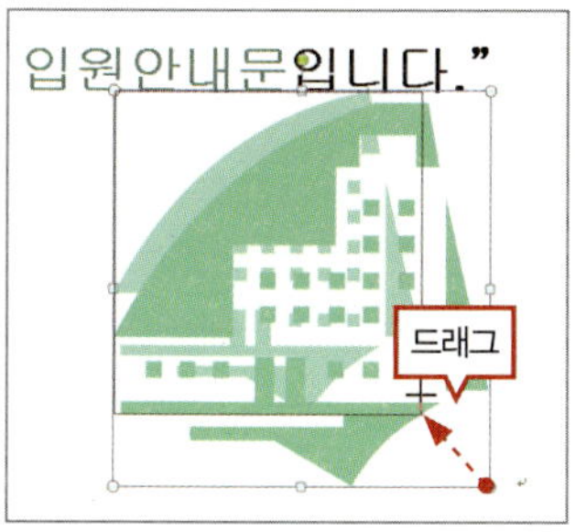

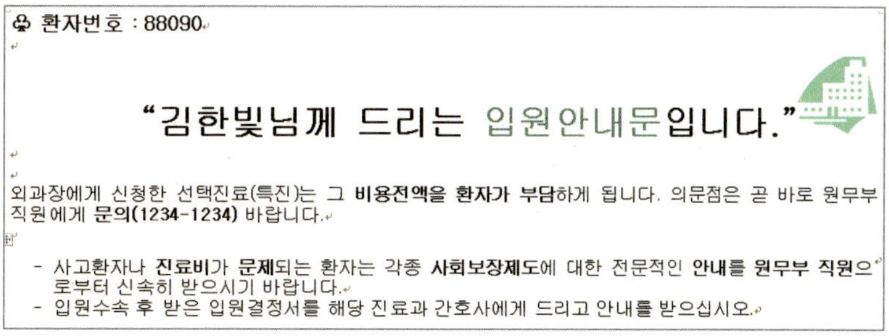

환자번호 : 88090
"김한빛님께 드리는 입원안내문입니다."
외과장에게 신청한 선택진료(특진)는 그 비용전액을 환자가 부담하게 됩니다. 의문점은 곧 바로 원무부 직원에게 문의(1234-1234) 바랍니다.
- 사고환자나 진료비가 문제되는 환자는 각종 사회보장제도에 대한 전문적인 안내를 원무부 직원으로부터 신속히 받으시기 바랍니다.
- 입원수속 후 받은 입원결정서를 해당 진료과 간호사에게 드리고 안내를 받으십시오.

핵심기능 28

도형을 삽입하고 서식 변경하기, 도형 안에 텍스트 추가하기

- **실습 파일** : 워드\실습\핵심기능28.docx
- **완성 파일** : 워드\완성\핵심기능28_완료.docx

Word 문서에 도형을 삽입하여 문서를 꾸미는 방법에 대해 알아봅니다.

01 도형 삽입하기

① [삽입] 탭-[일러스트레이션] 그룹에서 **[도형]**을 눌러 ② **[모서리가 둥근 직사각형]**을 선택합니다. ③ 제목의 크기에 맞게 드래그하여 도형을 그려줍니다.

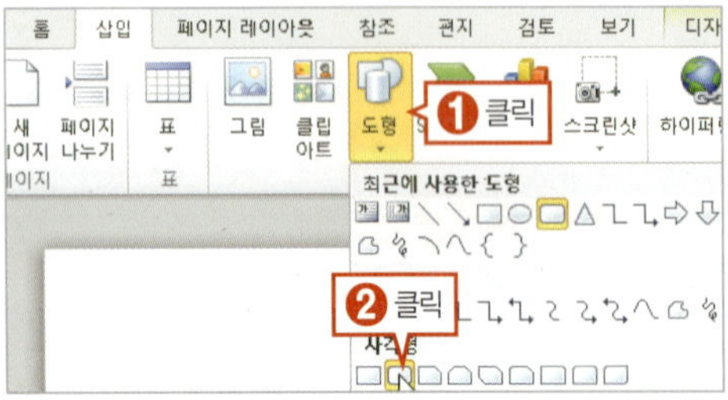

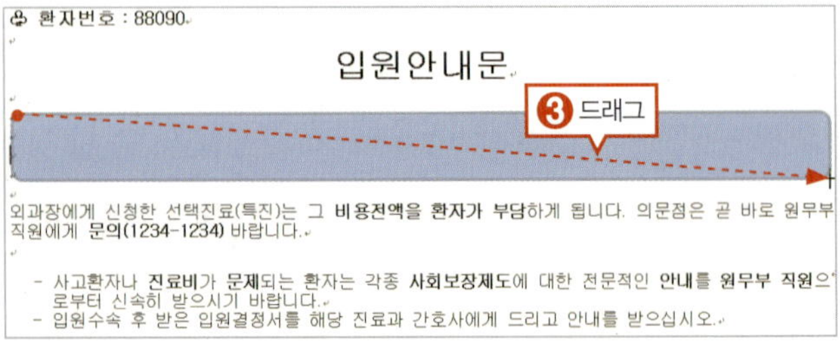

02 도형 서식 변경하기

① 도형을 선택한 다음 도형 위에 마우스 포인터를 놓고 마우스 오른쪽 버튼을 클릭하여 ② **[도형 서식]**을 선택합니다. ③ [도형 서식] 대화 상자-[채우기] 탭에서 **[채우기 없음]**을 선택하고, ④ [선 색] 탭에서 선 색을 **[검정]**으로 선택한 후 ⑤ **[닫기]**를 클릭합니다.

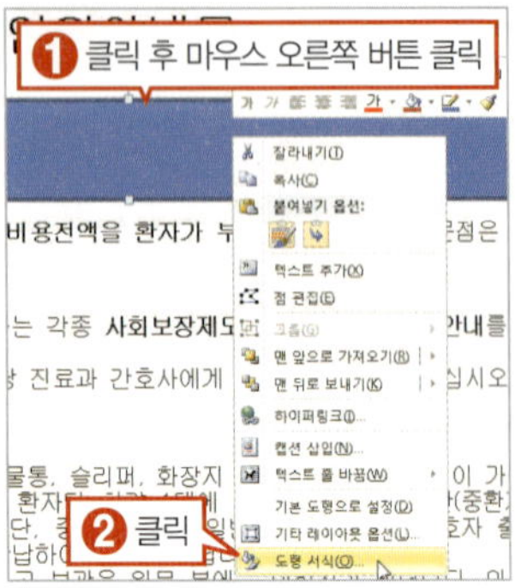

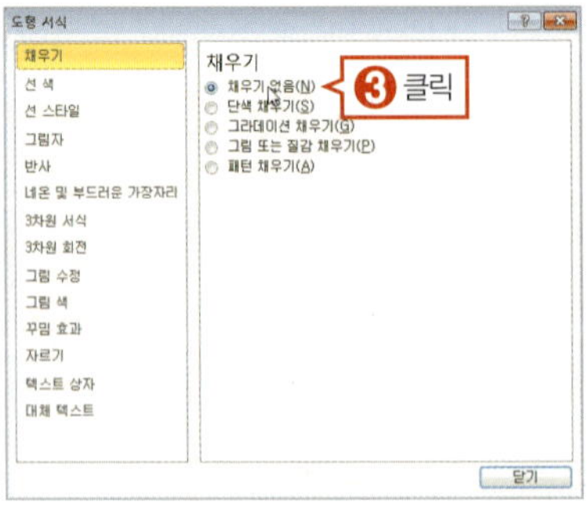

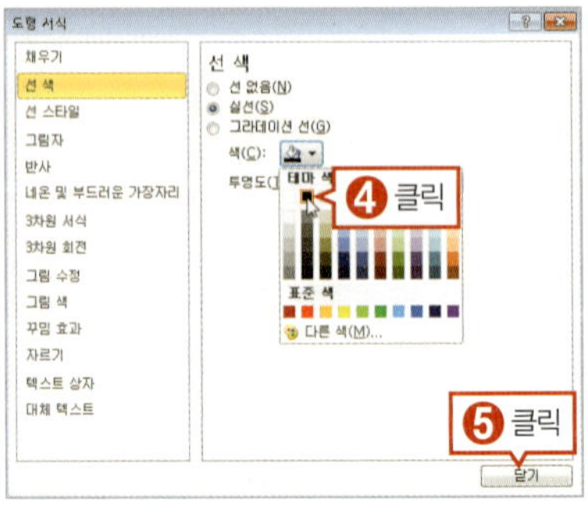

03 도형에 텍스트 추가하기

① 도형 안에 텍스트로 추가할 제목을 **블록 선택**하고 ② 마우스 오른쪽 버튼을 눌러 **[잘라내기]**를 선택합니다. ③ 삽입할 도형을 **선택**하고 ④ 마우스 오른쪽 버튼을 클릭하여 **[텍스트 추가]**를 선택합니다.

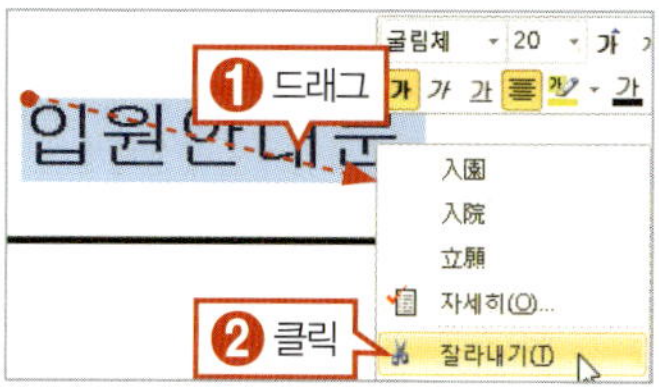

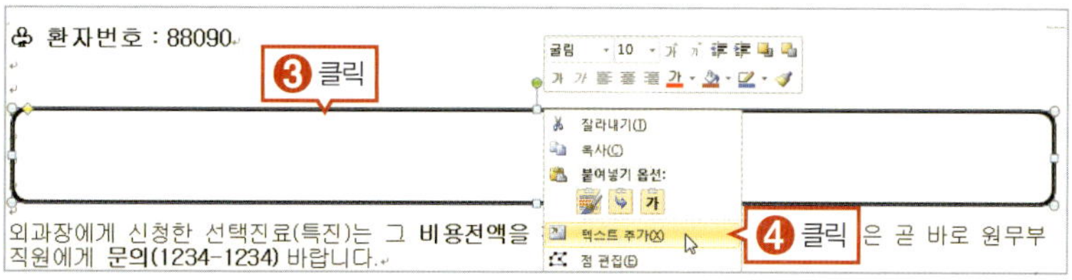

04 [텍스트 추가]를 클릭하여 도형 안에 커서가 생기면 ① 마우스 오른쪽 버튼을 클릭하여 **[붙여넣기]**를 클릭하거나 단축키 Ctrl+V를 이용하여 잘라낸 제목을 붙여 넣습니다. ② [붙여넣기]가 완료되면 **크기와 위치를 조절**합니다.

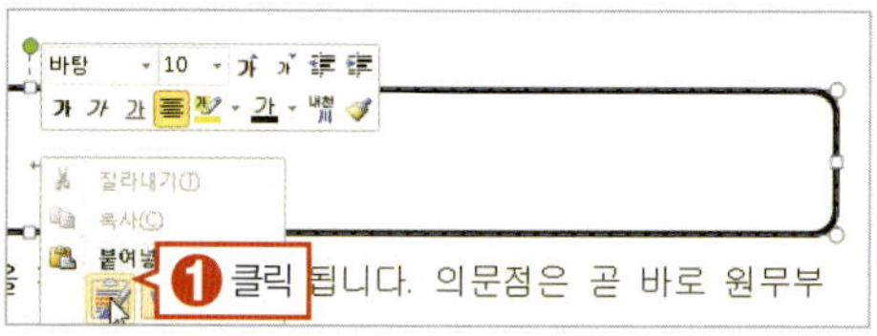

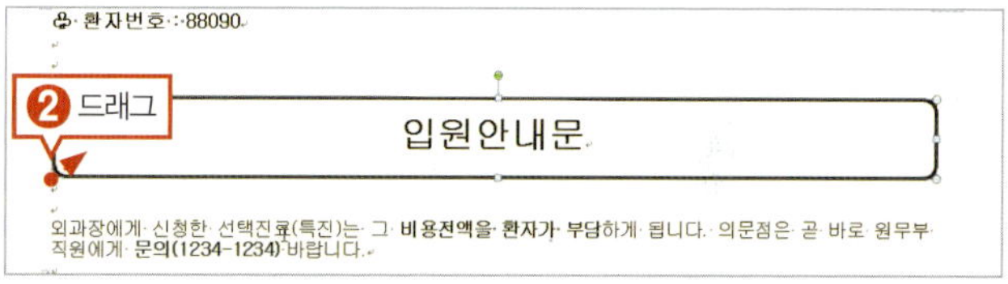

Tip [도형 서식] 대화 상자

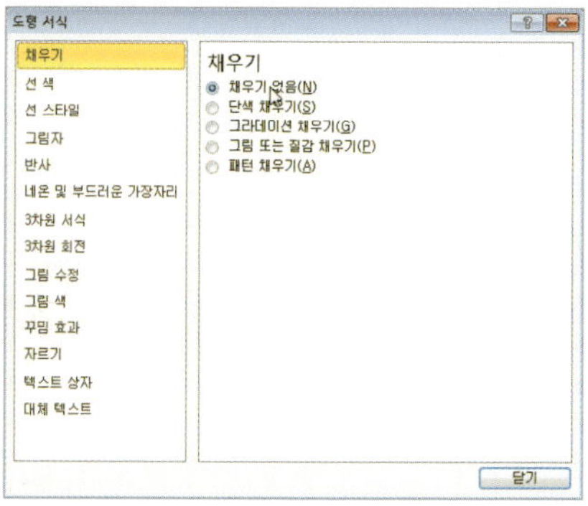

- 채우기 : 채우기 없음, 단색, 그라데이션, 그림 또는 질감, 패턴 채우기를 설정할 수 있습니다.
- 선 색 : 선 없음, 실선, 그라데이션 등의 선 색을 설정할 수 있습니다.
- 선 스타일 : 선의 너비와 선의 종류, 선의 끝 모양 등을 설정할 수 있습니다.
- 그림자 : 도형의 그림자를 설정할 수 있으며, 그림자의 모양, 색, 투명도, 크기, 각도 등을 설정할 수 있습니다.
- 반사 : 도형이 유리에 비친 듯한 느낌을 주도록 설정할 수 있습니다.
- 네온 및 부드러운 가장자리 : 도형에 네온을 설정하고 네온의 색, 크기, 투명도를 지정할 수 있으며, 가장자리를 부드럽게 처리할 수 있습니다.
- 3차원 서식 : 도형을 3차원 입체 형식으로 설정할 수 있고, 표면의 재질도 설정할 수 있습니다.
- 3차원 회전 : 도형을 3차원으로 회전할 수 있으며, 각도를 설정할 수 있습니다.

핵심기능 29

도형 간격 정렬 및 도형 회전하기

- **실습 파일** ◎ : 워드\실습\핵심기능29.docx
- **완성 파일** ◎ : 워드\완성\핵심기능29_완료.docx

Word 문서에 삽입된 도형을 여러 개 복사하고 회전하거나 맞춤을 설정하는 방법에 대해 알아봅니다.

01 도형 높이 정렬하기

① 도형을 선택한 상태에서 Ctrl를 **누른 채 드래그**하여 **도형 5개**를 복사합니다. ② Ctrl이나 Shift를 누른 상태로 도형을 클릭하여 **5개의 도형을 모두 선택**합니다. ② [서식] 탭–**[맞춤]**을 클릭하여 ③ **[위쪽 맞춤]**을 선택합니다. 그러면 가장 높은 곳에 있는 도형에 맞춰 나머지 도형들이 나란히 정렬됩니다.

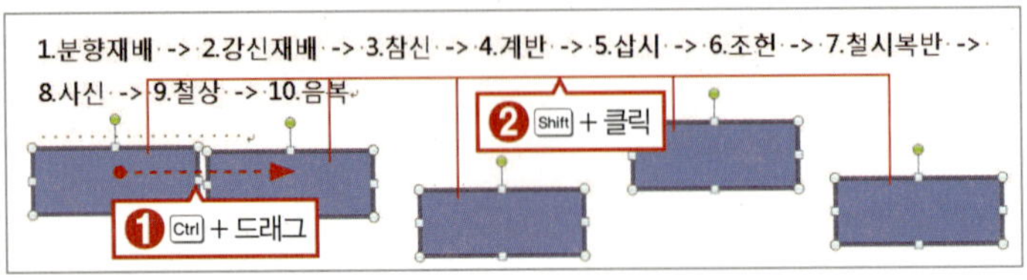

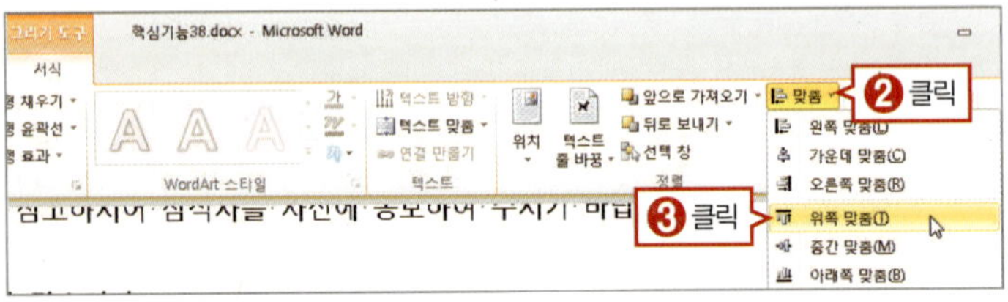

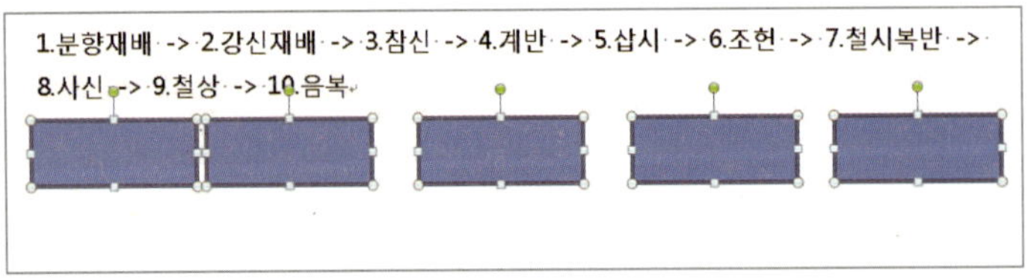

02 도형 간격 정렬하기

위의 도형들 사이의 간격을 일정하게 하기 위해 ① [서식] 탭-**[맞춤]**을 클릭해 ② **[가로 간격을 동일하게]**를 선택합니다.

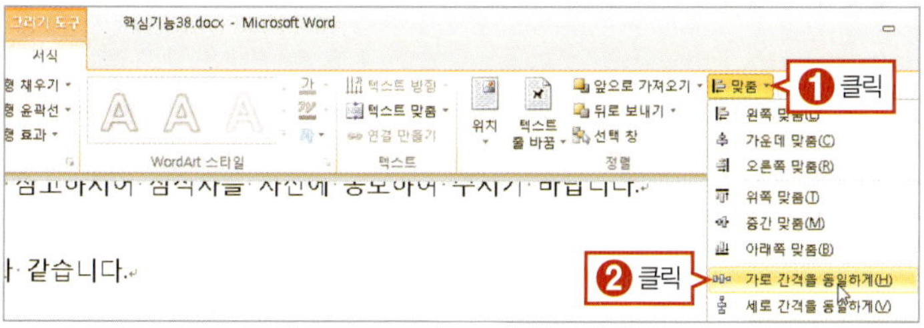

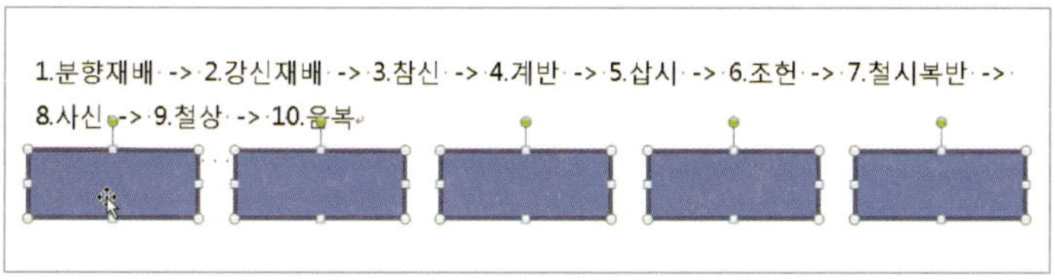

03 도형 회전하기

① 도형을 선택하고 ② 위의 녹색 점 위에 마우스 포인터를 올려놓으면 포인터가 **모양**으로 바뀝니다. ③ 마우스를 오른쪽으로 움직이면 **시계 방향**으로 회전하며, 마우스를 반대쪽으로 이동하면 **시계 반대 방향**으로 회전합니다.

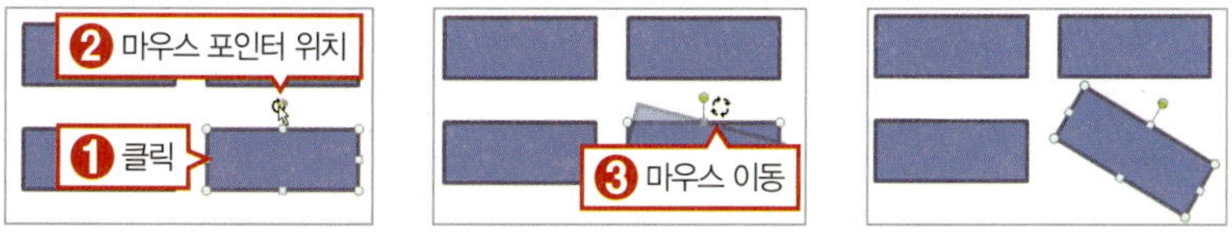

Tip 배치 형식별 화면과 설명

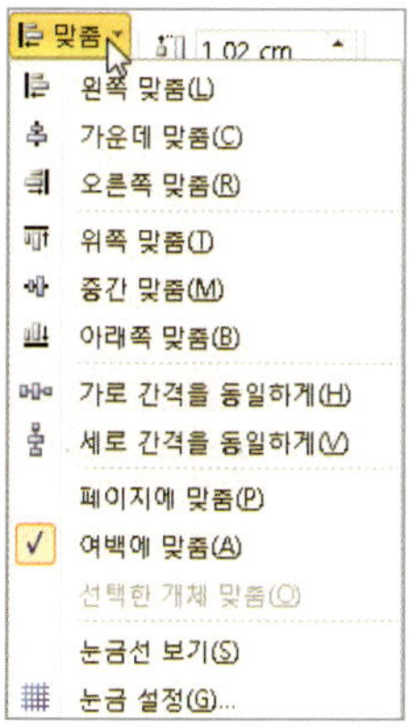

- 왼쪽 맞춤 : 맨 왼쪽의 도형에 맞춰 정렬
- 가운데 맞춤 : 왼쪽 끝에서 오른쪽 끝의 도형의 너비에 비례하여 정 중앙에 맞춰 정렬
- 오른쪽 맞춤 : 맨 오른쪽의 도형에 맞춰 정렬
- 위쪽 맞춤 : 도형이 여러 줄로 배치되어 있을 경우 맨 위의 도형의 위치에 맞게 정렬
- 중간 맞춤 : 도형이 여러 줄로 배치되어 있을 경우 맨 위에 있는 도형과 맨 아래에 있는 도형의 높이에 비례하여 중앙에 맞춰 정렬
- 아래쪽 맞춤 : 도형이 여러 줄로 배치되어 있을 경우 맨 아래의 도형의 위치에 맞게 정렬
- 가로 간격을 동일하게 : 도형 사이의 너비를 일정하게 정렬
- 세로 간격을 동일하게 : 도형이 여러 줄로 배치되어 있을 경우 각 도형 사이의 높이를 일정하게 정렬
- 페이지에 맞춤과 여백에 맞춤 : 페이지에 맞춤을 선택할 경우 여백 밖으로도 정렬되지만, 여백에 맞춤을 선택하면 여백 안쪽에 정렬
- 눈금선 보기 : 여백 안쪽에 가로선 눈금을 표시
- 눈금 설정 : 눈금 설정

WordArt 삽입 및 수정하기

- **실습 파일** : 워드\실습\핵심기능30.docx
- **완성 파일** : 워드\완성\핵심기능30_완료.docx

Word 문서에 WordArt를 삽입하여 문서를 꾸미는 방법에 대해서 알아봅니다.

01 WordArt 삽입하기

① WordArt로 꾸밀 문장 앞에 커서를 두고 ② [삽입] 탭–[텍스트] 그룹에서 [WordArt]를 클릭합니다. ③ 임의의 WordArt 스타일을 선택하면 그림과 같이 문장을 입력할 수 있는 **WordArt 텍스트 상자**가 활성화됩니다.

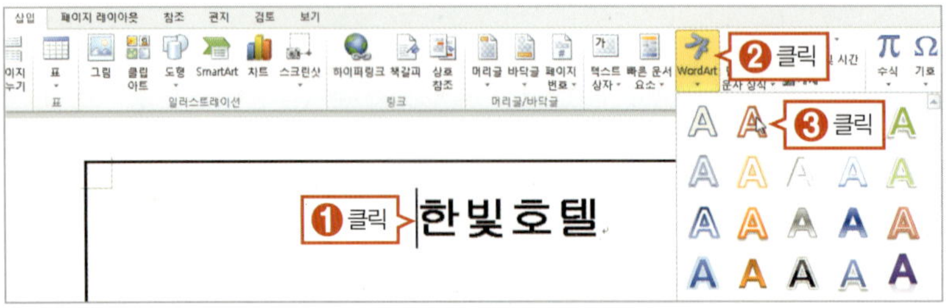

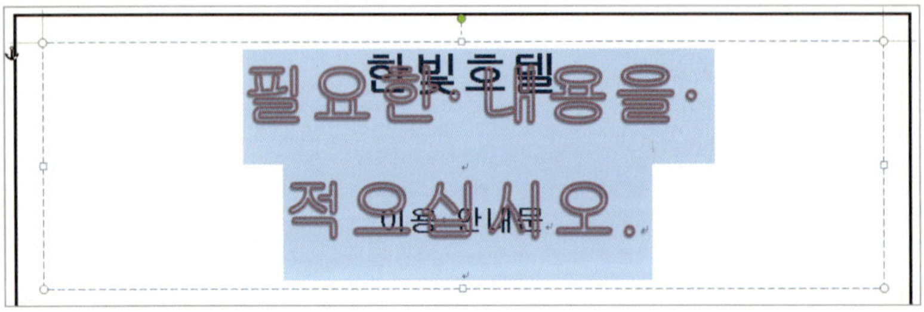

02 도형 WordArt에 글자 입력하기

① WordArt 텍스트 상자에 **한빛호텔**을 입력한 뒤 ② 기존에 일반 문자로 입력된 한빛호텔은 **삭제**합니다.

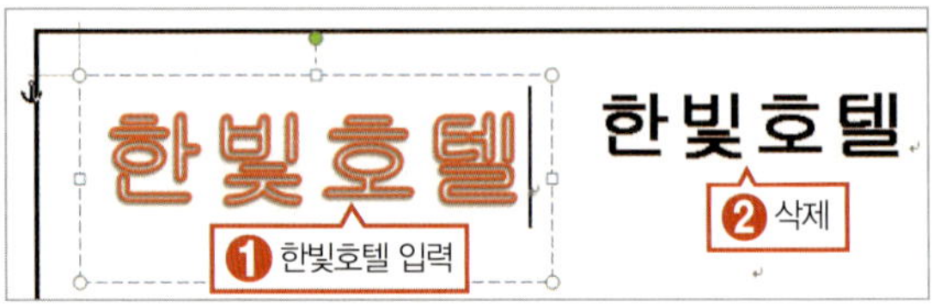

03 WordArt 배치하기

WordArt 테두리를 **드래그**해 WordArt를 배치할 위치로 이동합니다.

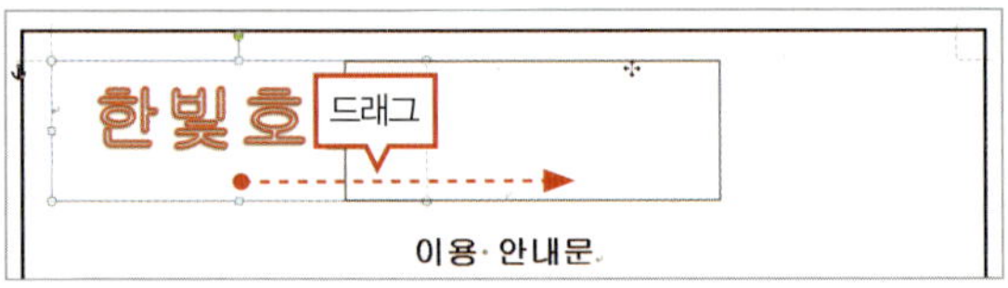

04 WordArt 꾸미기

① 서식을 수정할 WordArt를 선택하면 ② [서식] 탭-[WordArt 스타일] 그룹에서 **[빠른 스타일]**, **[글꼴 색]**, **[윤곽선 색]**, **[그림자]** 등 속성 꾸미기가 가능합니다.

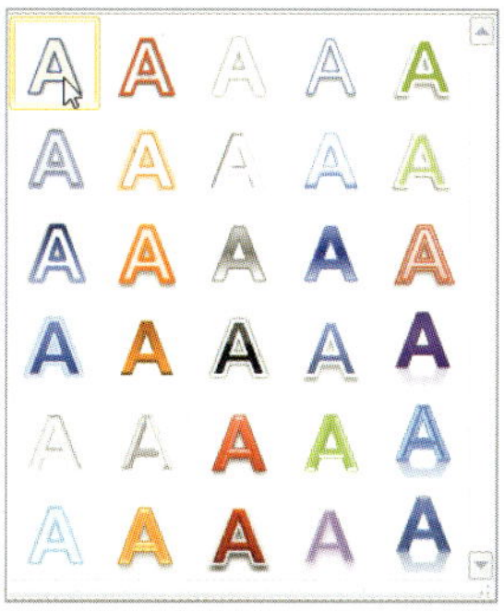

▲ 빠른 스타일

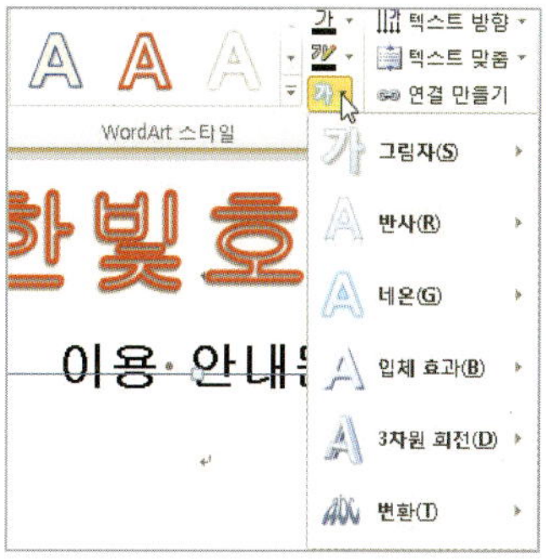

▲ 기타 속성을 꾸미는 메뉴

05 텍스트 효과 서식을 이용한 WordArt 꾸미기

① WordArt를 선택하고 ② [서식] 탭-[WordArt 스타일] 그룹-**[WordArt 스타일 자세히]**를 클릭합니다. **[텍스트 효과 서식]** 대화 상자에서 글자, 그림자 등의 서식을 변경할 수 있습니다. 많은 종류의 스타일을 적용해보고 서식을 변경해봅니다.

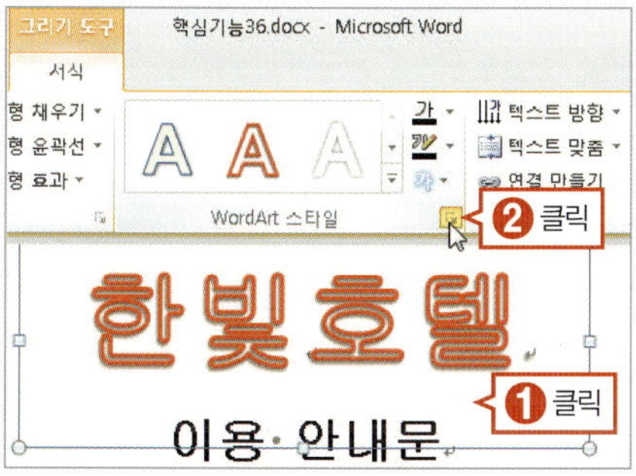

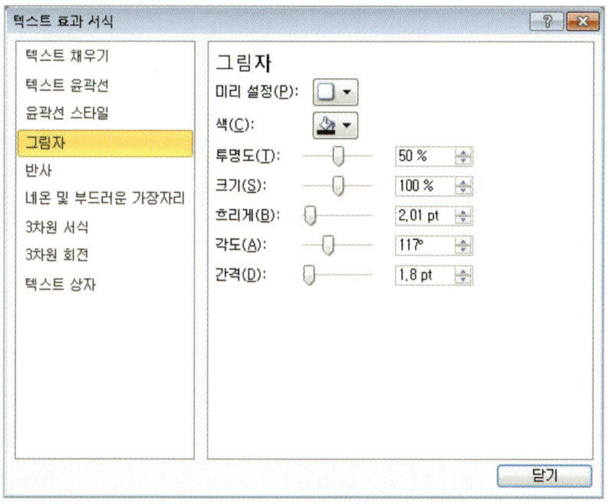

SmartArt를 이용하여 다이어그램 만들기

- **실습 파일** : 워드\실습\핵심기능31.docx
- **완성 파일** : 워드\완성\핵심기능31_완료.docx

문서를 다이나믹하게 꾸밀 수 있는 SmartArt를 이용해 문서에 다이어그램을 삽입하는 방법에 대해서 알아보겠습니다.

01 SmartArt를 이용하여 추진 방향에 대한 다이어그램 만들기

① 문서에 SmartArt를 삽입할 위치를 마우스로 클릭하고 ② [삽입] 탭-[일러스트레이션] 그룹에서 [Smart Art]를 클릭해 [Smart Art 그래픽 선택] 대화 상자를 실행합니다. ③ **[프로세스형]**을 선택하고 ④ **[연속 블록 프로세스형]**을 선택한 뒤 ⑤ **[확인]**을 클릭합니다.

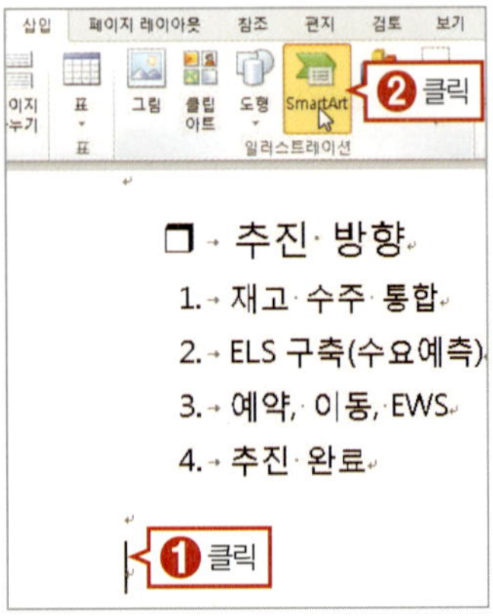

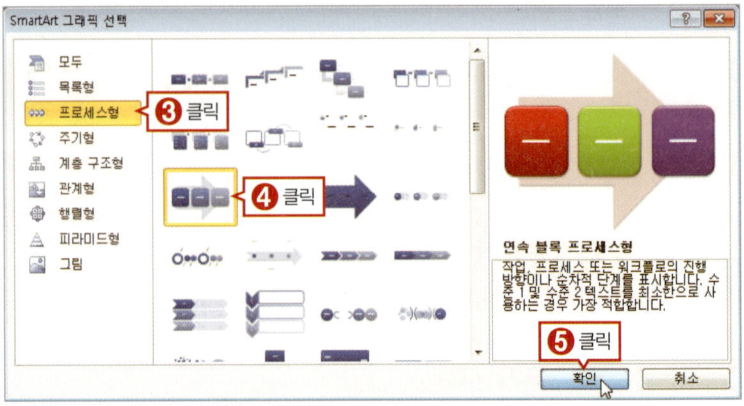

Tip "Smart Art 그래픽 선택" 대화 상자는 왼쪽에 종류별 다이어그램의 모양이 분류되어 있습니다.

02 커서의 위치에 다이어그램이 삽입되며, 텍스트를 입력하는 대화 상자가 실행됩니다. ① 실행된 대화 상자에 그림과 같이 **텍스트를 직접 입력**합니다. ② 텍스트 상자를 추가하기 위해 [SamrtArt 도구]-[디자인] 탭-[그래픽 만들기] 그룹에서 **[도형 추가]**를 클릭하고 ③ **[뒤에 도형 추가]**를 클릭하여 다이어그램을 추가합니다.

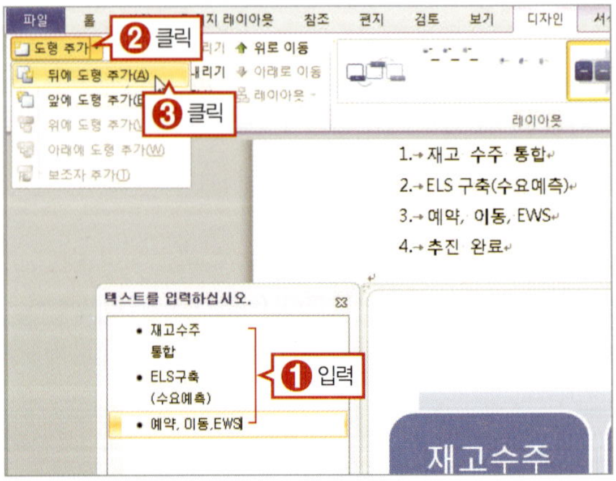

03 ① 새로 추가된 다이어그램을 선택해 ② **추진완료**를 입력합니다.

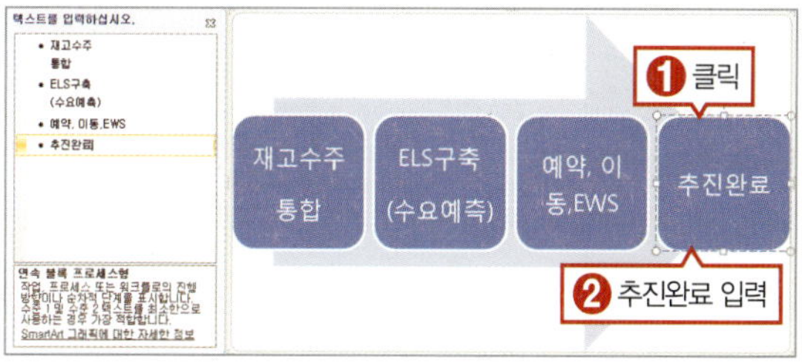

04 SmartArt 색상 변경하기

① 작성된 SamrtArt의 테두리를 **더블클릭**합니다. ② [디자인] 탭-[SmartArt 스타일] 그룹에서 **[색 변경]**을 클릭해 ③ **[색상형 범위-강조색 5 또는 6]**을 클릭합니다.

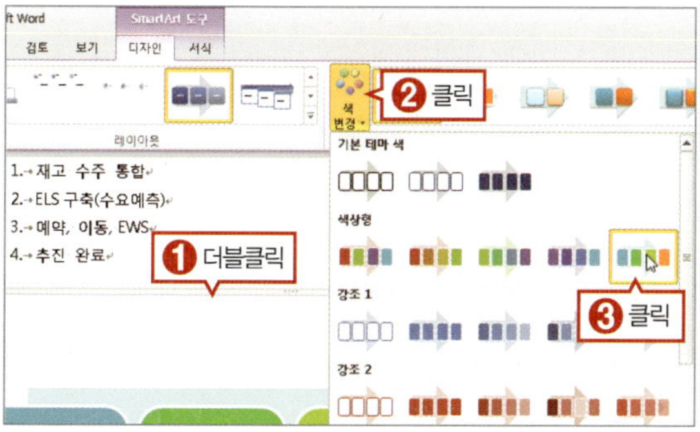

05 SmartArt 스타일 변경하기

① SmartArt 테두리를 **더블클릭**해 디자인 리본 메뉴를 활성화합니다. ② [SmartArt 스타일] 그룹에서 **[자세히]**를 눌러 ③ **[3차원 조감도 스타일]**을 클릭합니다.

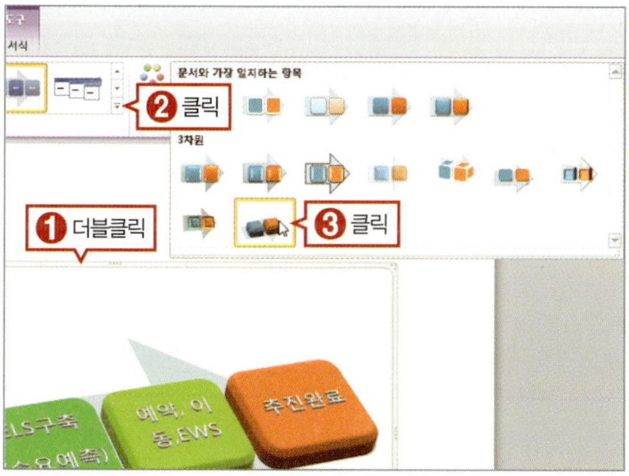

핵심기능 32

차트 삽입 및 종류 변경하기, 차트 제목 및 축 이름과 범례 지정하기

- **실습 파일** : 워드\실습\핵심기능32.docx
- **완성 파일** : 워드\완성\핵심기능32_완료.docx

Word 문서에 차트를 삽입하고 삽입된 차트를 편집하는 방법에 대해 알아봅니다.

01 차트 삽입하기

① 표에 입력된 데이터를 드래그하여 **블록 선택**한 뒤 Ctrl+C를 눌러 **복사**합니다. ② 표 하단 부분을 클릭해 표 선택을 해제하고 Enter를 여러 번 눌러 **행을 추가**합니다. ③ [삽입] 탭-[일러스트레이션] 그룹-**[차트]**를 클릭해 [차트 삽입] 대화 상자를 실행합니다.

2011 년 총 수강생 인원 현황

과목	상반기	하반기
국어	726	811
영어	1,560	1,771
수학	1,321	1,193
과학	671	694
사회	784	745

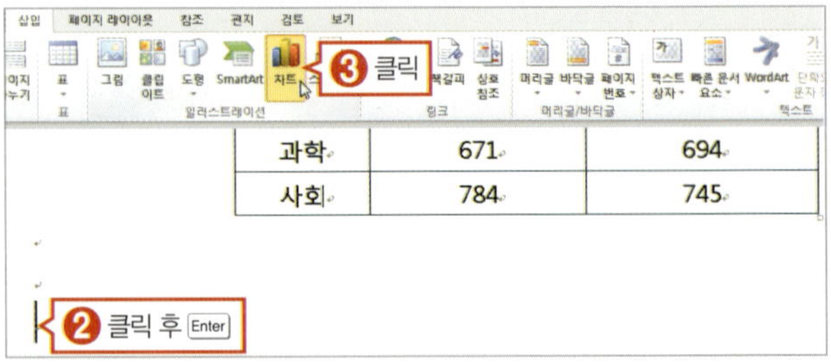

02 [차트 삽입] 대화 상자에서 ① **[세로 막대형]**을 선택하고 ② **[확인]**을 클릭하면 엑셀이 자동으로 실행됩니다. ③ 실행된 엑셀 **[A1] 셀**을 선택하고 ④ Ctrl+V를 눌러 앞서 복사한 표 내용을 붙여 넣습니다. ⑤ 마우스 오른쪽 버튼을 누른 후 **[삭제]**를 클릭해 차트 데이터에 필요 없는 [D]열을 삭제합니다.

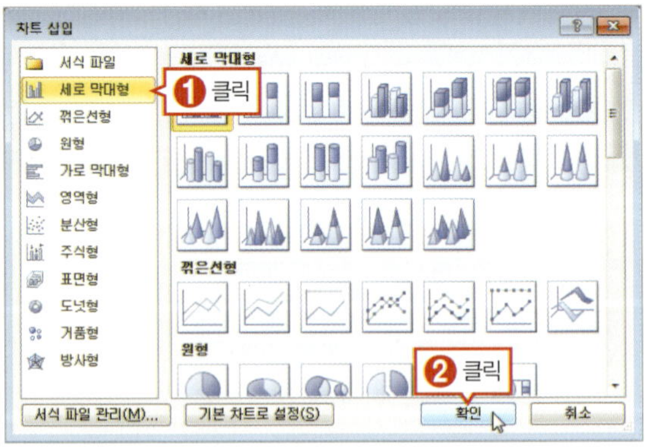

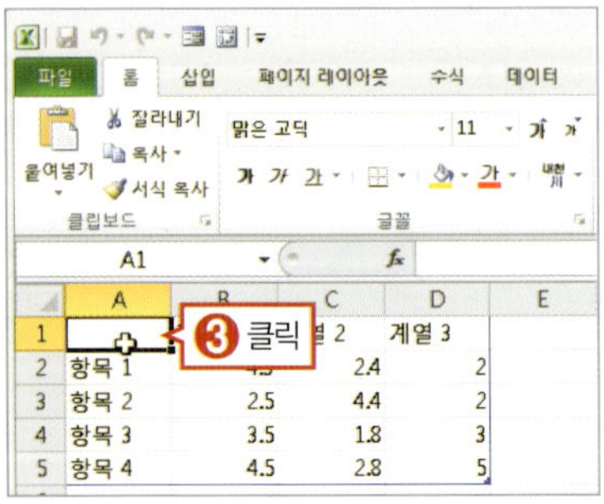

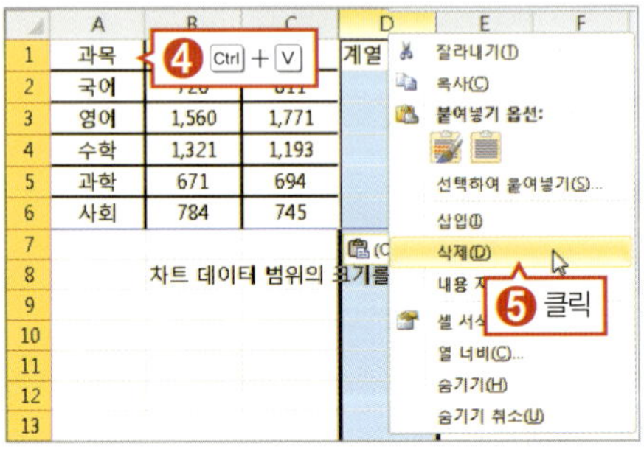

03 필요한 데이터만 남았는지 확인한 뒤 **[창 닫기]**를 눌러 엑셀을 종료합니다. 차트가 삽입된 것을 확인할 수 있습니다.

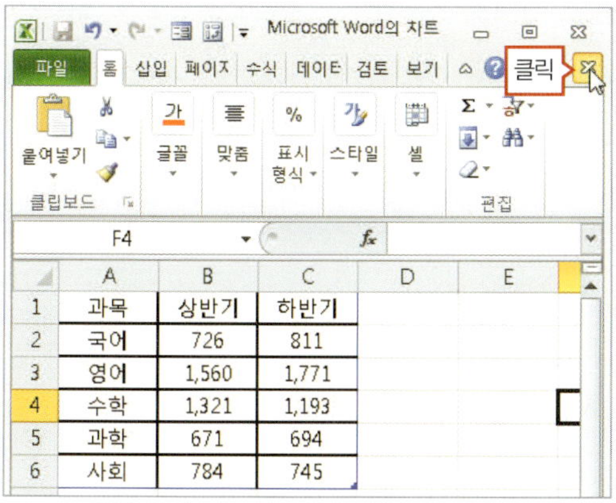

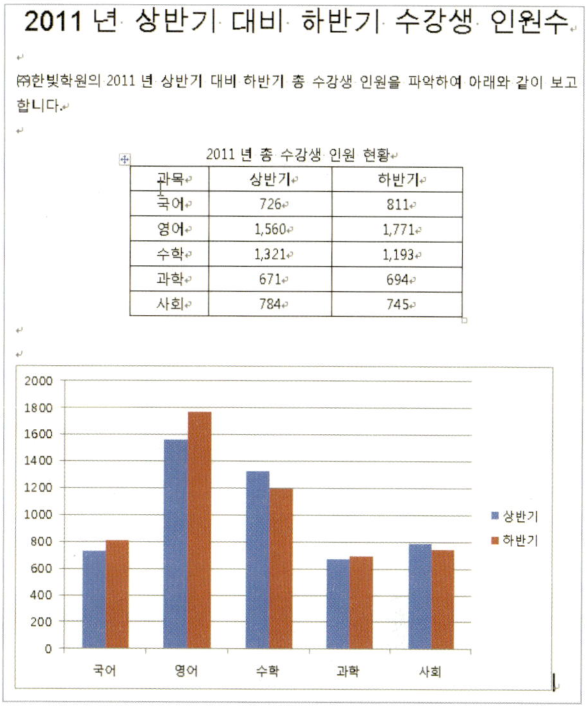

2011 년 상반기 대비 하반기 수강생 인원수

㈜한빛학원의 2011 년 상반기 대비 하반기 총 수강생 인원을 파악하여 아래와 같이 보고합니다.

2011 년 총 수강생 인원 현황

과목	상반기	하반기
국어	726	811
영어	1,560	1,771
수학	1,321	1,193
과학	671	694
사회	784	745

04 차트 종류 변경하기

① 편집할 차트를 선택하고 ② [디자인] 탭-[종류] 그룹에서 **[차트 종류 변경]**을 클릭합니다. ③ **[가로 막대형]** 종류 중 ④ **[묶은 가로 막대형]**을 선택하고 ⑤ **[확인]**을 클릭해 적용 내용을 확인합니다.

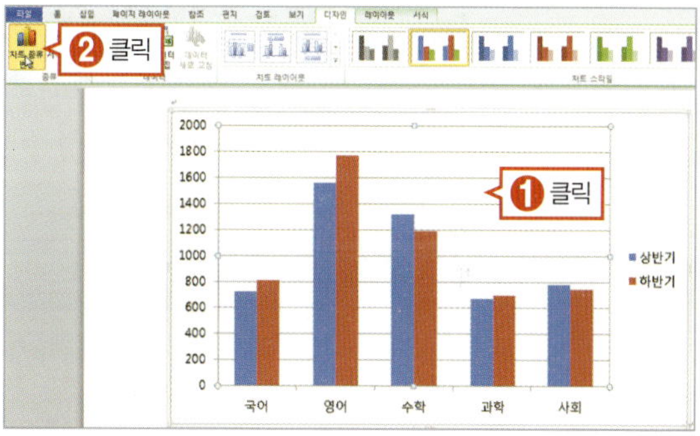

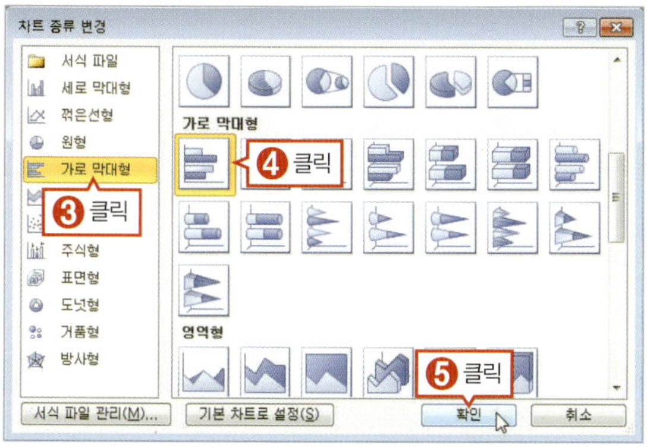

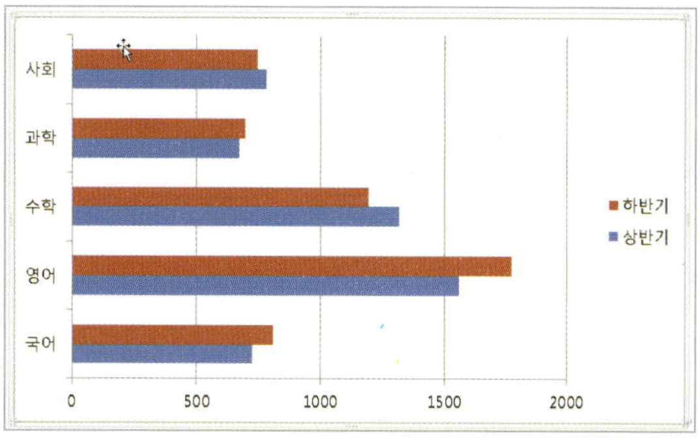

05 차트 제목 추가하기

① 차트를 선택하고 ② [레이아웃] 탭–[레이블] 그룹에서 **[차트 제목]**을 클릭해 ③ **[차트 위]**를 선택하면 차트 제목 영역이 활성화됩니다. ④ 활성화된 차트 제목 영역에 **2011년 총 수강생 인원 현황**이라고 입력합니다.

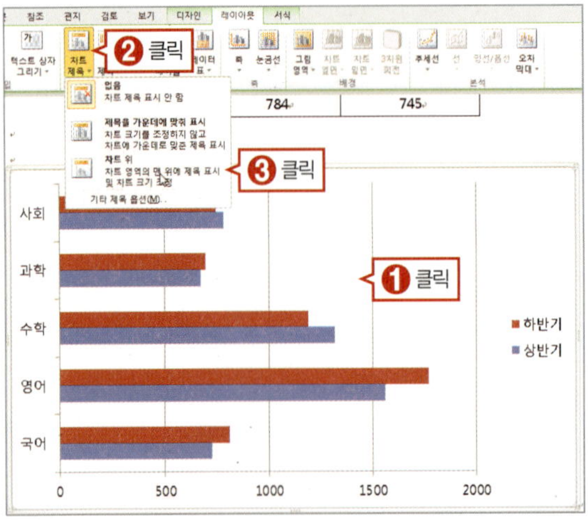

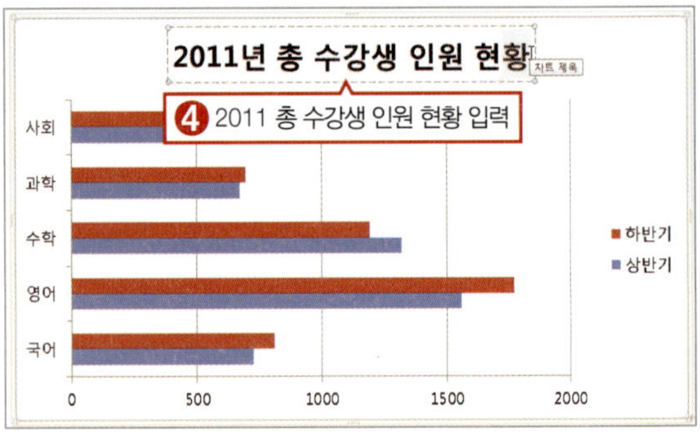

06 축 이름 지정하기

[디자인] 탭–[차트 레이아웃] 그룹의 [차트 레이아웃 자세히]를 클릭한 뒤 ① **[레이아웃 8]**을 선택하면 한번에 차트 제목과 축 이름을 활성화할 수 있습니다. 추가된 가로축 이름 부분을 클릭해 축 이름을 **수강인원**으로 수정합니다. ③ 세로축은 **과목**으로 수정합니다.

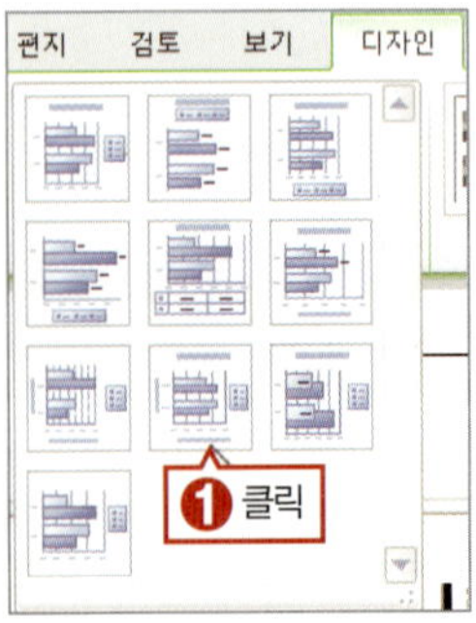

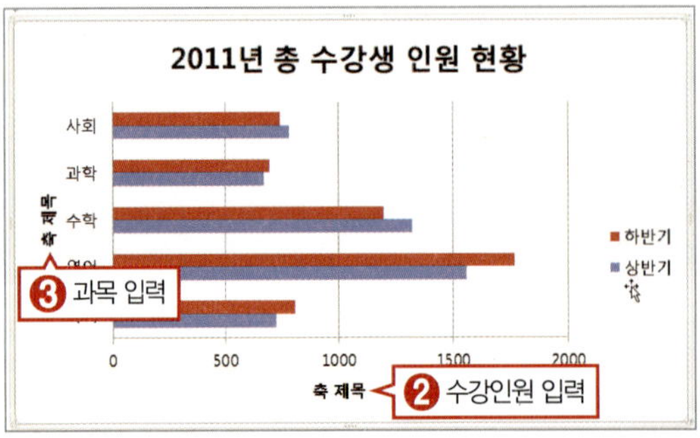

핵심기능 33

차트 데이터 변경 및 데이터 레이블 추가하기

• **실습 파일** : 워드\실습\핵심기능33.docx
• **완성 파일** : 워드\완성\핵심기능33_완료.docx

Word 문서에 삽입된 차트의 데이터를 변경하고 차트 데이터 레이블을 추가해보겠습니다.

01 차트 데이터 변경하기

① 차트 영역 위에서 마우스 오른쪽 버튼을 클릭해 **[데이터 편집]**을 선택합니다. ② 엑셀이 실행되면 그림과 같이 하반기 영어를 1,000, 사회를 600으로 수정한 뒤 ③ 엑셀을 닫습니다.

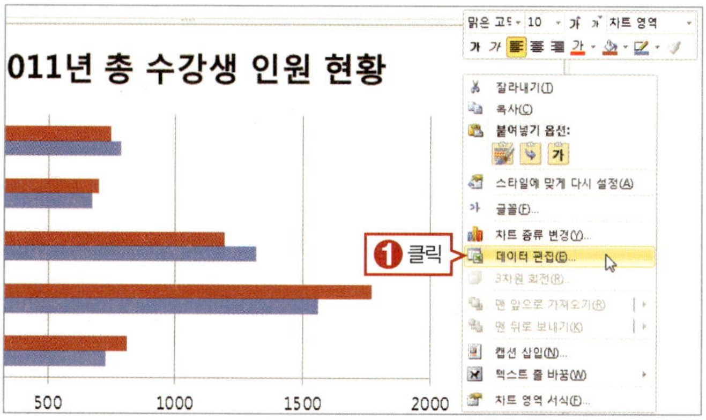

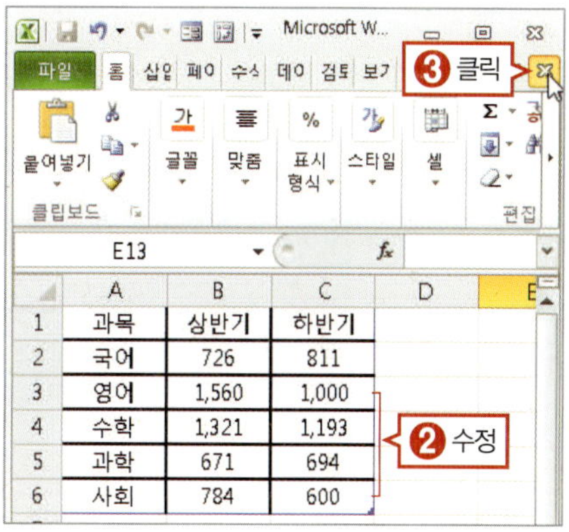

02 데이터 레이블 표시하기

차트 그래프에서 데이터 값이 변경된 것을 확인하고 차트를 선택한 뒤 ① [레이아웃] 탭-[레이블] 그룹에서 **[데이터 레이블]**을 눌러 ② **[바깥쪽 끝에]**를 선택해 데이터 레이블을 추가합니다. 각 그래프의 끝에 데이터 값이 매겨진 것을 확인할 수 있습니다.

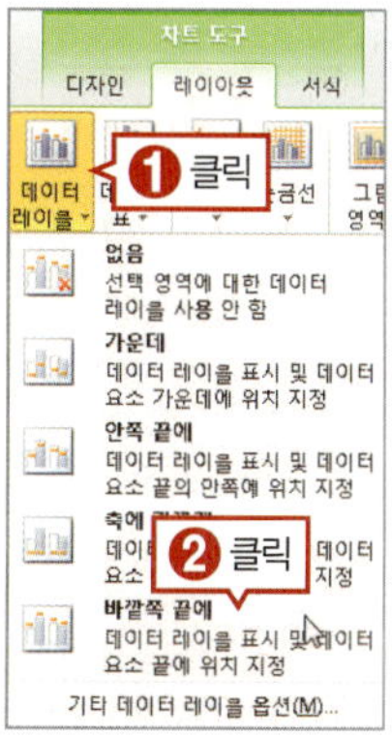

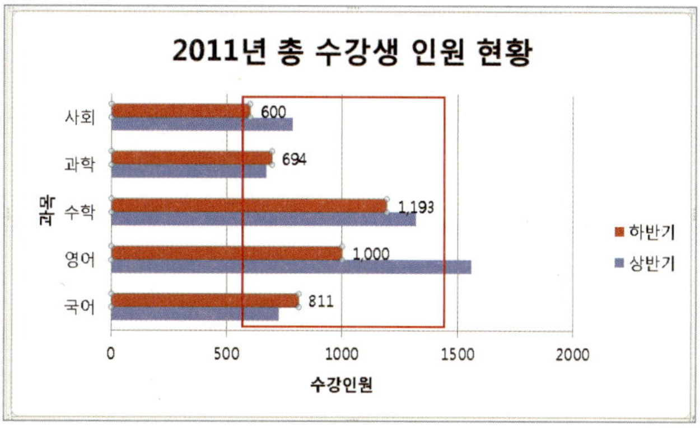

핵심기능 34

표 삽입하고 셀 너비 및 높이 조절하기, 셀 합치기 및 나누기

• **실습 파일** ◎ : 워드\실습\핵심기능34.docx
• **완성 파일** ◎ : 워드\완성\핵심기능34_완료.docx

Word문서에 표를 삽입하고 삽입된 표 안에 내용을 입력하는 방법에 대해서 알아봅니다.

01 6×3 크기의 표 만들기

① [삽입] 탭–[표] 그룹에서 **[표]**를 눌러 ② [6×3]이 나오도록 드래그합니다. ③ 그려진 표에 방향키(← → ↑ ↓)로 셀을 이동하며 **부서명, 결재, 담당, 부서장, 임원, 사장, 작성자, 작성일자** 등의 내용을 입력합니다.

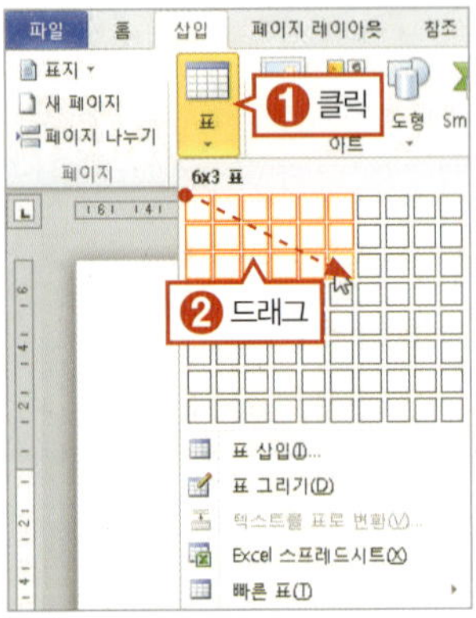

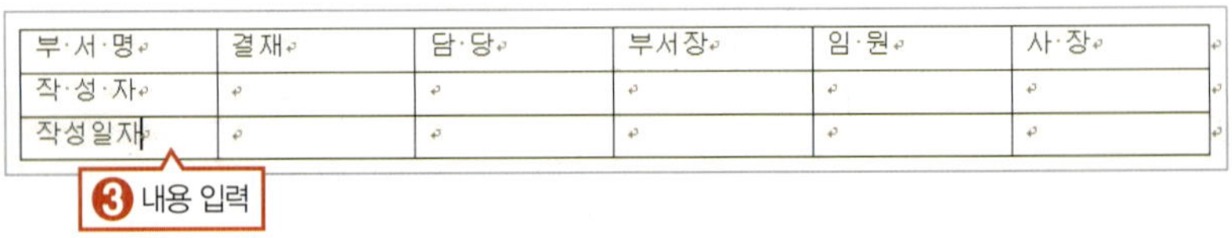

Tip 표 삽입하는 또 다른 방법

[삽입] 탭–[표] 그룹–[표]를 눌러 나타나는 메뉴에서 [표 삽입]을 클릭하면 [표 삽입] 대화 상자가 나타납니다. [열 개수]는 좌, 우를 기준으로 칸을 말하며, [행 개수]는 세로를 기준으로 줄을 말합니다. 그림과 같이 입력해도 위와 같은 표가 삽입됩니다.

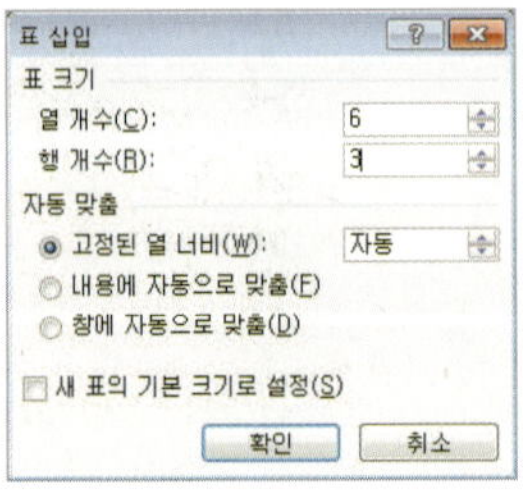

02 표 셀 너비 조절하기

조절할 셀의 테두리에 마우스 포인터를 위치시키면 마우스 포인터가 변경됩니다. 마우스 포인터가 변경된 상태에서 **테두리 선을 드래그**하여 오른쪽으로 이동시키면 오른쪽 셀의 너비가 줄어듭니다. [임원], [부서장], [담당], [결재] 셀도 동일한 방법으로 너비를 조절합니다.

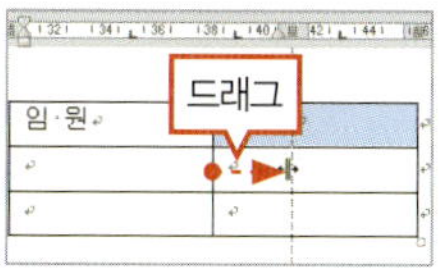

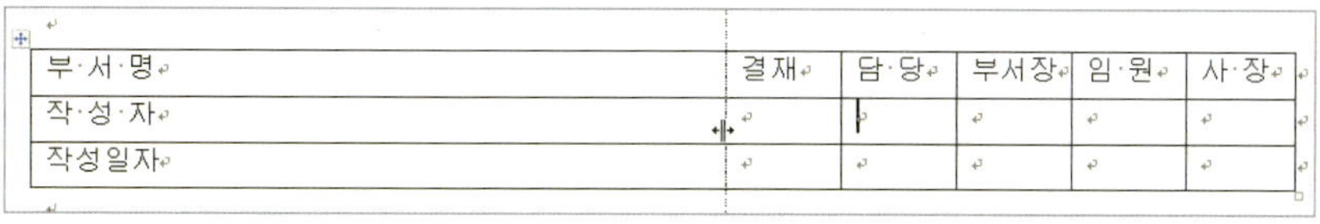

03 표 셀 높이 조절하기

조절할 셀의 테두리에 마우스 포인터를 위치시키면 마우스 포인터의 모양이 변경됩니다. 마우스 포인터가 변경된 상태에서 **테두리 선을 드래그**하여 아래위로 움직이면 높이가 변경됩니다.

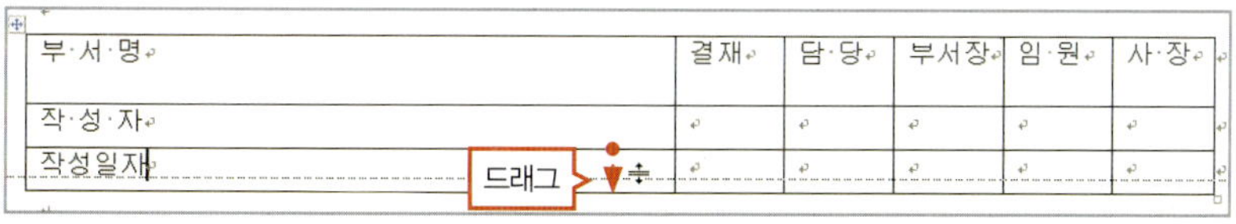

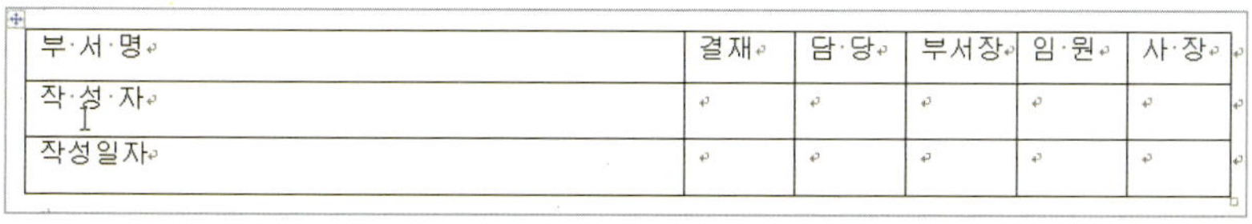

04 표 셀 분할하기

분할할 셀에 커서를 놓고, ① [레이아웃] 탭–[병합] 그룹에서 **[셀 분할]**을 선택합니다. ② [셀 분할] 대화상자가 나타나면 [열 개수]에 2를 ③ [행 개수]에 1을 입력하고 ④ **[확인]**을 누릅니다. 각각 입력하는 숫자만큼 열과 행이 분할됩니다.

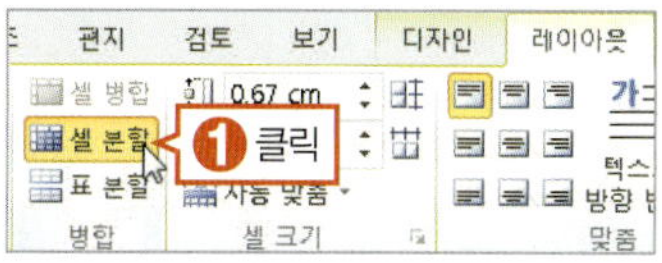

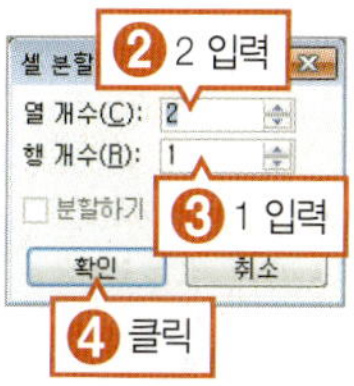

핵심기능 35 셀 내용 정렬하고 셀 너비와 높이를 정확하게 조절하기

• **실습 파일** ⓒ : 워드\실습\핵심기능35.docx

Word 문서에 삽입된 표의 셀의 맞춤과 셀 테두리를 지정하는 방법에 대해 알아봅니다.

01 셀 내용 정렬하기

① **[결재]~[사장]** 셀을 **블록 선택**합니다. ② [레이아웃] 탭–[맞춤] 그룹에서 **[정가운데]**를 선택합니다. ③ **[부서명]**, **[작성자]**, **[작성일자]** 셀도 블록 선택한 후 ④ **[가운데 양쪽 맞춤]**을 누릅니다. 텍스트를 셀의 왼쪽 중간에 맞추는 방식입니다.

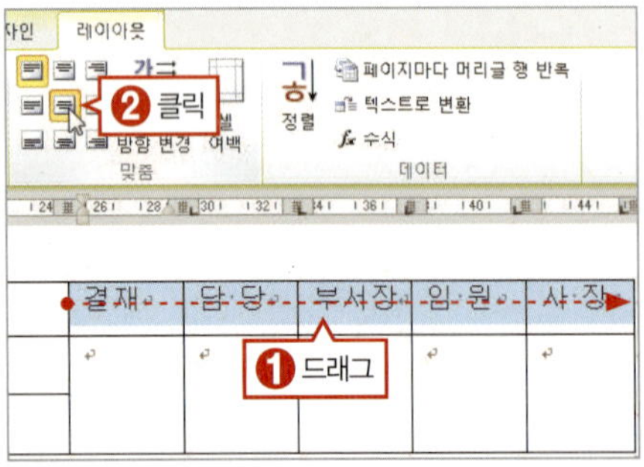

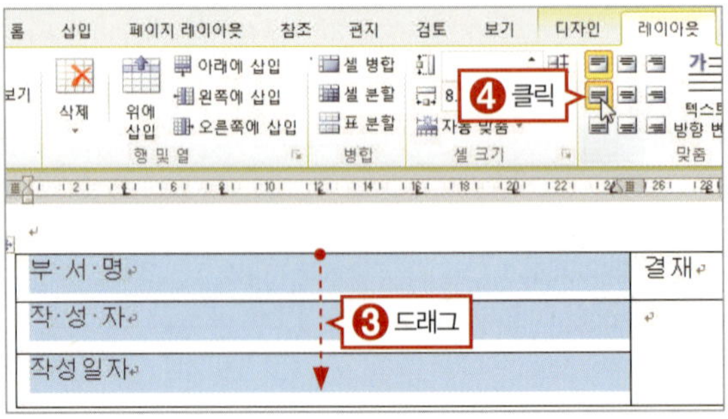

02 행 높이, 열 너비 일정하게 조절하기

① **[부서명]**, **[작성자]**, **[작성일자]** 셀을 블록 선택한 후 ② 마우스 오른쪽 버튼을 클릭하여 **[행 높이를 같게]**를 선택하면 표의 크기를 기준으로 행의 높이가 일정해집니다. ③ 너비도 마찬가지로 **[열 너비를 같게]**를 선택합니다. 그러면 표의 크기는 그대로 유지되지만 셀의 너비가 동일한 간격으로 일정해집니다.

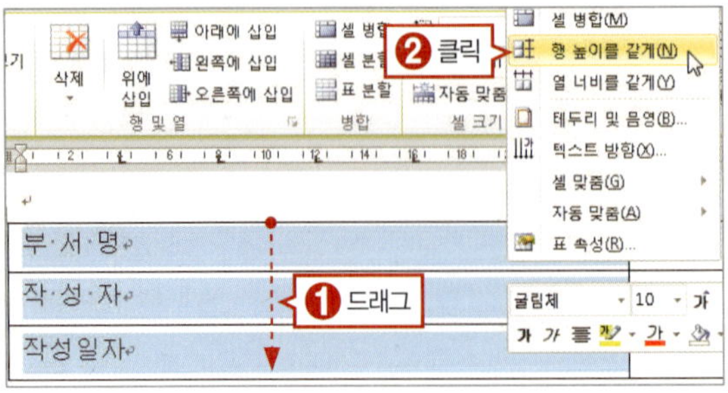

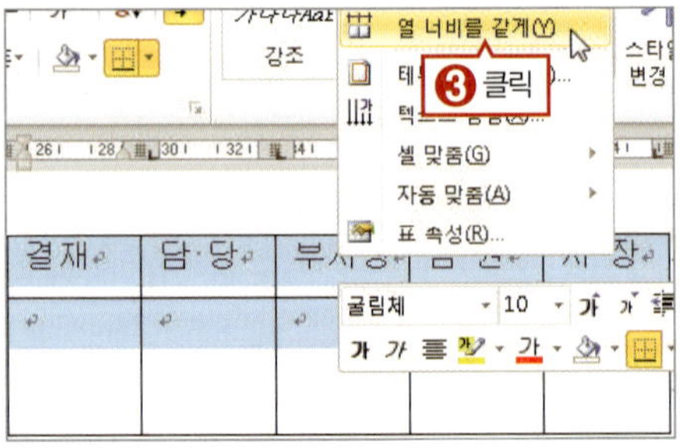

03 셀 내용 세로로 정렬하기

① 병합된 **[결재]** 셀을 선택하고 ② [레이아웃] 탭-[맞춤] 그룹의 **[텍스트 방향 변경]**을 누릅니다. 텍스트의 방향이 세로로 변경됩니다. ③ [결재] 사이에 **공백을 삽입**하고 ④ **너비**를 줄입니다.

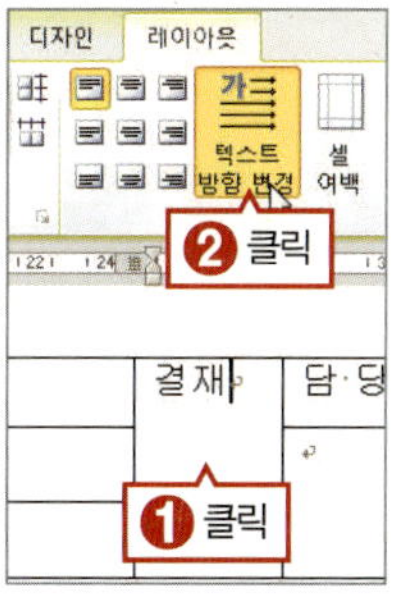

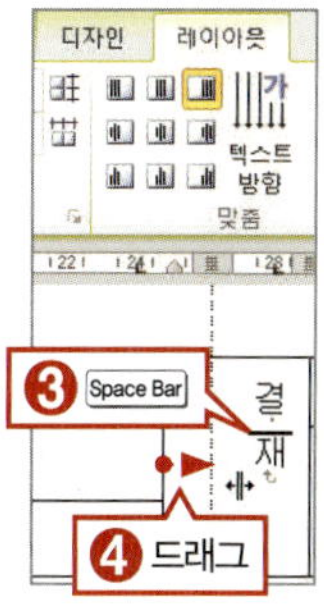

핵심기능 36

셀 테두리 지정하기

- **실습 파일** : 워드\실습\핵심기능36.docx
- **완성 파일** : 워드\완성\핵심기능36_완료.docx

Word 문서에 삽입된 표의 셀 맞춤과 셀 테두리를 지정하는 방법에 대해 알아봅니다.

01 투명 테두리 지정하기

① **[부서명]**, **[작성자]**, **[작성일자]**의 셀을 블록 선택한 후 ② 마우스 오른쪽 버튼을 클릭하여 **[표 속성]**을 선택합니다. ③ **[테두리 및 음영]**을 클릭합니다.

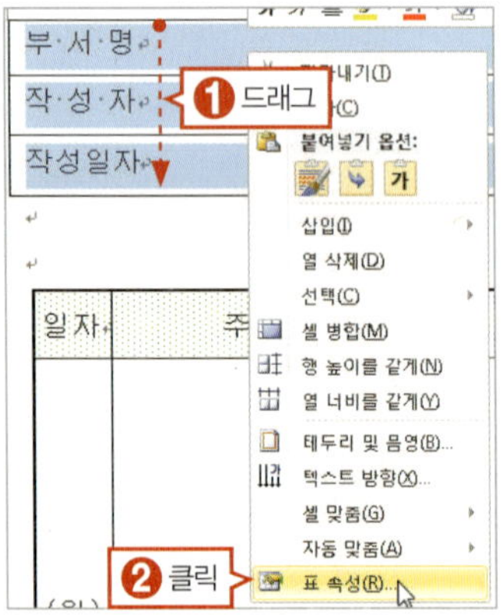

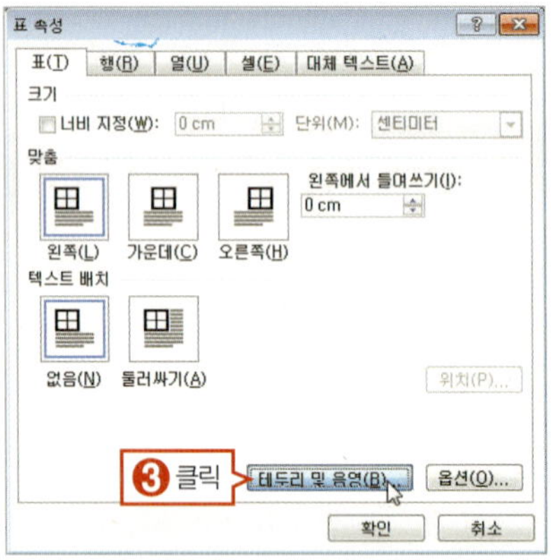

02 [테두리 및 음영] 대화 상자가 열리면 ① [테두리] 탭에서 **[없음]**을 선택한 후 ② [미리 보기]에서 **[오른쪽 테두리]**만 선택합니다. ③ **[확인]**을 클릭합니다. [표 속성] 대화 상자에서도 **[확인]**을 클릭합니다.

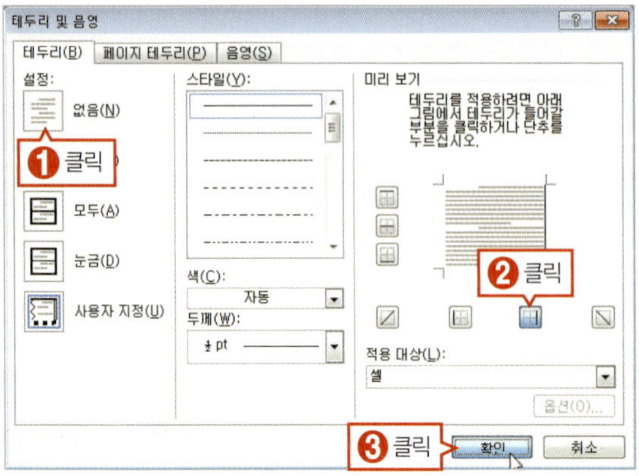

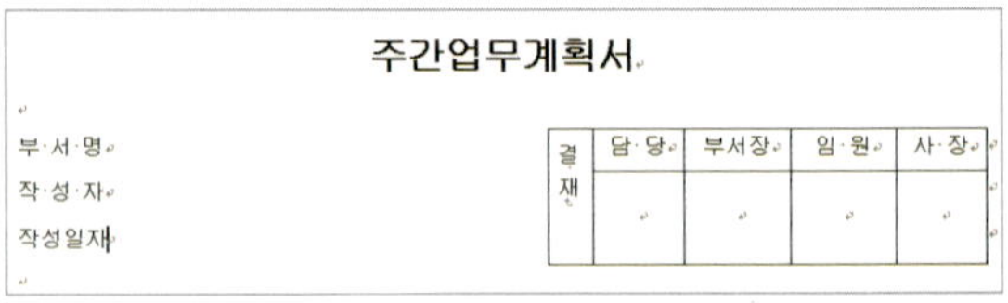

03 ① **[결재], [담당], [부서장], [임원], [사장]** 셀을 블록 선택합니다. ② 마우스 오른쪽 버튼을 눌러 **[테두리 및 음영]**을 선택합니다. ③ [테두리 및 음영] 대화 상자에서 [테두리] 탭의 **[눈금]**을 선택합니다. ④ [두께]를 2¼pt로 설정합니다. ⑤ [테두리 및 음영]과 [표 속성] 대화 상자에서 **[확인]**을 클릭합니다.

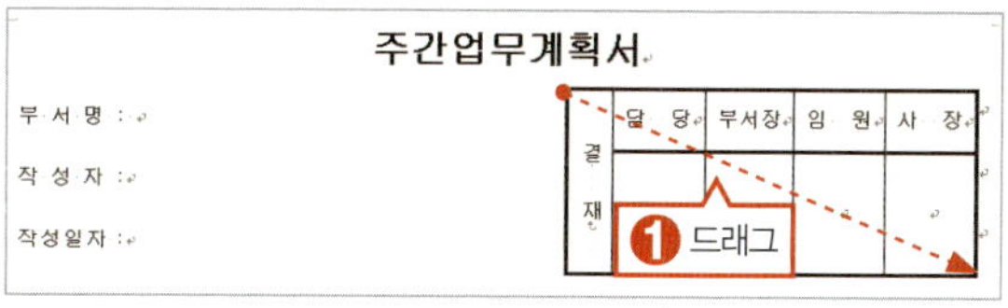

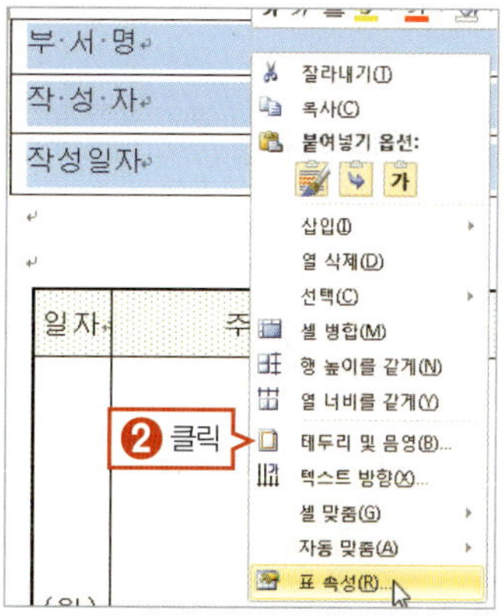

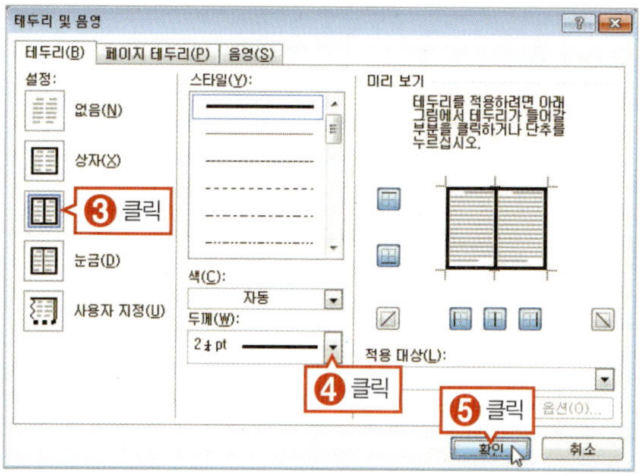

핵심기능 37

행/열 삽입 및 삭제하기

- **실습 파일** ⓒ : 워드\실습\핵심기능37.docx
- **완성 파일** ⓒ : 워드\완성\핵심기능37_완료.docx

Word 문서에 삽입된 표에서 행/열을 삽입 및 삭제하는 기능을 알아보겠습니다.

01 열 삽입하기

① **[합계]** 셀을 선택한 후 ② 마우스 오른쪽 버튼을 눌러 [삽입]–**[오른쪽에 열 삽입]**을 차례대로 선택합니다. 선택한 셀의 오른쪽에 열이 삽입되며 셀의 너비가 일정하게 설정됩니다.

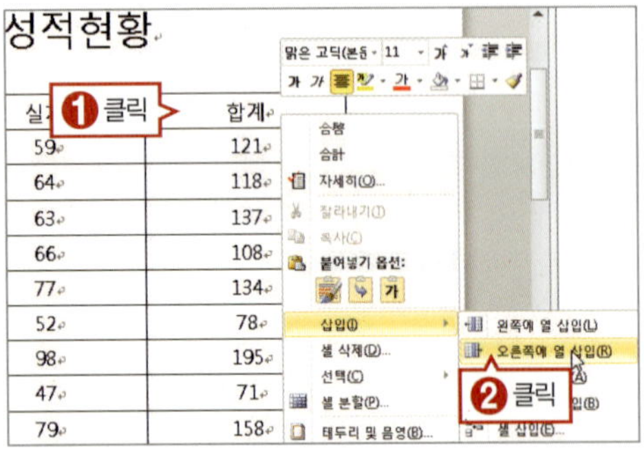

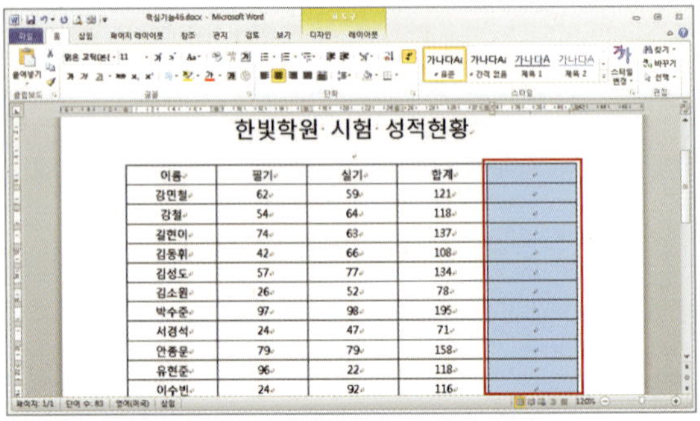

Tip 열 삽입하는 다른 방법으로는 맨 오른쪽의 셀 선택–[표 도구]–[레이아웃] 탭–[행 및 열] 그룹–[오른쪽에 삽입]을 차례로 클릭합니다.

02 행 삽입하기

① 표의 맨 아래에 있는 **[허재원]** 셀을 선택합니다. ② 마우스 오른쪽 버튼을 클릭해 [삽입]–**[아래에 행 삽입]**을 선택합니다. 선택한 셀의 아래쪽에 행이 삽입됩니다.

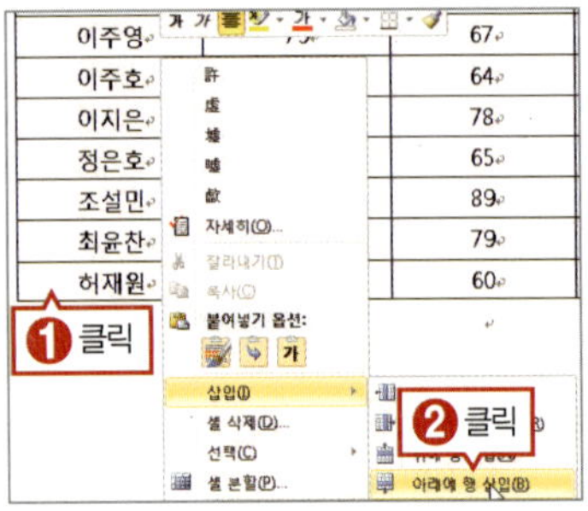

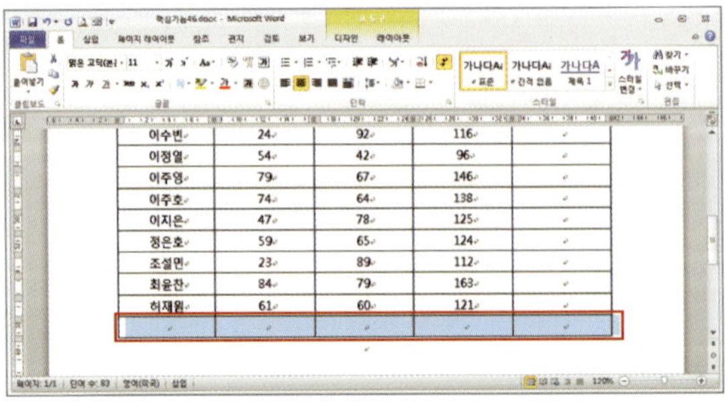

Tip 행 삽입하는 다른 방법으로는 맨 아래쪽의 셀 선택–[표 도구]–[레이아웃] 탭–[행 및 열] 그룹–[아래에 삽입]을 차례로 클릭합니다.

03 행 및 열 삭제하기

① 삭제할 행을 블록 선택한 후 ② 마우스 오른쪽 버튼을 클릭하여 **[셀 삭제]**를 선택합니다. ③ **[행 전체 삭제]**를 체크하고 ④ **[확인]**을 클릭하면 행 전체가 삭제됩니다. 열도 같은 방법으로 삭제합니다.

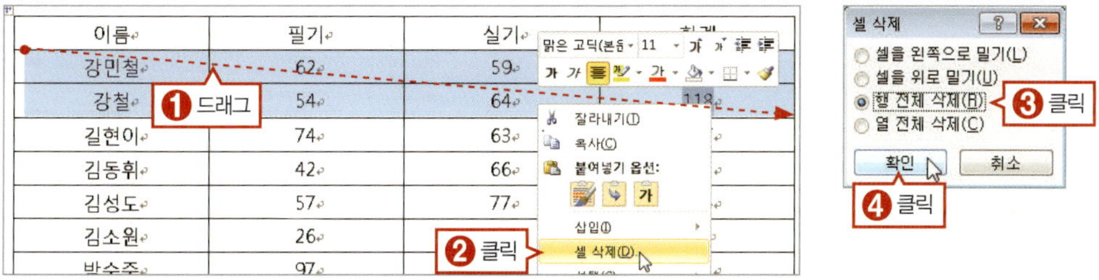

04 빈 행 및 빈 열 삭제하기

내용이 비어있는 행이나 열을 삭제할 때는 ① 블록 선택한 후 ② 마우스 오른쪽 버튼을 클릭하여 **[열 삭제]** 혹은 **[행 삭제]**를 클릭합니다.

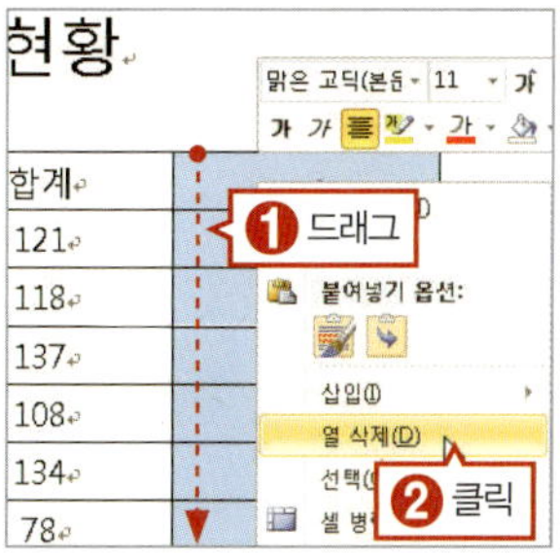

핵심기능 38

표 내용을 오름차순 및 내림차순으로 정렬하기

- **실습 파일** : 워드\실습\핵심기능38.docx
- **완성 파일** : 워드\완성\핵심기능38_완료.docx

Word 문서에 삽입된 표의 내용을 정렬하는 방법에 대해서 알아봅니다.

01 ① 정렬하고자 하는 표를 **전체 선택**합니다. ② [레이아웃] 탭－[데이터] 그룹에서 **[정렬]**을 누릅니다. ③ [첫째 기준]을 **[필기]**, ④ [형식]은 **[숫자]**, ⑤ [다음 기준]은 **[단락]**으로 선택하고 ⑥ **[오름차순]**을 체크한 후 ⑦ **[확인]**을 클릭합니다. 그러면 필기 점수가 낮은 학생부터 높은 학생 순으로 정렬되어 표 내용이 모두 정렬됩니다.

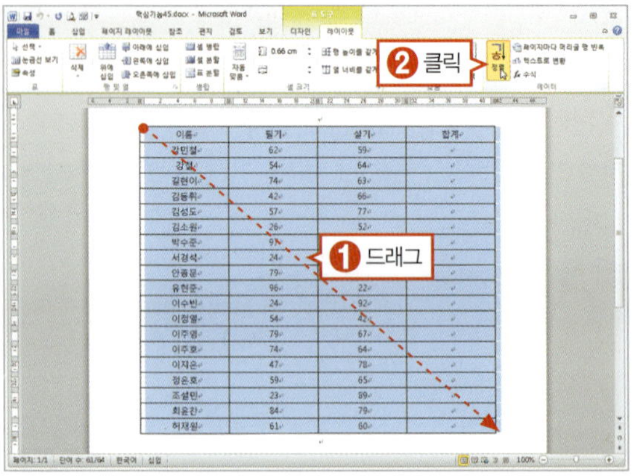

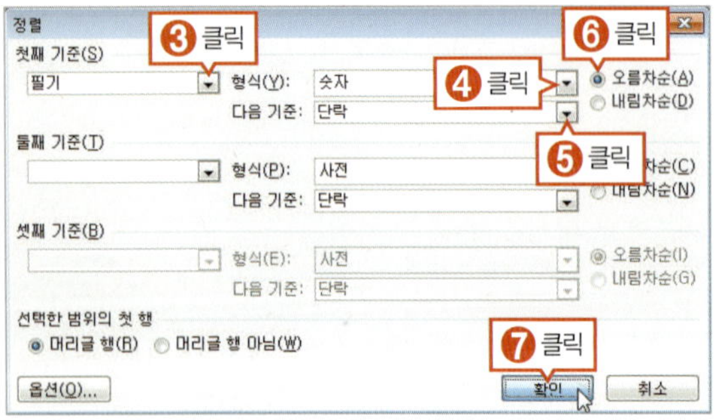

이름	필기	실기	합계
조설민	23	89	
서경석	24	47	
이수빈	24	92	
김소원	26	52	
김능휘	42	66	
이지은	47	78	
강철	54	64	
이정열	54	42	
김성도	57	77	
정은호	59	65	
허재원	61	60	
강민철	62	59	
김현이	74	63	
이주호	74	64	
안종문	79	79	
이주영	79	67	
최윤찬	84	79	
유현준	96	22	
박수준	97	98	

Tip 오름차순과 내림차순 및 선택한 범위의 첫 행

[정렬] 대화 상자의 오른쪽에 [오름차순]과 [내림차순]을 선택할 수 있습니다. [오름차순]은 가, 나, 다, 라, … 와 같은 순서로 일반적으로 생각하는 정렬 순서입니다. A, B, C, D, … 와 1, 2, 3, 4, 5, … 등을 의미하며, [내림차순]은 그 반대로 정렬됩니다. [선택한 범위의 첫 행] 부분에는 [머리글 행]과 [머리글 행 아님] 두 가지의 옵션이 있습니다. [머리글 행]을 선택하면 표의 [이름], [필기], [실기], [합계]를 머리글로 인식합니다. 하지만 [머리글 행 아님]을 선택하면 이름을 기준으로 정렬하고자 할 때 [이름] 데이터도 함께 정렬되어 [유현준]과 [이수빈] 사이에 [이름] 필드명이 삽입되어 정렬됩니다.

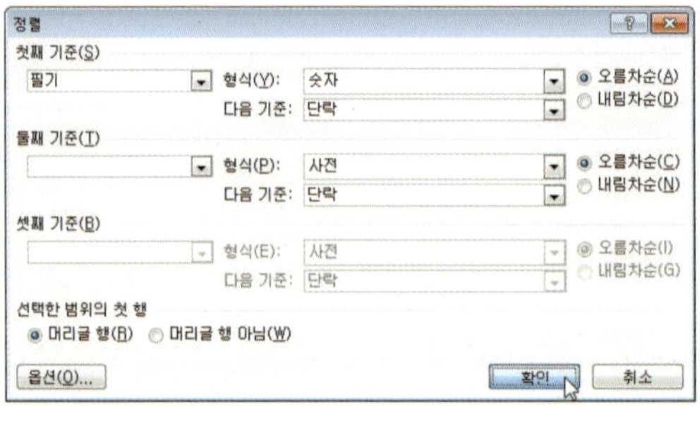

핵심기능 39

표 내용을 수식 기능을 이용하여 자동 계산하기

- **실습 파일** ◎ : 워드\실습\핵심기능39.docx
- **완성 파일** ◎ : 워드\완성\핵심기능39_완료.docx

Word 문서에 삽입된 표의 내용을 수식 기능을 이용하여 자동으로 계산하는 방법에 대해서 알아봅니다.

01 학생별로 필기 점수와 실기 점수 합계 구하기

① 계산된 결과 값이 입력될 강민철 행의 **[합계]** 셀을 선택합니다. ② [레이아웃] 탭–[데이터] 그룹에서 **[수식]**을 클릭합니다. ③ [수식] 대화 상자에서 **[확인]**을 클릭하면 [필기]와 [실기]를 더한 값이 입력됩니다.

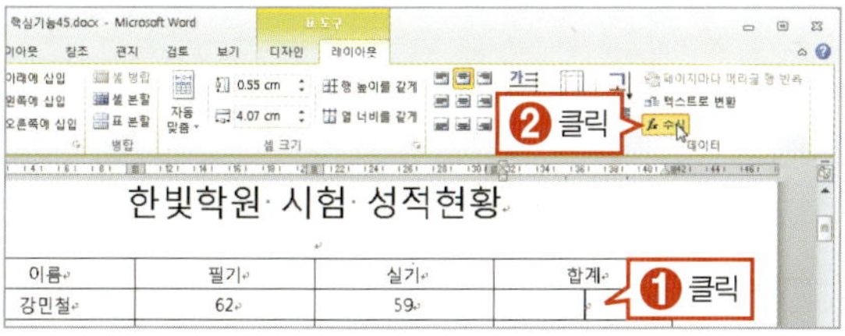

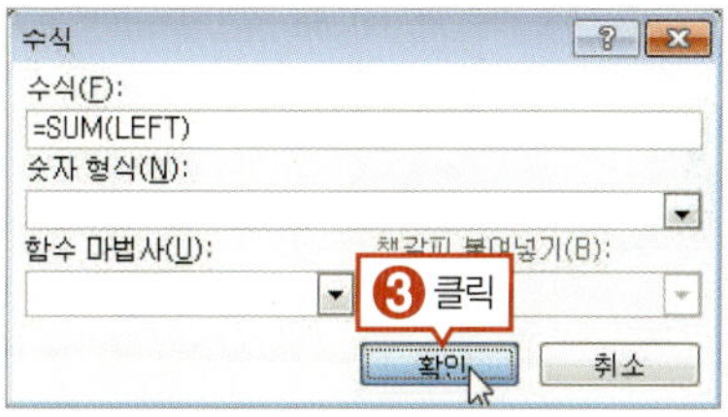

02 ① **계산된 결과 값**을 블록 선택한 후 ② 마우스 오른쪽 버튼을 클릭하여 **[복사]**를 선택합니다. ③ 수식 기능을 이용하여 계산할 나머지 학생들의 합계 셀을 모두 **블록 지정**한 후, ④ 마우스 오른쪽 버튼을 클릭하여 [붙여넣기 옵션]에서 **[원본 서식 유지]**를 선택합니다(단축키인 Ctrl+C → Ctrl+V를 이용해도 됩니다).

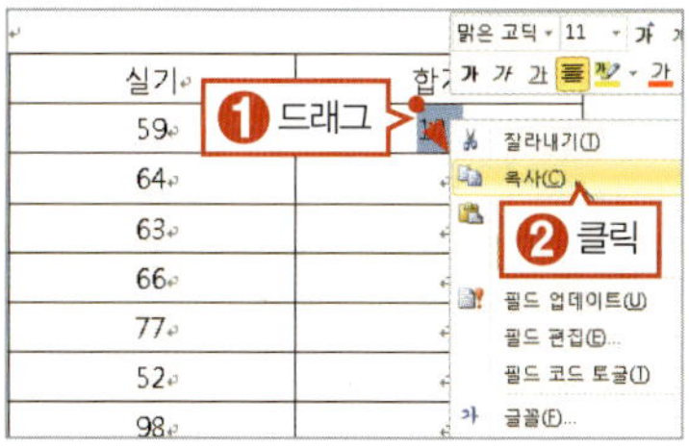

03 ① 복사된 값이 적용된 **모든 셀**을 선택한 후 F9를 눌러 각 값에 맞는 내용으로 값을 **업데이트**합니다.

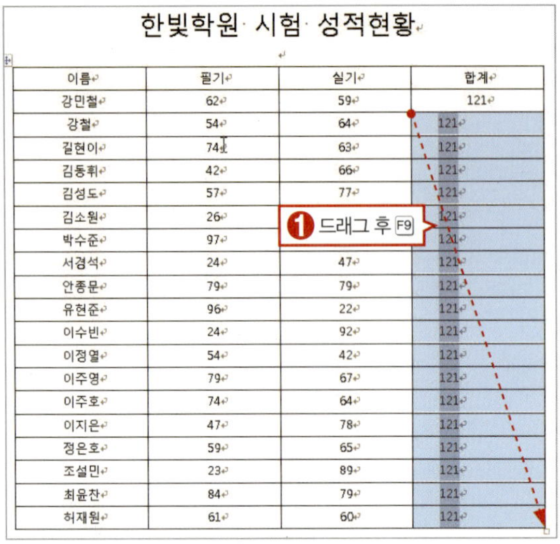

한빛학원 · 시험 · 성적현황

이름	필기	실기	합계
강민철	62	59	121
강철	54	64	121
길현이	74	63	121
김동휘	42	66	121
김성도	57	77	121
김소원	26		121
박수준	97		121
서경석	24	47	121
안종문	79	79	121
유현준	96	22	121
이수빈	24	92	121
이정열	54	42	121
이주영	79	67	121
이주호	74	64	121
이지은	47	78	121
정은호	59	65	121
조설민	23	89	121
최윤찬	84	79	121
허재원	61	60	121

❶ 드래그 후 F9

한빛학원 · 시험 · 성적현황

이름	필기	실기	합계
강민철	62	59	121
강철	54	64	118
길현이	74	63	137
김동휘	42	66	108
김성도	57	77	134
김소원	26	52	78
박수준	97	98	195
서경석	24	47	71
안종문	79	79	158
유현준	96	22	118
이수빈	24	92	116
이정열	54	42	96
이주영	79	67	146
이주호	74	64	138
이지은	47	78	125
정은호	59	65	124
조설민	23	89	112
최윤찬	84	79	163
허재원	61	60	121

04 셀 형식 통일시키기

① 서식이 다른 **[합계]** 셀을 모두 블록 선택한 후 ② **[홈]** 탭–**[단락]** 그룹의 **[단락 자세히]**를 클릭합니다. [단락] 대화 상자가 나타나면 [들여쓰기]에 값이 입력되어 있습니다. ③ [값]에 0을 입력합니다. ④ **[확인]**을 클릭합니다.

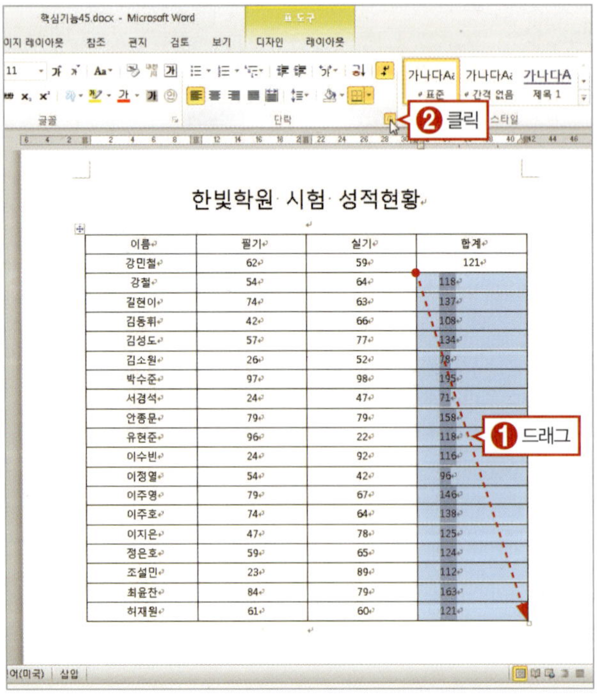

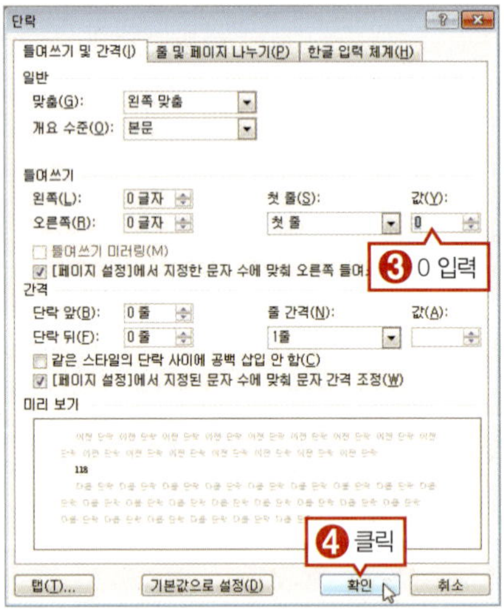

06 [홈] 탭-[단락] 그룹에서 **[가운데 맞춤]**을 클릭합니다.

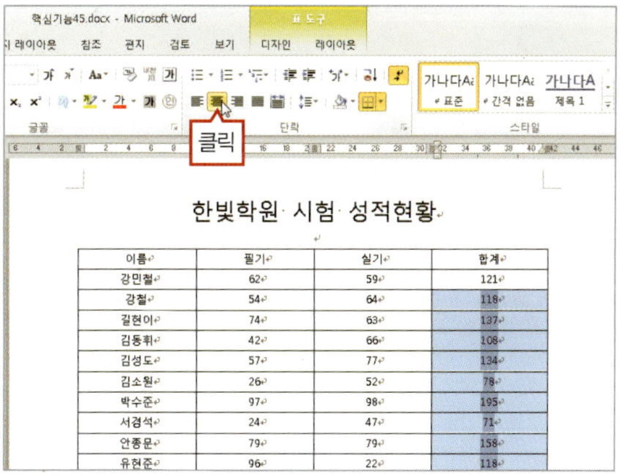

Tip 수식의 종류와 숫자 형식

- **수식 항목** : [함수 마법사]를 선택하여 함수를 선택할 수 있습니다.

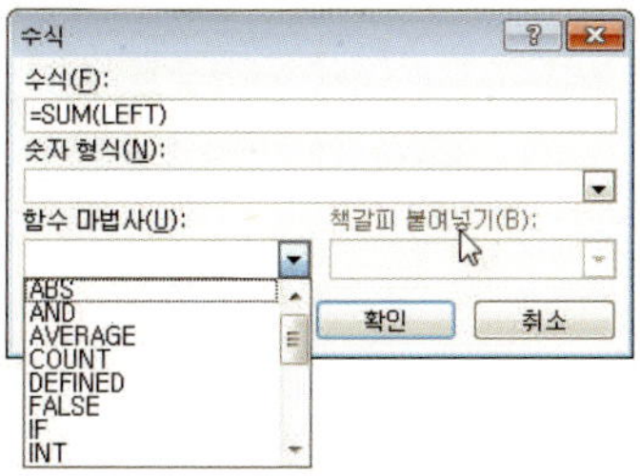

- SUM : 합계를 계산합니다.
- ABS : 절댓값을 계산합니다.
- AVERAGE : 평균을 계산합니다.
- COUNT : 항목의 개수를 계산합니다.
- INT : 정수로 반올림합니다.
- MAX : 최댓값을 계산합니다.
- MIN : 최솟값을 계산합니다.

- **숫자 형식** : 계산된 값의 숫자 형식을 지정하는 기능입니다.

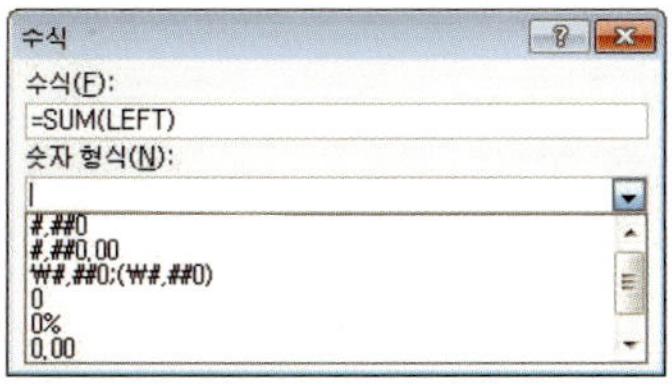

- #,##0 : 계산된 값에 천 단위 구분 기호를 삽입합니다.
- #,##0.00 : 천 단위 구분 기호와 함께 소수점 2자리까지 표시합니다.
- ₩#,##0;(₩#,##0) : 계산된 값 앞에 ₩을 삽입하고 천 단위 구분 기호를 삽입합니다.
- 0 : 정수로 표현합니다.
- 0% : 계산된 값 뒤에 %를 삽입합니다.
- 0.00 : 계산된 값을 소수점 2자리까지 표시합니다.
- 0.00% : 계산된 값을 소수점 2자리까지 표시하며 뒤에 %를 표시합니다.

핵심기능 40

표 스타일 적용 및 캡션 붙이기

• **실습 파일** : 워드\실습\핵심기능40.docx

Word 문서에 삽입된 표에 스타일을 적용하고 캡션을 삽입하는 방법에 대해서 알아봅니다.

01 표 스타일 적용하기

① [디자인] 탭–[표 스타일] 그룹에서 **[자세히]**를 클릭합니다. ② 스타일 목록에서 **[밝은 목록 –강조색 4]**를 선택합니다.

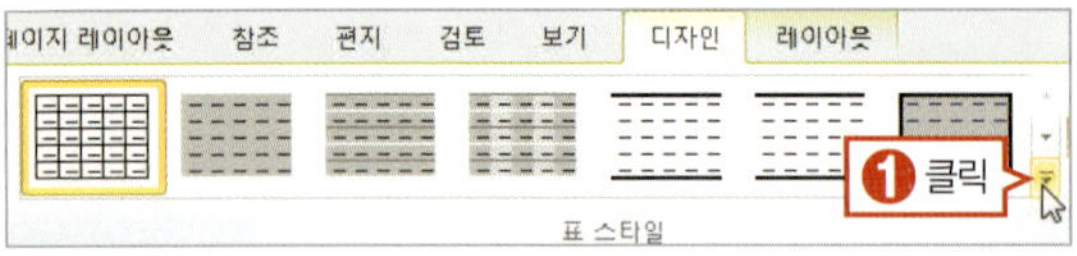

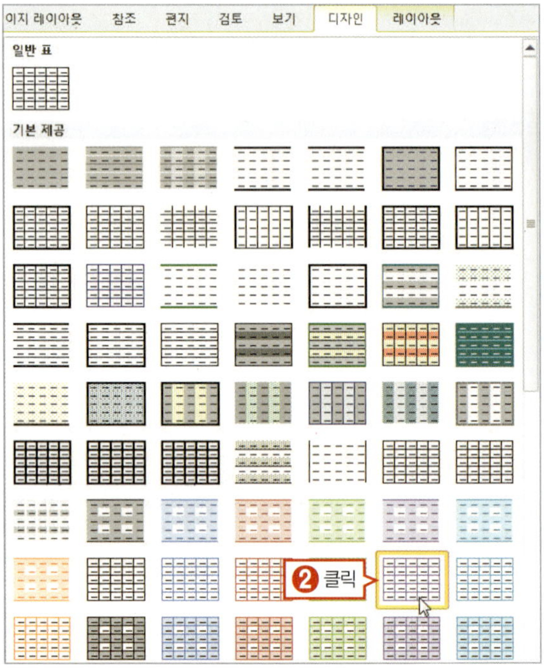

02 다시 [디자인] 탭–[표 스타일] 그룹의 [자세히]를 클릭하여 [표 스타일 수정]을 선택합니다. ① [스타일 수정] 대화 상자에서 [글꼴]을 **[HY엽서M]**으로, ② 글꼴 크기는 11로 변경합니다. ③ **[서식]**을 클릭하면 글꼴, 테두리 등의 서식도 변경할 수 있습니다.

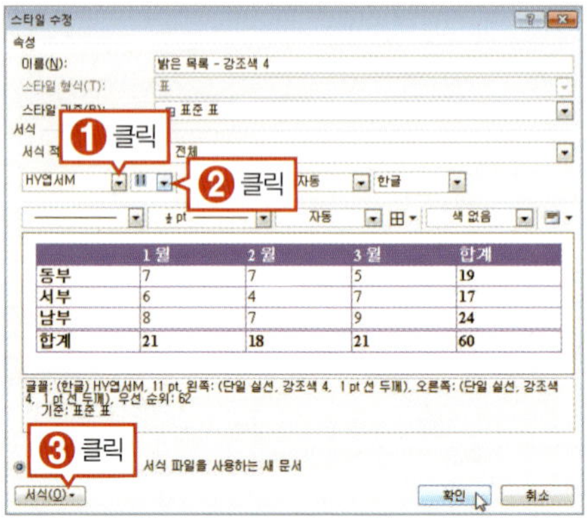

03 캡션 삽입하기

① 표를 **전체 선택**한 후 ② 마우스 오른쪽 버튼을 클릭하여 **[캡션 삽입]**을 선택합니다. ③ [캡션] 대화 상자가 나타나면 **[새 레이블]**을 클릭합니다. ④ [새 레이블] 대화 상자에 **식순**을 입력합니다. ⑤ **[확인]**을 클릭합니다.

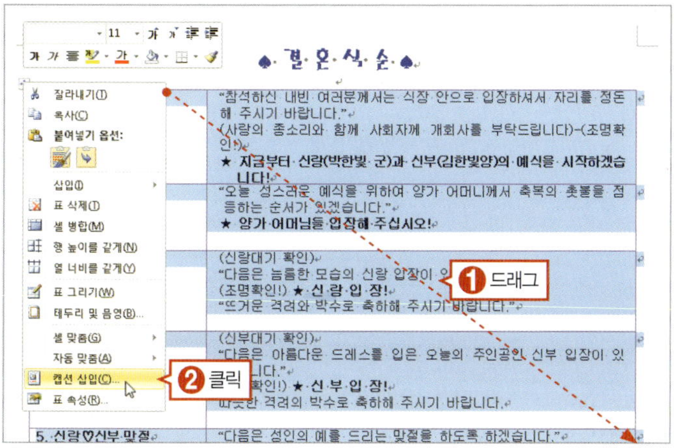

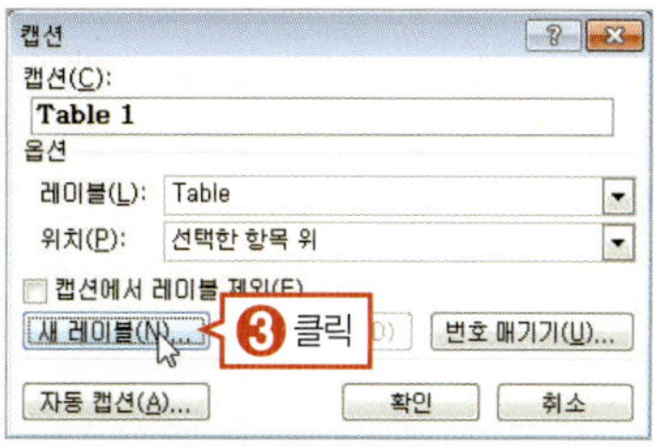

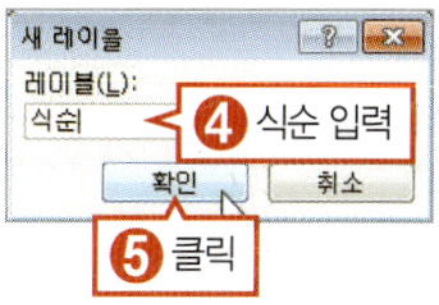

04 ① [캡션] 대화 상자에서 [위치]를 **[선택한 항목 아래]**로 변경합니다. ② **[확인]**을 클릭합니다. 그림과 같이 표 아래에 **식순 1**이라는 캡션이 삽입됩니다.

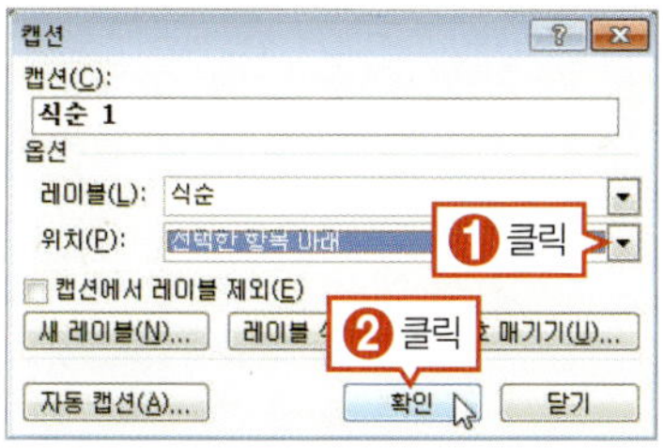

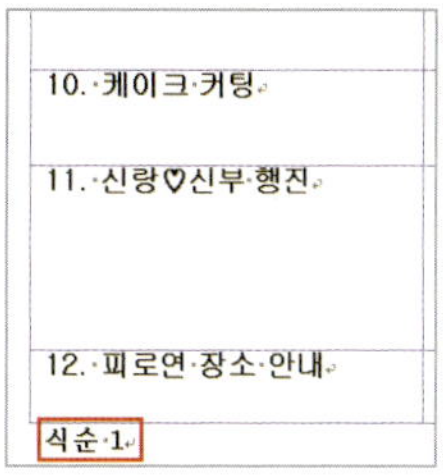

Tip 간단하게 표 선택하는 방법

[레이아웃] 탭–[표] 그룹–[선택]을 클릭하면 [셀 선택], [열 선택], [행 선택], [표 선택]이 나타납니다. 커서를 [1. 안내방송] 셀에 두고 [선택]의 [셀 선택]을 클릭하면 해당 셀만 선택됩니다. 이와 마찬가지로 커서의 위치를 기준으로 간단하게 행, 열 또는 표 전체를 선택할 수 있습니다.

핵심기능 41

페이지 삽입과 페이지 나누기

• **실습 파일** : 워드\실습\핵심기능41.docx

Word 문서 작성 중 페이지 중간에 새로운 페이지를 삽입하거나 불필요한 페이지를 삭제하는 기능을 알아보도록 하겠습니다. 페이지를 삽입하면 새 페이지는 커서가 있는 위치에 추가됩니다. 즉, 선택한 위치에 1페이지가 삽입되고 선택한 위치 이하 내용은 2페이지 뒤로 밀려납니다. 단, 커서를 페이지의 제일 앞에 두면 그 페이지의 내용은 1페이지만 뒤로 밀려납니다.

01 페이지 삽입하기

① 새 페이지가 삽입되는 것을 확인하기 위해 [보기] 탭-[확대/축소] 그룹에서 **[확대/축소]**를 클릭합니다. ② **[여러 페이지]**를 선택하고 ③ [보기]에서 **[1×3페이지]**로 마우스를 움직여 적용한 후 ④ **[확인]**을 클릭합니다. 한 화면에 3페이지가 보입니다.

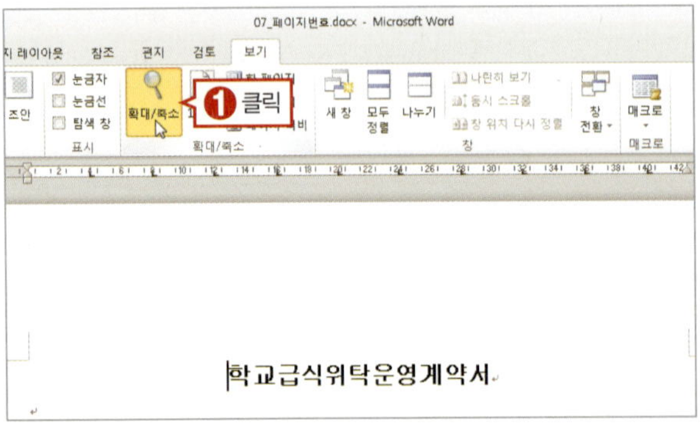

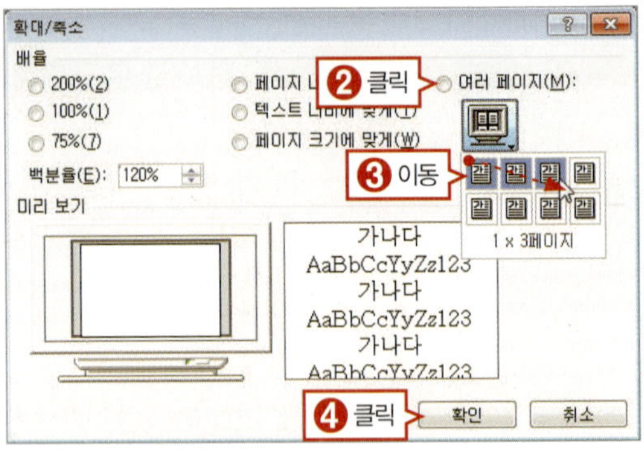

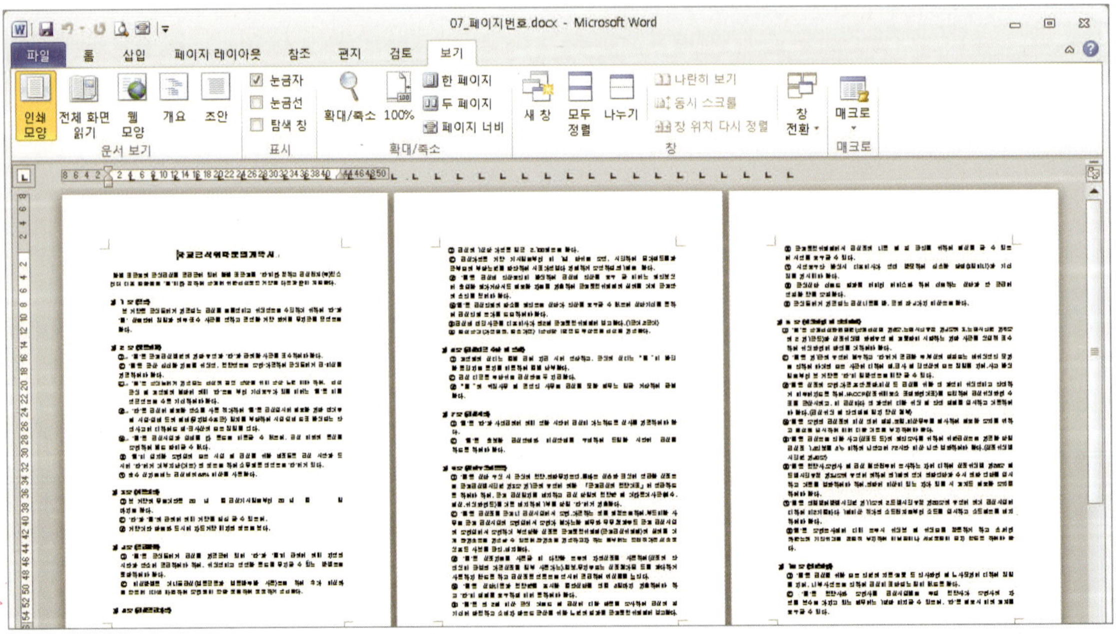

02 ① 두 번째 페이지를 마우스로 클릭하고 ② [삽입] 탭–[페이지 그룹]에서 [새 페이지]를 클릭합니다.

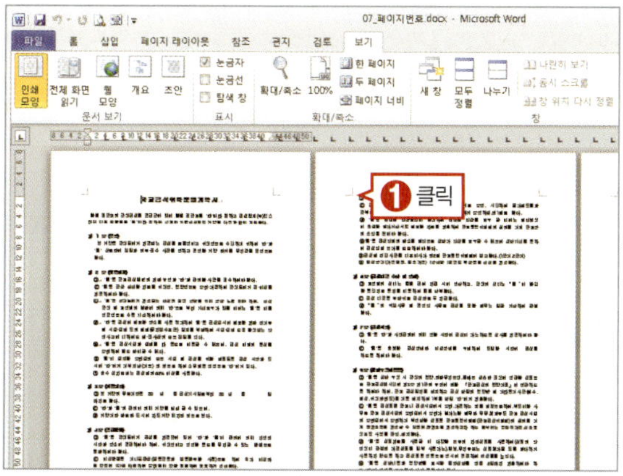

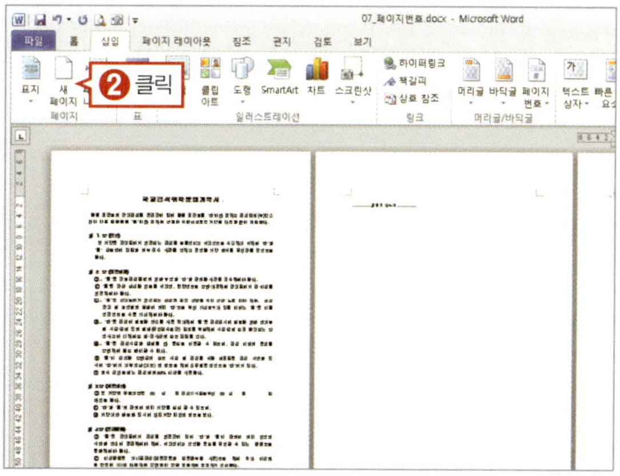

Tip 새 페이지가 추가된 위치를 알고 싶을 때

새로 추가된 페이지를 확인하고 싶을 때는 [홈] 탭–[단락] 그룹–[편집 기호 표시/숨기기]를 누르면 ········페이지 나누기········ 란 문구와 함께 페이지가 추가된 위치가 표시됩니다. ········페이지 나누기········ 문장은 출력할 때는 표시되지 않습니다.

03 페이지 나누기

선택 위치 이후의 내용이 다음 페이지로 밀려나게 하는 기능입니다. ① 마우스 스크롤이나 세로 스크롤바를 이용해 페이지를 아래로 내려 **4페이지**에서, 임의의 위치를 마우스로 클릭합니다. ② [삽입] 탭–[페이지] 그룹에서 **[페이지 나누기]**를 클릭합니다.

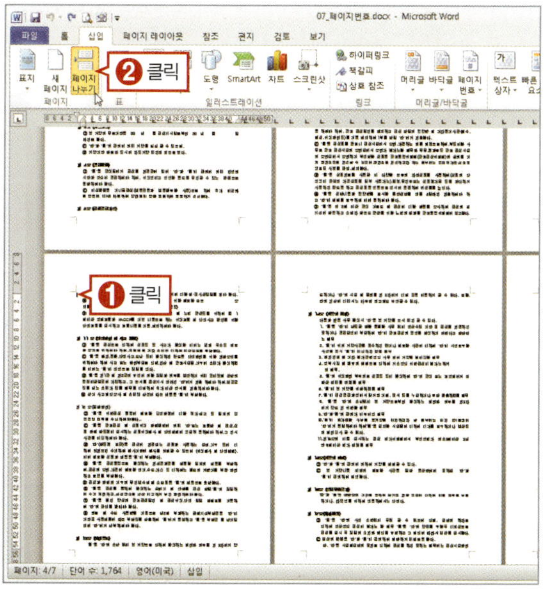

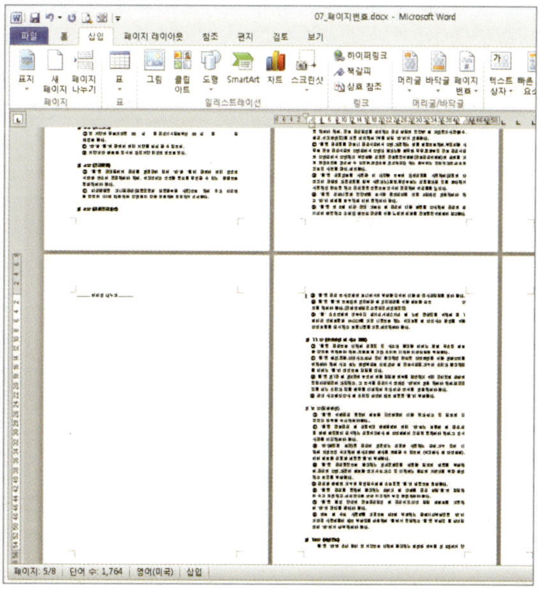

Tip 페이지를 나눌 위치를 마우스로 선택한 뒤 Ctrl+Enter를 눌러도 페이지 나누기가 실행됩니다.

04 삽입한 페이지 및 페이지 나누기 작업 취소하기

[홈] 탭–[단락] 그룹에서 [**편집 기호 표시/숨기기**]를 눌러 ·········**페이지 나누기**········· 편집 기호를 화면에 표시한 뒤 이 기호를 Delete를 눌러 삭제하면 추가한 새 페이지 및 페이지 나누기가 취소됩니다.

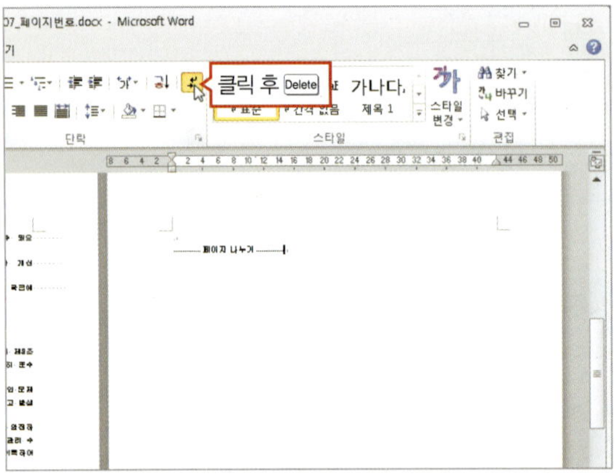

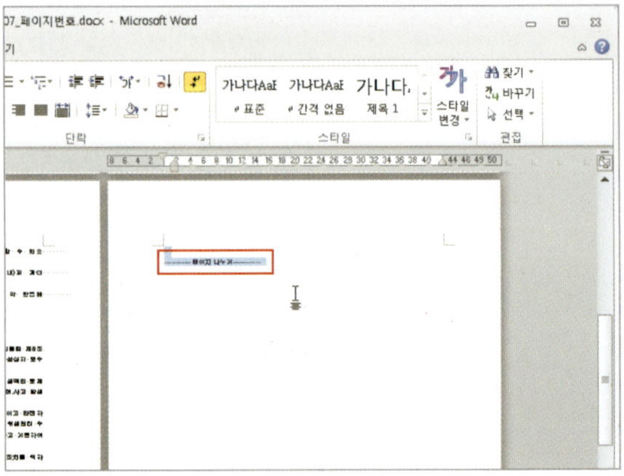

Tip [편집 기호 표시/숨기기를 누르지 않고 화면의 공백을 Delete로 삭제해도 페이지 나누기를 취소할 수 있습니다.

핵심기능 42

페이지 레이아웃 적용을 위해 다음 페이지부터 구역 나누기

- **실습 파일** ◎ : 워드\실습\핵심기능42.docx
- **완성 파일** ◎ : 워드\완성\핵심기능42_완료.docx

문서 내에서 구역을 분리해 적용하면 각 구역별로 머리글/바닥글, 다단, 배경, 페이지 방향 등을 다양하게 적용할 수 있습니다. 이러한 페이지 레이아웃을 적용하기 위해 그 기준이 되는 레이아웃 구역을 나누어보겠습니다.

01 ① [보기] 탭–[확대/축소] 그룹에서 **[두 페이지]**를 누른 뒤 ② 2페이지 하단의 **물품구매 내역서** 앞을 마우스로 클릭합니다. ③ [페이지 레이아웃] 탭–[페이지 설정] 그룹에서 [나누기]–**[이어서]**를 선택합니다.

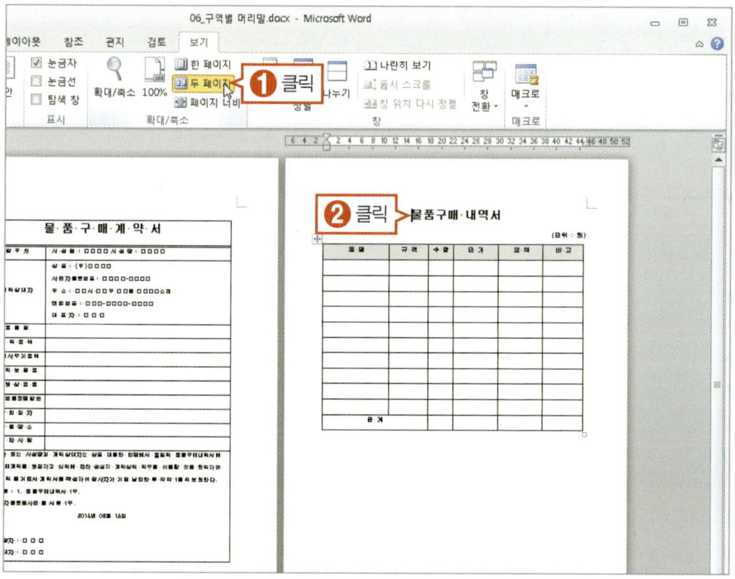

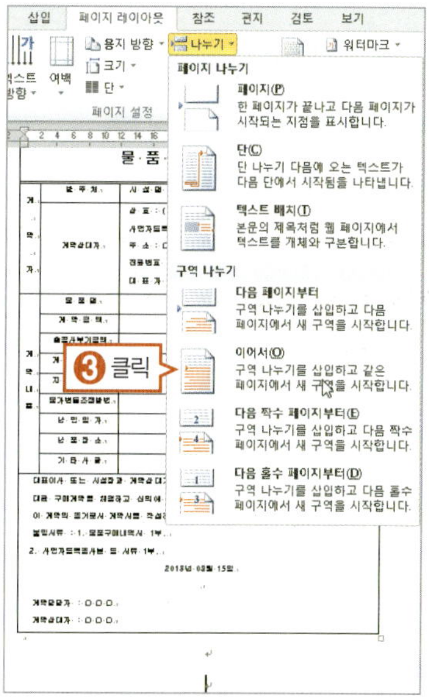

02 화면상에는 구역이 나뉘어 있는 것이 표시되지 않습니다. 구역 나누기가 적용되었는지 확인하려면 [홈] 탭–[단락] 그룹에서 **[편집기호 표시/숨기기]**를 클릭해보면 확인할 수 있습니다.

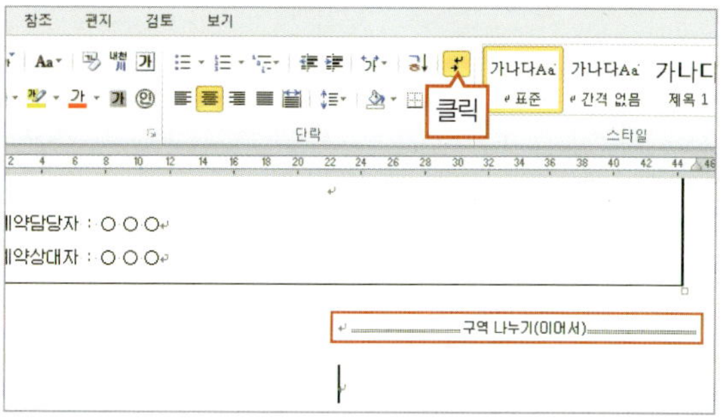

Tip 구역 나누기 취소하기

[홈] 탭–[단락] 그룹에서 [편집기호 표시/숨기기]를 클릭해 [구역 나누기] 편집 기호를 표시한 후 해당 편집 기호를 삭제합니다. 또는 바로 취소를 원한다면 Ctrl+Z를 눌러 작업을 취소할 수 있습니다.

핵심기능 43

구역별로 페이지 방향 및 테두리 지정하기

• **실습 파일** ⓒ : 워드\실습\핵심기능43.docx

앞에서 나눈 구역을 기준으로 페이지의 방향 및 테두리를 각각 적용해보겠습니다.

01 구역별 페이지 방향 변경하기

구역별로 페이지 방향이 변경된 것을 화면상에서 확인하기 위해 ① [보기] 탭–[확대/축소] 그룹에서 **[두 페이지]**를 클릭합니다. ② **2페이지 제목 앞**에 커서를 두고 ③ [레이아웃] 탭–[페이지 설정] 그룹의 [나누기]–**[이어서]**를 선택합니다.

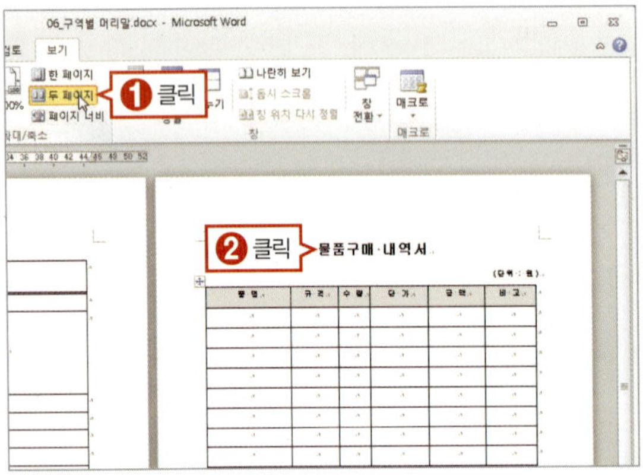

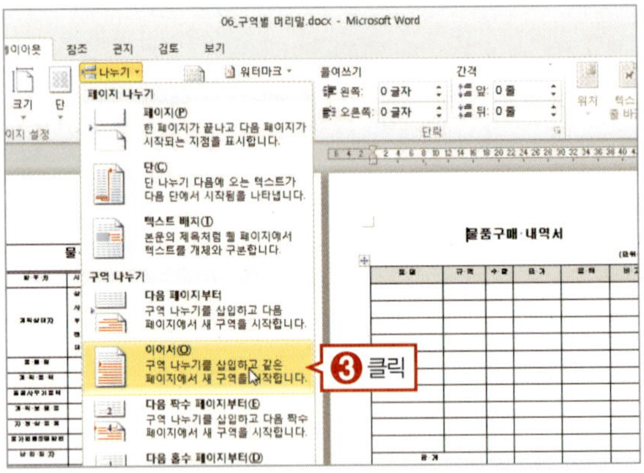

02 ① **2페이지 제목 앞**을 마우스로 클릭합니다. ② [페이지 레이아웃] 탭–[페이지 설정] 그룹에서 [용지 방향]을 **[가로]**로 선택합니다.

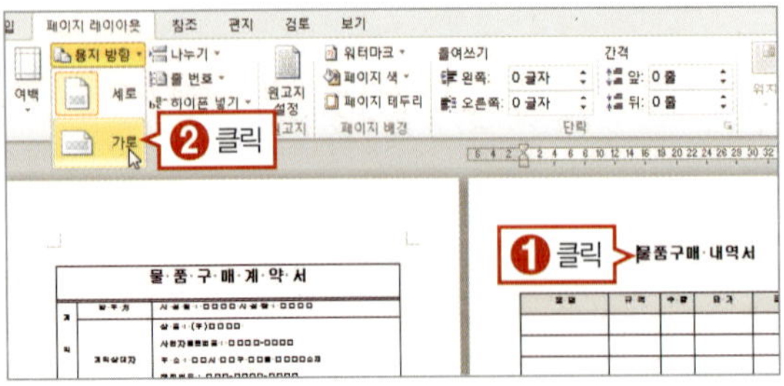

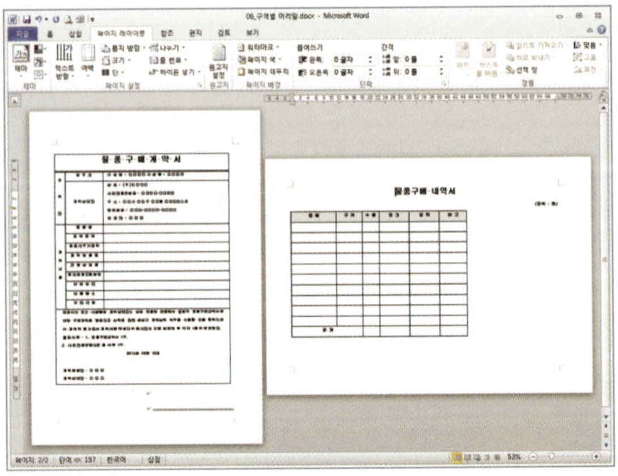

03 페이지 테두리 지정하기

① **1페이지**에서 임의의 위치를 마우스로 클릭하고 ② [페이지 레이아웃] 탭－[페이지 배경] 그룹에서 **[페이지 테두리]**를 선택합니다. ③ [테두리 및 음영] 대화 상자가 열리면 [설정]에서 **[상자]**, ④ [스타일]에서 **[선]**, ⑤ [적용대상]에서 **[이 구역]**을 선택한 후 ⑥ **[확인]**을 클릭합니다.

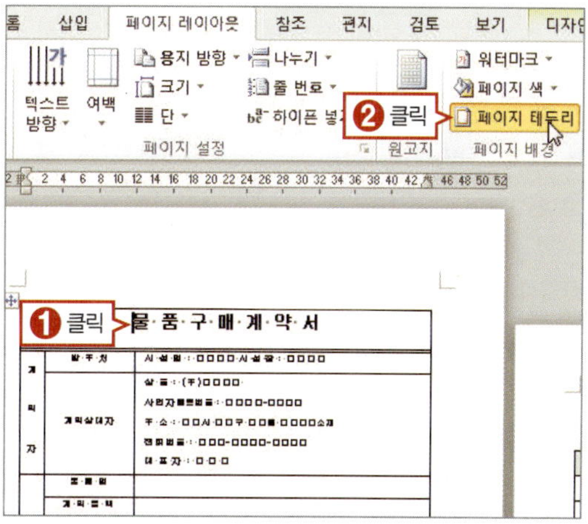

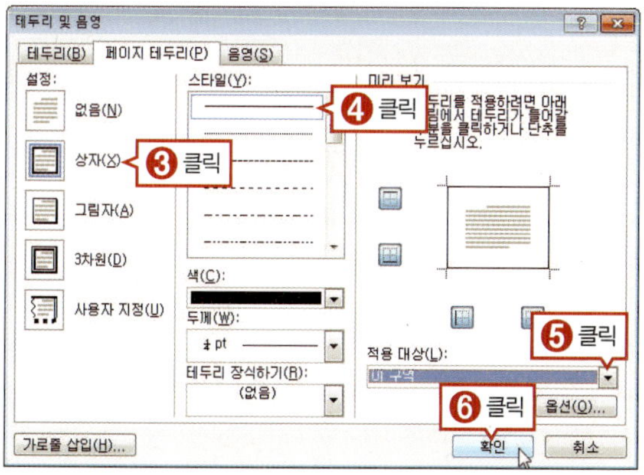

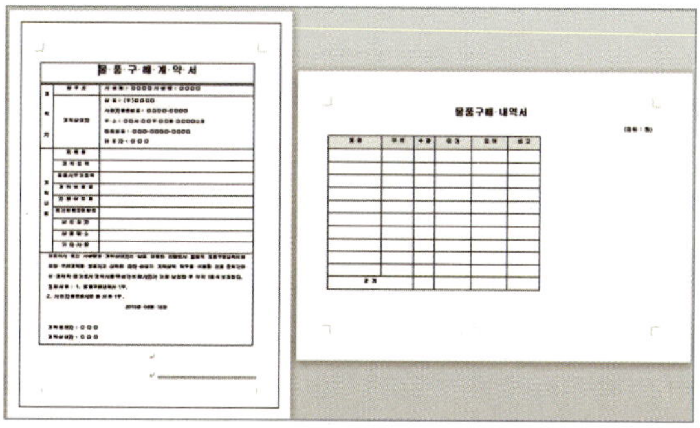

04 2페이지 테두리는 다른 형식으로 지정하기

① 마우스로 2페이지에서 임의의 위치를 클릭하고 ② [페이지 레이아웃] 탭－[페이지 배경] 그룹에서 **[페이지 테두리]**를 선택합니다. ③ [테두리 및 음영] 대화 상자가 열리면 [설정]에서 **[3차원]**, ④ [스타일]에서 **[2중선]**, ⑤ [색]에서 **[빨강]**, ⑥ [두께]에서 **[1/2pt]**, ⑦ [미리 보기]에서 **[윗선]**과 **[아랫선]**을 클릭합니다. ⑧ [적용 대상]에서 **[이 구역]**을 선택한 후 ⑨ **[확인]**을 클릭합니다.

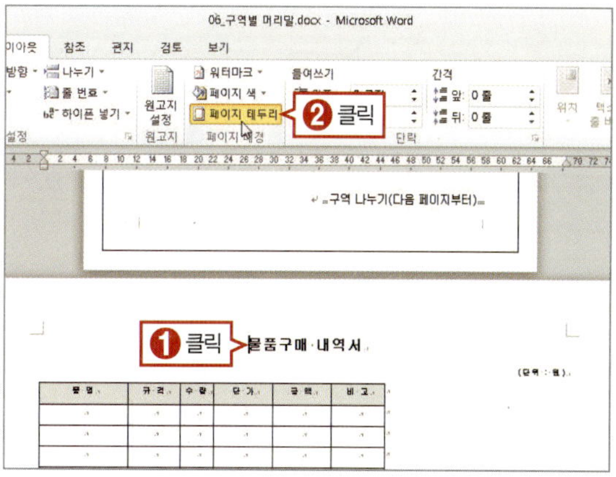

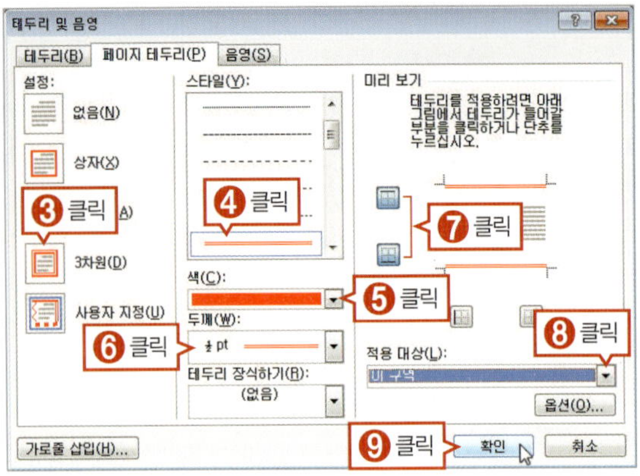

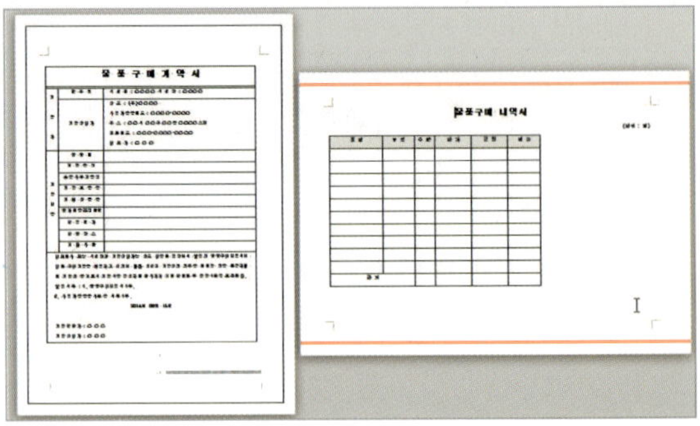

Tip 페이지별로 여백이나 용지 방향 바꾸는 방법

- 용지 설정 : 변경하고자 하는 페이지에서 임의의 위치를 선택하고 [페이지 레이아웃] 탭–[페이지 설정] 그룹–[크기]에서 변경
- 여백 설정 : 변경하고자 하는 페이지에서 임의의 위치를 선택하고 [페이지 레이아웃] 탭–[페이지 설정] 그룹–[여백]에서 변경

핵심기능 44

문서에 머리글, 바닥글 설정하기

- **실습 파일** ⓒ : 워드\실습\핵심기능44.docx
- **완성 파일** ⓒ : 워드\완성\핵심기능44_완료.docx

머리글, 바닥글을 사용하면 문서의 전체적인 구성을 편집할 수 있습니다. 머리글, 바닥글을 설정하는 방법을 알아보겠습니다.

01 머리글 지정하기

① [삽입] 탭-[머리글/바닥글] 그룹에서 **[머리글]**을 클릭해 ② **[가는 선]** 형식을 선택합니다. **[머리글-구역1]** 탭으로 이동하면서 머리글 편집 상태가 됩니다. **문서 제목**이 그대로 머리글로 자동 완성됩니다. ③ 머리글 문장을 변경하려면 머리글 위치를 더블클릭해 내용을 수정하고 ④ **[머리글/바닥글 닫기]**를 눌러 편집을 종료합니다.

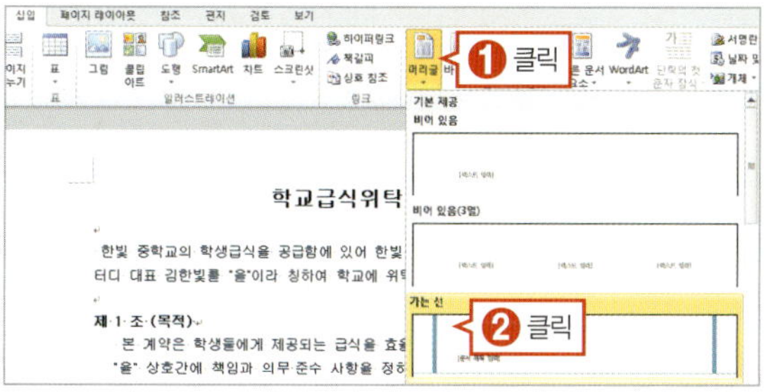

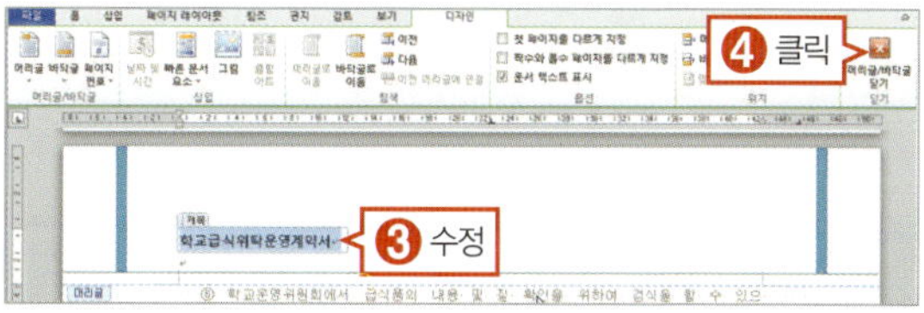

02 바닥글 지정하기

① [삽입] 탭-[머리글/바닥글] 그룹에서 **[바닥글]**을 클릭하고 ② **[신문 용지]**를 선택합니다. ③ 문서 하단에 추가된 바닥글을 원하는 내용으로 **수정**합니다. ④ **[머리글/바닥글 닫기]**를 눌러 편집을 종료합니다.

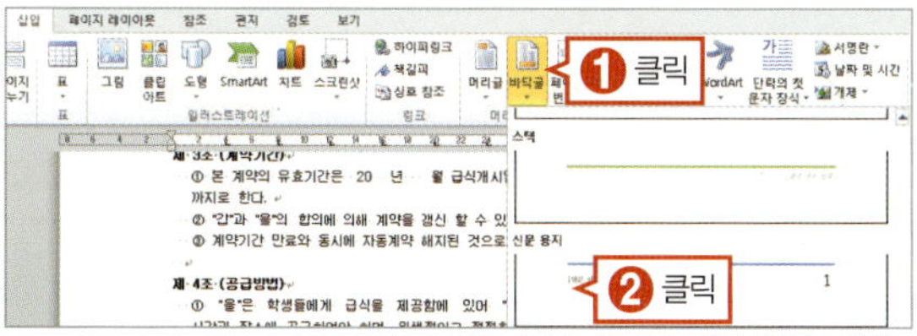

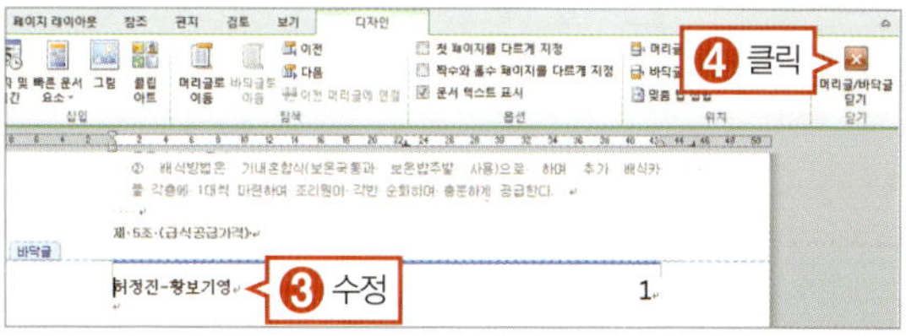

Tip 편집창에서 빠져나오지 못할 경우

머리글/바닥글을 편집할 때 글꼴 속성을 변경하는 경우가 있습니다. 이때 리본 메뉴를 사용하게 되는데, 이 상태로는 머리글/바닥글 작업이 종료되지 않습니다. 이때는 [디자인] 탭으로 다시 돌아와 [머리글/바닥글 닫기]를 눌러야 합니다.

핵심기능 45

구역별로 머리글 설정하기

• **실습 파일** ◎ : 워드\실습\핵심기능45.docx

머리글과 바닥글을 사용하면 문서의 전체적인 구성을 편집할 수 있습니다. 이번에는 머리글 설정을 구역별로 나누어 적용해보겠습니다.

01 구역별로 머리글 바닥글 설정하기

① 구역을 나누어 주기 위해 2페이지 제목 앞을 마우스로 클릭합니다. ② [페이지 레이아웃] 탭–[페이지 설정] 그룹에서 [나누기]–**[이어서]**를 선택합니다. ③ [삽입] 탭–[머리글/바닥글] 그룹의 **[머리글]**을 클릭하고 ④ **[가는 선]**을 선택해 머리글을 적용합니다.

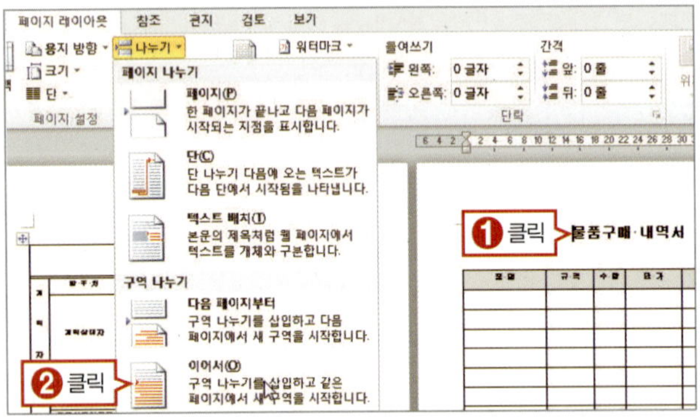

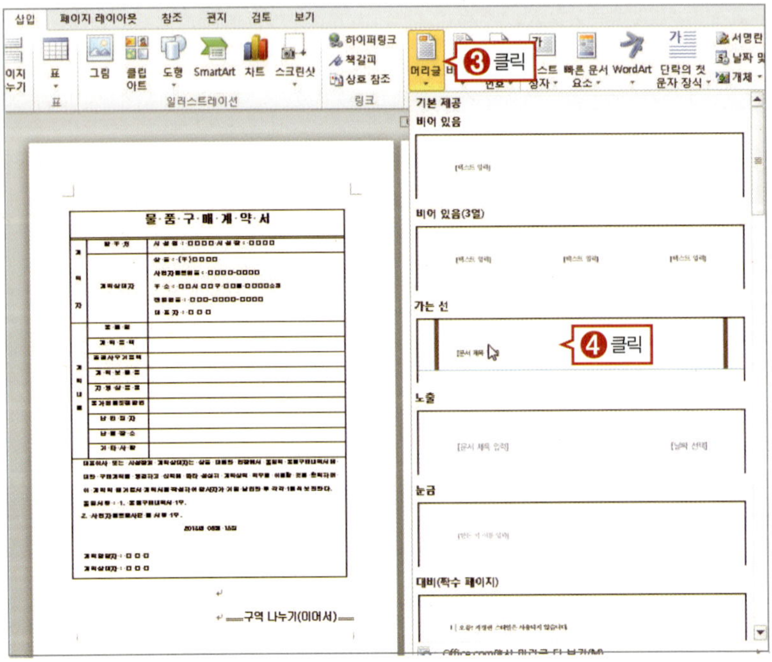

02 [머리글/바닥글] 편집 상태에서 [디자인] 탭의 **[이전 머리글에 연결]**을 해제하면 각 구역별로 머리글을 적용할 수 있습니다. ① 첫 번째 페이지의 글머리를 **물품구매계약서**로 입력합니다. ② **2페이지 머리글**을 클릭하고 ③ [디자인] 탭-[탐색] 그룹에서 **[이전 머리글에 연결]**을 클릭해 기능을 해제합니다. ④ 두 번째 페이지 머리글을 **물품구매내역서**로 수정합니다.

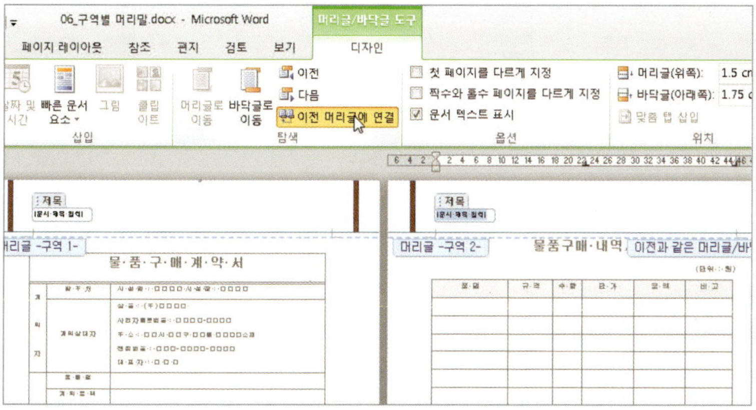

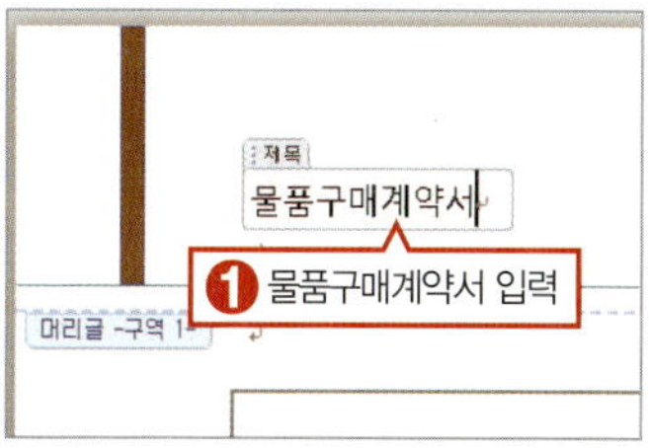

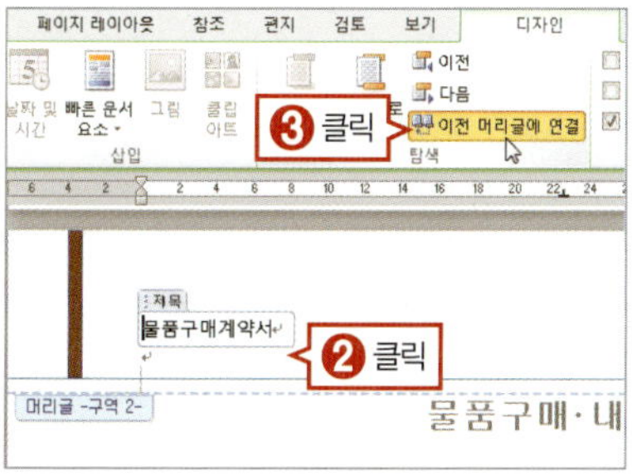

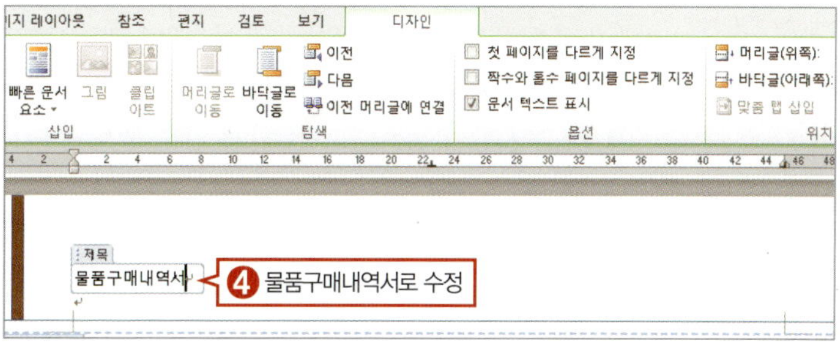

03 두 번째 구역의 머리글 스타일만 변경하기

① **우측 사각형**을 선택한 후 ② [서식] 탭-[도형 채우기]에서 **[빨강]**을 선택합니다. ③ [디자인] 탭으로 돌아와 **[머리글/바닥글 닫기]**를 눌러 편집을 종료합니다.

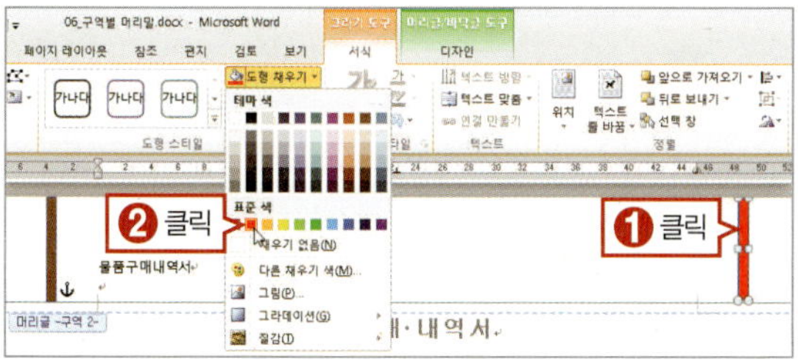

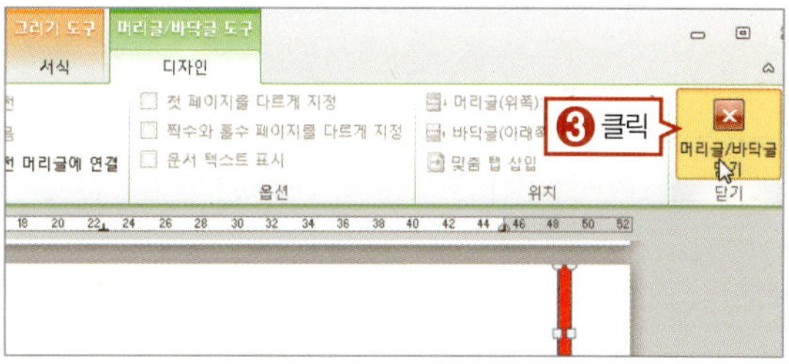

04 바닥글을 짝/홀수 페이지별로 구분해 적용하기

① **1페이지**에서 임의의 위치를 마우스로 선택한 뒤 ② [삽입] 탭–[머리글/ 바닥글] 그룹의 **[바닥글]**을 클릭해 ③ **[순수(홀수 페이지)]**를 선택합니다. ④ 바닥글이 적용되면 **오류! 지정한 스타일은 사용되지 않습니다.** 문구를 삭제한 뒤 [회사]에 **한빛미디어**를 입력합니다.

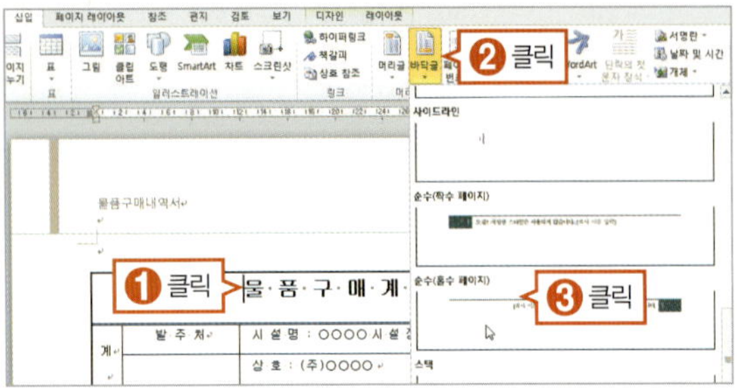

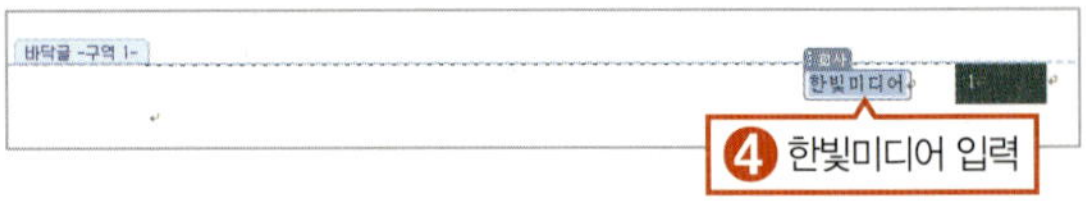

05 ① [디자인] 탭–[옵션] 그룹에서 **[짝수와 홀수 페이지를 다르게 지정]**에 체크합니다. 표시를 체크하면 2페이지의 바닥글은 적용이 해제됩니다. ② **2페이지**에서 임의의 위치를 클릭하고 [삽입] 탭–[머리글/바닥글] 그룹에서 [바닥글]–**[순수(짝수 페이지)]**를 클릭합니다. ③ 2페이지 하단의 바닥글에서 홀수 페이지와 같이 **오류! 지정한 스타일은 사용되지 않습니다.** 문구를 삭제한 뒤 ④ [회사]를 **청호미디어**로 수정합니다. ⑤ **[머리글/바닥글 닫기]**를 클릭합니다.

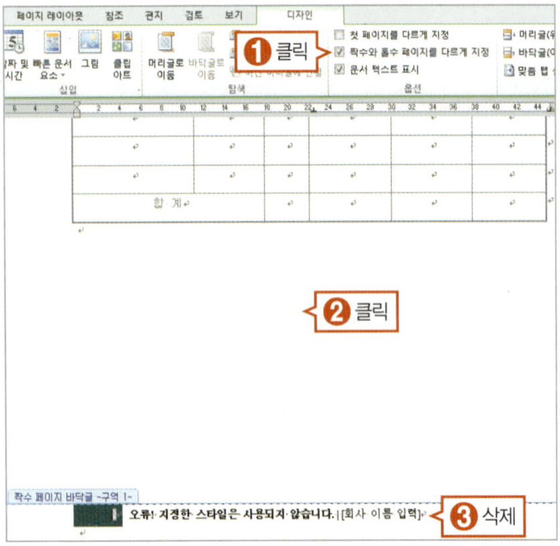

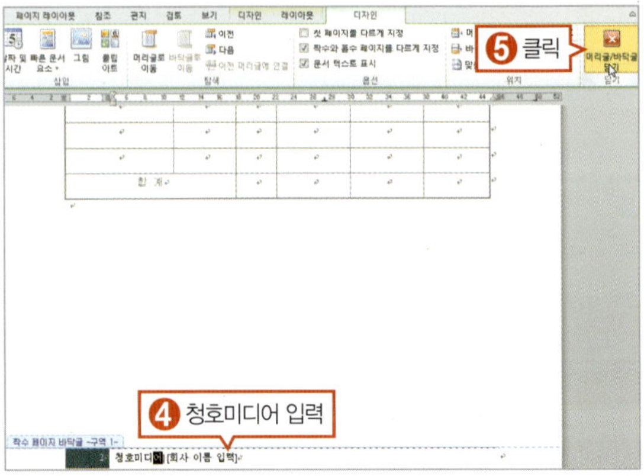

핵심기능 46

페이지 번호를 지정하고, 페이지 번호 서식을 변경 및 제거하기

• **실습 파일** ◎ : 워드\실습\핵심기능46.docx

Word 문서에 페이지 번호를 지정하는 방법에 대하여 알아보겠습니다. 워드 2010에서는 페이지의 위아래에 페이지 번호를 다양한 서식으로 적용할 수 있습니다.

01 페이지 번호 삽입하기

① [삽입] 탭–[머리글/바닥글] 그룹에서 **[페이지 번호]**를 클릭합니다. ② [아래쪽]–**[사각형 3]**을 선택합니다. ③ 문서 하단에 페이지 번호가 삽입된 것을 확인한 뒤 **[머리글/바닥글 닫기]**를 클릭합니다.

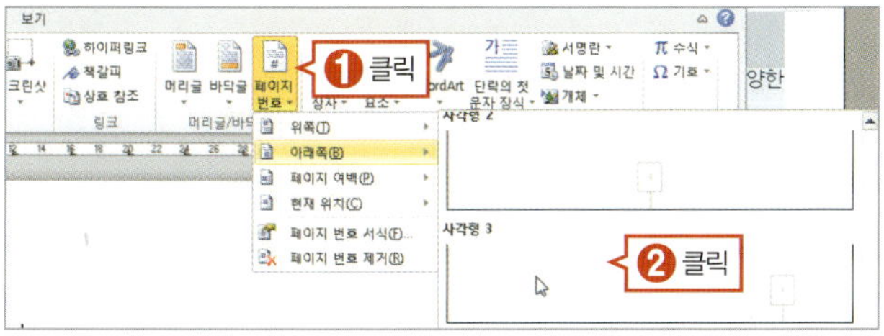

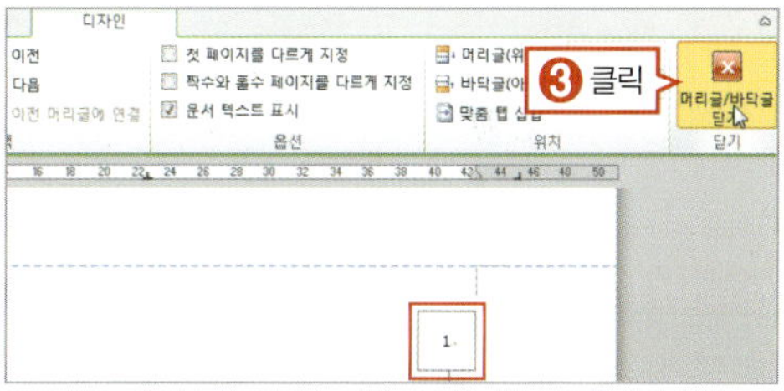

02 페이지 번호 서식 변경하기

① 바닥글 위치를 **더블클릭**해 페이지 번호 편집 상태로 들어갑니다. ② 페이지 바닥글 편집 상태에서 [디자인] 탭–**[페이지 번호]**를 클릭하고 ③ **[페이지 번호 서식]**을 선택합니다.

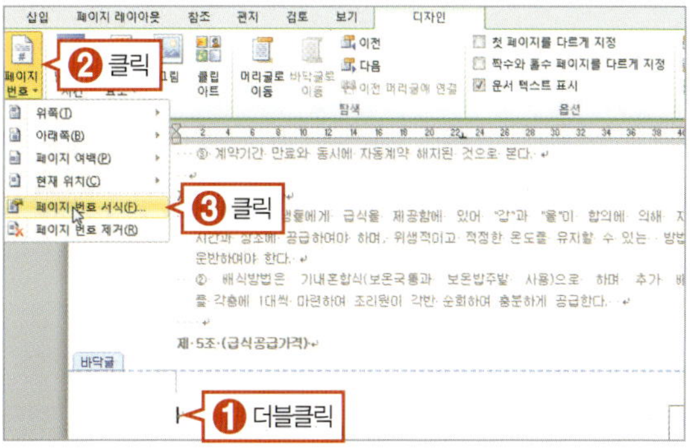

03 [페이지 번호 서식] 대화 상자에서 ① [번호 서식]을 **[일, 이, 삼]**으로 선택한 뒤 ② **[확인]**을 클릭해 번호 서식을 적용합니다. ③ **[머리글/바닥글 닫기]**를 클릭합니다.

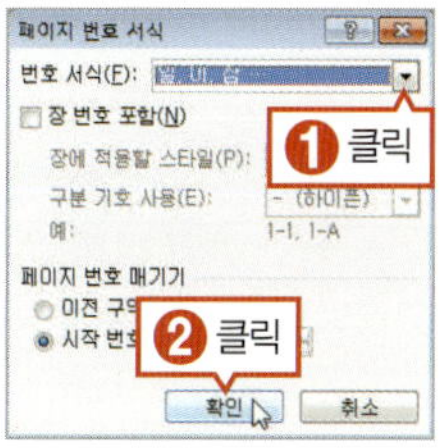

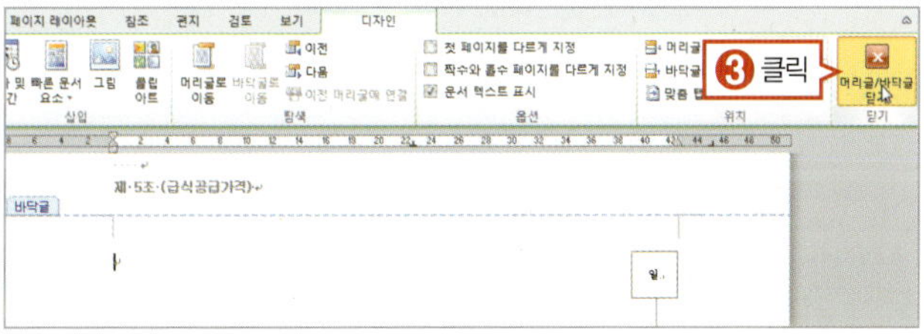

04 시작 페이지 번호 변경하기

① 페이지 바닥글 부분을 **더블클릭**해 페이지 번호 편집 상태로 들어갑니다. ② [디자인] 탭–[머리글/바닥글] 그룹에서 **[페이지 번호]**를 클릭하고 ③ **[페이지 번호 서식]**을 선택합니다. [페이지 번호 서식] 대화 상자가 열리면 ④ [페이지 번호 매기기]의 [시작 번호]를 **[삼]**으로 변경한 뒤 ⑤ **[확인]**을 클릭해 ⑥ 시작 페이지 번호가 적용되는지 확인하고 **[머리글/바닥글 닫기]**를 클릭합니다.

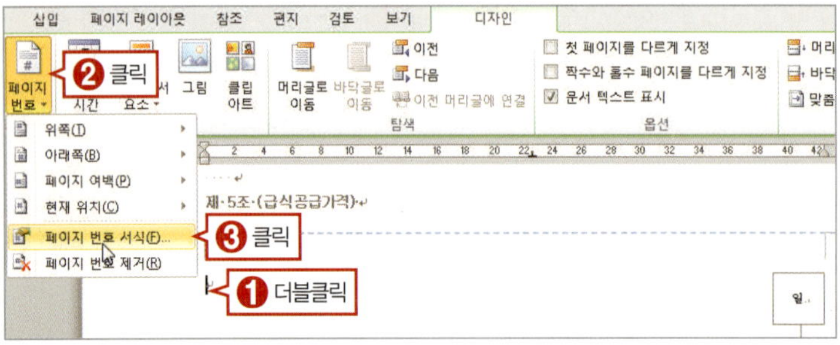

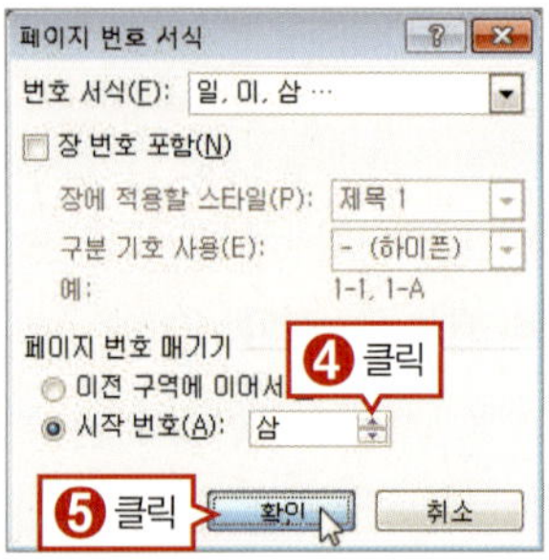

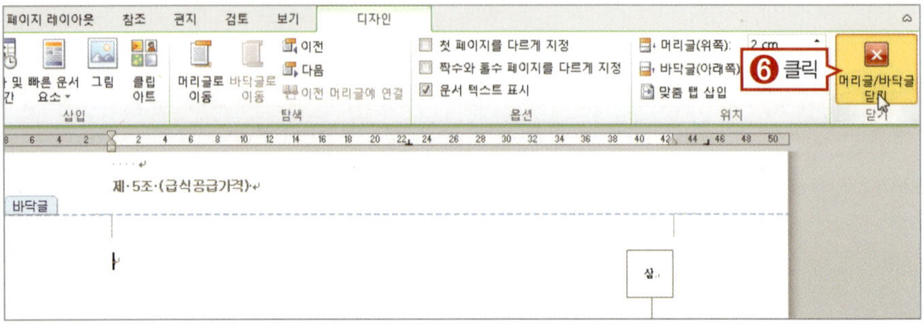

05 페이지 번호를 페이지 위쪽에 삽입하기

① [삽입] 탭–[머리글/바닥글] 그룹에서 **[페이지 번호]**를 클릭합니다. ② **[위쪽]**에서 원하는 페이지 번호 모양을 선택하면 페이지 위쪽에도 페이지 번호를 삽입할 수 있습니다.

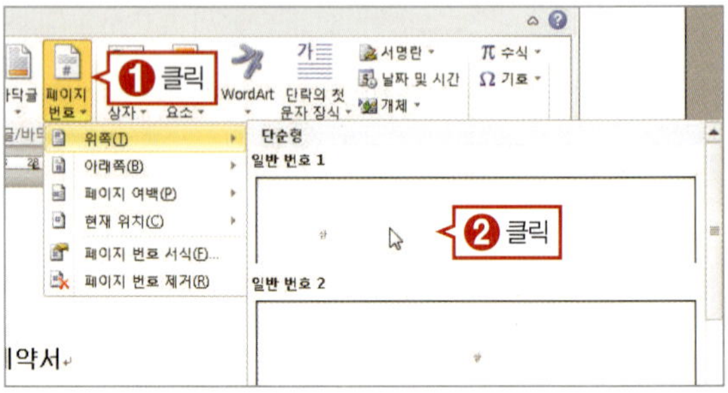

06 페이지 번호 제거하기

① 페이지 바닥글 위치를 **더블클릭**해 페이지 번호 편집 상태로 들어갑니다. ② [디자인] 탭–[머리글/바닥글] 그룹의 [페이지 번호]–**[페이지 번호 제거]**를 클릭해 페이지 번호가 삭제되는지 확인한 뒤 **[머리글/바닥글 닫기]**를 클릭합니다.

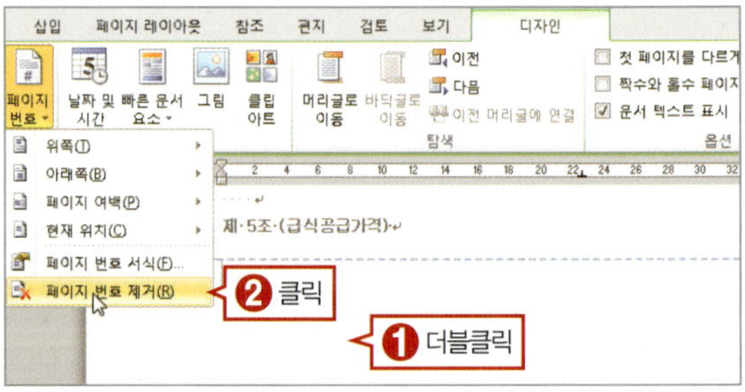

문서에 각주와 미주 삽입하기

• **실습 파일** ⓒ : 워드\실습\핵심기능47.docx

각주와 미주는 문서 내에서 부가 설명을 작성할 때 사용합니다. 각주는 각 페이지 하단에, 미주는 문서 끝에 부가 설명이 추가됩니다.

01 문서에 각주 삽입하기

① 각주를 작성할 단어인 **피보전권리** 뒤에 커서를 클릭합니다. ② [참조] 탭–[각주] 그룹에서 **[각주 삽입]**을 클릭하면 페이지 하단에 각주 번호가 생기고 각주를 입력할 수 있는 공간이 확보됩니다. ③ **각주 내용**을 다음과 같이 **입력**하고 ④ 문서에서 임의의 위치를 클릭하면 각주 입력이 완성됩니다. 각주가 지정된 단어 뒤에는 각주 번호가 **숫자**로 표시됩니다.

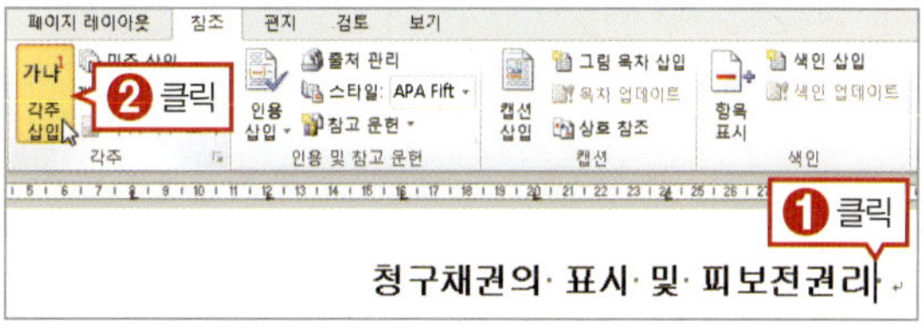

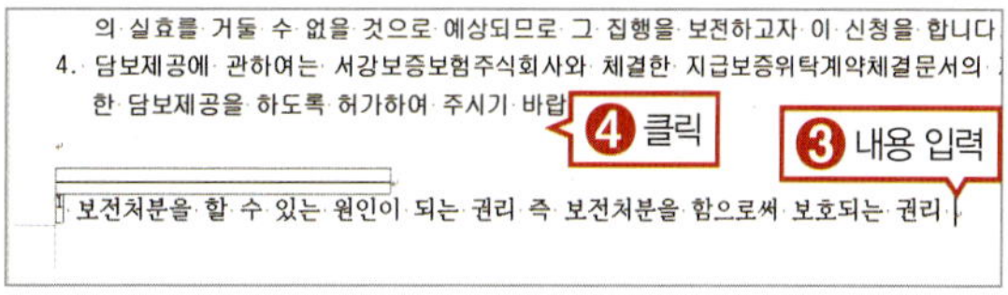

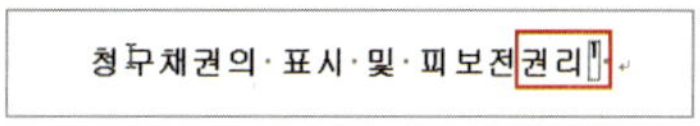

02 문서에 미주 삽입하기

① 미주를 삽입할 단어인 **신청취지** 뒤를 마우스로 클릭합니다. ② [참조] 탭–[각주] 그룹에서 **[미주 삽입]**을 클릭하면 문서 맨 마지막에 미주 번호와 미주 내용을 입력할 수 있는 편집 상태가 됩니다. ③ **미주 내용**을 다음과 같이 **입력**하고 본문으로 돌아오면 미주 입력 상태가 종료됩니다. 미주가 지정된 단어 뒤에는 각주 번호가 **알파벳**으로 표시되며, 주석 부분에 마우스를 올려놓으면 주석 내용이 나타납니다.

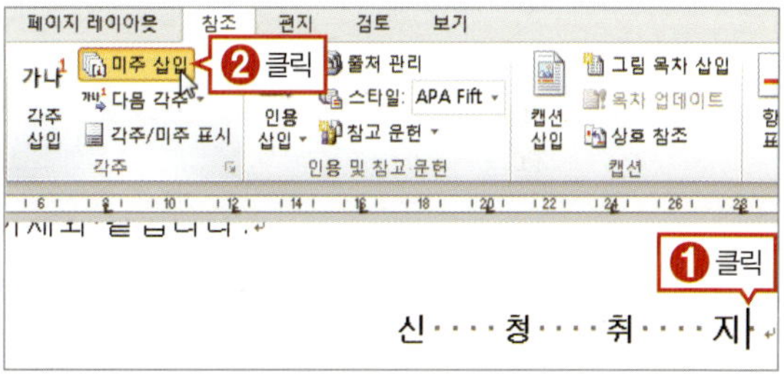

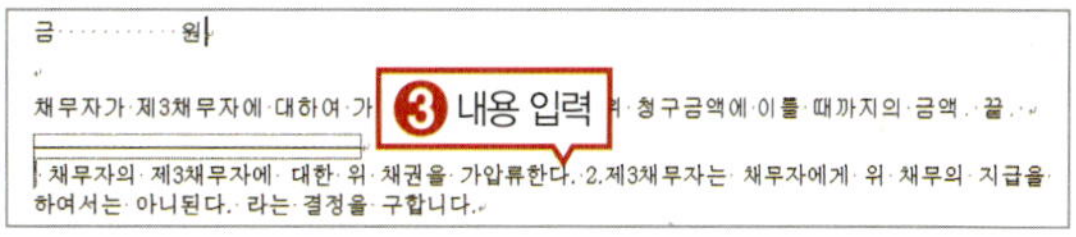

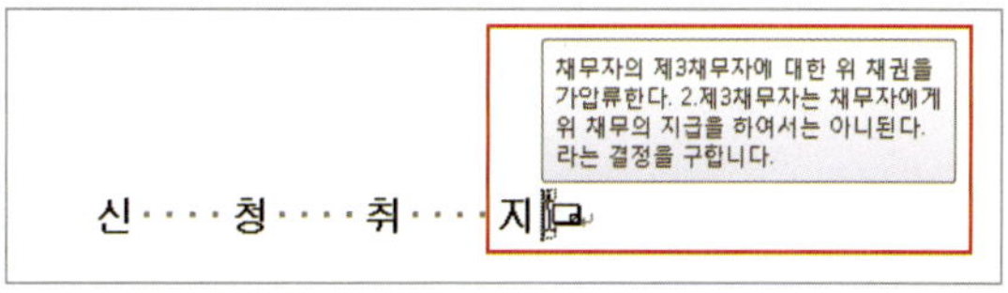

03 각주와 미주 번호 서식 변경하기

① [참조] 탭-[각주] 그룹에서 **[각주 및 미주]**를 클릭해 [각주 및 미주] 대화 상자를 호출합니다. ② [위치]는 **[각주]** 혹은 **[미주]**를 선택하여, ③ **[번호 서식]**에서 원하는 서식을 선택한 후 ④ **[삽입]**을 클릭하면 서식을 변경할 수 있습니다. **[기호]**를 누르면 특수 기호 스타일의 주석을 적용할 수 있습니다.

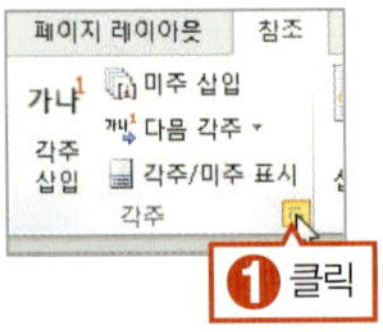

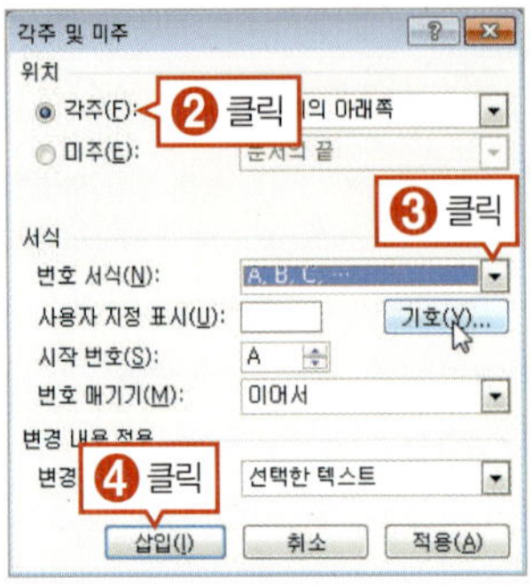

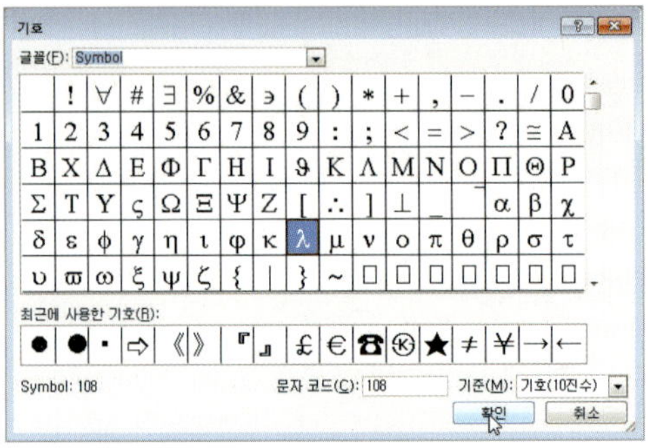

04 각주와 미주 구분선 변경하기

① [보기] 탭-**[초안]**을 선택합니다. ② [참조] 탭에서 **[각주/미주 표시]**를 클릭합니다.

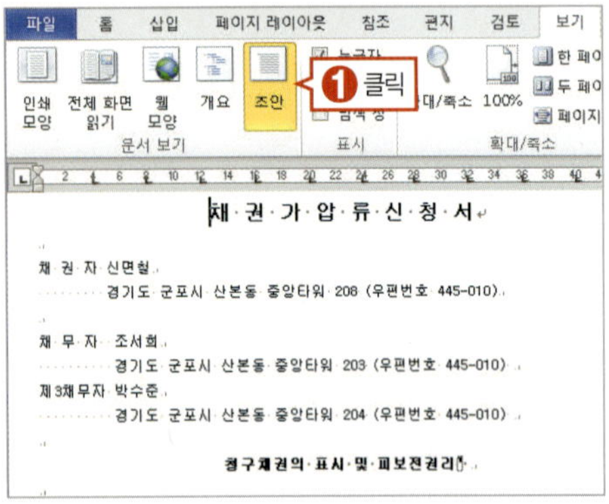

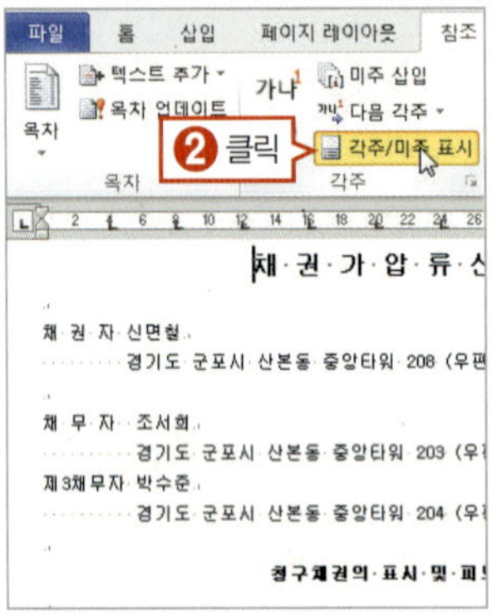

05 [각주/미주 보기] 대화 상자가 나타나면 ① **[각주 영역]**을 선택하고 ② **[확인]**을 클릭합니다. 화면 하단에 각주 표시창이 활성화됩니다.

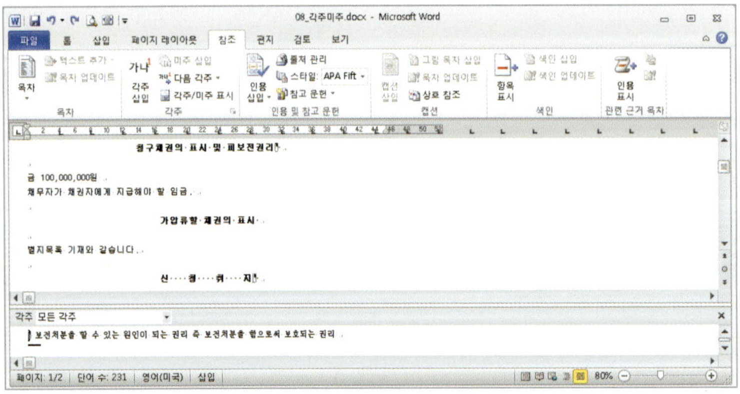

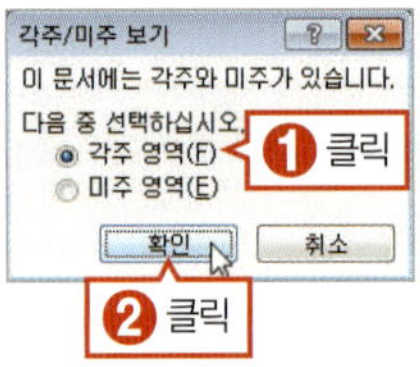

06 각주 표시창의 메모 창 보기에서 ① **[각주 구분선]**을 선택하면 각주 구분선이 표시됩니다. ② 메모창에 표시된 구분선을 선택한 후 Delete를 이용해 삭제합니다. ③ [페이지 레이아웃] 탭–[페이지 배경 그룹]의 **[페이지 테두리]**를 클릭합니다.

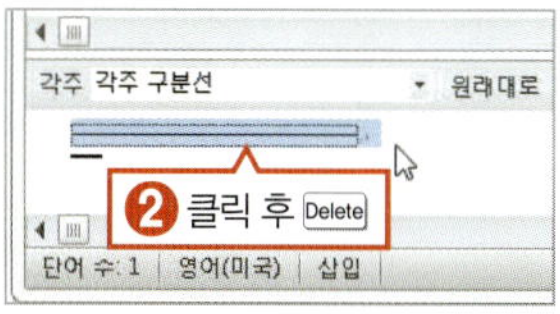

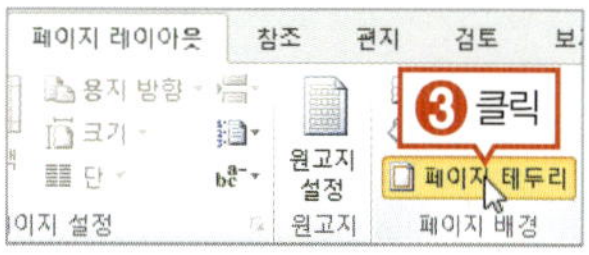

07 [테두리 및 음영] 대화 상자에서 ① **[가로줄 삽입]**을 클릭합니다. ② **[가로줄]** 대화 상자에서 원하는 선을 선택하고 ③ **[확인]**을 클릭하면 각주 구분선이 변경됩니다. [테두리 및 음영] 대화 상자도 **[확인]**을 클릭해 닫습니다.

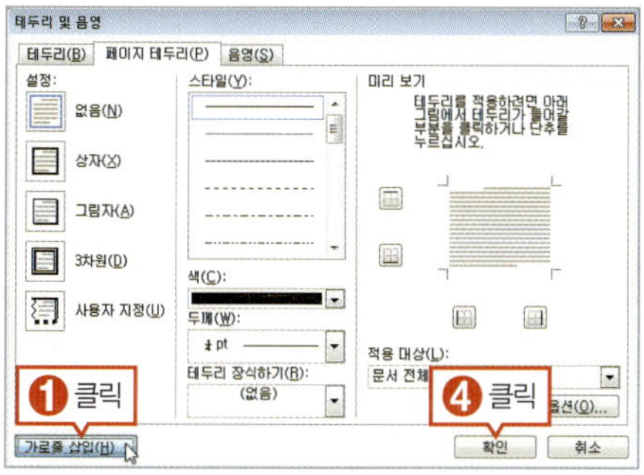

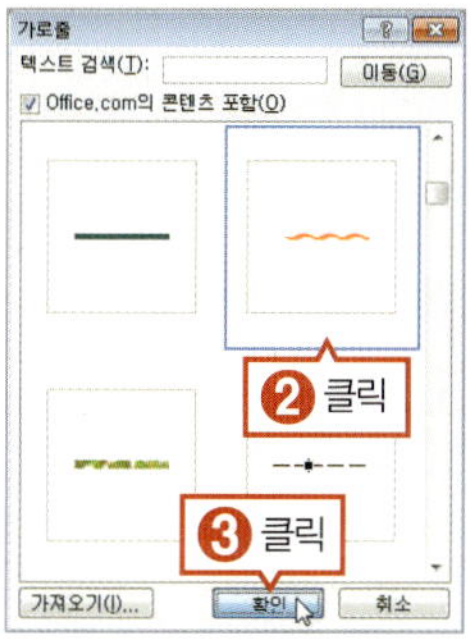

08 [보기] 탭에서 **인쇄 모양**을 클릭하면 각주 구분선 변경이 적용 완료된 것을 확인할 수 있습니다.

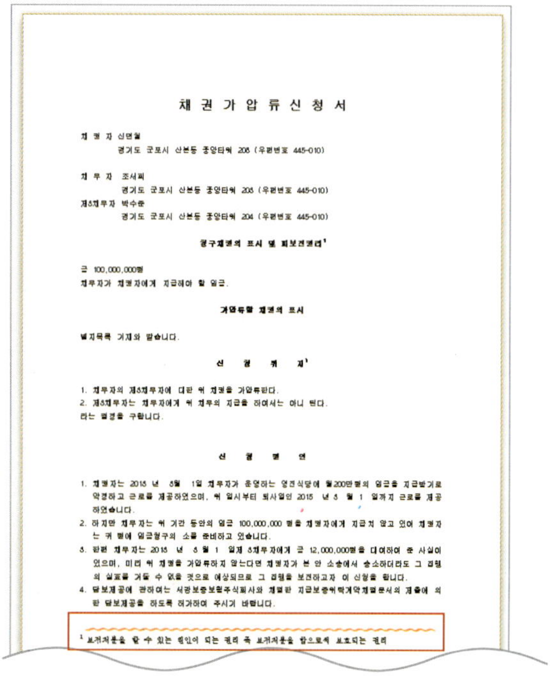

Tip 각주 및 미주를 삭제할 때는 각주 및 미주에 부여된 번호를 Delete나 Back Space로 삭제하면 각주, 미주 내용도 함께 삭제됩니다. 각주, 미주 번호를 삭제했는데 내용이 지워지지 않을 때는 지워지지 않은 각주, 미주 내용을 직접 범위를 지정해 Delete나 Back Space로 삭제합니다.

핵심기능 48

목차 만들기

- **실습 파일** : 워드\실습\핵심기능48.docx
- **완성 파일** : 워드\완성\핵심기능48_완료.docx

목차를 만들기 위해서는 개요 보기와 마찬가지로 문서의 각 부분이 제목 스타일로 적용되어 있어야 합니다. 왜냐하면 제목 스타일을 기준으로 목차를 작성하기 때문입니다. 다시 말해 스타일을 이용해 문서의 각 부분을 제목 스타일로 적용하는 것이 선행되어야 합니다. 여기서는 미리 스타일이 지정된 예제로 진행하겠습니다.

01 문서 첫 페이지에 차례 만들기

① [페이지 레이아웃] 탭-[페이지 설정] 그룹에서 [나누기]를 클릭하고 ② **[다음 페이지부터]**를 선택해 구역을 나누어줍니다. ③ [홈] 탭-[단락] 그룹 [**편집 기호 표시/숨기기**]를 클릭해 구역 나누기 편집 기호를 표시합니다. ④ **구역 나누기 편집 기호 앞**을 클릭하고 Enter를 눌러 구역을 나눕니다.

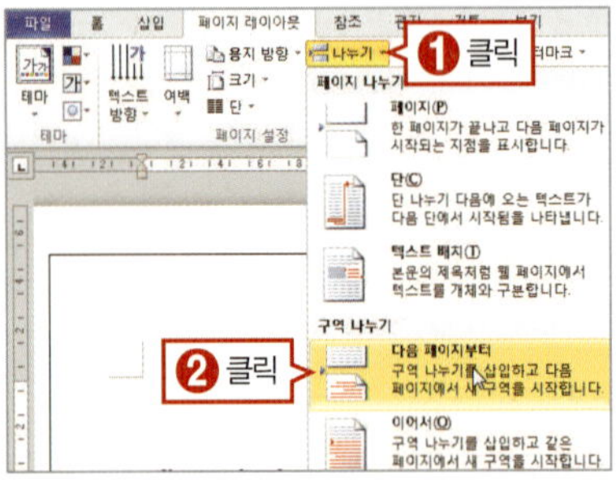

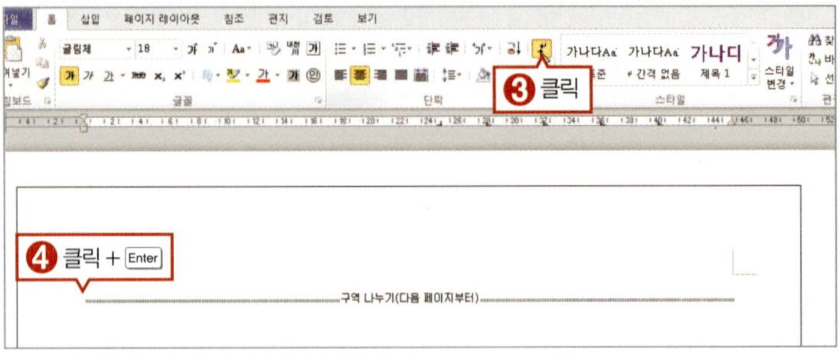

02 ① **차례**를 입력하고 ② Enter를 **두 번 눌러** 목차가 입력될 칸을 확보합니다. ③ [참조] 탭-[목차] 그룹에서 **[목차]**를 클릭합니다.

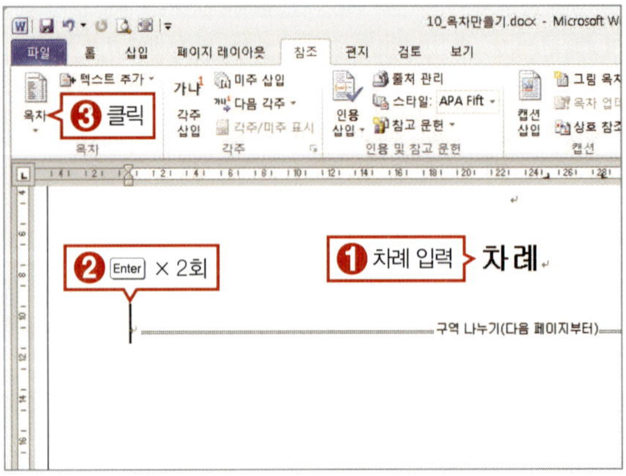

03 [목차] 대화 상자에서 그림과 같이 ① **[페이지 번호 표시]**, **[페이지 번호를 오른쪽에 맞춤]**을 체크하고 ② **[확인]**을 클릭합니다.

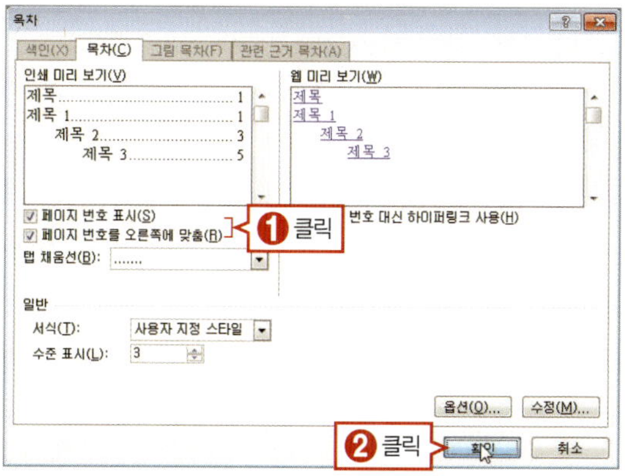

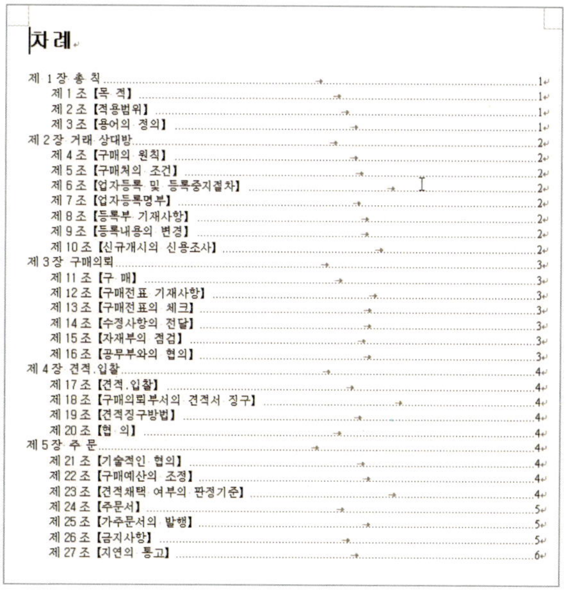

04 목차 업데이트하기

현재 문서의 첫 번째 페이지에 차례가 입력되어 있어 실제 문서는 2페이지부터 시작됩니다. 본문 페이지 번호를 1로 다시 지정하고 이렇게 변경된 페이지 번호를 목차에 업데이트하는 방법을 알아보겠습니다. ① **본문 시작 제목 앞**을 마우스로 클릭합니다. ② [삽입] 탭-[머리글/바닥글] 그룹의 **[페이지 번호]**를 클릭하고 ③ **[페이지 번호 서식]**을 선택합니다. ④ [페이지 번호 서식] 대화 상자에서 [시작 번호]를 1로 지정하고 ⑤ **[확인]**을 클릭합니다. 문서 하단으로 이동해 페이지 번호가 변경되었는지 확인합니다.

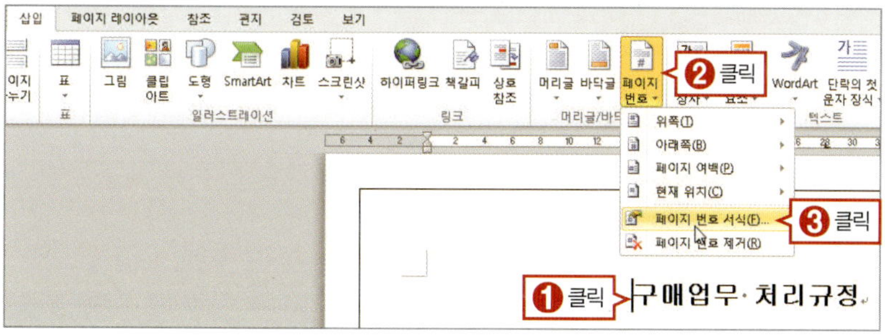

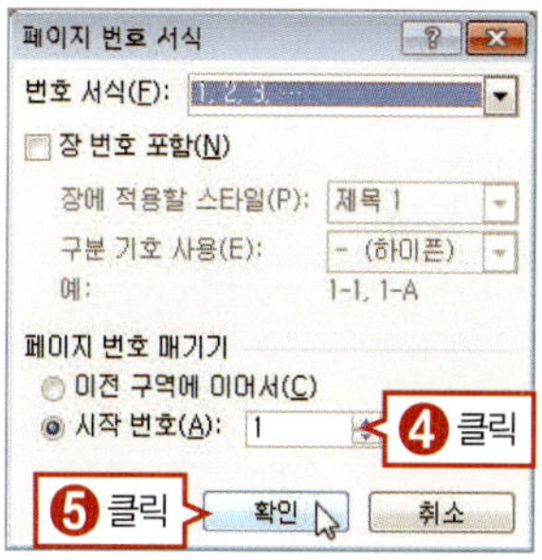

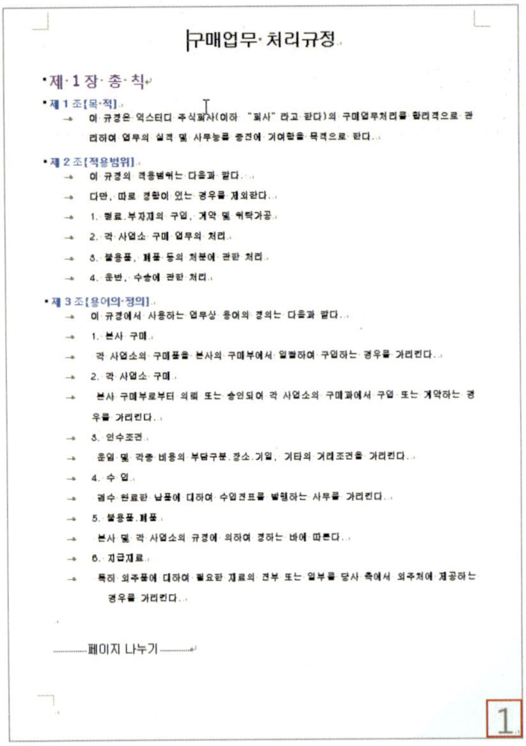

구매업무 처리규정

제 1 장 총 칙

제 1 조[목적]

이 규정은 익스터디 주식회사(이하 "회사" 라고 한다)의 구매업무처리를 합리적으로 관리하여 업무의 실적 및 사무능률 증진에 기여함을 목적으로 한다.

제 2 조[적용범위]

이 규정의 적용범위는 다음과 같다.

다만, 따로 정함이 있는 경우를 제외한다.

1. 원료.부자재의 구입, 계약 및 위탁가공

2. 각 사업소 구매 업무의 처리

3. 불용품, 폐품 등의 처분에 관한 처리

4. 운반, 수송에 관한 처리

제 3 조[용어의 정의]

이 규정에서 사용하는 업무상 용어의 정의는 다음과 같다.

1. 본사 구매

각 사업소의 구매품을 본사의 구매부에서 일괄하여 구입하는 경우를 가리킨다.

2. 각 사업소 구매

본사 구매부로부터 의뢰 또는 승인되어 각 사업소의 구매과에서 구입 또는 계약하는 경우를 가리킨다.

3. 인수조건

운임 및 각종 비용의 부담구분.장소.기일, 기타의 거래조건을 가리킨다.

4. 수 입

검수 완료한 납품에 대하여 수입전표를 발행하는 사무를 가리킨다.

5. 불용품.폐품

본사 및 각 사업소의 규정에 의하여 정하는 바에 따른다.

6. 지급재료

특히 외주품에 대하여 필요한 재료의 전부 또는 일부를 당사 측에서 외주처에 제공하는 경우를 가리킨다.

페이지 나누기

1

05 목차 부분으로 이동해 임의의 위치를 마우스로 클릭합니다. ① [참조] 탭-[목차] 그룹에서 **[목차 업데이트]**를 클릭합니다. ② [목차 업데이트] 대화 상자에서 **[페이지 번호만 업데이트]**를 선택하고 ③ **[확인]**을 클릭합니다. 페이지 번호가 업데이트되었는지 확인합니다.

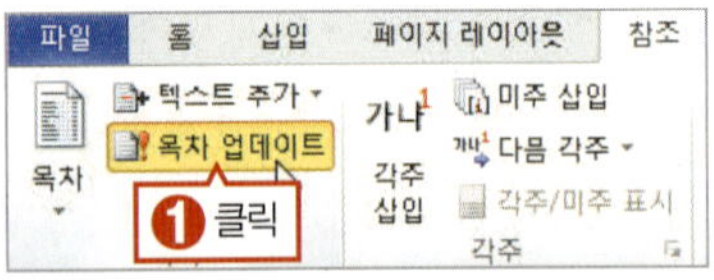

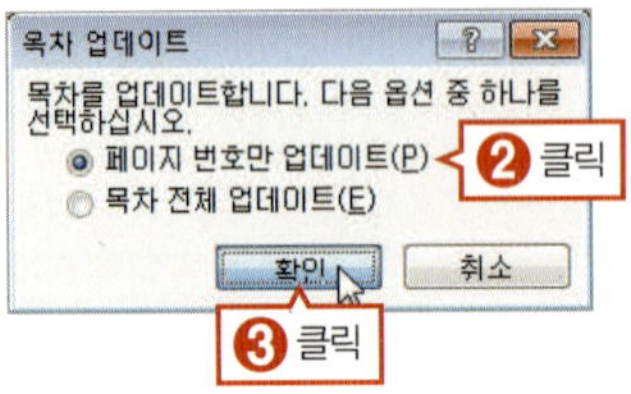

핵심기능 49

문서에 표지 삽입하기, 배경색 및 워터마크 지정하기

- **실습 파일** : 워드\실습\핵심기능49.docx
- **완성 파일** : 워드\완성\핵심기능49_완료.docx

깔끔한 문서의 얼굴인 표지를 간단한 방법으로 만들어보겠습니다. 또한 문서 안에서 특별 페이지를 만드는 배경색과 워터마크를 지정하는 방법도 알아보겠습니다.

01 표지 만들기

① 표지를 삽입하기 위해 **[차례] 앞**을 클릭합니다. ② [삽입] 탭-[페이지] 그룹에서 **[표지]**를 클릭하고 표지 목록이 나타나면 ③ **[대비]**를 선택합니다.

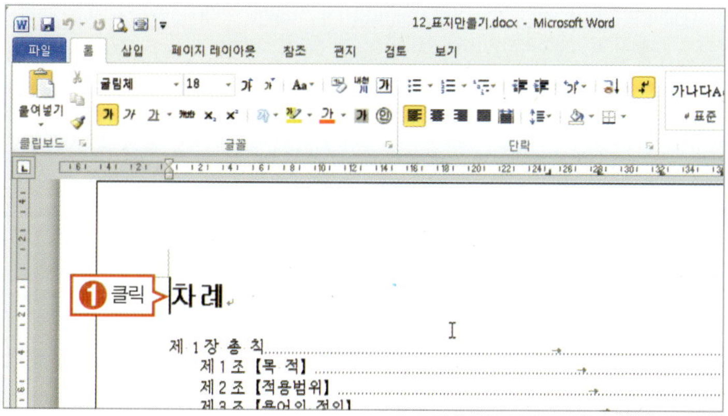

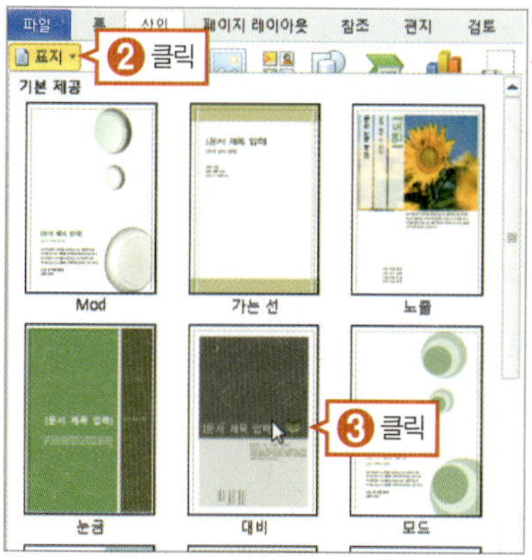

02 ① [보기] 탭-[확대/축소] 그룹에서 **[한 페이지]**를 클릭해 표지가 정상적으로 삽입되었는지 확인하고 ② **문서 제목**과 **기타 정보**를 입력합니다.

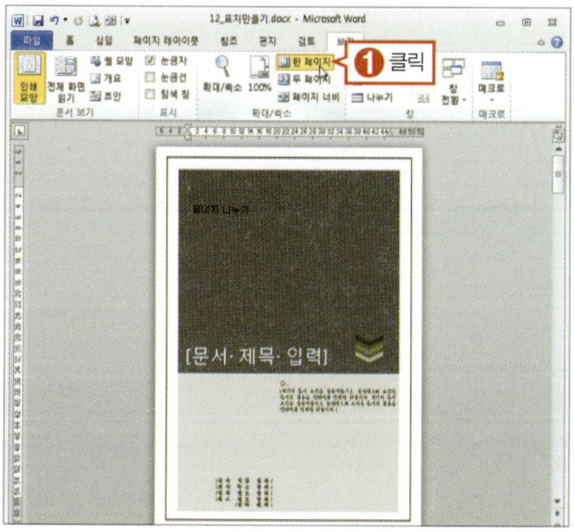

03 문서 배경색 지정하기

① [페이지 레이아웃] 탭–[페이지 배경] 그룹에서 **[페이지 색]**을 클릭하고 ② **[주황, 강조6, 60% 더 밝게]**를 선택하면 그림과 같이 페이지의 배경색이 적용됩니다.

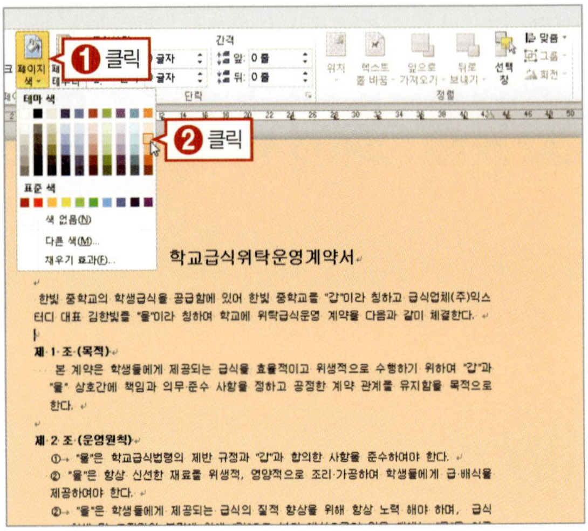

04 문서에 워터마크 적용하기

페이지 뒤에 **고스트 텍스트**를 삽입합니다. 이는 흔히 기밀 또는 긴급과 같은 특별하게 처리해야 하는 문서를 표시하는 데 사용합니다. ① [페이지 레이아웃] 탭–[페이지 배경] 그룹에서 **[워터마크]**를 누릅니다. ② **[대외비1]**를 선택하면 문서 바탕에 워터마크가 적용됩니다.

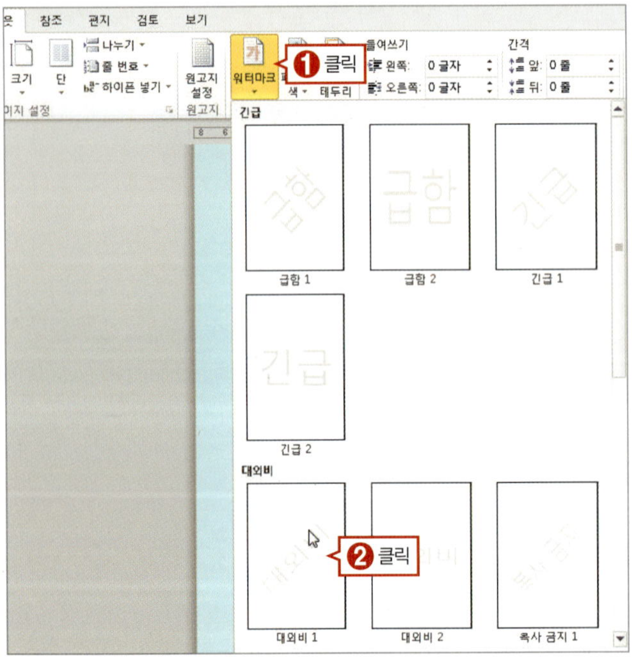

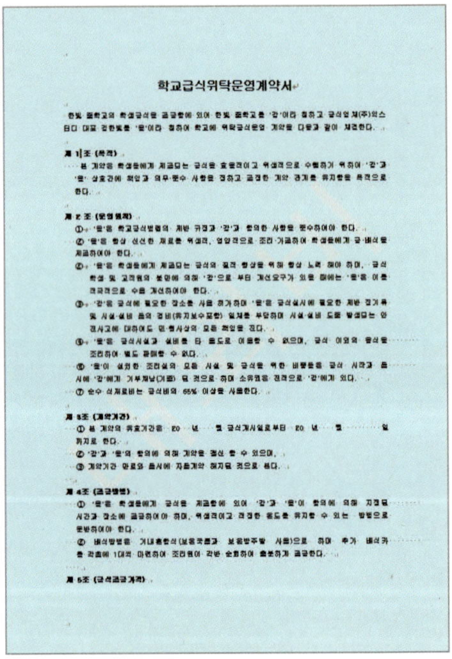

Tip 사용자 지정 문자 워터마크 적용하기

원하는 내용으로 직접 워터마크를 지정할 수 있습니다. [페이지 레이아웃] 탭–[페이지 배경] 그룹에서 [워터마크]를 누르고 [사용자 지정 워터마크]를 클릭하여 [워터마크] 대화 상자를 실행합니다. 텍스트에 원하는 내용을 입력한 후 [확인]을 누릅니다.

05 페이지 배경색, 워터마크 삭제하기

① [페이지 레이아웃] 탭-[페이지 배경] 그룹에서 **[페이지 색]**을 클릭하고 ② **[색 없음]**을 선택하면 배경색이 해제됩니다. ③ 또한 **[워터마크]**를 클릭하고 ④ **[워터마크 제거]**를 선택하면 워터마크가 해제됩니다.

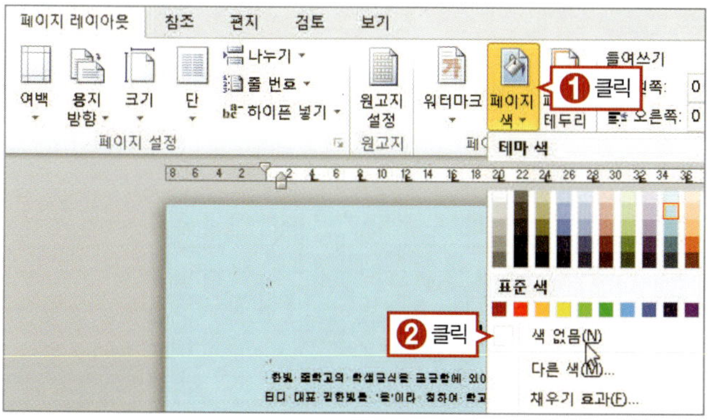

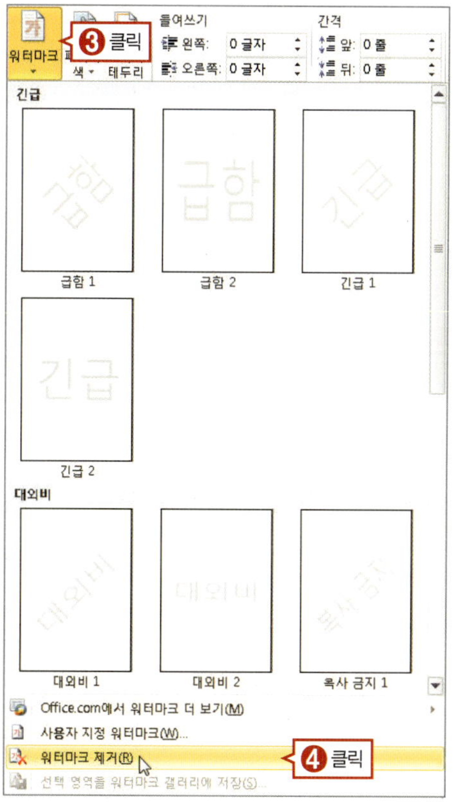

핵심기능 50

메모 삽입/표시 및 숨기기/삭제하기

• **실습 파일** ◎ : 워드\실습\핵심기능50.docx

문서에 메모를 삽입하여 문서를 공동 작업한 그룹원에게 문서에 대한 부연 설명을 작성할 수 있습니다.

01 메모 삽입하기

① 메모를 삽입할 **단어를 선택**합니다. ② [검토] 탭-[메모] 그룹에서 **[새 메모]**를 클릭해 메모를 삽입합니다. ③ 문서 우측에 **메모 공간**이 활성화되면 메모를 입력합니다.

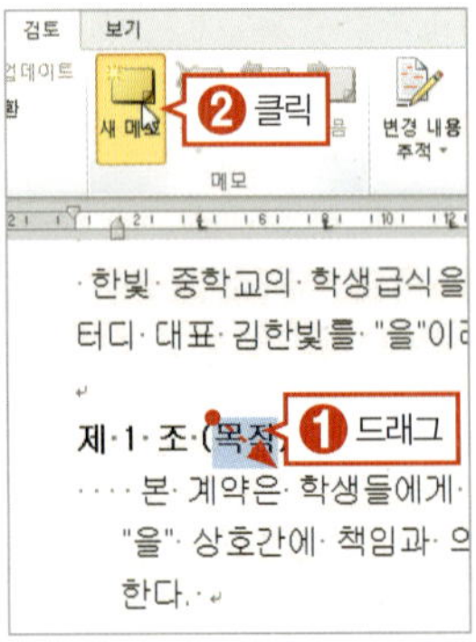

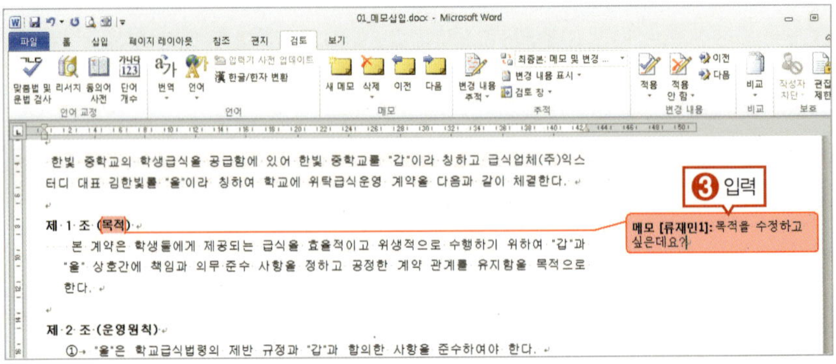

02 메모 숨기기 및 표시하기

① [검토] 탭-[추적] 그룹에서 **[변경 내용 표시]**를 클릭하고 ② **[메모]**를 클릭해 ☑표시를 해제하면 메모 표시를 숨길 수 있습니다. 마찬가지로 메모가 포함된 문서에 메모를 표시하려면 앞 단계에서 **[메모]**를 클릭해서 ☑표시가 활성화되도록 하면 됩니다.

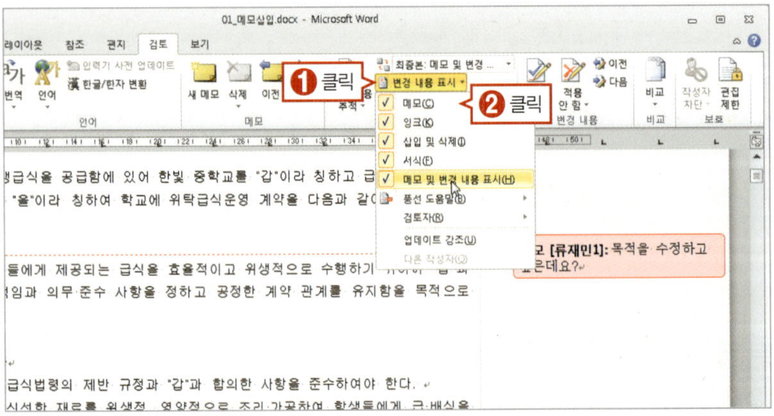

Tip 메모 표시를 활성화했는데도 메모가 표시되지 않는 경우에는 우선 메모가 존재하는 문서인지 확인해야 합니다. 그리고 [검토] 탭-[추적] 그룹-[검토용 표시]-[최종본: 메모 및 변경 내용표시]가 선택되어 있는지 확인합니다.

03 메모 삭제하기

① **메모**를 선택합니다. ② [검토] 탭–[메모] 그룹에서 **[삭제]**를 클릭하고 ③ **[삭제]**를 선택하면 선택한 메모만 삭제할 수 있습니다.

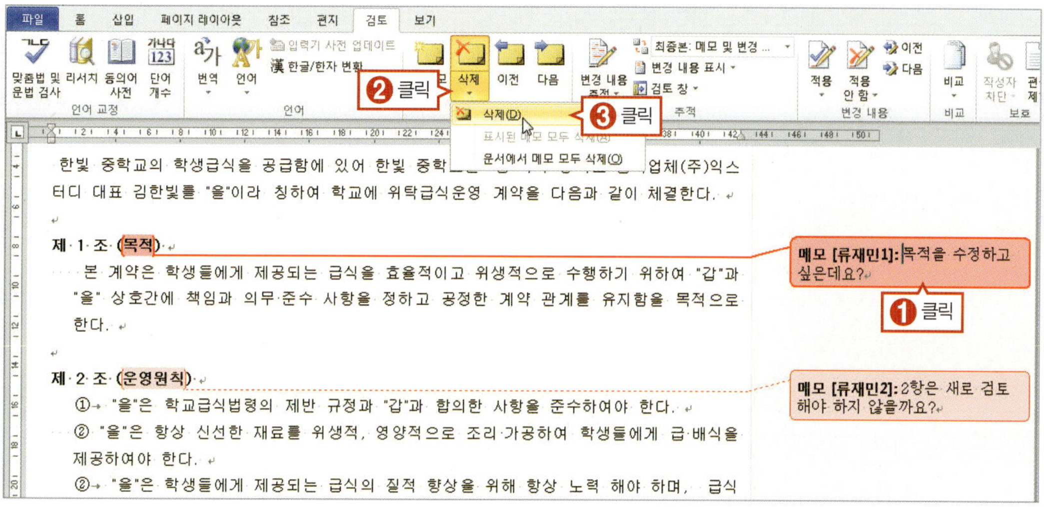

Tip 모든 메모를 삭제하려면 목록 중 [문서에서 메모 모두 삭제]를 선택합니다.

핵심기능 51

맞춤법 검사기를 이용해서 문서 오류 수정하기

- **실습 파일** ⓒ : 워드\실습\핵심기능51.docx
- **완성 파일** ⓒ : 워드\완성\핵심기능51_완료.docx

맞춤법 검사기를 이용하면 간편하게 문서를 입력할 때 오류를 찾고 수정할 수 있습니다. 문서를 입력할 때 맞춤법을 자동으로 검사하기 위해서는 옵션에서 이를 활성화해주어야 합니다.

01 맞춤법 검사 설정하기

① [파일] 탭-**[옵션]**을 누릅니다. ② [Word 옵션] 대화 상자에서 **[언어 교정]**을 클릭하고 [Word에서 맞춤법 검사 및 문법 검사]의 ③ **[입력할 때 자동으로 맞춤법 검사], [문맥에 맞는 맞춤법 검사], [입력할 때 문법 오류 표시], [맞춤법 및 문법 동시 검사]**에 모두 체크합니다. ④ **[확인]**을 누릅니다. 일반적으로 이 옵션은 워드 2010 설치 기본값으로 제공되는 옵션입니다.

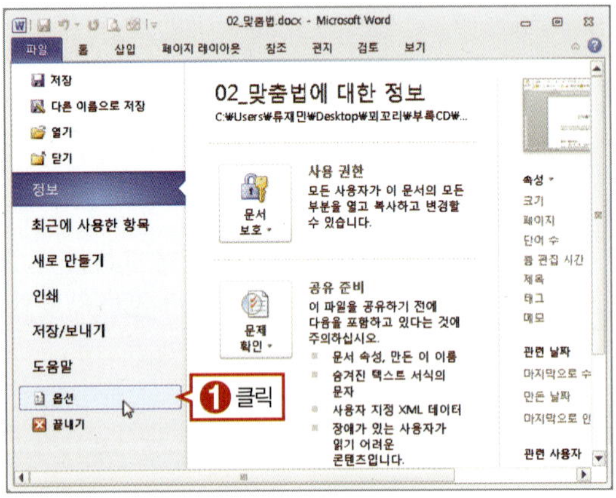

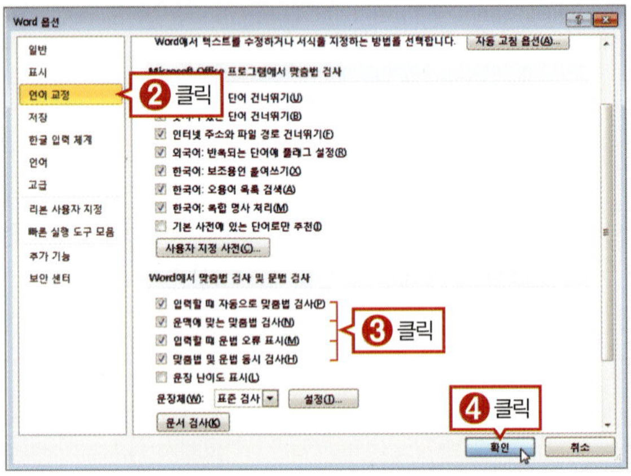

02 [Word 옵션]에서 위와 같이 설정하면 문서 맞춤법과 문법에 어긋나는 단어에 **빨간색 밑줄**이 생깁니다. 만약 문서를 편집할 때 이러한 빨간 밑줄이 거추장스럽다면 [Word 옵션]-[언어 교정]-**[입력할 때 자동으로 맞춤법 검사]**를 해제합니다.

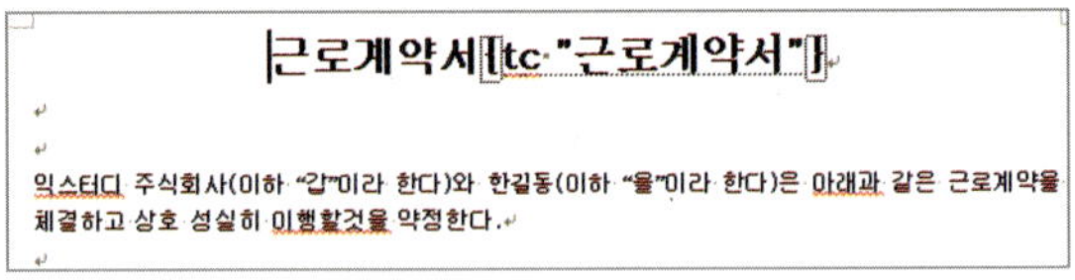
근로계약서[tc "근로계약서"]

익스터디 주식회사(이하 "갑"이라 한다)와 한길동(이하 "을"이라 한다)은 아래과 같은 근로계약을 체결하고 상호 성실히 이행할것을 약정한다.

03 맞춤법에 어긋나는 단어를 교정하는 추천 단어 보기

밑줄 쳐진 단어를 선택하고 마우스 오른쪽 버튼을 클릭하면 Word에서 제시하는 **추천 단어**를 볼 수 있습니다. 이중에서 알맞은 단어를 선택해 맞춤법에 맞게 교정할 수 있습니다.

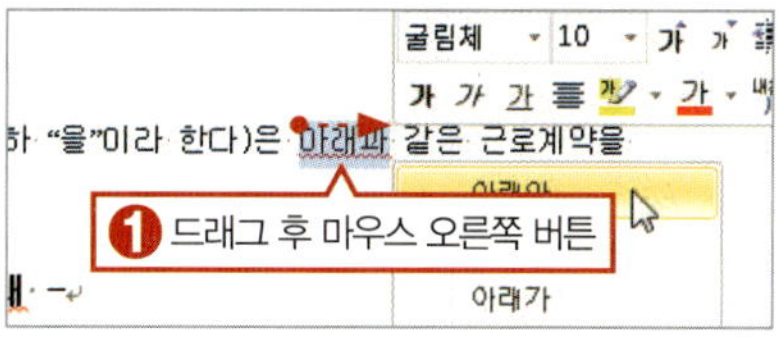

04 맞춤법 검사기 이용하기

Word 2010에서 제공하는 맞춤법 검사기를 이용할 수 있습니다. ① [검토] 탭-[언어 교정] 그룹에서 **[맞춤법 검사 및 문법 검사]**를 클릭해 [맞춤법 및 문법 검사] 대화 상자를 실행합니다. [맞춤법 및 문법 검사]는 맞춤법과 문법이 잘못된 경우에는 이를 감지해 추천 단어 및 문장을 제공합니다. ② 회사명은 문법과 상관없으므로 **[모두 건너뛰기]**나 **[사전에 추가]**를 선택합니다. 자동으로 다음의 오류를 찾아가며, 추천 단어를 확인하고 추천 단어를 적용하고자 할 때는 ③ **[변경]**을 클릭하여 문장을 수정합니다.

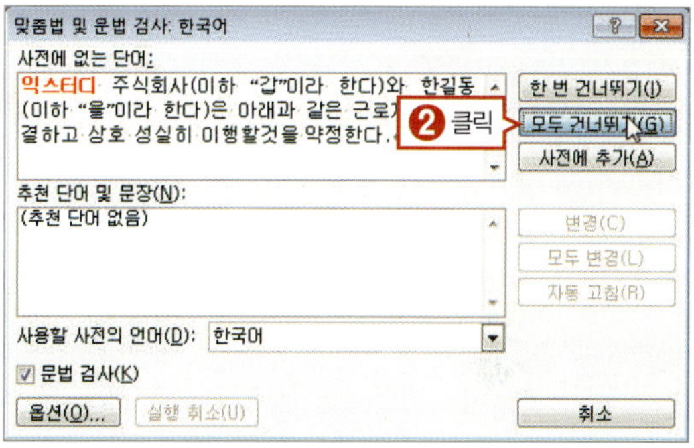

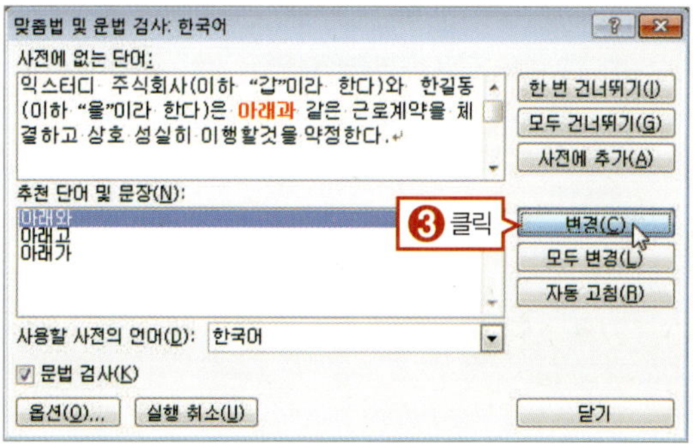

핵심기능 52

편지 병합 기능으로 주소록을 초대장 문서에 인쇄하기

• **실습 파일** : 워드\실습\핵심기능52.docx, 05_메일머지_데이터.xlsx

편지 병합은 동일한 초대장 내용에 미리 준비된 주소록 등을 이용해 초대장에 주소록에 포함된 사람들의 정보를 각각 추가할 수 있는 기능입니다.

01 편지 병합 준비하기

우선 초대장 등의 원본 문서와 그 초대장을 발송할 명단이 필요합니다. 편지 병합에 사용되는 주소록은 워드 문서, 엑셀 문서, 액세스 문서, Outlook 주소록, 직접 입력 등 다양한 형태를 지원합니다. 여기에서는 엑셀에 주소록을 준비하고 그 주소록과 초대장을 병합해보겠습니다.

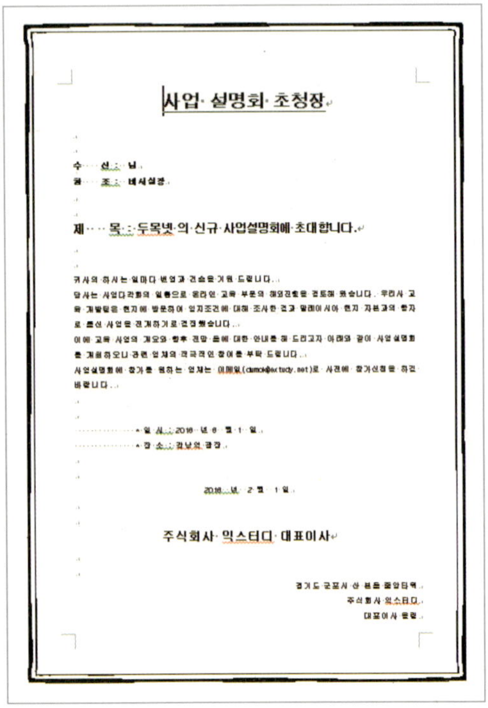

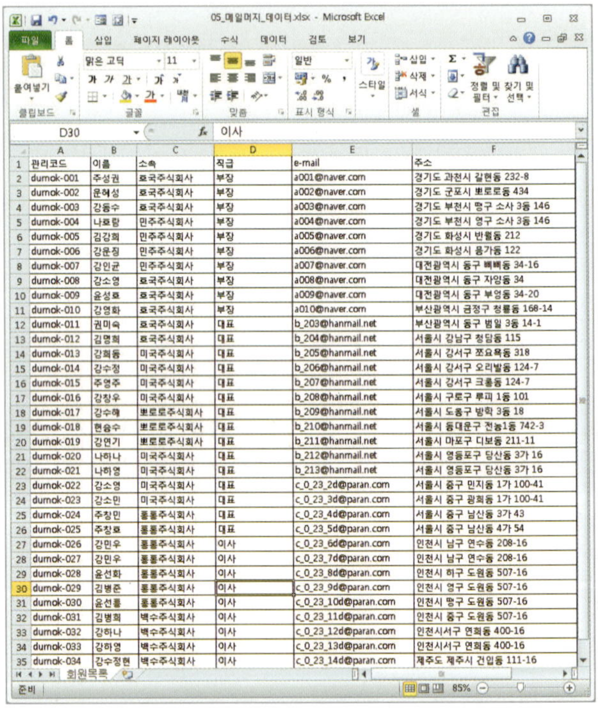

02 초청장에 각기 다른 수신인 표시해 출력하기

① 각기 다른 수신인 **이름이 표시될 위치**를 마우스로 클릭합니다. ② [편지] 탭–[편지 병합 시작] 그룹에서 **[받는 사람 선택]**을 클릭하고 ③ **[기존 목록 사용]**을 선택합니다. ④ [데이터 원본] 대화 상자에서 **05_메일머지_데이터.xlsx** 파일을 선택하고 ⑤ **[열기]**를 클릭합니다. ⑥ [테이블 선택] 대화 상자에서 **[회원목록$]**를 선택하고 ⑦ **[확인]**을 클릭해 주소록 원본 데이터를 읽어옵니다.

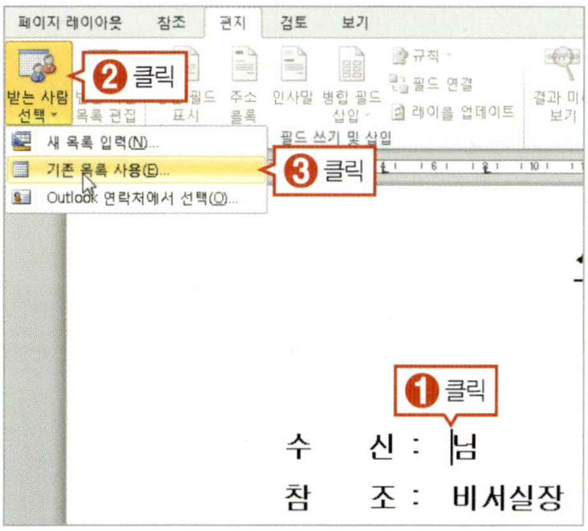

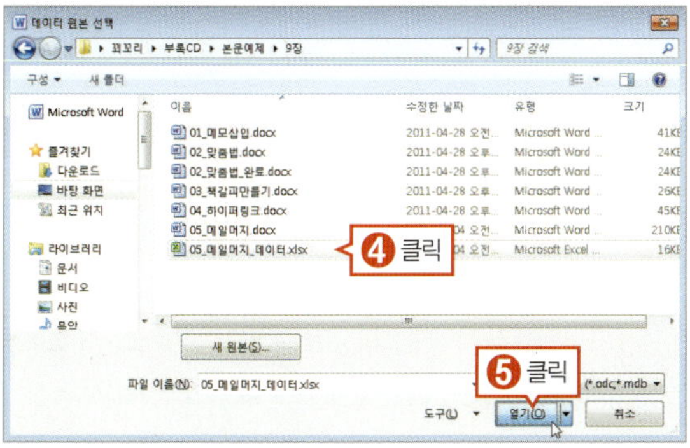

03 받는 사람 이름의 필드를 입력하기

① 받는 사람의 **이름이 입력될 위치**를 마우스로 선택합니다. ② [편지] 탭–[필드 쓰기 및 삽입 그룹]에서 **[병합 필드 삽입]**을 클릭하여 ③ **[이름]**을 선택합니다.

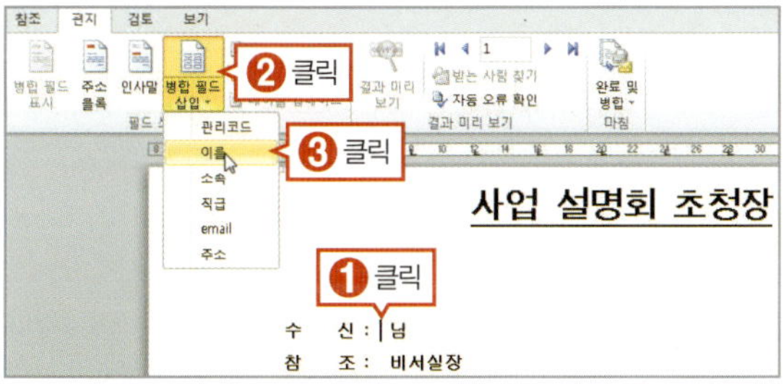

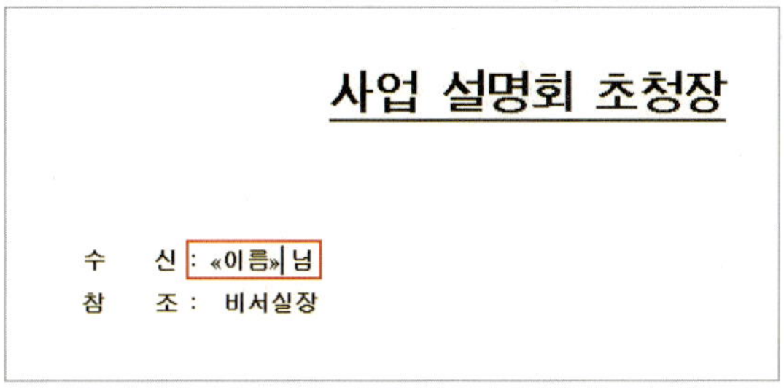

04 앞 단계와 같은 방식으로 ① **[소속]**과 ② **[직급]** 필드도 추가합니다. ③ [편지] 탭–[결과 미리보기] 그룹에서 **[결과 미리 보기]**를 클릭해 추가한 필드 항목이 잘 표시되는지 확인합니다.

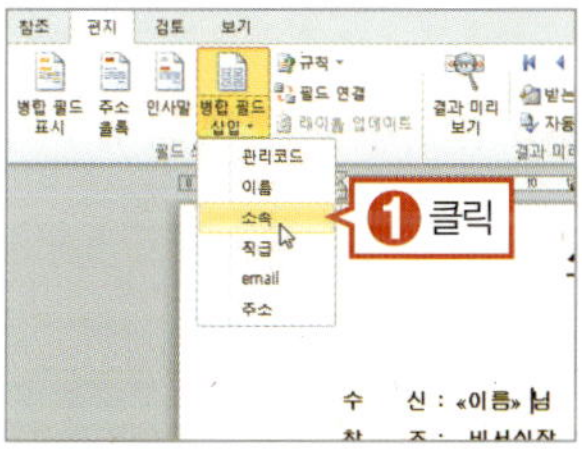

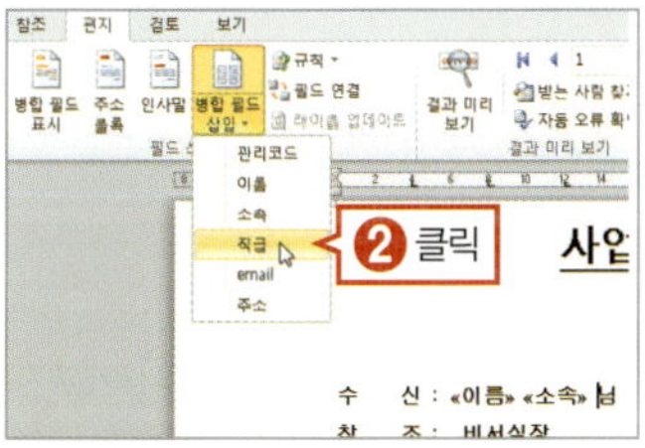

05 병합한 문서 인쇄하기

① [편지] 탭-[마침] 그룹에서 **[완료 및 병합]**을 클릭하고 ② **[문서 인쇄]**를 선택합니다. ③ [프린터로 출력] 대화 상자가 열리면 [인쇄 기록]에서 **[모두]**에 체크한 후 ④ **[확인]**을 클릭해 출력하면 작업이 완료됩니다.

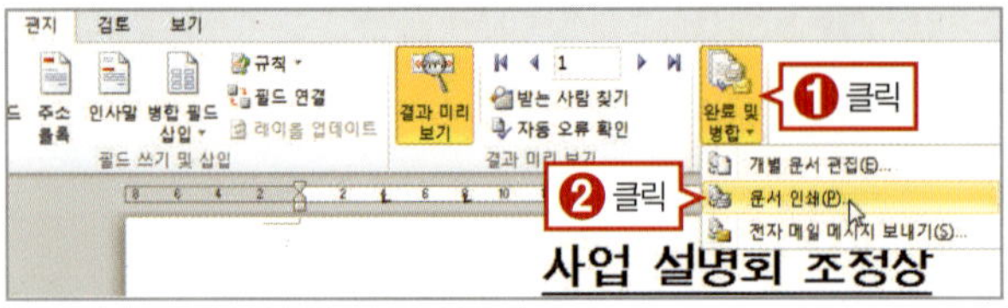

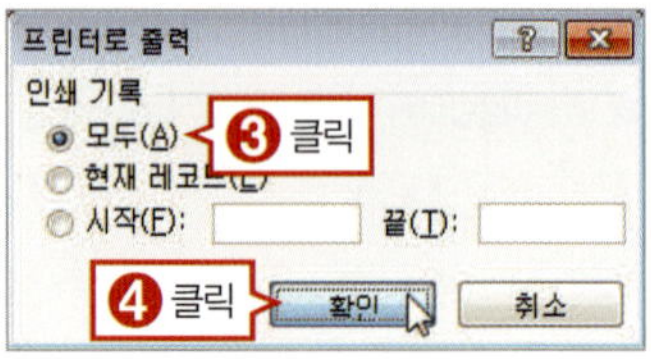

Tip 받는 사람 별로 내용을 조금씩 수정하고 싶은 경우

편지 병합 시에 받는 사람별로 내용을 수정하고자 할 때는 [편지] 탭-[마침] 그룹에서 [개별 문서 편집]을 클릭합니다. [새 문서로 병합] 대화 상자에서 [모두]에 체크하고 [확인]을 클릭하면 새 문서가 열리고 페이지별로 받는 사람 전체가 표시됩니다. 문서에서 받는 사람별로 내용을 수정하고 [파일] 탭-[인쇄]를 통해 초대장을 출력합니다.

핵심기능 53

받는 사람 주소를 레이블 용지에 출력하기

• **실습 파일** ⦾ : 워드\실습\05_메일머지_데이터.xlsx

초대장의 내지를 인쇄했으면 초대장 봉투에 붙일 주소를 주소 레이블 용지를 이용해 출력해보겠습니다. 주소 레이블 용지는 제조사마다 각각 다르므로 일반적으로 국내에서 가장 많이 사용하는 'Formtec 3108(14칸)' 용지를 기준으로 설명하겠습니다. 현재 가지고 있는 레이블 용지가 다를 때는 레이블 옵션에서 해당 제조사의 제품을 선택합니다.

01 주소 레이블 인쇄하기

워드 2010을 실행하고 문서를 새로 만듭니다. ① [편지] 탭–[편지 병합 시작] 그룹에서 **[편지 병합 시작]**을 클릭합니다. ② **[레이블]**을 선택해 [레이블 옵션] 대화 상자를 실행합니다. ③ [레이블 제조 회사]를 **[Formtec]**으로, ④ [제품 번호]를 **[Formtec 3108]**로 선택하고 ⑤ **[확인]**을 클릭합니다.

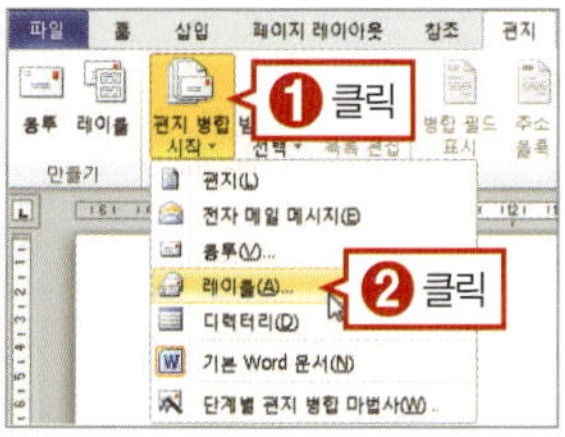

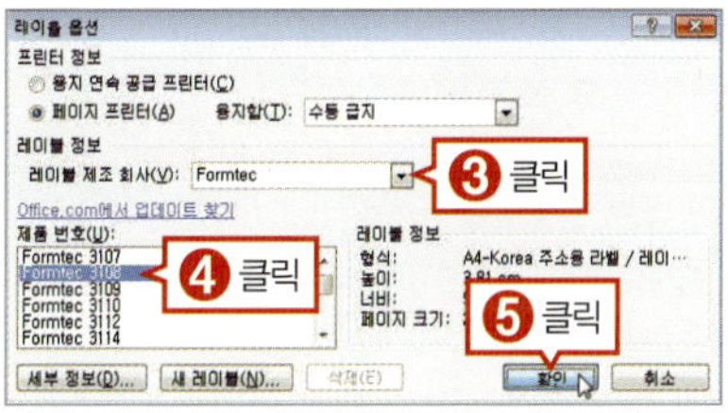

02 레이블이 용지 표시가 구분되어 표시되면 ① [편지] 탭–[편지 병합 시작] 그룹에서 **[받는 사람 선택]**을 클릭합니다. ② **[기존 목록 사용]**을 선택해 [데이터 원본 선택] 대화 상자에서 ③ **05_메일머지_데이터.xlsx** 파일을 선택합니다. ④ **[열기]**를 클릭합니다.

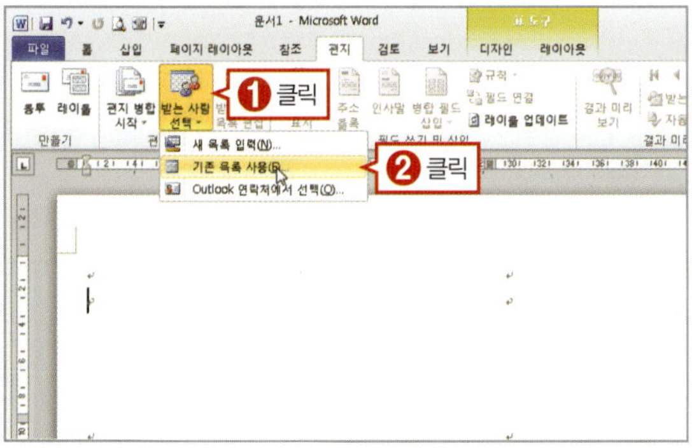

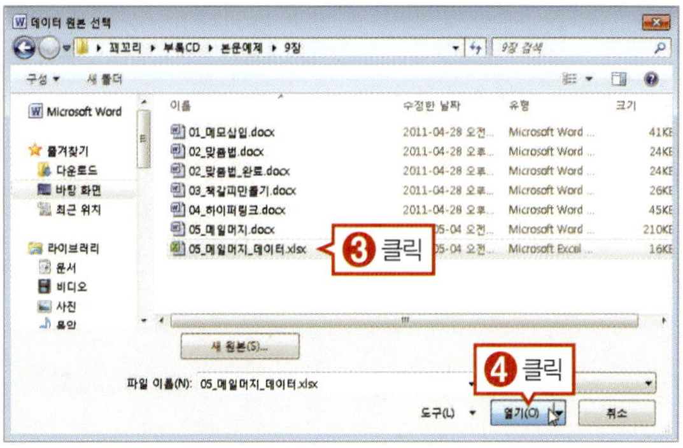

03 ① [테이블 선택] 대화 상자에서 **[회원목록$]** 선택한 후 ② **[확인]**을 클릭합니다. 그림과 같이 《**다음레코드**》라고 편집 기호가 표시됩니다.

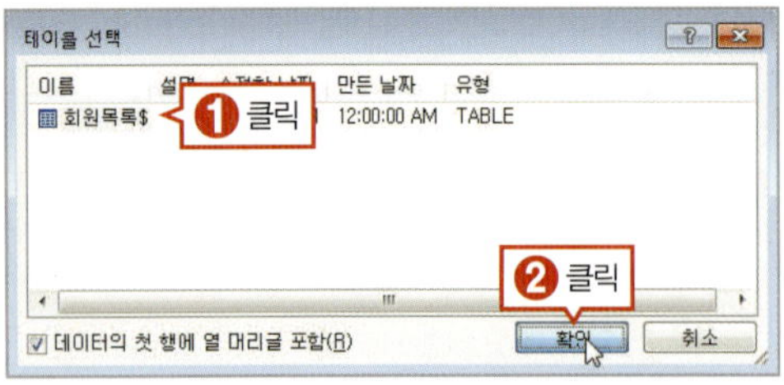

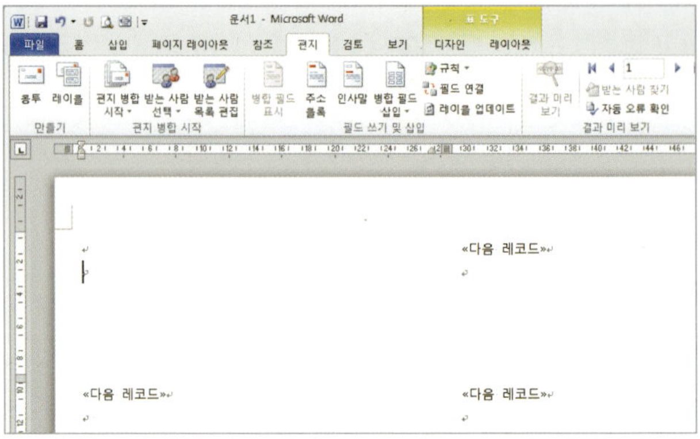

04 ① [편지] 탭–[필드 쓰기 및 삽입] 그룹에서 **[병합 필드 삽입]**을 클릭하고 ② **[주소]**, **[소속]**, **[이름]**, **[직급]**을 순서대로 삽입합니다.

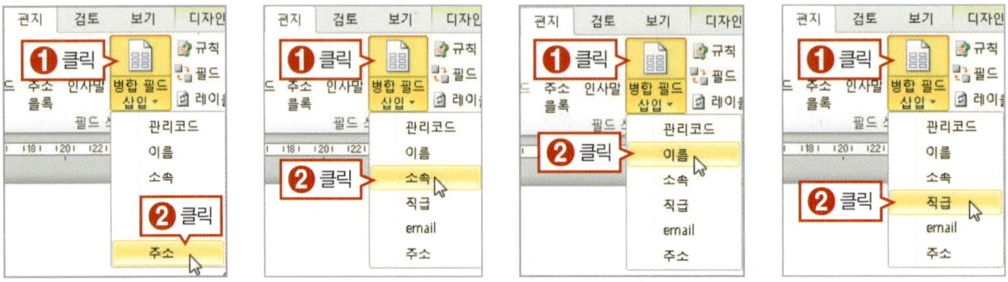

05 **각 레이블 칸에 첫 번째 입력한 병합 필드를 업데이트하기**

① [편지] 탭–[필드 쓰기 및 삽입] 그룹에서 **[레이블 업데이트]**를 클릭해 적용합니다. ② 정상적으로 적용이 되었는지 확인하기 위해 [편지] 탭–[결과 미리 보기] 그룹에서 **[결과 미리 보기]**를 클릭합니다.

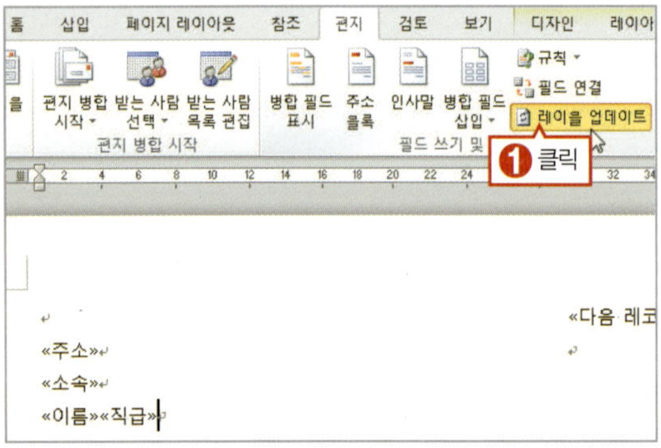

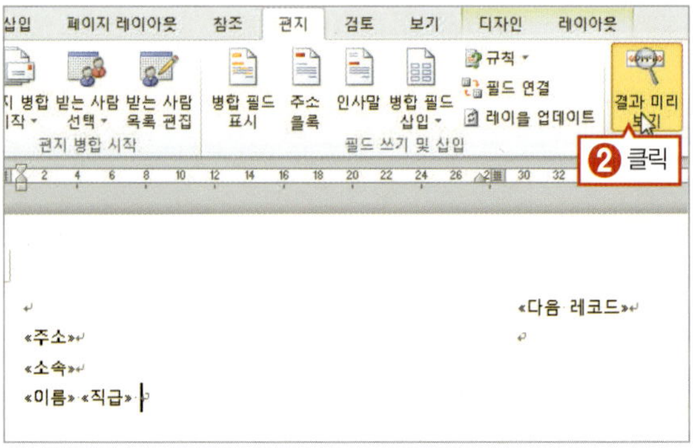

06 주소 레이블 출력하기

① [편지] 탭–[마침] 그룹에서 **[완료 및 병합]**을 클릭하고 ② **[문서 인쇄]**를 선택합니다. ③ [프린터로 출력] 대화 상자가 나타나면 **[모두]**를 선택한 뒤 ④ **[확인]**을 클릭합니다. [인쇄] 대화 상자에서 프린터를 선택하고 [확인]을 클릭해 레이블을 인쇄합니다.

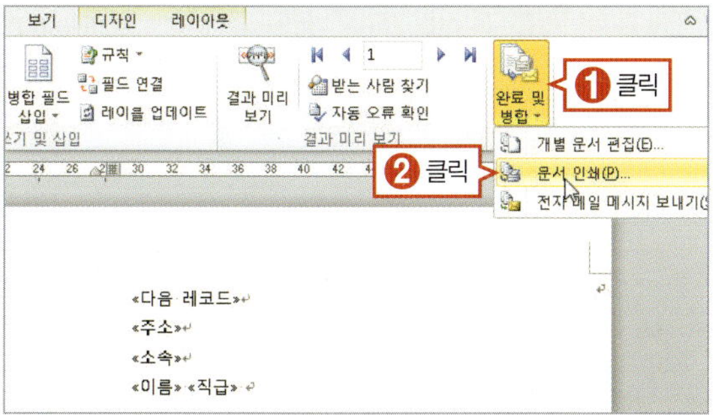

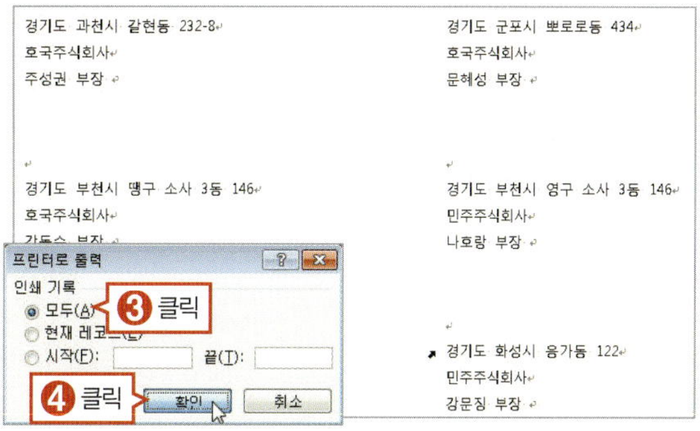

07 주소 레이블 내용 중 주소 글꼴 크기를 변경하기

① **주소**를 마우스로 블록 선택합니다. ② [홈] 탭에서 **[글꼴]** 서식 상자를 열어 [글꼴] 및 [글꼴 크기] 등을 설정하고 ③ **[확인]**을 누릅니다. ④ [편지] 탭–[필드 쓰기 및 삽입] 그룹에서 **[레이블 업데이트]**를 클릭해 첫 번째 레이블 칸에 설정한 값을 다른 레이블 칸에 적용합니다. ⑤ **[결과 미리 보기]**를 클릭해 적용된 내용을 확인합니다.

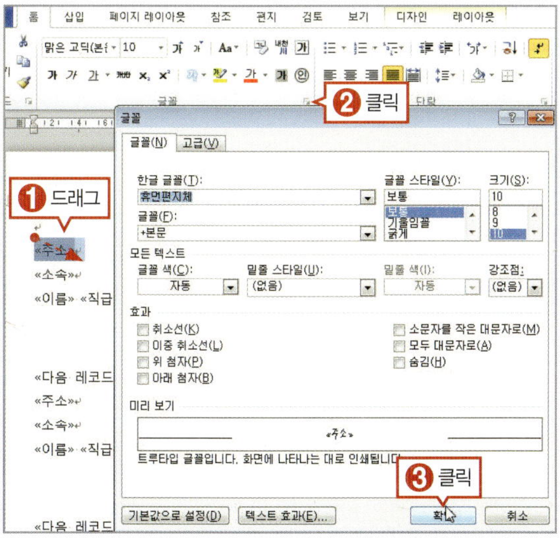

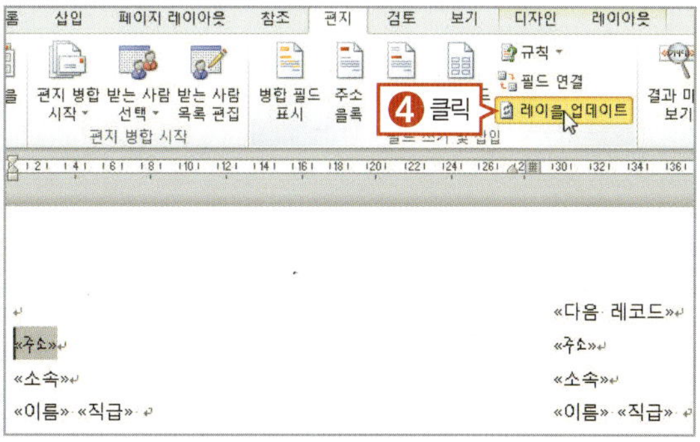

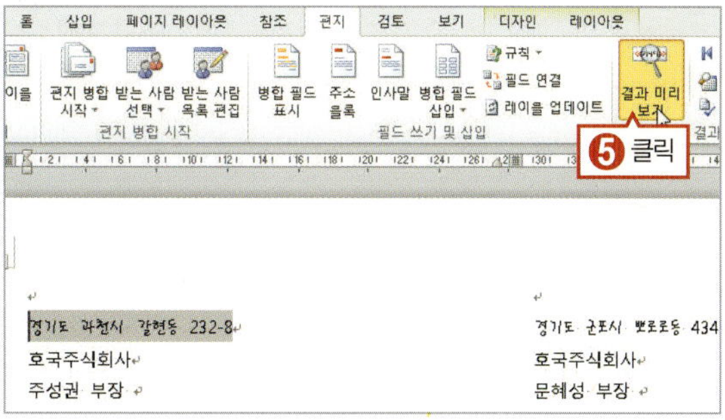

찾아보기

찾아보기